"十三五"国家重点出版物出版规划项目

经济科学译丛

生态经济学

原理和应用（第二版）

【美】 赫尔曼·E·戴利（Herman E. Daly）
乔舒亚·法利（Joshua Farley） 著

金志农　陈美球　蔡海生　等　译

金志农　校

Ecological Economics
Principles and Applications
（Second Edition）

中国人民大学出版社
·北京·

作者简介

赫尔曼·E·戴利，马里兰大学（University of Maryland）公共事务学院教授。1988—1994 年，任世界银行环境部（Environment Department of the World Bank）高级经济学家。1988 年之前，他是路易斯安那州立大学（Louisiana State University）经济学方面的校友教授（Alumni Professor），在此他教授经济学 20 年。他在莱斯大学（Rice University）获得学士学位，在范德比尔特大学（Vanderbilt University）获得博士学位。他曾在巴西塞阿拉大学（University of Ceará）担任福特基金会访问教授（Ford Foundation Visiting Professor），曾是耶鲁大学的助理研究员、澳大利亚国立大学（Australian National University）的访问学者以及巴西富布赖特高级讲师。他曾服务于众多环保组织的董事会，是《生态经济学》（*Ecological Economics*）杂志的联合创始人和副主编。他的研究兴趣有经济发展、人口、资源、环境，并在专业杂志和文集中发表了一百多篇文章，著述颇丰，其中包括：*Toward a Steady State Economy*（1973），*Steady-State Economics*（1977, 1991），*Valuing the Earth*（1993），*Beyond Growth*（1996）和 *Ecological Economics and the Ecology of Economics*（1999）。他与神学家小约翰·B·科布（John B. Cobb Jr.）合作撰写的 *For the Common Good*（1989, 1994）获得了 1991

年改善世界秩序思想格文美尔大奖（Grawemeyer Award for Ideas for Improving World Order）。1996 年，他获得了瑞典荣誉优秀民生奖（Sweden's Honorary Right Livelihood Award）以及荷兰皇家艺术与科学学院授予的环境科学喜力奖（Heineken Prize for Environmental Science）。1999 年，他因在环境和发展领域的突出贡献被授予挪威苏菲奖（Sophie Prize）。2002 年，因在稳态经济方面的工作而获得意大利共和国总统勋章（Presidency of the Italian Republic）。

乔舒亚·法利，格林内尔学院（Grinnell College）生物学学士，哥伦比亚大学（Columbia University）拉丁美洲研究国际事务硕士，康奈尔大学（Cornell University）农业、资源和管理经济学博士。在巴西利亚大学（University of Brasília）当研究人员时，他第一次接触到生态经济学的跨学科领域，特别是与赫尔曼·E·戴利共事时。生态经济学丰富了他的生物学和国际发展领域的知识背景，以及他在欠发达国家工作、学习和旅游的丰富经历。在康奈尔大学毕业之后，他花了好几年时间在澳大利亚远北昆士兰（Far North Queensland）的雨林研究中心（Centre for Rainforest Studies）教授生态经济学，先是当常驻教师，后来担任项目主任。他的教学重点是跨学科解决应用性问题，他的研究提供了大量的具体实例，表明未管制的自由市场经济体系不能有效、合理地配置生态资源。近四年，他在冈德生态经济学研究所（Gund Institute for Ecological Economics）工作，当研究所还在马里兰大学的时候，他担任执行主任，在佛蒙特大学（University of Vermont）时，他担任助理研究教授，他现在是社会发展和应用经济学系的副教授。他将研究和教学相结合，喜欢与非政府组织、社团组织和地方政府合作，创立跨学科的应用研究班以及生态经济学领域的专业课程。

献给安德烈亚（Andrea）和马西娅（Marcia），
以及下一代，尤其是利亚姆（Liam）、亚斯明（Yasmin）、安娜（Anna）、
威尔（Will）和伊莎贝尔（Isabel）

"人类的头脑，如此之脆弱，如此易枯萎，但充满着无穷无尽的梦想和渴望，
被一片叶子的能量所激活。"
——洛伦·艾斯利（Loren Eisley）

致 谢

感谢国际生态经济学会（International Society for Ecological Economics，ISEE）的许多同事所作出的知识贡献以及他们提供的学术共同体和支持。特别感谢罗伯特·科斯坦萨（Robert Costanza）和美国佛蒙特大学冈德生态经济学研究所的研究人员，以及马里兰大学公共事务学院的同事们。我们也非常感谢桑塔·巴巴拉家庭基金会（Santa Barbara Family Foundation）提供的资金支持，感谢杰克·桑塔·巴巴拉（Jack Santa Barbara），他给我们的鼓励和实质性帮助远远超出了资金上的支持。岛屿出版社（Island Press）的编辑托德·鲍德温（Todd Baldwin）除了在想法形成到书籍出版的整个过程中给予指导之外，还提供了许多有益的建议。

xv

教师指导

一本教科书通常都是对一门定义明确的学科中已被接受的概念和命题进行有效的教学演示。虽然我们试图使其在教学法上更为有效，但本书不是上述意义上的一本教科书，因为生态经济学并不是一门学科，也不渴望成为一门学科。由于缺乏更好的术语，我们称其为"交叉学科"。我们认为，知识的学科结构存在知识破碎化的问题，而且难以克服，但不是一种必须满足的判断准则。复杂系统中的各种实际问题并不顾及学术的边界问题。当然，我们相信思维应该是严谨的，应该尊重逻辑和事实，而不是将其自身限制在那些已成为新古典经济学各门派所奉祀的传统方法和工具范围之内。更有甚者，生态经济学还处于"建设过程之中"，因此许多方法和工具还没有被完全接受。而且，生态经济学工作者们正从不同的学科汲取方法和工具用来解决特定的生态经济学问题。

我们提出的许多问题比标准的经济学原理教科书中所发现的问题更有争议，而且不落俗套。在我们批评标准经济学过分强调 GNP 的增长而忽略经济蕴含于其中的生物物理系统的同时，我们也认识到，许多环境破坏和其他遭遇也正是由于没有足够地重视标准经济学所引起的。例如，自然资源的补贴价格、漠视外部成本和效益、政治上不愿意尊重资源的稀缺性和机会成本的基本观念，这些都是我们与标准的经济学家们都公开反对的问题。

任何经济学家都清楚，凡是介绍基础微观经济学和宏观经济学的章节以及讨论分配和贸易问题的章节，都是以普通经济学为基础的。我们并不声称是生态经济学家发明了供应和需求，或者国民收入核算，抑或比较优势等概念。虽然没必要明说，但经验已经告诉我们，即使这些经济学概念现在已经被大众所接受，我们也必须明确地了解某些经济学概念的起源。在普通经济学和生态经济学之间，确实存在足够多的争论，以至我们不需要添加任何虚构的成分！对这些有争议的问题，我们并不回避，但我们确实必须尽量避免不必要的冲突，切记，冲突主要是指不同的观点之间的冲突，而不是持有这些观点的人之间的冲突。然而，不承认我们所有人都以极大的热情持有某些观念，那也是不诚实的，否则就没有任何人会支持任何观念，学习经济学也就变得很无聊了。但是，我们的热情应该建立在对公平的承诺之上，即首先要考虑别人的观点，其次才需要别人平等地对待我们自己的观点。

我们两位作者都是接受过标准的新古典经济学博士课程训练的经济学家，几乎所有的美国大学都有这些课程。我们在不同的大学与国家发展机构从事经济学的教学和实践工作超过 60 年。我们不是"非经济学家"，我们也不认为这个绰号就意味着到了不可挽回的堕落状态，毕竟大多数政策制定者都是"非经济学家"，这就是我们有时颇为欣慰的一个原因。我们接受传统经济学的观点毕竟比拒绝的观点多，不过，我们确实必须拒绝一些我们学过的观点。对于"反经济学家"的人士，我们几乎失去耐心——他们希望废除货币，他们认为所有的稀缺性都是人为的社会结构，他们认为所有自然提供的服务都应该是免费的。另一方面，我们也不敢苟同许多经济学同僚的观点，他们认为增长将解决经济问题，狭隘的自利行为是人类唯一可靠的动机，只要有技术就一定会为任何枯竭资源寻找到一种替代品，市场可以有效地配置所有类型的商品，自由市场总会导致供求平衡，热力学定律与经济学无关。确切地讲，正是因为生态经济学家在一些基本问题上与普通经济学家存在分歧，因此有必要强调，这些分歧是从一个共同的历史主干分枝而来，而不是要把这一共同主干彻底伐倒。

我们还编写了一本操作手册，即法利、埃里克森（Erickson）和戴利编写的 *Ecological Economics：A Workbook for Problem-Based Learning*①。我们强调，教科书自成体系，绝不依赖于操作手册。不过，一些教师和学生将会发现操作手册是很有帮助的，对于系统的思考、案例研究、应用和课程计划的设计尤其如此。

---

① 中国人民大学出版社未购买该学习手册版权。——出版者注

引 论

对本书的最好介绍或许就是历史学家 J. R. 麦克尼尔（J. R. Mc-
Neill）所写的 *Something New Under the Sun*。[1]麦克尼尔认为，《传道
书》（*Ecclesiastes*）中的传道者大部分是正确的，但不是完全正确，即在
虚无与邪恶的世界里，确实是"阳光底下无新事"。但是，人类在自然界
所处的位置并不是这样。人类对世界的大规模灾难性影响确实是在阳光
下的新事物，它大大放大了虚无和邪恶的后果。麦克尼尔的发现有助于
把生态经济学置于历史的背景下，解释生态经济学为什么很重要。[2]我们
将他的结论引述如下：

> 资本家、民族主义者（几乎每个人）都在同一祭坛对经济
> 增长顶礼膜拜，因为它掩饰了众多罪恶。印度尼西亚人及日本
> 人容忍了无休止的腐败，只要经济持续增长；俄罗斯人和东欧
> 人忍受了笨拙的监控；美国人和巴西人接受了广泛的社会不平
> 等。社会、道德和生态的弊端在追求经济增长的过程中得以持
> 续；事实上，持这一信念的信徒们认为，只有更多的增长才能
> 解决这些弊端。经济增长成为了世界各国不可或缺的思想意识。
> 为何如此？

这种国家宗教意识在几个世纪前便已深深扎根，至少在重商主义的欧洲是这样。但是，它只在 20 世纪 30 年代的大萧条之后大获成功……大萧条过后，经济理性在除安全领域之外的其他领域占据上风。那些信奉这种国家宗教意识的人成了时代的领袖。

这些人都是经济学家，主要是英美的经济学家。他们通过通货再膨胀和管理美英两国的经济。1945 年以后，美国的国际支配地位确保了美国观点被广泛接受，特别是在经济领域，美国的成功是最显眼的。与此同时，苏联在其地缘政治的范围内提供了另一个版本的增长崇拜，这种增长崇拜是由工程师而不是经济学家所管理的。

XX 美国经济学家因结束大萧条和管理战争经济而取得信任。1935—1970 年，他们获得了巨大的声望和权力，从表面来看，或许是因为他们通过财政或货币政策的微小调整以尽量减少失业，避免经济衰退，并保证经济的长期增长。他们穿透权力的走廊和学术的丛林，为国内外提供专家咨询，培训了大批来自世界各地的信徒，为通俗杂志撰写了大量的专栏，也就是说，他们抓住一切机会来传播福音。他们容忍不同的学术派别，但是，在基本原则上是一致的。他们的想法很符合当时许多所谓正统社会的社会条件和政治状态。所有这些都无所谓，因为经济学家思考、撰写而且指明了，大自然好像并不重要。

这很怪异。早期的经济学家，最著名的就是牧师托马斯·马尔萨斯（Thomas Malthus，1766—1834）和 W. S. 杰文斯（W. S. Jevons，1835—1882），他们试图考虑自然。但是，随着工业化、城市化以及服务行业的兴起，1935—1960 年经济理论已经具体化为对自然的苍白抽象。如果确实如此，它只是作为一个资源仓库等待被使用。自然没有进化，当它被榨取的时候，也没有抽搐和调整。经济学，曾经是一门沉闷的科学，也变成了一门欢乐的科学。1984 年，一个美国经济学家兴高采烈地预测经济增长可以持续 70 亿年，只有当太阳消亡、云遮天际之时，经济才不会增长。诺贝尔经济学奖获得者们不顾自己的名声，声称："实际上，没有自然资源，世界也相安无事。"这些都是极端的话，实质上也是典型的观点。如果犹太教、基督教等一神教可以把自然从宗教中剥离出来，那么英美经济学家（约 1880 年之后）也可以将自然从经济学中剥离出来。

增长崇拜，虽然在一个满是荒芜之地、悠闲的鱼群、广袤的森林和强健的臭氧层的世界里，对世界的平衡而言非常有用，但它确实帮助创建了一个更加拥挤、更加紧迫的世界。尽管生态缓冲作用消失了，而且不断积累着真实成本，但在世界上，增长崇拜的意识形态依然占据统治地位。在经济学家中没有哪个学派能解释自然资产的折旧。经济学家是真正的异教徒，他们质疑增长的基本目标，并且寻求认识生态系统服务价值，但是直到 20 世纪末，他们依然很苍白。经济思想并没有适应于变化的环境，它继续合法地存在并实际上间接地导致了大规模的、快速的生态变化。经济增长绝对优先的思想很轻易地就成为了20 世纪最重要的思想。

1880—1970 年，知识界结成了联盟，以阻止正在发生的大规模环境变化。虽然经济学家们忽略了自然，但生态学家却假装人类并不存在。生态学家试图找到原始的修补程序，监测能量流动和人口动态，而不是以人类事务的不确定性破坏生态学学科的本质。因此，他们对政治、经济（甚至生态）都没有产生影响。

xxi　　麦克尼尔的评论"经济增长绝对优先的思想很轻易地就成为了20 世纪最重要的思想"是正确的吗？很难想象还有什么比此更重要。几乎没有人会质疑经济增长的优先性。[3]但是，正是因为麦克尼尔的观点，很多学生对经济学产生了厌烦，即经济学家完全与自然隔离，并极端热诚地把经济增长奉承为最高的善。虽然这种厌恶是可以理解的，但是，如果即便是学习经济学的学生都没有认识到学科本质的局限性，或者认识到某些东西是错误的却没有能力或勇气去试图改革它，那对于这个学科而言，将是极其可悲的。

麦克尼尔教授所指"真正的异教徒"具体是指直到 20 世纪末仍然将生态经济学置之度外的人。本教科书的目的就是试图改变这种令人遗憾的状况，即帮助下一代经济学家正确地对待大自然和大自然的约束。为了实现这一目标，我们需要融合不同学科的观点和方法，创建经济学的跨学科途径。如果我们理解大自然的约束，并提出让经济在这些约束范围内发展的政策，这种途径便变得十分必要。不过，要取得有目的的成果，我们就必须将手段直接指向目标。麦克尼尔令人信服地认为，永无止境的经济增长提供了比以往任何时候都更多的物质消耗，这是现代社会达成的主体目标。把重点放在一种不可能的或者也是不可取的目标上，则是比对手段的有限理解更为严重的传统经济学的缺点。

呼唤变革

我们写作本书的时候，有新闻报道，一群在法国和英国大学学习经济学的学生们反抗他们受教育的内容。他们成立了"后自我中心主义经济学学会"（Society for Post-Autistic Economics）。像传统经济学一样，自我中心主义者的典型特征是"不正常的主观意识，接受虚无而不接受现实"，这种隐式的判断是恰当的。生态经济学旨在将经济思想置于生物物理环境与道德环境的双重现实和约束背景之下。当前所谓无止境的欲望和无限的资源导致永远增长的"规范性假设"[4]在现实中是不成立的。其可怕的后果显而易见。而且这才是阳光下真正的新东西。

在生态经济学发轫之初，人们希望生态学家接管经济学家的领域，并弥补经济学忽视大自然的缺陷。生态学家作出了许多重要的贡献，其中之一便是被迫接受麦克尼尔的论断，即经济学家的影响基本上一直是令人失望的，也就是说大多数人都不愿意"以人类事务的不确定性破坏其学科的本质"。许多学者似乎很难处理政策问题的原因将成为第 2 章的主题。虽然生态学不会和经济学一样具有相同的不足之处——即以一种与地球上 60 亿人的事务隔离的方式研究生态系统，从而更倾向于接受虚幻而非现实。因此，生态经济学并不只简单地用生态学的光明照亮经济学的黑暗。如果它们的联姻有效，那么这两个学科都需要从根本上进行改革。

其实也不是自我中心式的狭隘视野限制了经济学和生态学。现在多数大学都只在很狭小的传统学科范围内教育学生。现在的大学不是培养学生如何分析问题以及如何运用解决问题所必需的工具，而通常都只是教给学生一组特定的学科工具，然后希望其利用这些工具来解决所有问题。困难在于我们今天面临的最紧迫问题产生于两个高度复杂的系统之间的相互作用：人类系统和维持它的生态系统。这些问题都太复杂，以致无法从单一学科的视角加以解决，即便努力这样做了，必定也会忽略掉问题外部的某些方面，或者运用不恰当的工具来处理这些问题。"异常的主观性"（即自我中心主义）就是单一学科教育的必然结果。把一个学科的观点应用于另一学科将有助于消除单一学科容易产生的虚幻。例如，一个熟悉生态学或物理学的经济学家不可能支持有限地球上存在无限增长的观点。有效地解决问题的研究必须产生一种跨学科交流的双向知识语言。否则，每个学科仍将把自己孤立在自我为中心的世界之中，而无法理解周遭事态，更不用说解决困扰该学科的问题。

一门跨学科的科学

生态经济学家必须超越生态学与经济学的简单拼合。当今的复杂问题需要对来自社会科学、自然科学与人文科学的观点和工具进行综合。我们经常看到分别来自不同学科的研究人员独立地处理一个单一问题，然后极力地将他们各自的研究结果综合在一起。这就是所谓的"多学科研究"，但结果很像盲人摸象，每个人都按照自己摸到的大象的那个部位来描述大象。差别就在于盲人可以轻易地汇集他们的信息，而不同的学科之间一般都缺乏一种能让参与者相互交流的共同语言。交叉学科研究则是由来自不同学科的研究人员从一开始就在一起工作以联合解决问题，从而能够减少语言障碍，这是朝正确方向迈出的一步。然而，虽然大学拥有很多学科，但是现实世界中存在的问题也很多。生态经济学旨在促进真正的跨学科研究。在跨学科研究过程中，参与者将认识到，学科界限只是学术的建构体而已，与大学外部的世界无关，并且根据被研究的问题来确定适当的工具，而不是反其道而行之。

正如有效解决问题需要多个学科的观点和工具集成，定义我们努力的目标也应该受益于不同意识形态价值体系的公开讨论。遗憾的是，20世纪两个占主导地位的意识形态缺乏激发这种讨论的价值体系的多样性。具体来说，苏联与西方虽然在很多重要的方面都存在差异，但有一点是共同的，那就是将经济增长的承诺当作第一要务。因此，在美国和西方，社会大众一般都不否定对正义和道德的诉求，但我们确实认为，我们的道德资源相对于我们的自然资源和技术能力则更为稀缺。我们的策略就是，首先实现经济增长，因为我们希望，与一个小馅饼相比，一个更大的馅饼更容易分割。[5]但是，在实践中，麦克尼尔的"增长崇拜"在这两种体系当中都占有主导地位，而且都把经济增长的成本弃之脑后。

在有限系统中无限增长是不可能实现的目标，最终必将导致失败。苏联首先失败了。西方因为其更高的效率还可以苟延残喘一段时间。但是，它也将在增长成本的累积重压之下崩溃。效率只能延缓一点时间，无限制的增长在西方也必将失败，这种可能性我们还没有加以考虑。无限增长和无约束物质消费这一被误导的目标便是本书所要讨论的主要内容。

xxiii

xxiv

> **思考！**
>
> 想一想当前社会中你所知道的我们面临的一个问题。解决这一问题所需的信息恰好在一门学科范围之内还是需要来自几个不同学科的观点才能解决它？可能涉及什么学科？在你的大学，这些不同的学科系（教授和学生）之间存在多少交流？

全书概貌

我们在本书第1篇介绍了生态经济学的主题。生态经济学不仅要解释世界是如何运转的，而且要提出使得世界运转更好的机制和体制。第1章介绍了新古典主义经济学与生态经济学的基本主题，以显示生态经济学这门新的跨学科领域的全部范围。我们首先定义了生态经济学的研究领域，从而首先建立了我们建议分析的系统的基本性质所达成的基本共识。第2章一开始描述了生态经济学的核心（preanalytic）思想，即经济体系是更大的借以维持它的全球生态系统的一部分或子系统。我们把这种观点与新古典经济学的基本观点进行了对照，新古典经济学认为，经济系统是一个自给自足的整体。如果我们设法使系统更好地运转，我们就需要知道我们的可用资源（即手段）和预期的结果（即目的）。第3章重点讨论目的—手段谱，这是理解一门科学的基本步骤，该科学自定义为连接稀缺手段和可选择目标的一种机制。

第2篇的重点是包含性与支持性整体，即地球和大气。在第2篇中，我们深入地探究了整体的本质，即全球生态系统，它为我们提供了经济过程所需的资源，以及接受我们排放的废弃物的汇。我们在第4章中论述了低熵（有用的、有序的物质—能源）在经济生产中的基础重要性以及通过经济过程转化为高熵的、无序的、无用的废弃物的必然性。第5章分析了低熵本身的具体表现形式以及大自然提供的非生物物品和服务，并分析了它们与市场相关的具体特征。第6章对生物资源作了类似的分析。第7章表明，许多大自然提供的商品和服务原先都很丰富，如果经济系统配置稀缺资源时忽略它们，影响也不大。不过，在我们现在讨论这个问题时，这些资源已变得很稀缺了，对它们的配置已变得极为重要。

我们在第3篇中分析了我们最感兴趣的组成整体的部分（经济子系统）。我们汲取了新古典经济学理论的有益成分，并将它们整合到生态经济学当中。微观经济学、宏观经济学或国际贸易，每一门学科都为多年的研究提供了足够的材料，本书只涉及一些基本要素而已。

我们在第8章和第9章中介绍了微观经济学，即研究在特定的可选目标之间有效地配置特定的稀缺资源的机制的一门学问。解释了竞争性市场经济的自组织属性，通过这一属性，数以百万计的独立决策者，依据他们自身的利益自由行动，从而可以产生我们在第1章开始时顺便提及的那些非凡结果。这两章还解释了如何修改新古典主义的生产函数和效用函数以处理生态经济学的有关问题。

第10章从传统的有关资源配置的微观经济分析后退一步来分析资源通过市场机制有效配置必须具有的一些具体特征。我们发现，大自然提供的商品和服务很少具有所有这些特征。试图通过自由市场配置那些不具有合适特征的资源，导致的结果是无效率、不公正和不可持续。与其说个体的自利创造了"一只看不见的手"使得社会福利最大化，毋宁说这类"非市场"商品的市场配置创造了"一只看不见的脚"可以踢到裤子里的公共福利。仔细分析稀缺资源与市场相关的这些特性是制定政策必不可少的前奏。因此，我们在第11章将市场失灵的概念应用于非生物资源的分析，在第12章中则应用于生物资源的分析。

我们在第13章中把注意力转向人的行为，主要目的有三个：第一，希望通过评价什么东西以及什么活动有助于满足人类美好生活，从而澄清经济活动的理想目标。第二，传统的经济模式是建立在人类是贪得无厌、理性和自利的效用最大化者的假设基础之上的。这种行为是发展合作机制的严重阻碍，这种合作机制是论述第10~12章所述的市场失灵所必需的。我们看一看与这些假设有关的实证证据就会发现，它们缺乏这种机制。第三，我们评价了与合作行为有关的实证证据。我们的结论是，合作是人类行为的一个组成部分，这种行为会受到市场经济的压制，但各种机制可以有效地诱发它们。这个结论很意外，因为已知的证据表明，合作行为是解决当前我们所面临的最严重的问题所必需的。

我们在第4篇中论述宏观经济学。如前所述，生态经济学把经济看作一个更大的有限系统的一部分。这意味着，传统的宏观经济政策目标（在物理维度上经济无限增长）是不可能的。因此，在生态经济学当中，最优规模代替经济增长成为一个目标，接着依次为公平分配和有效配置。经济规模和分配从本质上来讲都是宏观经济学的问题。因此，除了传统教程中主要讨论的财政政策和货币政策工具以外，我们将论述有助于达到最优经济规模的政策。[6] 我们在第14章中论述了国民生产总值和福利等基本的宏观经济概念。首先分析了国民经济核算，或从国民生产总值到人类需求评估等理想目标的测度。第15章讨论了货币在经济中的作用。第16章中论述了代内与代际的分配问题。第17章简要地提出了储蓄和投资行为是如何与货币供需结合以确定利率和国民收入的宏观经济基础模型的。然后将宏观经济模型与旨在实现可持续规模和公平分配的生态经济目标的政策杠杆相联系。

我们在第5篇论述国际贸易。第18章和第19章讨论了不同的经济体之间是如何相互作用以及全球经济一体化面临的棘手问题。我们着重考虑了全球一体化对政策制定的影响。第20章分析了金融问题，着重强调了投机活动和金融危机，并分析了全球化对宏观经济政策的影响。

我们在第 6 篇中论述政策。第 21 章提出了政策的一般设计原则。第 22 章回顾了影响经济规模的许多主要的具体政策选项。第 23 章回顾了影响分配的政策。第 24 章回顾了影响配置的政策。

在总结性的一章，即"展望"中，我们再一次论述了生态经济学的道德假设。我们呼吁经济学作为一种道德哲学回归其肇始，明确指向提高当代以及后代人的生活质量。

总之，新古典主义微观经济理论主要产生于解释市场经济的努力。宏观经济学因微观经济理论无法解释与应对经济衰退和萧条应运而生。生态经济学正日益形成，因为微观经济学和宏观经济学无法处理不可持续经济规模和不平等分配问题。生态经济学采取了更具包容性的积极立场。我们描述了稀缺资源的性质和利用它们的目的，以及在公平分配和可持续经济规模等社会环境背景下，预置了它们有效配置的合适机制。我们建立了基本的市场配置机制，也就是说，虽然它仍然需要改进，但至少它已经存在了。我们尚没有限制经济规模的机制，我们调节分配的机制（反垄断、累进税）也被允许缩减。我们知道，建立机制是一项政治任务，而且"政治是可能的艺术"。这是一个明智而谨慎的忠告。但是，这条格言还禁止我们去徒劳地尝试真正的物理上的不可能性，以避免明显的政治上的"不可能性"。当我们陷于在物理的不可能性和政治的不可能性之间进行选择的两难困境之时，最好去尝试政治上的"不可能"。

【注释】

[1] New York：Norton，2000，pp. 334 - 336.

[2] 关于生态经济学在当前的知识和历史背景下所处地位的讨论，参见 Peter Hay，*Main Currents in Western Environmental Thought*，Bloomington：Indiana University Press，2002，Chapter 8.

[3] 关于战后时期经济增长是如何占据美国政治的主导地位的有趣的政治史，参见 R. M. Collins，More：*The Politics of Growth in Postwar America*，New York：Oxford University Press，2000。

[4] 从字面上来理解，"规范性"是指"按照宗教法"的意思，通常情况下是指按照可接受的用途的意思。

[5] 对于西方巨大而有权势的集团而言，增长优先以及对市场支配力的崇尚已经让他们颠覆了普世的道德观念。艾茵·兰德（Ayn Rand）是一位负有盛名的哲学家和作家，包括艾伦·格林斯潘（Alan Greenspan）（美联储前主席，也可以说曾经一度是世界上最有权力的人之一）在内的许多人都是她的崇拜者。她认为，利他主义是罪恶，而自私是一种美德（*Selfishness：A New Concept of Egoism*，New York：Signet，1964）。诺贝尔经济学奖获得者、芝加哥学派经济学家米尔顿·弗里德曼（Milton Friedman）同样认为："对社会负有责任的企业官员们要尽可能地为他

们的股东们获得利益，除此之外，还没有什么可能会如此彻底地破坏我们自由社会的基础。"（Chicago：University of Chicago Press，1962，p. 135）

[6] 最优经济规模是指额外增长的边际效益刚好等于这种增长引起的生态系统功能下降的边际成本时的经济规模。正如本书将指出的，很多因素都可以影响最优经济规模。

目 录

xi

xiii

第 1 篇

生态经济学绪论

第 1 章 　为什么学习经济学？

1.1　什么是经济学？

3　　　　经济学是一门研究有限或稀缺资源在不同的有竞争性的目的之间**配置**的学问。[1]例如，我们可以选择把钢材配置于制造犁头或者 SUV 汽车。这些产品依次又可分配给不同的个体，如索马里的农民或者好莱坞的明星。当然，作为一个社会，我们不会有意识地选择性地把钢材配置给生产犁头或 SUV 汽车的某个特定成员。但是，确实存在集体性愿望，即每个人作出是购买这种商品而不是那种商品的个体选择的总和。经济学就是关于我们期望什么以及愿意放弃什么以获得所期望的东西的一门学问。

　　以下三个问题支配着我们对经济学的质询，而且次序非常明确：

　　1. 期望目标是什么？

　　2. 达到这些目标需要什么有限或稀缺的资源？

　　3. 哪个目标优先？应该在多大程度上把资源配置给它们？

　　如果没有深入地思考前面两个问题的答案，就无法回答最后一个问题。只有在我们回答所有这些问题之后，我们才能够确定哪个是配置这些资源的最好机制。

传统上，经济学家会说第一个问题的答案是"效用"或人类福利。[2]福利不仅取决于人们需要什么，而且取决于人们通过市场交易（人们买卖什么商品和服务）揭示了什么。一般而言，它仅揭示了人们对市场商品的偏好，而且暗含着这样一种假设，即非市场商品对福利的贡献很少。它假设人类是贪得无厌的[3]，因此，福利会由于商品和服务持续不断地加大供给而得以增加，这些商品和服务是以它们的市场价值来衡量的。因此，永无止境的经济增长被认为是理想目标的一个充分的、可测度的替代指标。

这个观点是当今经济学主流学派，即所谓**新古典经济学**（neoclassical economics，NCE）的基本观点。由于新古典经济学家假设市场可以揭示人们所期望的大部分目标，而且大部分稀缺资源都是市场物品，因此，他们把主要注意力放在了资源在各可选目标的配置上，这种机制便是市场。认为市场是合适的机制的理由是，在一定的限制假设条件下，市场是有效的，而且效率被认为是对"福利"的一个不涉及价值的、客观的评价标准。**有效配置**（efficient allocation）是**帕累托有效配置**（Pareto efficient allocation）的简称，它是指一种状态，在这种状态下，没有其他任何资源的配置方式能够使得至少一个人更好而又不使得其他人更糟（它是以经济学家维尔弗雷多·帕累托（Vilfredo Pareto）的名字命名的）。效率在新古典经济学当中是如此之重要，以至于有时它本身就被当作一个目标。[4]

应该牢牢记住的是，如果我们的目标是邪恶的，那么效率就会使得事情本身变坏。毕竟，希特勒杀害犹太人的效率就很高。只有当我们的目标事实上是好的，而且秩序井然时，效率才是合算的。如果一项工作不值得做，我们便没必要把它做好。我们在第 3 章中讨论目标—手段谱时还将讨论这个问题。

生态经济学（ecological economics）与新古典经济学的研究路径不同。在生态经济学中，有效配置很重要，但是，其本身远不是一个目标。我们以船为例加以说明。有效地装载一条船，就是确保龙骨两边的重量相等，而且装载物从船头到船尾要分配好，这样才能确保船在水里均匀地浮起来。虽然有效地装载货物极其重要，但是，确保不要超重更为重要。如果超载了，装得再有效也没有用！授权装载货物的人也很重要：我们不希望坐头等舱的乘客独占所有的货仓，而坐统舱的人在整个航程中却没有足够的食品和衣物。

生态经济学家把地球看作一艘船，而把经济的总物质产量看作货物。这艘船的适航性则是由它的生态健康程度、生活必需品的供应程度以及它的设计所决定的。生态经济学家认识到，我们正航行在一片未知的海域，没有人能够预测这次航程的天气，所以我们不知道究竟装载多少才是安全的。但是，装载过重将会导致船的沉没。

新古典经济学家只注重有效地配置货物。**环境经济学**（environmental economics）是新古典经济学的一门分支学科，它认为福利在很大程度上取决于生态系统服务，并受到污染的伤害，但是它仍然钟情于效率。由于在生态系统服务和污染方面的市场极为罕见，所以环境经济学家采用了大量的技术为它们赋予市场价值，使其可以融入市场模型。生态经济学家坚持要使货物重量保持在极限范围之内（按航海学的说法，叫作"普利姆索尔线"[5]），它是由船的设计以及它可能碰到的最坏的情况来决定的，而且要确保所有的船客都有足够的资源度过一个舒适的航程。一旦这两个问题得到安全的解决，货仓才是有效的装载。

大量证据表明，货仓对于一个安全的航程而言已经过于饱和了，至少接近其最大容量，而且许多乘客都不允许为这次航程携带一些基本的生活必需品。诚然，货仓里似乎存在太多的温室气体和有毒物质。为了给永不停止增长的货物腾出空间，我们已经锯掉了一些我们认为不太重要的船的部件。但是，我们生活的这艘船非常复杂，我们对它的设计以及我们的选择对其结构整体性的影响知之甚少。要使这艘大船浮起来，我们需要多少森林和湿地？哪种铆钉最关键？丢失了哪个铆钉将危及该船的适航性？生态经济学就是要解决这些问题。生态经济学也认为，我们的目标不是简单地装载货物达到限载线，而是维持船上的空间以满足乘客舒适和享受的需要，从而使乘客沉醉于造船的精湛技艺，而且为子孙后代保持其良好的状态。

6　　　综上所述，我们现在可以回答为什么要学习经济学？如果不学习经济学，首先，我们可能会失去一些重要的目标；其次，当资源用完时，一些更为重要的目标却没有得到满足。我们还可能会超载，甚至翻船，除非我们研究过将要航行的海域，以及船本身的设计和机能。

1.2　本书目的

我们在本书中试图把生态经济学作为传统经济思想（新古典经济学）的一个必要的演化过程予以介绍，一个多世纪以来，传统经济学在学术界一直占主导地位。我们在本书中将对新古典经济理论作出评论，而且也对支持增长的市场经济提出批评，许多人一想起市场经济，脑海里就闪现出美国的民主政治，这二者实际上几乎已成为了同义词。生态经济学家并不提倡市场的终结，实际上市场是必不可少的。我们必须质问的是普遍流行的一种信条，即市场可以揭示人们所有的愿望；市场不仅对于有效地配置所有资源而言是一种理想的体系，而且是一种能在人们之间公平分配资源的理想体系；市场可以自发地把整个宏观经济[6]限制在某个可以在生物圈之内持续下去的实体空间范围之内。

本书的部分目的在于解释市场，以及如何做好市场。另一个目的是论述没有调节的市场体系为什么不足以配置大多数大自然提供的商品和服务。这部分论述不应该存在什么争议，因为大多数基本观点实际上来自新古典经济学，而且仅仅是让读者注意其偏离正统的完整含义。

比较有争议的（而且也是比较重要的）的是生态经济学所提倡的增长终结的概念。我们把**增长**（growth）定义为**通量**（throughput）的增加，即通过经济体，从环境而来，又以废弃物的形式返回环境的自然资源流量。它是经济体或经济体产生的废弃物流在物理维度上的数量增加。当然，这种类型的增长不可能无止境地继续下去，因为地球及其资源不是无限的。虽然增长必须终结，但这绝不意味着**发展**（development）的终结。我们把发展定义为定性的变化、潜力的实现、向优化的（但不是更大的）结构和系统的演化，也就是某一给定通量提供的商品和服务在质量上的增加（其中质量以提高人类福利的能力为衡量标准）。可以肯定的是，学习本教科书的大多数人已经停止了体格上的生长，但通过学习本书，可以进一步发展你们的潜能。我们希望人类社会继续发展，而且确实认为只有通过终结增长，才能够继续永远地发展下去。幸运的是，我们要实现的许多理想目标只需要极少的物质资源。

"可持续发展"的理念（我们在随后的章节中还将继续讨论）是指没有增长的发展，亦即在通量的定量增长不超过环境承载力的前提下，满足人类欲望的能力得到质的改善。承载力是指某一给定生态系统在一定的消费和技术水平基础上可以维持的人口总量。增长的极限并不必定意味着发展的极限。

传统新古典经济学家可能会把经济增长定义为某个经济体的商品和服务产量上的增加，主要由它们的市场价值，如国民生产总值（GNP）的增加值来测度。然而，一个经济体可以没有增长而发展，也可以没有发展而增长，甚至可以同时既增长又发展。GNP把定量的增长和定性的发展混为一谈，这是两个截然不同的东西，它们各自遵循截然不同的法则，因此，GNP并不是一个很有用的指标。

尽管增长与发展是有区别的，但是呼吁终结增长仍然需要社会对"善"（我们的目标及其排序）的理解产生几乎革命性的变化，这一主题将贯穿全书。正如我们所知，对于个人而言，从青春期过渡到成熟期是一个很艰难的时期，对于社会而言，也必将如此。

市场经济制度是一种神奇的制度。我们有充分的理由认为，在过去的三个世纪里，市场力量引起了消费品前所未有和令人惊讶的迅速增长。当今，即便是富裕国家的穷人，他们拥有的奢侈品也是一个世纪前欧洲的国王做梦也想不到的东西，而且我们是通过一个依赖自由选择的体系来实现这一成就的。在纯粹的市场中，个人自由地购买和生产任何他们选择的商品，除了个人的自由意愿之外，没有什么监管部门。当然，纯粹的市场只存在于课本之中，但是，竞争性市场确实也展示出令人印象深刻的自我调节能力。对一个公认的令人印象深刻的体系的论点进行修正必须具有很强的说服力。然而，简要地对市场和经济学进行回顾的历史表明，此类修正一直在发生着。

1.3　协同演化经济学[7]

正如卡尔·波拉尼（Karl Polanyi）在其经典著作 *The Great Trans-formation*[8]中表明的，经济制度已经内化为人类文化的一个元素，而且像我们的文化一样，它处在不断演化的过程之中。事实上，人类具有通过文化演化来适应正在变化的环境的能力，这种能力是人类与其他动物最明显的区别。经济、社会和政治制度以及技术进步，都是文化适应的实例。所有这些制度都已经适应了环境的变化，而且它们又会促进环境的变迁，我们必须在一种协同演化的过程中再一次适应它。接下来我们将用有关协同演化适应以及它们对未来变化意义的一些主要例子论述这个概念。

8

从捕猎—采集者到产业工人

在人类历史90％以上的时间里，人类是作为一小群游牧的捕猎—采集者而繁衍成长的。人类学和考古学共同为我们对捕猎—采集者经济提供了一个合理的解释。先人的生活并不像许多人想象的那样"肮脏、粗野和短命"，他们每天只要工作几个小时就可以满足他们基本的需要，而且资源足以提供给那些很少采集食物的儿童和老人。最近对生活在非常干旱的纳米比亚的库族人（！Kung）的研究发现，10％的人口寿命超过60岁，这可以和许多工业化国家的人口媲美。[9]

小股的捕猎—采集者会耗尽某个地方的资源，而后转移到资源更丰富的地方，让原扎营地的资源底子得以恢复。流动性是生存所必需的，而且物品的积累会使得流动性降低。考古学家的许多报告都证实，捕猎—采集者几乎不会关心物质性的物品，他们很容易就可以分配他们的捕获物，且对获取新的捕获物的能力充满信心。[10]土地产权在游牧社会里没有任何意义，而且在人类大约1万年前开始驯养以前，对牧群设置产

9

权实际上是不可能的。食物也是分享的，不管它是由谁提供的，这或许部分是因为技术的局限性。有些食物不可能简单地分割开来收获，如果捕猎者把一只大型的猎物带回家不与他人分享的话，它就会腐烂，或者引来凶猛的捕食者。[11]对库族以及其他部落的研究发现，老人和儿童通常都免于采集食物，甚至许多成年男人和妇女也经常不参加这种活动，不过他们仍然可以得到相同份额的收获品。[12]

如果对于大部分人类生活而言，私人产权和财富积累都不现实，并且人类社会不存在这些东西的话，那么，我们很难认为这些东西是人类本质的内在特征，而不是文化的产物。

捕猎—采集社会渐渐地开始发展技术，以储藏大量的连续数月所需的食物，从而成为原始农业的先驱。农业结束了许多先人的游牧生活方式。人们开始定居在城镇或部落，这导致人口比以往更加集中。[13]储藏和农业技术改变了产权的性质，而且在人们意识到产权之前是事实上所需要的。农业本身肯定促成了某些形式的基本土地产权。生产开始出现剩余，这使得劳动开始分化，生产出现了专业化，这又导致了更大的人口集中，从而促进大范围的贸易，并最终导致货币的发展。随着人口的增多，为了保护日益增多的富人以及部落内部的产权，对政府的需求也加大，统治阶级应运而生。[14]统治阶级以及国家的需要显然必须得到其他人的生产能力的支持，这不可避免地会导致某种形式的税收体系的产生，并使财富集中在统治集团的上层。

演化事件链并没有就此停止。人口密集和农业发展会破坏局部的生态系统，最终使食物和不依赖于农业的物质生产的能力下降。而唯一增加的就是社会对农业的需求。这些需求，伴随着人口较稠密的部落里人们之间思想观念的快速交流，刺激了新技术——例如大型灌溉系统的发展。[15]随着时间的推移，灌溉会导致土壤日益盐碱化，如果农业没有进一步创新，或者人口进一步迁移，最终就会降低生态系统维持高密度人口的能力。

工业革命

10

不断增加的生产剩余，加上更优良的船只，导致贸易的规模不断扩大。商人不仅交换物品，而且交流思想和观念，这进一步加速了技术进步的速率，其中就包括提高开采和利用不可再生矿物资源能力的关键技术跨越。难怪市场经济和化石燃料经济基本上是在同时产生的。[16]贸易也使区域间的专业分工得以产生，而不仅仅是在某个社会的个体之间实现专业分工。技术进步以及全球化市场为工业革命奠定了基础。

工业革命对经济、社会以及全球生态系统产生了巨大的影响。人类社会第一次主要依靠矿物燃料以及其他不可再生资源（主要是指作为燃料的森林资源的消耗）。矿物燃料使我们摆脱了对固定的太阳能量流的依赖，而且它也使化学能得以替代人力和动物的劳动。能量的增加也使我们持续不断地发现其他原材料，既有生物的，也有矿物的。新技术以及大量的化石燃料的利用，使我们所生产消费品的产量达到了前所未有的水平。大量消费品的生产以及新的原材料来源都需要开辟新的市场，这在殖民主义以及帝国争霸中起到了重要作用。市场经济以极其有效地配置这些物品的方式演化，并刺激产量进一步增加。

> **思考!**
>
> 据估计，一桶石油大约凝聚了 25 000 小时的人类劳动，人类对石油的使用量为每天 8 500 万桶。从 18 世纪以来，经济生产出现了激增，你认为有多少应归因于市场的魔力，有多少应归因于化石燃料的魔力？

国际贸易猛增，前所未有地把许多国家连接在一起。满足基本需求的能力越来越大，卫生保健和医学也在不断进步，最终导致人口的明显增加，需求也进一步增加，这种需求需要通过更大的能源利用以及更快速的资源消耗来得到满足。日益增长的人口很快就在最后滞留的边缘地区定居下来[17]，他们拆除溢流阀，让人口重新定居下来。人均消费疯涨，因此而产生的大量废弃物开始危及我们的生态系统，并迫使其退化。

1.4 生态约束时代

如前所述，经济学是一门关于在不同目标之间配置稀缺性资源的学问。工业革命的成功明显地降低了世界大部分人口消费品的稀缺性。渐渐地，经济增长开始对我们最终赖以生存的大自然提供的商品和服务的原有丰富性造成了威胁。这些商品和服务已经变成新的稀缺性资源[18]，而且必须重新设计我们的经济体系以解决这个现实问题。遗憾的是，在消耗资源基础的同时增加的消费能力已经使得人们相信，人类以及维持人类生存的经济都已经超过了大自然的承受能力。在当前的体系下，财富似乎与自然资源无关，而是通过计算机上的商业交易获得的，这些计算机只不过是移动的电子而已。尽管知识和信息很重要，但最终的财富需要物质性的资源。一份食谱并不能代替一顿美餐，但是一份好的食谱可以提高这顿美餐的品位。

与过去的经济体系相比，当前的经济体系非常短暂，但是，却已经产生了巨大的环境变化。这些变化对稀缺资源的概念进行了重新定义，而且，它们需要经济学理论以及我们的经济制度作出相应的明显变化。经济制度的变化是不可避免的。唯一的问题在于它是作为对全球生命支持系统不可预知的被破坏的某种随机反应而发生变化，还是作为一种细致规划的系统转型而发生的变化，这种转型被局限在有限的地球施加的物质限制和我们的伦理道德价值观表达的精神限制的范围之内。答案主要取决于我们的行动有多快，而且迫在眉睫的问题是：我们还有多少时间？

变化的速率

在大部分人类历史时期，技术、社会和环境的变迁都非常缓慢。农业革命并不是真正意义上的革命，而是一种演化。例如，从原始的大刍草（teosinte）到玉米的产生或许用了几千年时间。[19] 人类通常看不到这一代与下一代之间变化的明显证据，而且，人类文化的演化速度也同样慢，以适应确实发生了的变化。只是到了工业革命，变化真正开始加速，以至我们可以显著地注意到这一代与下一代之间的变化。工业革命主要是增加对不可再生资源的开采，并因此而增加人类的物质消费。这是一种来自大自然的恩赐，它使得一般人都认为，未来总会变得更好，人们所需要做的就是更多地利用这种大自然的恩赐。对此，我们的反应就是以更快的速率用尽这有限的恩赐，使得我们现在在人类历史上第一次可以按照人类的时间尺度明显地改变地球系统（阳光下的真正的新事物）。事实上，这对地球的生命支持能力产生了威胁。虽然文化一直在持续不断地缓慢演化，以适应新的技术和新的约束，然而，史无前例的技术变化和生态退化速率意味着我们不再具有与时间叫板的筹码。最可能出现的情况是，我们将不得不改变我们的文化制度和价值观以适应新的变化，尤其是导致这种情况出现的经济制度与价值观。由于我们的文化适应速度存在某些限制，所以，我们也需要严肃地考虑这样一个问题，即如何降低那些迫使我们适应的变化速率？值得记住的是，并不是所有的变化都是我们所期望的，而且，即便是我们所期望的变化，可能也变化得太快。

实现期望变化的困难

我们很难在限制变化和适应变化二者之间找到平衡，且低估这种困难是非常愚蠢的。当前，我们的经济制度主要关注有效配置的微观经济学问题；应用经济学则主要关注增长最大化的宏观经济学问题。生态经济学则主要关注一个更大的宏观经济学问题，即"多大才是太大"。这实际上是一个**规模**（scale）问题。相对于支持它的生态系统而言，经济系统在其物理维度上应该多大才合适？一旦我们关注这个问题，就是暗示：存在一个最优规模（而且，许多人认为我们现在已经超过了这个规模），因此我们有必要终止增长。如果我们接受终止增长的观点，我们也必须更加严肃地解决分配问题。

可持续规模和公平分配之间的联系

分配（distribution）是指资源在不同的个体之间分割。终止增长为什么要求我们注重分配呢？

首先，资源过度利用对后代产生的负面影响极有可能比对我们自身的影响更大。因此，关心规模问题也就是关心后代，或者代际的分配。尽管当今约有 12 亿人生活在赤贫状态，可是还有许多人财富多得不知道做何用。我们在忽视当今的悲惨境况之时，却必须应该关心尚未出生的后代，这似乎是一种非常奇特的道德信仰。

> **思考!**
>
> 为什么过度利用资源对后代比对当代的影响更大？我们先回顾一下帕累托有效配置的定义。如果当代人是所有资源的实际上的所有者，那么，当代人消费较少的资源，以便后代生活更好，这便应该是帕累托效率吗？

其次，只要经济还在增长，我们总能为穷人提供某种希望，让他们在一块大蛋糕当中分得一片。有些人认为，我们不需要现在就重新分配，因为资本集中为资本主义制度提供了营养，而且只要穷人保持忍耐，他们的痛苦很快就会得到缓解。（在资本主义社会）这在政治上肯定是一个比重新分配更合乎人意的选择，但是只要我们支持增长的终结，那么这种选择便不复存在。我们肯定不能要求今天的穷人牺牲他们对美好未来的希望，以便那些尚未出生的后代享受到他们现在只能梦想的必需品。尤其是，人们之所以现在不愿意再分配财富，是因为要求现在的穷人为后代作出牺牲，可是后代很可能是别人的孩子。因此，分配对于生态经济学而言具有重要意义。[20]

新古典经济学几乎只关心有效配置。生态经济学也认为有效配置重要，但是，生态经济学认为有效配置对于规模和分配问题而言则是次要的。正如我们将论述的，如果没有优先解决分配和规模问题，实际上，有效配置甚至不能从理论上得到确认。具体来讲，现在的解决办法是把现有的分配和规模当作"已知"来看待。

幸运的是，正如麦克尼尔提醒的那样，只是在大萧条之后，增长迷信才一直控制了经济学。正如本书读者将了解到的，如果以前不知道，那么现在应该知道，经济学上确实存在许多真实而有用的东西，这些东西与增长的思想意识无关，而且没有这些东西还不行。的确，正如我们将论述的，基本的经济优化工具为反对对经济增长的迷恋提供了最好的工具。

14　　为什么要学习经济学，尤其是为什么要学习生态经济学？正如本章一开始就论述的，经济学是关于我们希望得到什么以及为了得到它而不得不放弃什么的一门学问。增长是我们希望得到的一个东西，而且，像其他任何东西一样，为了得到它，我们不得不放弃一些东西。生态经济学家总是问这样一个问题：额外增长是否与该增长承受的额外牺牲等值？新古典经济学家往往会忘记这个问题，或相信答案总是肯定的。

1.5　主要概念

目标与手段　　　　　　　　　Ends and means

帕累托有效配置　　　　　　　Pareto efficient allocation

配置、分配和规模　　　　　　Allocation，distribution，scale

增长和发展　　　　　　　　　Growth versus development

通量　　　　　　　　　　　　Throughput

协同演化经济学　　　　　　　Coevolutionary economics

【注释】

[1] 我们在随后的章节中还将重新审视这一定义，因为不是所有资源都具有经济意义上的稀缺性。例如，不管你使用了多少信息，信息仍然还在那里，可以留给别人使用。如果因为你的使用而使得信息增进，信息量甚至有可能增加。我们生活在"信息时代"，这是一个重要的观点。大自然提供的许多服务同样不会因为使用而消耗。

[2] 许多新古典经济学家认为，经济学是一门实证性科学（即建立在中性命题和分析的价值之上）。由于期望达到的是规范性的目的（建立在价值基础之上的），因此，它们应该列于经济分析的主要领域之外。

[3] 贪得无厌意味着我们对所有的物品绝不会感到足够，即便我们可以在某一指定时间获得足够多的某一种物品。

[4] D. Bromley, The Ideology of Efficiency: Searching for a Theory of Policy Analysis, *Journal of Environmental Economics and Management* 19：86－107 (1990).

[5] 1875 年，塞穆尔·普利姆索尔（Samuel Plimsoll）支持英国《商船法》(Merchant Shipping)。该法案要求使用英国港口的每只货船在其船体上必须画出限

载线。如果吃水线超过限载线，船就属于超载，并被禁止进出港口。因为英国的航海事业占主导地位，这一做法在全世界被广为采纳。然而，靠超载而获利的船主们强烈地反对这一做法。他们可以购买保险，保险费率按一艘超载船偶然损失的风险率计算。限载线挽救了许多船员的生命。

[6] 微观经济学主要研究资源如何配置给商品和服务的生产和消费。宏观经济学主要研究经济增长（即经济的规模）、就业和通货膨胀。

[7] 这里采用的许多基本理念均来自理查德·诺加德（Richard Norgaard）的著作，包括 R. Norgaard, Coevolutionary Development Potential, *Land Economics* 60：160 - 173 (1984) 和 R. Norgaard, Sustainable Development：A Coevolutionary View, *Futures*：606 - 620 (1988)。

[8] K. Polanyi, The Great Transformation：*The Political and Economic Origins of Our Time*, Boston：Beacon Press, 2001.

[9] R. Lee, "What Hunters Do for a Living," In J. Gowdy, ed. *Limited Wants, Unlimited Means*：*A Reader on Hunter-Gatherer Economics and the Environment*. Washington, DC, Island Press, 1998.

[10] M. Sahlins, "The Original Affluent Society," In J. Gowdy, op. cit.

[11] 最近的逸闻支持食物储藏技术和产权的这种关系。在阿拉斯加的土著部落，政府为食物的储藏提供储藏设备，而且它的影响很明显。原先成功的捕猎者会与其部落成员分享猎物，而储藏器使得猎手可以把他的猎物储藏起来，供其自己闲时消费，其他老弱病残则没有基本的生活来源。

[12] Lee, op. cit.

[13] J. Diamond, Guns, Germs, and Steel, The Fates of Human Societies, New York：Random House, 1997.

[14] 许多政治哲学家认为，政府的主要目的在于保护私有财产。约翰·洛克（John Locke）指出："政府除了保护所有权之外没有其他目的。"引自 "An Essay Concerning the True Original, Extent, and End of Civil Government"。

[15] Diamond, op. cit.

[16] 煤炭只是在纽克曼蒸汽机 1712 年商业化之后才成为一种可用的能源，当时用它来从矿井里抽水。詹姆斯·瓦特（James Watt）设计和改进了纽克曼的设计，并于 1776 年生产了第一台商业引擎。同年，亚当·斯密的《国富论》出版了。

[17] 当然，许多"拓荒者"已定居下来，而且被武装更好的部落扣押了。

[18] R. Hueting, *The New Scarcity and Economic Growth*：*More Welfare Through Less Production?*, Amsterdam：North Holland, 1980.

[19] Diamond, op. cit.

[20] 与本书配套的 *Ecological Economics*：*A Workbook for Problem-Based Learning* 论述了规模、分配和配置作为经济活动理想目标的问题，其中的练习1.2要求你运用这些概念。

第 2 章　基本观点

2.1　整体与部分

15　　生态经济学与传统新古典经济学共享许多概念。例如，二者均把**机会成本**（opportunity cost）概念当作基础，都把机会成本定义为：当你选择做某种事情的时候，你不得不牺牲的最好选择。但是，生态经济学的起点与传统新古典经济学存在本质上的不同：在究竟如何看待世界存在的方式这个核心问题上存在不同理解。也就是说，传统经济学把经济（即整个宏观经济）看作一个整体。在某种程度上，大自然和环境都得到了考虑，但它们都只被认为是宏观经济的部分或者部门，如森林、水产、草地、矿井、水井、生态旅游点等等。相反，生态经济学则把宏观经济看作一个更大的包含性和支持性整体的组成部分，这个整体就是地球、大气层及其生态系统。经济被看作这个更大的"地球系统"的一个开放子系统。这个更大的系统尽管对太阳能是开放的，但它仍然是有限的、不增长的，而且在物质方面是封闭的。

理解开放系统、封闭系统和孤立系统的区别很重要。**开放系统**（open system）既可以输入和输出物质，也可以输入和输出能量，经济便是这样一个系统。**封闭系统**（closed system）则只输入和输出能量，物质只在系统内循环，但不能流经它而输出到系统之外。地球近似于这样一个封闭系统。**孤立系统**（isolated system）则是指没有能量与物质输入和输出的系统。很难想出一个孤立系统的例子，或许可以将整个宇宙看作一个孤立系统。之所以说地球近似于一个封闭系统，因为它与外太空交换的物质很少，譬如：偶尔有些流星进入，火箭偶尔飞出去再也不回来；国家大教堂（National Cathedral）的彩色玻璃窗户里就有一块月球岩石。或许在未来的某个时候，物质交换会比较大，但是到目前为止，它仍然可以忽略不计。不过，确实存在大量的能量流量或通量，它们以太阳光的形式输入，又以热辐射的形式输出。和生态系统一样，这种通量也是有限的，而且是不增长的。对于地球而言，基本的法则就是：能量流动，物质循环。

我们现在论述整体和部分的问题。整体和部分为什么如此重要？因为如果经济是一个整体，那么它便可以无限制地扩大。它不会替换任何东西，因此也不会产生机会成本，即不会因宏观经济向无人空间物理性地扩张而放弃任何东西。但是，如果宏观经济是一个部分，那么它的物理性增长就会对有限而不增长的整体的其他部分产生侵占，因而迫使我们牺牲某些东西，即经济学家所称的机会成本。在这种情况下，如果我们选择扩大经济，那么，作为这种扩张的结果，最终所牺牲的自然空间或功能就是机会成本。关键点在于增长是有成本的。增长不是免费的，因为我们不是在一个虚无的世界里扩张。地球生态系统并不是一个虚无世界，它是持续维持我们生命的包裹体。因此很容易理解，在达到某种程度时，宏观经济的进一步增长对我们所产生的成本可能就会超过它产生的价值。我们把这种增长称为**不经济的增长**（uneconomic growth）。这将导致我们认识到另外一点，这一点对生态经济学而言是根本的，而且也是它区别于传统经济学的关键点：增长既可以是经济的，也可以是不经济的。宏观经济相对于生态系统而言，存在一个最优规模的问题。[1]我们如何知道是否已经达到或超过了这个规模呢？

2.2 最优规模

对于传统经济学家而言，最优规模的想法并没有什么新奇，它正是微观经济学最基础的概念。随着经济活动的增加，比如说生产鞋子或冰激凌，既会增加该项活动的成本，也会增加其收益。但是，一旦达到某个程度以后，成本就比收益上升更快。因此，在某个点上，增加某项活动产生的额外收益将不等值于它所产生的额外成本。按照经济学的术语来讲，即当**边际成本**（marginal costs，即额外的成本）等于边际收益时，经济活动就达到了最优规模。[2]如果经济活动的增加超过了这个最优点，那么与收益相比，成本增加得更多。结果是，增长将使我们变得更穷，而不是更富。微观经济学的基本原则是：边际成本等于边际收益时（MC＝MB）达到最优规模。这个原则一直被称为"何时停止原则"（when to stop rule），即何时停止增长。很奇怪的是，在宏观经济学当中，既不存在"何时停止原则"，也不存在任何宏观经济最优规模的概念。默认的原则是"永远增长"（grow forever）。的确，如果增长没有成本，为什么不永远增长？如果经济是整体，那么宏观经济的增长怎么会有机会成本呢？

即使一个人接受生态经济学的基本观点，并且认为经济系统是生态系统的一个子系统，只要这个子系统相对于更大的生态系统而言规模很小，也仍然没有必要停止增长。按照"空的世界"的观点，环境不是稀缺性资源，而且经济扩张的机会成本微不足道。但是，实体经济在一个有限的不增长的生态系统里持续不断地增长，最终将导致"满的世界经济"，在这种情况下，增长的机会成本很高。按照生态经济学家的观点，我们已经处在这样一个满的世界经济当中。

上述生态经济学观点如图2—1所示。随着增长把我们从空的世界带入满的世界，经济服务所产生的福利在增加，而生态服务产生的福利却在减少。例如，由于把树砍掉做成桌子，这增加了桌子的经济服务功能（能端着饭碗在桌子上吃饭，没必要坐在地板上吃饭），但损失了林木的生态服务功能（如光合作用、水土保持、给野生生物提供栖息地等等）。传统上，经济学家一直把资本定义为生产工具，其中的"生产"意味着"人类的生产"。生态经济学家拓宽了资本的定义，使之包括由大自然提供的生产工具。我们把资本定义为一种可以在未来收获商品和服务流的存量。人造资本的存量包括人的身体和思想、人类创造的人造物品，以及人类的社会结构。**自然资本**（natural capital）则是一种可以收获自然服务和有形自然资源流的存量，包括太阳能、土地、矿物和矿物燃料、水、活有机体，以及生态系统中所有这些元素相互作用下提供的服务。

福利有两个来源：人造资本的服务（深色阴影）和自然资本的服务（浅色阴影），如图2—1所示，由图中指向"福利"的粗箭头表示。福利放置在圆圈以外，因为它是一个精神的（一种体验，而不是一件具体的东西）度量指标，而不是一个物理性的度量指标。在圆圈之内，度量指标是物理性的。如果片面地以形而上学、缺乏科学背景为由，在基本的经济层面上反对使用非物理性的度量指标，那么，我们将不得不满足于

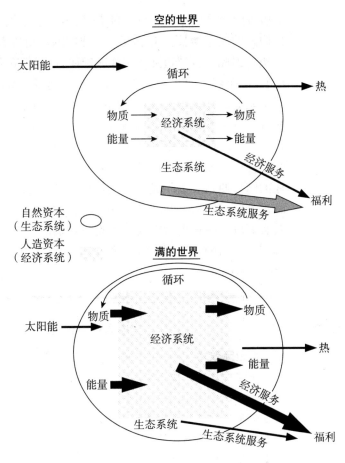

图 2—1　从空的世界到满的世界

18 　　这样一种观点，即经济系统只是一种愚蠢的机器，只会毫无道理地把资源转化为废弃物。经济过程的终极实物产出便是退化了的物质和能量，即废弃物。忽视经济的生物物理基础将产生一个错误的景象，但是忽视经济的精神基础将产生毫无意义的景象。如果没有福利或享受生活的概念，物质资源首先转化为商品（产品），然后转化为废弃物（消费），这种物质资源转化的本身也必定被看作终结，即一件没有意义的东西。传统经济学和生态经济学都接受福利的精神基础，但是，在人造资本和自然资本对这种精神基础影响的程度上，二者是有区别的。

2.3　边际报酬递减和不经济的增长

19 　　随着经济的增长，自然资本会物理性地转化为人造资本。人造资本越多，人造资本提供的服务流也越大；自然资本降低，由自然资本提供的服务流就会缩小。另外，随着经济的持续增长，经济提供的服务也将以递减的速率增长。由于人类是理性的，所以首先会满足我们最迫切的欲望，因此符合"边际效用递减规律"（我们在随后的章节中将讨论此问题）。由于经济对生态系统的侵占越来越多，所以我们必须放弃某些生态系统服务。作为理性人，我们必须对这种侵占作个排序，这样才能首先牺牲那些最不重要的生态系统。这便是最好的情形，也是我们追求的目标。我们之所以达不到这个目标，是因为实际上对生态系统的运行机制知之甚少，而且只是在最近才开始认为生态系统服务是稀缺的。理性排序的结果便是"边际成本递增规律"的一个翻版（我们在随后的章节中将讨论此问题），即经济每多扩张一个单位，如果超过某一个阈值，我们就必须放弃一种更为重要的生态系统服务。虽然边际收益递减，边际成本却是递增的。达到一定程度时，不断增加的边际成本最终将等于不断降低的边际收益。

专栏 2.1 ☞   边际效用和边际成本

● **边际效用**（marginal utility）：某种东西的边际效用是指人们额外获得一个单位的这种东西而得到的额外收益或满足度。**边际效用递减规律**（law of diminishing marginal utility）表明，一个人获得的某种东西越多，每多获得一个单位的这种东西所提供的额外满足度越少。例如，第一块比萨对一个空腹的人提供的满足度相当大，但是，每多吃一块比萨，所提供的满足度便比前一块要少。

● **边际成本**（marginal cost）：边际成本是指每多生产一个单位的某种东西所产生的额外成本。**边际成本递增规律**（law of increasing marginal cost）类似于边际效用递减规律。每多收获 1 吨小麦，你不得不使用更差的土地或劳动力（首先使用最好的）。一旦你已经把所有的土地都用于种植小麦，那么只有增加更多的劳动力、肥料等等以增加小麦的收获量。但是，由于土地是固定的，因此各种生产要素（劳动力和肥料）的报酬是递减的，即为了多生产 1 吨小麦所需要的劳动力和肥料会越来越多。边际报酬递减是边际成本递增的更深一层的理由。新古典经济学总是把递增的边际成本和递减的边际收益进行比较，从而寻找出它们的交叉点，这个交叉点便界定了每项微观经济活动的最优规模。新古典经济学并没有将这个逻辑运用于宏观经济学，或者并不认为宏观经济存在**最优规模**（optimal scale）。生态经济学则坚持认为，最优规模的逻辑既与宏观经济的各个部门有关，也与整个宏观经济有关。

20

分析生态经济学的核心（或前分析观点）的第一步如图 2—2 所示。该图所示的基本逻辑可以追溯到威廉·斯坦利·杰文斯（William Stanley Jevons，1871）及其对劳动力供给的分析，即劳动者工资的边际效用与边际无效用的平衡。还有一种说法，杰文斯问：工人工作的努力程度何时开始超过工人工资的价值？生态学家则问：改变地球生态系统对所有人的成本何时开始超过由此而产生的额外财富的价值？在图2—2中，边际效用曲线（MU）反映了人造资本存量的增加量的边际效用递减。边际无效用曲线（MDU）反映了随着越来越多的自然资本转化为人造资本，经济增长的边际成本递增（即牺牲了的自然资本服务和劳动的无效用）。宏观经济的最优规模（增长的经济极限）位于点b，这时MU＝MDU，或者ab＝bc，而且净正效用达到最大（MU曲线以下的面积减去MDU曲线以上的面积）。

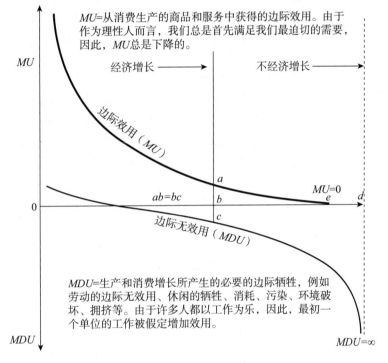

MU＝从消费生产的商品和服务中获得的边际效用。由于作为理性人而言，我们总是首先满足我们最迫切的需要，因此，MU总是下降的。

经济增长 ——→

不经济增长 ——→

边际效用（MU）

MU＝0

ab＝bc

边际无效用（MDU）

MDU＝生产和消费增长所产生的必要的边际牺牲，例如劳动的边际无效用、休闲的牺牲、消耗、污染、环境破坏、拥挤等。由于许多人都以工作为乐，因此，最初一个单位的工作被假定增加效用。

MDU＝∞

图2—2　宏观经济的增长极限

注：b＝经济极限或最优规模，此时边际效用（MU）＝边际无效用（MDU）（即最大净正效用）；e＝效用极限，此时MU＝0（消费者满足度）；d＝灾难极限，此时MDU＝∞。在点d处，即已经超过了可持续规模。

有两个极限点需要说明：点e，这时MU＝0，即使成本为0，再进一步增长也徒劳无益；点d，这时可能会引起生态灾难，从而使MDU达到无穷大。例如，利用化石燃料推动经济增长，从而过度排放二氧化碳，进而导致气候不稳、农业生产力下降以及成千上万人死亡。这些"外部限制"不会按我们所描述的顺序发生，即便还没有达到这个极限，生态灾难也有可能发生。图2—2表明，在到达点b前的增长确实是经济的增长（惠及我们的东西比它消耗的成本要多），不过，超过点b的增长确实是不经济的增长（给我们产生的成本比惠及我们的东西要多）。正如约翰·拉斯金（John Ruskin）在100多年前的预言一样，一旦超过点b，"似乎就是财富"的GNP确实就会变成"一个反映影响深远的崩溃的镀金指数"[3]。关于点b的一个颇有意义的含义就是，当经济极限第一次出现，就在使我们停止破坏地球维持生命能力的时候，可以使得我们的净收益最大化。

最优规模和不经济的增长概念具有一种通用的逻辑，即它们在宏观经济中的应用与在微观经济各部门的应用一样多。[4]在宏观经济学当中为什么会忽略这一点呢？为什么我们会忽略MDU的存在以及宏观经济的最优规模问题呢？我们在此提出两种可能性：一种可能性是，"空的世界观"提出不经济增长的概念，但是声称还没有达到不经济增长；新古典经济学家往往认为MU仍然很大，而MDU仍然很小，可以忽略不计。在这种情形下，可以用一些实际的证据来解决这二者之间的差异，我们将在随后的章节中论述。

解释完全忽略增长成本的另外一种可能性在于范式上的差异：很简单，经济体并没有被看作生态系统的子系统，而是相反，即把生态系统看作经济系统的一个子系统，如图2—3所示。我们现在只讨论不同的概念范畴，且无实际的指标来衡量它们之间的差异。

22

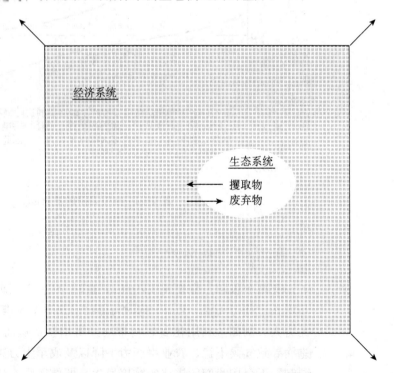

图2—3 作为经济子系统的生态系统

如图2—3所示，生态系统仅仅是经济体的资源开采和废弃物排放部门。即使这些服务变得稀缺起来，经济增长也仍将永远继续下去，因为技术使得我们可以按照市场价格的规定，用人造资本替代自然资本，从而使整个自然部门都可以"到处增长"。按照这个观点，大自然只不过是各种建设大厦用的坚硬木块的供给者而已，不仅可替代，而且极为丰富。按照这个观点，经济增长的唯一限制就是技术，而且由于可以开发新技术，因此经济的增长没有极限。正是在这个范式上，"不经济的增长"的概念没有什么意义。由于经济本身就是一个整体，经济的增长并不要以任何其他东西为代价；增长没有机会成本。相反，增长可以扩大各个部分可以分享的总量。[5]由于经济增长不会增加任何东西的稀缺性，反而会降低每种东西的稀缺性。谁还会反对增长？

23

2.4 范式转变

　　传统经济学信奉永远增长，生态经济学则提倡处于最优规模的稳态经济。它们各自都在自己的前分析观点范围内符合逻辑，而且彼此都觉得对方荒谬透顶。二者之间的差异不可能更基础、更本质了，但不是不可调和。

　　生态经济学家们提倡哲学家托马斯·库恩（Thomas Kuhn）的"范式转变"[6]，或者按照经济学家约瑟夫·熊彼特（Joseph Schumpeter）的观点[7]，在前分析观点上发生某种改变。我们现在细致地论述这些概念究竟意味着什么。熊彼特观察到，"分析工作必须以一个前分析的认识过程为先导，这种前分析的认知过程为分析工作提供原始材料"（p.41）。熊彼特把这种前分析的认知过程称为"视角"（vision）。人们可以说，视角就是所讨论的现实问题的格局或形状，我们利用右脑把问题从经验当中抽象出来，然后送到左脑用于分析。前分析的视角忽略的任何东西都不可能通过随后的分析重新获得。矫正这种视角要求一个新的前分析认知过程，而不是从老视角作进一步的分析。熊彼特强调，视角的改变"可以重新进入每一门行业已建立的科学的历史。每次有人教我们观察一些事物，而在这门科学现存的事实、方法和结果中我们尚未发现这些事物的来源"（p.41）。该观点，库恩尤其重视（他并不明确知道熊彼特的讨论）。

　　库恩对"规范性科学"（normal science）和"革命性科学"（revolutionary science）进行了区分。他认为，规范性科学是指在现有的前分析视角（他称之为"范式"）业已建立的原则范围之内日常性地解决问题；而革命性科学是指新范式推翻老范式。正是由于科学家们普遍接受占主导地位的科学范式，从而使得他们的工作具有累积性，而且正是这点，使得严肃的科学家群体不同于大言不惭的吹牛者们。科学家抵制科学革命是合情合理的事。许多疑惑或反常现象最终都要在现有的范式之内通过这样或那样的方式得到解决。如果有人太懒，无法掌握现有的科学范式，却寻找捷径，邀功立名，宣称他是什么"范式转变"的领导者，那就太遗憾了。尽管如此，正如库恩所表明的，范式转变（不论转变是大还是小）都是科学历史上不可否认的事件，如从托勒密的地球中心说到哥白尼的太阳中心说，从牛顿的绝对时空观到爱因斯坦的相对时空观，就是两个最著名的例子。正如库恩所表明的那样，确实也存在这样一个时期，即对现有范式的坚守与知识分子的既得利益密不可分。

有些教科书鉴于很好的理由是按照逻辑的方式而不是历史的方式进行组织的，这些教科书把范式转变给掩盖了。[8]比如学物理学的学生在学过关于以太及其微粒的前三章内容之后，突然有人告诉他们，学习第4章时必须把所有有关以太的内容全忘掉，因为我们正好要转向牛顿范式，现在必须接受这样一种事实，即没有微粒作为介质（即重力）的超距作用！

30年以前，所有经济学研究生的课程表中都要求学习一门经济思想史。如今，该课程连选修课都没有。这或许是经济学家对现有范式具有（高度）自信心的一个指标。当我们现在知道真理的时候，为什么要学习过去谬误的东西呢？因此，学生以及他们的许多教授都不知道经济思想史上前分析视角的几次变化。

从把经济看作一个整体到把它看作一个与整体（即生态系统）有关的一个部分，这种视角上的变化便是经济学范式上的一个主要转变。我们在随后的章节中将对这种转变产生的更为具体的结果进行分析。

循环流量和线性通量

正如我们随后将讨论的，尽管传统经济学和生态经济学所采用的许多分析工具都保持一样，但不同的前分析视角也导致了几个基本的分析差异。

我们已经知道，传统经济学的前分析视角把经济看作一个整体，但是，在研究这种整体的过程当中，分析的第一步是什么呢？图2—4所示是一个循环流程图，许多基础经济学教材都会使用这类图。按照该图的观点，经济由两部分构成：生产部门（企业）和消费部门（家庭）。企业生产商品和服务并供应给家庭；家庭需要企业生产和供给的商品和服务。企业的供给和家庭的需求在商品市场相遇（下半部分的循环），而且价格通过市场的供求关系来决定。

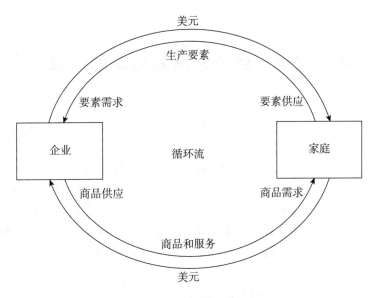

图 2—4　经济循环流程图

25　　　　与此同时，企业需要从家庭获得生产要素，而且家庭供应这些要素给企业（上半部分的循环）。生产要素（土地、劳动力和资本）的价格通过要素市场的供求关系来决定。这些要素的价格乘以某个家庭所拥有的每种要素的数量便决定了这个家庭的收入，所有家庭的所有要素收入的总和等于国民收入（national income）；同样，企业为家庭生产的所有商品和服务的总和乘以商品市场上它们的售价则等于国民产值（national product）。按照核算的常规做法，国民产值必须等于国民收入。之所以如此，是因为利润（总生产的价值减去总要素成本的价值）被算作国民收入部分。

> **思考!**
>
> 　如果利润为负值，国民产值还应该等于国民收入吗？请解释。

　　因此，上下两部分的循环相等，而且它们结合起来形成了交换价值的循环流。这个观点很重要。它把经济学的大部分内容统一起来了，而且显示了生产和消费之间的本质性关系。它是微观经济学的基础，微观经济学研究如何从最大化利润（企业）和最大化效用（家庭）的目的出

26　发，形成企业和家庭的供需计划。它也显示了不同市场结构条件下供需关系如何决定价格，以及价格变化是如何导致生产不同组合的商品和服务的要素配置发生变化的。另外，循环流程图也为宏观经济学提供了基础，宏观经济学研究企业和家庭的总体行为如何决定国民收入和国民产值。

2.5　萨伊定律：供给创造其自身的需求

如上所述，国民收入和国民产值恒等式保证了家庭一方总是有足够的购买力去购买企业生产的总产品。当然，如果有些企业生产的物品是家庭不需要的，那么，这些物品的价格将会下降，如果价格降低到它的生产成本以下，那么这些企业将会产生亏损并破产。该循环流程图并不保证无论企业生产什么，都可以把它们销售出去以获取利润。但是，它确实保证了不可能产生总生产超过总收入这样一种结果。经济的这一令人鼓舞的特点便是众所周知的**萨伊定律**（Say's Law），即供给创造其自身的需求。很长一段时间，经济学家都相信萨伊定律排除了长期大量失业的任何可能性，这种情况曾经在大萧条期间发生过。不过，大萧条的经历促使约翰·梅纳德·凯恩斯（John Maynard Kcynes）重新考虑萨伊定律以及循环流视角得出的令人鼓舞的结论是否合理。

的确，生产总能创造出足够的收入来购买所生产的东西。但是，这并没有保证所有的收入都将被花掉，或者当前就花掉，或者化费在商品和服务上，或者在国内市场上花掉。换句话说，循环流可能存在泄漏，也可能存在相应的注入。但是，并不能保证循环流的漏出量和注入量将彼此保持平衡。

2.6　漏出和注入

漏出和注入是指什么？由支出流产生的一种漏出就是储蓄。人们放弃现在花销，以备以后能够消费。对应的注入则是投资。投资会产生现在的支出，但是会增加未来的产量。因此，如果储蓄等于投资，那么循环流程便可以得到恢复。从储蓄到投资的这种再循环通过金融市场和利率来完成。如图2—5所示，最上边带阴影的四边形代表汇集储蓄并向投资者贷款的金融机构。循环流程的第二个漏出是税收的支付。对应的注入则是政府支出。中间的四边形则代表公共财政机构。公共财政政策可以平衡税收和政府支出，或是故意使二者不平衡，以弥补储蓄和投资的不平衡。例如，如果储蓄超过投资，政府就可以通过让政府的支出以相同的数量超过税收来避免经济衰退。

国内循环流程的第三个漏出就是用于进口的支出。对应的注入则是外国人为了购买我们的出口产品和服务而产生的支出。国际金融和汇率则是进出口的平衡机制。对应的机构由最下边的四边形代表。如果漏出的总和等于注入的总和，也就是说，如果储蓄加税收加进口等于投资加政府支出加出口，那么循环流程便得以恢复。如果漏出总量大于注入总量，就会引发失业和通货紧缩。如果注入总量大于漏出总量，就会引发通货膨胀。

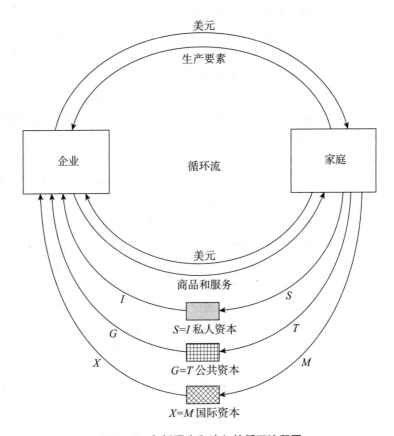

图 2—5　包括漏出和注入的循环流程图

注：S 为储蓄；I 为投资；S 为政府支出；T 为税收；X 为出口；M 为进口。

28　　　图 2—5 显示的是漏出和注入的扩展循环流程图。为简化起见，我们一直假设家庭是纯储蓄者、纯纳税人和纯进口者，而企业则是纯投资者、政府支出的纯接受者和纯出口者。

循环流程图不仅把微观经济学和宏观经济学统一起来了，而且也显示了货币、财政和汇率政策的基础，这些政策服务于循环流程的维持，以避免失业和通货膨胀。如果我们对循环流程图高度信任，那么还能找出循环流程视角的不足吗？

不可否认循环流程模型在分析交换价值流当中的有用性。然而，用其描述真实经济确实存在明显的困难。注意，经济被看作一个孤立系统。没有任何东西从系统外进入，也没有任何系统内的东西会到系统外。可是，刚才讨论的漏出和注入又该如何理解呢？它们只是孤立系统的扩展。不可否认，只有承认它是孤立系统，才会使得这些概念更为有用，但这并没有改变如下事实：既没有东西从外部进入，也没有东西从内部到外部去。分析漏出和注入的完整思想就是要把它们重新联系起来，并再一次把系统封闭起来。为什么孤立系统成为一个问题？因为一个孤立系统既没有外部，也没有环境。这肯定是与经济是一个整体的观点保持一致的。但是，结果是没有任何空间允许有些东西可以进出这个系统。如果前分析视角认为经济是一个整体，那么，便不可能分析经济与其环境的任何关系。因为整体是没有环境的。

按照循环流程视角，什么东西可以一次又一次循环？它是实实在在的商品和服务与实实在在的劳动力、土地和资源吗？不是。它只是抽象的交换价值，是这些实实在在的东西表示的购买力。[9]企业生产的商品中固化的"化身"是抽象的交换价值。当商品进入家庭时，这种交换价值的"化身"便会跳出固化物本身，而呈现在要素物体上，进入其返回企业的行程，随之又跳出要素物体，并再一次融入商品之中，如此循环往复。由于交换价值的化身从企业到家庭，又回到企业，如此无限轮回，那么，对于所有被丢弃的商品和要素究竟会发生什么情况呢？该系统会产生废弃物吗？系统需要新的物质和能量输入吗？如果没有发生这些事情，那么这个系统便是一个永动机，但这与热力学第二定律（我们在随后的章节中将详细讨论）相违背。如果它不是一个永动机（一台完美的物质和能量的循环器），那么废弃物排放到什么地方？新资源从系统外的什么地方进来？由于不存在永动机，因此，经济系统就不可能成为一个整体。它必须是一个更大的系统（即地球生态系统）的一个子系统。

循环流程模型在许多方面都具有启发意义，但是，像许多抽象现象一样，它只照亮了它从现实当中抽象出来的东西，而把被抽象的东西仍然置于黑暗之中。在循环流程模型当中，什么东西已经被抽象化了？又留下了什么东西？这些东西就是物质和能量的线性通量，经济就是通过这种通量而置身于环境之外。线性通量是指原材料和能量流，这种流从全球生态系统的低熵源（矿山、矿井、渔场和农田）流经经济体又回到全球生态系统的高熵废弃物汇（大气、海洋、垃圾场）。循环流程视角类似于生物学家只按照循环系统的方式描述一种动物，而没有涉及动物的消化系统。循环系统肯定很重要，但是，除非这个动物也有一个消化系统进出两头与环境相联系，否则动物很快就会因为饥饿或便秘而死亡。动物依靠新陈代谢流而生存，这种新陈代谢流便是来自它们的环境又回到它们的环境中去的熵通量。**熵律**（law of entropy）表明，宇宙中的物质和能量总是向更加无序的（即更加无用的）状态运动。熵流只是一种物质和能量变得更加没有用的流。例如，动物吃食物并排泄废弃物，而且动物本身并不能吸收它自己排泄的废弃物。经济也是如此。生物学家在研究循环系统时往往会忘记消化系统；经济学家在关注交换价值的循环流程时，一直完全忽略了新陈代谢通量。这是因为经济学家一直假设经济体是一个整体，但生物学家却从未想象一个动物是一个整体，或是一部永动机。

2.7 线性通量和热力学

线性通量是按物理单位度量的，严格遵循物质不灭和能量守恒定律以及熵定律。循环流程则是以抽象的交换价值为单位，而且不遵循任何明确的物理限制。循环流程名义上能依靠通货膨胀永远增长下去，但是我们暂时把它搁置一边，现在我们论述——从满足欲望和质的发展方面来看，真实的经济价值能够永远增长下去吗？

错置具体感的谬误

30   很明显，从环境中抽象出来并且把经济与环境隔离开来的模型并不能把经济与环境的关系完全显现出来。哲学家和数学家艾尔弗雷德·诺思·怀特黑德（Alfred North Whitehead）曾给这类错误取了一个名称，叫做**错置具体感的谬误**（fallacy of misplaced concreteness）。按照这个名称，怀特黑德认为，弄错了国家版图的过失、对待抽象模型的过失，都是因为片面理解事实而造成的，好像它足以理解任何事物，或者完全不同的事物，以及为构造模型而被抽象的事物。怀特黑德不是抽象思想的敌人。他强调没有抽象就不能思考，更为重要的是必须认识到抽象的局限性。抽象思想力也会产生一种成本，错置具体感的谬误便是忘记了这个成本。

我们现在深入分析一下传统经济学在循环流程模型当中对什么进行了抽象，即从原材料输入到废弃物输出的新陈代谢流，也就是通量。通量的单位是物理性单位，因此它严格地遵循物理学定律。

专栏 2.2 ☞   **热力学定律**

图2—6中左边的沙漏是一个孤立系统，没有沙子注入，也没有沙子漏
31   出。沙漏中既没有创造新沙子，也没有沙子被破坏掉，沙漏中沙子的数量是恒定的。这类似于热力学第一定律，即物质和能量守恒。总之，沙子会从沙漏上室连续不断地下漏，并且在下室中累计起来。下室中的沙子用完了它的

下落势能，并且做了功，从而成为高熵或无用的物质和能量。上室中的沙子还有下落的势能，并继续下漏；它仍然是低熵或有用的物质和能量（仍然有用的）。这类似于热力学第二定律：在一个孤立系统当中，熵（即使用了的东西）是增加的。这个沙漏的类比尤其恰当，因为在物理世界里熵是"时间的箭头"，也就是说，我们可以通过熵是否增加了，来区别早与晚。不过，与真实的沙漏不同的是，熵漏不可能倒转！

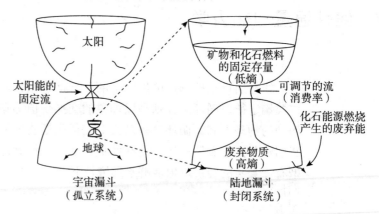

图 2—6 熵漏斗（修改自 Georgescu-Roegen）

稍微放宽一点条件就可以扩展这个基本的类比，我们把上室的沙子看作地球上的低熵矿物燃料的存量，如图 2—6 右边所示。矿物能源利用的速率由沙漏中间的瓶颈决定，但是，与普通沙漏不同，人类可以改变这个瓶颈的宽度（即人类可以改变矿物燃料消费的速率）。一旦消费掉了，沙子就渗漏到下室，并在下室中以废弃物的形式积累，并与陆地生命过程相互作用。

为了说明太阳能的情况，左边沙漏的上室应该很大（从人类的角度来看），下室也如此；太阳能最终也将终结于废弃物的热能，但它不局限于地球。它不会消失，而是辐射到外太空，与废弃物不一样，它不在地球上积累。不过，其瓶颈应该很小，而且人类无法调节。低熵的太阳能的存量很丰富，但其流量却很有限。换句话来说，它的量很大，但是每次只能获得一点点。陆地源的存量有限但流量丰富，直至存量耗完为止。这种不对称性非常重要。随着工业化的深入，我们已经开始越来越依赖于这种不够丰富的低熵源。不过，短期使用很方便，但是长期使用就不经济了。

按照**热力学第一定律**（first law of thermodynamics），即能量守恒和物质不灭定律，便可知道通量遵从一个平衡方程：输入等于输出加积累。如果存在积累，经济子系统就会增长。在稳态均衡条件下，增长和积累都为 0，而且输入流应该等于输出流。换句话来说，所有原材料的输入最终都将变成废弃物的输出。通量有两个端点：环境源的消耗和环境汇的污染。忽略通量等同于忽略消耗和污染。与交换价值不同，通量流不是循环的，它是一种从低熵源到高熵汇的单向流。这里存在**热力学第二**

定律（second law of thermodynamics）的一个结果，即熵定律。我们可以循环利用物质，但绝不可能 100％循环；再循环是整个单向流动的河流中的一个环形漩涡。按照熵定律，能量是不可能完全再循环利用的。更确切地讲，它可以再循环利用，但是，再循环所需的能量总是比前一循环更大。因此，能量的再循环不是物理上不可能，而是经济上更不划算，不管能源的价格如何都是如此。没有任何一种动物能够直接将自己的排泄物再循环作为自己的饲料。如果能，那么这种动物便是一部永动机。严格地类比来讲，没有哪种经济能够直接只重新利用其自身的废弃产品作为原材料。

循环流程图给我们一个错误的印象，即经济有能力直接再利用。在一些很好的教材中，作者都明确地承认了这样一种错误的印象。例如，R. 海尔布伦纳和 L. 瑟罗（R. Heilbroner and L. Thurow）在一本标准经济学教材当中这样告诉我们："输出流是循环的、自我更新的和自反馈的。"[10]换句话说，经济是一部永动机。为了把问题讲得更加清楚，他们该章的第一个习题就是："经济过程的循环是指系统的输出以全新的输入方式重新回到系统中来，请解释。"我们也有理由问：在交换价值的循环流程当中，花掉了的钱如何作为赚取的钱重新出现在经济当中？而且还要问：在生产过程中，购买力如何重新生成？但是，为了解释输出如何作为输入（而且确实是全新的输入）重新回到循环流程中来，学生们有必要去寻找永动机的秘密了！当然，作者并不真正相信永动机，他们试图让学生们理解补充物的重要性，即经济过程如何通过自己再生产，并且维持到下一轮循环。这肯定是一个要强调的重要思想，但关键是要理解，正是这种补充物，它必须来自经济系统之外。这也正是传统经济学家容易忽视的一点，并且导致把部分误解为整体。如果经济是整体，那么它就没有外部，因此它就是一个孤立系统。

上面引述中的错误是本质性的错误，但却不是独一无二的错误。它只是大部分标准教材中的一个代表。海尔布伦纳和瑟罗的优点是表达清晰，也就是善于发现错误。其他教科书也给学生留下了同样的错误印象，且未直白地让读者再思考语中的含义。错误不只局限于传统的经济学家们。卡尔·马克思（Karl Marx）的简单再生产和扩大再生产模型也是隔离的循环流程模型。马克思及其劳动是所有价值之源的理论比其他传统经济学家都更热衷于否定大自然在经济机能以及价值创造中具有任何重要的作用。对于马克思而言，自然物化了稀缺性的思想是一种非常可恶的东西。所有的贫穷都是不公平社会关系（或阶级剥削）的结果，而不是"大自然吝啬"的结果。托马斯·马尔萨斯一直认为，相对于自然承载力的人口过度也是产生贫穷的一个独立原因，而且社会革命不能够消除贫困。新马克思主义者和新马尔萨斯论者之间的政治辩论一直持续到今天。[11]

通量的重要性

我们现在从通量重要性的理论推理转为观察它在现代经济当中的规模和组成问题。下面的一段话摘自一本关于经济对环境依赖性的书籍:

> 据研究人员的计算,工业必须运输、开矿、采矿、挖掘、燃烧、浪费、抽吸以及处理 400 万磅的原材料以提供一个中等美国家庭的一年之需。1990 年,平均每个美国人的经济和个人活动每天要调动大约 123 磅干物质,相当于调动一台每年 10 亿磅载荷的半挂车载重量的 1/4。这些东西包括 47 磅燃料、46 磅建筑材料、15 磅农产品、6 磅林产品、6 磅工业矿石和 3 磅金属(其中 90% 是钢铁)。除去 6 磅循环材料以外,平均每个美国人的每日活动要向空气排放 130 磅的气体物质,产生 45 磅的人造物品,产生 13 磅的高浓度废水,排放 3.5 磅非气体废弃物进入环境,排放的形式包括杀虫剂、肥料和废旧轮胎。另外,个人的日常活动需要消耗大约 2 000 磅水,这些水在使用后被污染,不能够重新排入河流和海洋,而且因开采石油、天然气、煤和矿石等产生 370 磅石头、尾渣、表土和有毒废水……总之,美国平均每人每年浪费或引起浪费近 100 万磅的物质。[12]

从环境攫取的通量很大,但我们的模型却把它们遗漏了!它们最终都要变成废弃物,但是,这些废弃物是在当前技术条件下维持人口在现有消费标准之上所必需的。如果有更好的技术,并对要解决问题的优先性作出更好的排序,则可以降低通量而不降低生活质量。不过,通量究竟应该有多大?采取什么政策?在生态经济学当中存在很大的争议。

34　　　1997 年,由美国世界资源研究所(World Resources Institute, WRI)、德国伍珀塔尔研究所(Wuppertal Institute)、荷兰住房空间规划和环境部(Netherlands Ministry for Housing Spatial Planning and Environment)和日本国立环境研究所(National Institute for Environmental Studies)组成的一个联盟试图测算这些工业化国家 1975—1993 年间的通量。[13] 其得到的基本结论是,这四个国家 1975—1993 年间对物质的总需求(人均年流量)没有发生太大变化。每人每年需要自然资源 45～85 吨,美国最高,日本最低,德国和荷兰介于二者之间。在这期间,美国的流量有轻微的下降,而其他国家则有轻微上升。美国轻微下降的主要原因是水土保持改善,而不是工业效率提高。总资源需要量保持基本恒定是单位 GDP 资源需要量下降与 GDP 增长双重作用的结果,所有四个国家都一样。我们已经变得更有效率了，但并没有更节俭。这就好像我们开发的汽车，每加仑汽油行驶的公里数翻了一番，可是实际行驶的路程也翻了一番，因此，消耗的汽油还是一样多。

> **思考！**
>
> 你认为哪个目标应该是第一目标——效率还是节俭？我们还将再次讨论这个问题。但是，或许你现在已经能够回答这个问题了。

虽然掌握一些有关通量在时间上的物理规模、组成和变化方面的经验资料很重要，但是我们也必须具备评价这些流量造成的环境成本的基础知识。相对于生态系统吸收和更新它们的能力而言，通量的规模究竟有多大？准确地讲，这些流量给我们造成的机会成本是什么？给其他物种造成的机会成本又是什么？世界野生生物基金会（World Wildlife Fund，WWF）给出了部分答案[14]：

> 尽管在最近 30 年地球自然生态系统的状态（生命星球指数）下降了 33%，但是，人类对地球的生态压力（世界生态足迹）在同一时期也上升了 50%，而且超过了生物圈的更新速率。

按照图 2—1 所示"经济是一个子系统"，那么也就意味着自然资本（浅色阴影）提供维持生命服务的能力下降了约 33%，而且人造资本（深色阴影）为生命维持服务产生的需求增加了 50%，而且这些都是在最近 30 年时间里发生的事情。这是一把双刃剑：对承载力的需求（生态足迹）日益增加；承载力的供应（生命星球指数）日益下降。两边都受到了同一只手的挤压，即经济增长。"生态足迹"是指为了支撑一个普通人按世界平均消费水平所需要的生产性土地或海洋的公顷数。据估计，1997 年地球总人口的生态足迹至少比地球生物圈的再生产能力高出 30%。这些赤字要靠消费或消耗自然资本来弥补，因此我们要向未来"借用"，或许就是"掠夺"。对测度承载力需求和供应的最好统计指标，专家们可以存在一些争论，但是，不可持续的发展趋势这个基本的定性结论是很难否定的。

2.8　主要概念

| 整体和部分 | Whole and part |

开放、封闭和孤立系统	Open，Closed，and isolated system
最优规模	Optimal scale
满的世界和空的世界	Full world versus empty world
边际效用递减	Diminishing marginal utility
边际成本递增	Increasing marginal cost
范式和前分析视角	Paradigm and preanalytic vision
循环流程	Circular flow
线性通量	Linear throughput
萨伊定律	Say's Law
漏出和注入	Leakages and injections
热力学定律	Laws of thermodynamics
错置具体感的谬误	Fallacy of misplaced concreteness
熵漏斗	Entropy hourglass
通量体积指标	Measures of throughput volume

【注释】

[1] 超过最优规模，物理性的扩张就成为了不经济的增长，但是我们仍然称之为"经济"增长，这容易产生误导。"经济的"这个词有两层含义：（1）与经济体相关；（2）获取成本以上的净收益。如果叫做"经济体"的实体进行物理性的增长，我们是按第一层含义称经济增长；但是，在第一层含义上的增长按第二层含义来理解，可以是经济的，也可以是不经济的。我们的语言习惯是使用第一层含义，但它常常会导致我们臆断第二层含义上的问题。

[2] "边际"意味着最后一个单位，在这种情况下是指获得、生产或消费最后一个单位的某种东西。边际成本（收益）是指某种活动中极少量的增长的成本（收益）。

[3] J. Ruskin, *Unto This Last* (1862), in Lloyd J. Hubenka, ed., *Four Essays on the First Principles of Political Economy*, Lincoln：University of Nebraska Press，1967.

[4] 认为微观经济学研究小事物，而宏观经济学研究大事物，这个观点是错误的。微观经济学是关于组成部分的经济学；宏观经济学是关于整体或总量的经济学。部分可以很大，总量也可能很小。尽管 $MB=MC$ 是微观经济分析的原则，只要我们分析的对象是某个部分而不是整体，我们也能将它用于分析某些大的事物，如经济子系统。

[5] 注意，图2—1的深色阴影是指物理性的维度。图2—3中的深色阴影，新古典经济学家或许会认为是GNP；它是以价值单位计算的，因此，并不严格为物理性的。但是，价值等于价格乘以数量，而且后者具有一个不可细分的物理性的构成元素。这种物理性构成元素的变化正是经济学家们用于计算真实GNP的，如不因价格变化而产生的GNP变化。

[6] T. Kuhn, *The Structure of Scientific Revolutions*, Chicago：University of Chicago Press，1962.

[7] J. Schumpeter，*History of Economic Analysis*，New York：Oxford University Press，1954.

[8] 教科书试图引导学生尽可能有效地进入占统治地位的范式。第 2 章建立在第 1 章的基础之上，第 3 章建立在第 1 章和第 2 章的基础之上，等等。有效的教学方法是富有逻辑性和累积性的。但是，科学的历史并非如此有条不紊。在历史上，我们曾经不得不丢弃我们学过的前面章节而重新开始。尽管我们已经敏感地察觉到这一点，但是本书也未能幸免于此。

[9] 我们很谨慎地说"抽象的交换价值"而不说"货币"，因为几乎没有任何通货意义上的货币能够作为一个孤立系统来流通。货币会磨损，必须用新货币来替换。一手交一手式的流通产生的物理性的磨损意味着货币本身也必须要有一个通量才可以维持它的流通。由于辅币比大面额货币流通速度快，所以我们常常采用金属货币而不是纸币才承受得了小额货币的高速流通。鉴于这个原因，由于通货膨胀一直在损耗小额货币的价值，所以美联储周期性地发行一些硬币，不过没有取得太大的成功。

[10] R. Heilbroner and L. Thurow，*The Economic Problem*，New York：Prentice-Hall，1981，pp. 127，135.

[11] 参见 H. Daly，A Marxian-Malthusian View of Poverty and Exploitation，Population Studies，May 1971.

[12] P. Hawken, A. Lovins, and H. Lovins，*Natural Capitalism*，Boston：Little, Brown，1999，pp. 51 - 52.

[13] *Resource Flows*：*The Material Basis of Industrial Economics*，Washington, DC：WRI，1997.

[14] World Wildlife Fund，UNEP，*Living Planet Report 2000*，Gland, Switzerland：WWF International，2000，p. 1.

第 3 章 目标、手段和政策

3.1 目标和手段：现实的二元论

37　　　　生态经济学与标准经济学的很多方面都是一致的，但也有区别。一个重要的共同特点就是按照经济学的基本定义，它们都是研究稀缺资源在竞争性目标之间配置的问题（我们在后面的章节中将解释为什么把重点放在稀缺资源上必要但不充分）。关于什么是稀缺资源而什么不是稀缺资源、什么是配置不同资源的适当机制（方法）以及如何按照竞争性目标的重要性进行排序，这些方面都还存在分歧，但是，有效地利用手段服务于各种目标是经济学考虑的主要问题，在这一点上则没有争议。围绕目标而使用手段其实质就是政策。此外，政策的实质也就是有关目标和手段的知识。虽然有时经济学家达到的抽象水平极其深奥，可能会导致我们产生误解，但经济学，尤其是生态经济学，不可避免地也要涉及政策问题。

如果经济学是一门关于稀缺手段在各种竞争性目标之间配置的学问，我们就不得不深入地思考目标和手段的本质。此外，政策的两种前提知识是：与可能性和目的有关的知识；与手段和目标有关的知识。可能性反映了世界的运行状况。除了让我们避免在一些不可能的事情上浪费时间和金钱以外，这类知识给我们提供了信息，以便于在各种现实的选择之间进行权衡。目的则反映了欲望，即我们对目标重要性的排序，或者我们区别世界状态好坏的评价标准。如果我们不能够区分世界的好与坏，那么目的就无助于我们了解世界的运行状态。追求更好的但碰巧是不可能出现的世界状态是没有多大用处的。如果没有这两类知识，政策讨论也就毫无意义。[1]

为了与经济政策相联系，需要考虑两个问题：第一，在可能性方面，我们拥有什么手段？我们的终极手段是指什么？所谓"终极手段"，是指可能性或有用性的一个共同特性，也就是只能使用而不能产生，完全依赖于自然环境的提供。第二，"终极目标"是什么？也就是说，应采用手段服务的最高目的是什么？这些都是非常重要的问题，不能完全作出回答，尤其是后者。但提出这些问题很有必要。因为，有一些事情，尽管我们只能答出部分答案，但即便是这部分答案也非常重要。

手　段

终极手段（ultimate means），即所有有用性的共同特性，由低熵的物质—能量构成。[2]低熵物质—能量是有用性的物理坐标，亦即人类必须使用的生活必需品。对于这类生活必需品而言，人类不能创造，而且人类经济要完全依靠大自然提供。熵是指一种定性的物理差异，用以区分等量的有用资源和无用的废弃物。人类不会耗尽物质和能量本身（热力学第一定律），但是会不可挽回地用掉其有用性，因为人类是通过改变物质和能量的形式以达到其目的的（热力学第二定律）。所有的技术性的转换都需要涉及从集中源到分散汇的代谢流、温度从高到低的变化。[3]通过有限资源的空化和有限汇的填满，物质—能量向有用性的熵转换能力因此而下降。如果在源和汇之间没有熵的渐变，环境就无法服务于人类的目的，甚至无法维持人类的生活。技术知识有助于更有效地利用低熵，但它不能使消除新陈代谢流或逆转新陈代谢流的方向。

当然，利用更多的能量（和更多的物质手段），物质可以通过回收利用从汇回到源。能量只有通过消耗其他能量才能实现循环利用，但是，消耗的能量比通过循环利用所获得的能量还要多，因此，如果考虑价格因素，循环利用能量绝对是不经济的。循环利用还需要利用物质性的手段才能实现收集、浓缩和运输。用于收集、浓缩和运输的机器本身也是通过**熵耗散**（entropic dissipation）的过程逐渐磨损，即机器的零部件中所含物质成分以从低熵的有用性向高熵的废弃物这一单向流动的方式耗散到环境之中的。任何回收利用的过程都必须是有效的，足以取代这一过程中失去了的物质。由太阳能驱动的大自然生物地球化学循环对物质的循环利用程度很高，有些人认为达到 100%。但是，这只能说明人类对大自然提供服务的依赖性，因为在人类经济中还没有与太阳相当的能量来源，而且不能近乎百分之百地循环利用物质，所以有限的汇被填得满满的。

信息是终极资源吗？ 有一种强烈的倾向否认人类为实现其目的而对大自然产生的依赖性。其中比较明确地持否定态度的就是乔治·吉尔德（George Gilder）[4]：

> 由于人类的开采和利用，"自然资源"被转化为熵和废弃物，由这一观念主宰的热力学世界经济的观点已经过时了……知识的关键事实是，自然资源是反熵的（anti-entropic），即在利用的过程中会产生积累和混合……征服微观世界，心灵会超越每一个熵的陷阱，并瓦解物质本身。

按照《经济学人》（*The Economist*）的观点，乔治·吉尔德是"美国技术先知的翘楚"，他的建议可能会导致一家公司的股票价格第二天上涨 50%。[5]吉尔德如果真的具有这种影响力，那么只能证明股票价格通常是基于错误信息和不合理期望的。为了对吉尔德的诺斯底[6]预言提出进一步的质疑，只需要回忆一下诺贝尔化学奖获得者弗雷德里克·索迪（Frederick Soddy）的格言，"没有磷，也就没有思想"[7]，以及洛伦·艾斯利（Loren Eisley）的格言，"人类的思想……被一片叶子的能量所点燃"。生态经济学的先驱者之一，肯尼思·博尔丁（Kenneth Boulding）指出，知识在经济中发挥作用之前，就必须以一种物质不可重新安排的形式，烙印在物理的结构之中。而且他指出，低熵是物质—能量的一种品质，它会提高其接收和保留人类隐性知识的能力。例如，为了接受这种隐性知识，一家日产 5 000 块晶片的典型计算机微电子厂，除了使用原材料和能源之外，每年还要产生约 500 万升有机和水溶性废物（即高熵）。[8]对于保留隐性知识而言，最近的估计数表明，美国的信息技术（information technology, IT）经济消耗的电力占全国电力消耗的 13%，而且这一水平还在迅速提高。[9]

此外，与知识同样重要的是，知识按复利积累也是一种误导。按复利计算存入银行账户的新美元并不会被老美元（即本金）的下降所抵消。然而，正如我们在讨论科学革命和范式转变时所论述的，新知识往往会淘汰旧的过时知识。热素的科学理论[10]和乙醚论[11]能算作知识吗？而且，一旦知识变得过时，那么蕴含在这种知识之中的工艺和技巧也将过时。IT 经济就是一个最好的例子。根据美国环境保护署估计，2007 年美国人购买的含有有毒物质的计算机和显示器大约为 6 500 万台，仓储或处置的计算机为 7 200 万台。这一年，达到使用年限的计算机产品含有毒物质达到 1 322 吨。[12]每三台进入市场的计算机就有两台变得过时了。摩尔定律认为，计算机的速度每 18 个月翻一倍，而且价格还会下降，照此推论，全新的 IT 设备永远都离电子废物不远。这很难说是反熵定律的（antientropic）。物理学家不会感到惊讶，因为他们从来没有发现任何东西是反熵定律的。

正如 E. J. 米香（E. J. Mishan）所指出的，技术知识往往前脚为我们揭开可供选择的地毯，后脚就在我们身后将它卷起。[13]知识在不断地发展和改进，但是，它不像存在银行里的钱一样按复利成倍增长。此外，新知识并非总是呈现出新的增长可能性；它也可能带来严重的危害，并显现出新的限制。例如，有关石棉抗火性能的新知识提高了它的有用性；随后，关于它致癌性质的新知识则又降低了它的有用性。所以，新知识具有双面性。总之，十分明显的是，知识必须通过积极学习，并代代相传，它不能像一种积累性的股票组合一样，可以被动地遗传下去。如果社会为下一代的知识转移投资很少，那么其中的一些知识可能就会丢失，而且知识的分布往往会变得更加集中，由此促使收入分配的不平等性加剧，导致未来人类知识的普遍下降。

认为后人总比前人知道得更多，这是一个非常严重的偏见。每一个新生代出生的时候都是完全无知的，正如没有收获就难免饥饿一样，没有知识的代际转移，也就难免跌入黑暗无知的深渊。虽然今天很多人知道的许多事情前人不知道，但现在也有很多人比前人更加愚昧无知。在民主社会当中，政策水平不可能超越全体居民的平均理解水平。在民主社会当中，知识的分配和财富的分配同等重要。

废弃物是一种资源吗？ 经济学家以及其他许多人普遍认为，废弃物只是一种我们还没有学会使用的资源，自然界只能提供建筑砖块坚不可摧的基本原子，其余的都必须通过人类来加以完成。经济学家所要考虑的就是人类劳动与资本的附加值，即被增加附加值的东西被认为是完全被动的东西，甚至不配称为自然资源（natural resources），因此吉尔德把这个词放在引号中。按照这一观点，自然过程并不能为基本的建筑砖块增加价值，即使它们这样做，人们也认为是人造资本替代了这类大自然的服务。

然而，残酷的事实是人类只能从一块煤中获得能量，同一块煤不能燃烧两次，而且燃烧产生的灰烬和热量散发到大自然的汇中，成为真正的污染物，如果知道如何利用这些灰烬和能量，其中的能量—物质的使用潜力也与燃烧前不可同日而语。按照人类的时间尺度而言，冲刷到大海中的表层侵蚀土壤和臭氧层中的氟氯烃也是污染物，而不只是"移动了位置的资源"（resources out of place）。没有人会否认知识的极端重要性[14]，但是，对物理世界重要性的诋毁，以及过于强调知识是我们的终极资源，看来似乎成为了现代版的诺斯底主义。它似乎受到这样一种虔诚观点的激发，即否认我们的生命是物质世界的一个组成部分，从而相信我们已经或者不久将超越物质创造的世界，进入无限深奥的知识领域，尽管现在是技术性的而不是精神上的。因此，即使在讨论手段时，也不能局限于生物物理领域，需要考虑其他宗教哲学，其中最突出的是包括古代基督教的异端教义，即诺斯底主义的复兴。

目 标

较早前曾认为有这样一种东西，即终极手段，并且它就是低熵的物质—能量。有**终极目标**（ultimate end）这样一种东西吗？如果有，它是什么？按照亚里士多德（Aristotle）的观点，我们有充分的理由相信终极目标必定存在，但是它究竟是什么，那就很难说了。事实上我们会认为，虽然关于终极目标的存在问题必须是教条主义的，但对于它以什么形式存在，必须持非常谦卑和宽容的态度。

在多元化时代里，对终极目标观念的第一个反对理由就是它的唯一性问题。不可能存在多个终极目标吗？显然，终极目标有很多，但是，它们之间相互矛盾，我们必须在它们之间作出选择。我们可以将这些终极目标进行排序，然后区分它们的优先次序。在设定优先次序时，或者对某些事物进行排序时，某件事（只有一件事）必须置于首位。实际上这就逼近了终极目标。什么事情置于第二位，取决于它与第一位的接近程度，如此顺延。道德存在多目标或价值排序的问题。排序的标准（排首位的目标具有的）就是终极目标（或实际中最靠近者），其根据在于我们对客观价值的认识（即真实世界的好与坏），而不是主观的意见。

我们并不主张伦理一定要在多元目标中通过抽象推理的方式进行排序。经常纠结于具体问题并在政策困境中作出决策，有助于我们隐性地对各种目标作出排序，这种排序在理论上可能过于隐晦。有时我们感到遗憾的是，我们的排序确实与对终极目标加深理解后的顺序不一致。像科学理论一样，理想的目标也应受到实证的检验。

新古典经济学家把价值归纳为个人口味或偏好，对于这个问题，争论是毫无意义的。但是，这种明显的容忍会产生一些严重的后果。我们的观点是必须武断地承认客观价值的存在，也就是参照某种终极目标的概念而对目标作出客观的等级排序，然而，我们隐隐约约地感觉到了后者。这似乎对现代的多元论信奉者们很绝对、很偏执，但稍作思考便会知道它恰恰是宽容的基础。如果 A 和 B 对价值的层次结构达不成一致，并且他们认为客观价值根本就不存在，那么，彼此都没有任何观点可以用来说服对方。结果只是 A 的主观价值对 B 的主观价值。B 可以大力维护她的偏好，并且试图胁迫 A 同意她的观点，但是，A 不久也会明智地选择同样这么做。留给他们的只有诉诸肉搏，或欺骗，或操弄，没有可能真正地一起寻求对客观价值更加明确的共同观点，因为根据假设，后者根本就不存在。每个人都比别人更加知道自己的主观偏好，因此，"价值说明"（values clarification）是没有必要的。如果价值之源在于一个人自己的主观偏好，那么，这个人就不会真心地关心别人的偏好，除非别人的偏好可以充当手段来满足他自己。任何有关容忍的谈论都变成为了一种虚假，只不过是操弄的一种策略，更无所谓对信念的真正开放。[15]

当然，我们也必须警惕，因为武断容易使得终极目标的定义过于明确，例如许多原教旨主义宗教的终极目标。[16] 在这种情况下，没有可能真正在一起理性地澄清共同的看法，因为任何对真理的质疑都是异端邪说。

3.2 政策前提

生态经济学致力于政策相关方面的研究。它并不是一种以自我为中心的学究们的逻辑游戏。因为我们对政策恪守承诺，所以不禁要问：有意义且值得讨论的政策的必要前提是什么？我们认为有两个前提：

第一，我们必须相信，确实要在各种政策的备选方案中作出选择。如果没有备选方案，如果一切事情都已经确定，那么讨论政策也就没有任何意义。如果没有政策选项，那么也就没有责任，也就不必去思考。

第二，即使确实存在政策的备选方案，除非确实存在价值的评价标准，可以用来指导在备选方案之中作出选择，否则，政策对话仍将毫无意义。除非我们可以区分真实世界状态的好与坏，否则，要试图达到世界的某一种状态而不是其他状态，也是没有意义的。如果不存在价值的

评价标准，那么也就没有责任，也就不必去思考。

　　总之，一项严肃的政策必须具备如下两个前提：（1）非决定论。世界并不完全确定，还存在一些自由的元素，为我们提供了真正可供选择的替代方案。（2）非虚无主义。不管我们对它的理解多么含糊，确实存在实实在在的价值评价标准可以指导我们作出选择。

　　许多参与谈论和决策的人拒绝一个或两个前提这一事实，按照怀特黑德的话来说，就是"潜在的矛盾"（lurking inconsistency），即以现代世界观为基础，虚弱的想法与半心半意的渲染式的行动之间的矛盾。如果我们多少有点相信，目的只是我们的基因强加于我们的一种虚幻，怎么也会使得我们更为有效率地生产[17]，或者说世界的一种状态和另一种状态一样好，那么，我们则很难严肃地对待实际问题。但是，生态经济学必须严肃地对待实际问题。正如怀特黑德所指出的："科学家热衷于有目的地证明他们是没有目的的，这本身就构成了一个有趣的研究主题。"[18]

3.3　决定论和相对论

　　我们在上一小节中的论述似乎明显符合常理。为什么说明显呢？问题的关键在于，许多知识分子都否定非决定论或非虚无主义，然而，他们很想参与一项政策的对话。在某一具体情况下，我们的政策备选方案究竟是什么，或者说，对于某一具体情况，我们的价值评价标准究竟是指什么，这些都是合理的政策对话的组成部分，但是，在这些方面我们都没有取得一致意见。关键是决定论者否定政策备选方案的实际存在；而虚无主义者或相对论者又认为不存在一种超越个人主观体会的价值评价标准，因此，对于这些人参与政策对话，不存在逻辑基础，不过，他们现在就是这么做的！我们诚挚而谦恭地希望他们记住，并对他们保持沉默进行深刻的反思，至少对待政策应该如此。[19]

45　　人们或许会同意我们所持立场的逻辑，即政策将决定论者和虚无主义者排除在外，但是，他们认为我们周围没有几个真正的确定论者和虚无主义者，实际上我们是无的放矢。我们希望这是真的。然而，对生态经济学贡献很大的杰出的生物学家保罗·R·埃利希（Paul R. Ehrlich）最近在一本书中就此写道："把一个进化论者的解毒方法给那些极端的世袭的决定论者们，使他们对当前有关人类行为的讨论产生了极大的骚扰，也就是说，我们只是那些微小的、被称为基因的自我复制的实体的俘虏"[20]。换句话说，埃利希已经感觉到，那些死硬的决定论者们的影响毒性很强，即使对于一个相当温和的一般的决定论者而言，足足需要

500 页的解毒方法。

温德尔·贝里（Wendell Berry）认为有必要使用更有针对性的强力的解毒良方，尤其是在他最近出版的著作《契合》（Consilience）中，针对爱德华·O·威尔逊（Edward O. Wilson）的颇有影响力的著作提出这一问题。我们将贝里的著作详细地引述如下[21]：

> 像威尔逊先生那样有原则的理论唯物主义者必然是一个决定论者。他认为，我们与我们的工作和行为都是由我们的基因来决定的，进而决定于生物法则，最终决定于物理学定律。他发现，这与自由选择的思想产生了直接的矛盾，即使作为一个科学家，他似乎也不愿意放弃这一观点，而作为一名保护主义者，他也一定不能够放弃这一立场。他以一种奇特的与众不同的方式处理了这一两难问题。
>
> 他说，首先我们有并且需要"自由选择的幻想"，他进一步指出，这就是"生物适应"。我反复阅读了他的句子，我希望我误解了它们，但是，我很担心我理解了它们。他是想说幻想中有一种进化优势。我们的祖先之所以幸存下来是因为他们足够愚蠢，竟然相信幻想。这一观点肯定是乐观主义的观点，但它似乎是不太可能的事情。作为一个唯物主义者，我们要用什么来验证幻想呢？尽管如此，威尔逊先生依然坚持他的观点；在另一处他谈及"自我欺骗"给予了我们人类"适应的利器"。后来，在讨论环境保护的需要时，威尔逊先生肯定了启蒙运动的信条，即我们能够作出"明智的选择"。虚幻的自由选择是不可能构思出来的，如何以此为基础作出明智的选择呢？威尔逊的明智选择是，根本就不要试图去构思这样一种幻想。（p.26）

46　　我们从与威尔逊的个人交谈中了解到，他认为科学的决定论如何与有目的的政策相符合的问题是"所有问题之母"。在面对神秘与悖论时，觥筹交错之际比枯燥乏味的学术场合更容易表达和理解彼此的谦逊。实际上，没有人可以依靠决定论或虚无主义的教条生活。在这个意义上说，没有人会认真地对待这些信条，甚至连信奉者自身也是如此。所以我们往往会忽视这些教条对政策的任何影响。然而，许多开明的公民还是有点怀疑，那些满腹经纶的学者们，他们公开支持这些观点，可是他们也知道有些事他们也做不到。也许我真的只是一个由我自己的基因控制着的机器人；或许目的真的只是一种附带的幻想；或许好与坏确实没有太大的意义，只不过是个人的主观偏好而已，不同的阶层、不同的性别、甚至不同的种族，其利益不同而已。决定论和虚无主义的观点实际上无法坚持下去，这一事实并不意味着它们的存在（潜伏在集体意志之中的）

不能够迫使政策失效。

我们在本书的"引论"中简要地提到了一些生态学家在处理政策问题时碰到的困难。从某种程度上来说，生态学家就像一些生物学家一样，也是一个决定论者，任何类型的政策都是愚蠢的。这类生态学家一定会比最极端的自由市场经济学家更自由放任。因此我们认为，生态经济学只不过是用生态学的光明驱散了经济学的黑暗。还有一点可以肯定的是，生态学也还存有某种经济学家不需要介入的黑暗。

也许我们应该从现代物理学当中获取一些线索，就像传统经济学从19世纪机械物理学中获取线索一样。量子不确定性和混沌理论颠覆了确定性的"科学"根基。而且，许多伟大的现代物理学家因为最理解科学的唯物主义范式下的物质基础，正日益质疑它提供任何终极真理的能力。例如，爱因斯坦指出，科学知识"尚未直接打开大门"。他接着问："我们人类渴望实现的目标应该是什么？最终目标本身以及渴望达到目标必须是来自另一个来源。"[22] 按照施罗丁格（Schrodinger）的话来说，"我周围的真实世界的科学图景是非常缺乏的。尽管它提供了大量的事实信息，把我们所有的经验梳理得有条有理，但是，它对最接近我们心脏的所有东西，也是与我们最有关系的东西都保持可怕的沉默，也就是说，我们并不属于科学为我们构建的物质世界"[23]。

政策分析专业的学生，也包括经济学家，虽然没有明说，但他们都假设世界提供了多个可供选择的可能性，而且这些选择确实有好有坏。当然，对于生态经济学家而言，确实也是如此，他们虽然还要继续非常严肃地对待生物学和生态学，但决不能落入决定论或虚无主义的形而上学的陷阱，在这些学科当中的某些人似乎已经落入了这样一种陷阱。

当然，不是每一个可以想象的替代方案都是一个真正的替代方案。许多事情真的是不可能实现的。但是，物理学定律和过去的经验允许的可行替代方案的数目很少会减少到只有一个。通过我们的选择，价值和目的会诱使物质世界朝某个方向而不是其他方向发展。世界上，目的只是一个独立的原因。

专栏 3.1 ☞   **哲学史中的决定论**

关于世界的本原问题，唯物主义、决定论和机械论是密切相关的形而上学的理论。如果学习哲学史，就将看到，这些理论可以追溯到两千多年前的伊壁鸠鲁（Epicurus）、德谟克里特（Democritus）和卢克莱修（Lucretius），而且这些理论至今仍然流行。经济学家们认为，他们可以解开这个千古之谜，而且幼稚地认为，我们能够跨越这一难题，因为经济学不可避免地要涉及选择的问题。如果选择是一种错觉，经济学还有什么意义呢？

由于人类是世界的一部分，因此，如果运动中的所有物质就是客观现实，那么人类也都是客观现实。由于物质运动决定于机械法则，因此，同样的法则最终决定人的行动。这种**决定论**（determinism）排除了自由选择的可能，这也意味着，我们的目的不是一个独立的原因。只有物质的机械运动才是真正的原因。目的、意图、价值和选择都只不过是梦想或主观幻觉。它们是结果，而不是原因。

虚无主义（nihilism）拒绝所有的道德观念，它是唯物主义和决定论宇宙观的道德结果。事物本来是什么样就是什么样，对待这些事物你无能为力，因为你的意愿和目的都没有能力改变任何事情。对于你的无能为力，你没有任何责任。对于伊壁鸠鲁而言，这是莫大的安慰，也就是说，没有必要担心神的愤怒和报复，也没有必要担心责任、内疚和惩罚。放松，别担心，尽你所能享受生活。没有什么东西真的可以伤害你，因为当你死亡的时候，一切都终结了，你也不再遭受磨难了。这种观点在现代世俗世界里仍然非常活跃，虽然它与基督教、犹太教和伊斯兰教存在着长期的冲突，与其他拒绝唯物主义是现实观点的哲学也有冲突。虚无主义者坚持认为，善与恶在我们的经验当中都和物质一样是真实的，人类至少有某种能力在它们之间作出选择。忽略我们对善、恶和自由的直接体验，被认为是反经验主义的，并且违背了科学的精髓。

我们无意把你从伊壁鸠鲁学说、基督教或任何其他立场上转变过来。对于这个问题，你或许还没有任何立场。逻辑上的事情有它自己的要求，而且没有哪门学说可以说与逻辑无关。即使是早期的唯物主义者也承认，排除自由、新颖与选择的学说中也存在矛盾。伊壁鸠鲁试图引入"趋势"（clina-men）这一概念，以一种特殊的方式恢复哪怕是一点点自由，即原子以不明原因而背离了它们的确定的运动，这是新颖之源，也许在某种程度上，也是自由之源。我们的建议是，对一个已经存在了大约 2 500 年的问题的任何简单答案都值得怀疑，而且，在面对你不能解决的任何逻辑矛盾时都应该以谦卑为怀。

3.4　目标—手段谱

终极手段和终极目标是**目标—手段谱**（ends-means spectrum）的两个极端，经济价值决定于二者之间。在日常生活中，相互作用的是介于中间范围的目标和手段，而不是精神或电子领域的终极源头。在分析市场和相对价格（见第 8 章）的功能时，我们将讨论这种介于中间的目标和手段的相互作用。但是，现在有必要对图 3—1 所示的整个目标—手段谱进行全面分析。介于谱中间的经济选择并不是虚构的。它们既不完全取决于下面的物质因，也不会因为没有上面的最终原因，或者因为出现了某种注定的最终原因而变得毫无意义。正如我们在随后的章节中将要讨论的，价格（即相对价值）取决于供给和需求。供应反映了相对可能性（即最终手段的现实性）的可替代条件；而需求反映了伦理选择的相对欲望的独立条件，这种伦理选择是基于对终极目标的某种理解而作出的，它根植于或好或坏的判断标准。

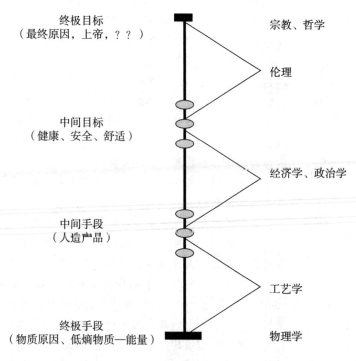

图 3—1　目标—手段谱

从最宽泛的意义上来说，人类的终极经济问题就是有效和明智地利用终极手段服务其终极目标。按照这种方式来讲，压倒性的问题就是包容性问题。因此，不难理解为什么在实践中这个问题会分解成一系列的子问题，要利用不同的学科来处理每个不同的子问题，如图 3—1 中目标—手段谱的右侧所示。

49　　　谱的顶部是终极目标，必须通过宗教和哲学的方式进行研究。这种终极目标天性如善，并且无法从它与任何其他或更高的善的工具性关系中派生出美德来。这就是最高的善，所有其他的善都是工具性的或派生的。毋庸讳言，它的定义并不完善。正如前文所述，否定它的存在会产生无法接受的后果，对终极目标暗淡的愿景是人类所处环境的一部分，需要极大的相互宽容。按照神学的术语，错误地对待了终极问题，把不是终极的问题看成了终极问题，结果只能是盲目崇拜。

谱的底部是终极手段，即世界上有用的东西，也就是低熵的物质—

能量，我们只可使用而不能创造或补充，而且，它的净生产量不可能是任何人类活动的最终结果。终极目标比终极手段更难界定。遗憾的是，当前对终极目标最接近的理解似乎只是经济增长，对经济增长的某些批判认为我们太迷恋于经济增长了，以至于达到了盲目崇拜的地步，把一个虚假的神奉为了神明，但它并不是真正的目标。但是，要构建一个社会的核心组织原则，把盲目崇拜区隔开来，却也并非易事。

需要重申一点，由于稀缺性迫使我们必须在众多的中间目标中选择一些目标应予满足，而其他目标则应予牺牲，为此，必须对中间目标进行排序。排序意味着建立优先性。优先性意味着某件事情应位列第一。列第一位的目标便是我们在操作过程中对终极目标的估计。它为其他中间目标的排序提供排序标准。第二位是与第一位最接近，或除第一位以外，最能当作第一位的目标，以此类推。相对于我们对终极目标的设想而言，对中间目标的排序则是一个与伦理有关的问题。经济学家传统上认为解决伦理问题的办法为已知，并在中间目标已排序的情况下开始他们的分析，或者假设不同的人所作出的排序都是一样好的，因此伦理与个人的主观偏好没有区别。

谱的底部是物理学研究的终极手段，工艺学研究可以把终极手段转变成人工产品，这些人工产品是专门用来满足每个中间目标的。经济学家经常假设技术上的问题已经得到解决，也就是说，技术被看作给定的。因此，谱的其余部分是中间部分，即利用已知的中间手段，服务于一个已知的分层次的中间目标。这是一个非常重要的经济问题，或者更确切地说是一个政治经济问题，与伦理和技术问题大不相同。

政治经济问题位于中间位置的性质非常重要。从整个谱的角度来看，它意味着经济学在某种意义上太唯物主义了，但有时又唯物主义得还不够。在对伦理和宗教问题的抽象中，它太唯物主义了；在对工艺和物理问题的抽象中，唯物主义得还不够。经济价值具有物质性的和道德性的根源。二者皆不能忽视。许多思想家被一元论哲学所吸引，从而只侧重于价值的生物物理根源，或精神根源。生态经济学则采用了一种实用的二元论。二元论并不像一元论那么简单，并且它需要解决这样一个奇怪的问题，即物质和精神如何相互作用。这的确是一个很大的难以解开的疑团。但从积极的一面来看，二元论比任何一种一元论都更讲究实证，它承认或正视那些难以忽视的事实，以避免面对谜团。[24]

3.5 整合生态学和经济学的三个策略

学者以前把生态学和经济学进行整合的尝试基于以下三种策略之一：

（1）经济帝国主义；（2）生态还原论；（3）稳态子系统。每种策略开始都可能把经济系统作为生态系统的一个子系统。三者之间的差异就在于对待经济与生态系统其余部分之间边界的方式不同，如图 3—2 所示。

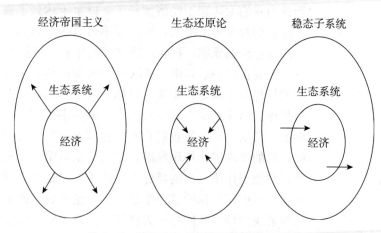

图 3—2　整合生态学和经济学的三种策略

经济帝国主义

51　　　经济帝国主义（economic imperialism）的目的就是试图扩大经济子系统的边界，直到它囊括整个生态系统。目标就是一个系统，即作为一个整体的宏观经济。通过将所有外部成本和效益内化于价格之中即可完成这一目标。当然，价格是指个人之间在市场上用某种东西与货币（或其他商品）交换的比率（例如，每加仑多少美元）。有些环境产品习惯上不在市场上交易，好像它们具有"影子价格"，即如果在完全竞争市场上交易，经济学家对某种功能或东西的价格的最佳估计值。生态系统中的任何东西从理论上来讲，在其帮助或阻碍个人满足其欲望的能力方面，都是可以相互比较的。这暗示，追求的唯一目标就是消费水平比以往任何时候都高，而有效地实现这一目标的唯一中间手段就是市场商品的增长。经济帝国主义本质上就是新古典主义。

52　　　然而，主观的个人喜好是反复无常、缺乏依据或考虑不周的，但却作为一切价值的源泉。由于主观欲望被认为在总体上既是无限的，也是至高无上的，所以有一种倾向，即致力于满足这些愿望的活动规模不断扩张。只要所有的成本都得到内部化，那么这种扩张便被认为是合理的。但是，我们已经经历的大部分增长成本的产生非常突然。如果没能事先设想和预见到它们，就不能将它们内部化。此外，即使所有人已经看到某些外部成本（例如，全球性变暖），但内部化的过程一直非常慢，而且只是部分地内部化。只要经济学家没有意识到环境支持生命功能的演化适宜性，那么它就很有可能在经济帝国主义追求制造每一个分子（包括每一串 DNA）的过程当中遭到破坏，而且按照现值最大化的经济规则自食其果。

此外，经济帝国主义牺牲了自由市场经济学家的主要美德，即对中央计划者的傲慢非常反感。把一个价格标签贴在生态系统的每一件东西上所需要的信息和计算能力远远超过了苏联国家计划委员会所需要的。[25] 举例说明，我们考虑一下要准确地将与全球性变暖有关的成本定量化和内部化都需要哪些计算。现在我们甚至无法核算二氧化碳流，这是解决难题最基本的部分。海洋或陆地生态系统吸收了多少碳？它将如何影响生态系统？全球变暖将导致正反馈（比如北极冰原融化释放甲烷，海洋更快速地蒸发增加大气中的水蒸气，二者都是很重要的温室气体）还是负反馈（增加森林的碳封存）？温度的变化将如何影响下个世纪的全球气候模式（我们甚至不能准确地预测下个星期的天气，我们对这类估计的把握有多大）？即便没有全球性变暖，又有什么变化会发生？将推出哪些技术来处理这些问题？改变温室气体排放速率对技术进步速率的影响有多大？这些因素将如何影响经济？记住，虽然气候学家不能准确地预测一个星期的天气，但是，他至少能把头伸出窗外说："下雨了。"然而在另一方面，在我们撰写本书的时候，经济学家却陷入了这样一个问题的激烈争论，即经济现在是否陷入了衰退。

53   这些计算只是估计全球变暖成本所需要的很小一部分，显而易见，它超过了现代科学的能力，很可能也超出了人类思维的能力。计算它们发生时的成本还是比较简单，但如何确定成本对后代的现值？目前受青睐的方法（参见第 10 章）就是给未来的成本与效益比为当今发生的成本与效益赋予更小的权重，而且在此计算中所选择的贴现率很可能和前面提到的其他任何变量一样重要。但在这种情况下，贴现意味着后代人不具有稳定气候这一不可剥夺的权利，经济增长将在整个贴现期内继续，而且经济增长还成为了一个令人满意的替代品。不过，我们选择的将成本内部化的贴现率本身也将影响经济的增长率。

> **思考！**
>
> 《斯特恩报告：关于气候变化的经济学》(*The Stern Review on the economics of climate change*) 得出结论认为，社会应该花费全球国民生产总值的 1％ 左右用于降低气候灾害的风险。[26] 经济学家威廉·诺德豪斯 (William Nordhaus) 在一项类似的研究中采用了更高的贴现率，并得出结论认为每年 1％ 的国民生产总值要大大超过避免灾难所得到的效益。2007 年，全球人均国民生产总值增长了 3％ 左右。换句话说，诺德豪斯认为接受我们四个月前的生活水平的代价太大，以致无法支付避免灾难所需要的费用。你认为诺德豪斯对未来影响的贴现合理吗？你认为这些影响应该全部贴现吗？[27]

全球变暖的例子提出了另一个与经济帝国主义有关的严重问题：在任何目标之间配置几乎任何手段的最有效机制是市场。事实上，市场是不能配置这样一些商品的，即这些商品没有所有权，而且配置这些商品是无效率的，因为这些商品在使用后不产生消耗（二者皆为大多数生态系统服务的属性）。即使我们能够对温室气体排放征收合理的费用，将其成本内部化，那么谁应该得到这些费用呢？似乎只有那些承担了成本的人得到这种费用才是公平的。如果在我们购买某种东西时，我们没有给承担其生产成本的人支付费用，这应该算是一种市场交易吗？然而，全球变暖很可能会影响到未来生活在整个地球上的无数代人。这意味着，不仅需要计算所有成本，还需要为每个人计算其成本。奇怪的是，正如我们在随后的章节中将讨论的，一些新古典经济学家认为，承担了外部性成本的那些人不应该得到支付[28]，但在这种情况下，怎么能说其结果类似于市场解决方案呢？本书的一个主要目标就是准确地解释为什么许多商品和服务不服从市场解决方案，而与能否把所有的成本内部化无关。

我们现在扮演墨守成规的经济学家，并将所有这些问题置之脑后。那么，毫无疑问，一旦经济规模扩大到使免费商品成为了稀缺商品，最好这些商品应具有一个正的价格反映其稀缺性，而不是继续将其定价为零。但是这里仍然存在一个更为重要的问题：是在新的规模上对原先免费的商品进行正确定价，还是在老的规模上对原先免费的商品也正确地定价为 0，哪一种情况对我们更好？在这两种情况下，价格都是正确的。这是最优规模的控制问题，不可能通过市场价格得到答案。

生态还原论

生态还原论（ecological reductionism）洞察到了人类不能逃避自然法则。然后，接着按错误的推理往下走，即认为人的行动可以简化为自然法则，完全由自然法则加以解释。它试图按照与解释生态系统其余部分完全相同的自然主义原则，来解释经济子系统中发生的一切。它将经济子系统缩小到没有，从而擦除了经济子系统的边界。在极端的情况下，按照生态还原论的观点，能量流、内化的能源成本和市场的相对价格，所有这一切完全可以从没有目的和愿望的机械论体系得到。如果研究某些自然系统，这或许是一种明智的观点。但是，如果谁要采用它来研究人类经济，那么他一开始就陷入了这样一种困境而无法解脱，即重要的政策含义是无关紧要的。我们在这里再一次遇到了我们论述过的决定论和虚无主义中的所有问题。

经济帝国主义和生态还原论有一个共同点，即它们都是一元论观点，不过它们是对立的一元论。一元论寻求一种单一物质或原则去解释导致经济帝国主义和生态还原论两方面过于简化的所有价值。人们应该在没有忽略事实的情况下争取得到一个最简化或最简单的解释。一方面尊重可能性和必要性的基本经验事实；另一方面，自我意识到的目的和愿望应该引导我们成为一种实践二元论，或反映在目标—手段谱系中的两个极端。毕竟，与基于一个基本元素相比，人类应该由两个基本元素组成这一事实不会提供更大的内在不可能性。人类的这两个基本元素如何相互作用是一个谜，确切地讲，是经济帝国主义和生态还原论这两类一元论都试图回避的谜。但是，经济学家则正好位于目标—手段谱的中间，可以采用两种一元论"解决方案"当中的任何一种。与否定凌乱和神秘的事实相比，经济学家们对否定一元论的缜密思想的感觉更好。

55

稳态子系统

最后一种策略就是**稳态子系统**（steady-state subsystem）策略。它不试图消除子系统的边界，即扩展子系统的边界使之与整个系统一致；或者将子系统缩小到没有。相反，它肯定了边界的基本必要性以及在正确的位置重绘边界的重要性。它认为，人类子系统由边界界定的规模存在一个最佳状态，而且生态系统维护和补充经济子系统的通量必须具有生态可持续性。一旦在适当的地方绘制了边界，就必须进一步将经济子系统细分为不同的区域，在此市场就是分配资源和不适当区域的最有效手段。这些区域的划分取决于不同商品和服务的内在特征，关于这个问题，我们随后还将详细讨论。

==

专栏 3.2 ☞   **稳态经济**

稳态经济的思想来自古典经济学，主要由约翰·斯图尔特·穆勒（John Stuart Mill, 1857）发展，他称之为"静态"（stationary state）。其主要的思想就是：人口与资本存量都不会增长。这两种物理存量不变界定了经济子系统的规模。出生率等于死亡率，生产率等于折旧率，因此人（人口）的存量和人造物品的存量（实物资本）都应该恒定不变，也就是说，不是静止的，而是处在一种动态的均衡状态。

大多数古典经济学家们很惧怕将这种静态作为发展的终结，但穆勒并非如此认为[a]：

> 几乎无须强调，资本和人口的静态条件并不意味着人类进步也处在静止状态。像以往一样，一切精神文化、道德和社会的进步空间依然广阔；生活艺术的改善余地还很大，而且它被改善的可能性

则更大，此时，思想不再沉醉于发展的艺术之中。

穆勒认为，一旦我们不再如此沉迷于扩大规模，我们就应该对提高生活水平给予更多的关注。他也承认增长有可能是不经济的：

> 如果地球必须失去其大部分快乐的话，主要原因就在于财富和人口的无限增长，这种无限增长把人类的快乐一扫而光，它的唯一目的只是为了使地球能够支持更多的人，而不是使人类变得更加幸福或美好。鉴于为后人着想，我衷心地希望，只要在还没有被迫陷入绝望境地之前，还是愿意处于静止状态为好。

从物理方面来看，人与物的群体就是物理学家们所说的"耗散结构"，即如果顺其自然，就会分解、死亡和腐烂。人会死亡；物品会磨损。要保持一群耗散结构恒定不变，就需要出生等于死亡以及生产等于折旧，换句话说，就是投入等于产出、等于通量，通量是一个你现在已经熟悉的概念。但是，出生既可以以低比率也可以以高比率的方式等于死亡。二者都可以保持人口不变。我们想要哪一种比率呢？如果希望个人的预期寿命很长，必须选择低死亡率等于低生育水平。对于出生率等于死亡率（即年40‰）的均衡人口而言，平均死亡年龄一定等于25岁。如果希望人们能活到67岁而不是25岁，那么将不得不降低出生率和死亡率至年15‰。你能解释为什么吗？您可以将相同的逻辑应用于商品存量的寿命或耐用性吗？

总结：稳态经济的主要目的就是使财富和人类的存量保持恒定不变，使之足以保持长期的美好生活。使这些存量得以维持的通量应该处于低位而不是高位，而且总是处于生态系统的再生和吸收能力范围之内。因此，该系统是可持续的，即它可以持续很长时间。处于稳态下的进步路径不再是变得更大，而是变得更好。这一概念是古典经济学的一部分，但遗憾的是，在很大程度上它被新古典经济学所抛弃。更确切地说，我们重新定义静态和稳态，不是指人口和资本存量的数量恒定不变，而是指它们的增长比率保持恒定不变，即人和物之间的增长比率保持恒定不变！

a. J. S. Mill, *Principles of Political Economy*, Book Ⅳ, *Chapter* Ⅵ (1848). Online：http://www.econlib.org/library/Mill/mlPbl.html.

3.6 主要概念

实践二元论和一元论　　　　　Practical dualism versus monisms

政策的前提	Presuppositions of policy
终极手段	Ultimate means
终极目标	Ultimate end
信息和知识	Information and knowledge
确定论和唯物主义	Determinism and materialism
目标—手段谱	Ends-means spectrum
经济帝国主义	Economic imperialism
生态还原论	Ecological reductionism
稳态子系统	Steady-state subsystem

【注释】

[1] *Ecological Economics*：*A Workbook for Problem-Based Learning* 的第 1 章要求你考虑解决具体问题的合适目标；第 2 章要求你思考实现这些目的的有效手段。

[2] "物质—能量" 仅指物质和能量，但是，我们承认它们可以按照爱因斯坦著名的转换公式 $E=mc^2$ 进行转换。

[3] 有关这一学术主题的最新发展，参见 N. Georgescu-Roegen, *The Entropy Law and the Economic Process*, Cambridge, MA：Harvard University Press, 1971。

[4] G. Gilder, *Microcosm*：*The Quantum Revolution in Economics and Technology*, New York：Simon & Schuster, 1989, p. 378. 朱利安·西蒙（Julian Simon）在其著作中也表示了相似观点，参见 *The Ultimate Resource*, Princeton, NJ：Princeton University Press, 1981。最近，彼得·休伯（Peter Huber）在其著作中坚持了这一观点，参见 *Hard Green*：*Saving the Environment from the Environmentalists*, New York：Basic Books, 2000。

[5] March 25, 2000, p. 73.

[6] 诺斯底主义（Gnosticism）是早期基督教的一个异端教义。该教义认为，救赎仅仅对于那些通过深奥的灵性知识可以超越物质的人有效，这些人相信基督是非物质的，因此诋毁物质世界的观点，并且把知识看作对物质世界的逃避。

[7] 磷是光合作用所需要的叶绿素的一个重要组成部分，因此，它也是人的生命和思想所需。

[8] J. M. Desimone, Practical Approaches to Green Solvents, *Science* 297 (5582) (2002).

[9] M. P. Mills, "Kyoto and the Internet：The Energy Implications of the Digital Economy," Testimony of Mark P. Mills, Science Advisor, The Greening Earth Society, Senior Fellow, The Competitive Enterprise Institute, President, Mills McCarthy & Associates, before the Subcommittee on National Economic Growth, Natural Resources, and Regulatory Affairs, U. S. House of Representatives, 2000. Globally, Internet servers doubled their energy use between 2000 and 2005 (Koomey, Jonathan. 2007. *Estimating Total Power Consumption by Servers in the U. S. and the World*. Oakland, CA：Analytics Press).

[10] 热素是一种假想的物质，从前被认为是一种易燃材料的挥发性成分，这种

成分通过燃烧在火焰中释放出来。

[11] 乙醚是一种普遍存在的、具有无限弹性的和无质量的介质，人们曾经认为它充满整个上层空间，空气则充满整个低层空间。它的假设性存在避免了引起"超距作用力"的奥妙，后来人们在"万有引力概念"中认识到了这一问题。

[12] *Electronics Waste Management in the United States*：*Approach One*. Final Report，US EPA，July 2008.

[13] E. J. Mishan，*The Costs of Economic Growth*，New York：Praeger，1967.

[14] 关于知识的局限性问题的有趣讨论，参见 P. R. Ehrlich et al.，Knowledge and the Environment，*Ecological Economics*，30：267 - 284（1999），以及 M. H. Huesemann，Can Pollution Problems Be Effectively Solved by Environmental Science and Technology? An Analysis of Critical Limitations，*Ecological Economics*，37：271 - 287（2001）。

[15] 关于这一观点的完整阐述，参见 C. S. Lewis，*The Abolition of Man*，New York：Macmillan，1947。

[16] 许多经济学家似乎都把"效率"或增长看作终极目标，而且对此的信仰彼此非常相似。参见 Robert Nelson，*Economics as Religion*，University Park：Pennsylvania State University Press，2002。

[17] 参见 E. O. Wilson's *Consilience*（New York：Knopf，1998）和 R. Dawkins' *The Blind Watchmaker*（New York：Norton，1996）。

[18] A. Whitehead，*The Function of Reason*，Princeton，NJ：Princeton University Press，1929，p. 12.

[19] 在科学方面，这些人都是强硬的新达尔文主义者和社会生物学家；在人文学方面，他们是后现代解构主义者；在神学方面，他们是强硬的加尔文主义宿命论的信徒；在社会科学方面，他们是一些进化心理学家以及所谓的价值中立的经济学家，他们把价值归纳为个人的主观偏好，它们彼此之间没有好坏之别。

[20] P. R. Ehrlich，*Human Natures*：*Genes*，*Cultures*，*and the Human Prospect*，Washington，DC：Island Press，2000.

[21] W. Berry，*Life Is a Miracle*：*An Essay Against Modern Superstition*，Washington，DC：Counterpoint Press，2000.

[22] A. Einstein，*Ideas and Opinions*，New York：Crown，1954. 引自 T. Maxwell，Integral Spirituality，Deep Science，and Ecological Awareness，*Zygon*：*Journal of Religion and Science* 38（2）：257 - 276（2003）。

[23] E. Schrodinger，*My View of the World*，Cambridge：Cambridge University Press，1964. 引自 Maxwell，同上。

[24] 诚实需要大胆地面对神秘。虽然我们怀疑神秘是人类状况最难以理解的一部分，而不是尚未发现的未来知识的一个代名词，我们仍然尊重科学和哲学对解释神秘的探索，包括二元论内在的神秘，我们把它奉为实际的工作理念。

[25] Gosplan 是苏联国家计划委员会的首字母缩写，它集中为从个体企业到国家水平的各个层面制定五年发展计划和年度发展计划。

[26] N. Stern，*Stern Review*：*The Economics of Climate Change*. HM Treasury，London，2006.

[27] W. Nordhaus，"Critical Assumptions in the Stern Review on Climate

Change," *Science*, 317 (13) (2007): 201 -202.

[28] E. T. Verhoef, "Externalities." In J. C. J. M. van den Bergh, ed., *Handbook of Environmental and Resource Economics*, Northampton, MA: Edward Elgar, 1999.

第 1 篇总结

　　我们在第 1 篇中把经济学定义为稀缺资源在不同的期望目标之间配置的科学。生态经济学区分于主流经济学的标志，就在于它把经济系统作为维持全球生态系统的一个子系统的前分析观点。经济增长本身不是最终目标，连续的物理性的经济增长也是不可能的，维持系统增长而产生的成本最终都要大于这种增长带来的效益。经济系统改变了环境，然后在协同进化的过程中来适应这些变化。经济增长已经增加了生态物品和服务相对于人造商品和服务的稀缺性，而经济系统必须适应这一事实。我们无法预设经济演化的方式，但是政策能以或好或坏的方式影响经济的演化。

　　在生态经济当中，有一个终极目标，不过它很难感知，而且也没有得到普遍认同。终极手段是指低熵的物质—能量，对于将手段配置给目标的服务而言，市场虽然是一种非常有用的机制，但这种机制决不充分。虽然我们不再试图定义终极目标，但作为今后讨论的一个基础，我们建议为生态经济给出一个次优的定义：维护生态系统，使之生命支持功能远离系统崩溃的边缘（这要求经济的物质增长要有一个极限）；健康、满足的人类一起自由地追求和澄清仍然含糊不清的终极目标，这或许需要很长很长的时间。

第 2 篇

包含性与支持性生态系统：整体观

第 4 章　资源的性质与自然的资源

61　　　经济系统是全球生态系统的一个子系统，生态经济学的主要目标之一就是确定经济子系统对可持续的生态系统的侵蚀所产生的越来越大的机会成本何时会超过经济持续增长所带来的效益。实现这一目标需要清楚地了解全球生态系统是如何支撑经济以及经济增长是如何影响可持续的生态系统的。生态经济学家除了要确定经济增长何时会变得不经济，还必须提供保持经济最佳规模所需的政策。目前，确定经济最优化的主要工具是市场。不过，只有当商品和服务具有某些特定的属性时，市场才能有效地发挥作用，否则，对于没有权属关系的商品，市场完全无法发挥作用。制定有效的政策需要清楚地理解商品和服务的具体属性，经济系统必须在不同的目标之间对这些商品和服务进行配置。我们在本章中将介绍几个有助于理解稀缺资源的概念。这些概念包括存量—流量资源和基金—服务资源之间的区别，以及竞争性和排他性等概念，而且还要进一步分析热力学定律。

　　我们在第5章和第6章中将运用这些概念分析经济所依赖的生物和非生物稀缺资源。第9章和第10章将解释这些概念为什么对政策分析十分重要。

4.1 一个有限的地球

62 　　除了从太空中获得很少的物质以外，在人类生存的这个地球上，确实存在很多水、土地和大气，还有有限的土壤、矿物和化石燃料。即使认为自然过程可以形成更多的土壤和矿物燃料，但是，它们形成的数量不仅仅有限，而且从我们人类的角度来看，它们形成的速率也极其缓慢。幸运的是，太阳能源源不断地输入地球，毫无疑问，这种输入将会继续下去，直至人类灭绝[1]，但是，这种能量到达地球的比率也是固定而且有限的。当然，要使这些能源成为有用的能源，就必须捕获它，目前几乎所有的捕获都是由具有光合作用的有机体来完成的。也就是说，我们生活在一个有限的星球上。对于这样一个明显的事实为什么还要争论呢？

　　持续的经济增长是大多数经济学家和决策者的明确目标。许多经济学家甚至认为，经济增长与清洁环境是一致的，甚至是实现清洁环境的一个先决条件。应该说清洁环境是一种奢侈品。那些挣扎着只是为了喂饱自己的人们不可能去关心污染问题。在整个第三世界，贫困迫使人们实际上生活和工作在垃圾堆里，人们在那里寻找食物吃，寻找衣服穿，至于将商品和物资进行回收利用，那就另当别论了。这个事实表明，生存优先于环境。而且，能够在一家工厂工作，无论污染多么严重，总比生活在垃圾堆里更好。只有在富裕国家，人们才能够享受得起清洁水和清新空气的奢侈。据此应该能解释这样一个事实，即美国的水质和空气质量在 20 世纪 70 年代已经得到了改善（我们随后还会讨论这一明显的悖论），甚至许多地方的森林覆盖率也得到了提高。人们常常认为，清洁地球并保护地球上残存的生态系统的最好方式就是通过经济增长。

> **思考！**
>
> 　　你认为在过去20年里富裕国家的环境得到了改善吗？在过去20年里，富裕国家对全球环境的影响减弱了吗？你买的东西从何而来？你认为生产这些东西对环境有负面影响吗？

63 　　与这种情景形成对照的是，物理学定律告诉我们，我们不能无中生有。因此，经济生产要求原材料的投入，而且，这些生产要素的有限供应限制了经济的规模。无论我们能在多大的程度上用一种新的资源替代一种枯竭的资源，经济系统都不可能无限制地增长。例如，人口不可能永远地增长。只要做一个简单的计算就可以知道，即使人口增长率只有1％，只要持续增长超过3 000年，人口的物质质量将会大于整个地球的物质质量。[2]同样，我们也不能以过去50年相同的速率，再继续1 000年增加我们所拥有或消费的人工产品的物质质量。但是，人口增长速度正在放缓。据联合国最近的一份报告估计，到2300年，全球人口将稳定在90亿左右[3]，不过，很多生态学家认为，即使只有一半人口，地球生态系统就将难以为继。[4]有些人也认为，我们可以利用更少的资源生产更多的东西，因此，人工物质产品的数量不会增加。确实，我们现在可以利用过去生产1个铝质罐所需的相同材料生产12个铝质罐，但是，我们现在仍然要使用比以往任何时候都更多的铝，而且铝质罐也只能制作得如今这么薄了。现在还有人断言，经济价值并不是衡量物理量的一个指标，因此很难说经济价值会有什么物理上的限制。

经济价值确实不是一个物理量。经济生产完全是指创造福利、生活质量、效用或其他我们称为"满意的精神通量"的东西。那么，我们生活在一个有限的星球上真的有什么影响吗？当然，从经济生产的角度来看，这很重要。按照普通的理解，经济生产是指将生态系统提供的原材料转变成对人类有价值的东西。这种转变需要能量，也会不可避免地产生废弃物。即使是服务业也需要物质性的投入以支撑那些提供服务的人。能量的供应是有限的，原材料的供应也是有限的，吸收废弃物的能力也是有限的，而且，生态系统为我们的生存提供大量商品和服务的能力也是有限的，对此我们所知也很有限。有证据表明，就接下来我们将要讨论的资源而言，我们正在接近它们的极限。如果要持续地增加生产，那么，经济子系统就必须最终超过全球生态系统得以维持的能力。

以上所述并不意味着经济价值不可能无限制地增长。事实上我们相信，如果按照"人类满意的精神通量"的方式定义经济价值，或许就能无限制地增长。生态经济学并不提倡结束经济发展，而只是结束物质性的增长，不过，主流经济学家对经济进步的定义把这二者混淆了。问题是，现有的市场经济并不适合提供非物质性的满足感。新古典经济学作了某种变通，它主张如果把增长重新定义为精神满足感的更大提供（我们称之为经济发展），那么无限制的经济"增长"就是可能的，即便如此，传统的经济范式或许也不足以成为实现这一目标的方针。我们稍后还将讨论这个问题。现在，我们的观点是，物理通量上的固定增长是不可能的。一旦理解了这一点，问题也就变成为如何决定经济生产何时变成不经济了。如果这种事情已经发生了，则更是如此。不过，在处理这最后一个问题之前，我们需要更仔细地审视我们的主张，即在一个封闭系统中，无限增长是不可能的。与这个问题最有关系而且实际上与经济问题最有关系的分支学科就是热力学。

4.2 热力学定律

热力学简史

随着 18 世纪末工业革命和机器时代的到来，科学家们也开始对永动机变得越来越感兴趣。所谓永动机，是指一种依靠自身做功所产生的很少的热量驱动的机器。1824 年，法国科学家索迪·卡诺（Sadi Carnot）在计算指定数量的热能做的最大功率时，意识到了一台热发动机（例如蒸汽发动机）只有从一个热源中获取能量并将这种能量转变为另一种温度更低的形式才能做功。事实上，做功一般要求两个热源之间存在温差，在所有其他条件都相同的情况下，温差越大，所做的功越多。然而，即使存在温差，要把热量或者其他任何形式的能量以 100% 的效率直接转化为功也是不可能的。结果证明，它与这样一个明显的事实有关，即热量会自然地从一个较热的形式变成一种较冷的形式，反之则不然。虽然热可以从一个较冷的物体流到一个较热的物体上，但是，使之发生所需做功的量必须大于热物体增温所需的潜在能量。[5]令工业家们沮丧的是，物理学定律使得永动机不可能存在。

在随后的几十年当中业已发现了其他一些重要的规律。罗伯特·迈耶和赫尔曼·赫姆霍尔兹（Robert Mayer and Herman Helmholtz）表明，能量既无法创造，也无法毁灭。詹姆斯·焦耳（James Joule）完成了一项实验，表明能量和功是等价的。鲁道夫·克劳修斯（Rudolf Clausius）认为，在这里存在两个相关的原理，它们叫做热力学第一定律和第二定律。第一定律认为，能量既不可能创造，也不可能毁灭；第二定律认为，能源必然会变得越来越同质化。由于做功需要温差，同质化意味着能量变得越来越不可用。按照杰奥尔杰斯库-洛根（Georgescu-Roegen）的话来说，就是"所有形式的能量都会逐渐地转化为热能，热能最终会变得如此消散，以致人类再也不能利用它"[6]。克劳修斯为第二定律造了一个词，即"熵"（entropy），这个词来自希腊语，也就是"转换"

的意思，他认识到这样一个事实，即熵是一条单行道，发生的变化不可逆转，在宇宙中无序只会持续增加。热力学第一定律与数量有关，而第二定律与质量有关。

词典中对**熵**的定义是"衡量热力学系统中无效能的一个指标"。"无效"意味着不可以用来做功。无效能也被称为束缚能（bound energy），有效能被称为自由能（free energy）。例如，汽油就是一种自由能：它可以通过燃烧在内燃机中做功。功也可以转换成不同形式的自由能（例如，它可以驱动汽车爬上高山之巅，在此，汽车具有一种势能，可以让车回到山下）或转化为热能，热能最终扩散到周围环境。汽油中转化为热能的能量并没有消失，但是已经变成了束缚能，无法做功。

在杰奥尔杰斯库-洛根引用的示例中，海洋含有大量的能量，但这种能量不能驱动船只。[7]它只是一种束缚能，因为没有一个温度较低的热源，把藏在海洋中的能量转换出来。卡诺认为，这种温差是做功所必需的。

思考！

您会投资一种可以捕获它自己的尾气并再次燃烧的革命性的新汽车吗？

物质以及能量服从热力学定律吗？爱因斯坦著名的公式 $E = mc^2$ 为物质和能量建立了等价关系，从而第一定律既适用于能量，也适用于物质。杰奥尔杰斯库-洛根认为，熵定律也适用于物质，并建议可以把它视为热力学第四定律。[8]尽管物理学家们对正规的"第四定律"的想法仍有争议，但是，物质向无序变化是一种自然趋势，因此在物质也受到熵定律的规定这个问题上是毫无争议的。如果一块糖掉进一杯水里，然后它逐渐溶解，这样也就变得更加无序了。有序并不会自发地重新出现。把液体和气体混合，或者更一般地讲，把任何可溶物放在溶剂当中，同样会出现这种情况。在不可溶性的环境中，物质的这一特点则显得不那么明显。不过，只要给予足够的时间，摩擦、侵蚀与化学分解必然使得即便最坚硬的金属都会分解和扩散，并因此变得更加无序。

热力学定律与其说是从理论推导而来，不如说是实验的结果，而且隐藏在熵背后的机制至今仍然没有完全得到理解，认识到这一点很重要。[9]在热力学定律第一次被提出来的时候，机械力学是占主导地位的科学范式。在机械系统中，每个作用都会产生一个数量相等、方向相反的反作用，因此机械作用本质上就是可逆的。对熵的一种理论解释来自这样一种努力，即把熵固有的不可逆性和机械力学的可逆性特征协调起来，由此产生了统计力学的研究领域。上述糖块掉进水里的例子就是最好的解释，当糖以糖块的形式放在货架上时，糖分子并不能自由扩散，这时糖分子只有一种空间状态。如果把糖块放入装水的容器中，由于糖是可溶性的，因此，糖分子便可自由移动。糖分子瞬间就会在容器中产生几乎无数种可能的排列。每种排列方式都具有相等的概率，但是，其中也有一种排列方式就是糖块的排列方式。因此，糖块保持不变的概率几乎小得无法测量。根据统计热力学或统计力学，一块在水中溶解的糖块能够自发地重新排列，而且一壶冷水也可以自发地达到沸点；但实际上这是不可能的。但是，如果我们等的时间足够长，这种不可能的事件似乎有可能发生，或许明天确实可能发生，但是概率依然很低，就好像 10 亿年后发生的概率和明天发生的概率一样。我们从来没有看到过一壶冷水会自发地达到沸点，也没有观察到低熵哪怕是自发地增加一点点，这一事实对于统计力学而言很难得到实证。

统计力学远没有普遍接受熵的解释，虽然它似乎接受可逆性，这一点与机械物理学一致，但是它也完全依赖随机运动，这一点与机械物理学是不一致的。统计力学的捍卫者坚信，它能够使得熵理论与机械物理学统一起来，那么他们必须相信，如果宇宙中的每一个原子碰巧按与它现在的运动方向相反的方向运动，然后热就可以从冷物体上移动到热物体上，有序便可自发出现。[10] 如果熵的统计学观点是正确的，那么物质通过物理磨损和化学侵蚀逐渐地扩散就不可能是熵本身，因为物质的物理磨损和化学侵蚀与热的耗散截然不同。然而，不管如何解释，最终结果和实际意义都是一样的，即物质和能量都会不可逆转地走向无序状态，而且低熵状态只有通过在系统的其他地方将低熵转换为高熵才能够得以恢复，而且在其他地方熵的增加量将大于熵在原地的减少量，这样才有可能转换成功。

熵与生命

如果所有的物质和能量都变得更加无序，那么，我们该如何解释生命呢？生命不是一种自发的有序形式吗？地球的早期处于一种混沌的漩涡之中，生命就是在这一混沌之中产生的。地球生命持续的进化不是导致了高度复杂、有序的生命形式产生了吗？而且，生态系统由各种相互作用的有机体组成，为什么生态系统并没有展现出由这种相互作用产生的复杂性和有序性的不同水平呢？这些事实绝没有违背熵的规律，但是要理解为什么会如此，我们必须牢记我们在第 2 章中对孤立系统、封闭系统和开放系统所作的区分。孤立系统是指没有物质和能量进出的系统。宇宙就是这样一个系统。相反，地球则是一个物质的封闭系统，辐射能可以进入和离开这个系统，但实际上并没有物质的进出。地球持续地沐浴在低熵的太阳辐射之中，从而使生命的复杂性和有序性得以出现并提高。地球上任何活的东西都是开放系统，能够吸收和排放物质与能量。[11]一个生物系统或者一个生态系统只能通过从它所处的系统中吸收更多的低熵，并把高熵返回到系统，以此来维持它的低熵状态。施罗丁格曾经把生命描述为处于稳态热力学非均衡状态的系统，并通过从其环境中获取低熵，也就是说，通过高熵输出与低熵输入的交换，以保持它与均衡状态（死亡）固定的距离。[12]这种交换会导致熵值的净增加。因此，地球生命需要源源不断地从太阳那里获得低熵输入以维持其本身。

熵和经济学

熵定律对经济学具有什么意义呢？早期的新古典经济学家的目标就是把经济学作为一门自然科学建立起来，按照威廉·斯坦利·杰文斯的话说："很显然，经济学如果确实是一门科学，那么它也必须是数学科学。"[13]他的基本论点就是经济学侧重于商品、服务和货币的数量，因此适合进行定量（即数学）分析。这种分析使得经济学家能够从逻辑上利用基本公理建立起一致的理论。然后把这些理论应用于解释现实世界的问题。利昂·瓦尔拉斯（Leon Walras）指出："从实际的概念类型出发，［数理］科学对它们定义的理想的概念类型进行了抽象处理，然后它们基于这些定义，通过推理的方式，构建了它们的定理及其证明的整个框架。此后，它们又回到实践，不是为了确定它们的结论，而是为了应用它们的结果。"[14]在新古典主义发轫之时，机械力学是这一途径在科学中运用和发展最为成功的，并被经济学明确当作一个学习的典范。[15]

机械力学认为，所有过程都是可逆的。例如，如果一个人击打一个台球，那么一个与击打力相等但方向正好相反的作用力会使得台球正好返回到它的初始位置。与此相反，热力学第二定律认为，不可逆过程的存在是物理学的基本规律。熵是指在任何孤立系统中，物质和能量都会走向热力学平衡，在这种平衡状态下，物质和能量会均匀地分散在封闭空间之中。这意味着没有温差也就无法做功。质量或有序比数量更为重要，而且净质量只向一个方向变化。宇宙作为一个整体来看是一个孤立系统，因此必将不可避免地走向"热寂"（heat death），在热寂中所有的能量均匀地分散。

在 19 世纪初期，这一概念是比较激进的，对自然科学以及哲学产生了深远的影响。如果机械力学的规律具有普遍意义，那么，宇宙将遵循台球一样的原理。不仅没有任何东西是不可逆变化，而且如果一个人能够确定宇宙中每个原子的位置和速度，那么他就应该知道过去，并可以预测未来。尽管这就意味着没有自由、没有选择，而且思考政策问题也就没有什么意义了，但是，这正是在 19 世纪西方科学家中占统治地位的世界观，今天依然具有相当大的影响力。在机械力学领域，我们在第 2 章中讨论过的循环流程是很有道理的，正如一个台球可以连续不断地返回到相同起点。但在熵占支配地位的世界里，这一观点便没有道理了。

事实上，如果我们接受热力学定律[16]，那么整个经济系统的性质都遵循熵的规律。热力学第一定律告诉我们，我们不能无中生有，因此所有的人类生产最终必须以自然提供的资源为基础。这些资源可以通过生产过程转变成人类可以使用的东西。只有低熵或自由能可以做功。第一定律也确保了任何经济所产生的废弃物不能简单地消失，而且必须作为生产过程中的一个组成部分加以考虑。熵定律告诉我们，不管把什么资源转化为有用的东西，这些东西都不可避免地会解体、腐烂、崩溃，或耗散为无用的东西，并以废弃物的形式返回生成资源的可持续系统。因此，经济是一个有序的系统，它可以将低熵的物质和能量转化为高熵的废弃物和无效能，并为人类提供"精神上"的满足。最重要的是，经济系统的有序性（即它为人类产生和提供满足度的能力）只能通过稳定的低熵物质—能量流而得以维持，而且，这种高熵（即有用的物质—能量）只是组成地球的物质—能量总质量中的一小部分。

70

> **思考！**
>
> 许多人都建议把有毒的废弃物放在火箭上，把它射到太空。基于热力学知识，你认为这是一个解决污染问题的可行办法吗？为什么？

虽然我们强调熵对经济过程具有基础性地位，但是并不认为"熵的价值理论"与古典经济学家的"劳动价值理论"相似。价值既具有欲望满足的精神根源，也具有熵的物理根源。提出"熵的价值理论"只是侧重于供给方面，而忽略了需求方面。而且即便在供给方面，熵也没有反映许多在经济上非常重要的定性差异（例如：硬度、强度、柔度和导电性）。另一方面，任何忽略熵的价值理论都存在可怕的缺陷。

4.3 存量—流量资源和基金—服务资源

我们现在论述不同稀缺资源之间的一个重要区别——存量—流量资源和基金—服务资源，传统经济学家往往忽视这些区别。传统经济学使用的一个术语是"生产要素"。生产要素是指投入到创造任何产出所需生产过程的东西。例如，当制作一块比萨饼时，需要厨师、一个带有烤箱的厨房和原材料。但是，如果仔细想一想，就可以清楚地发现厨师和厨房与原材料是根本不同的。厨师和厨房在比萨饼制作成之前和之后没有

什么两样，只是有一点损耗而已。但是，原材料被用掉了，其本身首先
变成了比萨饼，然后迅速变成了废弃物。厨师和厨房并没有物理性地内
化于比萨饼之中，但原材料却完全变成了比萨饼。数千年前，亚里士多
德曾经讨论过这个重要的区别，并把因果关系区分为物质因（被转化的
东西）和动力因（导致转化但其本身并没有在转化的过程中被转化）。原
材料是物质因，而厨师和厨房是动力因。

此外，在这些生产要素之间还存在其他一些差异。如果我们拥有
足以生产1 000块比萨饼的原材料，我们可以在一个晚上制作1 000块比
萨饼，把这些原材料全部用掉；也可以每天制作1块比萨饼，制作
1 000天（假设原材料可以冷冻起来，不会变质，并且有足够多的厨师
和厨房）。实际上经济可以按任何速率利用现有的原材料存量，时间并
不是一个要素。原材料的生产率可以按照它们转化的比萨饼的物理数
量来进行衡量。此外，由于生产一块比萨饼的原材料也是需要时间的，
这些原材料可以在它们刚生产出来的时候就来制作比萨饼，也可以
把它们储存起来以备将来使用。与此相反，厨师或厨房有可能在其一
生当中生产成千上万块比萨饼，但是，在某一个指定的晚上，即便原
材料没有限制，也制作不了几块比萨饼。厨师和厨房的生产率是用每
小时制作的比萨饼的数量来衡量的。但是，这种生产率不能储存起来。
例如，如果让厨师休息6个晚上，他不可能在第7个晚上把他生产一
周比萨饼的能力全部用完。

杰奥尔杰斯库-洛根用术语"存量"（stock）和"基金"（fund）来
区分这些本质上属于不同类型的资源。一种存量—流量资源实际上变
成了它自己生产的产品。一种存量资源可以提供一种物质流，流量几
乎可以是任何规模；也就是说，存量可以按任何所需的速度被利用。
如果不考虑时间因素，那么衡量一种存量—流量资源的产量的相应单
位就是它生产的商品或服务的物理量。此外，流量可以储存起来以备
将来使用。总之，存量—流量可以被利用完，不存在损耗。与此相反，
基金—服务资源会在生产过程中产生磨损，但不会成为它生产的东西
的一个组成部分（不会内化于它生产的东西之中）。相反，一种基金可
以按固定的速率提供一种服务，衡量服务的相应单位是单位时间的物
质性产出。基金提供的服务不能储存起来供将来使用，而且基金—服
务资源会产生损耗，但不会用完。[17] 必须注意的是，我们在这里是根据
使用功能将资源划分为存量—流量资源和基金—服务资源。一辆自行
车放在车行里销售时，它就是一种存量—流量；而你每天骑的自行车
则是一种基金—服务。

存量—流量和基金—服务的概念在分析人类生产时非常重要，如果
侧重于自然提供的商品和服务时则更为重要。要注意的是在自然界当中，
"物质因"始终是存量—流量，"动力因"总是基金—服务。

专栏 4.1 ☞   存量—流量资源和基金—服务资源

　　在学术文献中，对于存量、流量、基金和服务，有许多不同的定义。为了解释清楚，我们在这里对上面给出的具体定义作一讨论，可作为未来分析存量—流量资源和基金—服务资源的参考。

存量—流量资源

● 物质上转化为它生产的东西（物质因）；

● 可以按任何所需要的速率使用（受制于它们的转化所需要的基金—服务资源的有效性），而且它们的生产率通过它们转化的产品的物理单位数来衡量；

● 可以储存；

● 可以用完，而不是损耗。

基金—服务资源

● 不是物质性地转化为它们生产的东西（动力因）；

● 只能按照给定的速率使用，而且它们的生产率按单位时间的产出量进行衡量；

● 不能储藏；

● 可以损耗，而不是用完。

4.4　排他性和竞争性

73　　　排他性和竞争性也是经济分析的重要概念，且竞争性与存量—流量和基金—服务的特性有关。虽然传统经济学家首先会介绍这些概念，但是它们很少得到应有的重视。我们认为它们非常重要，所以我们在本小节和第 10 章中详细论述。

排他性（excludability）是一项立法原则，如果排他性的法律生效，那么就可以让所有者阻止其他人利用他的财产。**排他性资源**（excludable resource）是指这种资源的所有权使得所有者有权使用它，同时排除别人使用它的权利。例如，在现代社会，如果我拥有一辆自行车，我就可以不让你使用它。在缺乏所有权保护制度的情况下，没有任何东西是具有排他性的。但是，对于某些商品和服务而言，要使它们具有排他性是不可能的，或者非常不切合实际。虽然有人可能会想拥有公共街道上的一盏路灯，但是，当路灯打开的时候，没有切实可行的办法拒绝街上的其他人利用路灯的灯光。我们无法想象，哪一个人可以独自拥有气候稳定性，或大气气体的调节功能，或避免紫外线辐射，因为没有可行的制度或技术能够允许一个人拒绝所有其他人对这些东西的使用。如果不存在可以使一种商品和服务具有排他性的制度和技术，那么这种资源就被称为**非排他性资源**（nonexcludable resource）。

竞争性（rivalness）是某些资源的一种内在特征，一个人消费或使用便会减少可用于别人消费和使用的数量。**竞争性资源**（rival resource）是指一个人使用了这种资源，也就排除了其他人对这种资源的使用。很显然，一块比萨饼（一种存量—流量资源）具有竞争性，因为如果我吃了它，它就不能再供你吃。一辆自行车（一种提供交通服务的基金—服务资源）也具有竞争性，因为如果我正在使用它，你就不能使用它。虽然在我用完以后你可以使用它，可是自行车因为我的使用而磨损了一点点，所以它和它原来不一样了。**非竞争性资源**（nonrival resource）是指一个人对这种资源的使用并不影响另一个人对它的使用。如果我在晚上骑自行车时使用了路灯的灯光，这不会减小可供你使用的灯光量。同样，如果我使用臭氧层保护我免得皮肤癌，你同样也可以利用它达到相同的目的。臭氧层有可能被消耗（如通过排放氟氯化碳），但这种消耗不可能是因为使用它而产生的。从任何传统意义上来讲，非竞争性资源都不会稀缺。它们不需要配置或分配，而且对它们的使用并不会直接影响其规模。竞争性是一种商品或服务的物理特性，并不受人类制度的影响。我们在第 10 章中将详细讨论，但是，人类制度可以使得非竞争性资源（如信息）具有排他性，人为地将它们纳入稀缺与配置的范畴。

74　　需要注意的是，所有存量—流量资源都是竞争性资源，所有非竞争性商品都是基金—服务资源。然而有些基金—服务商品具有竞争性。例如，我的自行车是一种基金，它提供交通服务，但它也具有竞争性；臭氧层是一种基金，它提供遮挡紫外线的服务，但它具有非竞争性。

正如我们在随后的章节中讨论配置机制时将论述的，竞争性和排他性的概念非常重要。

思考！

对于你刚才列出的资源列表，请回答以下问题：

这种资源是竞争性资源还是非竞争性资源？一般情况下，你能指出哪种存量—流量资源是非竞争性资源吗？你能指出哪种大自然提供的基金—服务资源是竞争性资源吗？

这种资源是排他性资源还是非排他性资源？（请注意，排他性可能会有所不同，这取决于有关资源的特定价值。）如果它是非排他性的，你能够想出一种制度或一项技术能使它变成排他性资源吗？你认为它应该是排他性的吗？为什么？

这种资源是一种市场商品还是一种非市场商品？

一般情况下，你能够想出有哪种存量—流量资源我们无法使得它成为排他性资源？你可以想出有哪种大自然提供的基金—服务资源可以成为排他性资源吗？

与本书配套的 *Workbook for Problem-Based Learning* 中的练习2.2对上述问题进行了详细说明。

4.5 支持系统提供的商品和服务

为了使得对熵、基金—服务、存量—流量、排他性和竞争性等概念的讨论更加具体，真正理解它们对经济理论和经济政策的含义，我们必须再次论述这些概念是如何应用于经济中特定的稀缺资源，即大自然提供的商品和服务。我们在随后的两章中将完成这项任务，并通过对稀缺资源的简单介绍，对此作一结论。

为此，我们就大自然提供的8种类型的商品和服务进行分析。为方便起见，我们将它们划分为非生物资源和生物资源两大类。很显然，这是对地球实际提供的资源数量和复杂性的高度概括，但是，这些分类说明了我们论述过的商品和服务的具体特性为什么对经济政策极为重要。

1. 化石燃料。从实际的角度来讲，化石燃料是一种不可再生的低熵能源。它们和建筑砖块等物质材料一样非常重要。

2. 矿物。地球提供了固定数量的基本元素，这些元素的组合方式不同，纯度各异，在此简单地称之为矿物。所有的经济活动和生命本身最终都要依赖于各种原材料。我们把以相对纯的方式内含特定矿物的岩石称为矿石。矿物高度集中的矿石是一种不可再生的低熵物质来源。我们将把矿产资源和化石燃料统称为**不可再生资源**（nonrenewable resources），并且把当中的前五种称为非生物资源（参见第5章）。

3. 水。地球提供的水量是固定的，其中淡水只是很小的一部分。地球上所有生命都依赖于水而生存，人类的生命要依赖于淡水而生存。

4. 土地。地球提供的一种物理结构以支持人类的生存，这种结构能够捕获太阳辐射和落在它上面的雨水。土地，作为一种物理结构、一种基质或者一个场所，具有某些经济属性，这些属性与土壤的生产力无关，且与作为养分和矿物来源的土地有明显区别。为了突出这种区别，我们把它称为与李嘉图土地一样的一种物理结构和场所。[18]在某一块给定的李嘉图土地上的土壤的数量和质量将与矿物归为一类，我们随后将予以讨论。

5. 太阳能。支持系统提供了太阳能，即整个系统所依赖的最终低熵源。

6. 可再生资源。生命能够利用太阳能将水分和基本元素组织成在经济过程中用作原材料的更为有用的结构（从人类的角度来看）。只有起光合作用的生物能够直接做到这一点，而且几乎其他所有有机体（包括人类）都依赖于这些初级生产者而生存。这些生物资源传统上被称为**可再生资源**（renewable resources），但是，只有在它们被利用的速度比其再生的速度慢时，它们才是可再生资源。很明显，物种可以因被利用而灭绝，因此，正如我们将要论述的，生物资源是可枯竭资源，但其方式与矿产资源不同。

7. 生态系统服务。生物物种相互作用以构建复杂的生态系统，这些生态系统具有**生态系统功能**（ecosystem functions）。当人类使用这些功能时，我们称之为**生态系统服务**（ecosystem services）。许多生态系统服务是我们生存的必要条件。

8. 废弃物吸收。生态系统处理废弃物，并使之对人类无害，而且在大多数情况下，再次使之作为一种原材料而成为可再生资源存量。这确实是一种特定类型的生态系统服务，但是，它的经济特性使得它值得独立作为一类。我们把后三种商品和服务称为生物资源（参见第6章）。

所有提供这些商品和服务的结构和系统统称为**自然资本**（natural capital）。我们在随后的章节中将从熵、基金—服务、存量—流量、排他性和竞争性等方面分析这些资源。

4.6 主要概念

热力学定律	Laws of Thermodynamics
——物质不灭和能量守恒	Conservation of matter-energy
——熵增律	The law of increasing entropy
存量—流量资源	Stock-flow resource
基金—服务资源	Fund-service resource

排他性和非排他性资源	Excludable and nonexcludable resources
竞争性和非竞争性资源	Rival and nonrival resources
八大类资源	Eightfold classification of resources

【注释】

[1] 哺乳动物的平均生命跨度只有 100 万年，据估计，太阳将持续几十亿年。参见 R. Foley, "Pattern and Process in Hominid Evolution," In J. Bintliff, ed, *Structure and Contingency*, Leicester, England：Leicester University Press, 1999。

[2] 有人会说这类计算无足挂齿，而且没有人会认为人口将会如此无限期地持续增长下去。然而，马里兰大学（University of Maryland）教授朱利安·西蒙指出，按照现有技术，人口能以相同的速率继续增长 700 万年（J. Simon, *The Ultimate Resource*, 2nd ed, Princeton, NJ：Princeton University Press, 1996）。当前人口如果以 1% 的增长率长时间稳定增长的话，那么，地球上人口数将比宇宙中原子的估计数目还要大。西蒙的话被《纽约时报》（*New York Times*）的"科学"专栏作家约翰·蒂尔尼（John Tierney）和比约恩·隆伯格（Bjorn Lomborg）最近出版的一本很有影响力的书 *The Skeptical Environmentalist*（Cambridge：Cambridge University Press, 2001）广为引用。

[3] J. Chamie, United Nations Population Division, Department of Economic and Social Affairs, 2004. World Population to 2300：Executive Summary. 参见网页 www. un. org/esa/population/publications/longrange2/WorldPop 2300 final. pdf。2009 年的报告更新了 2050 年的人口估计数并调高了增长率，但是对 2050 年以后没有作出预测。

[4] 例如，G. Daily, A. Ehrlich, and P. Ehrlich, Optimum Human Population Size, *Population and Environment* 15（6）（1994）。作者认为，55 亿人口显然超过了地球的承载能力，地球合理的人口规模应该是 15 亿~20 亿人。

[5] L. P. Wheeler, *Josiah Willard Gibbs：The History of a Great Mind*, New Haven, CT：Archon Books, 1999.

[6] N. Georgescu-Roegen, 1976, *Energy and Economic Myths：Institutional and Analytic Economic Essays*, New York：Pergamon Press, p. 8.

[7] Ibid. , p. 6.

[8] 热力学第三定律表明，任何在绝对零度（0K）完全结晶的元素或化合物的熵等于 0。这与经济学没有特别的关系。

[9] R. Beard and G. Lozada, Economics, *Entropy and the Environment：The Extraordinary Economics of Nicholas Georgescu-Roegen*, Cheltenham, England：Edward Elgar, 2000.

[10] N. Georgescu-Roegen, *The Entropy Law and the Economic Process*, Cambridge, MA：Harvard University Press, 1971.

[11] H. E. Daly and J. Cobb, *For the Common Good：Redirecting the Economy Towards Community, the Environment, and a Sustainable Future*, Boston：Beacon Press, 1989, p. 253. 这样的开放系统通常被称为耗散结构。耗散结构的非平衡热力学是诺贝尔物理学奖获得者物理学家伊利亚·普里果金（Ilya Prigogine）及其合作者提出的热力学的一个研究领域。参见他的著作 *The End of Certainty*, New York：

Free Press，1996。

［12］E. Schrodinger，*What Is Life*? Cambridge，England：Cambridge University Press，1944.

［13］W. S. Jevons，引自 R. Heilbroner. 1996. *Teachings from the Worldly Philosophy*，New York：Norton，p. 210。

［14］L. Walras，引自 Heilbronner，ibid.，p. 225。

［15］阿尔弗雷德·马歇尔（Alfred Marshall）或许是最著名的新古典经济学之父，他认为，在未来，复杂的生物科学应该为经济学提供一个更好的模式，但是与此同时，他大范围地采用了物理学方法论。Heilbronner，ibid.

［16］不管我们是否接受它们，事实上，物理定律（如重力）的作用都不会改变!

［17］Georgescu-Roegen，*The Entropy Law*，op. cit.

［18］Ibid.，p. 232.

第 5 章　非生物资源

　　我们在本章中将详细分析我们在第 4 章中提到的五类**非生物资源**（abiotic resources）：化石燃料、矿物资源、水资源、土地资源和太阳能。目标就是解释热力学定律、存量—流量资源和基金—服务资源之间的区别，以及与这些资源有关的排他性和竞争性概念，以便更好地理解它们在生态经济系统中所起的作用。本章还将评估这些资源有效替代品的替代程度，以及与每种资源相关的不确定性程度。然而，正如我们将论述的，非生物资源从本质上来讲彼此是有区别的，这也是它们与生物资源的最大不同点。也许最重要的区别还在于生物资源同时也是存量—流量资源和基金—服务资源，它们都可以自我更新，但是，人类活动可以影响它们的更新能力。非生物资源既是不可再生资源（化石燃料），几乎也是不可毁灭的资源（其他资源）。

　　与非生物资源之间的相似性相比，我们或许应该更多地重视它们之间的区别，在此我们先概述一下。化石燃料和矿物资源通常合在一起归类为不可再生资源。然而，热力学定律迫使我们注意一个重要区别：化石燃料中的能源不能循环利用，而矿物资源可以（至少是部分可以）循环利用。水是最难归类的资源之一，因为它的存在形式和用途多样。化石蓄水层（尚有空隙的地层）在某些方面类似于矿物资源：水一旦被使用过了，就不能原样返回，虽然它不会消失，但是，如果受到了化学品、养分和盐分的污染，它就变得更加没用了。比较而言，河流、湖泊和溪流与生物资源具有相似之处：它们通过太阳能驱动，经过水文循环可以再生利用，而且它们同时具有存量—流量资源和基金—服务资源的特性。然而，人类活动不能明显地影响水的总存量，但是我们可以对生物资源造成不可逆的破坏。同样，土地作为一种物理基质，在一个地点上（以下简称"李嘉图土地"），不能被人类活动大量地产生或消灭（人为因素造成的气候变化引起的海平面上升除外），而且尽管人类可能会影响太阳能进出大气层的数量，但根本无法对太阳能流产生实质上的影响。我们现在详细地分析这些资源。

5.1 化石燃料

最容易分析的资源也许就是**化石燃料**（fossil fuels），或碳氢化合物，人类经济对它的依赖程度非常高。一桶石油中的能量大约相当于25 000小时的人类劳动。化石燃料经济和市场经济同时出现在 18 世纪的英格兰几乎可以肯定不是巧合。在造就今天的人类生活水准的过程中，神奇的化石燃料比神奇的市场显得更为重要。[1]1995 年，在通过市场交易进入全球经济的能源投入中，原油约占 35%，其次是煤（27%）和天然气（23%）。总之，经济中 86% 的能源来自化石类碳氢化合物。[2]按照地质术语以及人类的时间尺度而言，化石燃料的存量是固定不变的。不过，鉴于各种原因，我们很难准确地说出它的存量规模究竟有多大。

出于实际的目的，我们只关心可开采的资源。但是，"可开采的"是什么意思？显然，现已发现矿藏中的碳氢能源质量不同、埋藏深度不同、可开采性也不同，并且开采成本也有不同。按照经济学术语，我们可以把可开采资源定义为开采成本小于其销售收入的资源。然而，化石燃料的价格大起大落，以这种方式定义可开采资源同样显得混乱不堪。我们还可以按照熵的方式定义可开采资源，在这种情况下，如果开采或提炼化石燃料能获得净能量收益，那么它便是可开采资源，也就是说，开采利用一桶油所消耗的能源要少于一桶油。这一指标必须包括勘探、机械、运输、报废等所有的能源成本。虽然技术进步可以降低这些成本，但是，对于开采化石燃料的能源成本而言，必有一个确定的不可减少的极限。例如，将 1 千克的物体抬升 1 米，需要消耗9.8焦耳的能量，任何技术都无法改变这个基本事实。

人类首先会用光最容易开采的碳氢能源，随着时间的推移，开采剩余的碳氢能源所需的能量会越来越多。换句话说，能源的投资回报率

（energy return on investment，EROI）是指"燃料开采总量与以一种有用的形式把燃料投入社会直接或间接需要的经济能源的比率"，这种比率会随着时间的推移而下降。[3]按照熵的术语来说，20世纪70—90年代，美国石油和天然气开采的能源成本提高了40%。[4]美国在20世纪50年代期间，每投入1桶石油用于勘探，能发现约50多桶石油。截至1999年，这个比率只大约是1：5。一个可持续发展的社会，可能至少需要达到3：1的投资回报率。[5]不过，无论是按照经济的定义，还是按照熵的定义，可采储量（recoverable）估计值都是时常变化的。主要原因是发现了新的可采储量，还有一个原因就是不同的企业和不同的国家基于各种政治目的和经济目的，所采用的计算"探明"储量的方法截然不同。[6]不过，石油地质学家能够为总存量的各个估计值指定合理的概率。

专栏5.1 ☞

石油存量的估算

全世界每年消耗石油约为250亿桶。然而，在大多数年份的年底，报告的石油储量要大于年初的储量，而且相对于实际储量而言，估计值的分布范围很大。只要新发现的石油多于消耗的石油，那么这种增长就是可能的，但是近几十年来还没有发生过这种事情。例如，1997年，全球使用了约230亿桶石油，却只发现了70亿桶，但是，估计储藏量增加了110亿桶。如何解释这种不正常现象呢？

当地质学家估计任何地方的石油数量时，他们都会为某个估计值指定一个概率。例如，在20世纪90年代末期，地质学家估计，挪威奥塞贝格油田（Oseberg field）应该提供7亿桶石油（概率为90%，简称为P90）和25亿桶石油（P10）。不同的企业和不同的国家通常都会使用P10～P90范围内某个数字说明自己的储藏量，而且往往有目的地对它们所使用的数字含糊其辞。较高的储量报告能够提高储量价格，并且获得更好的信用，对于欧佩克国家，则可以增加它们的配额。当油田开采时，地质学家可以利用获得的信息，对它们的石油储量作出更准确的估计。基于这些信息以及其他一些因素（如从P90变动到P50），各个国家会频繁地调整其现有油田的储量估计值，而且经常是调高的。在20世纪80年代没有出现新的重大发现或技术突破的情况下，6个欧佩克成员国就把它们的估计值调高了2 870亿桶，超过美国曾经发现的石油储量的40%！

在计算全球石油储量时，按P50统计各国的石油储量估计值是很有道理的，但是，这也是一件不容易完成的任务。此外，按照现有储量修改的估计值并不包括新发现的储量，而且不应该计入全球总量。[a]

a. C. J. Campbell and J. H. Laherrère, The End of Cheap Oil, *Scientific American*, March 1998.

思考！

经济学家认为，价格反映了稀缺性。你认为石油的价格是衡量地下还有多少石油的一个好指标吗？为什么？

然而，不论化石燃料的存量有多少，它们都是以流量的方式被开采利用的存量，流量的速率主要取决于人的投入量。如果有足够的基础设施，从理论上来讲，我们就可以在一年内把所有的从熵的意义上来讲是可开采的化石燃料存量开采出来，也可以持续1 000代人把它开采出来。因此，可开采存量能够持续多久，主要决定于开采的速度和实际开采量。从物理学的意义上说，几乎永远都用不完化石燃料的存量，因为总会剩下一些存量，因为它的能源密集度太高，或者开采的成本太昂贵。从这个角度看，化石燃料的存量是不可再生的，但不是可枯竭的。

从逻辑上来讲，人们总是首先开采最方便和最优质的探明储量，这样，净能源收益最高。[7]从本质上来讲，这些存量基本上都是一些熵值最低的资源。因此，随着化石燃料的继续开采，可以预期存量不仅在数量上将会减少，而且在质量上也会下降。例如，首先开采的石油实际上是一些位于表层的石油，无需油泵即可开采出来。但是，随着存量的减少，开采能源所需要的能量也越来越多，开采一桶石油所需的能源投入占开采石油的比例更大，直至达到熵枯竭。

当然，资源枯竭只是化石燃料利用的一个要素而已。人类使用过的燃料并没有消失，它必须以废弃物的形式返回生态系统。酸雨、全球气候变暖、一氧化碳排放量增加、热污染和石油泄漏不可避免地与化石燃料的使用有关。如果规模很小，某些废物可以很容易得到自然系统的处理，但就目前的规模而言，它们对自然系统构成了严重威胁。事实上，使用化石燃料产生的废弃物的日积月累和它们对地球生态系统的负面影响对人类福利的威胁比对资源消耗的威胁更为迫在眉睫。在源变空之前，汇就已经填满了。

我们必须在此重申，生态系统是通过它们维持的初级生产者捕获太阳能的，而且人类可以直接利用生态系统捕获的大部分能量。如果矿物燃料利用产生的废弃物降低了这些生态系统捕获能量的能力，那么，开采化石燃料比上面讨论的直接利用所花费的成本更大。不过，这些费用的规模很大，更加难以测定，因此也更加容易被忽略，如图5—1所示。

在此，基本方程如下：

净可开采石油能源＝熵意义上可开采储量的初始存量

　　　　　　　　—已经消费的石油量—能源的开采成本

　　　　　　　　—由于降低捕获能力而导致的太阳能损失量

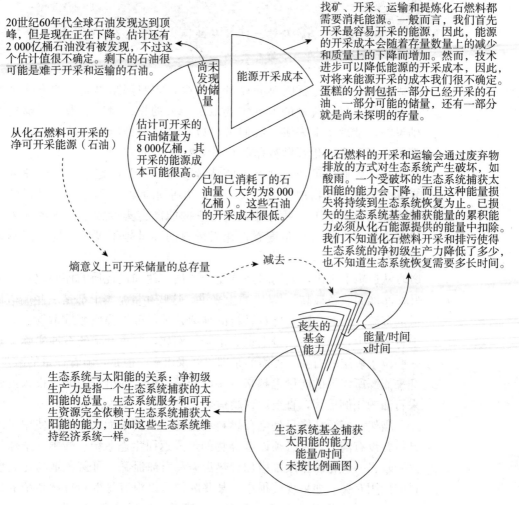

20世纪60年代全球石油发现达到顶峰，但是现在正在下降。估计还有2 000亿桶石油没有被发现，不过这个估计值很不确定。剩下的石油很可能是难于开采和运输的石油。

找矿、开采、运输和提炼化石燃料都需要消耗能源。一般而言，我们首先开采最容易开采的能源，因此，能源的开采成本会随着存量数量上的减少和质量上的下降而增加。然而，技术进步可以降低能源的开采成本，因此，对将来能源开采的成本我们很不确定。蛋糕的分割包括一部分已经开采的石油、一部分可能的储量，还有一部分就是尚未探明的存量。

尚未发现的储量

能源开采成本

从化石燃料可开采的净可开采能源（石油）

估计可开采的石油储量为8 000亿桶，其开采的能源成本可能很高。

已知已消耗了的石油量（大约为8 000亿桶）。这些石油的开采成本很低。

化石燃料的开采和运输会通过废弃物排放的方式对生态系统产生破坏，如酸雨。一个受破坏的生态系统捕获太阳能的能力会下降，而且这种能量损失将持续到生态系统恢复为止。已损失的生态系统基金捕获能量的累积能力必须从化石能源提供的能量中扣除。我们不知道化石燃料开采和排污使得生态系统的净初级生产力降低了多少，也不知道生态系统恢复需要多长时间。

熵意义上可开采储量的总存量

减去

丧失的基金能力

能量/时间 x时间

生态系统与太阳能的关系：净初级生产力是指一个生态系统捕获的太阳能的总量。生态系统服务和可再生资源完全依赖于生态系统捕获太阳能的能力，正如这些生态系统维持经济系统一样。

生态系统基金捕获太阳能的能力 能量/时间 （未按比例画图）

图5—1 化石燃料净可开采能源

思考!

很多人对美国的石油进口依赖于一些政治上不稳定的地区和国家（如中东、尼日利亚、委内瑞拉和哥伦比亚）都很关注。这个问题的解决方案包括增加国内钻探和开采量、提高能源效率和开发可再生能源。你认为这些解决方案的优点和缺点是什么？

由化石燃料所产生的净能源必须考虑化石燃料的利用造成对支持系统捕获太阳能（一种基金—服务资源）能力的损害。这些丧失的能力按 82 照能量—流量/时间的方式来衡量，而且必须考虑从损害发生时到基金—服务资源恢复这段时间没有捕获到的能量总量。[8]

从上述关于化石燃料的讨论中能够得出什么结论呢？第一，化石燃料一旦用过了，它们也就一去不复返了，也就是说它们是竞争性商品。

这一点虽然看似无足轻重，但对经济政策具有重要意义，在第 11 章我们将详细分析。第二，虽然化石燃料的存量有限，但是，它们是一种存量—流量资源，实际上，它的开采，我们希望有多快，就可以有多快，只取决于基础设施、有关储藏地方的知识和能源的开采成本。我们可以控制阀门，而且每十年这些阀门都会开得更大一点。最终，油库必定会流干。这与太阳能流形成了鲜明对照，正如我们在第 4 章所述。

第三，目前，人口和经济系统为了生存而依赖于化石燃料。化石燃料不仅为我们提供了 85％的能源需求，其中大部分是用于生产粮食，但是，它们也为我们的经济生产提供了很大一部分原材料，包括无处不在的塑料，以及更为重要的化肥、除草剂和农药，为 70 亿人的温饱提供了帮助。在这一点上，如果没有化石燃料，我们便没有适用的技术来支持 70 亿人口的生存。

或许可以利用可再生资源来替代化石燃料，但是，在化石燃料废弃物的负面影响迫使我们停止利用它们之前，或者在它们本身枯竭之前，很难说我们能够实现这一目标。

> **思考！**
>
> 美国和加拿大都拥有大量的油页岩及焦油砂。二者都是化石燃料，但是品位很低，与其他常规的化石燃料相比，开采和加工它们所需要消耗的能量更多，而且会产生更多的废弃物。你认为这些资源是解决能源问题的可能途径吗？你能从中挖掘出有关能源投资回报和废弃物产生量方面的任何信息吗？

5.2　矿物资源

虽然按照典型的分类法，经济学教科书中常把矿物与化石燃料归为一类，但是，在一些重要的方面，矿物不同于化石燃料。像燃料一样，矿物可以按存量和流量的方式来进行分析。我们知道，总存量是有限的，根据热力学第一定律，这一规定对它们在经济的物质增长方面的贡献施加了一定的物理限制。同样，技术可以提高我们从矿石中提取矿物的效率，但是，对于这种效率，也存在一个熵的极限。有价值的矿藏，其纯度也不同，而且和燃料一样，纯度可以被看作一个低熵指标。高纯度矿石也是高度有序的低熵。[9]我们很容易提取它们的矿物成分，而且这种矿物成分价值更高。由于日益增长的经济首先会消耗这些最宝贵的矿石，所以随后必须继续利用纯度越来越低的矿石，加工的成本也就越来越高。

正如石油一样，我们不能确认任何一种特定矿物的总存量，但是，地质学家往往会给不同的估计值指定合理的概率。即使采用可以想象得到的最有效的加工工艺，从矿石中提取矿物也还是需要消耗一些能量，而且矿石的纯度越低，所需要的能量越多。目前，采矿业的能源消耗占全球能源消耗的 10％左右。[10]然而，与化石燃料不能燃烧两次不同，矿物材料可以回收利用（尽管这一点也需要能量）。因此，我们必须既着眼于不可再生的地下存量，也要着眼于地上的存量，随着地下存量的消耗，地上部分便会产生积累。然而，即使在这种情况下，我们也无法避免熵定律发挥作用，矿物的利用必然会通过化学和物理的侵蚀作用而产生耗散，因此，任何物质 100％的循环都是不可能的。

关于 100％回收利用的不可能性以及它的意义，引起了一场大辩论。杰奥尔杰斯库-洛根认为，由于太阳能可以为化石燃料提供替代品，但是却不能为矿物提供任何替代品，实际上矿物的消耗比化石燃料的消耗更值得关注，这种不可替代性意味着稳态经济[11]是不可能存在的（参见专栏3.2）。与此相反，艾尔斯（Ayres）认为，即使地壳中所有元素都是均匀分布的（即物质等价于上面提到的"热寂"），假定提取的速率应该提供足够的原材料以维持机器的运转，并仍然有材料剩余，那么我们就应该可以利用一台效率足够高的由太阳能驱动的采掘机器来提取这些元素。[12]这一种情景隐含地假设：起初从地壳中开采的所有资源对地球产生的破坏以及它们以废弃物的形式返回生态系统，都不会对地球捕获太阳能并维持生命的能力造成不可挽回的破坏。

另外，我们也许能够掌握利用大气中的二氧化碳产生高分子聚合物的技艺，这样也就可以为当前利用的矿物提供替代品。如果这种高分子聚合物是可生物降解的化合物，而且以二氧化碳的形式返回到大气中，我们大概就能够做到百分之百地回收利用（或许我们不希望这样，至少在大气中二氧化碳浓度稳定在工业化前的水平之前不希望这样）。当然，这些主张目前都无法被经验证明。尽管如此，看来矿藏的规模足够大，而且回收利用有可能变得足够有效，只要谨慎使用，让废弃物产生的量最小化，并且在可能的情况下合理使用替代品，那么，我们就可以使得稳态经济维持很长一段时间。

图 5—2 既描述了经济中利用（或有效的）并内化于人工产品中的矿物在地上低熵存量中的累积量（实线），也描述了地下存量（虚线）的消耗量（开采量）随着时间的推移而变化的结果。我们假定初始采矿率很低，但是，它会随经济的增长而增长，随有关矿藏位置的知识越多而增长。但是，最终存量将变得稀缺，开采的成本将变得比效益更大，这时矿物开采即告停止。发生这种情况的时候，在图上标记为"消耗的地下部分存量"，累计的消耗也告停止。在不考虑熵定律的情况下，而且如果百分之百回收利用是可能并可行的，那么图 5—2 中的

两条线就应该完全相同。在现实世界中，每年都有一部分地上存量耗散为废弃物。地上存量的增长率等于每年的净矿物开采量减去熵耗散量，也就是说，地上部分存量等于目前利用的矿物量加上那些可以回收利用的矿物量。

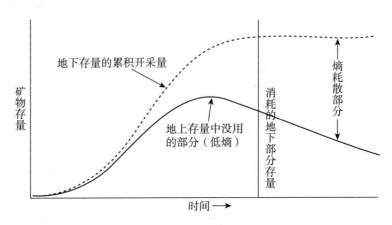

图5—2　矿物地下存量的累积开采量和地上部分存量会随着时间的推移发生变化。两条曲线之间的距离是熵耗散的一个测度

废弃物可以分为两个重要类别。大部分废弃物以报废的产品形式而存在，它们变成了废品，或者只是被弃用而仍然以一种相对有序的状态存在。它们并没有被回收利用，因为从地下开采母矿的成本更加低廉，而且更为方便。对于我们而言，这种废弃物虽然比提炼它的矿石具有更高的熵，也应该归类为地下存量。[13]随着高品位的矿石被消耗，这时再开始利用熵值低的废弃物也就变得更加便宜了。例如，利用新技术开采旧银矿附近的矿渣，但是，对由此而产生的矿渣再利用难度就很大了。

另一类废弃物是由机械磨损和化学侵蚀形成的熵造成的。硬币最终会因为经常使用而磨损：要么在这里擦落一个原子，要么在那里擦落一个原子。其他金属也都会锈蚀。因此，总的地下存量绝不会枯竭（热力学第一定律）。它们只是变成了熵值越来越高的存量，近似于束缚能，并且对人类不再有用（热力学第二定律）。

我们对以弃用商品形式存在的废弃物的产生可以进行某种控制，但对熵的影响则无法控制。当开采工艺消耗的物质比它提供的物质更多时，便会对开采产生熵的限制。如前所述，有些人认为这种情况不会发生；而有些人则断言它会很快发生，足以让一个稳态经济成为白日痴梦。我们则采取中间路线。

随着越来越多的矿物被挖掘出地面并投入使用，熵对存量的作用范围更大了。随着越来越多的地下存量被开采出来，剩余部分变得更加难以发现和开采。因此，即使在地下部分存量枯竭之前，地上存量的耗散率必然要变得比新物质净开采量更大，而且地上存量则开始下降。然而，即使在达到开采的熵极限之后，经济中仍旧有可能还有一个很大的物质存量可以重新利用或回收利用。当然，随着时间的推移，它必定会逐步地侵蚀掉，以一个原子接一个原子的方式被侵蚀掉。在图5—2中，表示累积开采量的曲线和表示地上存量的曲线之间的距离表示累积耗散量，最终整个地上存量必须归于熵。这个过程或许很慢，足以让我们能够通过一个很长时间的回收利用而达到稳定状态。不过，正如石油的情形一样，废弃物本身对我们产生的威胁可能比矿产资源枯竭产生的威胁更大。我们现在暂时搁置对这个问题的讨论，在第6章中论述废弃物吸收能力的小节中再讨论这一问题。

从上述讨论中可以得出什么结论呢？首先，矿物资源在某一给定时间上是竞争性商品。例如，如果一大块钢用在了我的车子上，那它就不能供你使用。但是通过回收利用，这些资源大部分可以供他人在未来使用。因此，我们可以认为矿物资源在一代人之内属于竞争性商品，但在代与代之间，它部分属于非竞争性商品，这取决于废弃的数量以及回收利用的数量。化石燃料在代内和代际都是竞争性的。其次，低熵的矿石存量是有限的，而且，它们可以按照我们选择的任何开采速度被开采出来。与化石燃料相比，我们不仅可以控制开采的阀门，还可以控制把开采的物质作为废弃物返回到生态系统的排水管。我们几乎每年都会把阀门开得更大，而对关闭排水管做得很少，但是，如果我们尽可能大地关闭排水管（虽然总还会泄漏一些），那么，即便打开阀门，对后代也没有多大影响。最后，如果没有这些矿物，我们就无法维持现有的人口或经济生产水平。虽然为所有的矿物开发出替代品显然是不可能的，但当它们变得稀缺的时候，我们现在为特定的矿物开发替代品已经变得非常容易了，而且未来会更加容易。

5.3 水资源

地球是一个水的星球。虽然水的存量是有限的，但地球表面足足有70％的面积被水覆盖。然而，淡水远没有那么丰富，不到总水量的3％，其中可利用的湖泊（0.009％）、河流（0.000 1％）和地下水（0.31％）总共不到0.33％。另外，大气中的水占0.01％，深层地下水占0.31％，极地冰盖和冰川占2％强。[14]人体主要由水组成，除了饮用水，我们还要依赖它发展农业、工业、水电、交通、娱乐，以及处置废物和维持地球的生态系统服务。不同用途的水具有不同特征，很难一概而论。

用于饮用、灌溉、工业和废物处理的水显然是一种存量—流量资源，但它是一种独特的存量—流量资源。相对于化石燃料和矿物资源而言，许多水资源都是作为水循环的一个结果而成为可再生资源。然而，实际上许多含水层都是"化石"水，它的补给率微不足道。其他许多含水层都正在被开采，也就是说，水的开采率大于水的补给率。由于遍布世界各地的许多河流水的使用量特别大（主要是灌溉用），河流的水甚至根本抵达不到海洋就被用光了，其中包括北美的科罗拉多河（Colorado）和里奥格兰德河（Rio Grande）、曾经流进中亚咸海的阿姆河（Amu-Dar'ja）和锡尔河（Syr-Dar'ja），有时还包括中国的黄河、海河和淮河。

乍一看，流水似乎是一种基金—服务资源。在任一给定的时候，任何溪水和河流中的水都以一定的流速流动着，和基金—服务资源一样，它的正确测量单位是体积/时间（单位时间的体积）。水坝能够囤积水供日后使用，这是存量—流量资源的一个特点，水可以因饮用、灌溉、工业和废弃物处理而"用光"，但它绝对不会"磨损"。

看待流水的最好方式也许就是将它与水循环相区别。水本身是一种存量—流量资源，这种资源会因为水循环服务（太阳能提供）而迅速更新。水电不是由水产生的，而是由水循环转变水的能量而产生的，也就是说，是储存在水中的太阳能所产生的。太阳能通常是一种基金—服务资源，但如果储存在水中，它既可以是一种存量—流量资源，也可以是一种基金—服务资源。当水中的机械能通过依赖于河流来发电的小水电站转换为电能时，它本质上还是一种基金—服务资源。然而，筑坝拦河把机械能转换为势能，从而使能量储存起来，这种势能也是一种存量—流量资源。

当用于运输、娱乐或维持地球上所有其他生态系统时，水是一种基金—服务资源。大气中的水分作为水循环的一个组成部分，其本质上也是一种基金—服务资源。

像生物资源一样，水可以同时具有存量—流量资源和基金—服务资源的双重属性。然而，与生物资源不同的是，人类无法对地球上水的总存量产生有实质意义的影响。我们可以而且确实也减少了可用水的存量，并且也有可能恢复水的可用性，但是，对于水的最重要用途，还没有合适的替代品。

正如人们所期望的，水具有存量—流量资源和基金—服务资源的双重性质，根据它的用途的不同，水既可以是竞争性的，也可以是非竞争性的。作为存量—流量资源时，它是竞争性的；作为基金—服务资源时，它是非竞争性的。然而，由于流水是通过水循环而循环利用的，因此它是代际非竞争性的。排他性不尽相同，它取决于现行制度，但降雨从本质上来讲是非排他性的。[15]

5.4 李嘉图土地

作为一种物理的基质和位置的李嘉图土地，与它的其他生产性属性不同，也是一种基金—服务资源，提供了一种基质服务，使之能够支持人类的生存和人类的基础设施建设，并能够捕获太阳能和雨水（李嘉图土地不包括土壤或土壤中的养分）。一公顷土地也许能够在100年里生产1 000吨小麦，但是，一个人既不可能在同一块土地上在更短的时间里生产这么多小麦，也不可能积累土地作为基质的能力。

89

土地所提供的服务肯定是排他性的，在任何给定的时间点上，它们也都是竞争性的。例如，如果用于耕种，土地则为作物提供了一种基质服务。如果一个农民利用这个服务，那么别人就不可能在同一时间也利用这项服务。经济学家经常使用"可枯竭的"这个术语作为"竞争性的"同义词，但对于土地而言，这是不恰当的。[16] 使用李嘉图土地，并不会使之消耗。虽然在一代之内，它具有竞争性，但在代际，它又具有非竞争性，而且是绝对不可枯竭的。

> **思考！**
> 你认为我们为什么要把作为一种物理基质的李嘉图土地与包括土壤及其矿物质的常规土地的定义相区分？谁创造了李嘉图土地的价值？是什么使得一个地方的土地比另外一个地方同样面积的土地更有价值？谁创造了肥沃表土的价值？

5.5 太阳能

我们接下来要讨论的商品和服务的最后一个非生物生产者就是太阳。它每年以相当于19万亿吨石油当量的能量沐浴着地球，也就是说，它比已发现的所有化石燃料存量还多，并且还将继续数十亿年。[17] 为什么我们还要为地球上化石燃料的消费倍感焦虑呢？

虽然太阳能量流非常巨大，但是它是以一种非常细小的薄雾的形式，按固定的比率抵达地球，因此它很难捕捉和汇集。大部分照射到地球上的阳光被反射回太空。[18] 亿万年以来，生命经过进化，已经能够捕获足够多的太阳能，以维持生命自己的生存和它们创造的复杂生态系统。这样看来，几十亿年来全球生态系统的"序"已经达到了或多或少稳定的热力学不平衡状态。表示这种状态的一个更好的术语就是"元稳定"（meta-stable），意思是指全球生态系统是围绕一个稳定状态上下波动，而不是达到稳定状态之后便一成不变。[19] 几乎所有来自太阳的能量都是通过叶绿素捕获的。如果没有某种捕获太阳光的生理过程的进化，这个地球似乎无法再继续承受比它现在更多的低熵。然而，通过对化石燃料的利用，美国人能够消耗的能源比该国所有植物光合作用捕获的能源还要多 40%。我们直接利用的能源超过了植物捕获能量的一半。[20]

随着化石燃料的逐渐告罄，我们将需要一个低熵的替代源，以使得经济维持在目前的热力学不平衡状态。毫无疑问，太阳向地球辐射了足够多的能量，以满足我们的需要，但是，我们如何捕获它？全球商业性的能源总消费量每年约为 113 亿吨石油当量。生物质能、水电能、风能、光伏能、波浪能、热能和海洋热能都可以捕获太阳能。生物质被广泛吹捧为化石燃料的替代品，但是，把美国所有净初级生产力转换为液体燃料仍然满足不了我们对液体燃料的需求。目前，水电占全球电力供应的19%，但即使完全把水能开发出来，仍然满足不了需求的 60%；风能供应量很少（2006 年约为 72 000 兆瓦小时），但它是一种很有前途的选择：按照目前的安装率，产能每3.5年翻一番。

光伏技术和波/海洋热能技术所起的作用仍然微不足道。然而，随着所有这些技术的发展，需要大型的能源投资以建造捕捉太阳能所需的基础设施。在很多情况下（如光伏），能源的投资回报率非常低。与此同时，人类活动减少了植物覆盖面积，并且破坏了植物捕获阳光的能力。最终的效果很可能是每年地球捕获太阳能的数量都在下降，从而导致太阳能能够维持的系统复杂性也下降。如图 5—1 所示，地球捕获太阳能的减少可以归咎于化石燃料利用产生的废弃物。

虽然太阳能沐浴地球的能量比人类曾经利用的所有能量还要多，可实际上它是一种基金—服务资源，它以固定的比率抵达地球表面，并且不能有效地储存以供日后使用。[21] 不管一个国家或者一个土地所有者捕获的太阳能有多少，太阳能也不会停留下来让其他人捕获，因此它具有内在的非排他性。[22]

5.6 小结

这五类非生物资源与政策有关的一些特征如表 5—1 所示。为什么这些细节对生态经济分析非常重要？从这一章中，您应该获得一些什么样的信息？就规模而言，存量—流量资源和基金—服务资源的区别非常重要。我们可以控制利用化石燃料、矿物资源和水资源的速度。由于经济经历着物理性的增长，对有限存量的利用必定会越来越多。由于化石含水层和化石燃料因利用而引起的耗竭是不可逆的，而且矿物也会因为利用不可逆地消耗掉，这些资源的有限存量对总经济生产施加了限制。到存量严重枯竭的时候，增长的极限便会十分明显，资源一旦被用完了，它也就一去不复返了。相反，基金资源则以某个固定的比率提供服务，我们对这种比率无法控制（不过，区分生物基金—服务和非生物基金—服务的关键就是我们可以破坏非生物基金，甚至毁掉它们）。因此，基金—服务在任何给定时间点上对经济的规模都有限制，但是，它们并不限制总产量。

表 5—1　　　　　　　　　与非生物资源有关的几项典型政策

非生物资源	存量—流量或基金 服务	排他性	竞争性	代际竞争性	可替代性
化石燃料（不可回收利用）	存量—流量	是	是	是	中等，但是可能在时间上可替代
矿物（部分可回收利用）	存量—流量	是	是	部分	高，最终不可替代
水资源（太阳能循环利用）	视具体情况而论	视具体情况而论	视具体情况而论	存量，是；基金或回收利用，否	对于大部分用途不可替代
李嘉图土地（不可毁灭的）	基金—服务	是	是	否	不可替代
太阳能（不可毁灭的）	基金—服务	否	否（就实际情况而言）	否	不可替代

92

水资源是一种存量—流量资源和基金—服务资源的复杂混合体。但是，即使水资源作为存量—流量来使用也完全可回收利用，尤其是活水与太阳能驱动的水循环的基金—服务密切相关，以至其作用就像基金—服务资源，只在某个特定的时间里，才会对经济的产出施加限制。

可替代性也与规模有关。如果我们能够为一种资源开发出替代品，那么它对规模所施加的限制就不那么严格。但是，开发替代品通常依赖于技术，而技术的开发是需要时间的。此外，真正的创新技术是无法准确预测的。只有在已经有技术创新时我们才能预测它，可是在这种情况下它也就不应该是真正的创新了。

竞争性主要与分配有关，包括代内分配和代际分配。除了某些形式或某些用途的水资源以外，所有非生物资源都是竞争性的，太阳能也是如此（就实际的用途而言）。一个人利用了这些具有竞争性的资源，也就意味着这些资源不能同时提供给他人使用，而且我们必须关注其代内分配问题。人们可以按照基金—服务功能的方式利用非竞争性的太阳能和水等资源，既不影响其他人利用这些资源，也不影响这些资源的规模，而且在所有其他条件都相同的情况下，我们应该让任何人都利用它们。如果一种商品在代际是非竞争性的，那么，我们就不需要当心代内对它的过度利用。在处理分配问题时必须记住，尽管一般认为李嘉图土地的价值通常是由整个社会生产的，但所有自然资源都是由自然界产生的，而不是人类生产的。

排他性主要与配置有关。市场不能配置非排他性物品，这就使得其他资源配置机制成为必要。然而，对于阳光和降雨而言，通过人类的制度来进行配置根本行不通。

5.7 主要概念

第 4 章的主要观念同样适合于第 5 章	Big ideas from Chapter 4 that recur in Chapter 5
李嘉图土地	Ricardian land
能源的投资回报	Energy return on investment
可开采的储量	Recoverable reserves
概率为 10%、50% 和 90% 的储量估计值	P10, P50, and P90 reserve estimates
化石燃料中净可开采能源	Net recoverable energy from fossil fuels
地上和地下矿物存量	Aboveground and subterranean mineral stocks
熵的耗散	Entropic dissipation
代内竞争性和代际竞争性	Rival within versus between generations
"嘉宝垃圾"和"纯废弃物"	Garbojunk versus pure waste
水和太阳能独特的性质	Unique characteristics of water and solar energy

【注释】

[1] M. Savinar, "Life after the Oil Crash," http://www. lifeaftertheoilcrash.

net/Research. html. 该网站提供了计算的全部参考文献。D. Pimentel and M. Pimentel, *Food, Energy, and Society*, 3d edition (Boca Raton, FL: CRC Press, 2007) 一文对汽油在内燃机做功时产生的熵能损失进行了说明，认为在这种情况下，它只相当于5 000小时的人类劳动。

[2] Energy Information Administration, Washington, DC: International Energy Outlook, 2009.

[3] C. Cleveland, R. Costanza, C. Hall, and R. Kaufmann, Energy and the US Economy: A Biophysical Perspective, *Science* 225: 297 (1984).

[4] C. Cleveland and D. Stern, "Natural Resource Scarcity Indicators: An Ecological Economic Synthesis," In C. Cleveland, D. Stern, and R. Costanza, eds., *The Economics of Nature and the Nature of Economics*, Cheltenam, England: Edward Elgar, 2001.

[5] C. A. S. Hall, S. Balogh and D. J. R. Murphy, What Is the Minimum EROI That a Sustainable Society Must Have? *Energies* 2: 25 - 47 (2009).

[6] C. J. Campbell and J. H. Laherrère, The End of Cheap Oil, *Scientific American*, March 1998.

[7] 值得注意的是，最大且最容易开采的储量可能也是最先被发现的。

[8] 已经消耗、可能储藏和尚未探明的石油量估计数见 Campbell and Laherrère, ibid。

[9] 即使我们不接受矿物物质中熵的观念，处理高纯度的矿石时也只需要比较低熵的能源即可。

[10] P. Sampat, From Rio to Johannesburg: Mining Less in a Sustainable World. World Summit Policy Brief #9. Online: http://www. worldwatch. org/worldsummit/briefs/20020806. html (World Watch).

[11] N. Georgescu-Roegen, *The Entropy Law and the Economic Process*, Cambridge, MA: Harvard University Press, 1971.

[12] R. U. Ayres, The Second Law, the Fourth Law, Recycling and Limits to Growth, *Ecological Economics* 29: 473 - 484 (1999).

[13] 这些物质中的一些将处于高度有序的状态，且比矿石中等量的矿物的熵更低。杰奥尔杰斯库-洛根把"嘉宝垃圾"（garbo-junk，指一个不能当作轮胎使用的废胎，但可以回收利用）与"纯废弃物"（pure waste，变性了的橡胶颗粒，不能再回收利用）进行了区分。然而，从实际的角度来看，矿石中的很大一部分存量可能从整体上还有一个较低的熵值，否则就应该先于矿石而得到处理。

[14] P. Gleick, *The World's Water: The Biennial Report on Freshwater Resources*, Washington, DC: Island Press, 2002.

[15] 带硝酸银的云的晶粒能够在特定的地方产生降雨，但在实用性上这无关紧要。

[16] 当按照"可枯竭的"这个含义使用时，它意味着一个人的使用会对资源产生消耗。因此，臭氧层是不可枯竭的，因为如果我用它来保护我不得皮肤癌，它仍可以为他人提供同样的服务。化学品当然是会消耗臭氧层，但它不是因为使用了臭氧层而使得臭氧层消耗的。

[17] 除非另有引用说明，否则能源消耗和有效性的估计数据均来自 World En-

ergy Council, *2007 Survey of Energy Resources*, London: World Energy Council, 2007。参见网站 http://www. worldenergy. org。

[18] N. Georgescu-Roegen, *Energy and Economic Myths: Institutional and Analytic Economic Essays*, New York: Pergamon Press, 1976.

[19] E. Laszlo, *Vision 2020*, New York: Gordon and Breach, 1994.

[20] D. Pimentel and M. Pimentel, *Land, Energy and Water: The Constraints Governing Ideal U. S. Population Size*, Negative Population Growth, Forum Series, 1995. Online: http://www. npg. org/forum_series/land_energy & water. htm.

[21] 太阳能可以储存在化石燃料和电池中，或以氢气的形式储存以供人类日后使用。但是，这种能量就不能再在随后用于光合作用，而这是太阳能最重要的作用。

[22] 未来基于太空的太阳能技术可能会改变这种状况，但是对目前而言无关紧要。

第 6 章 生物资源

生物资源（biotic resources）包括经济生产和人类生活所依赖的原材料、创建能够支持人类生命生境的生态服务，以及让人类避免窒息于自己所产生的废弃物之中的吸收能力。由于不可再生资源是可以耗尽的，人类社会将会变得越来越依赖于生物资源的自我更新能力。因此，了解这些资源的性质至关重要。

当我们将注意力从非生物资源转向生物资源时，处理问题的复杂性必定大幅度增加，不可避免地伴随着无知性和不确定性的大幅度增加。复杂性来自我们为生物系统赋予的内在价值。非生物资源几乎完全被认为是实现各种目标的手段，其中最重要的目标就是生命的延续和生物资源的维持。生物资源不仅直接增进人类福利，而且许多人也认为它们本身也是一种目标，尤其是对于那些有知觉的生物更是如此。从物理上来说，生物资源在两个方面表现其复杂性。首先，个体、群体或物种持续繁殖的过程高度复杂，而且我们对其缺乏了解；其次，个体、种群和物种与其他个体、种群、物种以及非生物资源相互作用，从而形成一个生态系统。生态系统是极其复杂的和动态的，以固有的不可预知的方式随着时间的推移而变化。这两种物理层面上的复杂性之间的差别我们在随后的章节中将进一步分析。

6.1　生态系统的结构和功能

生态学家从结构和功能的角度分析生态系统，与上述两类物理层面的复杂性相对应。这种区别正好与经济分析有关。传统的自然资源经济学本质上就是生态系统结构的经济学。环境经济学则侧重于某些生态系统功能。实际上，结构和功能是相互依存的，因此我们需要一种经济学能有效地把它们综合起来。当然，如果要把它们融入经济分析之中，我们就必须了解二者之间的差别和相互关系。

生态系统结构（ecosystem structure）是指构成一个生态系统的动植物个体和群落、它们的年龄和空间分布以及我们在第5章中讨论过的非生物资源。[1]大多数生态系统都有成千上万的结构要素，每一个都表现出不同程度的复杂性。科学家已经发现，当一些非常独立的元素被投入到一个复杂系统之中时，一种自发的秩序便会产生。这类系统具有产生自然现象的趋势，我们可以把它定义为整体属性，这种整体属性无法通过对单一的组成部分的理解（无论这种理解有多么深入）而得到预测。复杂系统也具有高度非线性行为的特征，这一特征意味着我们不能基于对小型干预的认识来预测大型干预的结果。例如，从一个生态系统中去除某个物种40％的存量所产生的影响可能与去除20％的存量有着质的区别，也就是说，去除40％的已知影响不会刚好等于去除20％的影响的2倍。

在一个生态系统之中，结构元素共同形成一个整体，而且整体大于部分之和。我们把生态系统中那些自然发生的现象称为**生态系统功能**（ecosystem functions）[2]，包括能量转换、养分循环、空气调节、气候调节以及水循环等。作为典型的自然属性，即便利用最广泛的有关系统组成成分的知识，生态系统功能也不可能轻易地得到解释。[3]可变性、无知性和不确定性在生态系统结构的分析中具有重要的作用，然而，在生态系统功能的分析中则具有更为重要的作用。生态系统功能是如何从生态系统结构复杂的相互作用中表现出来的，我们的认识确实非常有限，因此，预测和管理人类活动对这些功能的影响就变得非常困难，在有关生态系统功能的决策中就会出现大量的不确定性。如何处理经济分析中存在的不确定性，从根本上来讲是一个规范（道德）的选择问题，这也是产生复杂性的另一个原因。与任何生物资源分析有关的一个最重要的问题就是不确定性的程度。

风险性、不确定性和无知性

95 　　每当我们不确切地知道某些事情的时候，我们就会迟疑不决，但是，不确定性的类型也有不同。如果掷骰子，不可能提前知道究竟会产生什么结果，但知道可能产生的结果以及它们发生的概率。这类不确定性被称为风险性（risk）。如果知道可能发生的结果，但是无法为它们指定有意义的概率，这时便会出现纯不确定性。如果不知道可能产生结果的范围，这时便会出现无知性，或绝对不确定性。

　　在经济学上，弗兰克·奈特（Frank Knight）指出，风险是可计算的或可保险的成本，纯不确定性则并非如此。在他看来，利润等于收入与可计算的并经过风险调整之后的成本之差，也是承受纯不确定性意愿的一个回报。然而，奈特对企业家承受失败的成本和获得成功的奖赏这种情形也曾进行过讨论。在有关生态系统的开发利用的经济决策中，常常是企业家获得成功的奖赏，而社会却要承担成本。[a]

　　量于物理学和混沌理论中的发现表明，不确定性和无知性不会简单地因缺乏知识而产生，它们是某些系统的无法克服的内在属性。例如，混沌理论认为，即使在一个确定性的（即非随机）系统当中，初始条件的极小差异也会导致截然不同的结果。这就是众所周知的蝴蝶效应（butterfly effect），一只蝴蝶在日本的上空扇动它的翅膀，结果在北美会造成一场风暴。

　　高度复杂系统的变化具有无知性的特点，对于时间范围很长的变化尤其如此。我们无法预测生物、生态系统和技术的渐进式变化。例如，虽然我们可以预测计算机将会继续变得更快、更便宜，但是无法预测下一项重大技术是否将会在 50 年后产生。即便是对现有技术的未来发展进行预测，即便是顶尖专家，通常也会错得一塌糊涂。据说，比尔·盖茨曾经预言今后没有人会需要超过 540KB 的计算机内存。

　　估计自然资源的存量或栽培物种的繁殖率基本上就是一个风险问题。估计野生物种的繁殖率是一个不确定性问题，因为我们无法准确地预测影响繁殖率的要素的多寡，但是我们确实知道繁殖率的可能范围。估算生态阈值（即超过此条件，生态系统就可能转变为另外一种状态）是一个纯不确定性问题，因为我们对生态系统具有有限的知识，但是不能预测影响生态系统的外部条件。预测生态系统超过生态阈值后可能出现的状态，以及人类如何适应这种新的状态，则完全是一种与进化和技术变迁有关的绝对无知性的情况。

a. F. H. Knight, *Risk*, *Uncertainty*, *and Profit*, Boston: Houghton Mifflin, 1921; Library of Economics and Liberty, Feb. 21, 2002. Online: http://www.econlib.org/library/Knight/kn-RUPl.html.

　　具体实例总会有助于澄清一个概念。为了说明结构和功能之间的联系，以及有关复杂性的意义，我们分析一个湿润热带森林，它是一个业已研究过的生物多样性最为丰富的陆地生态系统。森林由植物个体（生态系统结构的组成部分）组成。每一株孤立木对气候、养分循环以及生境几乎不产生影响，它甚至可能无法繁殖。然而，如果将数以亿计的植物合在一起来看，如亚马孙河或刚果盆地，这样或那样的生态系统功能便会涌现出来。

林冠层会过滤掉大约98%到达地面的阳光，从而明显地降低白天的温度。它阻挡空气并产生绝缘效果，提高冠层下的夜间温度，保持和稳定林区的空气湿度。树木可以吸收热带风暴的能量，促进土壤疏松，有利于吸收水分，并降低水的流速，所有这些都有利于防止土壤和养分从系统中流失。树木创造土壤动物必需的小气候和生境，这些土壤动物有助于养分循环，从而促进系统的再吸收。

从区域尺度上来看，森林结构所保持的水分可以被植物吸收，并通过蒸腾作用返回大气层，从而增加森林上空的湿度。湿度越大，暴风雨发生的频率也越高。对亚马孙森林的估计表明，多达50%以上的降雨是通过这种方式形成的，从而使得喜水性物种在那里生长繁茂。如果土壤的吸水能力和蒸腾作用没有得到提高，那么降雨将直接排入河流，从系统中永远流失。

从更大的尺度上来看，森林会吸收抵达林冠层的90%的太阳能。其中大部分通过蒸腾作用释放并抬高以进入大气层，然后带入温带，这样有助于稳定全球气候（这也是碳固定提供的一项功能）。

如果没有一个稳定的气候和养分流，森林中物种和种群也就无法生存。森林结构的丧失能够使得森林功能退化，以致森林自发地衰退，由此产生一个正反馈，这种正反馈具有潜在的不可逆性，并产生灾难性的负面结果。众多的数学模型表明，在亚马孙流域持续地砍伐森林会导致降雨量明显下降、森林火灾明显增加（例如1997年发生在亚马孙河、印度尼西亚和墨西哥的森林火灾），并使得剩下的森林自发地退化。[4]

97　　　换句话说，生态系统结构相互作用产生生态系统功能，结构元素取决于其自身生存的功能属性。由于整个系统的复杂性质，一旦生态系统结构元素丧失，在大部分情况下我们都不能肯定地说生态系统功能将在多大的程度上受到影响。同样，由于生态系统为应对人类或非人类因素的影响而发生功能上的变化，我们也不能肯定地说这对生态系统结构将产生什么影响。

思考!

我们在第4章中曾要求你将局域生态系统提供的存量—流量资源和基金—服务资源列一个表。在这些资源当中，哪些是生态系统结构元素？哪些是生态系统功能元素？你认为这些类别之间有何联系？

大致来说，传统的自然资源经济学侧重于研究生态系统结构，传统的环境经济学侧重于研究生态系统功能的某些元素，重点为废弃物吸收能力以及其他生态系统功能的货币价值评估。实际上（正如许多传统经济学家已经充分意识到的），生态系统结构和功能是相互依存的，而且，基于一维分析的结论不能应用于多维的情况。我们必须牢记这一警告，我们现在论述某些具体的生物资源类别。

三类基本的生物资源值得注意。第一类是**可再生资源**，即为经济过程提供原材料的生态系统结构元素；第二类是**生态系统服务**（ecosystem services），它既指生态系统对人类的价值功能，也指生态系统结构元素相互作用产生的自然现象；第三类是**废弃物吸收能力**（waste absorption capacity），即与其他生态系统服务有明显区别，有必要单独处理的一种生态系统服务。

6.2 可再生资源

为简单起见，我们把生物资源视作物质性的存量—流量资源，也就是说，把它当作生态系统结构的元素。像不可再生资源一样，生物存量可以按照人类的愿望尽快地开发利用，且它们有足够的能力繁衍后代。图6—1描绘了一个可再生自然资源的存量—流量空间：x轴表示存量，或者资源的现存量；y轴表示流量。在这种情况下，流量可以指任意给定存量的繁殖率（或生物量的增加量），或开采率（收获量）。45°虚线表示可以对某一给定存量在理论上的最大开采率（例如，可以一次性地开采完全部存量，即存量＝流量）。实际开采率必须位于该线之上或之下。曲线表示与每一个水平的存量对应的增长率，即可持续收获量曲线。可持续收获量等于某一给定存量每年的净繁殖量；对于一种资源的每个种群而言，都存在一个相应的种群平均增长率，而且增长量表示每年可以利用但又不影响基础种群的可持续收获量。

在这里我们必须谨慎，可持续收获量曲线的位置变化存在很大的不确定性。我们不但无法确切地知道某一个给定的种群的繁殖率，而且也无法确切地了解任何特定物种的种群的情况。动物的情况比植物更为严重，因为对于调查人员而言，植物是不动的，而动物则是移动的。虽然通过仔细的研究和利用调查技术，我们可以对可再生资源存量的种群估计值指定合理的概率（风险），但是，对于繁殖率具有本质差异的种群而言，这样做还是存在比较大的不确定性，特别是因为这些繁殖率还取决于一大堆的"外部"因素，如降雨、捕食者和被捕食者物种的丰富度、疾病等。此外，栖息地的破坏和退化、污染、气候变迁以及其他人类影响都能够深刻地影响到整个曲线，使曲线随着时间的推移发生明显的移动。因此，在任何给定的年份，某一给定种群存量的实际增长率可能与平均水平差别很大。

大多数人至少都隐隐约约地意识到，自然界中动植物存量不可能永远生长下去。相反，当种群充满其有效生态位时，平均死亡率刚好等于平均出生率。这时，种群"稳定"在一种均衡状态的周围，我们称之为**承载力**（carrying capacity，使用"稳定"这个术语是不够严格的，因为短期的种群波动取决于气候条件、捕食者—被捕食者周期等等；而从长期来看，则取决于更多的因素。用约翰·梅纳德·凯恩斯的话来诠释，即：如果时间足够长，所有物种都将灭绝）。在达到承载力时，恰好有足够的食物和栖息地以维持现有的种群，而且生物量增长率等于 0（即图 6—1 中的点 K）。显然，当存量被迫走向灭绝的时候，存量的增长率也等于 0（即图 6—1 中的原点）。在这两点之间，事情就变得非常有趣了。

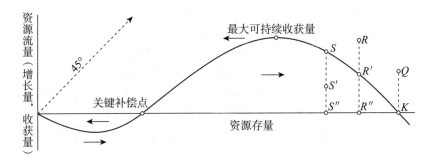

图 6—1　增长曲线或可持续收获量曲线

可再生自然资源的生长量曲线或可持续收获量曲线表明了任意给定存量在一个时间周期之内存量的增加量。y 轴表示增长量或收获量，也就是说，x 轴所表示的现有存量的流入或流出量。在达到总存量之前的任何收获量理论上来讲都是可能的。在可持续收获量曲线上的任意一个收获量（如 S）都刚好等于存量的增长量，因此对存量增减没有影响。如果收获量位于可持续收获量曲线以上，那么资源将产生消耗，如果位于可持续收获量曲线之下，则会使得存量增加，如图 6—1 中箭头所示。例如，收获量 R 会使存量降低到 S''，收获量 S 将使得存量增加到 R''。MVP 表示最小生存种群，是指种群规模如果小于这一水平，一个物种或者物种的存量即便不收获，也不能维持其自身。**关键补偿点**（critical depensation）是指一个种群或生态系统当低于最小生存种群或最小生存规模的时候，种群或生态系统会自发地下降。[5]K 表示承载力。图示的增长率非常高，在**最大可持续收获量**（maximum sustainable yield，MSY）时每个时期高达 30% 左右。最大可持续收获量是指在现有条件下，时间没

有限制，又不消耗存量时的最大平均收获量，假设通过稳定的补充和增
长，收获量和自然死亡率达到平衡状态。虽然这种情况适合于小型的、
繁殖速度很快的物种，但是许多重要的经济物种的年增长率只有 1‰或
更少。

思考!

在人类到达北美之前，你能在图 6—1 中找到美洲野牛种群位于什
么位置吗？一万年以后，美洲野牛的捕获量大致会处于什么位置？在
引入马之后，你认为它们会出现在什么位置？引入猎枪之后呢？在欧
洲的拓荒者定居之后呢？从大平原向农业的转型对野牛的可持续收获
量曲线有什么影响？

例如，当我们从位于承载力状态下的鱼类种群中捕捞走一些鱼，这
时会发生什么情况呢？如图 6—1 所示，Q 表示收获量。由于在起始点 K
处净生产率为 0，因此，收获量 Q 将会使得鱼类存量下降 $Q-K$，这时存
量为 R''。当种群处于更低的水平时，争夺食物、栖息地和繁殖场所的鱼
的数量也就更少了，剩下来的鱼便可以得到比拥挤条件下更多的食物。
每个个体可获得的资源丰裕则则更大，由此导致鱼类增长率和繁殖率提
高。由于对产卵场的竞争减弱，在理想位置产卵的比率则更高，这样便
可以提高鱼类种群的补充量。[6] 另外，大多数物种都在年轻的时候生长最
快（指生物量的增长比例），而随着逐步成熟，生长也变得越来越慢。如
果收获比较大且比较老的鱼，那么剩下的鱼类种群便会具有一个更高的
补充比率，并可能产生更快的净增长。

当存量位于点 R' 时，在点 R' 年收获量可以永远持续下去，这时的收
获量等于存量的年增长量。位于可持续收获量曲线以下的任何收获量都
小于年增长量，这时流量将会积累成存量，种群规模便会扩大。位于可
持续收获量曲线以上的任何收获都会进一步降低存量。曲线上方和下方
的箭头表示了在这些区间范围内的收获导致存量变化的方向。例如，在
点 R 的收获会使得种群规模降低到存量 S'' 的位置。在 S'' 点上，个体平均
资源丰裕度甚至会比在点 R'' 时更高，年净增长量和可持续收获量会从 R'
提高到 S。

在一定的范围内，较低的种群存量可以产生较高的可持续收获量，
但是，这显然不可能永远持续下去。最后，繁殖种群不足以维持高产量。
产卵数不够会导致补充不足，尽管种群内个体的资源丰裕度超高，也会
使得产量减少。也就是说，如图 6—1 所示，在某个点上有一个最大可持
续收获量。而且我们要再次提醒，不同年份之间的最大可持续收获量变
化很大，并且目前还没有确切的方法可以准确地估计特定年份的最大可
持续收获量。虽然它作为一种教学工具很有用，但作为一种计算工具来
设定年度收获量则几乎没有什么价值。[7] 如果收获量持续大于年度生长

100

102

量，那么种群规模将持续下降。最终，鱼类将变得过于稀少，繁殖变得更加困难，而且其他生态机制（许多问题还知之甚少）可能瓦解。这意味着，当某个种群规模大于 0 时就可以达到一个最小生存种群规模，此时增长率等于 0。如果在这一水平之下，种群便会自发地下降，也就是说，此时死亡率超过了出生率。

专栏 6.2 ☞

101

最小生存种群、最大可持续收获量和不确定性

使用最大可持续收获量的概念来帮助表达生态经济学思想与在资源管理中把概念当作工具使用完全是两回事。事实上，由于气候循环——例如厄尔尼诺南方涛动现象（EI Niño Southern Oscillation，ENSO）、目的物种捕食者和被捕食者种群的变化、污染水平的变化以及一系列其他生态变化和循环的影响，不同年份的最大可持续收获量的变化很大。在最稳定的条件下，自然的可变性会掩盖经济开发的影响，人类影响的规模迅速地改变着全球生态系统。科学依赖于重复与控制，如果处理一个高度复杂且迅速变化的生态系统中的一个稀有物种，这两种情况都不可能发生。我们无法从科学上足够准确地估计最大可持续收获量以便将其应用于资源管理。[a]

对于一个给定的物种或种群而言，最小生存种群是否存在？如果存在，规模应该多大？这些问题同样具有极端的不确定性。当一个种群规模变得很小时，该种群便更容易受到随机事件以及近亲繁殖的负面影响。北美候鸽或许曾经是地球上数量最多的鸟类，数量达数十亿，但是，只是在几十年的时间里它就灭绝了，也许是因为它的筑巢习惯，它的最小生存种群非常高。另一个极端情况是毛里求斯茶隼，其种群规模从 1974 年的 6 只反弹到现在的 600 多只，当然，如果没有采取实质性的保护措施，它几乎肯定会灭绝，而且近亲繁殖也使得它对疾病或其他随机扰动非常敏感。对于蓝鲸和北大西洋鳕鱼的某些种群是否已经处于它们的最小生存种群规模之下，目前尚有争议。很显然，科学地确定最小生存种群的实验是不能重复的，因为第一次实验有可能就把实验物种消灭掉了。

另一方面，最大可持续收获量究竟存在多大的不确定性并不意味着我们不会过高地估计它，也不会缓解政策制定者决定可接受的收获规模上的责任。作为一般的规则，不确定性越高，特别是存在不可逆（如灭绝）的情况下，收获量的设定就更应该保守。

a. D. Ludwig, R. Hilborn, and C. Walters, Uncertainty, Resource Exploitation, and Conservation: Lessons from History, *Science* 260：17，36 (1993).

值得注意的是，可持续收获量曲线在最小生存种群以下时会变成负数。也就是说，为了维持种群，需要有一个负的收获量，那就是每年都要补充新的个体到系统中，以便刚好维持现有存量。在 45°线

以下的任何位置仍然有可能产生收获量，但是，这将只会导致种群更加快速地灭绝（或消亡）。遗憾的是，我们不知道最小生存种群的规模究竟是多大，而且只能对最大可持续收获量作出粗略（很有争议）的估计。

这里解释的基本概念同样适用于植物物种，甚至植物群落。例如，当我们砍伐原始森林中的树木以获取木材时会发生什么情况呢？光照、水分和营养物质对其他未砍伐的树木会变得更为有效，因而可以加速它们的生长，而且腾出来的空间也变得更有利于新种子发芽。这个过程开始时会提高生长率，提高森林的可持续收获量。然而，很快新种子离采伐地越来越远，新的个体补充的速度也慢了下来。因为树木被砍伐会导致土壤养分流失，同一种树木的个体之间隔得太远，以致无法交叉授粉，导致种子不育或近亲交配，可持续收获量开始下降。如上所述，生态系统结构的改变会明显地影响生态系统功能，并有可能进一步降低一片森林自身的繁殖能力。因此，像动物种群一样，森林也存在最大可持续收获量和最小生存规模。

我们在第 12 章中分析生物资源配置的微观经济学时，将再次分析这个问题。

专栏 6.3 ☞　　　　　　　**食火鸟、最小生存种群和生态系统的关键补偿点**

103　　　　在澳大利亚东北部的热带雨林当中，多达 100 种大种子果树几乎完全依赖于一种鸟类传播种子。这种鸟就是食火鸟，食火鸟是一种大型的平胸类鸟，类似于生活在森林中的鸵鸟。食火鸟是该地区已知能够吞食并转运大型种子的唯一一种动物，一次传播的种子重达 2 千克。有证据表明，一些种子在发芽之前必须通过食火鸟的消化道。

食火鸟需要很大的栖息地才能得以生存，特别是在高地森林。森林以拼花的方式采伐，能够维持食火鸟生存种群的区域非常少。如果没有食火鸟，这一地区的许多树木都不能传播种子，而且有些树种甚至无法发芽。最终这些物种都可能走向灭绝，依赖这些物种而生存的动植物也将走向灭绝，由此引发物种灭绝的连锁反应。最终结果可能使得森林组成发生显著变化，从而导致生态系统发生质的改变。整个过程可能要花很长时间，几个世纪之后可能都不会注意到这种变化。[a]

有关关键补偿点机制的这类例子与我们前面论述过的几种可能性刚好吻合。我们必须再次强调，我们确实不了解最大可持续收获量或关键补偿点。无知性、不确定性和可变性在真实世界里时刻与我们相伴。

a. J. Bentrupperbaumer, Conservation of a Rainforest Giant, *Wingspan* 8（Dec.）: 1-2.（1992），以及大量的个人通信。

6.3 生态系统服务

在对生态系统结构和功能的讨论中，我们解释了为什么森林为了生存需要由森林本身所产生的功能，但是我们也暗示，生态系统功能也为人类提供了广泛的好处。我们把对人类具有价值的生态系统功能称为生态系统服务。例如，森林茂密的流域有助于保持农业必需的稳定的气候条件，防止旱涝灾害，净化水源并提供休闲机会，所有这些对于流域内的居民而言都是难以估价的服务。但是，生态系统提供的服务更多。遗憾的是，我们还不能确定生态系统结构究竟是如何产生生态系统服务的，而且经常完全没有意识到它们产生的服务。例如，20 世纪 70 年代之前，大多数人都没有认识到臭氧层在使地球适合于人类居住方面起着关键作用。[8]如果考虑到生态系统的密切的连锁性质，那么也就可以很肯定地说，几乎任何生态系统功能都以某种方式对人类有益。

我们刚刚把森林描述为产生木材流量的树木存量。现在我们从服务创造者的角度论述森林。就这点而论，它与树木存量截然不同。树木存量可以按任何速率收获，也就是说，人类可以控制一个树木存量产生的木材流量速率。树木可以即采即用，也可以储存起来以供日后使用。生态系统服务则完全不同。我们不能够按选择的任何速率使用气候稳定，例如，我们无法利用过去或未来的气候稳定以弥补今天造成的全球变暖，也不能把气候稳定储存起来以供未来使用。气候稳定也不会成为它生产东西的一个组成部分。如果用木材制造一把椅子，那么木材也就内化于椅子之中。如果利用气候稳定来生产一种粮食作物，那么粮食将无法将气候稳定内化于其中。此外，粮食作物的生产并不会改变气候稳定（除非在新的采伐迹地上种植粮食，即便如此，那也是森林采伐影响了气候稳定，而不是粮食作物）。

完整的生态系统是提供生态系统服务的基金资源，它们的结构元素则是提供原材料流量的存量。回顾一下，存量—流量资源可以被耗尽，而基金—服务资源则只是损耗。但是，当生态系统提供有价值的服务时，它们并没有发生"损耗"。事实上，生态系统只有在不能恒定地捕获太阳能更新自己时，才会发生"损耗"。生态系统自身繁殖的基金—服务能力与人造基金—服务有本质性的区别。一家工厂里的机器折旧并不会自动地自我生产出新的机器以替代旧的机器。

森林所提供的有关生态系统服务的例子有助于澄清概念。科斯坦萨等（Costanza et al.）描述了 17 种生态系统产生的商品和服务。[9]森林至少在某种程度上提供了所有这些商品和服务。其中，食物和原材料从本质上来说都是存量—流量的变量，不过它们也具有产生基金—服务的能力。其余基金—服务变量如表6—1所述。

表6—1	生态系统提供的服务
生态系统服务	以森林为例
气体调节	树木吸收二氧化碳，树木生长产生氧气；森林清除空气中的二氧化硫。
气候调节	温室气体调节；蒸腾作用通过风力将热能转移到其他地区；蒸腾作用、云形成以及局部降雨；遮阴及保温效果，避免出现极端湿度与温度。
干扰调节	风暴保护、防洪（参见"水调节"）、干旱恢复以及其他生境对主要由植被结构控制的环境可变性的反应。
水调节	树木根系可以使土壤通气，允许根系在下雨的时候吸收水分，在干燥的时候释放水分，从而降低旱涝灾害的风险和严重性。
供水	蒸腾作用可以增加当地的降雨；森林能够降低土壤侵蚀，并固定溪谷两岸，防止河流淤积，增加水流流量。
废物吸收	森林能够吸收大量的有机废物，并把径流中所含污染物过滤掉；植物具有吸收某些重金属的能力。
控制土壤侵蚀和保持水土	树木可以保持土壤，森林树冠层可以减少激流对土壤的冲刷，泥沙拦截可以减少土壤风蚀。
土壤形成	树根可以摩擦岩石；腐朽的植被可以增加有机质。
养分循环	热带森林具有快速同化腐烂物质的特性，使得养分流入溪流并从系统中排出的时间很短。
授粉	森林可以庇护那些野生和驯化物种授粉所必需的昆虫。
生物防治	森林的害虫天敌可以为某些昆虫物种提供保护。
生物避难所或栖息地	森林为可以迁移和定居物种提供栖息地，为许多森林物种繁殖创造必要的条件。
遗传资源	森林是独特的生物材料和产品的原料，如药物、植物抗病抗虫基因和园林绿化树种。
娱乐休闲	生态旅游、徒步旅行、骑自行车。
文化	森林生态系统的审美、艺术、教育、精神和科学价值。

我们再一次强调, 一个生态系统基金的质量和数量与其提供的服务之间的准确关系具有高度不确定性, 而且几乎肯定具有非线性、阈值和自然发生等特性。我们可以很有信心地说, 一个生态系统基金越大、越健康, 那么它产生的服务就越多。当我们消耗一种复杂的生态基金或使之退化之时, 我们实在无法预知究竟会产生什么结果。由于我们已经把服务定义为一种人本理念, 我们就知道这种服务只要有人类存在, 人类就会对它进行利用, 因而就会对它产生明显的影响, 而不仅仅是滥用才会对它产生影响。例如, 与远离人烟的一片原始森林相比, 城市环境中的一片高度退化的森林提供的水调节功能和休闲文化服务功能(用对人类的好处来衡量)可能更多。果园或其他虫媒作物附近的森林提供的授粉服务更有价值。

对于生态系统服务有效配置的经济问题而言, 更为关键的或许在于它们的空间变化。我们继续使用上述例子来加以说明, 大规模的热带森林可以调节局部地方、区域水平和全球水平的气候。森林提供的防洪和水净化功能则只能有益于河流两岸和洪泛平原的典型种群, 而且为迁徙鸟类提供栖息地也主要是有益于迁徙路径沿途的主要种群。

生态系统还具有其他一些使它们在经济上具有极端重要性的特征。最为重要的或许是, 我们不可能为大多数生态系统服务(其中包括为人类提供合适的栖息地)开发出替代品。我们几乎不理解这些服务是如何产生的, 几乎所有的生态系统服务都是如此。一个名叫爱德华·巴斯(Edward Bass)的亿万富翁花费大约 2 亿美元, 在亚利桑那州发起了"第二生物圈"(Biosphere Two)计划, 想看看他是否能够为这些服务开发出足够多的替代品, 以维持 8 个人的生活。但这个项目失败了。试想要为几十亿人创造替代品的情形! 另外, 大多数生态系统服务功能都是具有竞争性的, 即如果我从一片森林在防洪、为传粉者提供栖息地或者调节大气等作用中受益, 并不会减少和降低这些服务适用于任何其他人的数量或质量。许多生态系统服务(尽管肯定不是全部)由于其自身的性质问题, 也都具有非排他性。

自然资本存量和基金之间的关系

一个生态系统的结构元素是生物资源和非生物资源的存量(矿物、水、树木、其他植物和动物), 当它们组合在一起就形成了生态系统功能或服务。按照不可持续的水平利用一种生物的存量时，一般都会消耗它提供的相应的基金和服务。因此，当采伐森林中的树木时，不仅会降低树木的存量，也会改变森林创造生态系统服务的能力，其中许多生态系统服务对于人类的生存而言都是极其重要的。海洋鱼类捕捞同理，不过，我们对于健康的海洋生态系统产生的生态系统服务知之更少。

自然资本的存量—流量和基金—服务资源之间的关系揭示了生态经济学中一个最为重要的概念：无中生有是不可能的，所有的经济生产都需要一个由自然资本存量产生的自然资源流量。这个流量来自生态系统的结构元素，而且生物存量也是产生生态系统服务的基金。因此，从存量中开采的流量过大，不仅会影响存量及其未来提供流量的能力，而且会影响存量所贡献的基金以及这种基金提供的服务。即使是非生物存量（如矿物元素和化石燃料），也只能按照一定的程度进行开采和消费。换句话说，生产需要对生态系统结构进行投入。生态系统结构形成生态系统功能，从而提供服务。因此，所有经济生产对生态系统服务都会产生影响，因为这种影响不可避免，因此它完全是经济过程内生性的。

6.4 废弃物吸收能力

但这只是故事的一半。热力学定律保证原材料就算被经济系统利用也不会消失，而是以高熵的废弃物形式返回系统。热力学定律还保证，生产有用（或更有序）产品的过程也会产生相应数量的无序，或者废弃物。这些废弃物中的大部分可以被生态系统吸收。事实上，废弃物吸收或循环利用是所有生命最终赖以生存的生态系统服务。但是，作为一种基金—服务功能，废弃物吸收仅按固定速率发生，而将存量—流量资源转化为废弃物的过程，则可以按照我们选择的速率发生。废弃物吸收能力是一种汇，我们可以通过活塞来控制其流量，使之不超过排水管的尺寸。消除生态系统结构也会影响生态系统处理废弃物的能力。如果废弃物的排放量超过了生态系统吸收它的能力，那么就会降低生态系统吸收废弃物的速率，从而使得废弃物的累积速度更快。一段时间之后，废弃物就会堆积如山，对其他生态系统功能产生影响，但是我们无法预测哪种生态系统服务将会受到影响，何时受到影响。

我们用一个具体的例子说明这些观点。当我们第一次把废弃物（如未经处理的污水和农业产生的径流）倒入一个原生态的湖泊时，废弃物会被高度稀释掉，对湖泊只会引起很微小的伤害。如果废弃物的负荷更高，则可能会威胁到利用这个湖泊的人类，细菌和有害化学品污染污水有可能产生断断续续的健康问题，水如果不加处理，就会变得不适合于饮用。增加湖水中的养分会使得细菌和藻类繁茂生长，增加系统处理废弃物的能力，但是会减少许多其他生态系统服务功能。鱼会渐渐积累污水中的有毒化合物，并且变得不可食用。污染敏感型物种将会灭绝。然而，随着水中废弃物的增多，即便采取大量的处理措施，水也会不再适合于饮用，并且最终会因为污染严重，工业也无法使用。过多的养分最终将导致水体富营养化，这时藻类和细菌会因生长而在夜间吸收大量的氧气[10]，在其腐烂的过程中，鱼类、两栖动物和大多数无脊椎动物物种将灭绝；依赖于湖泊供水和觅食的陆栖动物、鸟类将会受到冲击。如果废弃物流更多，使得藻类也可能无法生长良好，这就超过了系统的废弃物吸收能力。废弃物开始积累，进而降低藻类的生存能力，即使废物流没有增加更多，也会导致废弃物更加快速地累积，以致系统崩溃。

在废物流量超过废物吸收能力之前，废物流量的下降也可以使得系统恢复。在此之后，系统则不可能恢复。同样的动态关系也适用于其他生态系统。如果所分析的生态系统提供了关键的生命支持功能（区域性的或全球性的），超过生态系统废弃物吸收能力所产生的成本基本上是没有限制的，至少从它所支撑的人类的观点来看是如此。

一般来说，生态系统处理利用生物资源产生的废弃物的能力更大，而吸收利用矿物资源生产的人造化学品的能力更为有限。这是因为生态系统在有生物性的废弃物存在的情况下演化了数十亿年。相比之下，诸如卤代环状有机化合物和钚（两种已知的最有害的持久性污染物）之类的产品都是新型物质，它们没有与生态系统共同进化的经历，因此生态系统也就无法适应它们。

与许多生态系统服务不同，废弃物吸收能力是竞争性的。如果把污染物倒入一条河流，它就降低了这条河流同化倒入河流的废弃物的能力。建立各种制度，可以使得废弃物吸收具有排他性，这样做是非常简单的，而且很多这类制度已经存在了。

热力学定律告诉我们，自然资源是经济的通量。我们必须高度重视它们来自哪里，去向何方。

表6—2总结了三类生物资源的一些重要特征。我们在第12章和第5篇中将详细讨论这些特征，并分析它们与政策的关系。

我们在本章论述的观点值得复述一遍。首先，人类和所有动物一样，不得不为生存而依赖于植物以两种方式捕获太阳能的能力：直接作为一种能源；间接通过全球生态系统产生的生命支持服务功能，但生态系统本身也要通过植物净初级生产力而得到支持。这些生命支持服务功能，不存在任何替代品。其次，经济生产的每一个行为都要求有自然资源的投入。这些投入被利用的速度不仅比其更新更快，而且当生态系统的这些结构元素消失之后，它们将弱化生态系统的功能。最后，经济生产的每一个行动都会产生废弃物。废弃物对人类福利具有直接的影响，而且也会进一步破坏生态系统的功能。虽然开采矿物资源对生态系统功能的直接影响很小，但是它们的开采和利用所产生的废物流对生态系统和人类福利具有长期的破坏作用。经济的扩张需要消耗不可再生资源，使健康的生态系统和它们提供的好处发生变化，由于废弃物的外流，会使得剩余的生态系统退化。

生物资源因为它们既是存量，又是基金，因而显得很独特，而且它们的自我更新能力也是一种基金—服务资源。这意味着最终的经济规模取决于指定年份提供的基金—服务资源的数量，其中一种基金—服务就是可再生自然资源的更新能力。生物资源对经济规模的影响尤其大，因为它们没有替代品，而且没有它们我们将无法生存。

表6—2 生物资源的经济特征

生物资源	存量—流量或基金—服务	能够变成具有排他性	竞争性	代际竞争性	可持续性
可再生资源	存量—流量	是	是	取决于利用率	很高，最终不可替代
生态系统服务	基金—服务	大多数不可以	大多数不可以	否	很低，没有可替代性
废弃物吸收能力	基金—服务	是	是	取决于利用率	中等，没有可替代性

6.5　主要概念

生态系统结构	Ecosystem structure
生态系统功能	Ecosystem function
生态系统服务	Ecosystem services
存量—流量资源	Stock-flow and fund-service
和基金—服务资源	resources
风险性、不确定性和无知性	Risk, uncertainty, ignorance
承载力	Carrying capacity
最小生存种群	Minimum viable population
关键补偿点	Critical depensation

最大可持续收获量	Maximum sustainable yield
废弃物吸收能力	Waste absorption capacity

【注释】

[1] 把诸如化石燃料及矿藏等东西都作为生态系统结构的组成元素看起来似乎很奇怪，但是，我们不要忘了，人类只是全球生态系统的一个组成部分，这些资源会影响人类繁荣发展的能力。

[2] 一个特定元素是一个生态系统的结构组成部分还是功能组成部分取决于分析的角度。细胞器是一个细胞的结构组成部分，它可以使得细胞发挥作用；细胞是个体的结构组成部分，它可以使得个体发挥其作用。按照同样的方式，个体是种群的结构组成部分；种群是局域生态系统的结构组成部分；生态系统是景观的结构组成部分；而景观则是全球生态系统的结构组成部分。

[3] E. Odum, *Ecology：A Bridge Between Science and Society*，3rd ed.，Sunderland，MA：Sinauer，1997.

[4] D. Nepstad et al.，Interactions Among Amazon Land Use，Forests and Climate：Prospects for a Near-Term Forest Tipping Point，*Philosophical Transactions of the Royal Society B：Biological Sciences* 363：1737-1746，(2008).

[5] 本教材第一版用"关键补偿水平"（critical depensation level）代替"最小生存种群"（minimum viable population）。当我们指存量低于一定水平而不能维持自己的生态系统时，关键补偿点就非常有用，因为当我们把生态系统看作一个种群的时候，谈论它的规模就没有意义。不过，一般来讲，最小生存种群是一个更直观明了的术语。

[6] 需要指出的是，收获量 R 会使得下一个时期的存量下降，降低量为 $R-R'$（用 y 轴表示），收获量 S' 则会使得下一个时期的存量增加，增加量为 $S-S'$。因此，$R-R'$ 和 $S-S'$ 用 y 轴表示，而 $S''-R''$ 用 x 轴表示。

[7] D. Ludwig，R. Hilborn，and C. Walters，Uncertainty，Resource Exploitation，and Conservation：Lessons from History，*Science* 260：17，36 (1993).

[8] 作为与生态系统功能以及人类对生态系统功能的影响有关的极端不确定性的进一步证据，因盖亚假说而闻名的著名物理学家詹姆斯·洛夫洛克（James Lovelock）于 1973 年遗憾地表示，碳氟化合物对环境没有产生人们所想象的那么大的危害。M. E. Kowalok，Common Threads：Research Lessons from Acid Rain，Ozone Depletion，and Global Warming，*Environment* 35（6）：12-20，35-38 (1993)。

[9] R. Costanza et al.，The Value of the World's Ecosystem Services and Natural Capital，*Nature* 387：256，Table 2 (1997).

[10] 虽然正在生长的植物是氧气的净生产者和二氧化碳的吸收者，但是它们的生存也需要氧气。在白天，光合作用产生的氧多于植物消耗的氧；但是在夜晚，它们只消耗氧而不产生氧。平均含氧量可以更高一些，但是，鱼类和其他物种的生存能力是由最低的含氧量水平决定的。

第 7 章 从空的世界到满的世界

111   由于熵对经济过程具有不容置疑的重要性，由此产生这样一个事实，即"可持续的经济增长"是一种矛盾修辞法。[1]如何解释经济学家、政策制定者和一般公众在面对生态与环境资源极限的情况下仍然毫不动摇地追逐持续的经济增长？很明显，人们相信经济系统尚没有面临增长的极限或离极限还很遥远。热力学定律保证确实存在增长的极限。我们现在简要分析这些极限究竟有多么迫在眉睫。

对于大部分人类历史而言——包括现代经济理论提出时，人口及其资源利用水平很低。迄今为止，物质和能量对增长的限制似乎还很遥远，似乎忽略它们并重点地建立一套有效配置稀缺劳动、资本和消费品的体系更为明智。但是，由于市场经济的发展和新古典主义对这种发展的解释，人口和人均资源利用水平一直呈指数增长。市场体系的成功降低了市场商品的相对稀缺性，并增加了可持续系统提供的非市场商品和服务

113   的相对稀缺性。以下是对世界有多满和我们离资源枯竭有多远的一个非常快速的评价。

我们离一个满的世界还有多远？

当一个系统按某个特定的速率增长时便是指数生长。举例来说，1900—2000 年，全球经济人均物质产出年增长率约为2.3%。用增长率除以 72，可以计算如果按某个给定的增长率增长，总量翻倍的时间。这意味着在 20 世纪期间，人均产出翻了 3 倍多。在同一时期，人口已经从 16 亿人增加到了 61 亿人，几乎增加了 4 倍。20 世纪总物质产出增加了 36 倍多。[a] 我们的物质产出究竟能翻多少倍呢？

我们的情况可能与一个著名的智力游戏相类似。假如培养皿中的细菌每小时翻一倍，你在某天的中午接种这个培养皿，两天后的中午该培养皿就完全充满了（而且此后因为食物的枯竭以及培养皿充满了废弃物，种群最终崩溃），培养皿何时达到半满状态？当然，答案是最后一天的上午 11 点。上午 9 点时，可用于持续增长的资源还存在 7/8。现在人类的问题是：我们离中午还有多远？

112　　当然，人类不同于细菌，地球也不同于培养皿。人类可以控制他们的繁殖率，在某种程度上，也可以控制他们使用的资源数量。地球集聚了大量的生态系统，这些生态系统可以提供众多再生资源，并处理废弃物。然而，为适应资源稀缺，人类需要花时间去开发新技术、新制度和新思维方式，或许需要的时间很长。从根本上讲，越是接近中午，留给我们的时间就越少，我们必须制定并实施必要的改变以表明我们实际上完全不同于培养皿中的细菌，如图 7—1 所示。

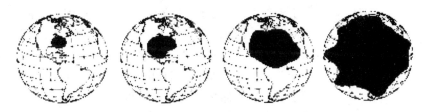

图 7—1　我们离满的世界有多远？

a. 作者用第 5 章提供的数据计算，参见 J. B. Delong, *Macroeconomics*, Burr Ridge, IL: McGraw-Hill Higher Education，2002。

思考！

世界总是"充满了"一些东西，而又"放空了"其他东西。在一个"满的世界"中，相对而言，世界充满的东西是什么？放空的东西又是什么？某些东西的满度与其他东西的空度有什么关系？

7.1 化石燃料

由于化石燃料驱动世界经济运行，而且是我们研究最多的必需的资源，所以我们首先评估它们的极限。乍一看，化石燃料的枯竭并非迫在眉睫。经济学家告诉我们，价格是衡量稀缺性的一个指标，然而，1899—1999 年，原油的平均价格为每桶 24 美元（以 2008 年价格计），1999 年的价格为每桶23.60美元。[2]然而，如前所述，我们可以按照我们希望的任何速率开采化石燃料，而且流量的稀缺性决定了价格，但存量的稀缺性并不决定价格（我们在第 11 章中将提及的一个观点）。在储藏量最多的地区，开采设备能力（大于地下存量规模）决定流的速率。最准确的估计表明，如果继续按相同的速率开采石油，在 40 年左右的时间内存量或许将枯竭，然而，能源信息管理局（Energy Information Administration）估计，未来 30 年全球对石油的需求将增加近 40%。[3]如上所述，化石燃料勘探的净能源回报会大幅度下降。发现新的化石燃料也是如此，化石燃料的新探明储量在 1962 年达到高峰，为每年 400 亿桶[4]，20 世纪 90 年代下降到每年 60 亿桶。当前的消费（2008 年）达到每年 310 亿桶，超过新探明储量 2～6 倍。[5]虽然全球石油消费增长率从 1973 年开始下降，但世界从 1973 年以来所消耗的石油是此前所有人类历史上消耗石油的 2 倍。[6]考虑到所有这些因素，最终的结果是什么？

M·金·哈伯特（M. King Hubbert）是壳牌石油公司（Shell Oil Company）的一位石油地质学家，他提出了一套有关不可再生资源开采的理论，如**哈伯特曲线**（Hubbert curve）所示。图 7—2 利用实际数据显示了石油探明储量的哈伯特曲线，图 7—3 则显示了石油产量的哈伯特曲线，其中还包括对未来产量的估计。哈伯特假设，产量高峰期必须跟随探明储量高峰期出现，二者之间有一个时间差。1954 年，哈伯特利用这个理论预测，美国的石油产量应该在 1967—1971 年达到高峰，不过，这个预测数据是值得怀疑的。事实上，它确实在 1970 年达到了高峰。一些顶尖的行业专家利用哈伯特的方法，在 20 世纪 90 年代预测，石油产量将在 2003—2020 年之间的某个时候达到高峰，然后出现下降。[7]通过对石油价格的缜密分析，充分考虑稀缺性和信息效应的影响，结果表明，石油价格会突然上涨并急剧上升。[8]尽管最近几十年全球经济增长率达到了最高点，对石油的需求也达到了史无前例的水平，但是，从 2004 年末到 2007 年中，石油产量基本上停滞不前，而价格却翻了一番。虽然从 2007 年中到 2008 年 7 月份，石油产量开始轻微上升，但价格却再翻一番，从而导致产量高峰和价格高峰同时出现。全球性衰退使得

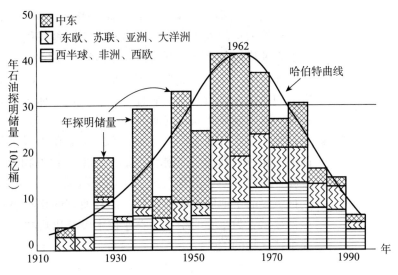

图 7—2 石油探明储量哈伯特曲线

注：图块表示 1912—1992 年间，每 5 年全球新探明的原油储量平均数量。哈伯特曲线是 1915—1992 年全球石油探明储量的加权平均值。

资料来源：引自 L. F. Ivanhoe, King Hubbert, updated. *Hubbert Center Newsletter* ♯97/1. Online：http://hubbert. mines . edu/news/v97n1/mkh-new 2. html。

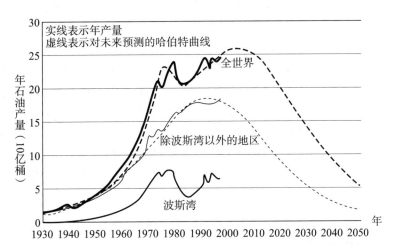

图 7—3 石油产量哈伯特曲线

注：1973 年和 1979 年下降以后，全球石油产量（传统和非传统的）（实线）出现了恢复。但是，按照作者的模型，部分基于哈伯特曲线（虚线），我们可以看到，不到 10 年后便出现了更为固定的下降。波斯湾以外地区的石油产量即将达到高峰。

资料来源：取自 C. J. Campbell and J. H. Laherrère, The End of Cheap Oil, Scientific American, March 1998。

价格和产量都往下降，但在 2009 年，即使经济衰退恶化，油价却再一次开始上升。虽然石油枯竭还未迫在眉睫，但是我们相信，石油产量已经达到了一种比较稳定的状态，虽然波动还将发生，但未来的发展趋势将是产量不断下降，价格不断上升。

虽然大量的太阳能可以作为石油的一种替代品，但如果我们用完所有的石油供应怎么办？开发太阳能作为一种替代品需要花费大量的时间。因为太阳能是以一种细雾的方式抵达地球，所以需要大面积的土地捕获大量的能量。以当前技术而且不干扰农业、林业或者环境，在美国能够捕获的太阳能只能满足其能源需求的20%～50%。而且我们也不可能只通过使用节能灯泡来解决这一问题。当前在美国，食物生产和运输消耗的碳氢能源是其提供的碳氢能源的3倍。[9]以谷物为食物的一头牛在变成美味佳肴之前要"消耗"约284加仑石油。[10]利用畜力耕种田地要求农场把更多的土地用于喂养役畜。没有便宜的化石燃料，经济增长便不可能持续，更为重要的是，在农业技术没有出现根本变化时，我们甚至不能维持食物的生产。

7.2　矿物资源

矿物资源也正变得越来越稀缺。如上所述，大多数容易利用的矿石都先被利用了，接下来利用的矿石品质会逐渐下降。原先使用来自明尼苏达州美沙比（Mesabi）山脉的赤铁矿矿石，纯度大约为60%。这种矿石现在已经被用完了，现在必须使用铁燧岩矿石，纯度大约为25%。[11]其他矿石也与此类似。至少金属可以回收利用，其他材料拥有充足的替代品。如果我们把表土也看作一种矿物资源，那么情况似乎严重得多。目前，美国的表土消耗率是其形成率的100倍。[12]从全球来看，专家估计已有40%的农田严重退化，有些地方这一比例高达75%。[13]当前，使用最广的贫瘠土壤的替代品就是以石油为基础的化肥。

7.3　水资源

淡水的短缺是迫在眉睫的威胁之一。虽然水资源是典型的可再生资源（多亏了水循环），但在过去50年里，全球的水消费量翻了3倍，而且还在继续攀升。人类正在将河水抽干，而且从蓄水层取水，取水的速度比其更新的速度更快。虽然全球性气候变化可以导致气候总体上更湿润，因为蒸发的增加会导致降雨的增加，然而，蒸发的增加也将迅速使土地更快地变干。许多气候学家相信，最终结果将是旱涝灾害频发。另外，全球性气候变化可能会影响降水发生的地方，从而总体上导致更大的旱涝风险。[14]

对水的利用主要是农业（占 70%），因此缺水或许将在造成干渴之前首先转变为饥饿。估计中国华北地区水的亏缺（抽提的水大于补充的水）达 370 亿加仑，它生产的食物足以解决 1.1 亿人的温饱问题。[15] 美国奥加拉拉（Ogallala）地下蓄水层已经把干旱的西部平原变成了粮食产区。从 20 世纪 50 年代以来，水位已经稳定地下降[16]，美国西部降雨量的减少可能会增加对地下蓄水层的需求[17]，同时降低蓄水层的补水率。

利用河水进行灌溉已经在咸海导致了地球上最为严重的一次环境灾难。每个大陆的重要蓄水层都以每年 2～8 米的速度下降。[18] 当前，接近 10 亿人缺乏饮用水[19]，约占世界能享受丰富饮用水人口的三分之一[20]，有些研究表明，到 2025 年，几乎 50% 的世界人口将生活在缺水区域[21]。世界银行警告，蓄水层持续的降低可能是灾难性的。[22]《财富》（Fortune）杂志认为，水的短缺将使得 21 世纪水贵如油，水将成为"决定国家财富的最精美的商品"[23]。

对未来供水情况的预测具有高度的不确定性。首先，我们缺乏充足的数据[24]；其次，消费模式和技术能够显著地改变对水的需求；最后，如上所述，气候变化会对水循环产生严重的影响——提高蒸发率，改变降雨模式。[25]

7.4 可再生资源

我们生活在一个满的世界里，一旦论及"可再生"资源存量，这一事实则显得更加明显。对每一种重要的可再生资源存量而言，开采率只受到资源稀缺性的限制，与基础设施的关系不大。在过去的几年当中，鱼类收获量的停滞是鱼类资源短缺所造成的，而不是缺少渔船造成的。联合国粮农组织（Food and Agriculture Organization，FAO）估计，世界 15 个主要捕捞区中的 11 个、69% 的世界主要鱼种处于衰落状态，迫切需要加强管理。例如，1968—1992 年，鳕鱼的捕捞量下降了 69%。1970—1993 年，大西洋西部蓝鳍金枪鱼存量下降了 80% 以上。[26] 同样，是树木的短缺而不是电锯的短缺限制了木材的生产。随着具有商业价值的树种被耗尽，我们不得不转向采伐其他以前被认为是废物的树种。其结果是，就鱼和木材而言，在最近几十年里，具有商业价值的物种数量已经明显增加。

许多经济学家把一个物种可以替代另一个物种的能力作为证据，试图表明潜在的收获量是没有限制的。然而，当一种鱼类因为渔船太多，而可捕捞的鱼又太少，从而导致枯竭之时，那么整个船队可以消耗任何我们认识的鱼类存量。由于我们已经几乎消耗完了那些繁殖快的鱼种（如鳕鱼），现在只能捕捞像橙连鳍鲑鱼之类的鱼种，这种鱼可能需要长达30年才能达到性成熟。在获得足够的数据估计它们的可持续收获量之前，我们都是在冒着风险捕捞这类鱼种。[27]

虽然对投入经济的原材料的资源枯竭存在严重的关切，但如果与生态系统服务的消耗和破坏所产生的威胁相比，它们的重要性就显得非常苍白。生态系统服务功能可以因收获它们的结构元素而遭到直接破坏，这些结构元素主要是构成生态系统服务的可再生资源，废弃物排放的直接作用较小。贫穷国家的森林覆盖现在正以每年140 000平方千米的速度消耗掉[28]，如果世界贸易组织在森林产品方面的贸易自由化努力继续按计划实施，那么预计森林砍伐的速度还会增加。[29]《拉姆萨国际湿地公约》（Ramsar Convention on Wetlands）是一个政府间条约，它为湿地及其湿地资源的保护提供了一个框架，但在条约保护的湿地当中，仍有84％受到威胁。[30]虽然我们对海洋生态系统的理解不如陆地生态系统那么深入，但似乎不可思议的是健康的鱼类种群在生态系统中没有起关键作用，而且我们对它们提供的生态系统服务的机制缺乏理解。例如，生物多样性可以提高生态系统间服务的生产力和稳定性，如果持续地失去海洋生物多样性，有可能使得海洋渔业到2048年整体崩溃。[31]几乎所有其他生态系统都可能因为它们组成成分存量的消耗而面对相同的威胁。

7.5 废弃物吸收能力

自马尔萨斯时代以来，人们一直担心资源的枯竭，但是，最近才开始关注废弃物的过度积累。每项经济活动都会产生废弃物。由于人类在局域水平和全球水平上损害了生态系统的废物吸收能力，人类将在两个方面遭受其惩罚：首先，积累的毒素对人类有直接的负面影响；其次，污染物会导致人类赖以生存的生态系统退化。越来越多的证据表明，我们正在势不可挡地破坏地球对几类废弃物的吸收能力。

当今最突出的废弃物就是二氧化碳排放。尽管生态系统吸收二氧化碳的能力令人印象深刻，但是有确凿的证据表明，二氧化碳目前正在大气中累积，而且科学界有共识，它已经是全球气候变化的罪魁祸首。国际上对这一问题严重性的认识已经促成国际讨论，但是，在我们撰写本书的时候，世界上最糟糕的温室气体排放国仍拒绝履行国际协议。即使美国履行《京都议定书》（Kyoto protocol），我们也无法将二氧化碳排放量限制在环境的废弃物吸收能力之下，充其量只是让全球增温的速度放慢。[32]在人类行为没有发生重大改变的情况下，全球变暖对全球生态系统将会产生显著的影响。因为余下的生态系统很多都是一些岛屿，岛屿上的物种无法为应对变化的气候条件而离开它们的岛屿。

矿物资源产生的废弃物排放也会形成严重的威胁。重金属对人类的毒性很高。因为这些金属都是一些基本元素，它们本身并无废物吸收能力可言。一旦这些重金属进入环境，或者出现在蓄水层中，它们就会无限期地保存下来。这些元素在大自然中通常都非常容易稀释，或者说不会危及生命系统。但人类一直开采和提纯这些金属元素，并以高浓度的方式将它们释放到环境中。许多重金属元素往往具有生物累计效应，当人类咽下它们的时候，它们不会被释放出来，因此捕食者会保留所有被捕食者体内的东西。许多鱼类含有高浓度的银和其他金属，一旦人类食用这些鱼类，便可导致人的生殖缺陷及其他严重后果，更不用说它们对其他物种也还有影响。

核废料也是化学元素，而且比其他重金属毒性更强。核废料可以分解，但不是按人类的时间尺度进行分解的。钚是一种已知毒性最强的物质，它的半衰期达24 300年。在剂量最小时，我们也必须将之隔离十倍于半衰期以上的时间，几乎是文明出现时间的50倍。

卤代烃是另一类特别危险的人造矿物废弃物。氯氟碳化合物（Chlorofluorocarbons，CFCs）是最著名的化合物，现在它们已经被禁止使用了。然而，许多国家却继续使用氢氟氯碳化物（hydrochlorofluorocarbons，HCFCs）。虽然 HCFCs 比 CFCs 对臭氧的消耗能力低，但是中国和印度在增加对它们的使用，每年增长 35%。其结果是，2006 年，臭氧层出现了有记录以来最大的下降。[33]臭氧的消耗不仅威胁到人类健康，而且威胁到全球的动植物生命。南极臭氧空洞对南部海洋浮游生物产生了特别严重的威胁。除了在海洋食物链底层具有关键作用，浮游植物在固定二氧化碳方面也起着重要作用，而且对它的消耗也是全球变暖的一个主要原因。[34]

其他卤化碳氢化合物可以归类为持久性有机污染物（persistent organic pollutants，POPs）。当前，国际性的谈判都呼吁禁止使用最臭名昭著的有害的持久性有机污染物。在地球上的每个生态系统中都可以找到这些化合物。在它们的负面影响中，有些类似于激素并且能影响许多物种的繁殖能力。正如它们的名字所暗示的，即便禁止使用，它们的影响也将在环境中留存许多年。同时，产业部门还在忙于引入新的化学制品，每年引入的新化合物达1 000种以上，许多与这些毒性最强的化学品具有非常相似的结构。我们经常若干年甚至几十年都意识不到这些化合物的负面影响。我们可能只对某种单一的化学制品的危害进行了细致的研究，然而，在实验室之外，生态系统和人类将不仅要与这些化学制品发生接触，而且还要接触到成千上万种其他化学制品。[35]

有些地区的污染正变得很严重以至于威胁到人类健康、生态系统功能，甚至大规模的气候格局。例如，最近的一项研究表明，南亚3 000米厚的污染层，使得到达地球表面的太阳能下降了15%，并且阻止地球表面热量的散发。不仅引起成千上万人夭折，污染云可能增加季节性的洪灾，而且还使得降水量下降了40%。[36]

122

总之，全球性的"汇"充满的速度比自然资源全球性的"源"变空的速度更快。这一事实很容易理解，因为"汇"常常可以被任何人自由地利用（即非排他性），而且还具有竞争性。相反，"源"经常是排他性资源，它的管理权既可以是私有的，也可以是公有的。

我们现在对人类经济所依赖的资源作一快速的评估，评估结果表明，我们现在正处于一个满的世界，经济的持续的物理性扩张将产生难以接受的成本。虽然历史上人们最担心资源枯竭，即"源"的问题，但对经济增长的最严重的约束也许是环境废物吸收的能力，即"汇"的问题。

7.6 主要概念

指数增长	Exponential growth
翻倍时间	Doubling time
哈伯特曲线	Hubbert curve
源和汇的极限	Source and sink limits
衡量世界"充满度"的指标	Measures of "fullness" of the world

【注释】

[1] 必须重申，我们不相信满意度的"心灵通量"的可持续增长（我们称之为发展，而不是增长）是一种矛盾修辞法，只要不断增加的自然资源消费不会产生这种通量。然而，正如我们所知，如果没有增加通量，用GNP衡量的经济增长就不可能发生。即使单位GNP所需要的资源更少，但最终结果总会使得通量更大。虽然情况未必都是如此，但是，自由市场经济似乎不太适合促进既改善人类福利又不增加通量的经济活动。

[2] British Petroleum, Statistical Review of World Energy 2009. Online：http://www.bp.com.

[3] Energy Information Administration, *Annual Energy Outlook* 2006, Washington, DC, February 2006.

[4] J. J. MacKenzie, Oil as a Finite Resource：When Is Global Production Likely to Peak? World Resources Institute, 2000. Online：http://www.wri.org/wri/climate/

jm_oil_000. html.

[5] 当一个新油田被发现时，很难准确地说出它储藏有多少石油。另外，一些资料报告，一些人把先前发现的油源当作新的发现，从而估计其可开采石油；而其他的人却没有这样计算，于是估计存在差异。麦肯齐（Mackenzie, ibid.）认为，1996 年为2∶1，而 L. F. 伊凡霍（L. F. Ivanhoe）认为，20 世纪 90 年代主要的发现为 6∶1。参见 Hubbert Center Newsletter ♯2002/2，M. King Hubbert Center for Petroleum Supply Studies，Petroleum Engineering Department，Colorado School of Mines，Golden，CO，2002。

[6] 图 7—3 中曲线以下的面积表示总石油产量，它几乎等于消费量。你可以看到，1973 年到现在曲线以下的面积几乎是 1869—1973 年的2.5倍。

[7] C. J. Campbell and J. H. Laherrère，The End of Cheap Oil，*Scientific American*，March 1998.

[8] D. B. Reynolds，The Mineral Economy：How Prices and Costs Can Falsely Signal Decreasing Scarcity，*Ecological Economics* 31（1）：155–166（1999）.

[9] D. Pimentel and M. Pimentel，Land，Energy and Water：The Constraints Governing Ideal U. S. Population Size，1995. Online：http://www. npg. org/forum_series/land_energy&water. htm. Negative Population Growth，Inc. Forum Series。杰奥尔杰斯库-洛根正确地指出，利用碳水化合物生产碳水化合物的观念是很荒谬的，而且在第一次提出这一选择时，他也准确地预测我们是达不到目的的。N. Georgescu-Roegen，*The Entropy Law and the Economic Process*，Cambridge，MA：Harvard University Press，1971。然而，从短期来看，直接把石油转化为食物可能比西方农业更为有效。

[10] M. Pollan，Power Steer，*New York Times Magazine*，March 31，2002.

[11] J. Hanson，Energetic Limits to Growth. Online：http://www. dieoff. com/page 175. htm. 亦可见 *Energy Magazine*，Spring 1999。

[12] D. Pimentel and M. Pimentel. Land，Energy and Water：The Constraints Governing Ideal U. S. Population Size，1995. Online：http://www. npg. org/forum_series/land_energy&water. html.

[13] World Resources Institute，*People and Ecosystems：The Fraying Web of Life*，Washington，DC：WRI，2000.

[14] C. J. Vörösmarty，P. Green，J. Salisbury，and R. B. Lammers，Global Water Resources：Vulnerability from Climate Change and Population Growth，*Science* 289：284–288（July 14，2000）.

[15] L. Brown，Water Deficits Growing in Many Countries：Water Shortages May Cause Food Shortages，Earth Policy Institute，Eco-Economy Updates，August 6，2002.

[16] V. L. McGuire，*Water-Level Changes in the High Plains Aquifer，Predevelopment to 2005 and 2003 to 2005*，Reston，VA：U. S. Geological Survey，2007.

[17] E. Cook，C. Woodhouse，C. M. Eakin，D. Meko，and D. Stahle，Long-Term Aridity Changes in the Western United States，*Science* 306（5698）：1015–1018（2004）.

[18] L. Brown，Water Deficits Growing in Many Countries，Earth Policy Institu-

te, Eco-Economy Updates, August 6, 2002. Online: http://www. earth-policy. org/ Updates/Update 15. html.

[19] WHO/UNICEF Joint Monitoring Programme for Water Supply and Sanitation. Millennium Development Goals Assessment Report 2008: Country, Regional and Global Estimates on Water and Sanitation, New York: UNICEF; Geneva: WHO, 2008.

[20] Vörösmarty et al. , op. cit.

[21] L. Burke, Y. Kura, K. Kassem, C. Revenga, M. Spalding, and D. Mcallister, *Pilot Analysis of Global Ecosystems: Coastal Ecosystems*, Washington, DC: WRI, 2000.

[22] Brown, op. cit.

[23] N. Currier, The Future of Water Under Discussion at "21st Century Talks," *United Nations Chronicle* XL (1) (2003). Online: http://www. un. org/ Pubs/chronicle/2003/webArticles/013 003 _ future _ of _ water. html.

[24] K. Brown, Water Scarcity: Forecasting the Future with Spotty Data, Science 297 (5583): 926 - 927 (August 9, 2002).

[25] Vörösmarty et al. , op. cit.

[26] FAO of the U. N. Focus: Fisheries and Food Security, 2000. Online: http://www. fao. org/focus /e/fisheries/challeng. htm.

[27] 例如，一项研究发现，橙连鳍鲑鱼存量的总生物量在不到十年的时间里因捕捞而下降了60%～70%。P. M. Smith, R. I. C. C. Francis, and M. McVeigh, "Loss of Genetic Diversity Due to Fishing Pressure," *Fisheries Research* 10 (1991): 309 - 316.

[28] World Resources Institute, *People and Ecosystems: The Fraying Web of Life*, Washington, DC: WRI, 2000.

[29] P. Golman, J. Scott, et al. , *Our Forests at Risk: The World Trade Organization's Threat to Forest Protection* , Oakland, CA: Earthjustice, 1999.

[30] M. Moser, C. Prentice, and S. Frazier, "A Global Overview of Wetland Loss and Degradation," Proceedings of the 6th Meeting of the Conference of Contracting Parties of the Ramsar Convention (1996), vol. 10 . Online: http:// www. ramsar. org/about _ wetland _ loss. htm.

[31] B. Worm et al. , "Impacts of Biodiversity Loss on Ocean Ecosystem Services," *Science* 314 (5800) (2006): 787 -790.

[32] Intergovernmental Panel on Climate Change, *Climate Change* 2007: *Synthesis Report* , *Summary for Policymakers*. Intergovernmental Panel on Climate Change. Cambridge, UK: Cambridge University Press, 2007.

[33] K. Bradsher, The Price of Keeping Cool in Asia: Use of Air-Conditioning Refrigerant Is Widening the Hole in the Ozone Layer, *New York Times*. United Nations Environmental Program (UNEP), 2006 Antarctic Ozone Hole Largest on Record. New York: UNEP, 2006.

[34] R. C. Smith, B. B. Prezelin, K. S. Baker, R. R. Bidigare, N. P. Boucher, T. Coley, D. Karentz, S. MacIntyre, H. A. Matlick, D. Menzies, M. On-

drusek, Z. Wan, and K. J. Waters, Ozone Depletion: Ultraviolet Radiation and Phytoplankton Biology in Antarctic Waters, *Science* 255: 952 – 959 (1992).

[35] A. P. McGinn, Why Poison Ourselves? A Precautionary Approach to Synthetic Chemicals, World Watch Paper 153, Washington, DC: World Watch, 2000.

[36] P. Bagia, Brown Haze Looms Over South Asia, *Science* 13 (2002).

第 2 篇总结

　　我们在第 2 篇中应用物理学和生态学的一些观点,分析了所有经济生产所依赖的稀缺资源。像其他已知系统一样,经济系统受热力学定律支配。由于我们不可能无中生有,而且也不可能有中生无,因此经济生产必须消耗自然资源,并且产生废弃物。在一个有限的地球上,经济增长(以及人口增长)必定终将结束。真正的问题是,这种情况的发生是在不久的将来,还是在遥远的未来。前面的总结表明,我们确实已经接近"满的世界",生态经济学家对经济规模的关心确实是合乎情理的。虽然最后的资源都是一些低熵的物质和能量,但是不同形式的低熵具有本质上不同的特征。我们在第 3 篇中将论述这些特征是如何影响配置过程的。

　　我们在第 3 篇中将把侧重点从整体转移到局部,从自然地球生态系统转移到以人类为主导的子系统,从物理和生物科学的概念转移到社会科学(特别是经济学)的概念中。但是,正如我们侧重于供给和需求、价格、国民收入、利率和贸易一样,我们不会忘记,所有这些经济活动都发生在一个日益充满的世界里,并且整体系统与其说受价格和 GNP 的支配,不如说受热力学和光合作用的控制。

第 3 篇

微观经
济学

第 8 章 基础市场方程

127   微观经济学旨在论述如何沟通和协调成千上万个相互独立的企业和家庭的分散决策，并依靠市场供需关系决定市场价格。在没有中央计划的条件下，市场能够自发地保持正常秩序。这看起来似乎有点不可思议，我们举一个例子加以说明。例如，虽然任何语言都不是人为设计的，但是，语言在逻辑上仍然是结构化有序的。尽管人类的语言能力无疑是由其遗传基因决定的，但是，一门实际的语言则是通过人类在使用过程中自发地演化而形成了有序的结构。因此，我们可以分析一门语言的逻辑结构和语法，但这只是描述性的，而不是设计。即便是世界语，虽然它是一门人为设计出来的语言，但它主要是对西班牙语的复制，而西班牙语也是一门自然演化的语言。何况，说世界语的人极少。市场和语言一样也是一种交流系统，与语言交流相比，市场受到的限制更多。但是，市场也有一套"语法"，虽然这种"语法"是以一种自发的、没有计划的方式产生的，但是，我们也可以对它进行分析。市场的功能远不只是交流，它还要配置资源。

市场的语法规则是什么？市场交流的内容是什么？在什么意义上市场配置效率才是有效率的？经济的产出是合理的或可持续的吗？这些都是微观经济学研究的问题。在本章中，我们将论述一些基本的答案、伟大的思想以及重要的结论，不遗漏任何细节，更无须诉诸烦琐的计算和数学分析，只用一些比率数据和简单的函数即可。为此，我们需要给出五个定义和三条原理，在这些定义和原理的基础之上，推导出一个"基础市场方程"，并具体地对它加以说明。我们在论述如何将所有的概念和原理与价格理论的主要结论相结合之前，需要先花些篇幅作些铺垫。一旦推导出了主要结论以及总体认识，我们将提出如何依据这个总体认识推导出基本的供需关系，并提出主导私人市场供需关系的最基础的"语法规则"。在论述供需关系之后，再论述供应方面的生产函数以及需求方面的效用函数。最后讨论生产函数和效用函数在生态经济学分析中的含义。

8.1 方程的要素

我们先定义以下五个概念：

1. $MUxn$＝商品 x 对于消费者 n 的边际效用。边际效用是指在其他商品的消费量保持不变的情况下，消费者每多消费一个单位的某种商品所获得的额外增加的总满足度。假设你是消费者，x 代表比萨饼，那么，$MUxn$ 代表你每多消费一块比萨饼所获得的效用量。

2. Px＝商品 x 的市场价格（商品由 x 或 y 表示）。比如，一块比萨饼的市场价格是2.50美元。

3. Pa＝要素 a 的市场价格（要素由 a 或 b 表示）。用什么生产要素来制作比萨饼？资本为炊具和炉子（基金—服务资源），劳动力为厨师（基金—服务资源），面粉、土豆和干酪则是由自然资本外加耕作而产出的原材料（存量—流量资源）。厨师利用烤箱将原材料烤制成比萨饼。

4. $MPPax$＝当要素 a 被用来制造商品 x 时，要素 a 的边际实物产量。边际实物产量是指在其他投入保持不变的情况下，每多利用一个单位的要素所产生的额外产出。例如，假设某个比萨饼店每多增加一个厨师每晚即可多烤制 20 个比萨饼，那么，就制作比萨饼而言，8 小时劳动的边际实物产量等于 20 个比萨饼。

5. **竞争性市场**。竞争性市场（competitive market）是指市场中有许多小买卖者，他们买卖同样的商品。所谓"许多"意味着"其数量足够大，以至没有任何一个买者或卖者大到足以影响市场价格"。换一种说法：每一个人都是价格接受者（price-taker）；没有任何一个人是价格制定者（price-maker）。每个人都使其计划适应市场价格；没有人有能力迫使价格适应其计划。由于每个人都把价格看作一个参数（某种已知条件）而不是变量（某些人们可以改变的东西），因此，有时这种状况又被称为价格的参数功能（parametric function of prices）。[1]

我们现在论述三条原理：

边际效用递减规律（law of diminishing marginal utility）。某个人每多消费一个单位的某种商品获得的新增满足度下降，也就是说，总满足度增加，但其增加的速率会下降。某个人很饿，这时第一块比萨饼的边际效用很大；但是，第五块比萨饼的边际效用就很小。如何证明这个原理一般来讲都是正确的呢？一种方式就是假设其反理存在，证明其会导致错误的结论。假设存在边际效用递增或恒定，即第五块比萨饼的效用比第一块比萨饼的效用大或与其相等。果真如此，将得到什么结论呢？消费者会首先用其每一个美元来购买对于他来讲边际效用最高的商品。但是，由于随后的第二个单位商品的边际效用递增或恒定，那么，消费者将获得比第一个单位商品更大或相等的单位美元满足度。后续每个单位商品依此类推，如果存在边际效用恒定或递增，消费者将在一种商品上花掉他所有的收入。由于边际效用递减规律的反理会导致荒谬的结论，所以间接地证明了边际效用递减的合理性。

边际实物产量递减规律（law of diminishing marginal physical product）。随着生产者每多投入一个单位的某种生产要素，而其他生产要素保持不变，则该要素的单位额外产出量递减，也就是说，总产出按递减的速率增加。有时又称之为收益递减规律（law of diminishing returns）。我们可以再一次通过证明其反理不成立的办法来证明其本身的合理性。假设存在边际实物产量递增规律。如果我们拥有 10 英亩麦地，则每多增加一个劳动力，他的边际产量都会比其前一个劳动力的边际产量要大，所以我们会再新增加一个劳动力，依此类推，其结果是所有的农业劳动力都被一个农场雇用了。我们可以说在一个花盆里种植全世界的小麦，但这是很荒谬的。因此，我们也间接地证明了边际实物产量递减规律的合理性。[2]

最大化的边际均等原理（equimarginal principle of maximization）。最大化的边际均等原理较早时被称为"休止律"（when to stop rule）。[3]某个消费者何时会停止在不同的商品之间分配其收入？消费者何时能发现某种分配方式可以使得其总满足度或总效用达到最大？这一平衡点在消费者购买每一种商品的每一美元的边际效用相等时出现。同样，我们来证明其反理的无理性，即假设每一美元购买商品 a 的边际效用大于购买商品 b 的效用。那么，消费者就可以减少 1 个美元购买商品 b 而增加 1 个美元购买商品 a，以此提高总效用，直至边际效用相等而且不可能通过重新分配费用而增加总效用为止。此外，边际效用递减规律保证了每重新分配一个美元，它就使我们更接近于最合理的状态，即购买更多的商品 a 会降低商品 a 的边际效用；购买更少的商品 b 会增加商品 b 的边际效用，从而使我们趋近于边际上的均衡。[4]

在一个只有鞋子和比萨饼的简单经济中，你应该如何花费你的钱呢？如果用 1 美元买比萨饼比买鞋子所带来的愉悦更多，就买比萨饼；如果用 1 美元买鞋子比买比萨饼所带来的愉悦更多，就买鞋子。为了达到愉悦度最大化，最后 1 美元无论是买比萨饼还是鞋子，它所提供的愉悦度一定相同。

同样的逻辑也适用于生产者，生产者通过组合生产要素，可以使每一美元对每种生产要素的边际产量都相等，从而使其产出达到最大化。如果每一种要素的边际实物产量不相等，则可用较少的投入生产出同样多的总产出，因而其成本更低，利润更高。

我们以一个小比萨饼店为例来加以说明。店主可以多雇用一个厨师，月薪 1 600 美元，这个厨师每天可以多生产 20 个比萨饼，使店主的月收入净增 1 700 美元。或者，如果店主每月花 1 600 美元改善厨房，这样每天只能多生产 18 个比萨饼，那么，该店主就只会继续雇用厨师，从而使其生产的比萨饼产生净利润，而且这些利润比改善厨房所产生的利润更多。然而，如果店主雇用更多的厨师，尽管这些厨师彼此水平相当，但是由于烤炉不足，他们的边际生产力也会下降。与此相反，由于可用的厨师多，一个好厨房的边际生产力则可能上升。假如投资于一个较大厨房的每一个美元的生产率大于增加一个厨师的生产率（厨师可以额外产出足够多的比萨饼以抵消厨师的成本），那么，店主将投资建厨房。这时，比萨饼店的利润达到最大化，而且，最后 1 美元用于雇用厨师所产生的利润应该和用于扩大厨房所产生的利润相同。[5]

我们现在分析比萨饼店隔壁的鞋店。鞋店生意看涨，老板估计每个员工每月可以为店里新增加 1 800 美元的净收入。鞋店所处的城镇很小，可以雇用的员工都被比萨饼店雇走了。由于鞋店每增加一个员工所获得的利润比比萨饼店多，因此，鞋店老板可以支付更多的酬金，本来为比萨饼店做事的厨师就会跑来替鞋店老板打工（这里假设两个工种的技能是可转换的）。随着跳槽的人越来越多，鞋店的员工越来越多，劳动生产率反而下降，而此时比萨饼店的厨师越来越少，其劳动生产率却逐渐上升，这使得比萨饼店的老板有能力提高工资留住他的厨师。只要鞋店的老板每多雇用一个厨师所获得的利润大于比萨饼店的老板每多雇用一个厨师所获得的利润，鞋店老板就可以挖走比萨饼店的厨师。但是，人员增加所造成的劳动生产率下降意味着这样做是不能持久的。最终，比萨饼店的厨师和鞋店的员工价值 1 美元利润的边际产量达到相等时，两个老板都不再出更高的价钱从对方处挖人。因此，鞋店和比萨饼店的价值 1 美元的劳动边际产量将达到相等。这种情况对于各种企业的所有生产要素来讲都是如此。

我们现在论述基础市场方程，然后分析这种基础市场方程成立的原因，最后对其意义作出解释。基础市场方程如下：

$$MUxn/MUyn = Px/Py = MPPay/MPPax$$

我们首先分析上式的中间部分，即相对价格。在相对价格的左边是相对愿望，它反映了目标—手段谱的最上部分（即目标部分，参见图3—1）。在右边则是相对可能性，它反映了目标—手段谱的下端部分（即手段部分）。价格的中介作用在于在目标和手段之间保持平衡，并形成手段服务于目标的有效配置。

但是，如何证明基础市场方程是成立的呢？我们知道，由于左边的等式正好是消费者每1美元的等边际效用配置原则，因而左边等式成立，通常可以写为

$$MUxn/Px = MUyn/Py$$

消费者 n 购买比萨饼的每1个美元的边际效用应该等于购买鞋子的边际效用。如果稍加思考，并回顾一下前面论述的最大化的边际均等原理就会发现，如果等式左边的比率值大于右边的比率值，那么，消费者 n 将可购买更多的比萨饼和更少的鞋子，以此来提高总效用。

同样，右边的等式也成立，这是因为存在生产者的最大化的边际均等原理，即所有生产要素的数量是由每种要素的价格都等于其边际产量的价值时的数量所决定的。对于所有利用要素 a 生产商品 x 的企业而言，有

$$Pa = Px(MPPax)$$

劳动的价格等于比萨饼的价格乘以每额外增加一个单位的劳动在其他生产要素保持相等的情况下所能生产的比萨饼的数量。

> **思考！**
> 在现实生活当中，在没有额外增加比萨饼制作原料的情况下，劳动力越多，就能生产越多的比萨饼吗？我们在随后的章节中还会论述这个问题。

如果边际劳动成本大于其生产的比萨饼的价值，那么，比萨饼店的老板就应该以较少的劳动雇用量来提高其利润。

同理，对于所有利用要素 a（比如说劳动力）生产商品 y（比如说鞋子）的企业，我们有

$$Pa = Py(MPPay)$$

由于所有企业的 Pa 是相同的，并且，其他生产要素也保持不变，于是有

$$Px(MPPax) = Py(MPPay)$$

比萨饼店厨师多生产的比萨饼的价值等于鞋店员工多生产的鞋子的价值。

重新组织上式，我们有

$$Px/Py = MPPay/MPPax$$

这便是基础市场方程右边的等式。

8.2 市场方程式的含义

到目前为止，我们已经推导出了基础市场方程，可是它究竟意味着什么呢？

首先，假设 x 和 y 为某一对商品；a 为某个企业生产所需的某种要素；n 为某个个人。基础市场方程对所有商品对、所有生产要素、所有企业以及个人都成立。我们可以把经济体中每一个个体（而不只是第 n 个个体）的边际效用比率排列在左边。对于每一个个体而言，商品 x 和 y 之间的边际效用比率应该等于其价格比率。这是否意味着所有的个体都消费同等数量的商品 x 和商品 y 呢？答案是否定的！每个人都有不同的口味，为了获得边际上的均衡，不同的消费者不得不消费不同数量的商品 x 和商品 y。除非每个消费者所消费的数量正好是边际效用比率等于价格比率时的数量，否则，消费者就没有使其效用达到最大化。

同理，我们可以将某个企业生产商品 x 和商品 y 所需的每种生产要素（a、b、c 等）的边际实物产量比率排列在右边。每个边际比率值相等是否就意味着所有的企业生产商品 x 和商品 y 时使用的是同等数量的生产要素 a 和生产要素 b 呢？答案是否定的，因为不同企业的生产过程不同。但是，除非边际实物产量（MPP）的比率等于价格的比率，否则，我们所讨论的这个企业就不可能最大化其利润。

我们可以对任何其他商品对给出同样的基础市场方程，可以是 x 和 z，y 和 z，等等。所以，基础市场方程对于所有的相对价格都成立。

Px/Py 在基础市场方程中的核心作用值得强调，它可以使得边际效用比率等于边际生产率比率。两件东西等于同一件东西，那么，这两件东西也彼此相等，即可以把价格看作一种平衡相对可能性和相对愿望（即手段和目标）的滑动支点，如图 8—1 所示。消费者愿意用一种商品替代另一种商品的比率（即替代品的心理学比率）等于他们通过交换去替换这些商品的比率（即替代品的市场比率），也等于生产者通过在不同的商品之间重新分配资源（即替代品的技术比率）能够生产这种商品而放弃生产其他商品的比率（实质上是指把某种商品"转化"为另外一种商品）。

相对价格作为一个支点可以使得效用比率和生产率比率平衡或相等。但是，一旦达到这种平衡状态，这种平衡又意味着什么？为了更好地理

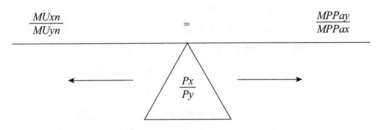

$$\frac{MUxn}{MUyn} \qquad = \qquad \frac{MPPay}{MPPax}$$

$$\frac{Px}{Py}$$

图 8—1　相对价格的参数或杠杆函数

解，我们不考虑中间的价格比率，而只考虑边际效用比率和边际生产率比率的等式，即

$$MUxn/MUyn = MPPay/MPPax$$

我们可以将上式写为

$$MUxn \times MPPax = MUyn \times MPPay$$

上式说明，正如消费者 n 所判定的，要素 a 用于生产商品 x 时所产生的边际效用正好等于要素 a 用于生产商品 y 时所产生的边际效用。[6]更具体地说，一个工人一个小时生产的比萨饼所提供的效用与一个工人一小时生产鞋子所提供的效用相等（假设工人的工资相等）。因为 n 为任意消费者，x 和 y 为任意商品，a 为任意生产要素，由此可以断定，没有任何消费者会在不同的商品对之间重新配置任何生产要素。换句话来说，**基础市场方程**（basic market equation）确定了一种资源的最优配置，在这种最优配置的情况下，没有任何人愿意重新配置任何要素，否则，就可能降低他们的总满意度；没有任何企业愿意重新配置生产要素，否则就可能减少利润。

或许，这似乎有点像小帽子里变出大兔子的魔术！我们在随后的章节中将再次讨论这个问题，现在评价一下它的结果。竞争性市场中的价格可以引导资源有效配置，使得没有任何人可以按照他们自己的判断重新配置资源生产不同商品的组合而使得他们自己变得更好。当然，如果把别人（例如 m）的收入或财富重新分配给个体 n，那么，个体 n 自然会觉得更好。如果我们具有很好的资源天赋，自然也会觉得更好。但是，我们的分析是假设收入和财富在人们之间的分配是已经确定的，并且资源天赋也是已经确定的。在这种情况下，资源的最优配置就是经济学家们所称的**帕累托最优**（Pareto optimum）：每个人都变得更好，而又不造成任何其他人更坏。

这些条件会使兔子的尺寸缩小到帽子的大小，但是，要平衡相对可能性和相对愿望，并在没有中央协调的情况下以一种有效率的方式沟通并将手段调整到目标，仍然需要一点诀窍。通过资源的重新配置，从生产某种商品转变为生产其他产品的技术可能性是与个体所作出的这种转

135

变的心理愿望相平衡的。

这个结果最关键一点就是均衡是在没有计划的、分散的过程中实现的。价格体系解决的问题正如 F. A. 哈耶克（F. A. Hayek）所言："利用并非整体地赋予任何人的知识。"[7]只有不同的个体消费者才知道替代品的心理比率，也即消费者愿意替代商品的心理比率；也只有各种生产方面的工程师和经理才知道替代品的技术比率，也即生产者能够替换商品的技术比率。不过，这些零碎的、分散的信息彼此沟通，价格体系则利用这些知识对资源进行配置。任何单个的才智之人或者服务机构都没有必要具备所有这些信息。

8.3 垄断和基础市场方程

价格的参数功能或杠杆功能是否有效取决于市场是否为完全竞争（pure competition）市场。如果存在垄断现象，那么价格功能就会失效。假设商品 x 的生产者是一个垄断者；商品 y 仍然是竞争市场的产品。最大化的边际均等原理告诉垄断性企业和竞争性企业，它们生产产品的数量应该是**边际成本**（marginal cost，多生产一个单位产品所需要的额外费用）等于**边际收入**（marginal revenue，多销售一个单位产品所获得的额外收入）时的数量。[8]对于竞争性企业而言，边际收入等于价格（价格恒定，并且每多销售一个单位的商品 x 所增加的额外收入等于 Px）。但是，垄断者是唯一的供应者，毫无疑问，它所能生产的产品数量足以影响市场价格。当垄断者供应较大时，价格下跌。但是，垄断者的边际收入并不等于价格乘以额外销售的数量。相反，它等于较低的新价格乘以额外销售的数量减去下降的价格乘以所有以前销售的数量所产生的差额。对于垄断者而言，边际收入低于价格，也就是说，$MRx < Px$。我们用 MRx 替换 Px，则基础市场方程的右边可以写为

$$MUxn/MUyn = Px/Py > MRx/Py = MPPay/MPPax$$

因此有

$$MUxn/MUyn > MPPay/MPPax$$

进一步变换可以得到如下方程式：

$$MUxn \times MPPax > MUyn/MPPay$$

上式意味着，要素 a 用于生产商品 x 所产生的边际效用大于生产商品 y 所产生的效用。消费者 n 更愿意看到有些要素 a 应该从生产商品 y 重新配置到生产商品 x 上来。但是，这对于垄断者来讲是无利可图的。垄断

者会发觉将供应量限制在消费者最希望的数量以下对它来讲是有利可图的。垄断者这样做可以避免由于提高销量而降低价格所导致的收入损失。支点被分裂了，目标和手段之间的平衡被打破了，看不见的手失效了。

新古典经济学为竞争性市场产生资源合理配置的激动人心的表现而喝彩。之所以生态经济学家不站起来喝彩，唯一的原因就是传统经济学家有时忘记了得到这种结论背后的一些假设和限制条件。这些假设和限制条件包括：分析与收入和财富的分配无关、所有商品都是市场商品（即具有竞争性和排他性）、生产要素彼此互为替代品、外部成本和效益都可以忽略不计、信息是完全的[9]，以及所有的市场都是竞争性市场。

8.4 非价格调整

我们现在论述我们从基础市场方程中推导出的两个结果：第一，关于以价格以及非价格为手段进行调整，基础市场方程可以说明什么？第二，供应和需求是市场语法中最基本的原则，基础市场方程与它们的关系如何？

在图 8—1 中，期望的状态（边际效用比率）只能通过替代品以及消费者费用的重新分配（而不是消费者偏好的本质改变）来改变；同样，可能性状态（边际实物产量的比率）也只能通过替换生产要素（而不是通过技术的本质改变）而改变。价格作为杠杆支点，可以调整替代品的数量和资源的配置，以使得方程的前后保持平衡。但是，所谓的最优就是它们的均衡，价格只起到调节和适应的作用。

假设相对价格是固定的。我们还能获得均衡吗？假设杠杆支点的位置是固定的，我们还能够取得均衡吗？我们可以直接调整支点两边的比重。比如，通过广告改变人们的偏好，从而可以直接改变人们相对期望的状况。也可以通过技术创新直接改变相对可能性的状况。可以投入大笔的钱去做广告或者搞技术研究，这些努力都可以被称为**非价格调整**（non-price adjustment）。不管是通过价格机制还是非价格机制的调整来获得均衡，它们所达到的结果都可被称为帕累托最优。

不同的收入分配方式、不同的技术组合以及各种愿望或偏好的组合都存在帕累托最优。然而，如果因为广告的原因而产生了愿望或偏好的改变，并且，广告也是一种生产成本，那么，似乎生产就是一件单调乏味的工作。如果生产产品的同时也产生了需求，并且利用产品满足了这种需求，那么，我们对满足原已存在的欲望的确没有任何向前的推动。如果生产者代替消费者成为了上帝，则生产的道德保证以及在这类生产服务中的资源的帕累托最优配置都会遭到破坏。

即使在价格调整之下，价格仍然具有参数调节功能，即每个个体把价格当作已知，并按照价格调整自己的计划，而不是调整价格以适应自己。不过，市场价格确实会因市场的供求关系发生变化而变化，这种供求关系是因为每个个体都把价格作为已知因素而产生的。但是，如果任何个体都不能改变价格，那么，在现实当中价格究竟是如何改变的呢？如果价格总是在变化，那么总会有一些人，在某些地方不得不成为价格的制定者而不是接受者。经济理论学家在两个方面遇到难题。一是假设拍卖人出价并改变价格。对于拍卖市场，这没有问题，但是，大部分市场并不是拍卖市场。二是指市场确实不是绝对遵从价格参数调节功能的完全竞争市场，或者说它们根本就不能调整价格。如果价格总是在变化，某些人就不得不具有一点市场力。因此，有些资源就不得不用于价格调整——或者是拍卖人的薪水，抑或是某个**价格领导者**（price leader）的临时性垄断利润。但是，关键点是既存在非价格市场调节机制，也存在价格调整机制，而且基础市场方程有助于我们分析所有三种类型的调整机制：价格调整、心理调整和技术调整。所有这些调整都可以使我们达到帕累托最优，不过，它们是不同的帕累托最优点。虽然知道市场能够使我们达到某个帕累托最优是件好事，至关重要的是要牢记，这还不够。有些帕累托最优点如天堂，有些如地狱。与有效配置（例如分配和规模）相比，福利更为重要。

138

8.5　供应和需求

供应和需求与基础市场方程有何关系？这个问题之所以重要，是因为供应和需求是市场分析最有用的工具。我们先分析需求。我们将基础市场方程的左边等式写为

$$MUxn/Px = MUyn/Py$$

令商品 y 为货币，那么 $MUyn$ 就可以写为 $MUmn$，即货币的边际效用；Py 就可以写为 Pm，即货币的价格，货币和货币的价格是一致的，也就是说，1 美元货币的价格等于另外 1 美元。于是有

$$MUxn/Px = MUmn/Pm$$

或

$$MUxn/Px = MUmn$$

或

$$Px = MUxn/MUmn$$

上述条件是指消费者在其需求曲线上的情况。所谓处在需求曲线上，亦即商品 x 替代货币使之达到效用最大值的效用最大化过程，这时 1 美元的边际效用刚好等于值 1 美元的商品 x 的边际效用。

从 $Px = MUxn/MUmn$ 以及边际效用递减规律可以看出，消费者对商品 x 的需求量与价格成反比关系。

如果消费者总是按照 $Px = MUxn/MUmn$ 这个关系使效用达到最大化，而且边际效用递减规律成立的话，我们就能够看出，Px 和对商品 x 的需求量（Qx）之间的关系是反比关系，如图 8—2 所示。假设方程左边（Px）下降，那么，为了使等式成立，右边也不得不下降。消费者通过购买更多的商品 x 可以使得右边也下降。x 越大，意味着分子（$MUxn$）将因为边际效用递减而下降。这就可以使比率降低。也就是说，随着消费者购买更多的 x，他的钱也更少了，因此货币的边际效用上升，从而使分子增加，进而降低右边的比率。

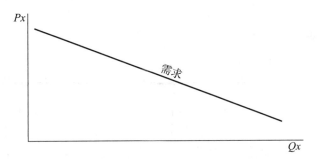

图 8—2　需求曲线

思考！

市场需求只不过是按购买力加权计算的偏好而已。换句话说，市场按照 1 美元一张票的原则配置，在政治体系下，我们称之为富豪政治。穷人的偏好低于富人。你认为市场应该如何配置自然资源和生态系统服务呢？这适合于民主社会吗？

专栏 8.1 ☞　　　　　　　　**投机、市场需求及向上倾斜的需求曲线**

显然，如果某种东西你拥有得越多，那么这种东西每增加一个单位的使用价值就越小。然而，在现实世界里，许多人（包括一般的商人和投机者）按照东西的交换价值买卖它们，在这种情况下，需求不一定会随着价格的上升而下降。以富有的投资者为例，他们注意到，当房地产价格上升时，股票的价格会下降。这些投资者就会把股票兑现，用来购买房地产，从而降低股票的需求和价格，同时提高土地的需求和价格。随着价格上涨，其他投资者便转向房地产，从而进一步抬高土地的价格。每个人都决定要加入这一行动，银行则以房地产作为抵押品向外贷款，从而进一步提高需求，也就是说，如果借款人无法还款，他们可以出售他们的房子以获取利润。投机行为没有产生价格上升的负反馈而导致需求下降，反而产生了价格上升的正反馈，从而导致了需求的增长。但是，住房价格不可能永远快速上涨。最聪明的投机者会择机卖掉他们的房产，拿到利润后走人。随着越来越多的投机者出售房产，房地产价格就会下降，从而导致疯狂的卖空，即投机"泡沫"破裂。因此，存在投机者的情况下，需求曲线可以向上倾斜。

140

虽然传统经济学几乎完全偏重导致市场均衡的负反馈，但实体经济也具有投机者产生的正反馈特征。当某种东西的供应量固定不变时，如土地、地下石油或谷物（在短期内），这种正反馈尤其可能发生。2001—2008 年就出现了石油、谷物和房地产泡沫。

投机性的交换价值相对于按使用价值买卖的商品和服务的价值有多么重要呢？据估计，前者与后者相比为 20∶1。[a] 财富越集中在少数人手里，可用于投机的流动性资产就越多，不稳定的正反馈压倒普通商业稳定的负反馈的危险性就越大。

a. D. Korten, *The Post-Corporate World*：*Life After Capitalism*，San Francisco：Berrett-Koehler Publishers，1999.

为了从消费者个体的需求曲线推导出整个市场的需求曲线，我们只要把所有个体的需求曲线累加起来即可。也就是说，把每个消费者在每个价格下的需求量 q 累加起来。因此，市场需求曲线将是向下倾斜的，与个体的需求曲线刚好一样。只是横轴上的单位发生了变化，即 Q 取代了 q。

我们现在论述供给。我们知道，在生产者供给曲线的每个点上，在每种价格下生产者必须提供的数量都应该使生产者的利润最大化。这时 $Px=MCx$，其中，MCx 为生产商品 x 的边际成本。[10] 按照定义，MCx 为每多生产一个单位的商品 x 的成本。每多用一个单位的要素 a、b 或其他要素，能够多生产一个单位的商品 x。利用更多要素 a 生产商品 x 的边际成本等于 $Pa/MPPax$，也就是说，为了多获得一个单位的要素 a 而花费的钱（Pa）除以由此而多生产的商品 x 等于一个单位商品 x 的额外成本。我们可以按同样的办法计算要素 b 的边际成本。等等。无论哪个要素（要素 a 或 b），只要是为了多生产一个单位商品 x 其成本是最便宜的，那么这个成本就是商品 x 的边际成本。

141

思考！

正如你猜想的那样，利用每种要素生产商品 x，其边际成本应该趋于相等。你能解释其中的原因吗？

因此，处于供应曲线上的利润最大化企业必须满足下述条件：

$$Px = MCx = Pa/MPPax \cdots = Pb/MPPbx$$

我们在此只考虑 $Px=Pa/MPPax$ 的情况。从这个条件可以看出，Px 和 Qx 呈正相关关系，如图 8—3 所示。假设 Px 上升，那么，$Pa/MPPax$ 也必定上升，以维持等式两边相等。为此，生产者就要生产更多的商品 x。按照边际实物产量递减规律，$MPPax$ 则会下降。由于它是等式右边比率的分母，所以该比率会随着 Px 的上升而上升，以维持等式成立。

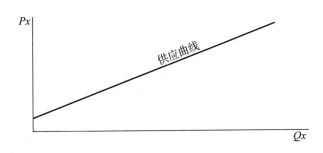

图 8—3　供应曲线

我们再一次从个体的供应曲线推导市场的供应曲线，做法很简单，只要把每个个体在每个价格 Px 下的供应量累加起来即可。该曲线依然保持上斜，只是横轴的单位更大了，即 Q 替代 q。

如果把供应曲线和需求曲线合在一起，两曲线的交叉点便是买卖双方都乐见的 Px 和 Qx 组合，如图 8—4 所示。这时出售者达到利润最大化，购买者达到效用最大化。这就好比两个彼此不认识的人通过反复试错逼近的过程，依靠市场解开了两个联立方程。

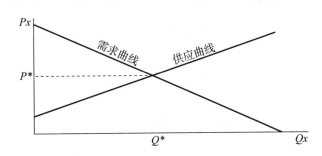

图 8—4　供求关系决定 P^* 和 Q^*

在均衡点上，下述等式成立：

$$MUxn/MUmn = Px = Pa/MPPax$$

左边的等式保证购买者处在其需求曲线上；右边的等式保证出售者处在其供应曲线上。交叉点使二者都满意，因此，市场在 P^* 和 Q^* 处达到均衡。

142

　　有两个重要的情形可以使得供给曲线向下倾斜。第一个情形是规模报酬递增。当一个企业的所有投入增加 $X\%$，产量增加超过 $X\%$ 时便是规模报酬递增。然而，微观经济理论认为，在短期内，生产要素是固定的，这就意味着一个人不能改变这些要素的生产力，至少改变不大。例如，建造一个新工厂可能需要数年时间。当企业使用老厂时，更多工人或更多原材料所产生的边际产量很可能递减，从而导致供给曲线向上倾斜。随时间的推移，当新技术（或新工厂）改变了生产体系时，我们经常看到向上倾斜的供给曲线。

　　第二种情形是指自然资本的恢复。正如我们将在第 12 章中所述，许多自然资源都存在生态阈值。例如，某些物种存在最小生存种群，如果种群数量低于这一水平，它就不能自我更新。生态系统也会表现出类似的行为。例如，据说亚马孙森林可以使得自己的降雨再循环。如果采伐的森林足够多，它就不再产生足够的降雨来维持本身。许多重要的关键物种和生态系统有可能已经低于它们的最小生存种群或存量，但通过人类的干预，它们仍然可能（在许多情况下是一定）得以维持或增加其存量。存量低于生态阈值越多，对它的保护或恢复就越困难、越昂贵。一旦种群规模再一次高于阈值，系统又能够在没有人为干预的情况自我更新。换句话说，供应越多，进一步增加供给就越便宜。然而，这种动态是有限的。随着越来越多的自然资本得以恢复，我们必须放弃更重要的机会，包括放弃资源收获或用于其他目的的机会。随着为了资源恢复而放弃的其他用途越来越有价值，这种机会成本也就越来越高。

　　对商品 y 的市场可以作同样的分析，而且会得到相同的供应曲线和需求曲线，以及相同的方程，即

$$MUyn/MUmn = Py = Pa/MPPay$$

　　如果将商品 x 的市场方程的每一项分别除以商品 y 的市场方程的每一项，可以再一次得到基础市场方程，这个方程与原先推导的基础市场方程完全一样。货币的边际效用和要素 a 的价格二者相约彼此抵消了，推导出的基础市场方程如下：

$$MUxn/MUyn = Px/Py = MPPay/MPPax$$

143

　　值得说明的事实是，基础市场方程表明，商品 x 和 y 的边际效用比率与利用要素 a 生产商品 x 和 y 时要素 a 的边际实物产量比率呈反比关系。为什么是这种倒置关系呢？经济学的含义是什么？为什么不是正比关系而是反比关系？实际上，商品 x 和 y 的边际效用比率和商品 x 和 y 的边际成本之间呈正比关系。事实上，价格既度量了边际效用比率，也

度量了边际成本比率。但是，我们不得不意识到，商品 x 的真实边际成本，即一个单位商品 x 的机会成本，实际上是指为了生产额外的商品 x 而必须放弃生产商品 y 的数量。因此，$MPPay$ 是指利用要素 a 生产商品 x 而不生产商品 y 时，放弃生产商品 y 的数量。商品 y 被放弃的生产量（$MPPay$）实际上就是商品 x 的边际机会成本。按照定义，被放弃的最好选择项（本例只有一个选择项）就是机会成本。因此，价格和边际机会成本的正比关系同时也是价格和边际实物产量的反比关系。商品 x 的真实边际成本正好等于为了生产商品 x 不得不放弃生产的商品 y 的数量。

总结如下：我们推导出了基础市场方程，并说明了为什么要定义该方程以及该方程是如何导致资源的帕累托最优配置（即每个人都变得更好，而不使得其他任何人变得更坏，也就是收入和财富没有重新分配）；而且还说明了如何从该方程推导出供应曲线和需求曲线。商品 x 和 y 为任意一对商品组合，要素 a 和 b 为任意一对要素组合，n 为任意一位消费者，我们所得出的结论对所有商品组合、所有要素组合以及所有消费者都有效。换句话来说，我们很好地领悟了一般均衡的含义，但还没有论述一般均衡模型的所有复杂问题。

专栏 8.3 ☞   **需求曲线能衡量效用吗？**

经济学家通常认为，对一种产品的支付意愿准确反映了它的效用。行为经济学家已经验证了这一假设。在一项实验当中，给每个参加者发放一份拍卖项目单，并要求参与人在项目单的顶部记下社保号码的最后两位数作为金额。然后，要求他们说出是否愿意为每个项目支付这一金额，以及他们实际投标的项目。然后收集投标结果，出价最高的人按照其出价购买投标项目。结果表明，平均而言，社保号码较大的人的支付意愿比社保号码较小的人高得多。例如，社保号码以 80～99 为尾数的人比以 00～19 为尾数的人对拍卖商品的出价高 2～3.5 倍。很难想象，你的社保号码与你对于不同商品或货币的效用有什么关联。一个更好的解释是，人的支付意愿取决于参考点（本例中为社保号码最后两位数），而且这些参考点是可以调整的。这项实验很难说明需求曲线是衡量效用的一个准确指标，且会让我们对市场均衡的内在条件提出质疑。

消费者在其购物篮里应不应该用一种物品替代另外一种物品，生产者在其生产过程当中应不应该用一种要素替代另外一种要素，在对此进行分析时我们也反复应用了最大化的边际均等原理。在消费者的认识当中，商品是可以替代的；在企业的生产过程当中，要素是可以替代的。我们一直认为这是理所当然的，有时称之为**替代原理**（principle of substitution）。商品（和要素）并不总与替代品有关。它们有时是互补品，

144

即一种物品越多，使得其他期望（有用）的物品也越多，而不是越少。替代和互补的这些关系我们在随后的章节中将重点论述。

8.6 主要概念

基础市场方程	Basic market equation
竞争性市场	Competitive market
边际效用递减规律	Law of diminishing marginal utility
边际产量递减规律	Law of diminishing marginal product
最大化的边际均等原理	equimarginal principle of maximization
帕累托最优配置	Pareto optimal allocation
价格的滑动杠杆功能	Sliding fulcrum function of price
边际成本和边际收入	Marginal cost and marginal revenue
非价格调整	Non-price adjustments
供应和需求	Supply and demand

【注释】

[1] 参见 O. Lange, On the Economic Theory of Socialism, *Review of Economic Studies*，该文对市场价格以及参数功能作了十分精彩的说明。

[2] 不要把边际实物产量递减规律和规模经济或规模不经济的概念相混淆。当所有生产要素一起增长 1% 从而导致产出增长 1% 以上时即产生规模经济。规模经济与边际实物产量递减规律并不矛盾。对于规模经济，我们没有必要在一个花盘里种植全世界的小麦，而是希望在一个很大的农场里种植全部小麦。现实中，经济可能会超过生产的限度，从而产生规模不经济。一旦超过生产的这种限度，某种生产要素每增加一个单位，该新增的一个单位的生产要素的边际实物产出就比其前一个单位的生产要素要高。例如，4 个木匠造一栋房子可能比一个木匠造房子的速度快 4 倍多，因为很简单，一个木匠抬不起一堵墙，更无法架起房子的上梁，但是，16 个木匠建造同一栋房子，他们就不可能比 4 个木匠造房子快 4 倍多。

[3] 这条基本的经济学原则确实存在一个重要的局限。按照这条原则，通向山顶的路——每一步都必须向上走。只有在身处山顶时才能实现只走下坡路。你真这么认为吗？如果在山坡上突然有一个陡坑，你就有可能为了达到全局的最高点而错过了局部的最高点。边际效用递减规律或边际回报递减规律认为，山坡上没有任何陡坑，但是，必须避免误解。

[4] "休止律" 假设人们只关心使他们自身的效用达到最大化，而不以别人的幸福为唯一目的对资源进行分配。而且假设人们总是作出效用最大化的选择。主流的经济学理论假设理性自利指导所有人的资源分配的决策，并且，我们称这类人为理性经济人。经验观察告诉我们，在现实世界里，人们并不总是像经济学所定义的是"理性的"，有时人们的行为是无私的（帮助别人，不图回报），或具有报仇心态（即

使不利己，也要伤害人），或者其他形式的非理性方式。尽管个人可以通过伤害或帮助他人而使自己的效用达到最大化，但是，最大化的边际均等原理对于这些非理性行为而言，将不可能导致全社会的最优结果。

[5] 当然，在雇用厨师和扩大厨房之间确实存在差异。厨师可以雇用也可以解雇，他的工作时间可长可短，一般来讲，雇用厨师比建设厨房更为灵活。改造厨房是一次性的投资，不容易拆成若干单元来完成。如果某个比萨饼店的店主可以将厨师和厨房分成若干非常小的单元来投资的话，那么，上述论点的意义就更大了。

[6] 关于单位的评论：$MUxn$ 是指每单位商品 x 的效用，即 U/x；$MPPax$ 是指每单位要素 a 或 x/a 所生产商品 x 的单位数量。产品的单位数量是 $U/x \times x/a = U/a$。它的单位数量是指每个单位要素 a 用于生产商品 x 时所产生的效用数量（即由个体 n 所体验到的效用）。换句话来说，要素 a 用于生产商品 x 所产生的效用等于用于生产商品 y 所产生的效用。

[7] F. Hayek, The Use of Knowledge in Society, *The American Economic Review* 35 (4): 520 (1945).

[8] 比萨饼店的老板将继续雇用厨师，直到他们的边际成本（他们的工资加上额外增加的原料的成本）低于他们所产生的边际收入（生产的比萨饼的价格）。

[9] 所谓完全信息是指卖方和买方都可以以忽略不计的成本获得某种产品的信息，而且买卖双方都不具有比对方更多的信息（即信息是便宜和对称的）。

[10] 记住，我们在此假设生产商品 x 的边际成本是增加的。只要生产的边际成本低于价格，生产者就会生产更多。因此，生产者只有在生产的边际成本等于价格时，才会停止增加产量。

第 9 章　供应和需求

147 　　供应和需求是最重要的市场语法规则，包括如何利用供应和需求作为分析工具以及以供应和需求为基础的生产和消费理论。供应和需求是如此之重要，以至于有些人幽默地说，只要不厌其烦地反复嚷嚷"供应和需求"（别在意它的语法规则），甚至可以把一只鹦鹉培养成一名经济学家。但是，一只天才鹦鹉是无法企及供应和需求的知识的。幸运的是，对于人类而言，理解供应和需求则并不是一件太困难的事情。

9.1　曲线的移动和沿曲线移动

　　某种商品的需求量会因很多原因而变化，经济学家把这些原因归为两类：商品价格的变动和其他。价格变化对需求量变化的影响表现为沿着需求曲线移动；所有其他原因对需求量变化的影响则表现为整个曲线的移位。其他原因是什么？最重要的原因包括消费者的收入、喜好以及相关商品的价格。

如果消费者的收入增加，消费者在每种价格下对每种商品（包括商品 x）购买量就会更大，消费者对商品 x 的需求曲线则会向右移动；如果消费者的收入下降，则会向左移动。

各种商品作为替代品（火腿和熏肉）或互补品（熏肉和鸡蛋）都是彼此相关的。如果熏肉的价格上涨，人们就会用火腿来替代，在每种价格情况下都购买更多的火腿，火腿的需求曲线则会上移。如果鸡蛋价格上涨，火腿和熏肉的需求曲线都可能向下移动，因为鸡蛋的购买量减少，人们对火腿和熏肉也会吃得更少。

消费者口味或信息的变化都会使需求曲线移位。如果人们担心胆固醇的话，在所有价格情况下，消费者都只会购买更少的鸡蛋（需求曲线向下移位）。

总之，需求曲线表示 P 和 Q 之间的关系。在给定的关系当中，P 的变化会使 Q 沿着需求曲线产生变化；反之亦然。但是，P 和 Q 的整个关系也可以发生变化，即整个曲线的移位。曲线的形状和位置都可以产生变化，但曲线总是向下倾斜的，至少在没有投机性需求时是如此（参见专栏 8.1）。

沿着供应曲线移动以及整个供应曲线的移位与此类似。例如，如果发明了一项更为有效的技术，或者探明了资源的新储藏量，供应曲线便会向外移位，这样，在每种价格情况下，供应量都会增加。

供应曲线和需求曲线移位对均衡价格以及产出的影响如图 9—1 所示。我们列举一个例子。由于牛肉受到大肠杆菌污染大量撤市，牛肉加工厂违法经营被关闭，这些都会使牛肉的供应曲线从 S_1 移位到 S_2。对此供应曲线移位的反应是，牛肉的价格应该沿着 D_1 曲线从 P_1 上升到 P_2，供应量从 Q_1 下降到 Q_2。牛肉的撤市会引起一系列对肉类加工厂生

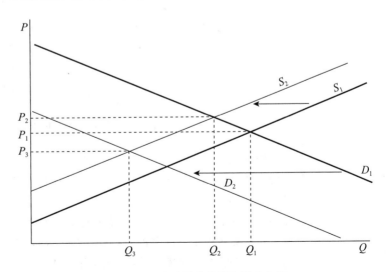

图 9—1　移动需求曲线和供应曲线

产条件的谣言，加工场地拥挤不堪，而且质量检查不严，使得加工厂的产品感染细菌成为一个反复发生的问题，这时，对牛肉的需求曲线可能会从 D_1 移位到 D_2。作为对这种需求曲线移位的反应，供应商愿意供应的量将沿着 S_2 曲线从 Q_2 移动到 Q_3，价格则从 P_2 下降到 P_3。

暖冬会使得对天然气的需求量下降。电价的上涨则会使得对天然气的需求量上升。供需分析不仅仅要找到交叉点，而且还要知道曲线的位置。

9.2 均衡价格和产量，短缺和剩余

供应曲线和需求曲线的交叉点很重要，因为它界定了买卖双方都得到满足的均衡点，而且，正如基础市场方程所示，在均衡状态下，资源得到了合理配置。

如图 9—2 所示，$P^* Q^*$ 就是买卖双方都得到满足的均衡价格（效用和利润分别达到最大化）。之所以称之为"均衡"，是因为一旦达到均衡，变化的趋势就不存在，因为每个人都得到了满足。

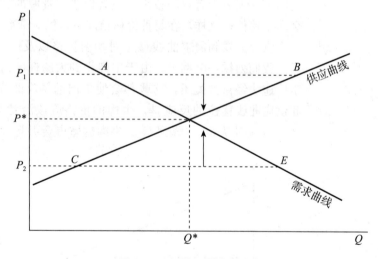

图 9—2　短缺、剩余和均衡

任何偏离均衡的移动都会形成某种动力，迫使其回到均衡状态（均衡是稳定的）。假设价格为 P_1，那么，对应于价格 P_1 的供应量就应该为 P_1B，需求量为 P_1A。供应量超过需求量的部分（AB）被称为**剩余**（surplus），如果存在剩余，市场便不处于均衡状态。这时就会产生许多急卖者，而急买者很少。许多没有得到满足的卖家将开始彼此竞争，将其商品销售给很少的几个买家。结果就是压低价格，出价下降直至剩余消失。

当价格等于 P_2 时，供应量等于 P_2C，需求量等于 P_2E。CE 代表短

缺，这也是一个非均衡状态。这时会有许多愿意购买的人，他们面对少数几个愿意销售的人。未得到满足的购买者将开始相互竞争。结果就是抬高价格。随着价格的提高，生产者将提高生产量，直至短缺消失为止。

注意，无论是短缺还是剩余，它们都是相对于某个给定价格而定义的。当人们抱怨石油或劳动力的短缺时，他们的意思是指便宜的石油或便宜的劳动力的短缺。这使得有些人宣称，自由市场可以解决所有的问题。自由市场上既不存在资源的短缺，也不存在任何劳动力的剩余。我们所需要做的就是放开价格，让其自由地找到它的均衡点，没有短缺，没有剩余！此时，有些人又会喋喋不休地说，没有资源稀缺，没有非自愿失业了！如果仅仅是在一个几乎无限高价格情况下某种关键资源的短缺消失，或者劳动力剩余仅仅在收入低于生活保障金的水平下消失，我们也没有什么值得安慰的。市场确实是一种奇妙的制度安排，但却不是一种具有魔力的巫术。

如图 9—3 所示，均衡价格等于 OC，均衡的供应量和需求量等于 CE。注意，买家是利用价格 OC 购买每个单位的商品 x，而不仅仅是最后一个单位，或边际单位。买家应该一直愿意支付 OA 价格购买商品 x 的第一个单位。对于第二个单位，买家愿意支付的价格与上一个单位差不多；对于第三个单位也如此；依此类推。但是，对于最后价格等于 CE 时的一个单位，买家只愿意支付 OC 的价格。消费者一直愿意支付的最大量等于 $AEHO$，但实际的支付量等于 $OCEH$。二者之间的差额（即三角形 ACE 的面积）等于消费者剩余。消费者剩余是因边际效用递减规律而产生的。只要每购买一个单位的商品都处在边际单位内，他们都能得到更高的边际效用，但只需支付相当于最低边际效用的价格，即最后购买的一个单位的价格。

152

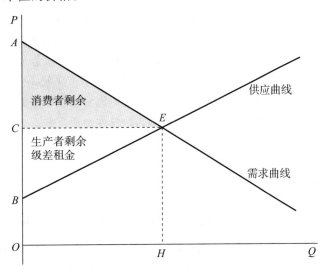

图 9—3　消费者剩余，差别租金

价格的定量配给和配置功能

价格的定量配给功能可以把市场产品分配给愿意支付最高价格的人，确保产品归属于对其定价最高的人。这样便使得产品的货币价值在所有的消费者当中得到了最大化（它们的效用的代用指标）。

价格的配置功能则可以把生产要素分配给那些能够利用这些要素得到最大利润的企业，从而使得所有生产商产生的货币价值最大化。

通过创造可能最大的货币价值，价格机制在可能结果和理想结果之间进行了平衡，我们只能按货币价值界定愿望。货币价值是我们在任何时候真正想最大化的东西吗？货币价值最大化总是确保资源分配给最理想的用途吗？

几十年前，安万特公司（Aventis）开发了一种药物依氟鸟氨酸（eflornithine），它可以治疗非洲人的昏睡病，这种疾病威胁到数百万非洲人的健康。虽然仅有的另一种治疗昏睡病的方法极难管理，而且经常没有疗效甚至致人死亡，但是安万特公司却不能从销售药物给贫穷的非洲人中得到利润。他们没有市场需求；他们对药物的强烈偏好很不幸被微不足道的购买力抵消了。于是，安万特公司中止了为非洲昏睡病人生产药物，并把这种药物授权给必治妥施贵宝公司（Bristol-Myers Squibb）和吉列公司（Gillette），这两个公司将这种药物用来去除妇女面部多余的毛发。

当一种像依氟鸟氨酸的商品可以用来满足富人的虚荣心，也可以满足穷人的基本需求时，价格的定量配给功能将把这种商品分配给富人。当科学研究既可以为富人开发化妆品，也可以为穷人开发救生药时，价格的配置功能会把科学研究安排来开发化妆品。

这个故事有一个完美的结局。在非政府组织"无国界医生组织"（Médecins Sans Frontières）威胁要公开这个问题时，安万特公司同意再次生产治疗非洲人昏睡病的药物依氟鸟氨酸。虽然市场具有了不起的配置功能，但是我们确实不能认为它总能把资源分配给最理想的用途。[a]

价格的配置功能会把很少的资源安排给治疗导致穷人苦不堪言的致命疾病，而把很多资源安排给为富人生产化妆品。当确实存在二选一的情况时，就像依氟鸟氨酸一样，价格的定量配给功能便会把资源安排用于满足富人的虚荣心，而不是满足穷人的基本生活需求。

a. P. Gombe, Epidemic, What Epidemic? New Internationalist *Spring* 2003；P. Trouiller et al., Drug Development for Neglected Diseases：A Deficient Market and a Public-Health Policy Failure，*The Lancet* 359：2188–2194 (2002)；WHO Fact sheet no. 259：African Trypanosomiasis (Sleeping Sickness)，Geneva：World Health Organization，2006.

对于一般生活必需品而言，消费者剩余非常大。例如，我以某个价格购买水，这个价格等于水对我的边际效用，譬如说买水洗车。但是，我可以从更高边际效用的用途当中获得好处，比方说有水就不会渴死，或者有水仅仅是为了解渴、洗澡，等等。许多环境商品和服务都是生活必需品，它们都具有很大甚至无限大的消费者剩余。

生产者也可以获得生产者剩余，有时又称之为**租金**（rent），或**级差租金**（differential rent）。生产者按照其生产最后一个单位商品的边际成本（或 OC）出售所有 CE 个单位的商品。但是，对于第一个单位，它愿意接受的价格只是 OB，而不是不买。对于下一个单位，它愿意接受的价格仅仅是比上一个单位多一点点的价格，依此类推。因此，由于边际实物产量递减规律的作用（边际成本递增规律），生产者能够按照它生产最后一个单位的最高边际成本销售所有的商品，这些边际单位的边际成本都低于最高边际成本。例如，煤的价格将等于生产者能以最昂贵的价格出售的煤的边际成本。这种边际产出的煤将来自质量最差、最偏远的煤矿。但是，来自容易采掘的那些富矿的煤将以相同的高价格（等于最差矿的边际成本）售出，因此，好矿便可以获得剩余或租金。这种剩余便是采矿的正常利润或其超额利润。正常利润由供应曲线给出的成本得到反映。按照定义，**正常利润**（normal profit）是指企业家投入某项事业的时间和资金的机会成本，也就是说，企业家从其下一件最好做的事的时间和资金中应该获取的报酬。租金在农业方面尤其重要。

经济学对租金的通常定义是指在必要的最低供应价格及其之上的报酬。这个术语通常与土地有关，按照生产成本的概念，使用土地的任何报酬都在土地的最低供应价格及其之上，因为土地的生产成本为 0。这并不意味着土地是非稀缺性资源而可以免费使用。但是，这确实意味着这种租金是不劳而获的收入，税务会计员就是这样坦率地看待它的。从公平和效率两种角度来看，正如亨利·乔治（Henry George）在一个世纪以前认为的那样，对不劳而获的收入征税比对靠劳动挣取的收入征税更好。生态经济学家一直坚持亨利·乔治的这种观点，并应用这种观点，提倡生态税制改革（Ecological Tax Reform），即把增加值作为税基改为以产生增加值的基值（即通量流）作为税基。就像汽车保险杠贴纸上写的："征坏不征好！""坏"是指资源消耗和污染（通量），而"好"则是指由劳动力和资本产生的增加值，即依靠劳动而挣取的收入。我们在随后的章节中还将探讨这个问题。

153

9.3 需求弹性和供应弹性

需求量变化对价格变化的敏感程度如何？价格变化很大才能使得需求量获得些许变化吗？或者，甚至一个很小的价格变化便可以使需求量产生很大的变化吗？很显然，哪种可能性都存在。**弹性**（elasticity）是指衡量需求量变化对价格变化反应的一个指标。

我们将弹性指标的数量定义为：需求的价格弹性等于需求量变化的百分比除以价格变化的百分比，即

$$ED = (\Delta q/q) \div (\Delta p/p)$$

供应的价格弹性的定义也完全类似。

图 9—4 显示的是需求弹性的极端值，该图有助于读者对这个概念产生一点感性认识。左图的弹性无限大，因为即使价格变化百分比最小，也会使得需求量变化百分比无穷大。这便是纯竞争者和纯价格接受者（即某个人的产量相对于市场的供应量太小，以致它对市场的价格没有明显的影响）面临的需求曲线形式。在右图中，即使价格变化百分比无穷大，也不会使得需求量产生变化，这大致相当于对许多生活必需品（如水、食物、生活必需的生态基金服务）在供应短缺时的需求。大多数需求曲线既不是水平的，也不是垂直的，但是它们都处于二者之间，呈向下倾斜。对于位于二者之间的其他曲线而言，弹性会因曲线不同而变化。如果价格变化 1%，使得需求量变化大于 1%，那么便说需求是弹性的。如果价格变化 1%，使得需求量也变化 1%，那么公式算得的弹性值等于 1，这种情况被称为单位弹性（unitary elasticity）。

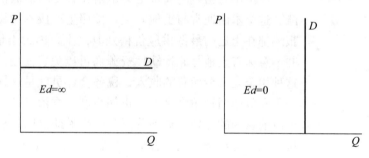

图 9—4 需求的价格弹性

有关弹性重要性的一个典型例子就是对一般农作物的需求。不管它的价格多高，人们都必须吃；不管价格多低，人们都以吃饱为止。对一般食物的需求是相当缺乏弹性的，如图 9—5 所示。该图表明，价格（和总收入）变化很大，但需求量变化很小，这使得农民处于非常风险的位置。这也正是政府为什么经常给农业予以补贴的一个原因。

154　　　　图 9—5 以食物为例，显示了供应曲线移位对某种缺乏需求弹性的商品的均衡价格以及需求量的影响。收获量等于 Q_1，价格等于 P_1，农民的总收入等于四边形 $P_1(Q_1)$ 的面积。来年由于气候很好，农作物丰收，供应曲线移位至 S_2，而需求曲线保持不变。尽管收获量从 Q_1 增加到 Q_2，但农民的总收入会下降到 $P_2(Q_2)$。其中的原因就是，对于缺乏弹性的需

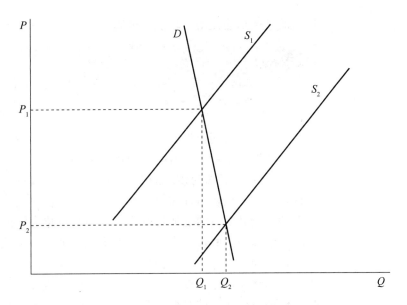

图 9—5 农业上的需求缺乏弹性。供应量的些许变化会导致价格发生很大的变化

求，需求量增加很少，即可使得价格下降很大（弹性也是反方向作用的！）。如果是弹性需求，价格和总收入都呈反方向移动；如果是缺乏弹性的需求，它们则按相同方向移动。[1]

> **思考！**
> 如果世界银行给许多发展中国家贷款以生产和出口农作物，你认为会发生什么情况？

什么因素决定需求是弹性还是非弹性的？主要因素是人类基本生活的需要和可用替代品的数量。如果很容易获得火腿，那么对熏肉的需求可能就是弹性的。由于一般食物没有很好的替代品，因此对一般农产品的需求都是缺乏弹性的。

对于这条普遍原则有一个很重要的警告。弹性也与一个人在某一种特定商品上的花费预算份额具有负相关关系。例如，口香糖根本就不是一种生活必需品，而且拥有许多地道的替代品，但是，如果它的成本相对于某个人的预算可以忽略不计，那么即使价格翻倍也不会对他的购买量产生太大的影响。另一方面，在世界上的贫穷地区，人们把 50% 的收入用于购买食物。2007—2008 年，粮食价格增加了一倍多，即便粮食是一种没有替代品的生活必需品，许多穷人对粮食的购买量也被迫减少。许多重要而没有替代品的资源很容易受到需求曲线移动和供给变化的影响，如粮食和石油（见图 11—4），也会表现出价格的剧烈波动。此外，某一年的高价格会导致大量的新投资以增加产出，然后又导致价格暴跌。价格暴跌则会导致投资和产出下降，进而迫使价格回升。这种不稳定对

155

价格的平衡功能提出了真正的挑战。

    总之,分析期越长(X轴上的Q实际上是一种流,即Q/t),那么,消费者被迫调整习惯所需的时间也就越多,而且这种需求也就越具有弹性。[2]分析期的长短对供应的弹性影响也很大。从短期来看,比如说以天为计,只要捕鱼船当日捕鱼而归,那么鱼的供应就是完全非弹性的;每星期的鱼产品供应则更加具有弹性,因为价格高,渔民可以在外多待些时间,多捕捞一些鱼,或者多带些渔民去捕鱼。如果以年计,弹性仍然较大,因为可以建造新的钓鱼船。但是,这样的话,随着水产业达到极限,供给将变得完全没有弹性。在大多数微观经济学的教科书当中,最后一种情况往往会被忽视,但它在生态经济学当中却十分关键。

9.4 生产函数

    生产函数(production function)是指要素投入如何转化为产品产出的一种关系。本质上来讲,生产函数是为生产某种商品或服务的一份技术性配方,更确切地讲是为把劳动、资本和资源转化为某种商品或服务的技术性配方。生产函数可以写为

$$Q = F(a,b,c\cdots)$$

    更明白地说,生产量是(生产要素)投入a、b和c的某种函数。前面曾提及过要素a的边际实物产量。按照生产函数的方式来说,边际实物产量就是指在要素b和c以及其他因素都保持不变的情况下,生产过程中要素a每增加一个单位所产生的产量Q的增量。生产函数遵循边际实物产量递减规律,如图9—6所示。该图表明,要素a的边际实物产量等于要素a的变化所导致的产量Q的变化($\Delta Q/\Delta a$),亦即Δa为1个单位时曲线Q的斜率。在图9—6中,两种情况下Δa相等,但对应于后一个Δa的ΔQ要小很多。随着a的增加,斜率会变小,最终成为0。对于要素b和要素c,也可以画出类似的曲线。我们在基础市场方程中已经论述过边际产量递减规律的重要性以及它为什么成立。另一种陈述这种关系的方法就是:对于产量Q的每一个相等的增量,我们需要利用的要素a越来越多。按照这种方式来说,这种关系便是边际成本递增规律。

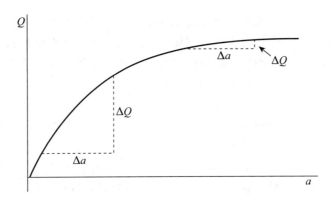

图 9—6 边际实物产量递减

曲线隐含的假设是：要素 a 是要素 b、要素 c 等等的一种替代品，即所有其他要素都保持不变，否则它就是一种不完全替代品。因此，在这种组合当中，我们试图使要素 a 的替代越多，为了生产更多的产量 Q，这种替代就变得越不成功。在其他要素保持不变的情况下，要素 a 的替代性越差，$MPPa$ 便越接近于 0。如果要素 a 确实是其他保持恒定的要素的一种互补品，那么 $MPPa$ 从开始便等于 0。[3] 生产函数既显示了要素间的**替代性**（substitutability），也显示了**互补性**（complementarity）。但是，权威经济学家更重视替代性，而生态经济学家更强调互补性。为什么会这样？

或许是因为生态经济学家会把不同的要素放进生产函数，并为不同的生产要素在生产过程中赋予不同性质的作用。例如，新古典经济学家把所有的投入（劳动、资本和资源）都看作相同的要素，而生态经济学家则坚持认为它们存在性质上的差异。劳动和资本是转化工具，即把资源流转化为产品流的基金，但是它们本身并没有实质性地固化到产品中。劳动和资本是转化工具（即动力因，或基金—服务资源），而资源则是被转化的物质（物质因，或存量—流量资源）。新古典主义的生产函数是从生产的**物质因**（material cause）和**动力因**（efficient cause）之间的差异中抽象出来的，而且认为二者等价。生态经济学家则坚持认为它们之间是有区别的。很显然，如果一种物质因（资源）常常能够替代另外一种物质因，而且一种动力因（劳动和资本）常常能够替代另外一种动力因，那么，动力因与物质因的关系以及转化工具与转化的物质之间的关系则主要是互补关系。生态经济学家强调这后一种关系；而新古典经济学根本没有看到这一点。

生态经济学家还坚持在以下两个方面对热力学作出解释。第一，必须认识到能量的重要性，它是所有生产所必需的。太阳能可视为能量转化的代理，它没有从物理上内化于生产的商品中，而且在生产中也没有耗尽。[4] 然而，在当今世界里，化石燃料占能源消耗的绝大部分，尽管这些能源并没有物理性地内化于最终产品当中，更为重要的事实是它们在生产过程中被用掉了。因此，化石燃料最好被视作一种物质因，而非动力因。食物是劳动力要用到的能源，而且它既可以被用掉，也可以从物理上内化于劳动者之中。第二，生态经济学家认为熵定律的物理内涵——所有的经济生产不可避免地都要产生废弃物，这是生产过程中不可避免的。此外，所有经济产品最终都将变成废弃物。然而，废弃物不是一个生产要素，而是生产过程的一种产出。

生态经济学的生产函数则包含了基金—流量的区别（基金为大写字母；流量为小写字母），并且对能量利用和废弃物排放作出说明，即[5]

$$q + w = F(N, K, L; r, e)$$

K 和 L 为资本和劳动的基金，r 为自然资源流量，e 为能源流量，q 为产品流量，w 为废弃物流量。[6]基金和流量本质上是互补品。替代作用只在每个类别内部的不同要素之间发生，在基金和流量之间通常不会发生替代。N 代表自然资本，它既可以作为一种收获资源流的存量而存在（提供木材的一片森林），也可以作为一种基金而存在（提供水土保持或野生生物生境服务的一片森林）。提供资源流的存量函数已经体现在 r 中，因此，N 在此看作代表提供某种间接服务的基金函数，这种间接服务用于将 r 转化为 q（以及 w），正如 K 和 L 提供的直接服务一样。例如，森林覆被提供的蓄水作用可以为蓄水层补充水源，从而用于灌溉农业，这种服务很像资本的基金—服务对农业的服务，就像用于灌溉的水管和喷灌装置的基金一样。N 也包括太阳能和废弃物吸收能力，它可以用来把 w 分解为两种形式，即对人类福利的影响微不足道，或者重新并入 r。

在大多数新古典经济学教科书中，生产函数的形式如下，即

$$Q = F(K, L)$$

换句话说，废弃物和能源完全被忽略了！产出的流量被看作两种基金的函数，或者两种存量的函数，这两种存量是不会用尽的或消耗的存量。

159 　　对于不会耗尽的存量（或基金），其本身有可能产生流量吗？经济学家的第一反应是，存量本身能够产生流量，比如说银行里的货币存量本身即可产生利息流量（本金是不可积累的，不过利息流量依然存在，甚至是无限期存在）。但是，这只是金融上的一种做法，而不是一种物理性的生产过程。牛的存量按照持续性的收获方式产生小牛，在这种情况下又如何呢？不一定。正是存量（牲畜）把某种投入流量（牧草和饲料）转化为产出流量（小牛以及废物）。牧草、饲料等资源流入转化为小牛（以及对自然死亡或"折损"牧群的更替）和废物的产品流出量。对"生产"的正确表述则是将一种资源流入量以资本和劳动等存量（基金）作为转化工具向产品流出量的转换。这不仅对农业中具有生命的转化者

（植物和动物）是对的，对工业生产过程尤其正确，在工厂的每个转化阶段，这种转化过程都是非常明显的。

为什么新古典经济学中没有包含这些基本的事实呢？为什么会忽略

它们而把自然资源从一开始就从理论的分析中排除在外呢？或许是"拜金主义"的缘故吧，即假设只要银行里的货币（即财富的标志和度量指标）是真实的，那么它象征的财富也必定是真实的。[7]

专栏 9.2 ☞

E 和 R 是替代品吗？

劳动和资本如何相互替代，不同的自然资源之间如何相互替代，这是再明显不过的事情。虽然我们对储存的太阳能和原材料如何相互替代尚不明确，但是它们的可替代性在经济活动中具有重要作用。化石燃料很容易转化为许多不同的原料——从肥料到塑料等。最重要的或许是，化石燃料在避免马尔萨斯关于饥荒的可怕预言中起到了巨大的作用。18 世纪化石燃料开始取代生物质成为主要的能源形式，这使得更多的土地由林业用地转变为农业用地。随着我们的运输从利用动物牵引转变为利用机械牵引，原先用于饲养牛和马的土地现在可以用来种植粮食。当开始消耗对农业至关重要的土壤养分存量时，我们学会了使用天然气固定大气中的氮，使之变成可生物利用的氨（NH_3）。近年来，社会也通过将农产品转换为生物能源，试图扭转这一替代过程。然而，能源和粮食都是必要的和不可替代的。如果为了应对价格的上涨而将一种资源转化为另一种资源，我们很可能只是把价格增量转嫁给了另一种资源而已。

如前所述，我们把生产函数看作一个配方。真实食谱当中的实际配方总是由一列配料组成的。这些配方并非仅仅说"在某个标准的厨房里利用一个厨师的劳动和固定资产做一套樱桃宴"。实际的配方给我们一列配料清单，然后说明如何配用这些配料并把它们转化为美味佳肴。厨师以及他的厨房本身并没有转化成一盘可吃的菜肴！它们是转化者，而不是被转化者。

这后一种要素导致有些新古典经济学家把 r 纳入他们的生产函数中。但是，他们的做法并没有解决问题。大多数生产函数都是倍乘式的，即要素之间的关系 F 是某种倍乘关系（如科布-道格拉斯生产函数[8]）。总之，我们只是把称为"要素"的东西相乘即可产生出称为"产品"的东西，这是再自然不过的事情了！遗憾的是，在实际的生产过程当中没有任何东西是与倍乘关系完全对应的。只有转化如此。这意味着可替代性从一开始就作为一个人为的数学工具置入这些生产函数之中，这种可替代性包括 r 和 K、r 和 L 的替代（即基金和流量之间的替代）。在这些倍乘形式的生产函数当中，我们可以使得某个要素小之又小，而其乘积不

第 9 章 供应和需求 ▶**147**

变，只要使其他要素增加到足够大。唯一的限制是没有任何一个要素可以降至为 0，但是它可以趋近于 0。可是按照这种逻辑，如果我们的厨师正在做一份 5 磅的蛋糕，他只要在一个大烤箱里多搅拌，多烘烤，不用多加配料，就可以做一个 1 000 磅的蛋糕了！在这里我们完全忽视了热力学第一定律（物质不变和能量守恒定律）。

忽视自然资源在生产当中的作用，这是新古典经济学规范的一部分，新古典经济学存在否定大自然在经济生活当中具有任何作用的现象。按照他们的看法，价值仅仅是指增加值，即由劳动和资本所产生的增加值。但是，是给什么东西增加了价值呢？按照新古典经济学的观点，使某种东西增加价值被认为仅仅是给这种东西嵌入了一些物质原料而已，而这些物质原料本身并不具有它自己的价值。生态经济学则认识到了大自然在提供可增加附加值的东西当中的作用，绝不是嵌入物质原料而已，而是我们在第 4 章中讨论过的稀缺的低熵物质和能量。

另外，由于资源流量是与人造基金互补的，因此，当资源流量比人造基金性要素更稀缺时，资源流量可以变为生产的限制性要素。事实就是如此。由于我们不能实际地增加化石燃料的供应量，任何可持续的经济最终都必须建立在太阳能的基金而不是化石燃料的流量之上。经济的基本规律告诉我们，短期来看要使限制性要素的生产率达到最大化，长期来看则要投资于它的增量。正如我们从空的世界经济转向满的世界经济一样，由自然资源存量和基金产生的自然资源流量以及服务变成了限制性要素。捕鱼不再受渔船等人造资本的限制，而受海洋鱼类存量的剩余自然资本以及支撑鱼类生存的自然基金的限制。经济学的原理并没有改变，但限制性要素的特征发生了变化。

尽管新古典生产理论完全考虑了自然资源，但由于它没有区分基金和流量，或者没有认识到二者之间的互补性，所以对这种变化的认识一直非常愚钝。

9.5 效用函数

效用函数（utility function）可以表示为效用或欲望满足度与个体消费的流量商品（商品和服务），即

$$U = F(x, y, z, \cdots)$$

说得更明白一些，就是我们的幸福度取决于我们消费了什么东西（而不取决于我们的自由度、创造力、社会关系等等）。关于效用函数，我们了解的主要内容就是边际效用递减规律（即在其他要素保持不变的

情况下，随着对某种单一商品消费的逐渐增加，每多消费一个单位的这种商品所带来的额外满足度是下降的），也就是说，总的效用是增加的，但增加的速率逐渐下降。

思考！

在认定该定律合理性时，我们提出了一些观点，你还记得这些观点吗？

图 9—7 简单地显示了边际效用在给定的时间段内，是如何随着商品 x 消费量的增加而增加的，尽管总效用增加了（但增加的速度越来越缓慢），但其边际效用却越来越小。例如，热天里吃第一块锥形蛋卷冰激凌让人感到非常畅快，吃到第三块冰激凌就不那么畅快了。只要商品 x 是其他供应量保持不变的商品的互补品，那么商品 x 的边际效用将下降更快，甚至从一开始便等于 0。例如，第三块锥形蛋卷冰激凌如果没有一杯水作为互补品的话，就不那么令人享受了。没有配对的一只鞋对大多数人来讲，它的边际效用为 0。

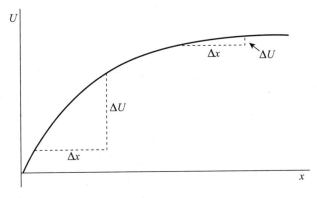

图 9—7　边际效用递减规律

新古典生产函数的变量只包含商品或服务流量。一个更加完整地刻画消费者满足度的情形应该包括直接享受自然资本基金的服务，这种基金通过良好的大气提供适宜于呼吸的空气，通过良好的水分循环提供饮用水，等等。如前所述，我们把这些自然基金称为 N，并像把转化基金 K 和 L 纳入生产函数一样，把它们纳入效用函数予以考虑。尽管 N 提供的直接服务包括美丽风景带来的愉悦，但并非仅仅如此。它主要是指环境对生物的基本和谐度，是这些生物支撑了我们的生活，从而支撑了我们从商品消费中获得的欲望满足度。人类演化了几百万年，使我们与环境达到了和谐。但是，这种和谐度也是一种互反关系。如果我们适应了环境，那么环境也就适合于我们。这种和谐的关系可以因为我们发生变化，或者因环境发生变化而被破坏。[9] 这种环境和谐度表示 N 和人类

（包括大多数人工制品，即人类的外延或扩展）之间具有一种互补的关系。[10]

我们可以将效用函数重写为

$$U = F(N; r, w, x, y, z, \cdots)$$

有些自然资源（如野草莓或泉水）可以直接进入我们的效用函数，譬如 r 的引入。废弃物（w）也作为一种负面因素直接进入我们的效用函数，这种负面因素会因废弃物吸收能力（N）的提高而得到改善。商品 x、y 和 z 都是生产函数的产出。如果 x 是一双登山鞋，那么，它的效用取决于值得去登山的地方（N）。如果 y 是潜水面罩，那么它的效用取决于暗礁和清水（N），更不用说前面谈及的适宜呼吸的空气、饮用的水[11]，以及过滤了紫外线的太阳光（这样我们才不会在潜水时得黑色素瘤），等等。N 提供了一种互补性服务，没有这种服务，大多数消费品的效用就不会很大。

在面临 x 的下降时，消费者或许只要消费更多的 y 和 z（它们在一定程度上都是替代品），就能够维持相同水平的满足度。但是，N 是 x、y 和 z 的一种互补品，它们的增加通常不会由 N 的下降得到补偿。事实上，它们的效用将随着 N 的下降而下降。例如，如果没有怡人的徒步旅行线路，我们便享受不到徒步旅行靴的乐趣。

如果伴随着 N 下降，即便生产更多的 x、y 和 z，也不会使我们感觉更好。它会使得我们感觉更坏。通常的假设就是，N 很充裕，而 x、y 和 z 很稀缺。但是，这正好与空的世界相反。现在我们正处在一个满的世界之中。如果利用 N 作为收获 r 的一种存量，很可能会被推至可持续性极限以外。其结果是，我们可能不仅仅失去存量意义上的 N，也将失去基金意义上的 N 的服务。而且这些服务是其他大多数消费品的互补品，因此，N 的降低将意味着 x、y 和 z 的效用降低。

我们可以认为，富人对于一般商品的边际效用很低，而对 N 的相对重要性却比较高，但是，对于穷人而言，商品的边际效用仍然超过 N 的边际效用。在某种特定的情况下，事实可能就是如此，像世界银行之类

的组织肯定认为这是很现实的事情。但事实未必如此。卡特里娜飓风（Hurricane Katrina）告诉我们，健康的湿地、减少风暴潮的离岸沙洲以及降低飓风强度的稳定气候的相对重要性对穷人比对富人具有更高的边际效用，因为前者只能经受风暴，而后者可以选择逃跑。如果穷人正在呼吸有毒的空气，并且受到紫外线的辐射，即使穷人购买的食物也只具有较低的边际效用。

微观经济学是一门范围很宽的学科，这一节的内容就可以写成一本书。我们并未触及整个主题，我们只解释了市场的基本语法——即市场为什么有效率，市场应具备什么条件才有效率（并提示性地说明了有可

能失灵的情况），并给出了初步的供需分析。我们也一直试图指出生态经济学可以完善微观经济学的观点。我们现在将更直接地关注 N，即大自然提供的商品和服务，以确定它们可以在多大的程度上满足市场有效配置的标准。

9.6 主要概念

供求曲线位移与沿着曲线移动	Shift in the supply or demand curve versus movement along the curve
短缺、剩余和均衡	Shortage，surplus，equilibrium
消费者剩余	Consumer surplus
生产者剩余，租金	Producer surplus，rent
弹性	Elasticity
互补性和可替代性	Complementarity and substitutability
生产函数	Production function
效用函数	Utility function
边际效用递减	Diminishing marginal utility
边际实物产量递减	Diminishing marginal physical product
转化性生产	Production as transformation
环境适合度	Fitness of the environment
自然资本在效用函数和生产函数中的作用	Natural capital's role in both utility and production functions

【注释】

［1］注意，这个特点对 GNP 的含义（我们在第 14 章将详细讨论）。如果农业产量下降，其结果可能会使得 GNP 上升；如果水资源充分稀缺，GNP 有可能迅速抬高！

［2］当然，调整食物、水和其他生活必需品的需求可能非常困难。

［3］注意，互补性和替代性既可以应用于生产要素，也可以应用于消费者使用的商品。

［4］从技术上讲，任何给定的太阳能光子在生产中是被用掉了，但是并未降低未来可用的光子的数量。

［5］注意，我们在前面的章节中使用小写字母 q 表示个人的需求和供给；用大写的 Q 表示市场的需求和供给。因为传统经济学不区分基金和流量，所以必须提出新的符号标记，但是同时也试图保持与传统标记法的连续性，因此我们用大写符号表示基金，小写符号表示流量。有关说明，参看本章注释［6］。

［6］q 表示服务和非耐用消费品（流量）。诸如汽车以及房子（基金）等耐用品

的生产函数则用 Q 表示。

[7] 原文把资源作为生产要素之一进行讨论，但是，原文下一页生产函数的形式如上式，只有变量 K 和 L，从此开始就忘记了资源这个要素。参见 J. M. Perloff，*Microeconomics*，2nd ed.，Reading，MA：Addison Wesley，2000。

[8] 科布-道格拉斯生产函数（最简单的形式为 $Q=K^{\alpha}L^{\beta}$）规定，产量等于资本（取指数幂）乘以劳动（取指数幂），指数（$\alpha+\beta$）之和等于1。对于我们而言，很重要的一点就是资本和劳动是相乘的，如果 R（资源）作为第三个要素加入进来，它也是按同样的方式相乘的。

[9] 环境适合度的破坏性变化可以因人类而引起（如全球变暖），也可以因大自然自身变化而引起（如火山爆发或地震），参见 H. J. Henderson，*The Fitness of the Environment*，Gloucester，MA：Smith，1913。

[10] 汽车和自行车便是我们双脚的扩展，衣服则是我们皮肤的外延，电话扩展我们的耳朵，计算机扩展我们的大脑，等等。

[11] 把淡水和可呼吸空气既算作流量（r）又算作基金（N），看起来似乎是重复计算。然而，我们吸入的氧和饮用的水都是通过消费过程（r）物理性转换的存量，而我们的生态系统功能（N）则作为基金把排出的二氧化碳和排泄的水转换为可吸入的空气和可饮用的水。

第 10 章 市场失灵

　　我们在前面的章节中论述了市场是如何利用个体的自利意识，通过价格机制在不同的目标之间有效地配置资源（手段）的。然而，市场只对一类很窄的商品有效地发挥作用。我们前面已经阐述过垄断是如何削弱市场有效配置资源的能力的，但是，垄断却是由某个结构性问题（即缺乏竞争）产生的一类市场失灵。市场也会因为某些类型资源的内在特征，或者因为产权不明晰而失灵。本章的目的就是阐明某些特征（这些特征可以使得某种具体的资源成为一种市场商品），并分析如果资源不具备这些特征会发生什么情况。正如我们将要论述的，没有任何一种自然资本提供的商品和服务同时具备市场有效配置所要求的所有特征。

　　为简明起见，我们在本章中将达到帕累托最优配置的各种情况简化为几类，即类似我们在第 8 章中所述的通用方程"边际成本等于边际效益"，即 $MC = MB$。我们经常会使用术语"帕累托有效"（Pareto efficient）或"有效"（efficient），它们均等价于"帕累托最优"。

10.1 市场商品的特征

排他性

我们在第 4 章中定义并讨论过**排他性**的概念，为进一步理解其重要性，在此简要回顾一下。一种排他性商品是指这种商品的所有权可能是独占性的，也就是说，一个人或一个团体一定能够使用这种商品，并且如果需要的话，可以阻止别人使用它。实际上，排他性等同于产权。如果一件商品或一项服务不由某人独占，那么，市场力将不可能有效地配置或生产这种商品或服务。理由很明显，市场生产和配置的唯一目的在于追求利润。如果一种商品不是排他性的，那么不管这种商品的生产者是否允许，其他人都可以利用它。如果人们可以不考虑是否支付报酬而使用一种商品，那么，他们就极有可能不会支付报酬。如果有人不愿意为使用某件商品而支付，那么，生产这种商品将无利可图，在市场经济当中，就没有人会投资这种商品的生产，至少不可能使得再生产一个单位产品的边际效益等于它的边际生产成本。

当然，有许多非排他性商品（比如海洋鱼类）不是由人类生产的，而是由大自然提供的。在这种情况下，所谓"投资"只是简单地让小鱼长大，或者维持足够大的种群数量以确保未来的生产。所谓投资的"成本"则是指机会成本，即现在捕捞这些鱼类应该赚取的利润。如果某个渔民把小鱼回放到海里让它长大，将来捕捞到这条鱼的人更有可能是别人，而且在市场经济条件下，如果将来获取回报的不是投资人自己而是别人，那么人们极少会进行这种投资。

排他性是制度安排的结果。在缺乏保护所有权的制度情况下，任何商品都不具有真正的排他性，除非这种商品的拥有者具备实质性的能力可以阻止其他人使用它。不论是政府或者其他不太正式的社会组织，都要求有某种社会契约能够保证缺乏资源保护其财产的人独占这种商品。因此，排他性本质上并不是一种资源财产，而是控制资源利用的一种体制特征。对于某些有形商品而言，如食品、服装、汽车和住房，创建具有独占性的产权制度非常容易。而对于一些无形的商品（如信息），创建具有独占性的产权则需要更复杂的制度安排。利用专利法保护知识产权是现代社会的普遍做法，但是，要实施这些产权的保护仍然比较困难。例如，你是否曾经复制过具有版权保护的音乐？你是否曾在计算机上安装过受版权保护的计算机软件？

然而，许多商品和服务（诸如大部分由生态系统生产的基金—服务）具有的某种物理特征使我们无法作出一定的制度安排以使其具有排他性。正如我们在第 6 章中所述，设计一种可操作的制度安排，使某些人对臭氧层、气候控制、水资源管理、野生花粉的授粉以及其他许多生态系统服务的效益具有独占的所有权是不可能的。对于某种生态系统的基金（如一片森林）而言，建立具有独占性的产权常常是可能的；但同时对于这种基金所提供的服务（如区域气候控制）而言，建立同样的产权则是不可能的。像一片森林一样，如果这种基金同时也是一种能提供某种流量（如木材）的存量，那么，市场配置将只考虑资源的存量—流量效益。如果一种商品或服务不具有独占性的产权，那么，这种商品或服务就是非排他性的。

10.2 竞争性

如果一种商品或服务是由市场有效生产或分配的，那么，这种商品或服务必须具备的第二个特征就是**竞争性**（rivalness）。按照我们在第 4 章中的定义，竞争性商品或服务是指一个人使用某种商品或服务，其他人就不能同时使用这种商品或服务。竞争性本质上既可以是定性的，也可以是定量或具有空间分布性的。又比如，食物、衣服和住房都是竞争性商品。

因此，一件非竞争性商品或服务则是指一个人对它的使用，基本不影响其他人使用这种商品或服务的质量和数量。在人类生产的非竞争性商品当中，我们能想到的包括路灯、信息、大众艺术以及接触性传染病的消除；气候稳定性、臭氧层、风景以及晴天等等，则是少数几种由自然界提供的非竞争性商品。

需要注意的是，所有存量—流量资源在数量上都是竞争性资源。如果我吃了食物（一种存量），那么留给你吃的食物就减少了。相反，基金—服务资源既可以是竞争性的，也可以是非竞争性的。如果某种基金—服务是竞争性的，那么在每一个时间点上它在空间上都是竞争性的，随着时间的推移，其在质量方面也是竞争性的。如果我穿了衣服、驾驶一辆汽车、使用一种机器生产汽车，或者住了一套住房（所有这些都是基金—服务），那么，这些东西在我使用时就不可能同时提供给别人使用；如果你后来使用这些物品，它们也只不过有些许磨损。正如我们在第 4 章中指出的，所有非竞争性资源都是基金—服务资源。

正如我们在第 9 章中所述，根据市场效率的要求，额外生产或使用某种商品或服务的社会边际成本应刚好等于边际效益。然而，如果某种商品是非竞争性的，每新增一个人使用这种商品并不会给社会增加额外的成本。如果这种商品通过市场来配置，那么商品的出售便有价格。如果某人为了使用这种商品而不得不支付一定的价格，那么，此人只有在边际效益等于价格的情况下才能使用这种商品。按照定义，商品的价格应该大于 0，而额外使用非竞争性商品的边际成本却等于 0。[1] 因此，市场并不会导致非竞争性商品的有效配置，也就是说，一种商品必须是竞争性的，它才可能通过市场进行有效配置。

思考！

非竞争性资源是稀缺商品吗？把这类资源的利用分配给那些支付得起的人有什么意义？对于一种非竞争性资源而言，什么价格能使其对社会的价值最大化？对于一种非竞争性资源而言，私人部门在这个价格条件下应该生产多少、保护多少？用什么政策来生产和保护非竞争性资源？

资源稀缺性和丰富度

某些基金—服务资源（如道路、海滩和高尔夫球场）有时似乎是非竞争性的，有时又是竞争性的。例如，如果我在一条空旷的道路上驱车而行，这并不会降低你在同样一条道路上驱车而行的能力。然而，如果成千上万的人选择在同一时间在同一条道路上驱车而行，就会导致交通堵塞，道路让我们从点 A 移动到点 B 的能力受到了严重削弱。经济学家通常称这种资源为"非竞争性拥挤资源"，简称为"拥挤的资源"。但是，如果仔细分析，**拥挤性**（congestibility）不是非竞争性资源变成了竞争性资源，而是一种丰富的资源变得稀缺了。[2] 如果我的车在高速公路上占有一席之地，或者我的毛巾在海滩上占有一个地方，这些物理位置对你便不再具有可用性。只要其他同样好的位置很丰富，那么某个给定地点不能利用便是无关紧要的事情，因为不存在对某个特定位置的竞争。而当资源变得稀缺时，我们必须通过竞争才能利用它。一种拥挤的资源是指近似于稀缺的资源，有时灯光的利用是很丰富的，无须竞争即可利用它；然而有时利用过度就会使它变得稀缺，潜在的用户必须通过竞争才能利用它。需要注意的是，拥挤性是一个规模问题：随着规模的增加，随着世界变得越来越满，从前丰富的资源现在会变得稀缺。真正的非竞争性商品，尽管它们会枯竭，但不可能因为使用而变得稀缺。

排他性、竞争性和拥挤性三者之间的关系

如果商品或服务是非竞争性的，或者是非排他性的，抑或二者兼而有之，情况将会怎样？简单的答案就是，市场力将不会提供这些商品，或者不能有效地配置它们。然而，如果我们要设计政策并作出制度安排，使得非竞争性和非排他性资源能够有效配置和生产，我们就需要更加谨慎。有效的政策必须就某个特定商品或服务所具有的排他性、竞争性和拥挤性特征的具体组合而定。表10—1列出了这些特征的可能组合，我们随后将更加详细地给予说明。

表 10—1   排他性、竞争性和拥挤性的市场关联

	排他性	非排他性
竞争性	市场商品：食品、服装、汽车、住房、污染受控时的废弃物吸纳能力。	开放使用资源（"公地悲剧"），如海洋鱼类、未保护森林的采伐、空气污染、污染未受控时的废弃物吸纳能力。
非竞争性	潜在的市场商品，但如果如此，人们消费的数量将小于他们应该消费的数量（如边际效益仍然大于边际成本），如信息、有线电视和技术。	纯公共物品，如灯塔、路灯、国防以及大多数生态系统服务。
拥挤性	服务费商品或俱乐部商品：稀缺时为市场商品，丰富时边际价值为0。当价格随其用量而波动时，效率达到最大；或者以成立俱乐部的方式以避免资源变得稀缺，如滑雪胜地、收费道路和乡村俱乐部。	开放使用资源：只有在利用高峰期才可以有效地使它们具有排他性，如免费道路、公共海滩和国家公园。

10.3 开放使用资源

我们现在要分析的第一类商品和服务就是开放使用资源（open access resources），即具有非排他性和竞争性的资源。使用这类资源通常都会产生加勒特·哈丁（Garret Hardin）所称的"公地悲剧"（the tragedy of the commons）问题。[3]哈丁采用的经典例子就是英格兰曾经普遍存在的公地放牧问题。这个例子是说一个村庄有一块土地，村庄里的每个人都可以利用这块土地放养牛。这个村庄有 100 户人家，这块土地足以无限期地供养 100 头牛而不会过度放牧。按照我们在第 6 章给出的术语，如果把牛看作青草的收割者，那么，100 头牛将拥有最大的青草可持续收获量（参见图 6—1）。如果有一户在这块公地上多放养一头牛（如果没有适当的制度安排阻止村民这样做，可能就会发生这种情况），不仅有更多的牛来分享这些牧草，而且牧草的产量还会下降，每头牛将变得更加瘦弱一点。这户人家将获得放养两头牛带来的效益，但是，村庄里的每户村民由于牛的瘦弱而产生的成本却是由所有村民来承担。如果每户村民都这样想，那么，每个农户都会增加牛的放养量，直到牧场的生产能力下降，直至不再像以往一样能够自我更新生物量为止。每个人都按照理性自利的方式行动，结果则会使牧场退化，每个人的福利都会比每户坚持放养一头牛的福利更差。在这种情况下，理性自利并没有产生一双看不见的手，为最多人带来最大的好处。确切地说，理性自利产生了只看不见的脚，把公共利益踢到脑后去了！

专栏 10.1 ☞   **大西洋鳕鱼：开放性资源悲剧**

170   大西洋鳕鱼曾经能够以很低的成本持续不断地提供大量的收获量，但是经过历年的过度捕捞，收获量已明显地下降。[a]现在，可持续收获量接近于

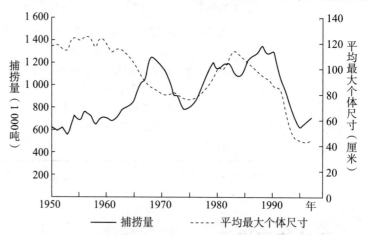

图 10—1   加拿大大西洋西北部鱼类的总捕捞量和
捕捞鱼的平均最大个体的时间序列数据

资料来源：FAO Statistics. Online：http://fishbase.sinica.edu.tw/manual/fishbasefao _ statistics 00 002 679. htm.

0^b，而且资源的稀缺性使得捕捞的成本大为提高。对于鳕鱼以及其他许多商业鱼类而言，有选择性的捕捞已经迫使鱼类成熟的年龄和个体大小明显下降。成熟母鱼越小，产卵就越少，而且个体越小，从而对物种的重建能力造成了威胁。[c]所有渔民如果都把他们的捕捞量限制在可持续收获的水平上，那么显然他们都能获得更大的利益。然而，只要多捕捞就能多获利，任何一个给定的渔民在任何一个指定的年份，都会继续捕捞更多的鱼类，从而提高其自身的福利。在缺乏保持可持续收获量的制度安排的情况下，如果某个渔民减少他的捕捞量，那么这些未捕捞的鳕鱼也会被其他渔民捕捞。

对于可再生资源而言，降低某一年的收获量便是对未来生产的被动投资。投资的成本便是现在不收获这种资源所带来的机会成本。正如我们讨论排他性时指出的，如果一种商品或服务是非排他性的，那么市场就不会为投资于这种商品或服务的生产提供激励。对于大西洋鳕鱼而言，每个追求自身理性自利的渔民几乎都是竭泽而渔的，其他渔民很快就会效仿，对世界上大多数鱼类也实行竭泽而渔的捕捞方式。[d]经济学家告诉我们，如果我们灭绝了一种鱼类，我们总能利用其他鱼类取代它。如果世界范围内的渔民都这样做，捕获的鱼类在食物链上就会越来越低（也就是低水平的食肉鱼类），尽管存在这种替代作用，但许多地方的鱼类捕捞量依然有增无减。

a. L. Burke, Y. Kura, K. Kassem, C. Revenga, M. Spalding, and D. Mcallister, *Pilot Analysis of Global Ecosystems*: *Coastal Ecosystems*, Washington, DC: WRI, 2000.

b. 实际上，北大西洋鳕鱼种群的数量很可能已经下降到维持种群生存的最低水平（临界退偿点），并且还将逐步缩减，甚至不可以进行进一步的捕捞。

c. F. Saborido-Rey and S. Junquera, Spawning Biomass Variation in Atlantic Cod (Gadus morhua) in Flemish Cap in Relation to Changes in Growth and Maturation, *Journal of Northwest Atlantic Fishery Science* 25: 83 - 90 (1999).

d. 如前所述，据联合国估计，世界上 15 个鱼类捕捞区中的 11 个以及 69% 的主要商业鱼类资源在下降，总捕捞量随之下降。唯一的原因就是食物链中生态位较高的鱼种被其他低生态位的鱼种所替代（Burke et al., op. cit.）。

尤其重要的是要注意，"公地悲剧"这个术语并不恰当。公共财产是指某个团体而不是某个个人控制其产权的财产。不属于该团体的成员则不允许利用这种资源。在许多情况下，这些团体都已经形成了一些制度，以阻止团体内部的个体过度利用资源，这样就不存在"公地悲剧"的问题。因此，更恰当的术语应该是"开放使用资源悲剧"（tragedy of open access regimes），简称"开放使用问题"（the open access problem）。

许多商品具有开放使用问题的特征。哈丁撰写过经典的文章以描述人口增长的问题。特别是在劳动密集型的农业经济当中，大家庭就是很大的资产。然而，如果每个人都有一个大家庭，土地就必须在所有的孩子之间进行分割，最终将变得越来越稀缺，难以维持整个人口的生存。人们消耗土壤养分的速度比系统恢复土壤养分的速度还快，从而使得可持续收获量下降。其他饱受这一悲剧困扰的资源包括海洋渔场（大西洋鳕鱼是一个典型的例子）以及地球对未受管控的污染物（如二氧化碳）的废弃物吸收能力。

许多经济学家已正确地指出，开放使用问题是由于缺乏可实施的产权（即排他性）而造成的。如果在公地放牧例子中，英国公地分成了生产能力相同的100块具有独占性的私人牧场，那么，每个理性的牧民都会在自己的牧场上只放养一头牛，悲剧就应该可以避免。遗憾的是，对于我们所关心的许多资源而言，对其授予私人产权与其说是规律，不如说是个例外。我们随后将要论述在有些情况下，私人产权并不会导致有效的结果。[4]

我们现在着重分析在非常简单的开放使用资源方面建立产权的困难。海洋渔业的分析便是一个很好的起点。大多数海洋都是国际水域，对它的利用没有什么制度性安排，即便有也很少。国际上有一些条约会限制捕捞量、禁止采用某些捕捞技术，或者禁止捕捞某些鱼类等等，但各个国家可以签署这些条约，也可以不签署，即便签署这些条约，其强制性效力也微乎其微。例如，大多数国家都同意停止或大幅减少鲸的捕捞量，但是，挪威、日本以及冰岛等国总是不遵守这些条规，而且也没有办法强制它们遵守。[5]

现在，各个国家都享有200海里沿海排他性水域，可以禁止其他国家的船只捕捞海产品，如果必要的话，按照规则，各个国家都可以强制执行。排他性水域至少为这些海域内的渔业管理提供了可能，我们在第20章还将讨论一些有效的渔业管理机制。遗憾的是，鱼可不遵守这个边界，一旦它们游出了200海里排他区域，它们就变成了任何人都可以捕捞的鱼类了。另外，许多鱼类可以从一个国家的排他性水域迁移到邻国的排他性水域。加拿大和美国的许多大马哈鱼种群的情况正是如此。这两个国家是世界上关系最好的两个国家之一，但它们仍然为大马哈鱼的捕捞份额而喋喋不休地争吵。与此同时，大马哈鱼的种群数量却在持续不断地迅速下降。

如果不能对一种资源（如鱼类）建立保护性的产权关系，我们如何处理种群过剩的"公地悲剧"问题？处理这些问题比处理一般性的资源问题困难得多。[6]

10.4 排他性和非竞争性物品

第二类非常重要的商品是排他性但非竞争性和非拥挤性的商品。这类商品最好的例子就是信息。不久以前，大多数信息都曾是相对非排他性的，而且也是非竞争性的。在亚当·斯密时期，企业会谨慎地保护它的商业秘密，但是，一旦企业的商业秘密泄露出去，企业对别

160 经济科学译丛·生态经济学：原理和应用（第二版）

人使用其秘密信息将无能为力。正如斯密所指出的[7]，商业秘密等价于垄断，而且"垄断者通过使得市场处于缺货状态，从不充分地满足市场的有效需求，就可以使商品的售价远高于商品的自然价格……垄断价格几乎总是等于所能达到的最高价格"（p. 164）。"除此之外，垄断是良好管理的最大敌人……"（p. 251）。（我们在第 19 章讨论全球化时还将深入探讨专利问题，专利是指对信息的垄断）。当然，商业秘密最近也得到了专利保护[8]，专利是一种使得商业秘密具有合法的排他性并因此而成为可交易商品的一种制度安排。专利的合理性在于这样一种假设成立，即如果不建立具有排他性的产权关系，人们将不会从新技术的发明中获取利润。发明人便没有积极性，技术进步速率便会下降，从而对社会造成伤害。一项专利一旦过期，专利保护的知识也就变成为一种纯公共物品。

174

问题在于一个人利用某种信息，不仅不会对其他人利用这种信息造成负面影响，实际上它会提高知识的质量。按照计算机程序员的话来说，"越是放牧，牧草长得越高"[9]。知识的进步一定是一个集体合作的过程。在学术界，几个世纪以来人们一直自由地分享彼此的思想，以促进思想的形成。互联网以及大多数与互联网有关的软件主要是自由分享知识的结果。在许多方面，信息和思想的自由流动创造了一个"公共品效率"（efficiency of the commons），而不是一个悲剧。

另一方面，专利可以减缓新知识的发展和应用的速率。在新知识的生产函数当中，现有的知识是最重要的投入。在专利保护期内，人为地促使现有知识虚贵，也使得新知识的生产变得代价更高。另外，企业常常把其掌握的科学方法，甚至数学算法都申请专利，从而使得利用这些科学方法开展科学研究的代价更高。许多研究人员都只是为了促进知识而不是为了创造利润而从事科学研究事业的，任何额外的成本都可能削弱他们增进知识的能力。例如，有一种抗病毒的水稻品种不能得到推广，因为有多达 34 个独立的专利拥有者争相声称他们的发明中拥有培育这个品种的知识。[10]

知识产权的成本问题已经成为一个严重的问题。例如，美国宪法授权国会给予版权和专利在"有限的时间内"生效，以"促进科学和实用艺术的进步"。最初的《版权法》设定版权有效期为 14 年，如果版权作者依然健在，则可以延长一个 14 年。在各种社团的游说压力下，国会逐步地延长了版权的有效期，团体版权现在的有效期长达 95 年，而个体的

176

版权有效期则长达作者的寿命外加 70 年。200 年前，技术进步速度很慢，14 年通常只是一项技术使用寿命的很小部分。现在，技术变化非常快，很多技术在 10 年之内或更短的时间内就会过时，但我们仍然把专利保护期延长到了 20 年，经常使得技术被排除在公共领域之外，直到它们失效。很多研究已经表明，延长专利和版权保护期实际上减慢了科学和实用艺术进步的速度。[11]

专利也会在消费方面产生严重的无效率。以治疗艾滋病的药物为例，现在有一种能明显降低人体血液中艾滋病病毒并有可能降低艾滋病病毒传播的有效药物。控制致死性传染疾病的效益应是非排他性的。现在，药物生产企业拥有生产这些药物的专利，这使得许多第三世界国家对这些昂贵的药物望而却步[12]，从而削弱了这些国家控制疾病的能力，加大了人们感染疾病的风险。从需要从药物治疗中获取利润的企业角度来看，彻底消除这种疾病是一种很不获利的结果。赞成专利的观点认为，企业没有利润便会失去发明新药物的动力。反对专利的观点则认为，专利权受自由市场保护，然而专利只不过创造了一种垄断，这是与自由市场相悖的。

因此，我们看到只要有一条支持专利的具体理由，也必定存在一个反对它的论点。如果信息是免费的，那么，只要使用信息的边际效益不等于额外使用它的成本（即边际成本等于0），信息都是可以使用的。这是有效配置的一个前提。另一方面，如果一种商品是非排他性的，市场就不会为投资这种商品的生产提供激励。专利法承认这个问题的存在，并人为地对信息施加排他性，至少在专利保护期内是如此。不过Linux操作系统（参见专栏10.2）以及其他许多例子表明，专利未必一定刺激发明，相信专利将导致技术进步加速未免有点过于武断。对这个问题的普遍认识已经导致"非营利版权"（copyleft）运动的产生。所谓非营利版权，即一种使计算机程序或其他作品免费使用的通行办法，而且要求程序的所有修改版和扩展版也是免费的。[13]

专栏 10.2 ☞   **Linux 操作系统和开放使用资源：信息的公共性效率问题**

175

Tux 软件是 Linux 软件的企鹅吉祥物，该软件由拉里·尤因（Larry Ewing）利用 GIMP 软件设计而成，GIMP 软件也是一种免费图形软件。像 Linux 软件一样，任何人都可以免费使用和修改 Tux 软件，只要明确作者身份即可。

很多信息都受到了专利的保护，专利使得信息具有了排他的属性。相反，开放源代码软件则是用注册加以保护，注册使得信息具有非排他的属性。虽然许多开源注册也允许人们销售开放源代码软件，但仍然坚持可以免费地扩散其软件。甚为重要的是，这类注册必须许可源代码的发布，所谓源代码即一种用人类可理解的语言编写的计算机程序，而二进制编译代码只能被计算机所理解。使用源代码可以使其他计算机程序员也能够发现和排除软件中存在的缺陷，以便修改软件，使自己的努力也融入到软件之中，并且依然保持源代码的开放性。这种做法所蕴含的理念就是，许多程序员都可以自由地参与到某个软件的改进过程，软件演进和改进的速率非常快。放牧越多，草长得越高。

尽管有些经济学家曾告诉我们，发明需要利润动机的激励，但是经验证据表明，并非事事如此。以 Linux 操作系统为例。Linux 操作系统是一种开放源代码的计算机操作系统，由莱纳斯·托瓦尔兹（Linus Torvald）发明。全世界的计算机专家都一直免费使用该操作系统，使得这种操作系统稳定而强劲有力，并且适应性能好。[a]IBM 公司也参与编写 Linux 代码，IBM 公司和 HP 公司都在它们的高端主服务器上采用 Linux 操作系统。Linux 的使用持续快速增加。苹果公司也开始开放其 Mac OS-X 操作系统的源代码。全世界有一半以上的 WEB 服务器采用源代码开放的 Apache 软件，世界上源代码开放的软件成千上万。[b] 这表明推动技术创新并不总是要求利润追逐或专利保护。

a. The Great Giveaway. *New Scientist* (2002). Online：http：//dsl. org/copyleft/dsl. txt；D. Bollier，*Silent Theft：The Private Plunder of Our Common Wealth*，London：Routledge，2002.

b. Open Source Initiative Website（http：//www. opensource. org/）.

我们相信，信息（尤其是需要保护、提供和恢复为公共物品的信息）的公共供给以及公共所有权很可能比私人所有权更加可持续、公平和有效，使得非竞争性资源具有排他性可能也会产生"非公共品悲剧"（tragedy of the non-commons）。

177

尽管如此，诸如信息和知识这类商品仍然提出了一些挑战。我们在本章后续部分还将讨论这些问题。我们在第 18 章中讨论贸易和发展问题时，还将讨论与贸易有关的知识产权问题。

拥挤的资源：在稀缺的边缘之上

具有排他性和拥挤性商品的情况又如何呢？如前所述，拥挤性商品是指低强度使用水平时属于非竞争性的，高强度使用时属于竞争性的商品。下面以道路与交通堵塞为例加以说明，休闲资源（如海滩、游泳池、公园和野游地）也是如此（对于群居性资源而言，拥挤现象实际上也可以增加价值）。如果某些商品或资源具有这些属性，正价格可以对高强度使用产生有效的结果，而在低强度使用条件下，定价将会导致无效结果。这表明在某些情况下，把使用高峰期的拥挤性商品当作市场商品来对待，而把其他时间的拥挤性物品当作非市场商品来对待是合理的。

多层定价体系是一种可能的解决办法。**多层定价**（multi-tier pricing）是指在不同的时间或对不同的用户按不同的价格收费。在这种情况下，拥挤时就可能收费（如桥梁的高峰期通行费），但是在不拥挤时则维持免费。这种定价体系的实施成本很高，且是否合理取决于具体情况，这种策略是否可行则取决于该商品是否具有排他性。

10.5　纯公共物品

正如大多数经济学家认为的，市场并不能合理地生产或有效地配置纯公共物品（pure public goods），因为纯公共物品既是非竞争性的，也是非排他性的。我们之所以加上"纯"这个形容词，其原因是许多人容易将其与"公共物品"（public goods）这个词混淆。正如我们在第8章所述，在市场条件下，每个人只有当其多购买一个单位的某种商品或服务所获得的边际效益等于其边际成本时，才会购买这种商品或服务。任何人只要他为多购买一个单位的某种商品而愿意支付的钱多于这种商品的生产成本，供应者就会增加一个单位的供应量。然而，如果是公共物品，任何人都可以使用它而不考虑由谁来支付。对于某种市场商品而言，只要至少有一个人愿意按不低于生产成本的价格购买一个单位，生产者就值得去生产一个单位的这种商品。相反，对于公共物品而言，只有当所有的个体一起愿意按多生产一个单位的成本予以支付，这种商品才值得生产。[14]回顾图9—4所示的供求关系。如果要把个体的需求曲线转换为市场或社会的需求曲线，因为只是在讨论市场商品，所以只要将每个个体愿意支付的价格条件下的需求量累加起来即可。这是因为这种商品是竞争性的，一个人消费了这种商品，另外一个人便不可再消费它。然而，公共物品是非竞争性的，因此，一个人消费了这种物品，留给别人消费的数量并没有任何减少。在这种情况下，只要把每个个体对于某个给定的消费量而愿意支付的价格累加起来，即可知道整个社会对于这个消费量的支付意愿是多少。

对于市场商品而言，每个人消费的数量刚好等于他的购买量，因此，人们的消费偏好（当然与其收入有关）便可通过他们在市场当中如何花钱得到揭示。相反，对于公共物品而言，每个人的消费量等于整个社会的购买量，这就会引发问题。

例如，某个大城市有一个绿化得非常好的公园，购买土地、美化景观以及其他一些基础设施建设的总成本为1亿美元。设想一下，如果把每个人对于这个公园的需求曲线累加起来，就可以算出这个公园的规模，譬如全社会的支付意愿为1.5亿美元。因此，如果该市每个市民都愿意支付他们认为该公园所值价格的2/3，那么，这个公园就应该可以建起来。问题是，如何让每个人按照公园对每个人值多少钱的标准来出钱建设呢？

市场力（如私人部门）会建设这个公园吗？假设有一个企业来建设这个公园，并且用围墙把它隔开来，然后收取入园费。我们知道，一般人都愿意为获得一个终身通行证而支付150美元，该企业决定通过销售这种通行证来偿还它的投资。但是问题来了。并不是所有人对公园的估价都一样。有些人的支付意愿远高于150美元；而有些人则几乎没有支付意愿。如果通行证费用定在150美元，那些支付意愿低于150美元的人根本就不会购买它，这样，企业便无法收回它的投资。如果企业收取一定的单次入门费（比如说1美元一次），也会遇到同样的问题。这时，即便是那些给公园赋予的价值最大的人，去公园的次数也远低于公园免费情况下去的次数。由于人们去公园的次数少，因此对公园的估价就越低。这样，企业仍不能收回它的投资，公园也无法建起来。如果公园免费，去公园的人便更多，社会的总福利则增加，且不会对社会产生额外成本。因此，市场不会像提供私人物品一样建设公园，即便企业建了公园，这个公园也无法有效利用。

专栏 10.3 ☞　　　　　　　　　　　　　**搭便车效应**

179　　　如果某些组织恳求人们自愿捐献，在我家附近建设一个公园，这时会发生什么情况呢？我正在试图决定要捐献多少。如果要满足传统新古典经济学假设的话，我希望使我个人的效用达到最大化。我就住在要建的这个公园附近，所以这个公园对我比对其他人更有价值。我判定，如果在这个将要建设的公园和1 000美元之间作比较的话，对于我而言是无差异的，如果后者少于1 000美元，我宁愿建这个公园。不过，如果其他人按其所值给予捐献而我不捐献的话，则对我个人而言，经济上更合理，而且这样只会使得公园的建设规模减少几十万分之一。我非常愿意这个公园按其原设计规模的99.999%建设，这样我的个人成本为0，因此我不愿意按100%的规模建设，否则我就要付出1 000美元。也就是说，如果我按自己评估的价值给予捐献，而其他人捐献很少的话，那么这个公园建起来后将因为资金不足而比原计划小很多，它对我而言也不再值1 000美元了。

　　　从个人自利这个很窄的角度来考虑，不管其他人如何选择，我的最佳策略就是不捐献，而是依靠别人去捐献。遗憾的是，如果其他人也都按其自利的方式做同样的算计，那么，这个城市最终根本就无法建立公园，于是，与建立公园相比，每个人的福利都受到了损失。这就是所谓的"搭便车效应"（free-ride effect），而且这是阻碍公共物品供应的一个严重的障碍。在这种情况下，理性自利行为产生了一只看不见的脚，把公共利益踢到脑后去了！

　　　我们现在分析市场物品和公共物品冲突的一个例子。巴西南部的一个小佃农放弃自己的土地份额，以便地主采用机械化系统种植大豆，这

种种植系统需要的劳力很少。大豆出口到欧洲，作为家畜饲料，获取的利润比让小佃农生产大米和豆子供应本地市场要高。因此，小佃农蜂拥而至亚马孙河流域移民拓荒。研究人员曾猜测这片土地可持续提供的生态系统服务的价格大致等于 1 660 美元/公顷·年。[15]这些生态系统服务主要是公共物品。如果拓荒者采伐森林，可以从砍伐的木材中获得一次性的利润为 100 美元/公顷（当然，市场上的木材价格更高，但是市场离得很远，中间商和运输商会吞噬部分利润），而且估计从火耕农业中还可以每年获得净利润 33 美元。[16]

毋庸置疑，从社会的角度来看，每年1 660美元的收入远远超过了农民的私人报酬。然而，生态系统服务是公共物品，农民必须与整个人类共享，而且尚无现实可行的办法让农民或任何其他人获得这些由其森林提供的生态系统服务的私人产权。[17]相反，木材和农产品都是市场物品，农民拥有完全的所有权，现存的制度使得农民能够像对待他的私人财产一样进行处置。很显然，如果公共物品的受益人给予农民以补偿，让农民保护这片森林，那么不论是农民还是整个社会都会获得更好的福利。只要农民每年得到的补偿多于 150 美元，那么农民便更有利可图；只要整个社会每年每公顷支付的价格低于1 660美元，那么整个社会的福利也会变得更好。

遗憾的是，很多严重的障碍正阻止这种交换的发生，我们在此提出三点：首先，大多数人都不知道生态系统服务的价值（我们后面将详细论述）；其次，搭便车效应意味着许多公共物品的受益人为生态系统服务的支付甚少，甚至不支付；最后，我们现在还缺乏合适的制度，把资源从生态系统服务的受益人那里转移支付给那些因没有采伐森林而产生机会成本的农民身上。因此，从农民的角度来看，在市场经济中，采伐森林显然是合理的选择，其结果是整个社会因此而受到伤害。

公共物品和稀缺性

全球生态系统创造维持生命的生态系统服务，任何接受这个基本前提的人都必须相信，公共物品极其重要。然而，市场经济理论对公共物品的生产和分配几乎没有给出什么建议。

正如我们反复强调的，物有其源，也必有其果，不可能无物而造物，也不可能有物而消失。市场商品的生产需要原材料，而且产生废弃物。原材料是取自于生态系统结构的存量—流量资源，它要消耗生态系统的基金—服务资源。返回生态系统的废弃物会进一步消耗这些服务。因此，如果经济系统只为市场商品的生产和分配提供激励，那么就会系统地削弱完全无法估价的公共物品（以及地球的生命维持功能）的生产。生态经济学隐含的一个假设就是，许多最稀缺和最基本的资源都是公共物品（自然资源基金提供的服务），但是现有的经济体系却只强调市场商品。

我们现在论述我们在前面提到的知识和信息问题。如果信息是一种私人物品，那么它将不会得到有效配置；如果它是一种公共物品，那么它将不会得到市场力的足量生产。如果暂时把理论放一边，只观察技术进步速率，我们就可以认为没有什么好抱怨的。技术进步极其迅速。虽然专利创造了合法的垄断是个事实，但它的时效性是有限的，一旦专利保护失效，知识便变成为某种公共物品。正是垄断的暂时性利润的诱惑把新的发明迅速地带入市场，否则，发明进入市场的速度不会那么快。对于这样一种专利制度我们还担心什么？

我们担心的一个理由就是这种知识的创新对整个社会产生了一定的机会成本。用于研究工作的所有资源（如钱财、科学家、实验室）都是有限的，这些资源既可以用来搞科学研究，也可以用于其他目的。如果新发明主要是通过追求利润得以驱动的，那么，对于那些公共物品或保护和更新公共物品的技术的发明而言则会产生一个严重的偏差。例如，制药工业雇用了大批科学家，耗费资金几十亿，用于研发治疗损害富人健康的非传染性疾病的药物。

传染性疾病的控制是一种公共物品，从某个社会的角度来看，我们应该引导资源投向这个领域。治疗肺结核便是一个极好的例子。肺结核是一种很难治疗的高传染性疾病。20 世纪 50 年代开发出了有效的治疗办法，但是，这些办法都要求对患者密切观察 6 个月到 1 年。许多遭受肺结核折磨的人本身对疾病的治疗并不够负责任，各国政府花费了大量的公共钱财追踪这些患者，并迫使他们用药。考虑到这种疾病感染率的下降，20 世纪 70 年代，美国取消了美国联邦肺结核治疗基金，而且 20 世纪 80 年代，公共卫生支出遭到了进一步的削减。其结果是许多肺结核病人没有得到治疗，或者开始有一天没一天地用药。这使得肺结核疾病在 20 世纪 80 年代死灰复燃，而且还产生了多药物抗性的变种。单单纽约一个市每年就要花掉 10 亿美元的政府支出控制这种流行病。

由于结核病主要影响穷人，这降低了治愈疾病的收益率，也是药物生产企业对新药物的研发缺乏投入的原因。[18]（1975—1996 年，在 1 240 种注册的新药物当中，只有 13 种主要针对发展中国家的人所得的致命性传染性疾病，这并非一种巧合。）[19] 然而，即便药物生产企业确实开发了新的治疗药物，它们也应该为这些药物申请专利保护，以利于销售这些药物有利可图，这样才能收回它们的投资。专利增加了治疗传染性疾病药物的价格，不过，从整个社会的角度来看，患者的成本实际上是负的。换句话说，如果政府为患者使用这些药物埋单，应该是有效率的一种做法，因为患者使用这些药物为社会其他成员提供了正效益。

当今私人部门雇用了大多数研究型科学家，但私人部门有权决定它们自己生产什么。私人部门正日益增加对大学研究的资助。它们重点资助那些具有市场潜力的产品开发。大体来看，企业科学家想必也应该会为某个公共组织服务以获得相同的薪水。在这种情况下，所产生的知识可以供所有人免费使用，这也是非竞争性物品有效利用（新古典经济学的定义）的一个先决条件。在此，我们并不主张所有的研究工作都应该由政府资助。[20]但是，除非某些非市场组织资助公共物品的研究，否则，技术进步将会越来越忽视非市场物品。

正如伟大的瑞士经济学家吉恩·查尔斯·伦纳德·西蒙德（Jean Charles Léonard Simon de）很早前就认为的，并不是所有的新知识都有益于人类。为了选出有益的知识，需要对知识进行社会和伦理的筛选。以惠及人类为目的，促进知识的探索，而不是确保垄断利润，这便是一个更好的筛选器，即一种过滤器，使得治疗艾滋病、肺结核或疟疾比提供一种新的美容术或心脏移植技术更有可能。

如果市场对生产市场物品极其有效，但对生产或保护公共物品却糟糕透顶，那么，随着时间的推移，公共物品相对于私人物品而言，将不可避免地变得越来越稀缺，这便会产生出我们称之为**宏观配置**（macro-allocation）的问题，即资源在市场和非市场商品和服务之间的配置问题。

公共物品和替代品

我们在前面几章中曾经讨论过替代品的问题，并且指出生态经济学家认为，我们不可能利用动力因替代物质因，除非极个别的情况。不过新古典经济学家认为，人造资本本质上是自然资本的一种完全替代品。总之，自马尔萨斯以来，人们一直认为资源耗竭并非迫在眉睫，它们不是一直都没有被证明是错误的吗？新古典经济学家（以及其他许多人）认为，随着某种资源变得越来越稀缺，资源的价格将上涨，这将鼓励对替代品的发明和创新。历史上有些文明就是因为资源的枯竭而消失了，但是，新古典经济学家断言，自从资本主义出现以来，市场使得这类文明的瓦解得以避免。这等于说利润动机比生存动机更为有力。

人们肯定可以找出许多利润动机产生稀缺性资源替代品的例子，但是，这并不能保证每种关键性的资源都有足够的替代品。另外，即使利润动机确实为创新过程产生了极其显著的激励，当这些变得越来越稀缺的资源是公共物品时，将会发生什么情况呢？这类物品没有价格，因此也将不会产生价格信号告诉企业家们我们需要替代品，企业家们也不知道创造这类替代品有利可图。[21]这时情形又将如何？传统的市场经济学并没有涉及这个问题。

公共物品的空间分布

有些公共物品——尤其是与政策选择高度相关的、由生态系统功能提供的公共物品还会引发一些复杂因素。如前所述，生态系统可以为不同的人群提供不同的公共物品和服务。例如，水资源管理以及原生性红树林提供的强风暴保护都是局域性的公共物品；红树林保护养鱼场时则是一种区域性的公共物品；红树林作为碳的储藏库可以促进全球气候的稳定，这便是一种全球性的公共物品。如何对待生态系统存量—基金资源，每个个体都有责任，而且他们更愿意处理市场流量，而不是公共物品服务，而且这两类物品是彼此排斥的。与个体的行为不同，有些情况下，社会更偏向于公共物品，而不是消耗公共物品的私人物品的生产。然而，地方社区可能会对提供国家性的公共物品漠不关心；主权国家可能会对提供全球性的公共物品漠然视之。因此，不同层级的决策者（个体的、地方性的、国家性的、国际性的以及代际的）对保护或破坏生态系统功能将具有不同的动力，而且这些动力必须被理解，以便制定出有效的政策，满足所有层级人群的不同需求。遗憾的是，政治体制主要是建立在国家层面（或较小的政治实体）上的，因此对全球性问题重视不够。

许多生态系统服务都是提供关键服务的公共物品，鉴于此，现行管理公共物品的政治和经济体制尤其不完备。从全球层面来看，这类服务功能包括避免过度的太阳辐射、全球气候控制以及生物多样性在维持生命网中的作用。从地域层面来看，生态系统提供了对微气候的调节（对农业丰产非常关键）、缓解风暴的损害以及保持水质和水量，所有这些都是维持社会基本生计所必需的。

10.6　外部性

另外一类重要的市场失灵被称为**外部性**（externality）。当某些人或团体参与的某项活动或交易对其他人或其他团体产生了一种非预期福利损失或福利增益，并且对福利的这种变化没有作出任何补偿，这时便产生了外部性。如果外部性导致了福利损失，这种外部性便是负外部性（negative externality）；如果外部性产生了福利增益，这种外部性则是正外部性（positive externality）。所谓**边际外部成本**（marginal external cost）是指，参与人每多进行一个"单位"的经济活动所产生的负外部性给社会带来的成本。

关于负外部性的一个经典例子就是紧邻着一家洗衣店（这家洗衣店是干洗店）的一个火力发电厂。发电厂产生的煤灰污染了这家洗衣店，但发电厂并没有给予这家洗衣店任何补偿。空气和水是外部性的两个重要纽带。如果一个农民让他养的牲畜在流经他家地产的河流里排便，这条河流下游的所有人都会受到污水所产生的负外部性的伤害。一个农民可能会在河岸边重新植树造林，从而减少牲畜对河岸的践踏。树荫可以遮蔽溪流，导致溪流里的水生植物死亡，使得水的流速加快，把河流里隐藏的沉积物冲刷得一干二净，从而更加提高水的流速。[22]树荫下的水比较凉，可以降低某些有害细菌的大量繁殖，因而可以改善水质。下游的土地所有者便可以从这些正外部性中获取好处。如果我在园子里种植一些漂亮的花卉，所有的邻居都可以欣赏它，但我从他们那里没有得到任何补偿，这时我便创造了一种正外部性。最后一个例子就是开车会排放污染物，这些污染物会降低大气质量，导致全球变暖。

由于当事人不会因为提供正外部性而得到补偿，也不用为产生负外部性而作出补偿，因此，在其决定开展这项活动的时候，就不会考虑这些外部性所带来的成本或收益。对于负外部性而言，当事人行事时无所顾忌；对于正外部性而言，当事人则所做甚少。如果从事这项活动的当事人将得到合理的补偿或赔偿，那么就不再有外部性产生；只有当从事这项活动的当事人和整个社会的边际效益等于其边际成本，外部性才不会产生。

与公共物品的情形一样，经济学家一直认为授予产权可以消除外部性问题。如果洗衣店有权获得清洁空气，那么，火力发电厂将被迫为弄脏了洗衣店的衣物而向洗衣店作出补偿。[23]一旦补偿得到支付，外部性便不复存在。当然，发电厂也有权产生一定的污染。在这种情形下，洗衣店为了要让发电厂不产生污染，就不得不支付发电厂一定的补偿。[24]正如罗纳德·科斯（Ronald Coase）在一篇有关外部性的引用最多的文章中所指出的，在一定的条件下，不论产权是指定给发电厂，使之有权产生污染，还是指定给洗衣店，使之有权获得清洁空气，讨价还价的结果都会导致产生相同数量的污染物，即刚好在这个数量水平下，污染给洗衣店造成的边际成本等于发电厂所产生的边际效益。[25]这就意味着解决外部性问题不需要政府干预，通过市场力便可完全解决这个问题。这便是众所周知的**科斯定律**（Coase theorem）。[26]

图形分析有助于我们更清楚地理解科斯定律。图10—2横轴表示污染物的排放量，纵轴表示边际成本和边际效益。发电厂从污染中获得好处，而发电厂产生的污染会增加洗衣店的成本。用来降低污染的技术有几种，企业首先使用的可能是成本最低的技术。例如，企业可以安装低成本的烟囱，以减少当地的污染；安装更昂贵的净化装置则可以减少更多的污染；如果转而使用天然气，就可以更进一步减少污染，但成本也更高。如果减少污染的边际成本不断增加，那么污染的边际私人净效益（marginal net private benefits，MNPB）会不断下降，因此如图 10—2 所示，边际私人净效益曲线为向下倾斜的曲线。

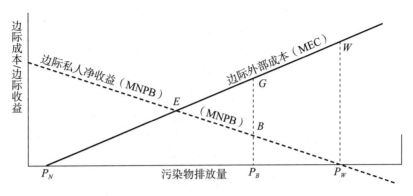

图 10—2　"最优的"污染水平

注："最优的"污染水平是指由边际外部成本（MEC）曲线和边际净私人收益（MNPB）曲线决定的理论水平。

对于洗衣店而言，少量污染产生的成本可以忽略不计。然而，随着污染的增加，在户外晒干衣物就会明显地弄脏衣物，从而导致用户减少，利润下降。如果污染变得更加严重，干洗店就不得不把衣物移至室内，或者安装电干燥设施。非常严重的污染甚至会降低干洗店室内的空气质量，干洗店则需要安装一套空气过滤系统。这每一项选择都比其前一项选择更加昂贵，因此干洗店的边际污染成本会逐步增加，我们用 *MEC* 曲线表示边际外部成本曲线，该曲线向上倾斜。现实中不论是 *MNPB* 曲线还是 *MEC* 曲线，都不可能如此平滑。技术往往是"系统化"的，即一个人不可能一次买一节烟囱，或者分成一个个小单体购买净化系统。外部成本经常表现出存在一个极限值，超过这个极限值，成本就会陡然增加。然而，我们假设曲线是光滑的，并不影响对问题的讨论。

经济效率要求 *MNPB*＝*MEC*（这是效率基本原则 *MB*＝*MC* 的一个变化形式）。在没有法律阻止发电厂产生污染时，发电厂将产生污染，直至每增加一个单位污染的 *MNPB*＝0，即 P_W。然而，在污染水平等于 P_W 时，洗衣店会因煤灰而承受非常高的成本，EWP_W 的面积表示对整个社会产生的净损失。如果洗衣店为了让发电厂从 W 开始减少一个单位的污染，洗衣店给予发电厂的补偿低于 P_WW，那么，洗衣店就可以提高它的利润。对于发电厂而言，每减少一个单位污染都得到任意正的支付，因此也会增加发电厂的利润。如果洗衣店给予发电厂补偿，使之把污染减少到点 P_B，也仍然还有互惠互利的交换空间。即在这一点上，如果洗衣店支付的任何数量低于 P_BG，那么洗衣店将有利可图；如果发电厂得

187

到的补偿数量大于 P_BB，那么发电厂也将有利可图。互惠互利的可能性一直存在（洗衣店支付给发电厂，以使后者减少污染），直到达到点 E，这时 $MNPB=MEC$，从而也在没有政府干预的情况下达到了效率最优的结果。如果洗衣店有权获得清洁空气，也可得到相同的结果，分析可以从污染水平点 P_N 开始。在这种情形下，发电厂将一直给予洗衣店补偿，以使自己有权产生污染，直到点 E 为止。

该分析存在三个严重的问题，即它假设洗衣房和发电厂都有能力支付（即没有财富效应）、每个个体都是理性的自我利益极大化者和不存在真正的交易成本。如果洗衣店赚的钱不够支付发电厂以减少污染，而且如果发电厂有权污染，那么洗衣店必须歇业，这就是财富效应（wealth effect）的一个例子。记住，配置的效率仅是对某种给定的分配方式而界定的。既然把产权赋予给污染者与把产权赋予给被污染者是不同的分配方式（财富效应），那么就不能简单地说，科斯设想的这两种情形是同等有效的，因为它们是基于两种不同的财富分配方式的。在科斯定理中，所谓"效率"是指从整个社会的角度来看，而且不同的法律权利对利益相关方的福利也会产生巨大的直接影响。

我们在第 13 章中将论述人类理性的假设，现在我们只引用科斯在这个问题上讨论："没有理由相信，大多数人类都热衷于使任何东西最大化，除非它是不幸福的，甚至不完全成功。"[27] 科斯定理在现实应用中的最重要的障碍大概就是**交易成本**（transaction cost）。这只是达成一项协议的成本，包括律师费、信息收集费、找出利害相关者以及讨价还价的时间成本等等。即使在最简单的情况下，如洗衣店和发电厂的例子，交易费用也会很高。估计数据表明，在富裕国家，交易成本几乎占到了国民生产总值的一半。而且这还主要是指市场商品。俄亥俄州一个燃煤发电厂产生的污染不仅污染了周边社区，而且对区域性的烟雾和酸雨乃至全球变暖都有影响，全球变暖会影响到地球上的每一个人。交易成本会随着受外部性影响的人数的增加而增加，对于公共物品而言，其交易成本尤其高。作为当今我们所面临的最重要的影响公共物品（如气候稳定性和其他生态系统服务）的外部性，交易成本是不能忽视的。

科斯本人很清楚交易成本的重要性。用他自己的话来说："如果没有交易成本的概念，也就没有现在的经济理论，我的论点是，那就不可能了解经济系统的工作机制、不可能以一种实用的方式分析它的许多问题，就不可能拥有制定政策的基础。"[28] 科斯定律所谓的"完全竞争市场"的前提是不存在交易成本，因此它只在理论上有一定意义而已。在现实世界中，制度、法律和政策在解决外部性问题时都是非常重要的，我们在第 6 篇将详细讨论这一主题。

必须再一次强调，所有经济生产都需要原材料的投入，并产生废弃物，因此要消耗生态系统服务。所有经济生产不可避免地会产生"外部性"（externality）。然而，"外部性"这个术语属于用词不当，因为在资源消耗、生产和废弃物排放之间存在一个牢不可破的联系（即通量），因此这些"外部性"实际上100%属于经济的内部过程。如果把一片森林变更为农田会在地方、国家和全球水平产生负外部性，那么有效解决这一问题的交易成本极高，让人望而却步。如果外部性影响到后代人，那么我们就必须认为，代际的交易成本是无穷大的，而且市场无法独立地解决"外部性"问题。

10.7 市场缺失

市场为了有效地发挥作用，总是希望每一个生产或消费市场交易商品的人都必须能够参与其中。例如，如果蒙娜丽莎画像要拍卖，而且只有来自得克萨斯州韦科城的人才允许参与，那么卖价很可能就没有在国际市场上拍卖的价格高。事实是，我们的后代并不可能参与我们今天的市场，因此，今天的市场价格就没有反映他们的偏好。市场只能在假设后代对任何要配置的资源都没有权利时才能够"有效地"配置资源。

如何为子孙后代提供资源的产权呢？要做到这一点，一种方法是，设定可持续性评判标准。例如，可以决定后代对某些资源的权利不可剥夺，如产生生命支持功能的生态系统[29]，这很像人权和政治权，其权益并不是由效率评判标准来决定的。正如我们消耗非再生资源一样，我们可以拿出一定比例的利润投资于可再生的替代品，用以替代消耗了的资源（我们在随后的章节中将详细讨论）。对于可再生资源而言（包括废弃物吸收能力），我们应该确保我们对它们的消耗决不能超过它们的自我更新能力。如果可再生资源被消耗到低于它们的最大可持续收获量（MSY），我们就需要为后代留下某些替代品，以对后代收获量的下降作出补偿。或是降低我们对资源的消耗量（即对自然资本的被动投资），以使可再生资源更新至少达到最大可持续收获量的水平。

在未知收益结构的情况下如何处理代际的投机行为，这是一个伦理学问题，但是可以肯定的是，大多数道德体系都要求，我们最起码不要为了今天的某些蝇头小利而给子孙带来灾难性的后果。如果我们忽视了生态系统的功能，也就意味着我们不得不从任何不可逆转的生态极限上撤回来。这种可持续性评判标准本质上是在代际分配资源，而市场机制只是在一代之内配置资源。

另外，我们只可能在新古典经济学的伦理假设下行事。如果我们确实是理性的最大化自利者，而且帕累托效率是评价资源配置的客观标准，那么，后代的权利就可以完全被忽略。毕竟像肯尼思·博尔丁曾经问过的那样："后代究竟为我们做过什么？"我们肯定不能通过重新分配未来资源来增加我们自己的消费。

实际上，传统经济学家并没有完全不顾后代的权益，在他们的分析当中，他们对影响后代的成本和收益确实作了系统的贴现分析。我们在第 11 章和第 12 章中将分析贴现是如何影响有关自然资源利用方面的决策的。

跨期贴现

传统经济学家确实忽视了后代吗？在一项不得不把后代的成本和收益与当代进行比较的标准经济分析当中，传统经济学家们对任何影响后代的成本和收益都作出了系统的贴现分析。就资源而言，我们给予后代的权重小于当代，其理由似是而非，我们在第 16 章将详细地讨论这个话题。在此只作简要介绍，以便（在随后的章节中）有助于理解**跨期贴现**（intertemporal discounting）是如何影响有关自然资源利用的决策的。在计算当前价值和未来价值时，跨期贴现便是一种系统地衡量未来的成本和收益低于其当前价值的过程。

为什么未来的资源没有现在的资源更值钱？如果今天我有 100 美元，我可以把它用于某种获利的投机行为，那么来年我得到的钱将多于 100 美元。作为最简单的例子，如果我可以很保险地把 100 美元存到银行里，银行的真实利率为 5%（即比通货膨胀率大 5% 的利率），那么，我宁愿持有现在的 100 美元，而不愿意来年得到任何不多于 105 美元的钱数，理由很简单，如果现在有钱，可以选择是现在就花掉它，还是存起来为来年得到 105 美元。当然，在下一年，还可以选择是把钱花掉，还是继续把钱存起来，让它按 5% 增长到 110.25 美元，同理，再下一年是 115.76 美元，再下一年是 121.55 美元，如此往复增长。相反，未来的 100 美元不值今天的 100 美元，因为这里涉及机会成本（丧失了投资的机会），未来的时间距离现在越远，钱的价值也就越小。大多数传统经济学家都假定钱可以是任何东西的替代品，因此，同样的东西在未来就没有在现在更值钱。一般来讲，如果利率为 r，那么 t 年后的一笔钱（X_t）的现值（PV）就可以写为

$$PV = X_t/(1+r)^t$$

如果有一个未来不同时期的货币流，我们便可为每年的数量计算现值，然后把它们累加起来。这就是下述更加复杂化的公式要做的事情。

任何一项标准的成本—收益分析（cost-benefit analysis，CBA）都要计算某个给定的成本流和收益流的**净现值**（net present value，NPV），

现值是指相对于今天的价值。成本或收益发生的时间距离现在越远，其对现值的贴现就越多。基本的计算公式如下：

$$NPV = \sum_{t=0}^{T} (\text{收益}_t - \text{成本}_t)\left(\frac{1}{1+r}\right)^t$$

式中，贴现率为 r；贴现因子为 $1/(1+r)$。如果像上例一样，令 $r=5\%$，那么，贴现因子等于 1/1.5，这个数字小于 1。符号 t 表示时间，（收益$_t$－成本$_t$）只是代表第 t 期的净收益。随着 t 增加，贴现因子的幂指数会越来越大，因为贴现因子小于 1，因此幂指数的提高将使得其结果值变得越来越小，因此，收益和成本发生的时间离现在越远，净现值也会变得越来越小。符号 $\sum$ 表示时间从第 0 期到第 T 期的净收益流的累加。

191

思考!

尼古拉斯·斯特恩（Nicholas Stern）等人对全球气候变迁进行的一项经济分析发现，我们只要将全球 1% 的国民生产总值投资于缓和气候变迁的活动中，就可以避免灾难性的气候变化发生，并挽救数百万人的生命。由于 2006 年人均国民生产总值增长了约 3%，这就要求我们回到我们 4 个月前的生活水平，而且消费增长率较低。与此对照，威廉·诺德豪斯认为，这种策略的成本会大大超过其收益。二者之间的主要区别就在于斯特恩使用的贴现率更低。你认为对未来气候变迁的成本与收益贴现合适吗？为什么？

10.8　本章要点

从本章应该推导出什么最重要的观点呢？市场只能在非常严格的假设前提下平衡供需关系，即实现愿望的可能性。其中，商品和资源必须是排他性的与竞争性的（排他性意味着产权关系明晰而有效），市场行为人必须能够在零成本下进行交易（这使得大多数交易自动被排除在外），而且人们必须具备每种商品的所有成本和收益的完全信息。即使所有这些条件都得到满足，市场也未顾及后代人的权益。事实上，这些条件从来就得不到满足，不过许多具有排他性和竞争性的商品能够足够好地满足这些评判标准，因而市场仍不失为一种非常有用的资源配置机制。如果资源是非竞争性或非排他性的，那么，这些特征的具体组合则提供了大量信息以说明资源应该如何配置。读者应该清楚地明白这些不同组合所蕴含的具体含义。同时也要记住，有些资源本质上是非排他性的，竞争性则是它的一个物理属性，因此，为了使资源具有排他性，则需要某些社会制度提供保障。

我们尤其必须认识到,纯公共物品的"最优"产量不是以帕累托效率最优判标准为基础的。公共物品问题似乎已经超出了市场配置的范畴。读者可以对一些政策和制度进行思考,这些政策和制度可能是配置公共物品以及提供许多公共物品的生态基金—服务资源的有效机制。一种值得考虑的可能性就是参与性的民主论坛,它对人类价值观的讨论范围比对人类自利性的讨论范围更广,而且不只是通过参与者可以自行处置的购买力这一唯一标准来权衡他们的价值观。

10.9 主要概念

【注释】

[1] 这也并不一定意味着提供一种免费的非竞争性物品就是有效配置。我们在随后的章节中还将讨论这个话题。

[2] 丰富意味着有足够的资源可用于所有预期的用途;稀缺意味着一个人必须在竞争性目标之间作出选择。

[3] G. Hardin, The Tragedy of the Commons, *Science* 162: 1243-1248 (1968).

[4] 尽管如此,太多的经济学家仍然非常草率和缺乏严谨,普遍地认为建立私有产权可以解决大多数(即使不是全部)环境问题。

[5] 实际上,有规定停止以商业性目的捕捞某些种类的鲸,但仍然允许以科学研究为目的捕捞这些鲸。日本现在就以所谓的"科学研究"为目的,捕捞一些濒临灭绝的鲸,随后则以商业的方式销售鲸肉。参见 CNN.com, Japan Whaling Fleet Returns Home Amid U.S. Dispute, *Nature* (2000). Online: http://www. cnn.com/

2000/NATURE/09/21/whaling. japan. reut/, posted September 21, 2000。

[6] 肯尼思·博尔丁（Kenneth Boulding）实际上提出了一个解决资源枯竭问题的方法，他建议给予所有妇女生育2.1个孩子（更替生育率水平）的"产权"，这种产权允许买卖。但是，许多人都反对这种做法。你是否能够提出一个更好的解决途径？参见 K. Boulding, *The Meaning of the Twentieth Century*, New York：Harper & Row, 1964。

[7] A. Smith, *The Wealth of Nations*：Books Ⅰ-Ⅲ（安德鲁·斯金纳（Andrew Skinner）撰写书评），Harmondsworth, Middlesex, England：Penguin Books, 1970。

[8] 商业秘密确实仍以传统的形式存在。专利只提供在某个固定的期限内为信息提供独占性的所有权。在专利保护期内，为了避免使知识成为公共知识，有些企业宁愿不把某些工艺和配方申请专利，而是向其潜在的竞争者实行保密。参见 J. E. Stiglitz, "Knowledge as a Global Public Good," In I. Kaul, I. Grunberg, and M. A. Stern, eds, *Global Public Goods：International Cooperation in the 21st Century*, New York：Oxford University Press，1999。

[9] 引自 D. Bollier, Silent Theft：*The Private Plunder of our Common Wealth*, London：Routledge, 2002。

[10] Ibid.

[11] 参见 M. Heller and R. Eisenberg, Can Patents Deter Innovation? The Anti-commons in Biomedical Research, *Science* 280：698 - 701 (1998)；L. Lessig, *Free Culture：How Big Media Uses Technology and the Law to Lock Down Culture and Control Creativity*, New York：Penguin Press, 2004。

[12] 2001年春，许多药物生产企业坚决反对南非政府及其未支付特许费而生产和销售药物的政策。还有其他许多药物专利仍然符合上述情况。

[13] Free Software Foundation, What Is Copyleft? 2009. Online：http://www.gnu. org/copyleft/.

[14] P. Samuelson, The Pure Theory of Public Expenditure, *Review of Economics and Statistics* 36：387 - 389 (1954).

[15] R. Costanza, R. d'Arge, R. de Groot, S. Farber, M. Grasso, B. Hannon, S. Naeem, K. Limburg, J. Paruelo, R. V. O'Neill, R. Raskin, P. Sutton, and M. van den Belt, The Value of the World's Ecosystem Services and Natural Capital, *Nature* 387：253 - 260 (1997). 土地也可生产许多物品，如木材以及可上市交易的非木材林产品。我们在上述引用的文献中对此也作了估价，但未包含在该估算数据中。

[16] A. Almeida and C. Uhl, Developing a Quantitative Framework for Sustainable Resource-Use Planning the Brazilian Amazon, *World development* 10 (1995).

[17] 这并不意味着我们不能建立某种补偿机制，为那些提供生态系统服务的农民作出补偿；而只是意味着，如果农民提供这些服务，他们是为大家提供的。

[18] L. Geiter, "Ending Neglect：The Elimination of Tuberculosis in the United States," Committee on the Elimination of Tuberculosis in the United States, Division of Health Promotion and Disease Prevention, 2000. Online：http://www. nap. edu/books/030 907 028/html/.

[19] L. Garret, *Betrayal of Trust：The Collapse of Public Health*, New York：Hyperion, 2000.

［20］值得注意的是，现在政府确实利用纳税人的钱去资助了大量的原始研究，甚至允许私人企业随后对研发出来的产品申请专利保护。于是，企业便可以基于纳税人资助的研究，从纳税人那里赚取垄断利润。

［21］正如我们在第6章所述，创造生态系统结构（存量—流量资源、原材料）的替代品比创造生态系统服务的替代品或许容易得多，后者是由某个生态系统的结构元素极其复杂的相互作用而产生的。

［22］注意，重新植树造林的结果主要取决于生态系统本身的条件如何，也取决于植树造林采用的技术和树种。在有些情况下，重新植树造林也会使水量减少。

［23］在现实当中，动态环境之下，这样做并不一定会导致一个有效率的解决途径。例如，如果补偿可以使洗衣店有利可图，那么另外一个洗衣店则可能相邻而建，它也应该从发电厂那里获得某种补贴。鉴于显而易见的理由，如果发电厂答应给予补贴，吸引了那些原本不会被污染的洗衣店，这也是一种无效率。

［24］在这种情形下就必须看看，如果安装污染物减排设备可以产生一种正的外部性，洗衣店必须为发电厂支付一定的补偿。

［25］ R. Coase, The Problem of Social Cost, *Journal of Law and Economics* 3：1 - 44 (October 1960).

［26］ R. Cooter, "Coase Theorem," In *The New Palgrave：A Dictionary of Economics*, New York：Macmillan, 1987, pp. 457 -459.

［27］ R. Coase, *The Firm*, *the Market and Law*, Chicago：University of Chicago Press, 1988, p. 4.

［28］ Ibid. p. 6.

［29］ D. Bromley, *Environment and Economy：Property Rights and Public Policy*, Oxford, England：Blackwell, 1991.

第 11 章   市场失灵与非生物资源

193   我们分析了市场成为资源有效配置机制的条件，现在分析市场对于由大自然提供的商品和服务是如何表现的。按照我们在第 5 章和第 6 章中的讨论，我们将这些资源划分为八类：

1. 化石燃料（不可再生存量）；
2. 矿物（部分可循环、不可再生存量）；
3. 水（不可再生存量，或基金资源，取决于用途，可循环）；
4. 太阳能（不可毁灭基金）；
5. 李嘉图土地（不可毁灭基金）；
6. 可再生资源（可再生存量）；
7. 生态系统服务（可再生基金）；
8. 废弃物吸收能力（可再生基金）。

如果某种资源是排他性的，市场就可以对其进行配置；如果它是竞争性的，我们对它的利用、生产和消费的所有影响都不会产生外部性，那么它在当代的市场配置也是有效的。如果后代的福利不受当代资源利用的影响，那么这种资源的市场配置就是代际公平的。然而，正如我们将论述的，没有一种大自然提供的商品或服务满足所有这些评价标准。我们在本章中将分析非生物资源，并简单分析能够改善这些资源配置的政策。

11.1 化石燃料

194   化石燃料既是竞争性的，也是排他性的，因此能够通过市场予以配置。如果忽略资源的稀缺性（或未来的使用情况）以及市场失灵，那么化石燃料的最优配置应该就是需求曲线和供应曲线的交叉点，这时供应曲线应该等于**边际开采成本**（marginal extraction costs，MEX)[1]，如图11—1所示。

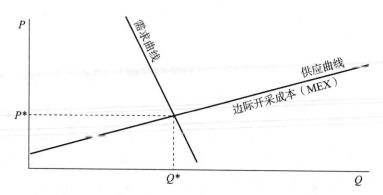

图11—1　不存在稀缺性和市场失灵的情况下，化石燃料的最优开采量 (Q^*, P^*)

外部成本

    然而，化石燃料的生产和消费在局域、区域与全球水平上都会产生严重的外部性问题。大多数外部性都表现为"公害"（public bad）的形式。表11—1显示的是这些外部性的例子的时空分布特征。

    许多外部性在不同的空间水平上会产生不同的影响。矿物燃料最优开采量应该包含这些边际外部成本，如图11—2所示，其中MEC即包含外部性的开采成本。因为这些外部性普遍存在，它不仅实实在在地影响着当今世界上生活的每个人，而且对后代也有影响，通过市场解决这些外部性问题的交易成本可能无穷大。由于自由市场没有能力处理这些外部性问题，因而需要市场外制度（如政府规制）的介入。[2]然而，这些制

195 度必须与其处理问题的规模相匹配，任何一个政府（通常都是与外部性问题最相关的制度）都没有处理超出其国界的外部性问题的积极性。现在，处理国际性的外部性问题的合适制度或者不存在，或者不够。

表 11—1　与化石燃料开采和消费有关的典型外部性的时空分布特点

外部性	局域水平	区域水平	全球水平	代际
全球变暖			✓	✓
酸雨	✓	✓		✓
石油泄漏	✓	✓		✓
开采引起的破坏（参见表11—2）	✓			✓
战争[a]	✓	✓		✓
水污染	✓	✓		✓
土壤污染	✓			✓
空气污染（气体）	✓	✓	✓	✓
空气污染（颗粒）	✓			
重金属污染	✓	✓	✓	✓

a. 为争夺矿物燃料的控制权已经发生或正在发生的战争数量，至少包括一些军事费用，这些都是化石燃料生产的外部性。参见 M. Renner，*WorldWatch Paper* 162：*The Anatomy of Resource Wars*，Washington，DC：WorldWatch（2002）。

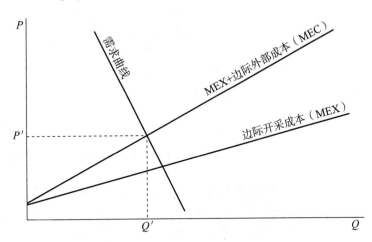

图 11—2　存在负外部性（全球边际外部成本）
而没有稀缺性的情况下，化石燃料的最优开采量（Q'，P'）

使用者成本

　　另外一个问题就是化石燃料是一种不可再生资源，后代的福祉乃至生存高度地依赖这些资源。即便不考虑后代，经济学家们也认为，现在利用某种不可再生的资源会增加其未来的稀缺性（供应量下降）。随着供应量的下降，价格就应该上涨。因此，如果某种不可再生资源的所有者现在就开采这种资源，那么他将丧失未来价格更高时开采这种资源的机会。

某种资源现在的开采量越大，那么，当前的供应量也越大，当前的价格就越低。现在开采量越大，也就意味着未来的稀缺性越强，未来的价格就越高。因此，在其他条件不变的情况下，**边际使用者成本**（marginal user cost，MUC）应该随着总产量的增加而增加。所谓边际使用者成本是指现在而不是未来每多开采一个单位的资源所产生的机会成本。[3]

边际使用者成本是生产的真实成本，MEC 和 MEX 必须加上边际使用者成本，才可算出代表所有边际机会成本的全部单位成本。单个的生产者认为价格为已知，因此他的生产量要达到边际收益（价格）等于边际成本（MEC＋MEX＋MUC）的这一点，如图 11—3 所示。当然，如果生产者不必支付边际外部成本，他也可能忽略它。

196

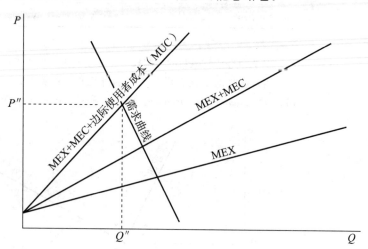

图 11—3 存在稀缺性和负外部性的情况下，化石燃料的最优开采量 (Q''，P'')

使用者成本（user cost）也可以被认为是资源在自然状态下的价值，即资源被开采前的本底价值（in-ground value）。边际使用者成本便是资源在其自然状态下每增加一个单位的价值。理论上来讲，在完全竞争市场条件下，生产者获得资源开采权应该给资源所有者支付费用，而且一个单位的费用刚好等于边际使用者成本。

197

> **思考！**
> 你能解释为什么在竞争市场条件下，生产者应该给资源所有者支付等于边际使用者成本的单位费用以获得某种资源的开采权吗？

这种费用被称为**特许权费**（royalty），即边际使用者成本应该等于资源的价格减去边际开采成本。因为在自然状态下自然资源的生产不需要人类劳动，因此，使用者成本便是不劳而获的经济利润，也被称为经济租（economic rent）。正如我们在第9章中所述，租金，或稀缺性租金，被定义为不劳而获的利润，或某个企业把其产品推向市场所得报酬的超额部分。

我们已经解释了边际使用者成本应该随着稀缺性的增加而上升，但是，它上升的速度有多快呢？必须记住，使用者成本是现在开采的机会成本，而贴现率则是放弃开采某种资源而投资于其他更有利可图的生产活动的机会成本。传统经济学家认为，在所有其他条件不变的情况下，地下资源的稀缺性正日益增加，促使边际使用者成本增长，当其增长率等于其他（地上）投资活动的常规回报率时，这时的资源开采率便是最优资源开采率。[4] 这便是所谓的**霍特林准则**（Hotelling rule），由经济学家哈罗德·霍特林（Harold Hotelling）最早提出，因此而得名。其结果是，开采率会随着时间的推移而下降，并导致价格不断上升。

如果假设 MEC 和 MEX 等于 0，那么，为了使得开采的利润最大化，价格的增长率将等于贴现率。这是一个很直观的结果，即：如果价格上升的速度低于贴现率，那么资源所有者便会加快资源开采速度，并将其利润用于投资，其价值将比地面资源的价值增加更快，从而使其利润达到最大化。除此之外，如果化石燃料的价格比贴现率上升更快，那么，放弃开采以让其增值，则可以产生最大的利润。换句话说，如果放弃资源开采的机会成本（贴现率乘以资源的当前价格）大于开采它的成本（使用者成本），我们便会开采它；反之亦然。

理论上讲，市场机制（通过看不见的手）会自动地将边际使用者成本和市场价格结合起来，并且等于市场价格减去开采成本。实际上，因为企业联合、缺乏竞争、产权不明晰以及不完全信息等原因，自然资源市场一般是高度不完全市场，市场机制无法揭示真实的使用者成本。作为一个替代指标，经济学家可以估计资源完全消耗的时间，或者不得不完全转向最易获得的替代品（如果存在替代品的话）的时间。如果对于某种资源存在某种合适的可再生的替代品（如太阳能），或者某种极其丰富的替代品（如氢聚变），我们便称之为支撑技术，那么，这种资源的价格绝不会超过替代品的价格。这便降低了当前利用这种资源的机会成本，也就是说，它可以降低使用者成本，因而导致开采速度加快，价格更低。为了确定使用者成本，首先要估算最优替代品额外一个单位的成本与被消耗资源的成本差额。然后，对这个估算值进行贴现计算，贴现时间从未来枯竭的年份到当前，这样即可算出边际使用者成本。

总之，使用者成本会很低，其原因可能有：（1）贴现率很高；（2）未来资源枯竭的时间距离现在很远，因为储存量很大，且年利用率很低；（3）预期存在很好的替代品。反之亦然。我们再一次看到贴现率（利率）、替代品预期以及地下资源储量不确定性的重要性。

专栏 11.1 ☞   **可持续性收入核算中的边际使用者成本**

约翰·梅纳德·凯恩斯无疑是 20 世纪最有影响的经济学家，但是有意思的是，在讨论生产者成本时，他主要对这个概念应用于人造资本基金的折旧方面感兴趣（以获得一个测度收入的合适指标）。他只提及了铜矿开采的使用者成本核算，把它当作"很明显的"例子以澄清他的观点。[a] 现在，如果一些教材要全面讨论使用者成本问题，它们都提及"明显"有必要按照人造资本折旧的方式，运用同样的逻辑核算自然资本。或许，这种颠倒的做法成为衡量我们最近在多大程度上忽视自然资本的一个指标。

回顾我们在前几章采用的一些术语，在任何情况下，使用者成本很显然都是对存量资源（自然的或人造的资本存量）的消耗必须支付的费用。在正常的核算当中，存货和机器都是资本。存货被消耗；而机器有折旧。二者都需要核算使用者成本。如果不从计算的收入当中减去使用者成本，那么收入将被高估，而且也将不是可持续性的。在全世界大多数国家的国民核算当中，使用者成本都被错误地算作了收入。[b] 凯恩斯作为现代宏观经济学的奠基人，对获得一个国民收入的正确评价指标非常感兴趣。

大自然中属于基金—服务的不可再生自然资源很少。我们在第 12 章将分析可再生资源提供的存量—流量资源和基金—服务资源的使用者成本的含义。

a. J. M. Keynes, *The General Theory of Employment, Interest, and Money*, Orlando, FL：Harcourt Brace (1991) p. 73.

b. 参见 S. El Serafy, The Proper Calculation of Income from Depletable Natural Resources, In Y. J. Ahmad, S. El Serafy, and E. Lutz, eds, *Environmental Accounting for Sustainable Development*, A UNEP-World Bank Symposium, Washington, D. C.：World Bank, 1989；以及 S. El Serafy, Green Accounting and Economic Policy, *Ecological Economics* 21：217 – 229 (1997)。

分析中存在的缺陷

然而，从生态经济学的观点来看，对化石燃料进行上述分析是不够的。首先，它只论述了资源对当代的净现值，忽略了要为后代留下一些资源的任何道德义务；也就是说，它只关注了代际效率，而忽略了规模和分配。其次，不论是生产者还是消费者，他们现在都没有支付边际外部成本。最后，经验证据与传统理论相互矛盾；如图 11—4 所示，石油价格在最近 140 年来一直非常稳定。我们在随后的章节中讨论矿物资源时还将详细论述。

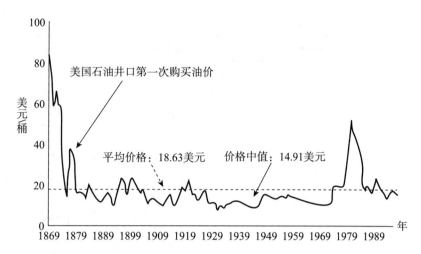

图 11—4　1861—2009 年（估计值）石油价格（按 2008 年美元价格计算）

注：短期价格不稳的特点非常明显（尤其是 20 世纪 70 年代欧佩克减产导致价格的明显上升和 2007—2008 年的价格冲击），但是，或许更值得注意的是大多数时期里的相对稳定性。

资料来源：British Petroleum, 2009, Statistical Review of World Energy, Full Report 2009, On-line：http://www.bp.com；2009 estimate of oil prices from Energy Information Administration, Short-Term Energy Outlook, 2009, Online：http://www.eia.doe.gov/steo。

11.2　矿物资源

矿物资源也是竞争性和排他性资源，可通过市场进行配置。和化石燃料的情况一样，矿物资源的生产和消费也会产生严重的外部性。事实上，有些国家（如美国[5]）采矿业排放的有毒物质大约占产业排放量的一半。我们对矿物资源外部性的了解不如对化石燃料外部性的了解那么透彻，如表11—2所示。

表 11—2　　　　　　　　　　　矿物资源（尤其是硬岩矿）开采的外部性

外部性	是什么？	影响什么？
矿山酸性排水	矿石以及相关岩石当中普遍存在金属硫化物。开采并粉碎这些岩石时，暴露到空气和水当中，容易使这些硫化物氧化，并生成酸性有毒的重金属阳离子。	氧化作用产生的废水也会进入附近的地表水或地下蓄水层；除酸化效应之外，重金属还会在动物和人的体内富集。

201

续前表

外部性	是什么？	影响什么？
侵蚀和冲积	重型机械、露天矿、露天开采会破坏植被固土功能；水力冲刷会侵蚀和废物当中的细小颗粒物质，并在其他地方沉积。	主要会对湿地和其他水生生境产生影响；土壤有机物、植被和尾矿处理会受到影响。
氰化物和其他化学物品释放	经常用氰化物和其他有毒化学物质提取矿物质。	释放到生态系统的氰化物对水、土壤、水生生物、有机物、野生动物、水禽以及人类会产生负面影响。
灰尘排放	矿石粉碎、碎矿石的运输、矿石装卸、矿山爆破、采矿和机动车运输、运输专用道的使用、废矿石的堆积、风扬起的尾料以及其他受干扰的区域都会产生灰尘。	灰尘会造成空气污染，也可以传送有毒的重金属。
生境改变	采矿会对景观产生明显的影响，并且要使用大量的水。	生态系统结构和功能受到影响。
地表和地下水污染	采矿要使用大量的水，从矿井抽取大量的水会影响地下水位，采矿废弃物会污染水资源。	改变地表和地下水流，对湿地和其他水生生境产生影响。

资料来源：EPA Office of Waste Water Management, Hardrock Mining: Environmental Impacts, http://cfpub. epa. gov/npdes/docs. cfm? view＝archivedprog&program ＿ id＝14&sort＝date ＿ published. The Web site was archived shortly after the G. W. Bush administration took office。

尽管与化石燃料产生的问题相比，上述这些外部性都是局部性的问题，但是这些外部性都是很持久而严重的。例如，1 500 年以前罗马人开采的矿山至今会还产生酸性矿水。单美国就有 50 万个废弃矿山[6]，清除费用估计为 320 亿～720 亿美元。[7] 另外，解决这些外部性的交易成本极高，甚至为无穷大，这取决于我们对后代的关心程度，而且，这些外部性问题无法通过自由市场得以解决。

在此值得注意一个有趣的反常现象。在一代之内，如果市场能够有效配置资源，那么这种资源必定是竞争性的。然而，后代并不能参与今天的市场。因此，如果一种商品在代际是竞争性的（即一代人的利用会影响下代人的利用），那么，因为后代人无法参与当代的市场，市场仍然不能有效地配置这种商品。化石燃料是代际竞争性的。矿物资源，如果能够循环利用，则在一代内是竞争性的，但是在代际则并非如此。因此，如果矿物资源可以有效循环利用，而且不存在与其生产和消费相关的负外部性，那么，市场配置在一代内就是有效的，在代际也是公平的。循环工艺越有效，边际使用者成本就越低，理论上的有效价格随时间的推移而上涨的幅度就越小。然而，历史记录表明，循环水平很低，需求量增长很大（仅美国的需求量就从 1900 年的 9 300 万吨增加到 1998 年的 29 亿吨），而且真实价格会明显下降。[8]

价格能够反映稀缺性吗？

如何解释不可再生资源的价格会下降这个经验事实和价格上升的理论预测之间的明显反常现象呢？传统经济学理论通常假设价格是稀缺性的某种函数，会随着稀缺性的增加而增加，而且不可再生资源的开采会减少地下资源的储藏量，这是一个不可更改的自然法则。但是，这并不意味着价格必定不能反映稀缺性，只要我们假设稀缺性不仅仅是由某种资源存量的现实数量所定义的。稀缺性也取决于新探明储量[9]以及替代品的有效性。价格会使供应和需求达到均衡，如果因新探明储量增加了供应量，或者因发明了替代品而使需求量下降，稀缺性便会下降，价格也会下跌。例如，光纤电缆就使得电话线对铜的需求明显下降。

然而，正如我们在前面所指出的，石油新探明储量在 1962 年达到高峰，1982 年生产量超过新探明储量，现在，石油的消费量超过新探明储量 2～6 倍。更有甚者，虽然我们确实具有了更多潜在的石油替代品，但相对于 100 年前而言，我们发明的依赖于石油的技术（互补品）比替代石油的技术多得多。正如替代品会降低稀缺性一样，互补品会增加稀缺性。尽管如此，在 20 世纪的大多数时间里，石油需求的稳定增长显然没有对石油的价格产生影响。

如何解释这种现象？首先，我们必须认识到，即便价格反映了地下资源的稀缺性，那也很不准确，原因很显然。地下究竟还有多少石油和矿物，即使是专家也还存在很大争议（最终可开采的储量比"已探明"的储量还要少），对"已探明"储量的估计每年都不一样，而且相差很大，甚至在没有新探明储量的情形下，这个估计值也经常增加很大。[10]如果专家都不知道地下有多少资源，价格怎么能告诉我们呢？

虽然价格不能有效地平衡地下未知的资源供应量和资源需求量，但是它们能够平衡地上可用的资源供应量和资源需求量。地上可用的供应量只由开采率决定，而开采率取决于已知的储量、现有的基础设施和技术，也取决于资源所有者对开采量的决策。霍特林曾建议，一个理性的生产者将限制当前的产量，以充分利用其未来的高价格优势。然而，如果真实价格不增加，所有者便没有积极性把矿物燃料留在地底下，而是应该合理的开采资源，只要边际开采成本低于价格即可。本质上，生产者会忽略边际使用者成本（MUC），如图 11—1 所示的最简单的静态分析。

即使生产者忽略边际使用者成本，我们仍然期望 MEC 增加。正如我们前面所论述的，经济分析通常假设不可再生资源将首先从最优质、最容易开采的矿区开采。随着这些资源的消耗，然后转移到其他地方开采，由于在这些地方的开采成本更高，进而成为推动价格上涨的压力。然而，对于这个观点存在两个问题。第一，正如诺加德一直强调的，当我们开始开采一种新的资源时，我们往往对最好的矿山在哪里知之甚少。大量的机会与最初的发现有关。诺加德曾把这个情况和"五月花号"①（Mayflower）作过比较。如果人们总是首先开采最好的矿山，那么第一个朝圣的人就应该定居在美洲最好的地方。然而，在他们到达美洲之前，朝圣者对北美洲的土地资源确实所知甚少，最后定居在何处，纯属偶然。[11]

第二，当开采一种新的资源的时候，资源总存量会减少，但是，我们也就逐渐地知道了在哪里可以获得这种资源以及如何开采这种资源的信息，这样便有更多的资源可以开采。因此，有两种效应在发生作用。稀缺性效应会降低可利用资源的总量，而信息效应会增加可利用资源的总量，并降低其开采成本。因此，只要信息效应占主导地位，资源的价格就应该下降。然而，稀缺性效应最终将会占主导地位，随后价格必定会上涨。这个模型不是为了预测某种资源的价格会逐渐上升，而是表明资源会突然快速地增加导致价格下降的概率。在本书的第一版中，我们把这种分析与石油地质学家的估计相结合，预测到今后 2～20 年石油价格会出现一个突然的明显上升，我们看到，2005 年至 2008 年 7 月确实出现了这种情况。然后价格下跌，但尽管经济衰退，价格又再次爬升。这项分析表明，通量高增长率的任何回报很可能就是随之而来的石油价格大幅上涨。[12]

204

如果关心可持续性，那么这个结论尤其重要。如前所述，经济学家假设价格上涨将引发创新，并对任何已知的资源都会产生替代品。如果资源所有人是乐观主义者，那么他们就会相信新的资源储量将被发现，新的替代品也将被发明。这意味着他们的资源不会变得稀缺，价格也不会上涨（甚至下跌）。在这种情况下，人们就意识到要尽可能快地开采资源并获取回报。如果资源被很快开采，那么地上的供应量很大，而且价格很低。这将削弱探矿和替代品开发的积极性。问题是开发替代品需要技术，而技术进步需要时间，迫近资源枯竭的警示越弱，开发替代品的时间就越少。很不合情理的是，在乐观主义者的世界里，悲观主义者很

---

① 五月花号是指 1620 年一艘搭载 102 名船客（包括清教徒在内）的木制帆船，于 9 月 16 日从英格兰普利茅斯出发，前往美洲新大陆马萨诸塞普利茅斯殖民地，并于 11 月 11 日在科德角附近靠岸，航程历时 66 天，期间一人死亡，一人诞生，所以仍有 102 人抵达目的地。——译者注

可能是对的；反之亦然。[13]虽然这些观点远不是唯一一种不相信我们可以忽视资源枯竭的论调，但它们很重要。

11.3 淡水

由于淡水与经济有关的特征取决于水的具体用途，而且因为淡水可以用于大多数经济的和生态的过程，所以水的经济学足可写一本书。与水的某些特定用途有关的特征可以参见本书其他章节的讨论。具体来讲，化石含水层中的水是一种类似于化石燃料的不可再生资源，它们几乎不产生外部性。[14]水作为一种生态基金—服务资源，类似于我们在第 12 章中将讨论的其他生态系统服务。我们在本节中只讨论水作为一种存量—流量资源的某些独特的属性。具体来讲，我们强调一个事实，即水是人类 100％的生存必需品，没有替代品。[15]而且给水系统通常具有明显的规模经济效应。

清洁可用水的稀缺性通常都是局部性的，但是，国际上关于水利用的争端日益增加，这表明存在全球范围的水的稀缺性。这些特征对水资源市场具有重要的意义。除了早期文明修建的第一项大规模灌溉工程以外，传统上水都是由公共部门供应的，水资源是一种竞争性物品，在大多数情况下，都具有排他性的属性，因此，在技术上能够通过市场进行配置。确实，近年来越来越多的城市、州，甚至国家都以提高效率为名转而由私人部门供应，许多新古典经济学家为此而拍手称赞。[16]然而，水是一种不可替代的资源，而且是 100％的生活必需品，这个事实意味着对水资源的市场配置存在严重的道德含义，因此，水成为了一个很好的研究案例，即为什么在生态经济学中水的公平分配比水的有效配置更为重要。

许多地方水资源很充沛，常用于一些很不重要的活动；90％的工业用水和家庭用水纯粹就是一种浪费。[17]提高水价应该可以减少这种浪费。然而，因为水在其最重要的利用方面没有替代品，而且是我们生存必不可少的物品，随着水的供应变得稀缺，或者价格越来越高，对水的需求就会变得极端地缺乏价格弹性。水价上涨 1％，会导致需求下降低于 1％，如图 11—5 所示。当水很充裕时，人们会把水用于一些不重要的活动，需求具有价格弹性。随着水变得越来越稀缺，人们只把水用于一些更为重要的活动，如种植粮食和饮用，水的需求就会变得完全非弹性了。

这种情况会产生两个严重的问题。第一个是分配问题。在市场经济当中，最"有效率"的用途是指能够产生最高价值的用途，而且这种价值可以通过支付意愿予以度量。在一个收入分配很不平均，而且水的相对稀缺性日益增加的世界里，很多人的支付手段非常有限。水资源的

205

206

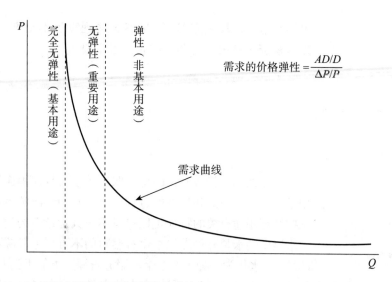

图 11—5　不同水量情况下的水的价格弹性（需求量变化百分比相对于价格变化百分比）

"完全"市场配置可能很容易就会导致这样一种情形发生，即富人花钱用饮用水浇草坪，而穷人必须喝受到了污染的水。虽然从经济上看，绿草坪可能更有效率，可是从道德上看，大多数人都应该认为，穷人的生存应该更优先考虑。

　　第二个是效率问题。市场极少是完美无缺的，而且就水而言，其市场可能更不完美。水的供应需要大量的基础设施，重复建设的成本非常高。鉴于这个原因，只有一个供应者也是理所当然的，因此，即使被私有化，水一般也不存在竞争性市场，反过来却是自然垄断市场。当生产的固定成本很高（如建水库和给水管道），而边际成本很低且固定不变（如增加一个家庭接入给水管道），因而平均成本随着使用量的增加而递减时，自然垄断便会产生。许多公共服务事业都是自然垄断。对于非弹性的需求而言，垄断供应商知道，价格上涨10％，需求量的下降会小于10％，从而可以提高其收入并降低其成本。另外，每个人都需要水，不管垄断供应商多么无效率，价格多昂贵，它们都不能退出这个市场。在对企业的市场份额没有威胁的情况下，企业将集中全力使其短期利润达到最大化，为此，将推迟对基础设施作必要的改善。唯有采取强力管制，才能阻止私人供应商提高价格和降低质量。由于没有竞争推动价格下降，也没有规制控制成本，私人部门对水的供应很可能比公共部门供应更缺乏效率，而且也更不公平。

11.4　李嘉图土地

　　正如我们在第4章和第5章中所解释的，所谓李嘉图土地，是指仅作为能够捕获阳光和降雨的物理空间，而不是各种土地本身内在固有的生产性品质。土地品质（如土壤肥力）则归类为生态系统服务。在代内，李嘉图土地既是竞争性的，也是排他性的，因此可以通过市场进行配置。在代际，这种土地则是非竞争性的，这表明市场对土地的配置既可以满足代内的效率标准，也可以满足代际的公平标准。

然而，在作出这种结论之前，我们必须问：是什么使得李嘉图土地具有价值？的确，按照市场的术语而言，世界上最有价值的土地往往都处在大城市的边界范围以内，那里的土地价格可以超过每平方米 10 万美元，而最不值钱的土地往往是那些最沙漠化的土地。似乎与人类接近使得土地具有了价值。有些人或许会回答，无人居住地方的土地之所以价值很低，是因为其他因素，如极冷或极热，是这些因素阻止人类在那里居住。但是，如果看看地球上那些不怎么诱人的生境，会发现在有人居住的地方，人口越稠密地价越高；人口越稀疏地价越低，即便这些地方实际上完全一样，也是如此。

为什么人类的存在会使得土地更有价值呢？因为人类是社会动物，他们无论在心理上还是在生理上彼此依赖。生活在其他人附近使得每个个体可以充分发挥他的专长，而且分工的经济好处是众所周知的知识。事实上，在一个伴随着人口增长而增长的经济体当中，即使地主没有改良土地，土地也会增值。随着城市的增长，其周边的土地也变得更值钱。如果政府建设地铁系统或道路，邻近的土地价格可能飙涨。与新的基础设施（如污水处理系统、电网、高速公路以及地铁）相邻同样也能提高地价。

事实上，土地是从其他人决策的正外部性那里获得了价值。土地价值因此是因某种市场失灵而产生，但是，我们不能简单地假设市场是配置李嘉图土地最好的办法。对土地价值的这些见解首先是由 19 世纪的经济学家亨利·乔治提出来的。[18]

土地价值的起源不仅仅是一个学术观点，它与一些重要的政策辩论具有直接的关系。例如，20 世纪 90 年代初期有一个广泛讨论的案例——芝加哥郊区有一个老妇人拥有一片价值 3 000 万美元的土地。由于在她的土地上发现了一种濒临灭绝的蝴蝶，于是政府对她的土地开发进行严格限制，以至土地的价格狂跌。许多人认为这非常不公平，政府应该为"侵占"了她的土地价值而作出补偿。然而，是什么原因使她的土地如此值钱呢？这位老妇人拥有这片土地几十年了，在这期间，芝加哥城市迅速扩大。政府建的道路、下水道以及电网逐渐地扩张，使得她偏远的地块现在值钱了。政府的行为创造了这块土地的价值，随后政府的行为也是为了满足重要的公共需要而使她的私人价值减少。这便提出了一个重要的问题：由社会或大自然创造，而不是通过个人努力形成的个人名义下的财富是否应该属于整个社会呢？

除了与土地价值有关的市场失灵以外，还有另外一个原因，使得市场的魔力对土地不起作用。土地的数量是固定的，而且其供应是完全非弹性的，即土地的供应量不会随价格的变化而变化。由于土地的数量固定，而需求却不断增加（随着人口和财富的增加而增加），土地价格也呈上涨趋势。因此，无论谁设法获得土地，他都看出了土地不必通过自己的努力就可以增长的价值。这使得土地成为许多投机商的投资目标。出于投机目的而购买的土地往往会被闲置，但是投机行为产生的需求必须与生产行为产生的需求相起来，这就会进一步抬高地价，并且使人们出于生产目的而购买土地的能力降低。换句话来说，在某些条件下，土地的投机市场能够降低土地的生产量。但是，这并不意味着土地所有权和土地市场必定有害，而只意味着我们不应该机械地认为土地市场具有市场的所有理论功效。

11.5　太阳能

为了论述的完备性，我们还必须讨论最后一种非生物资源，即持续不断温暖地球并推动地球生物化学循环的太阳能。很显然，任何人类组织或人类的发明（巨大的镜子或太空伞除外）都不能直接改变地球上太阳光的分配，也不能改变太阳光的供应。然而，市场对太阳能的规模、分布以及配置具有重要的间接影响。

在规模方面，人类对生态系统的影响似乎正在削弱生态系统捕获太阳能的能力。例如，酸雨毒化的森林比健康的森林捕获的太阳能更少。在分布方面，土地是捕获非热能形式的太阳能的一个最必不可少的基质，因此，市场间接地决定了谁可以利用到达地球的太阳能。太阳能的配置（即太阳能的用途）也部分地决定于谁拥有接受太阳能的土地。在这个意义上，太阳能既是竞争性的，也是排他性的。对于太阳能的配置而言，土地利用也会影响太阳能的空间分布，如通过亚马孙流域的蒸散作用，可以把太阳能以热能的形式转运到温带地区。然而，就政策分析而言，这些问题都可以被看作其他资源利用的属性或外部性。

11.6　主要概念

209　八大类大自然的商品和服务：化石燃料（不可再生存量）；矿物（部分可循环，不可　　Classification of eight natural goods and services: fossil fuels (nonrenewable stock),

再生存量）；水（不可再生存量，可循环）；太阳能（不可毁灭基金）；李嘉图土地（不可毁灭基金）；可再生资源（可再生存量）；生态系统服务（可再生基金）；废弃物吸收能力（可再生基金）。	minerals (partially recyclable, nonrenewable stock), water (nonrenewable stock, recyclable), solar energy (indestructible fund), Ricardian land (indestructible fund), renewable resources (renewable stock), ecosystem services (renewable fund), waste absorption capacity (renewable fund)
存量（消耗），基金（折旧）	Stocks (depletion), funds (depreciation)
可再生，不可再生	Renewable, nonrenewable
竞争性，非竞争性，排他性，非排他性	Rival, nonrival, excludable, nonexcludable
开采成本，边际开采成本	Extraction cost, marginal extraction cost
外部成本，边际外部成本	External costs, marginal external costs
使用者成本，边际使用者成本	User cost, marginal user cost
特许权费	Royalty
霍特林准则	Hotelling rule
价格作为测度资源稀缺性的指标是有疑问的	Price as problematic measure of resource scarcity
亨利·乔治	Henry George

【注释】

[1] MEX 包括所有成本，如设备和劳动的成本，以及投入资本的机会成本。

[2] 这并不是说政府规制不能激励市场减少外部性，参见第 18～19 章。

[3] 注意，有些理论研究认为，边际开采成本上升和（或）存在某种用之不竭的替代品（一种回止技术）可以导致边际使用者成本随时间的推移而下降。数学模型中不同的假设会导致不同的结果。

[4] H. Hotelling, The Economics of Exhaustible Resources，*Journal of Political Economy* 2：137 - 175 (1931).

[5] P. Sampat, From Rio to Johannesburg：Mining Less in a Sustainable World. World Summit Policy Brief ♯9. World Watch Institute News Release. Online：http://www. worldwatch. org/press/news/2002/08/06/.

［6］Center for Streamside Studies. Online：http://depts. Washington. edu/cs-suw/Publications/FactSheets/minec. pdf.

［7］据报道，有些矿的清除费用比开采的矿物本身的价值还大。Environmental Media Services，Mining Companies Profit from Public Lands While Taxpayers for Cleanup，2002. Online：http://www. ems. org/mining/profits _ costs. html.

［8］D. E. Sullivan，J. L. Sznopek，and L. A. Wagner，Twentieth Century U. S. Mineral Prices Decline in Constant Dollars. Open File Report 00 - 389，Washington，DC：U. S. Geological Survey U. S. Department of the Interior，2000. 2002 年 1 月至 2008 年 1 月，按照联合国贸易与发展会议（UNCTAD）指数，金属和矿产价格上涨了 285%。2008 年底，价格大幅下跌，然后在 2009 年再次上升。

［9］记住，新探明储量并不会增加地下的资源量，只会使我们更容易获取它们！在短期市场方面，新探明储量会降低稀缺性，但在长期的物理和地质方面，它们将增加地下资源的稀缺性。

［10］1988 年 1 月，伊朗、伊拉克和委内瑞拉分别报告它们的石油储量翻番，估计都是为了在欧佩克争取更大的配额。尽管从那以后，它们连续不断地开采石油，可是它们报告的储量却几乎没有变化。参见 C. J. Campbell，Proving the Unprovable，*Petroleum Economist*，May，1995。

［11］R. Norgaard，Economic Indicators of Resource Scarcity：A Critical Essay，*Journal of Environmental Indicators and Management* 19（1），19 - 25（July 1990）.

［12］D. B. Reynolds，The Mineral Economy：How Prices and Costs Can Falsely Signal Decreasing Scarcity，*Ecological Economics* 31（1）：155 - 166（1999）；C. J. Campbell and J. H. Laherrère，The End of Cheap Oil，*Scientific American*，March 1998.

［13］P. Victor，Indicators of Sustainable Development：Some Lessons from Capital Theory，*Ecological Economics* 4：191 - 213（1991）.

［14］如果含水层上升到地面，给小溪、河流补充水源，那么含水层的消耗可能就会引起严重的负外部性。

［15］当然，技术能提高某些情况下的水的利用效率。

［16］例如，国际货币基金组织和世界银行经常为供水的私有化提供贷款。

［17］I. A. Shiklomanov，World Water Resources：Modern Assessment and Outlook for the 21st Century，1999. Federal Service of Russia for Hydrometeorology & Environment Monitoring，State Hydrological Institute，St. Petersburg.

［18］H. George，*Significant Paragraphs from Henry George's Progress and Poverty*，*with an introduction by John Dewey*，Garden City，NY：Doubleday，Doran，1928.

第 12 章　市场失灵与生物资源

211　　　与非生物资源相比，生物资源是可再生资源，如果是可降解的，那么，生物资源提供的服务和由生物资源产生的任何商品一样有价值。我们在本章中先分析特定的自然资源是否满足市场配置的标准，然后分析生物的存量—流量资源（生态系统结构）和生态基金—服务资源（生态系统功能），重点论述生态系统的废弃物吸收能力。我们必须牢记，任何对生态系统的攫取以及废弃物的排放都会影响到至关重要的生态功能。因为物种之间是以一种未知的、不可预知的方式彼此相互作用。研究物种或者这些复杂系统的其他组成成分，能提供有用的见识，但是综合系统远远超过其各组成部分之和。[1]

12.1　可再生资源存量和流量

　　　可再生资源存量和流量具有竞争性，而且具有潜在的排他性，这取决于能够控制对其利用的制度是否存在。如果生物资源消耗的速度低于其更新的速度，那么，它们在代际就是非竞争性的。遗憾的是，除非我们明确地将后代的利益纳入考虑范围，否则，经济的激励作用很可能会使我们快速地消耗这类资源，消耗的速率比其更新的速率还快，最终有可能导致其灭绝。正如我们反复指出的那样，利用可再生资源的存量和流量，作为由此而产生的一种外部性，不可避免地会消耗生态系统基金和服务。这使得我们对这些资源的经济分析明显复杂化。

212

在我们前面对可再生资源存量和流量的讨论中，只要涉及经济学方面的讨论，我们就极少关注它们的物理性质。正如我们在第 6 章讨论的可持续收获曲线，在此重绘于图 12—1。[2] 乍一看，似乎经济学家的目的只是尽可能地使资源富有生产性。如果果真如此，那么我们就应该努力使得某个种群维持在最大可持续收获量（即 MSY）的水平上。然而，这样做忽略了两个主要问题。第一，收获也是有成本的，我们把这个成本叫做 $P_E E$（即作业投入的价格乘以作业投入量，其中"作业投入量"[①]是指收获某种存量所需要的全部资源），而且每收获一个单位存量所引起的这些成本很可能会随着种群变小而增加。例如，剩下的鱼类种群越小，捕鱼的难度就越大。即使是森林，人们也总是首先采伐那些最容易砍伐的木材，随着森林存量的下降，要把越来越难采伐的木材存量投入市场的成本也就越来越大。

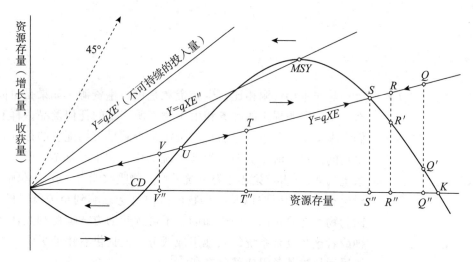

图 12—1　可持续收获量曲线和单位捕捞投入捕获量曲线

注：正如我们在第 6 章所述，曲线代表任意存量水平下存量的增长率，它等于可持续收获量。直线 $Y=qXE$ 表示任意存量水平下任意给定投入量的收获量。斜线越陡，表示投入量越大。

① 原文为 "effort"，是指为了收获某种存量资源（如森林或鱼类），其作业所需投入的资源（如采伐机械或捕捞船），因而在此译为"作业投入量"。针对收获的具体对象，"作业投入量"中的"作业"分别译为"采收"（农作物）、"采伐"（林木）、"采掘"（矿物）和"捕捞"（鱼类）等，对应有采收投入量、采伐投入量、采掘投入量和捕捞投入量等，或简译为"投入量"。——译者注

第二，更为重要的是，如果我们认为所有资源都具有可替代性（许多经济学家都是这么认为的），而且货币是所有资源的完全替代品，那么，经济目标就不应该是使得任何一种特定资源的可持续收获量达到最大化，而是使得资源收获取得的年利润的货币累加值达到最大化。但是，即使这样也并不完善，正如我们很快就要讨论的，因为市场的目的实际上是要使得现值达到最大化，即对未来的利润贴现后的货币累加值达到最大化。

为使分析简单化，我们假设在投入量、存量和收获量之间存在某种线性关系，即所谓**单位投入捕获量假设**（catch-per-unit-effort hypothesis）。对于任意给定的投入量，存量越多，收获量越大，二者呈线性关系；而对于任意给定的存量，投入量越大，收获量也越大。然而，如果收获量不低于存量的年增长量（即可持续收获曲线以下），任意年份投入量的提高（在其他条件不变的情况下）都意味着存量将变得更小，并因此而使得来年同样的投入量所获得的收获量下降。[3]

213
我们现在做一个简单的代数运算。假设 $Y = qXE$，其中 Y 为收获量；X 为存量（如鱼类或树木的存量）；E 为投入量（如捕捞船或锯木厂的数量）；q 为一个常数，我们把这个常数看作"可收获性系数"（harvestability coefficient）。[4]熟悉数学的人都知道，这是一个线性方程，起点为原点，斜率等于投入量（E）。图 12—1 中有三条直线，分别代表 $Y = qXE$、$Y = qXE'$ 和 $Y = qXE''$，其中 $E'' > E' > E$。也就是说，如果第 0 年存量为 Q''，投入量为 E（比如 100 条船），那么收获量就为 Q。在这些收获量当中，$Q'Q'$ 对应该年的年增长量，因此，$Q'Q$ 必定会使存量降低到 R''（注意，该图两个轴的比例是不同的，如资源流量的单位小于资源存量的单位）。在 R'' 和投入量都为 E 时，收获量将处于点 R，从而使存量下降 $R'R$。只要投入量保持不变，这个过程便会持续下去，直至达到可持续收获量曲线上的存量 S'' 和点 S 为止。

现在假设在某一年有一个外部冲击（如厄尔尼诺现象）迫使种群下降到 T''。只要投入量保持不变，现在的年收获量就将小于增长量或新增量，而且存量将逐渐恢复，直至再一次达到 S''。因此，S 就是一个稳定的均衡点（stable equilibrium point）。然而，如果在鱼类种群恢复之前，厄尔尼诺现象再次发生，则会迫使种群数量下降到点 V''。于

214
是，同样的投入量将会导致收获量大于增长量，种群将不能再恢复。正如我们在第 6 章所述，任何低于可持续收获量曲线的收获量都会导致来年的存量增加，而且任何高于可持续收获量曲线的收获量都会导致存量下降。$Y = qXE$ 曲线上的箭头表示了这种动态关系。因此，点 U（即单位投入捕获量曲线与可持续收获量曲线相交处）便是一个不稳定的均衡点，这一点在动态关系中没有实际意义，我们随后的章节中将省略不议。

年利润最大化

假设目标是使渔业捕捞可持续年利润（π）最大化。这要求我们找出可持续最大收获量曲线利润最大的位置。遗憾的是，利用捕捞投入量曲线所作的图形分析无法直接显示利润。为了从年利润的角度分析这个问题，因此我们画图12—2。纵横轴和收获量曲线维持不变，只是将纵轴（流量）乘以一个假定的常数，即鱼价（P_F）。[5]这样便把收获量曲线转换为总收入（TR）曲线，但没有改变原曲线的形状，因为只是乘了一个常数。由于利润（π）等于 $TR-TC$（总成本），所以需要增加一条曲线（TC）。如果限定捕捞投入量为所有设备、劳动和其他用于捕鱼的资源，那么 TC 则等于投入量乘以投入的价格，因此，TC 曲线可以从单位投入捕获量曲线推导出。[6]我们可以把 TC 看作一条从最大种群开始，随着被捕捞的鱼愈多而向左上升的曲线。TC 将随着捕捞的鱼越多而上升，一方面是因为存量的消耗，另一方面也是因为可持续收获量更大（至少达到MSY）。但是，即使超过 MSY，TC 曲线仍将有可能上升，因为存量会变得越来越少，找到鱼的难度也越来越大。[7]当达到某一点时，渔业的投入量大于鱼类种群可以维持的水平，这时的收获量水平就变得不可持续了。如图 12—2 中总成本曲线延伸出去的虚线所示。

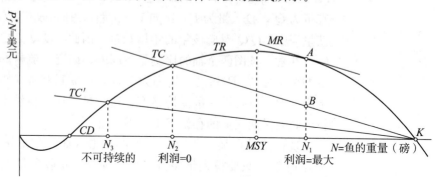

图12—2 可再生资源的最大化年利润

我们现在着重讨论流量，即 $\pi=TR-TC$，而且 π 的最大值出现在 π^*，这时 $MR=MC$，TR 曲线在此点的切线（MR）的斜率等于 TC 曲线切线（MC）的斜率。必须注意的是，我们在总收入的概念中没有考虑存量方面，即只分析作为一种可持续流量的利润，这种利润不是因为不可持续存量的下降而引起的。为了达到利润最大化的存量，存量下降一些是必要的，例如，如果图 12—1 中 S 是利润最大化的存量，那么，$Q'Q$ 和 $R'R$ 就是导致这一存量的一次性存量下降，但是现在我们忽略它，而只假设存量下降（一次性捕获的鱼）被扔掉了。我们将在随后的章节中论述这个问题。

在图 12—2 中，我们可以看出年利润的最大值（AB）出现在点 N_1，它大于对应于 MSY 的存量。换句话说，在这个分析中，一个小型的竞争性渔场老板，为了寻求最大化可持续年利润，根本不会达到 MSY，远不会迫使种群灭绝。如果总成本等于 0（或者常数），边际成本也应该等于 0，利润就应该在边际收入也等于 0 时达到最大化，也就是在 MSY 处，这时 TR 曲线的切线是水平直线（斜率等于 0）。因此，即使收获成本为 0，也不应该导致渔场老板的捕捞量超过 MSY。

> **思考！**
> 你能发现利润最大化捕捞量并不会消耗太大存量这个奇妙结果的默认假设吗？

我们一直假设只有一个渔场老板开发渔业资源，即只有一个所有者或决策者。我们不考虑私人产权，取而代之考虑排他性，为此假设渔业是开放性的，就像许多公海渔业资源的情况一样。在开放性资源情况下（这时资源是非排他性的），新的渔民只要有利可图就会进入。[8] 新渔民的进入将迫使存量下降到 N_2，这时 $\pi = 0$，即 $TR = TC$。在存量等于 N_2 时，投入捕鱼的资源更多，但是，此时可持续的捕捞量小于存量等于 N_1 时的捕捞量，没有任何一个人有利润。[9]

曲线 TC' 表示收获成本较低的情形，技术进步可能会产生这种情形，例如利用声呐装置确定鱼群的位置。在较低的成本下，开放性渔业对于新渔民而言，即使在收获量变得不可持续之后进入渔业也应该是有利可图的。这正是开放性资源灾难很有可能导致资源灭绝的情形，而且正是北大西洋鳕鱼和许多未管制之前鲸鱼种群的真实写照。在这种情况下，竞争会导致渔民们竞相捕捞剩下的鱼类。

如果我们放松价格不变的假设，转而假设价格随捕捞量的下降而增加，情况又会怎么样呢？总收入曲线在最小生存种群（即点 K）时应该等于 0，否则，当捕捞量很低时，总收入曲线会上移；当捕捞量很高时，总收入曲线会下移。当存量变得太低以致无法维持较高的捕捞量时，利润应该会增加，从而吸引更多的渔民加入捕捞业，增加了投入量达到不可持续水平的风险。然而，对于每一个年利润最大化的渔民而言，他们从更大的存量中捕捞的鱼类反而更少。

专栏 12.1 ☞   **野生和家养种群的年利润最大化**

我们现在使用利润最大化方法区分野生种群和家养种群的开发。当然，我们已经使用的渔业例子是一个野生种群的例子。一口鲶鱼塘则应该是一个家养种群的例子。在这两个例子中，生物种群增长函数是一样的。但是成本函数差别很大。对于野生种群而言，成本主要是指捕捞成本；而对家养种群而言，捕捞成本很小，但养鱼和围栏成本却很高。

图12—3显示了在某个特定的种群增长曲线上的两个相等的可持续收获量，一个表示野生模式；一个表示家养模式。在野生模式当中，TC曲线（没有画出来）应该从右边开始，自右向左逐渐增加（和上述渔场的例子一样，即随捕捞量的增加而增加）。在家养模式当中，TC曲线从左边开始，自左向右逐渐增加（即随着种群增大，饲养和围栏的成本也增加）。图形显示了这样一种情形，即开发野生种群和家养种群可以获得相同的可持续收获量。注意，正如年利润最大化的野生渔业所有者绝不会把种群压到MSY以下一样，家养渔业的年利润最大化所有者也绝不会允许种群增长到点MSY。你能解释其中的原因吗？

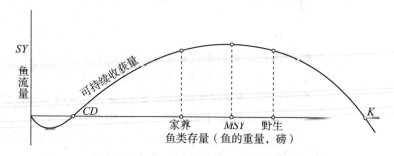

图12—3　野生和家养种群的可持续收获量

野生模式的优点就在于其基础种群较大，生物多样性更复杂，提供的生态基金服务更多，而且不用饲养。家养模式的优点就在于较小的基础种群占据的生态空间较少，可以腾出很多空间给其他生物（包括野生生物和人类）。当然，生产这些种群的食物需要一些生态空间。控制繁殖和遗传工程似乎也需要家养模式。日益增长的人类种群以及遗传工程的技术推动迫使人们趋向养殖人工繁殖种群（如著名的200磅大马哈鱼）。试图寻求更高生物增长率使之跟上利率也要求采取家养模式，因为一个较小的基础种群即可收获相同的年生长量，很明显这意味着增长率更高。但是，越小的种群增长速度越快，且更依赖于人类对养殖、繁殖和疾病的控制，这肯定会提高具有不确定性的整个生物系统的不稳定性、脆弱性和易损性。

专栏12.2 ☞　　　　　　　　　**地球工程或宇宙保护主义**

"我们能够关闭太阳和星星，因为它们不支付股息。"

——约翰·梅纳德·凯恩斯，1933

我们在第17章中将论述，我们不是自由贸易者。但我们确实认识到了环境保护主义的局限性,当用于保护竞争性商品免于与非竞争性商品竞争时尤其如此。

弗雷德里克·巴斯夏（Frederic Bastiat）的经典讽刺寓言《蜡烛工匠的请愿书》(Petition of the Candlemakers Against the Sun) 被赋予了新的意义。这一作品于 1845 年写于法国,其目的就是保护自由贸易和反对贸易保护主义,现在它可以被宇宙保护主义者应用于保护全球以化石燃料为基础的增长型经济免于与太阳光（一种免费商品）的"不公平"竞争。有人认为,包括美国企业研究所的特恩斯特伦（American Enterprise Institute's S. Thernstrom, Washington Post 6/13/09, p. A15）,我们应该逐步削减为地球生命提供能量的免费太阳辐射流,因为它会威胁到我们的蜡烛制造经济的增长,蜡烛经济会让大气层充满了温室气体。贸易保护主义的"解决方案"就是部分地关掉太阳（增加大气中颗粒污染物的反射率）,这样确实会给更多的燃烧碳的蜡烛制造出热室。尽管这可能会增加 GDP 和就业,但随之而来的是一个难以忽视的事实:所有生命都要提前数百万年对现有的太阳能流进行适应。减少太阳能流将大规模地取消这些适应,恰如全球变暖取消无数现存的对温度的适应。鉴于本书第 1 章解释的理由,人为地减少我们最基本、最丰富的低熵资源以便更快速地毁掉我们稀缺的陆地资源是违背人类以及其他物种利益的。基于这些现实情况,"蜡烛"以及 GDP 的许多其他成分都日益处于毫无必要的境地,而且变得越来越昂贵。要把庞氏债券销售出去,需要作出咄咄逼人的广告,而且人们必须认为:让世界充满更多蜡烛和更少光合作用的"地球工程"甚至是一个比信贷违约掉期更为糟糕的想法。那么为什么还有一些重要的人物极力提倡地球工程呢? 按照他们的说法,与巨大的迫在眉睫的气候灾害相比,这样做的害处更小。如果美国企业研究所现在已停止为科学家提供资金写论文争议全球变暖,且事实上人们已经认识到了气候变化是一件坏事,那么他们为什么不提倡碳排放税或碳排放上限以及贸易限制呢? 因为他们认为,技术上的地球困境（geo-fix）很便宜,而且将使我们能够买到时间和经济的增长,从而在未来更好地解决这一问题。正如再来一杯双份的威士忌,可以帮助我们鼓足勇气去真正面对我们的酒瘾……

利润可以投资时的利润最大化收获量:净现值

219   我们现在论述较高成本的情形（*TC*）,假设我们确认只有一个所有者,而且资源不是开放性的。那么,能够确认我们将稳定于 N_1 吗? 遗憾的是,情况并非如此,因为起初有些很麻烦的问题被隐瞒未说:即对于存量下降而不是每年新增部分的鱼类而言,情况究竟如何? 它们不会被抛掉,而且相对于年增长量而言,其数量很大。这些鱼会被卖掉。存量下降部分的鱼具有现在就可用的优势,即你不需要等着它孵化出来并

长大。但是，今天鱼的存量下降得越多，明天你拥有的鱼就越少，而且捕捞这些鱼的难度就越大。鱼类种群有点像谚语里说的永远下金蛋的鹅。毫无疑问，没有一个理性的资本家会把这样一只富有生产性的鹅杀掉。

难道这个资本家应该杀掉这只鹅吗？

如果资本家自始至终都希望金蛋的总量最大化，那么他显然不应该杀掉这只鹅。但是，杀掉也有杀掉的价值，一只煮熟了的鹅也有价值。假设资本家把这只鹅杀掉，煮熟后把它卖掉，也可以获得一笔钱，如果把这笔钱按照现行的利率存到银行里，每年获得的利息是不是比金蛋的价值更大呢？如果答案是肯定的，那么就得跟鹅说再见，跟银行说你好了！鹅的种群增长率（鹅的产蛋率）与利率（货币的"产蛋率"）处在直接竞争的位置。新古典经济学家认为，货币本身并没有繁殖器官，但是，它是其他许多可以繁殖的东西的替代物，总体上来讲，这些东西比鹅繁殖速度更快。因此，杀鹅再投资的资本家已经把一种慢速增长的资产转换成一种快速增长的资产，而且我们因此都会变得更好。按照经济学家的观点，在这种情况下，把鹅煮了能够使**净现值**最大化——从现在到未来，所有成本和收益流对我们现在的价值。经济学家利用贴现因子计算净现值时要给予未来的成本和收益一定的权重，未来的时间越远，所给权重越小（参见第 10 章）。

我们现在用一个思维实验来作进一步的讨论。假设某个经济体只有可再生资源。利率大约等于所有可再生资源种群增长率的加权平均值。任何增长速度比平均增长率（即利率）更慢的资源都可能灭绝（除非其增长率上升至利率以上）。但是总有些资源的增长率低于平均增长率。如果低于平均增长率的资源被排除在外，那么，在下一个周期，平均增长率又将如何呢？当然，它会上升。按照这样的趋势发展下去，似乎最后只有那些增长速度最快的物种会保留下来。生物多样性就会完全消失。在一个什么物品都可以替代的世界里[10]，这也没什么关系。如果海藻真的是增长速度最快的物种，我们就可以都吃海藻。

但是，我们一直忘记了价格。随着某些特定的慢生物种变得越来越稀少，价格毫无疑问会上升，而且价格上升应该对低生物增长率给予补偿，因此，物种的价值应该按照其灭绝之前的利率增长。但是要记住，当价格上升时现有存量的价格也会随新增流价格的上升而上升。随着价格的上升，捕完更有价值的现有存量的积极性也会上升，伴随而来的是降低当前的捕捞量，使得更有价值的生物恢复增量增加。如果对某个物种的需求是非弹性的，那么，总收入就会随着收获量的下降而增加。如果收获成本增加很慢，那么价格的上涨便成为了一种额外的激励，促使捕捞量提高，从而导致物种灭绝。

蓝鳍金枪鱼便是说明这个观点的一个极好的例子。2001 年，单条444 磅的蓝鳍金枪鱼在日本的售价接近175 000美元，大约每磅 395 美元。

尽管这是一个很异常的现象，然而日本餐馆购买蓝鳍金枪鱼的价格一般都为每磅 110 美元。[11] 不可否认，这只会出现在产权不完善的情形之下[12]，但是，你对用私人拥有金枪鱼所有权的方式来解决这个问题抱有多大的信心呢？较高的价格意味着耗完这种资源的价值越高，也意味着由新增的金枪鱼产生的收入越高。

如何决定是把 1 吨（边际）鱼留在水里继续繁殖（给我们一个金蛋流），还是把它捕捞起来（给我们一只烹好了的鹅）以获取利润？

按照新古典方法，我们会问：今天就捕捞鱼的全部机会成本是多少？很明显，如果今天捕捞，明天就没法捕捞这吨鱼了。然而，与石油或铁矿不同，如果现在就捕捞鱼，那么我们不仅失去了将来捕捞这吨鱼的机会，而且也失去了这些鱼应该繁殖的后代，它们留在水中应该增加的生物量也不复存在了。另外，随着经济的增长，人们对鱼的需求更大，而且日益增长的人口会进一步增加对鱼的需求量。如果今天就捕获它，我们就将失去明天更高价格所产生的额外利润。更有甚者，如果把鱼留在水里，它们将会繁殖而使种群扩大，更大的种群意味着鱼将会更加便宜，因此，下一个周期捕捞这一吨鱼比这个周期捕捞更有利可图。

如果现在就捕捞这一吨鱼，其好处仅仅在于这次收获产生的利润可以用来投资。也就是说，不捕捞这一吨鱼的机会成本等于放弃了本期与下一期之间这一吨鱼本可以产生利润用来投资的钱。

因此，只要捕捞下一吨鱼递减的边际收益大于递增的边际成本，经济学家就赞成捕捞，直到二者相等就停止捕捞。难以决策的事情是，当今天消费更多的存量以换来明天更少的存量和收获量时，我们不仅仅只有一个明天，还有后天，大后天，直至永远。我们必须把一次性的收益和永久的损失进行比较。如上所述，经济学家通过贴现和现值最大化的核算办法分析这个问题是很不令人满意的。他们认为，存在银行里的钱是像留在海洋里的鱼一样的真实财产，而且因为它生长较快，它可以是一种更加有利可图的真实财产。所有这些在实践中意味着什么呢？

与静态分析相比，如果我们忽略了为达到年利润最大化均衡所需的存量下降，那么，存量下降所产生利的投资机会将导致鱼类（或任何其他可再生资源）的储量更低。如图 12—2 所示，利润最大化的收获量应该位于 N_1 的左边，而且，如果利率越高，则更加靠近左边。

我们现在仍然以蓝鳍金枪鱼为例加以说明。捕捞一条鱼的成本只占其销售价格很小部分。假设当前收获量是可持续收获量且位于 MSY 附近，而且只有唯一一个资源所有者追求利润最大化。可持续收获量从 MSY 下降到某个稍低的存量，下降幅度可以很小，而存量要达到枯竭的程度则仍然需要下降很大。如果清盘存量所获取利润的利息回报大于每年失去的收获量的价值，那么利润最大化则更倾向于这样一种可持续收获量，即存量小于 MSY，而且更接近关键补偿点。

即便资源存量很低，且与捕捞收入（$P_Y Y$）相比，捕捞成本（$P_E E$）可以忽略不计，这种极端但又不完全不现实的情形意味着什么？我们以木材为例。比如说有一片生物学上尚未成熟的红杉林[13]，材积仍然在增加，因此其价值按每年3.5％的速率增长。[14]相反，过去70年美国股票市场货币的年真实增长率约为7％。[15]很显然，现在收获资源并把其利润存到银行里将使得私人的经济收益最大化。事实上，对于任何收获成本相对便宜，而且生长速度比其他投资获益更慢的物种而言，收获这些物种直至其灭绝将使得利润达到最大化。一般来讲，按照资源达到收获程度所需要的时间平均计算，许多很有价值的物种相对于其他投资来讲生长非常慢，而且随着时间的推移，技术往往会降低单位收获成本。对于这类资源而言，我们可以再一次说：再见了金蛋！你好银行！

总之，单位投入捕获量曲线分析的优点在于它从一开始就建立在存量下降效应之上，而且这种方式更为现实。$TR - TC$ 图的优点则在于它表明了年利润最大化可以在没有免费使用时是可持续和有效率的，而且带有一定的局限，这些局限表现为贴现和现值最大化的财务逻辑不符合生物学逻辑。

12.2 可再生资源基金和服务

到目前为止，我们在论述可再生资源合理收获量时一直把它们视为原材料存量和流量。但是，正如第6章所述，可再生资源不仅提供生态系统服务的流量，而且是在决定如何最好地配置其他资源时不可忽视的流量。尽管自然资源存量和流量具有某些市场商品的特征，但是由基金所产生的服务显然不具备这些特征。这类服务通常都是非排他性的，而且对于许多这类服务而言，没有可行的制度或技术能使它们具有排他性。因此，自由市场将不会生产它们。它们也是非竞争性的，否则，在完全市场上销售它们也就不应该使得边际成本与边际收益相等。

把生态系统服务的破坏视做总经济生产的一个负外部性，为我们认识"最优"收获量提供了帮助。[16]回顾可再生资源存量—流量的分析，我们需要在总私人收获成本之上再加上所有的外部成本。边际外部成本可能会按递增的速率增长，特别是在接近生态阈值（如最小生存种群）时更是如此，如果收获投入量太大，以致种群无法维持，这种情况将不可避免地会发生。实际上，随着我们接近生态阈值，边际活动很可能会导致无法预知的非边际后果，这时边际分析便不再适用了。图12—4类似于图12—2，但是 TC 曲线标记为 TPC，即总私人成本，而且包含一条总社会成本曲线（TSC），这条曲线等于 TPC 加上外部成本。随着我们接近最小生存种群，TSC 曲线就会变得近乎垂直（如边际社会成本高得难以接受）。最优收获量就在边际社会成本等于边际收入的位置，图上标记为 N_4。只要可再生资源有助于生态系统服务的提供，从生态经济学的角度来看，最优收获量将总是处在一个与年利润最大化均衡相比存量较高而且私人成本较低的位置上。

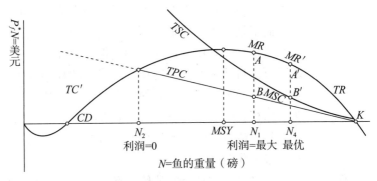

图 12—4　考虑生态系统服务时的可再生资源最优收获量

当然，最优性应该要求微观水平内化到所有生态系统服务的价格中。不过，人类对这些服务的影响尤其以不确定性为其特征（我们知道对基于生态系统服务的生态系统基金破坏的可能结果，但不知道其发生的概率），而且经常缺乏对这种破坏的认识（我们甚至不知道这些结果可能发生的范围）。事实上，我们几乎肯定不知道能够从中获利的生态系统服务的全部内容。另外，所有外部性的价值需要由经济学家、生态学家和其他专家计算出来，并结合到产生外部性的商品的价格中。而且某项生态系统服务的边际价值会随着生态系统服务供应量的变化而变化，因此，外部性的价值会经常地变化。如前所述，所有经济生产活动都会产生外部性。计算所有商品所有外部性经常变化的价值，这个想法大概是一个普罗米修斯式的富于独创性的任务。一旦达到目的，也仍然需要某些制度保证把这些费用体现在市场价格之中。而且必须牢记，市场的魔法正在于它的无计划性、分散型的本质，以及它利用"知识而又不把全部的知识给予任何人"的能力。

相反，有效地内部化外部性所需要的东西正好相反，即具有完全知识的个体作出的集中式计划。尽管所有资源都要实现最优配置并不是一个可行的目标，我们在第 6 篇（第 21～24 章）中将探讨达到满意的配置结果的一些途径。

注意，我们再一次没有考虑将存量下降获得的利润用于投资的潜力。这是故意遗漏的。没有任何潜在的回报可以替代维持生命的生态系统服务，也无法替代所有经济活动必需的原材料。另外，许多投资之所以有利可图，只不过是因为它们没有考虑资源消耗的机会成本

（MUC），或是因资源开采而不可避免地造成生态系统服务退化和破坏的社会成本。

非市场的生态系统基金—服务不可能像我们利用一只烹好了的鹅那样，会简单地转化为货币并用于投资。自然资源也正在按自然规律变得越来越稀缺。技术好像一直在为大多数自然资源开发新的用途，其开发的速度比开发自然资源的替代品还要快，从而提高了未来对自然资源的需求。日益增长的需求和不断下降的供给意味着自然资源未来的价值更大，而不是更小。我们不是以跨期利润最大化为目标，而是同意杰弗里·希尔（Geoffrey Heal）和其他环境经济学家的观点，即我们应该寻求可再生自然资源的利用使得当代人的福利最大化，而又不削弱后代人从这些资源那里获取利益的能力。希尔和其他一些人一直把这个原则称为"绿色黄金法则"（Green Golden Rule）。[17] 把绿色黄金法则单独应用于存量—流量分析，就与我们的可持续年利润最大化分析相一致，但与现值最大化分析相对立。

总之，我们拥有的某种生态基金越多，在其他所有条件都相同的情况下，我们就能期望它提供越多的服务。如果我们只关心某种基金提供的服务，那么该基金最合理的数量便是承载力，如图12—1和图12 4 中的 x 轴所示。相反，存量的最优收获量只是流量的某个函数（图中的 y 轴）。除非我们既认识到基金—服务的价值，也认识到存量—流量的价值，否则资源开采率将不会达到最优。图12—5对可再生资源的最优存量和收获量的讨论作出了总结。

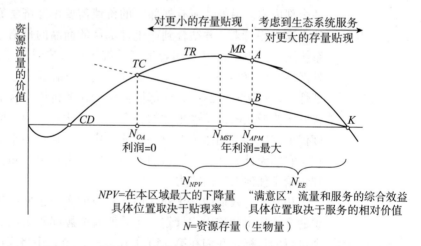

图12—5 针对不同对象和管理制度，可再生资源的最优收获水平

注：从左到右，N_{OA} 是开放性资源的均衡点，这时利润为 0。如果总成本随着时间的推移而下降，N_{OA} 可以变成不可持续。N_{NPV} 是净现值最大化时的存量。如果贴现率非常高，它就与开放性资源均衡点相同；如果贴现率等于 0，它就等于 N_{APM}。N_{APM} 为年利润最大化时的存量。N_{EE} 为生态经济学家的目的，即争取"满足的"（寻求足够而不是最大的数量）流量和服务的综合收益。

可再生资源的自然红利

不劳而获的收入是指把某种资源投入市场所需要的成本以上的收益。对于不可再生资源而言，我们把这种不劳而获的收入叫做稀缺性租金（scarcity rent）；对于可再生资源而言，也可以产生一种不劳而获的收入，这种收入是由大自然的再生能力而产生的，我们建议把它叫做**自然红利**（natural divident）。资源的开采和收获会产生真实成本，从事这些活动的人可以赚取正当收入。这种收入作为"正常利润"（normal profit）包括在 TC 曲线中，它是所有者的劳动、资本或许还包括创业能力的机会成本。正常利润以上的利润（即 AB）被称为"纯经济利润"（pure economic profit）。因为它是超过所有者机会成本以外的部分，所以我们认为它是一种由大自然的再生力产生的不劳而获的增长红利。我们已经论述过，如图 12—6 所示，在一种开放性资源的均衡中，总成本刚好等于总收入，而且利润等于 0（图 12—6 中，存量等于 N_{OA}）。然而，如果这种资源只有一个所有者，或者一个外部的监管者，比如说某个政府部门，那么把收获量限制在利润最大化水平是可能的，即存量等于 N_1。在这种情形下，纯利润（图 12—6 中的 AB）便是自然红利，而且它不是产生于特定所有者的特殊能力，而是产生于自然的再生力。自然红利也可以被看作地下（或海洋里）资源的价值。虽然自然红利主要归资源所有者所有，但是它纯粹是一种不劳而获的利润。这种红利应该属于谁？这与其说是在有效配置方面，不如说是在公平分配方面的某种政治决策。

226

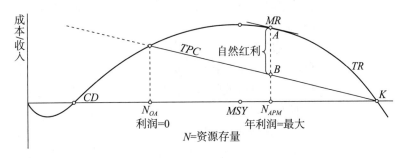

图 12—6 从自然资源收获量中取得的自然红利

12.3 废弃物吸收能力

废弃物吸收能力确实是另外一种生态系统服务。我们在这里单独讨论它，是因为它极其重要，而且具有许多与其他生态系统服务不同的特征。废弃物吸收能力（waste absorption capacity）是指生态系统吸收并处理污染物的能力，而且污染经济学是新古典环境经济学最主要的关注点。如前所述，废弃物吸收是一种竞争性商品。如果我把污水排放进一片湿地，那么这片湿地处理其他人产生的废弃物的能力便会下降。我们也曾指出，许多国家试图建立一些制度，使得废弃物吸收能力成为一种排他性的商品。这些制度包括直接限制工业排放的规章、强制性的催化式汽车尾气净化器，以及可交易的硫化物排放许可，等等。污染的可交易许可证和配额本质上是使废弃物吸收能力成为一种私人物品。这些机制我们将在第 21 章中详细讨论。

227　　　　我们必须牢牢记住，污染是一种纯外部性和"**公共坏品**"（public bad）[①]，具有非竞争性、非排他性和不受欢迎性等特点。因此，即使在空气污染方面存在某种市场，也不等同于说清洁空气也有一个市场存在。尽管如此，污染许可证制度仍然是有助于达到社会最优污染水平的几种机制之一（参见第 20～22 章）。

　　　　污染本质上并不存在直接的社会效益，但是，正如我们反复强调的，实际上所有生产过程都会产生某种污染，如果我们禁止所有污染的话，实际上也就禁止了生产。这便是为什么经济学家要采用明显的逆喻手法说"最优污染量"的原因。所谓最优，经济学家只是表示可能存在的帕累托有效。因此，污染效益的一个合理的估计值是指与一个单位污染有关的生产所产生的边际净私人收益（MNPB）。问题是我们对污染的外部成本的知识主要表现为无知性和不确定性，只是风险程度较低，确定性范围较小。由于我们并不知道污染的全部社会成本，因此，平衡成本与收益极其困难。政策制定者也无法很好地了解污染者的边际净私人收益，即 MNPB。

　　　　我们不得不认识到，废弃物吸收能力是一个动态过程，必须仔细地界定它的含义。我们把废弃物吸收能力定义为一个生态系统吸收对人类福祉具有直接或间接负面影响的经济活动所产生的某种特定的废弃物流的能力。如果废弃物流超过废弃物吸收能力，那么废弃物将积累。生态系统具有高度的适应性，可以逐步形成处理更大废弃物负荷的机制，不过这样也许会以牺牲某些重要的生态服务为代价。例如，世界各地的海洋系统通过水华吸收了过多的养分，当藻类腐烂时就会形成缺氧条件和死水区。另外，有可能产生正反馈，即过多的废弃物负荷会降低废弃物吸收能力，从而导致积累速度更快。例如，温暖的海洋吸收的二氧化碳较少（就好像一瓶苏打水在增温时会产生二氧化碳泡沫）。不管生态系统

————————————

　　① "public bad"可译为"公共不良品"、"公共有害品"（简译为"公害"），这里译为"公共坏品"，主要是考虑到与"公共物品"（public goods）对应。——译者注

如何响应，只要废弃物流超过吸收能力，废弃物就会无限制地累计。其结果是，关键的生态系统服务功能的损失，而且这种损失是不可逆转的。

系统超过某一个点就无法恢复，达到这一点时废弃物流速率增加的边际外部成本是多少呢？它是指该生态系统永久损失的服务的价值。如果生态系统提供了关键功能，那么边际外部成本从根本上来讲是无限大的。然而，如果废弃物流在超过关键阈值之前就得到阻止，那么生态系统就能够缓慢地处理废弃物，并通过自身恢复。位于美国和加拿大边界上的伊利湖（Lake Erie）所发生的情形似乎就是如此。如果我们所讨论的生态系统只是一个地方性的生态系统，而且在其周围有类似的生态系统存在，那么，甚至在生态系统崩溃之后，只要停止废弃物的流入，它也有可能得到恢复。废弃物将被吸收、分解并排放到该生态系统之外，新的有机物将占据这个生态系统，而且生态系统将开始恢复重建。

我们可以用图形的方式说明这些观点。对图10—2作适当的修改，就可以得到图12—7，用此图可以对外部性进行分析。注意，按照热动力学定律，经济产出量和废弃物排放量用同一个轴表示。实际上，彼此的关系并不像图12—7中表示的那样一成不变，许多技术可以用来生产不同的物品，有些产生的污染较少，而有些则较多，不过对于任意指定的技术而言，二者的关系是固定的。

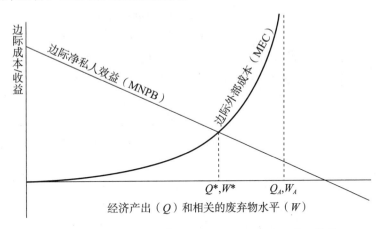

图 12—7　废弃物吸收能力：污染的边际成本和边际收益

我们在此假设本例中的经济产出不是人类生活必需品，即：或者存在可以使用的替代产品和工艺；或者物品本身对人类生活质量而言不是很重要。木浆生产的氯漂白纸就是一个很好的例子。用洋麻或大麻纤维制造的未漂白纸便是绝佳的替代品，纸本身很重要，但不是生活必需品。有机氯是造纸厂排放的许多废弃物之一，在美国，造纸厂是把有机氯排放到给水系统的最大排放者，其他许多国家也一样。

有机氯不容易生物降解，因此对这些物质的废弃物吸收能力非常小，如图 12—7 中点 Q_A、W_A 的垂直线所示。有机氯包含一些已知最毒的物质，如二噁英（dioxin），它已经残留于环境之中和动物体内，包括人类。与二噁英有关联的健康问题包括癌症、免疫系统紊乱以及儿童和胎儿发育不良等。毫不夸张地说，有机氯长期超过废弃物吸收能力的地方实际上已不适合于人居住，在我们这个拥挤的星球上，这个成本高得几乎不可接受。这个成本在图 12—7 中由边际外部成本曲线（MEC）表示，越接近环境的废弃物吸收能力（Q_A、W_A），该曲线就越趋近于垂直。如果造纸厂再持续一段时间不减排，那么边际成本就会变得无穷大。

另一方面，在废弃物吸收能力和造纸厂产生的污染物的影响方面的不确定性和无知性的极端水平并没有在图中反映出来。实际上，MEC 曲线和表示废弃物吸收能力的直线都应该是粗线，而不应该是细线。我们把最优产出量或污染量标记为（Q^*，W^*），但是必须注意，就我们的知识水平而言，二者均表示一个宽泛的区间，而不是一个精确的点。位置（Q^*，W^*）暗含的理由我们在第 10 章中论述过。

我们把污染流和废弃物吸收能力看作一个动态过程，再怎么强调其重要性都不为过。有些经济学家一直认为，在达到点（Q_A、W_A）之前，污染产生零损害，因为生态系统有能力吸收废弃物。但是，即便生态系统有能力吸收废弃物，显然污染仍然会产生实实在在的成本。MEC 曲线在点（Q_A、W_A）处可以趋近于无穷大。

根据人口水平和经济活动的水平（即以规模为基础），MNPB 在达到环境的废弃物吸收能力前后可以变成 0。地球越拥挤（即规模越大），在达到废弃物吸收能力而且 MEC 趋近于垂直之时，MNPB 就越有可能仍然为正值。为什么？因为商品和服务均以边际效用递减为其特征，这意味着对于某种指定数量的物品而言，人越多，人均消费就越低，因此，每消费一个单位的商品产生的人均效用就越高。这使得 MNPB 曲线向上位移。

总之，必须在此再一次强调，即使政策制定者能够测算出污染的全部边际成本和边际效益，而且向污染者收取相应的费用，污染市场仍然无法产生与自由市场有关的奇妙结果。不同的个体对污染的环境明显具有不同的偏好（效用）。市场能够得到广泛的溢美之词，是因为它们允许每个个体选择生产什么和消费什么，以便从生产或消费中获得的边际效益刚好等于其边际成本。然而，污染会影响到公共物品，而且所有个体必须等量消费。创建一个体系让污染者按消费者个体对污染的嫌恶的程度不同给予相应的补偿，其复杂程度无法想象。这绝不意味着我们反对建立废弃物吸收能力市场，但是确实意味着我们不应该把它们与所有市场的优点联系起来，因为这些市场的优点只与市场商品的买卖有关。

12.4　生物和非生物资源：整体系统

　　为了达到一个可持续的、公平的和有效的经济系统，我们必须理解该系统依存的资源的本质。我们需要理解这些资源在满足地球上的人类和其他物种需求方面所起到的作用，而且也必须理解通过市场和非市场机制影响它们在代内和代际配置的特征。当然，对每种资源都作出分析是不可能的。但是，我们引入了一些重要的概念，例如竞争性、排他性、外部性、无知性和不确定性、存量—流量以及基金—服务，而且把这些概念运用于对具体类别的自然资源进行分析。为使分析更加容易，我们粗略地将生物资源和非生物资源划分为八类，并且把上述概念分别应用于这些类别资源的分析。

　　采用这种方法的第一个目的就是帮助读者准确地理解市场不能有效地配置每种资源的原因，并思考哪种制度和机制更为有效。我们首先分析了非生物资源，非生物资源非常简单，很容易理解。然后分析大自然提供的存量—流量，它是经济所依赖的原材料。这时开始显现出复杂性：不可预知的生态阈值，超过这一阈值，生物种群将崩溃；来自外部变量（如气候变迁）产生的影响以及生境的退化。这时分析开始变得更加复杂。对生态系统和废弃物吸收能力的分析可以看出，它们都是一个整体系统的元素，我们不能脱离该系统去理解它们。生态系统基金—服务（包括废弃物吸收能力）都是由生态系统存量—流量复杂的相互作用来提供的，而且它们也是维持这些存量—流量所必需的。我们不能独立于基金—服务来思考存量—流量的配置，而要结合基金—服务一并考虑。不论是基金—服务，还是存量—流量，它们都受到不可再生非生物资源产生的废弃物流的严重影响。这究竟意味着什么呢？

　　采用这种方法的第二个目的在于引导读者认识到实现第一个目的（如上所述）是不够的，这有点似是而非。虽然它有助于理解每一种自然资源的特殊性质，但是，到目前为止更为重要的是，要认识到这些资源是密切地纠缠在一起的，如果不考虑到某种资源对其他资源可能产生的影响，我们就不能配置任何一种资源。还原论的方法（即把低熵资源分解为一个个相对窄的类别）提供了一些很有用的见解，但是对待一个复杂的活的星球，它还不够。表面上看，每种资源单独地有效配置将不一定导致所有资源合在一起时也有效配置。生态经济学家所关心的是综合的系统，而不是单一的商品；是复杂的社会，而不是原子式的个人。把一个系统分解为更好理解的个体元素是一种有效的分析方法，但是，它可能会严重地误导我们，除非我们随后把这些元素综合成为一个整体，以便从总体上加以理解。

12.5 主要概念

存量—流量资源和基金—服务资源	Stock-flow versus fund-service resource
可持续收获量，最大可持续收获量	Sustainable yield，maximum sustainable yield
吸收能力	Absorptive capacity
单位作业投入量曲线	Per-unit effort curve
稳定均衡和不稳定均衡	Stable and unstable equilibrium
最大化年利润和最大化净现值	Maximizing annual profit versus maximizing net present value
野生生物利用和繁殖种群	Exploitation of wild versus bred population
自然红利	Natural dividend

【注释】

[1] 与本书配套的练习手册的第 6 章和第 7 章侧重于综合，即整合部分以便更好地理解整体。

[2] 我们改变了该图的比例，使之更加清楚。具体是延长了 Y 轴，这样，45°线看起来比 45°更陡。

[3] 当种群存量很大时，大量的收获可以导致来年可持续收获量更大。但是，这种可持续收获量将仍然小于把种群降低到提供这种可持续收获量的存量的种群需要的收获量。

[4] C. Clark，in *Mathematical Bioeconomics：The Optimal Management of Renewable Resources*，New York：Wiley，1990. 该文在对捕鱼进行讨论时使用"可捕捞性系数"（catchability coefficient）。我们在这里用"可收获性系数"（harvestability coefficient），因为我们谈论的对象是许多不同类型的存量。

[5] 注意，这里假设价格固定不变、市场完全竞争，即世界上有许多小型的有管理的渔场。我们在随后的章节中将对这个假设进行讨论。

[6] 图 12—2 实际上不是从图 12—1 推导而来的。图 12—1 的线性收获量投入量曲线不应该转换为图 12—2 所示的线性总成本曲线。不过，二者都是线性的，这一假设只是一种简化处理，这样便于分析。

[7] 注意，图 12—2 与图 12—1 的形状并不相同。图 12—2 描述了一个更有回弹性的种群，在没有产生灭绝种群的情况下可以维持一个更高的努力水平，这个图能更好地说明我们在此给出的一些关键点。

[8] 按照经济学的定义，利润是超过生产成本的回报，其中，生产成本包括工

资。对于一个很小的捕捞队而言，渔民可以分享获得的回报，利润则意味着他们比在其他地方应该获得的更高的工资。

[9] 注意，如果总成本足够高，尽管利润仍然为0，开放性资源在均衡时所达到的收获量有可能比利润最大化时的均衡所达到的收获量要大。

[10] 如果某种东西一个单位可以无差异地替代另外一个单位，那么这种东西就是可替换的。例如，同一口井里的两桶水就是可替换的（你说不出它们之间存在任何差异）。但是，取自不同水井的两桶水可能就不是可替换的，因为存在质量上的差异，如硬度、味道等等。货币是可替换的，因为我们说不出政府用于外交援助上的钱是我上缴的税金还是你上缴的税金。任何可以转换为货币的东西（商品、服务，甚至生物物种）都可以获得一种人为的或抽象的可转换性，即使它们在物理上并不完全是可替换的。这使我们很容易犯具体性错位的错误（参见第2章）。

[11] G. Schaeffer, Tuna Sells for Record $175,000, Associated Press International，January 5, 2001.

[12] 至少在大西洋捕捞蓝鳍金枪鱼受到了管制，东大西洋的配额由欧洲国家掌握，西大西洋的配额由美国、加拿大和日本掌握。但是，有证据表明，这些配额过高，而且这两个种群不能完全区分开。因此，用来为原先开放性的资源设定产权的规制达不到保护物种的目的。参见 T. Bestor, How Sushi Went Global, *Foreign Policy* 121 (November/December 2000)。

[13] 森林增长率逐渐下降至0，即为生物成熟。比如，新增量刚好与枯萎率匹配。

[14] 这个增长率实际上很高，不现实。数据来自对一片1公顷红杉林70多年的检测数据。尽管这片森林的增长率很高，以至于人们普遍称之为"森林奇观"，增长最快的10年，其总立木蓄积平均每年新增3.5%。1923—1995年，平均每年新增肯定低于1%。这些数字是由作者从下述文献提供的数据计算得来的。参见 G. Allen, J. Lindquist, J. Melo, and J. Stuart, Seventy-Two Years Growth on a Redwood Sample Plot: The Wonder Plot Revisited（没有日期）；Online：http://www.cnr.berkeley.edu/~jleblanc/www/Redwood/rdwd-Seventy.html。

[15] S. Johnson, Are Seven Percent Returns Realistic? Online：http://www.sscommonsense.org/page04.html. Common Sense on Social Security.

[16] 提醒一下自己，这里所说的"最优"意味着什么？参见专栏2.1。

[17] G. Heal, *Valuing the Future: Economic Theory and Sustainability*, New York：Columbia University Press, 1998. 注意，除绿色黄金法则之外，希尔还提出了许多客观的定律。

第 13 章　人类行为与经济学

233

经济学家认为，整个世界缺乏的是适当的排污税制度。但他们忘记了，如果人们造成污染而不受惩罚，这必定是一个缺乏共同责任的迹象。

——肯尼思·博尔丁，New Goals for Society

正如我们在第8章和第9章中所述，传统的经济理论假设某些经济行为是与生俱来的。也就是说，它们在不同的时间以及不同的文化之间是高度可预见的。这个假设蕴含着一个有关人类本质的核心理念，对经济理论的发展有着深刻的影响。这一核心理念凝练为"经济人"（Homo economicus）这一概念，它产生于功利主义的学科基础，并融合了以下几个特点：

1. 不满足性。我们真正想要的是更多的东西。换一种方式来说，越多总是越好，消费是效用（如福利）的一个主要来源。

2. 完全理性。个体具有稳定的外生确定性偏好（即偏好不受广告、其他人的偏好、可供选择的数量等等因素的影响），并且在面对时间、收入等给定约束条件下，作出最能满足这些偏好的选择。

3. 完全自利性。个体（或者至少是家庭）并不在意他们的选择对其他人有什么影响，而且也不受其他人体验过的"效用"所影响。社会交

234

往只有在影响到自己的消费、娱乐和财富时才有意义。

　　一般而言，经济行为只不过是一群理性、自利的个体所作出决定的集合。虽然大多数经济学家都认为，经济人假设有点像是对真正的人类行为的一种讽刺，但这些假设仍然是传统微观经济学理论的核心支柱之一。在理论上，竞争性的自由市场充分利用了人类的自利创造了一个体系，通过这一体系，竞争和自私的行为为最多的人创造了最大的好处。因为市场是通过价格机制按照它自己的逻辑运行的，所以市场价格反映了人类的价值观和欲望。

> **思考！**
> 　　由于我们要探讨经济学的行为基础，读者也许会发现，思考一下应该如何回答以下问题是很有用的：（1）用"经济人"来形容人类合适吗？（2）如果不合适，那么又应该怎样形容呢？（3）读者认为这样形容对经济学研究有什么意义？

专栏 13.1 ☞

生态经济学和自利假设

　　生态经济学从生态学和经济学那里继承了一种思想，即个体的自利与竞争性的努力导致了更大的集体利益。从经济学来看，有亚当·斯密的"看不见的手"；从生物学（通过生态学）来看，有达尔文的"自然选择，适者生存"，这表明在面对马尔萨斯人口压力胁迫下，对有限的生存手段产生竞争，可以使得最适者生存。在某种程度上来讲，这是两个有关世界如何运转的假设，而不是肯定自利作为一种道德价值观的假设。竞争是一个事实。但是在这两种情况下，这个假设都得到了它自称的后果的庇佑：市场效率和进化过程。

　　在经济学和生物学当中，还有其他一些与自利假设相互矛盾的传统。亚当·斯密本人在《道德情操论》（*The Theory of Moral Sentiments*）中强调，合作与共同责任作为一个整体环境，其中竞争可能是可信的。达尔文则认为，群体选择更有利于道德价值观的演化和合作[a]，克鲁泡特金[b]强调互助是进化的一个因素。然而，在这两个学科当中，自利的传统一直明显地占据了主导地位，而且在生态经济学当中应该意识到，不论是好是坏，我们都已经双双接受了这份遗产。

　　a. C. Darwin, *Descent of Man*, 1871. Online: http://www.infidels.org/library/historical/charles_darwin/descent_of_man/.

　　b. P. Kropotkin, *Mutual Aid: A Factor of Evolution*, 1902. Online: http://www.calresco.org/texts/mutaid.htm.

　　我们在本章中探讨我们所知道的人类行为、这种行为的传统模式

（即经济人）是否恰当及其对生态经济学的意义。在此过程中，将探索研究人类的欲望以及理性与感情的作用、利己和利他的作用、竞争与合作的作用。与此同时也会涉及进化论有关人类行为方面的知识，还有文化进化方面的难题以及它们在多大程度上改变了人类的行为。

专栏 13. 2 ☞   **人类的行为应该如何？**

在进一步论述之前，首先分别列出与你交往的好人和坏人的 5 个个性特点。身体特征如力气、智力、运动能力、相貌等等与此无关。

一旦完成了上述列表，再回头看看经济人模型。你认为经济人的显性行为和隐性行为更像是一个好人还是一个坏人？

现在来做一个思维实验。如果你把一个好人和一个坏人放在一个孤岛上，二者的身体特征一样，你认为谁将最有可能兴旺起来？为什么？试想一下，如果一个社会开始时都有同样数量的好人与坏人，但是，那些兴旺起来的人能够留下更多后代，而且他们把自己的特征留给了这些后代（通过遗传或文化的方式）。那么，假以时日，这个社会的构成将会发生什么变化呢？

如果你把 10 个好人放在一个岛上，把 10 个坏人放在另一个岛上，那么，哪个岛上的人口将最有可能兴旺起来？为什么？试想那些兴旺起来的人，人口数量将增加，它们的后代会移居到其他岛上，而且与他们自己具有共同的特征。假以时日，全球社会将会发生什么变化呢？

你认为大多数人都是好人，还是坏人，或者介于二者之间？你认为应该像好人一样为人处世还是像坏人一样恶贯满盈，人类更有可能兴旺起来？

这些问题均改编自 D. S. 威尔逊（D. S. Wilson）的 *Evolution for Everyone*（New York：Delacorte Press，2007）。他一再向他的学生们问这些问题，并且发现"与'善'相关的特征会促使群体运转正常，而与'恶'相关的特征则会促使个体牺牲群体的利益"（p. 125）。你选择的特征符合这一观点吗？

---

13. 1 消费和福利

236

我们在本书中一开始就认为，在决定配置什么以及如何配置之前，对经济活动的期望目标必须有一个总体认识。经济学家经常谈论效用最大化，在最初的功利主义哲学当中，它等同于幸福。虽然幸福曾经被认为过于主观以致难以评价，然而，近年来研究幸福度已经变成了一项受人尊敬的学术工作。我们并不主张经济学的终极目标只是使人们幸福，但是精神满足的确是经济活动的一个重要目标。因此，很值得研究什么东西使人幸福，什么东西使人不幸福。

消费是通向幸福的路径吗？

大多数经济学家（以及大多数社会）似乎认为，日益增长的消费是理想的终极目标。我们在第 1 章曾认为人类天性贪得无厌（我们在第 14 章还将讨论这个话题）。在人类历史的大部分时间里，人类都是捕猎—采集者，他们在很小的范围内消耗资源，然后再迁移，通常每天行程 20 英里。如果积累的东西比能携带的东西多，那么就无法满足食物供应并忍饥挨饿。积累就意味着死亡。

但是，人类想要得到的东西明显受到文化以及人类演化历史的影响。在现代世界中，收入越多是否就一定越幸福？至少可以从四个角度来看待这个问题：第一，富国之人比穷国之人更幸福吗？第二，同一个社会当中，富人比穷人更幸福吗？第三，一个国家会随着收入的增加而变得更加幸福吗？第四，在一个人的一生当中，富有就一定幸福吗？

理查德·伊斯特林（Richard Easterlin）在 20 世纪 70 年代就研究这类问题，他得出一个莫名其妙的悖论。按照经济学家的猜测，在一国之内，与不富裕的人相比，富裕的人报告的幸福度更大。[1]然而，一旦国家拥有了足够的财富，足以满足其公民的基本需求，那么各国的幸福度与国民收入便没有多大关系。此外，一个国家之内的幸福度水平，不会因国民收入随时间推移明显增加而增加。[2]在随后的若干年里，这些基本的结果已经重复过无数次，而且对整体生活满意度而言，结果也是如此，如图 13—1 所示。[3]最近公布于众的一项研究声称已经否定了伊斯特林悖论，并且发现 GDP 和幸福度无论是在时间上还是国家间，都具有很强的相关性。[4]然而，伊斯特林在反驳中表明，GDP 和幸福度之间的时间序列相关性只在短期存在，长期将会消失。令人惊讶的是，发达国家、发展中国家和转型国家（如原苏联加盟共和国）都是如此。[5]

对这一悖论的解释是：虽然绝对收入水平不是很重要，但相对收入却很重要。例如，对一国之内收入差异性更深入的研究表明，与住在中等或贫民区的中产阶级相比，住在富人区的中产阶级的生活满意度较低。[6]此外，把个人和其过去的收入进行比较，可以发现，个人很快会适应收入的增加，而且把增加后的收入看作一种新的常态，但对收入损失的适应则比较慢（我们在随后的章节中将进一步讨论此话题）。这就解释了 GDP 和幸福度之间短期存在相关性，这种情形往往在经济进入衰退或恢复时发生；但这种相关性从长期来看则不存在。[7]如果只与相对收入有关，那么增加绝对收入（特别是在发达国家）就几乎增加不了幸福度。

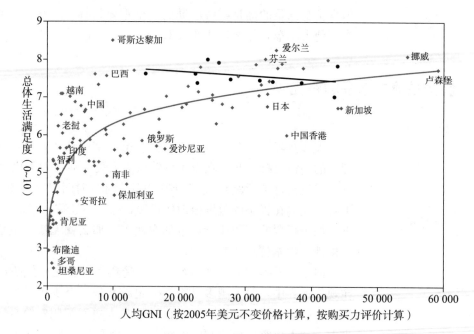

图 13—1　人均国民收入总值（GNI）和总体平均生活满意度

注：浅色钻石形代表全世界 121 个国家的截面数据；浅色线为对数趋势曲线；黑色方块代表美国的时间序列数据；黑线为趋势线。

对于每一个国家而言，我们都使用最近的（2004—2008 年）调查数据，调查时使用的问题是："考虑到所有的事情，你对你这些天的生活总体上是感到满意还是不满意？"打分为 0～10 分，或者 1～10 分（如果前者的数据缺乏，则将此分数调整为 0～10 分）。未列出的国家是因为没有可用的数据。美国的数据包括所有有数据的年份，所提的问题一样。为了将所有的收入指标转换为相同的单位，我们提出了一个转换因子：$CF_t = $［美国真实人均 GDP（按 2005 年美元价格计算）］$_t$／［美国按购买力平价计算的 GNI（按当前国际美元价格计算）］$_t$，其中 $t = $ 2004—2008。x 轴表示 $CF \times$ 人均 GNI（按购买力平价计算）。

资料来源：Weenhoven, R., *World Database of Happiness*, *Distributional Findings in Nations*, Erasmus University Rotterdam, 见 http://worlddatabaseofhappiness. eur. nl, 2010；Bureau of National Economic Accounts. Current-dollar and "real" GDP. US Department of Commerce, 见 http://www. bea. gov/national/index. htm, 2007；World Bank Group. Development Indicators, 见 http://devdata. worldbank. org/data-query/, 2010。

机会越多，选择越多，就一定会使我们变得更好？但最起码，选择越多似乎不会使我们变得更糟。

遗憾的是，许多实证研究表明，在很多情况下，人们会选择更困难、更有压力且更不让人愉悦的事情。选择有可能产生冲突。在很多情况下，人们的反应只是不选择（即选择默认选项）或作出一个糟糕的选择。

例如，一项研究询问被访者，假设他们正在考虑从一家商店购买一个 CD 播放器，而且这家商店只有一天按清仓价格出售商品，一个流行的索尼牌播放器售价 99 美元。这时，让被访者在低冲突条件下（即只有两种选择）作出选择，是现在购买播放器，还是再等等，以对其他各种品牌的播放器做更多了解。大多数被访者都愿意现在就购买索尼牌播放器。这项研究还做了一个隔离实验，情景一样，唯一不同的是这个商店不仅有索尼牌播放器，而且还有一种顶级的爱华牌播放器，售价169美元（即高冲突情形，选择更多，很难比较）。在这种情况下，大多数参与者都选择等待更多的信息。增加第三种选择应该不会影响前两种选择的偏好顺序，但事实就是有影响。此外，人们更愿意避免冲突，即使仅在人们自己的大脑中进行选择，但增加了可供选择的数量也就增加了潜在的冲突。[8]许多研究表明，选择太多，不仅会使人们更难以作出一个好的选择，而且选择本身也会成为一种不愉快的经历。[9]

增加选择与成本也有关系。例如，如果只有几十个品种的汽车、电脑或自行车，那么商店库存备件就应该很容易，而且很容易将损坏的商品废物加以利用（20世纪50年代作为备件的来源，废旧汽车场非常普及，现在或许很少有人记得这事了）。在现代社会里，企业每年都要推出一系列新产品，而且大多数缺乏标准化。选择如此众多，替代零部件的备货的制造非常困难，一旦零部件坏了，维修就变得更加困难（实际上，这降低了消费者的选择），而且还增加了返回环境的废物流。

幸福的源泉

如果收入和选择都不会使我们幸福，那么什么可以使我们幸福呢？许多研究认为影响幸福的因素包括心理健康、满足感和稳定的工作、安稳且充满爱的私人生活、有较强的社会网络、自由和伦理价值观。行为经济学家现在讨论**程序效用**（procedural utility），从本质上来讲，它是指人们不只是因为拥有某些东西，而是因为做某件事而获得的快乐。[10]其他研究者认为，"因为身份对于行为而言非常重要，所以身份的选择可能是人们作出的最重要的'经济'决策"[11]。换句话说，"是什么"比"拥有什么"更为重要。大多数学术型的经济学家在商业部门获得的收入比他们在学术界获得的收入多得多，但让人意外的是，他们非常重视消费所产生的效用，而把生产当作负效用的一个来源，并且会忽略自我身份的认定。家庭、朋友、社区、宗教团体的社交互动也会增加自我报告的生活质量水平。在一次采访中，当乔治·韦兰特（George Vaillant）被问及他从一项由哈佛人（不是一个社会的随机样本）历时72年完成的研究中学到了什么时，作为该项研究的首席研究员，他回答说："在生活中真正唯一重要的事就是你与他人之间的关系。"[12]

相反，总是把自己与别人相比，向往着金钱、财产、形象和名望，这样不仅会降低人的活力，增加抑郁的情绪，而且会增加身体上的不良症状，如各种各样的病痛。[13]同样，收入不如自己的邻居，或者少于自己的期望值，都会使人不高兴。虽然一个人收入的增加与其更大的幸福度有关（至少是暂时的，后面还将讨论），但由于这会使得别人不幸福，因此也是一种负外部性。有趣的是，必须关注"与琼斯们比阔气"（keeping up with the Joneses）这个短语，意味着你的邻居们（比如说琼斯们）有什么，你就得买什么，这样才能维持你的地位，这个短语已经变成了一个动词"炫富"（Jonesing），即吸毒者总是需要吸食更多药物才能保持住快乐。虽然一个人自己的收入与其幸福度正相关（尽管只是微弱相关），但与别人的收入（以及人均 GNP）则呈负相关，因为别人越富裕，那么一个人从某个给定的工资中获得的愉悦就越少。[14]

加薪确实会让人感觉很好。然而，大量的研究已经表明，我们只是适应性地感觉良好而已（例如，对加薪、中彩票或购买一台新的大屏幕电视感觉的幸福），而且会产生享乐适应症，让人总是想要得到更多。人们常常会在中彩票或遭受重大事故之后，回到某个给定的"设定值"（即人的典型的幸福度水平），因此使得某些研究人员相信，追求幸福是徒劳无果的。[15]然而，积极的心理学家们已经发现，虽然我们可以适应性地感觉良好，但是做好事，"把资源奉献给别人，而不是纵容自己沉溺于物质的欲望之中"，则会产生一个持久的幸福感觉。[16]其他研究表明，那些把资源奉献给别人的人具有更强烈的自尊心、更健康的体魄、更少的压力感，而且精神更有活力。[17]

241

13.2 理性

在最极端的情况下，经济学假设个体完全了解他们从现在到未来所有决策的全部影响，并作出合理的选择，从而使得他们的效用最大化。然而，现实世界太复杂，人也太不完美，无法作出完全合理的决策。[18]事实上，我们认为有关理性行为和完美信息的严苛假设的荒谬性是如此之明显，以至我们不必浪费时间对它们加以说明。

在充分信息情况下作出简单决策时人们是否理性？如果不是理性的，对经济系统具有什么意义？我们已经解释了选择增加是如何逆转偏好的顺序（例如，如果给定 A 和 B 两个选择，我选择 A；但是，如果给定 A、B 和 C 三个选择，我选择 B）。尽管这种理性的矛盾很有趣，而且很有意义，但诺贝尔经济学奖获得者特维斯基和卡尼曼（Tversky and Kahneman）进行了大量极其有意义的研究。一项研究要求人们想象——

美国不得不为一种不同寻常的亚洲病（比如说禽流感）的爆发做好准备。如果什么都不做的话，将会有 600 人死亡。一半的被试者被告知在计划 A 和计划 B 之间进行选择，计划 A 可以挽救 200 人的生命，计划 B 将有 1/3 的概率挽救所有人的生命，并有 2/3 的概率一个人也挽救不了。在这些被试者当中，有 72％的人选择了计划 A。另一半被试者被告知在计划 C 和计划 D 之间进行选择，计划 C 将会导致 400 人死亡；计划 D 将有 1/3 的概率没人死亡，2/3 的概率 600 人死亡。在这些被试者当中，有 78％的人选择计划 D。从客观角度来看，计划 A 与计划 C 相同；计划 B 与计划 D 相同。此外，选择 B 和 D 的预期结果（等于一个结果出现的概率乘以它的结果值）与选择 A 和 C 的结果相同。偏好方面的显著差异完全是由于我们对结果描述以及我们对待风险的态度：在 A 与 B 之间的选择侧重收益（如挽救生命），而在 C 和 D 之间选择则侧重于损失（如人的死亡）。结果表明，主观上人看待收益和损失的方式都不同。

利用这项研究以及其他研究，特维斯基和卡尼曼梳理出许多重要结论。有趣的是，从生命以及金钱和物质财富的角度来看（他们的一些研究使用了金钱而不是生命），好像大多数人都有边际效用递减的体验，例如，他们研究发现，人们并不认为挽救 600 人的生命比挽救 200 人的生命好 3 倍，因此认为确定挽救 200 人的生命比 1/3 的机会挽救 600 人的生命更好。此外，结果表明，与损失相比，人们一般对收益更具有风险规避性。假如在 50 美元的损失和有 50％的概率损失 100 美元之间作出选择，大多数人都会冒险；但是，如果在 50 美元的收益和有 50％的概率获得 100 美元之间作出选择，人们会采纳确定的事情。这种情况如图 13—2 所示，该图是一个假想的价值函数。他们还发现，相对于事件的预期结果而言，与中等概率或高概率事件相比，人们对低概率事件赋予的权重更大。其中的一个结果是，人们可以提出问题，并很可能选择一个占优选项（dominated alternative），即这是一个明显的劣势选择，也就是说，这个选项在某些情况下有可能比其他选项更差，但无论如何也不会比其他选项更好。[19]

偏好在很大程度上会受到一项选择是如何构架的影响：与具有 20％死亡率的一项手术相比，人们更喜欢一个具有 80％存活率的手术。[20] 默认选项会明显地影响偏好。愿意在死亡事故中捐献自己的器官的人数，不同的国家存在很大差异，这一决定是人们在获得驾驶执照时经常要被问到的。事实证明，这种差异几乎全部可以通过选择是否捐献器官来得到解释。在欧洲国家，每个人都必须选择参加捐献器官，捐献率为 4.25％～27.5％；而在其他一些国家，人们不得不选择不捐献器官，捐献率却高达 86％～100％。[21] 同样，如果人们不得不选择参加退休储蓄计划，实际参加储蓄的人远没有选择不参加的人多。偏好在很大程度上也

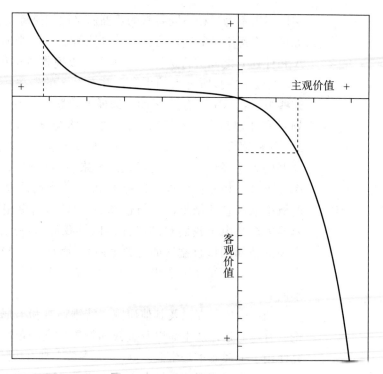

主观价值 +

客观价值

图 13—2　一个假想的价值函数

注：x 轴表示一个事件的实际结果，而 y 轴表示人们对它的价值判断。损失和收益都表现出边际价值递减，而且人们对损失所赋予的权重比收益要大。

会受到我们是首先考虑政策的效益还是首先考虑政策的成本的影响（如果我们首先考虑效益，则更有可能支持一项政策），而且，受到是按照自己的判断来作决定还是由一个团体来作决定的影响（例如，如果是由团体作决定，则很可能会给未来赋予更大的权重）。[22]

13.3　自利

在只影响个人福利的不同选项之间作出选择时，非理性行为可能会使人们作出错误的选择。在或者有利于个人，或者有利于社会的选项之间进行选择时，非理性行为和自私行为都可能危害社会福利。通过简单的反思，大多数人都知道，我们并不完全是自利的，而且，我们经常听说有人为他人作出很大牺牲。然而，与此同时，在纯粹自私的行为方面证据非常多，这也解释了为什么在世界范围内，在开放使用资源与公共物品方面存在退化和投资不足的现象。我们现在回顾一下当前与自利、他利、竞争、合作和公平有关的人类行为方面知识状态。

244

13.4　实验证据

　　一项结果最明显而且非常简单的人类行为研究就是独裁博弈，在独裁博弈实验中，给每个实验对象一笔钱，让他把这笔钱按照他自己的愿望，送给一位陌生人，愿给多少就给多少。理性利己者显然会把所有的钱都留给自己。在对大学生的试验中，这的确是最常见的选择，但是也只有大约 20％的受试者这么做，其余的至少都要给一部分出去。平均给出 20％。[23] 最有趣的是对非洲和南美洲的三个不同的部落群所做的研究。这三个部落群一个为田园部落，一个为园艺部落，一个为放牧部落。在这些实验中采用了相当于一天的收入，几乎没有人付出为零，平均付出 20％～32％。[24] 对于这种行为，唯一可能的解释似乎是大多数人都关心公平、社区或者其他人的福利，也就是说，人类实际上是一种社会动物。

　　最后通牒博弈更复杂一点，但更能揭示人类的行为。在这个博弈中，给予一个参与人（提议者）一些钱或其他好处，并告诉他要分一部分给另一名参与人（裁决者），后者一般是匿名的。裁决者可以选择接受（此时两位参与人都得到了分享），或者拒绝接受（此时两位参与人都得不到任何东西）。理性自利的参与人应该会认为，无论如何分割，有钱总比没钱好。理性自利的提议者假定裁决者也是理性的，因此他会按最低份额分割给裁决者，比方说 1％。但在对大学生的研究中发现，大多数人都会提出更加均等的分割，与理性自利的假设矛盾。此外，裁决者往往会拒绝他们认为不公平的分割（在美国一般为低于 30％的份额），实际上，甚至会牺牲自己的福利来惩罚提议者的自私行为。这种惩罚想必会阻止未来的自私行为，其结果就是所谓的**利他性惩罚**（altruistic punishment）。我们在随后的章节中将探讨其意义。

245　　最后通牒博弈也适用于世界各地的不同文化之间。不同文化之间的差异比大学生之间的差异更大，对理性自利假设的支持更加微弱：在 15 个不同文化中，平均分割率为 26％～58％，模数为 15％～50％。[25] 所涉及的赌注大小似乎对分割比例或者对拒绝的最小比例影响很小。[16] 文化差异很重要，而且与经济系统的性质似乎密切相关。例如，在很讲究合作的文化当中（例如在捕鲸者之间）提出的分割比例非常高，而在不太讲究合作的文化当中（例如在相对独立的园艺从业者之间）提出的分割比例则很低，甚至很低的比例都不会拒绝。奇怪的是，在讲究互惠互利的文化当中（例如赠送礼物司空见惯，但要求受惠人在将来的某个时候给予答谢），分割比例超过 50％是常见的，而且在很多情况下都遭到拒绝，即便提议者和裁决者都是匿名的。[27]

在现实生活中一个更明显的类似博弈被称为**囚徒困境**（prisoner's dilemma），维基百科对它的结构作了很好的总结：

> 有两名嫌犯被警察逮捕。警察定罪证据不足，于是将两个犯人分开，分别给他们提供了同样的选择。如果一个人作证（叛变）检举对方，而对方保持沉默，此人即可获释，沉默者将被判刑 10 年；如果二人都保持沉默，各被判刑 6 个月；如果二人互相检举对方，则二人均获刑 5 年。每个囚犯必须选择是检举对方，还是保持沉默。每个人都确保在调查结束之前对方不知道自己是否背叛了。囚犯们该如何选择呢？

如果嫌犯都是理性自利的，那么他们都希望自己坐牢的时间越短越好，而且不会关心对其他嫌犯会发生什么。在这种情况下，如果 A 叛变，B 也叛变，那么 B 坐牢的时间更短；如果 A 沉默，B 叛变，B 坐牢的时间也更短：也就是说，无论 A 怎么选择，B 叛变都会更好。反之亦然。因此占优策略是两个参与人都叛变，结果是二人各获刑 5 年。如果他们能合作，则可以侥幸逃脱，只获刑 6 个月。

当然，在现实生活中，合作者可以获得好名声。即便别人不合作，其他人相应地作出反应，也可获得好名声。人们会拒绝陷入囚徒困境式窘境，对于背叛者而言，他们将因此而丧失通过合作获取好处的机会，任何人都会乐意有合作者的情形。换句话说，在这个世界上，人们可以合作，合作是一种比背叛更为合理的策略。

一个比较实际的情况是很多人都会陷入"囚徒困境"。公共资源的过度使用（免费使用的竞争性资源）和公共物品的供应不足（非竞争性、非排他性资源）就是两个很好的例子。在对每个想钓鱼的人都开放的一个渔场（免费使用资源），合作包括保护繁殖存量，并降低收获量，使得存量和繁殖率都保持在健康的恢复能力水平上。如果所有的渔民都这样做，那么这个渔场的产出就会很高，而且成本很低，正如我们在第 10 章和第 12 章所述。如果渔民不合作，那么这个渔场的资源将严重消耗，从而推高收获的成本，降低利润，甚至会出现经济或生物灭绝的风险。然而，如果一些渔民合作，另外一些渔民背叛，那么背叛者将在短期内获得更多的收成，因为他们既占有了自己的份额，而且也占有了合作者的那些份额。在真实生活中，结果就是免费使用资源的严重枯竭，海洋渔业是如此，二氧化碳和其他污染物的废弃物吸收能力也是如此。

正如我们在第 10 章所论述的，公共物品的供应非常类似，更容易产生**搭便车现象**。例如，新奥尔良周边湿地的恢复可以降低另一个飓风事件中的风暴潮。假设湿地恢复的预期收益大于预期成本。如果每个人都合作恢复湿地，那么这个城市就可以避免在另一次飓风事件中产生很大

246

损失，而且每个人都可以由此获益。然而，每个人对整个恢复过程而言，其贡献的份额很小，但是要承担这一贡献的全部成本。按照传统理论来讲，大多数人会选择背叛，也就是说，他们会搭别人努力的便车，获得尽可能多的利益，而几乎不承担任何成本。结果是湿地得不到充分的恢复。然而，博弈实验和无数现实生活的研究表明，情况并非总是如此，这些例外对我们有很大教育意义。

两个博弈实验非常类似公共资源和公共物品问题。在公共资源博弈中，参与者可以从一个公共锅里取出任意数量的资源，直至某个固定的上限。锅里剩余的东西则按照某个预设的比率（如50%）"生长"，不管每个人取出多少，都平分给所有人。在公共物品博弈中，参与者开始时总量固定，并且对一个固定的锅而言，你想捐献多少就捐献多少。然后，这些钱翻倍（或按照某个其他的预设量增加），并且不管每个人贡献多大，这些钱都平分给大家。如果人们都按照理性自利的方式行事，那么，在这两个博弈中，即使最小取出和最大贡献会为大家整体上产生最大的财富，他们也还是会尽可能多地取出，并且尽可能少地贡献。

实验证据再一次未能支持人的行为只是出于纯粹自利这一传统的经济学假设。在自愿捐助博弈中的大多数人都会为公共资源作出一些贡献。平均而言，大学生愿意把给予他们的东西的40%～60%捐献出来，零捐献和完全捐献的比例都很小。然而，如果在同组成员之间或与不同组成员之间进行重复博弈时（例如，每个人重复若干次，但与不同的人博弈），贡献率则会下降。看来，那些最初合作的人陷入了一种以牙还牙的策略：最慷慨的人会降低他的贡献，使之达到平均贡献水平，由此又进一步压低平均贡献水平。[28]

有没有一种方式能够避免这一次优的结果呢？在一个稍有变化的博弈当中，参与者在每一轮博弈之后都知道谁作出了捐献以及捐献了多少，而且还允许他们对那些没有捐献的人作出惩罚。惩罚的代价很高，比如为了惩罚背叛者1个单位，惩罚者不得不放弃1/3个单位的回报。不过，当允许惩罚时，合作率会在重复博弈的轮次中上升。这是利他处罚的另一个例子，它有助于对这个术语本身的重要性作出解释：个体即使牺牲他们自己的福利，也要使得背叛产生损失，由此鼓励那些即便是纯粹自私的人也要进行合作，即使当这些人占参与人的比重很大时，也是如此。换句话说，利他惩罚可以使合作在囚徒困境式的条件下（即使是对于自私的个体而言）成为一种占优策略。人们可能认为，在一个重复的公共物品博弈中，处罚者会因为下一轮合作的增加而最终得到回报，但是，在如前所述的最后通牒博弈中，参与者都不会因为利他行为而得到回报。很显然，利他行为在这两类博弈中都发挥了作用。实际上，有趣的是要注意到，**心理经济学**（neuroeconomic，测量脑部活动的学科）研究表明，利他惩罚和接受金钱都会使得大脑的同一块区域得到刺激。[29]

然而，利他惩罚不是达到合作目的的唯一方式。如果在博弈实验中，参与者被允许提前谈论他们的策略，他们更有可能合作。即便是"空谈"（cheap talk），情况也会如此，"空谈"是指参与者最终作出的决策没有透露给其他人，而且也没有办法创造有约束力的契约。[30]

这种结果并非仅限于实验室。许多研究表明，现实生活当中的真实行为与在实验中观察到的结果高度吻合。[31]例如，埃莉诺·奥斯特罗姆（Elinor Ostrom）和她的同事对现实中的公共资源管理进行了广泛的研究。他们已经发现，虽然在许多情况下这类资源确实会被过度利用，但是在其他很多情况下，制度的出现会导致可持续、公平和有效的管理。使制度发挥作用的一个关键就在于社区成员共同拥有资源，而非社区成员则不允许使用这些资源。也就是说，从社区内部来看，这些资源是公共物品；但从其他社区的角度来看，这些资源是私人物品。当社区成员对管理策略给予了很大投入时，这样做也有助于有效地监测资源利用，对那些不尊重社区规则的人给予惩罚，并且利用这些机制，不花什么代价就可以很容易地调解任何冲突。[32]

货币和激励在合作行为中的作用

我们的很多行为似乎都是由内在动机而不是外在动机所引导的。许多人自愿放弃空闲时间，即使知道不可能被抓住也不会去偷盗，即使知道将来不存在报答的机会也会去帮助别人。当然，不是每个人都会这样做，经济学家一般认为，我们可以创造**外部激励**（extrinsic incentives）促进可取的行为发生。遗憾的是，越来越多的证据表明，对于那些受内在动机引导的人而言，外部激励实际上将这种内在动机"挤出去了"。一个大量引用过的例子来自在以色列做的实验，在这项实验中，有一个日托所，很多父母在领走孩子时都会迟到，日托所于是对迟到的父母罚款。结果迟到的现象不是减少了，反而增加了。很显然，当他们感觉到有社会义务必须准时时，这些父母都不愿意迟到，但是当这件事成为了一个市场问题时，他们就有可能迟到（如果罚款足够高，他们最后将会停止这种行为）。另一项研究发现，在一项 IQ 测试中，测试组的学生每答对一道题就会得到一份奖金，而对照组的学生则没有奖金。测试结果显示，与对照组相比，有奖金的学生在智商测试中表现更差。虽然提高答对每道题目的奖金额确实会提高测试学生的得分，但测试组的得分仍然不会超过没有奖金的对照组。[33]

从政策的角度来看，同样很有意思，其他研究分析了货币诱因对社会行为的影响。在这些研究当中，被测试者接触货币诱因的范围包括货币海报、显示货币的屏幕保护程序、与货币有关的语言游戏，或者直接给予假钱；其他人则接触非货币诱因。社会行为包括帮助捡起散落的铅笔、帮助某人认识方向、求人帮忙解决一个难题、把椅子放在一个不熟悉的参与者的椅子的附近、选择个人或社会的娱乐活动等等。在每种情况下，接触各种货币诱因的那些参与者随后都被证明缺乏合作性和社会性，捡起的散落的笔比较少，对问路的人给予的帮助较少，在寻求帮助之间独自解决问题的时间比较长，把椅子放在离其他参与者更远的地方，选择单独参加娱乐活动而不是与朋友一起参与娱乐活动。[34]

这类研究提出了一些严肃的问题，这些问题与市场机制在处理所谓的市场失灵时的作用有关。例如，如果我们想要减少污染，污染税不仅不如促进社区关系更为有效，而且也会导致社区关系已经很好的社区的污染增加。

专栏 13.3 ☞

经济的协同进化和进化生物学

有趣的是，经济学和进化生物学学科似乎一起进化了。大量的证据表明，达尔文受到了亚当·密斯的影响；按照斯蒂芬·杰伊·古尔德（Stephen Jay Gould）的话来说，"达尔文移植了亚当·密斯的自然观，以建立起他的自然选择理论"[a]。虽然达尔文清楚地认识到合作对生存而言所具有的优势，赫伯特·斯潘塞（Herbert Spencer）关于自然选择就是"适者生存"（显然是一种竞争的情形）的见解似乎多年来对经济学家更有影响。虽然"大萧条"说明了合作在经济系统中的优势，但是确实是直到 20 世纪 60 年代，约翰·梅纳德·凯恩斯提倡的政府在经济中发挥作用（一种合作的形式）才成为经济学家公认的至理名言。与此同时，利他主义通过群体选择的方式进行演化成为进化生物学的一个热门话题。20 世纪 70 年代的滞胀、米尔顿·弗里德曼（Milton Friedman）和其他"芝加哥小子"的作品的发表、英国玛格丽特·撒切尔以及美国保守意识形态在政治上的兴起，都导致了这样一种观念的死灰复燃，即相信经济理论和实践中的自由竞争。同时，群体选择和真正的利他主义的观点在进化生物学中遭到了拒绝。例如，理查德·道金斯（Richard Dawkins）普及了自私基因的概念，并且声称明显的利他主义仅仅是利用一种纯粹自私的方式最大化他们自己的合理性的结果，正如理性利己在市场环境下会产生仁慈的结果一样。[b] 按照另一位进化生物学家的话来讲："自然经济自始至终都是竞争的……即便是为了自己的利益，我们也可以作出合理的预期，每个有机体都会帮助他的同伴……然而，如果给他充分的机会为了他自己的利益而行事，那么，除了私利之外，没有任何东西可以约束他不要冷酷无情、不要残害和谋杀他的兄弟、父母或者孩子。抓破'利他主义者'的皮，看看'伪君子'出血。"[c] 经济学和进化生物学甚至使用了同样的工具，即利用博弈论构建囚徒困境式的案例以显示利他主义进化的困难。在 20 世纪 80 年代，行为经济学家就开始质疑某些有关人类理性自利的假设；进化生物学家也开始重申群体选择在利他主义进化当中的作用。我们现在看到，经济学和进化生物学已经把越来越多的注意力放到合作和利他主义的研究上来，不过，在经济学当中，自私模型依然占主导地位。

a. S. Gould, *Ever Since Darwin：Reflections in Natural History*，New York：Norton，1977，p. 100.

b. R. Dawkins, *The Selfish Gene*，2nd ed.，New York：Oxford University Press，1990.

c. M. Ghiselin, *The Economy of Nature and the Evolution of Sex*，Berkeley：University of California Press，1974，p. 274，引自 E. Sober and D. Wilson, *Unto Others：The Evolution and Psychology of Unselfish Behavior*，Cambridge，MA：Harvard University Press，1998。

13.5 人类行为谱

从对人类行为的研究中获得的最重要的认识或许就是人是高度异质性的。行为经济学的研究表明，大约 20%～30% 的人天生就是纯粹自私的，如经济人；大约 50% 是**有条件的合作者**（互惠人）；大约 20%～30% 的人非常忠实于既定的社会道德标准（合作人）。[35] 一项涉及数千名参与者的严谨的研究发现，在一个典型的人群当中，**亲社会行为**（prosocial behavior）的实际分布接近正态分布，极端自私和极端大公无私各分布在末端。[36]

251

一个有趣的问题是：亲社会行为在多大的程度上是先天的，又在多大的程度上是后天的？对单合子双胞胎（同卵双生）和双合子双胞胎（异卵双生）的比较研究令人信服，研究结果表明，仅有 10%～20% 的亲社会行为是遗传性的。[37] 虽然这表明人类的行为可塑性很强，但是，确实存在强大的生物物理力量的影响。研究人员已经发现，让催产素（一种重要的神经传导素）雾化可能会增加信任博弈中的合作水平。[38] 合作可以增加催产素的水平，因而导致更进一步的合作。然而，我们并不推荐把雾化的催产素放在我们的空调里。幸运的是，似乎存在更多的合适方式可以激励与政策有关的合作行为。

专栏 13.4 ☞   **催产素、信任与合作**

催产素是从鱼类到人类物种中发现的一种神经传导素，它具有许多不同的作用。例如，催产素会引导怀孕的哺乳动物分娩收缩，而且也可以通过性刺激而诱导产生。然而，与此话题更加有关的是，催产素与母子之间、性伴侣之间甚至朋友和社区成员的对偶配对有关。当婴孩出生时，催产素会诱导分娩，然后强化母子之间的对偶配对关系。如果在羊羔出生后，母羊与它分离超过 6 小时，母羊可能就不再哺育羊羔了。然而，牧羊人发现（不要细问我们怎样发现的），如果母羊随后受到性刺激，她会重新与羊羔对偶配对。母乳喂养也能诱导催产素。[a]

结果表明，来自陌生人的信任信号也会增加催产素的水平，而且催产素水平高与信任行为有关。[b]

a. N. Angier, A Potent Peptide Prompts an Urge to Cuddle, *New York Times*, January 22, 1991; P. Zak, The Neurobiology of Trust, *Scientific American*, June, 2008: 62 -67.

b. P. Zak and A. Fakhar, Neuroactive Hormones and Interpersonal Trust: International Evidence, *Economics & Human Biology* 4: 412 - 429 (2006).

252　　这表明，合作拥有进化的起源，并且来自进化生物学领域的大量研究结果也支持这种认识。例如，如果你把一束荧光假单胞菌（Pseudomonas fluorescens）投入一个烧杯，突变即会出现，由此显示出合作行为（参见专栏13.5）。这类合作行为在更高等级的生物体当中也很明显，借由这些物种也显示了合作行为具有选择优势（参见专栏13.6）。

对于人类而言，进化也在文化层面发生，这与政策密切相关。上述许多实验和研究的结果表明，人类文化对人类行为具有重要影响，而且文化进化从来就没有间断过。不同的文化会逐步形成不同的经济制度，当这些制度强化适应性行为时，文化更有可能永葆青春。如果一种文化只由一些社会交往和经济联系很少的独立家庭组构成，而且几乎没有从合作中获得好处，那么自私行为的适应性就很强。如果一种文化包括的社会单位比较大，在其经济系统当中，人们享受到了合作的好处（例如捕鲸社会），那么，合作行为也许就是最合适的行为。

专栏 13.5 ☞ 合作的演化

如果把一束荧光假单胞菌投入一个烧杯，它们便会迅速地繁殖，直到它们缺氧。这时，生存优势会转移到一种叫做"带皱纹的撒播者"（wrinkly spreader）的突变体，它可以产生一种薄膜，将它们凝聚在一起，成为一个浮动的菌落，这样它们便可以从上面获得氧气，从下面获得养分。合作使得群体获得了生机。然而，在这个合作的菌落内部，也可能存在一些背叛者，它们不产生任何维它们生存的薄膜，而是不劳而获，利用其他突变体产生的薄膜。由于它们无须产生薄膜，节省了能量，因此它们比合作的突变体产生的子代更多。在一个群体之内，竞争性个体（即背叛者）超过了合作个体。然而，如果背叛者太多，菌落便不再呈浮动状态，并陷入烧杯的深处，从而失去它的相对适宜性。背叛者少的菌落将继续生机勃勃，比其他菌落留下的子代更多。[a]我们所看到的是两种不同类型的进化压力，即个体水平和群体水平的进化压力。基本的原则是"在单一群体内，自私会战胜利他。然而利他的群体将战胜自私的群体"[b]。

a. D. Wilson, *Evolution for Everyone*: *How Darwin's Theory Can Change the Way We Think About Our Lives*, New York: Delacorte Press, 2007.

b. D. Wilson and E. Wilson, Rethinking the Theoretical Foundations of Sociobiology, *Quarterly Review of Biology* 82: 327 - 348 (2007), esp. p. 345.

专栏 13.6 ☞   **其他物种的合作**

253
　　许多其他物种也会合作并且惩罚背叛者，借此获得生存优势。如果一只猕猴发现了一棵长满果子的树，它将会召集部落的其他猕猴分享这些果实，因而也会减少它自己的份额，这似乎是一种纯粹的利他主义行为。然而，如果猴子没有召集其他猕猴，而是独享其果，而且被所在部落的其他猕猴发现了，它就要挨一顿痛打，即接受对背叛行为的惩罚。[a]绢毛猴则是互惠互利的合作者，但如果合作的成员中有一名成员背叛，那么其他成员一般会在背叛者表现出两次预料之外的合作之后才会开始与其合作，即所谓以二补一。[b]

a. N. Angier, Taxing, a Ritual to Save the Species, *New York Times*, April 14, 2009.

b. M. Chen and M. Hauser, Modeling Reciprocation and Cooperation in Primates: Evidence for a Punishing Strategy, *Journal of Theoretical Biology* (2005): 5-12.

　　历史上，要求合作的经济系统中的文化已经发展出了低成本的惩罚背叛者的机制，通过这些机制，可以增加合作的报酬，甚至诱导自利的

254
个体参与合作。[39]在小型的捕猎—采集者社会当中，诱导合作的制度与放逐拒绝共享食物或独享其食的个体的普遍实践一样简单，而在更加复杂的社会当中，诱导的方式包括囚禁以及对婚姻和生育加以限制。[40]

　　很显然，自由市场经济强调竞争和自利。现代社会不是放逐那些只为自己考虑的人，而往往是极端地崇拜他们。对于那些在生产和消费过程中具有最小外部性的竞争性和排他性资源而言，自愿交换可以互惠互利，那么追求自利便可以导致合适的结果产生。然而，如果最重要的资源是公共资源，或者具有公共性的本质，那么，要实现可持续、公平和有效的配置，我们便需要合作。

13.6　人类行为的新模型

　　传统经济学假设人们总是理性、竞争和自利的。对于包括经济人、

互惠人和合作人在内的异质性人群而言，替代性的假设或许更具有解释力。对于某些类型的资源和某些类型的制度而言，异质性人群有时表现得人人都是自利的，有时又表现得人人都是亲社会的。它解释了一些博弈的实证结果，如独裁者博弈、最后通牒博弈、公共物品和公共资源博弈，而且也解释了一系列现实制度的结果，这些制度有的促进合作，有的促进竞争。[41]

> **思考！**
>
> 　　现代科学方法是建立在证伪假设的概念基础之上的。一个人绝不可能决定性地证明某事永远是真的，而只能说到目前为止它是真的。然而，证明某种理论或假设是错误的则是可能的。一旦一种理论被证明是错误的，那么真正的科学家就要去寻找一个更加有说服力的模型，以更好地解释所有可利用的数据。经济学家是否运用了科学方法呢？其他一些基本的经济学假设或理论需要检验吗？

　　我们分析的结果清楚地证明了新古典主义假设的不合理性，新古典主义假设人们总是按照理性自利的方式行事。

255

　　这个观点很重要，因为经济问题的本质是不断变化的，传统经济学的理论越来越不足以解释和指导全部的经济活动。随着我们从一个空的地球走向一个满的地球，自然资本已经变得比人造资本更加稀缺。随着自然资本的减少，知识（一种纯粹的非竞争性资源）在经济生产中发挥的作用越来越重要，并且为处理现代社会面对的最严重问题时所必需。

　　最近几十年，不仅稀缺资源已经改变了，而且它们的物理特性也发生了改变。在过去，最稀缺的资源是竞争性和排他性资源，但现在对我们的可持续福利而言，二者都不是最根本的资源了。为了对此加以理解，我们用我们现在面对的两个最困难的经济问题——石油峰值和气候变化加以解释。

　　石油峰值。能源在经济生产中起着核心作用，一般而言，能源是指化石燃料，它是典型的市场物品，具有竞争性和排他性的特征。对稀缺的化石燃料供应的竞争不可避免。的确，正如我们在第 5 章所指出的，市场经济几乎与化石燃料经济同时出现，如果我们忽略了外部性（我们经常这样做），那么这二者之间便彼此相互适应。但许多分析人员认为，我们已经度过了化石燃料产量的全球性峰顶，而且必须找到替代的东西。

专栏 13.7 ☞ 　　　　　　　　**合作或竞争？小鸡和鸡蛋**

　　饲养员做了一个有趣的实验，以解释合作与竞争的问题。饲养员的目标是增加鸡蛋的产量。他们采用了两种方法，每一种方法开始时都有 9 个鸡笼，每个鸡笼都装满了母鸡。在第一种方法中，饲养员从 9 个鸡笼的每个鸡笼中选择产蛋量最大的母鸡，然后让这些母鸡生产足够多的鸡装满另外 9 个鸡笼。在第二种方法中，饲养员选择产蛋量最多的鸡笼，并且利用这些母鸡生产足够多的鸡装满另外 9 个鸡笼。这个实验连续做了 6 代。

哪种方法会使得鸡蛋的产量增加最多呢？实验结果表明，实验在进行 6 代后就停止了，因为从每个鸡笼中取出产蛋量最多的母鸡这种处理方法不能够再生产足够多的母鸡以装满另外 9 个鸡笼了。许多母鸡个体产蛋量之所以最多，是因为它们会欺负其他母鸡，使其产蛋量下降。饲养员选择了恃强凌弱的母鸡。与此同时，合作的母鸡产蛋量翻倍。[a]

a. D. Wilson, *Evolution for Everyone：How Darwin's Theory Can Change the Way We Think About Our Lives*, New York：Delacorte Press, 2007.

总之，唯一可持续且广泛有效的替代物就是太阳能。虽然光子在技术上是竞争性的，无论某一个国家捕获的光子有多少（基于技术高度发达的空间除外），它也不会对抵达其他国家的光子数量产生影响。当前对捕获太阳能的约束就是信息，即我们需要开发效率更高的技术，而且这些技术不依赖于稀有元素。当然，信息纯粹是非竞争性的，甚至是递增性的[42]，因为信息可以通过利用而得到进一步完善。虽然我们仍然在争夺太阳能技术所需的稀有元素，但是有更多的信息也在帮助我们克服这些约束。

我们可以在以下两个选项之间作出选择，即以合作的方式提供信息，并使之成为一种公共物品；或者以竞争的方式提供信息，并使之成为一种市场物品。如果私有企业以竞争的方式开发信息，那么需要花费很多的时间（正如我们在第 10 章所述），并且价格配给将产生人为稀缺（参见专栏 9.2）。如果信息的供给是合作性的，那么我们就要面对公共物品的供给问题。在这种情况下，解决问题的一种办法就是使信息成为一种俱乐部物品（club good），即那些为开发替代能源技术作出了适当贡献的机构（国家或企业，即俱乐部成员）将被准许免费使用它们，而那些没有作出贡献的机构则需要为开发成本作出合理的贡献才能使用，否则，拒绝非俱乐部成员使用这些技术。如果为进一步改善技术而承担一部分费用，其结果与合作没有什么不同。这种方法虽然解决了搭便车问题，但没有让免费使用保持无效率状态。然而，为产生给定数量的信息作出贡献的机构数量越多，每个机构所承担的费用就越低，并且加入俱乐部也就变得更值得。与乡村俱乐部不同，信息俱乐部永远都不会变得拥挤。

气候变化。全球性气候变化可以界定为气候稳定性公共物品的供给不足，或者废物吸收能力公共资源的过度利用。至少部分的解决办法涉及新的碳平衡技术，这些技术也是解决石油峰值问题所需要的。不过，从气候变化的角度来看，在这些技术的使用中不存在搭便车问题。在没有气候变化问题的情况下，一个机构不会因为其他人利用化石燃料的替代品而得到任何好处。但是，在有气候变化问题的情况下，这些技术变得具有递增性，即利用它的人越多（甚至没有支付成本），发明者会变得更好，因为他也能获益于更加稳定的气候条件。对碳平衡能源研究资助最多的国家刚好是对气候变化责任最大的国家。这意味着由这些国家合作供给这类技术将促进生态可持续性、公平分配和配置效率。私人竞争性的供给将破坏所有这些目标。

气候是地球生态系统提供的最重要的服务之一。按照我们在第 10 章中的解释，大多数生态系统服务都是公共物品或公共资源，二者似乎都要求合作供给。好消息是，大量科学依据证实了我们最基本的常识，即合作及其有关的行为是普遍存在的。对当前社会面临的最严重问题的经济分析表明，合作是解决这些问题所必需的。因此，盲目地遵循促进竞争的经济学模型并声称真正的合作几乎是不可能的，这二者都是极端愚蠢的。这并不是说竞争性的市场力量在我们的经济中不起作用，而是说我们不可能依靠市场获得对所有资源的可持续的、公平的和高效率的配置。

然而，赞成经济应该完全以合作为基础，与赞成经济完全以竞争为基础，同样都是愚蠢的。配置机制必须适应人们所期望的特定目标，并且适应为达到这些目标所需的具体资源特征。

13.7　主要概念

经济人、互惠人、合作人	Homo economicus, H. reciprocans, H. communicus
行为经济学	Behavioral economics
心理经济学	Neuroeconomics
亲社会行为	Prosocial behavior
伊斯特林悖论	Easterlin paradox
冲突下的选择	Choice under conflict
外生激励和内生激励	Extrinsic and intrinsic incentives
独裁者博弈	Dictator game
最后通牒博弈	Ultimatum game
囚徒困境	Prisoner's dilemma
公共物品和公共资源博弈	Public good and common pool resource game
利他性惩罚	Altruistic punishment
有条件合作	Conditional cooperation

【注释】

［1］许多人可能会对自报的幸福度水平的准确性持有怀疑，但神经经济学家指出，它们与大脑的特定部分的活动水平有关。参见 H. Plassmann et al.，Marketing Actions Can Modulate Neural Representations of Experienced Pleasantness，*PNAS* 105：1050–1054［2008］。

［2］R. Easterlin, Does Economic Growth Improve the Human Lot? In P. David and M. Rede, eds., *Nations and Households in Economic Growth：Essays in Honor of Moses Abramovitz*, New York：Academic Press, 1974.

［3］参见 R. Layard. *Happiness：Lessons from a New Science*（New York：Penguin Press, 2005）；M. Max-Neef, "Economic Growth and Quality of Life：A Threshold Hypothesis," *Ecological Economics* 15（1995）：115–118；R. Lane, *The Loss of Happiness in Market Economies*（New Haven：Yale University Press, 2000）；M. Shields and S. Wheatley Price, "Exploring the Economic and Social Determinants of Psychological Well-being and Perceived Social Support in England," *Journal of the Royal Statistical Society Series A*, 168（2005）：513–538。

［4］B. Stevenson and J. Wolfers, 2008, Economic Growth and Subjective Well-Being：Reassessing the Easterlin Paradox. IZA Discussion Paper No. 3654, Institute for the Study of Labor.

［5］R. Easterlin and L. Angelescu, 2009, Happiness and Growth the World Over. Time Series Evidence on the Happiness-Income Paradox, IZA discussion paper No. 4060, Institute for the Study of Labor.

［6］E. Luttmer, "Neighbors as Negatives：Relative Earnings and Well-Being," *Quarterly Journal of Economics* 120（2005）：963–1002.

［7］R. Easterlin and L. Angelescu, Happiness and Growth the World Over.

［8］A. Tversky and E. Shafir, "Choice Under Conflict：The Dynamics of Deferred Decision," *Psychological Science* 3（6）（1992）：358–361.

［9］D. Ariely, *Predictably Irrational：The Hidden Forces That Shape Our Decisions*（New York：Harper Collins, 2008）；B. Schwartz, *The Paradox of Choice：Why More Is Less*（New York：Harper Perennial, 2004）.

［10］M. Benz, "The Relevance of Procedural Utility for Economics," In B. Frey and A. Stutzer, eds., *Economics and Psychology：A Promising New Cross-Disciplinary Field*, pp. 199–228, Cambridge, MA：MIT Press, 2007.

［11］G. Akerlof and R. Kranton, Economics and Identity, *Quarterly Journal of Economics* 115：717（2000）.

［12］J. Wolfshenk, What Makes Us Happy? *The Atlantic*. Online：http://www.theatlantic.com/doc/200906/happiness.

［13］T. Kasser, *The High Price of Materialism*, Cambridge, MA：MIT Press, 2002.

［14］R. Layard, *Happiness：Lessons from a New Science*, New York：Penguin Press, 2005.

［15］P. Brickman and D. Campbell, "Hedonic Relativism and Planning the Good Society," In M. Appley, ed., *Adaptation Level Theory：A Symposium*, pp. 287–

302, New York: Academic Press, 1971.

[16] D. Keltner, interviewed by D. DiSalvio, Forget Survival of the Fittest: It Is Kindness That Counts. *Scientific American*. Online: http://www.iterasi.net/openviewer.aspx? sqrlitid=jc7toxobhk simmar _ seqqg.

[17] D. Wilson, *Evolution for Everyone: How Darwin's Theory Can Change the Way We Think About Our Lives*, New York: Delacorte Press, 2007.

[18] H. Simon, *Reason in Human Affairs*, Stanford, CA: Stanford University Press, 1983. 作为一个招生委员会的主席，我们中的一个曾附历史系的一个同事提醒，我们必须谨小慎微，避免在我们的决策中出现意想不到的后果。他为什么这么说呢？他解释说：“希特勒最渴望的是成为一位艺术家，但维也纳艺术学院（Vienna Art Academy）拒绝了他。”由此可见，后果多么难以预料！

[19] A. Tversky and D. Kahneman, The Framing of Decisions and the Psychology of Choice, *Science* 211: 453 - 458 (1981). 请参照这篇文章，该文中提到了占优选项的例子。

[20] C. Sunstein and R. Thaler, Libertarian Paternalism Is Not an Oxymoron, *University of Chicago Law Review* 70: 1159 - 1202 (2003).

[21] E. Johnson and D. Goldstein, Medicine: Do Defaults Save Lives? *Science* 302: 1338 - 1339 (2003).

[22] J. Gertner, Why Isn't the Brain Green? *New York Times Magazine*, April 16, 2009.

[23] C. Camerer, *Behavioral Game Theory*, Princeton, NJ: Princeton University Press, 2003.

[24] J. Henrich et al. , "Economic Man" in Cross-Cultural Perspective: Behavioral Experiments in 15 Small-Scale Societies, *Behavioral and Brain Sciences* 28: 795 - 855 (2005).

[25] Ibid.

[26] L. Cameron, Raising the Stakes in the Ultimatum Game: Experimental Evidence from Indonesia, *Economic Inquiry* 37 (1): 47 - 59 (1999).

[27] Henrich et al. , op. cit.

[28] “以牙还牙”策略表示你按照上一轮你的对手对待你的方式来对待他。在一个非常著名的实验中，人们发现“以牙还牙”策略是重复的囚徒困境博弈中最为成功的整体策略，参见 R. Axelrod, *The Evolution of Cooperation*, New York: Basic Books, 1984。

[29] C. Camerer, M. Bhatt, and M. Hsu, "Neuroeconomics: Illustrated by the Study of Ambiguity-Aversion," In B. S. Frey and A. Stutzer, eds. , *Economics and Psychology: A Promising New Cross Disciplinary Field*, Cambridge, MA: MIT Press, 2007.

[30] E. Ostrom, J. Walker, and R. Gardner, Covenants With and Without a Sword: Self-Gover nance Is Possible, *American Political Science Review* 86: 404 - 416 (1992).

[31] S. Gachter, "Conditional Cooperation: Behavioral Regularities from the Lab and the Field and Their Policy Implications," In B. S. Frey and A. Stutzer, eds. ,

Economics and Psychology：A Promising New Cross-Disciplinary Field，Cambridge，MA：MIT Press，2007.

[32] E. Ostrom，*Governing the Commons：The Evolution of Institutions for Collective Action*，Cambridge：Cambridge University Press，1990.

[33] U. Gneezy and A. Rustichini, Pay Enough or Don't Pay at All, *The Quarterly Journal of Economics* 115：791 – 810 （2000）.

[34] K. Vohs, N. Mead, and M. Goode, The Psychological Consequences of Money, *Science* 314：1154 – 1156 （2006）.

[35] S. Meier, "A Survey of Economic Theories and Field Evidence on Pro-Social Behavior," In B. Frey and A. Stutzer, eds. , *Economics and Psychology：A Promising New Cross Disciplinary Field*，Cambridge, MA：MIT Press，2007.

[36] D. Wilson and M. Csikszentmihalyi, "Health and the Ecology of Altruism," In S. Post, ed. , *The Science of Altruism and Health*. Oxford：Oxford University Press，2006.

[37] D. Cesarini, C. Dawes, J. Fowler, M. Johannesson, P. Lichtenstein, and B. Wallace, Heritability of Cooperative Behavior in the Trust Game, *Proceedings of the National Academy of Sciences* 105：3721 – 3726 （2008）.

[38] M. Kosfeld et al. , Oxytocin Increases Trust in Humans, *Nature* 435：673 – 676 （2005）.

[39] E. Fehr and U. Fishchbacher, Why Social Preferences Matter：The Impact of Non-selfish Motives on Competition, Cooperation and Incentives, *Economic Journal* 112：C1 – C33 （2002）.

[40] E. Sober and D. Wilson, *Unto Others：The Evolution and Psychology of Unselfish Behavior*，Cambridge, MA：Harvard University Press，2002.

[41] E. Fehrand and K. Schmidt, A Theory of Fairness, Competition, and Cooperation, *Quarterly Journal of Economics* 114：817 – 868 （1999）.

[42] 我们考虑利用另外一个词，即 "antirival"，以强调与竞争性物品的对比。然而，竞争性物品又被称为递减性的物品 （subtractive）。

第 3 篇总结

　　我们在第 8 章和第 9 章中对市场微观经济学理论作了简要介绍，揭示了成千上万理性的、未协调的个体行动是如何自发地产生秩序的。随后，说明了这种自发的秩序是如何使得生产者有效地配置原材料、劳动力和资本，使得它们用于最有利可图的用途的；我们还论述了必须让消费者有效地配置他们的资源，使之按照福利最大化的方式消费。我们在第 10 章扩展了这一分析，显示了这些最优结果的出现完全取决于我们希望配置的商品和服务的具体特征。第 11 章和第 12 章分析了所有经济生产所依赖的自然资源，了解了它们是否满足市场配置的评价标准。遗憾的是，没有任何一种大自然提供的商品和服务具备有效市场配置所需的所有特征。我们在第 13 章中将传统经济学与人类行为有关的假设进行了比较，更加深入地论述了行为经济学、心理科学和进化论。结果表明，人类并不是新古典理论所认为的贪得无厌的、以自我为中心的动物，人类具有各式各样的行为，这些行为一般受经济制度和文化的影响。具体来讲，如果具备合适的制度，我们就有能力采取合作行为，处理第 10～12 章所述的市场配置方面的问题。在随后的章节中，我们将借助这些分析，提出更加适合于配置各种经济手段的政策和制度，这些手段都是由大自然提供的，目的在于实现当代人和后代人高质量生活水平的目标。然而，在分析这项任务之前，我们先分析宏观经济学。

第4篇
宏观经
济学

第 14 章 宏观经济概念：GNP 和福利

261 　　微观经济学侧重于研究市场如何发挥作用。这对市场的分析是有用的，其目的旨在保证市场有效运行。然而，除此之外，它很少讨论政策建议。本质上来讲，它假设最好的政策就是让市场在没有干预的情况下自行其是。而宏观经济学不论是在国家水平上还是全球水平上，都把经济看作一个整体。与微观经济学相反，宏观经济学更注重政策干预的重要性，尤其是财政政策（政府支出和税收）以及货币政策（货币供给和利率）。[1]这些政策干预很重要。然而，政策的制定必然要有一个目标。宏观经济政策的传统目标就是没有限制的稳定的市场驱动型经济增长，以及完全就业。但是，没有限制的经济增长是不可能的。许多最稀缺的资源都是非市场商品和服务，而且我们现在面临的许多最严重的问题已经超越了国界。

　　在生态经济学当中，最优规模以及公平分配替代经济增长成为目标。传统宏观经济学通常把资源配置的工作由微观经济水平上的市场力来完

262 成。生态经济学则认为，市场不足以配置许多稀缺性资源，而且，为了充分供应这些非市场商品，政策干预是必不可少的。生态经济学的这些不同目标要求对传统政策区别使用，而且也提出一系列可选择的政策干预措施。

我们在第 14～17 章中将简要分析主流宏观经济学的一些概念、问题和政策工具，并将它们应用于分析生态经济学的政策目标。回顾循环流程图，就知道宏观经济学研究的是国民产值和国民收入的总流量值（即实体部门）。它也研究总货币供应量以及利率（金融部门）。本章在讨论宏观经济学与微观经济学的关系之后，将首先分析实体部门的综合指标，即国民生产总值（gross national product，GNP）。然后分析货币以及综合金融部门，最后分析除 GNP 以外的福利指标。

第 15 章将分析传统经济学当中用以衡量财富的介质：货币。第 16 章重点讨论分配问题。第 17 章将提出基本的宏观经济学模型，把实体部门和金融部门结合为一个简单的经济一般均衡模型。该模型（即 *IS—LM* 模型）将展现出实体经济部门储蓄者与投资者的行为与货币当局（通常都是一个国家的中央银行，如美联储）的相互关系，以及持有货币的公众如何决定利率、国民收入水平和就业水平。我们将论述生态经济学的目标是如何推导出主流经济学所支持的不同政策建议。然后讨论扩展 *IS—LM* 模型以结合生态约束的可能性。

14.1 一次苦恼的结合

历史上，微观经济学的发展先于宏观经济学。如果我们接受决策单元（企业和家庭）的行为以及竞争性市场的运作方式，那么，我们将会接受亚当·斯密的"看不见的手"，即只追求自身利益的个体将自发地服务于公众利益。微观经济寻求最大的私人利益，这将自动地在大范围内导致公众公共福利的最大化，或者人们认为现实就是如此。我们没有必要特别考虑宏观经济的情形，因为看不见的手应该保证，如果微观经济学是对的，那么宏观经济的情形也将是正确的。垄断可以破坏这种美好的结果（正如我们在第 8 章所述），因此，市场必须保持竞争性，这几乎就是所需要的唯一集体行动。[2]

263

我们在第 2 章中论述过萨伊定律（即供给创造其自身的需求），该定律断言生产总会产生足够的总收入来购买总产品。因此，所有产品都不可能出现一般的供过于求，即在最坏的情况下出现各种产品组合不平衡（即一种配置不当），某些东西过多而其他东西又过少。在竞争性市场当中，这种配置不当很快将通过相对价格的变化而得到矫正。同样的道理也可运用于劳动力市场——如果存在失业（即劳动力富余），这只是说明真实工资太高，而不是其他什么更大范围的问题。如果失业继续存在，只需要让工资多下降一些即可。

这个观点一直持续到 20 世纪 30 年代的"大萧条"，至今仍然还有其追随者。但是，在凯恩斯的带领之下，经济学家开始反思，长时期的失业（尽管理论上是不可能的）确实是事实，这使我们有理由对理论进行反思。这种反思使我们发现了循环流程的漏出和注入，而且还发现了一个问题，即总注入肯定等于总漏出。我们在第2章讨论过这个问题。

回顾 **"组成谬误"**（fallacy of composition）这一概念，即一种错误的认识，认为任何东西对于部分是真实的，对于整体也真实，反之亦然。例如，足球场的一名观众站起来可以获得更好的视线。但是，如果所有的观众都站起来看球赛，那么，没有一个观众比人人都舒服地坐着看球赛的视线更好。同样，一个国家的支付平衡有盈有亏。但是，如果把世界作为一个整体来看，即不可能出现盈余，也不可能存在赤字，因为所有出口的总和必定等于所有进口的总和。一个劳动力可以接受低工资而获得就业，但是，所有的劳动力或许不能如此，因为每个人都低工资则意味着大部分人收入减少，这也意味着用于购买商品和服务的花费就少，而且即使是更低的工资，对劳动力的需求也更少。支出减少会导致投资减少，它将进一步降低总需求。另外，任何个人都能够很容易地将他持有的货币转成真实资产，但是，社会作为一个整体却不能如此，因为如果人人都试图把货币交换成真实资产，那么，最终总有某些人不得不持有货币。

264

总而言之，我们有足够的理由发展一门新的"宏观经济学"来研究总量现象，尤其是失业和通货膨胀，且这门新的宏观经济学并不是建立在微观经济学的基础之上。宏观经济是指所有微观部门的综合，但是，宏观经济学并不仅仅是综合的微观经济学。如果是的话，我们就应该回到那只看不见的手，并推导出宏观经济学是不必要的结论。按照微观经济学的术语描述的完整经济是指一般均衡模型。在这个模型当中，所有市场的所有供求关系可以由许多相互关联的联立方程组表示，比如说100万个未知变量就有100万个方程。这些方程组要通过市场来求解，这是一台巨大的通过反复试错的方式运行的社会计算机。经济学家已经投入了极大的精力计算这些方程式和变量，并且确保它们相等，以便这套方程组（至少从理论上）能够得到求解。尽管一般均衡模型富有启发性，而且概念上也很令人满意，但是，从政策的角度来讲，只是知道每件事物都取决于其他事物，对我们并没有多大帮助。政策需要少数几个支点，以影响大系统最重要方面的总体行为。这正是宏观经济学一直所寻求的——即利用关键综合变量（如货币供给、总价格水平、利率、总消费和总投资、出口和进口）表示的简单经济模型。当然，最大目标和所有变量的支点就是GNP增长率。

生态经济对当前强调增长的做法提出了挑战。增长是昨天的万能药，但却会迅速地变成了今天的瘟疫。增长之所以曾经是一服万能药，是因为它曾被认为是人口过剩、分配不均以及非自愿失业等宏观经济问题的解决之道。尽管反对增长的微观经济学家并不多，但他们并没有太多关于增长的论述。微观经济学以最优化以及与其有关的"何时停止增长原则"等概念为主导。正如第2章所述，如果宏观经济是一个部分而不是整体，那么，微观经济学的最优化逻辑也适用于宏观经济学，而且那些受过某种程度微观经济学教育的人们将不得不问宏观经济学家：什么是最优规模，经济子系统超过这一规模就不再增长？一旦达到最优点，经济的增长就一定会变成为不经济的增长，那么，何时增长会变得不经济？如何处理人口过剩、分配不均以及非自愿失业等问题？

　　生态经济学的工作就是思考这些问题：当达到最优规模之后究竟会发生什么情况？如果意外地超过了这个规模，如何回到最优规模上来？

　　尽管微观经济学和宏观经济学之间的确切关系还有点神秘，但生态经济学认识到整体大于部分之和，因此它在微观经济学和宏观经济学之间架起了一座桥梁。为便于理解，我们以图形的方式显示宏观和微观之间的关系，将图2—4重绘于此，如图14—1所示。

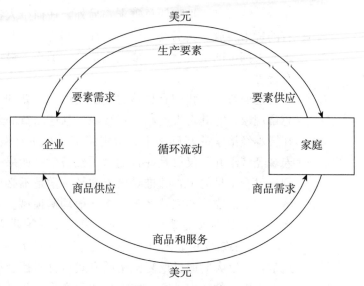

图 14—1　经济循环流程图

　　企业和家庭是微观经济学关注的焦点。企业作为生产部门，决定商品的供给计划和要素的需求计划。家庭作为消费部门，决定商品的需求计划和要素的供给计划。微观经济学分析这些供求决策以及它们在市场当中的相互关系，以确定市场中交换的商品和要素的价格和数量。因为微观经济学集中关注价格，所以它常常被称为"价格理论"。宏观经济学则分析流经商品市场的综合商品和服务的总量问题（国民产值）以及流经要素市场的要素总量问题（国民收入）。由于宏观经济学侧重于分析总收入问题，因此有时又把它称为"收入理论"。

　　我们还将分析生产和消费，但是，重要的是要记住，从物质层面上来看，既不存在生产，也不存在消费，只有转换。原材料通过"生产"转换成有用的东西（和废弃物）。有用的东西又通过"消费"转换成废弃物。我们所生产和消费的东西就是"效用"，即对我们有用的物质和能量的临时性安排。尽管通量既不明确地计入企业和家庭的账目当中，也不明确地参与国家核算，但是，它在微观经济学和宏观经济学中仍然处于基础地位。而且，通量受热力学第一和第二定律的支配，而不受制于循环流程核算的常规做法。

14.2　国民生产总值

由于经济增长是各个国家最重要的目标，因此，如何测度它便显得非常重要。准确地讲，这里所说的增长是指什么指标的增长？经济增长是用国民生产总值或国内生产总值（gross domestic product，GDP）的增长来衡量的。[3]

如图 14—1 所示，一共有两个总循环流量指标，它们的数值相等，即国民产值和国民收入。有时又把它们分别称为按消费者商品价格计算的国民产值（图 14—1 的下半环）和按要素价格计算的国民产值（图 14—1 的上半环），或国民收入。首先看看下半环，即以消费者商品价格计算的国民产值。

在这类指标中，国民生产总值是指家庭、政府和外国人当年购买的（扣除我们向外国人购买的）最终商品和服务的市场价值。除少数情况外，本年度未购买的任何东西都没有计算在内。[4]家庭为自家生产的东西并没有售卖，因此也没有计入，如烹调、清洁卫生、照料小孩等等都不计算，除非这些事由取得报酬的保姆做才计算在内。企业间的中间交易也不计入。只有卖给家庭的最终产品才被计入。农民卖给面粉厂的小麦不计入，面粉厂卖给面包师傅的面粉也不计入，只有面包师傅卖给家庭作为最终消费的面包才计入。面包的价值则是农民、面粉厂和面包师傅所产生的增加值之和。而价值又增加给了基本的自然资源，即麦种、土壤、雨水、阳光，等等。这些基础自然资源大多数情况下都被认为是免费的。因此，GNP 只是增加值的总和，它不包含任何增加价值物体的价值属性。是劳动和投资基金的转化服务给免费的自然资源增加了价值。

注意，这些核算的常规做法与第 9 章讨论的新古典生产函数是一致的，也就是说，生产仅仅是劳动和资本的函数。[5]现有资产的交易不计入国民生产总值，因为它不是当年生产的。今年购买的旧车的价值也不计入，因为它是一种现有资产的转移。但是，旧车售货员的佣金将作为当年提供的服务而计入国民生产总值。当年生产的一辆新车的价值将计入国民生产总值内。股票市场交易的股票也计入。

总 GNP 除以人口数便是人均 GNP。它只是一个简单平均数，对人均 GNP 的个体分布情况未作任何说明。平均数并不能完全反映分布的典型集中趋势。人均收入的众数或中值常常是表示集中趋势的一个更好的指标。[6]

GNP 是按美元价值的单位来衡量的。它是指当年市场上交易的最终商品和服务。GNP 等于所有这类商品和服务的数量与它们的价格的乘积之和。GNP 随时间的推移能够反映价格和数量的变化。为了消除价格水平（通货膨胀或通货紧缩）变化的影响，经济学家可以将当前的美元值转换为按照恒定购买力计算的美元值，以此来校正美元值。用名义 GNP 除以某种度量通货膨胀率的价格指数即可完成这种转换。假设 1990—2000 年期间的通货膨胀系数为 20%。我们用 2000 年的名义 GNP 除以 1.20 即可将 2000 年的名义 GNP 转换为实际 GNP（以 1990 年美元价格衡量），即以 1990 年为基年，其价格指数等于 1.00，但是，由于通货膨胀率等于 20%，因此会使 2000 年的价格指数提高到 1.20。这样即可算出"实际 GNP"，或者更确切地说是以某个基年的不变购买力所值的美元价值衡量的 GNP。

268 真实 GNP 的变化是因数量（而不是价格水平）的变化而引起的。因此，尽管真实 GNP 是按价值单位衡量的，但它仍然是衡量某些实物性东西的数量指数，而且被认为是一个比名义 GNP 更好的衡量经济增长的指标。正如价值 1 美元的汽油对应着一个具体的实物性的汽油量一样，价值 1 美元的真实 GNP 也对应着一定的实物性商品和服务的总量。但是，由于不同的商品和服务具有不同的物质和能量密度，因此，与汽油的美元价值及其代表的通量的关系一样，真实 GNP 和通量之间并不存在严格的一对一的关系。[7]

需要强调的一点就是，尽管 GNP 是按价值来测算的，而且不可能还原为一个简单的实物量，但它仍然是一个衡量所有不可还原物理量纲的实物总量的指数。真实 GNP 和通量之间的关系并不是固定的，但是，它们的可变性并不都是没有限度的。而且，在一定程度上人们相信 GNP 增长可以和通量增长相区分，这样我们就更有理由接受通量增长的极限。如果限制通量增长以达到环境保护的目的，这种环境保护的成本消耗不会降低 GNP 增长，那么就不应该有人反对 GNP 的增长。如果通量恒定不变，而 GNP 却可以始终保持增长，那么，生态经济学家也不应该存在任何异议。

GNP 和总福利

GNP 是衡量经济活动的一个指标，而不是衡量福利的一个指标。也就是说，它告诉我们车轮转得有多快，却不告诉我们车子要去哪里。经济学家们都是这么认为的。不过，我们并没有一个可靠的用来衡量福利的指标，大多数政策制定者还是把它看作一个值得信任的指标，因为它的变化方向与福利变化方向大体一致。其依据是：

总福利＝经济福利＋非经济福利

一个可信的假设就是经济福利和总福利按相同的方向移动。但是，经济福利的增加会引起更大的非经济福利下降。例如，提高劳动力流动性可以使得 GNP 上升。但是，当人们不得不离开本地而去外地工作时，便不得不牺牲与家人的天伦之乐和与朋友的密切往来。双职工家庭的额外收入和工作满足度都会提高经济福利，但是，空闲少了，由于要请保姆，又额外增加了经济负担，因而满足度会下降，这些都会降低非经济福利。污染引起的疾病会造成非经济福利的巨大损失。由于"非经济福利"是无法测度的，而经济福利有一个数值指标，因此，我们往往会高估后者的重要性，而低估前者的重要性。在传统的经济分析当中，图14—2 中的 MDU 曲线都被忽略了，它即代表了"非经济福利"的损失。

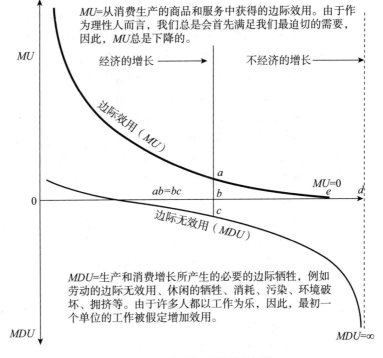

图 14—2　宏观经济的增长极限

注：点 b＝经济极限或最优规模，此时边际效用（MU）＝边际无效用（MDU）（即最大净正效用）；e＝效用极限，此时 MU＝0（消费者满足感）；d＝灾难极限，此时 MDU＝∞。在点 d 处，已经超过了可持续规模。

值得指出的是，增长所引起的大部分边际无效用是因经济发展对全球公共物品造成的负面影响而造成的，其中包括关键的生态系统生命支持功能。这意味着，一个经济正在增长的国家获得了增长的大部分效用，但与世界上的其他国家共同分摊了成本。许多这类成本（如废物排放、生境退化和资源消耗）都是累积性的，这意味着随着我们从空的世界走向满的世界，增长的边际成本很可能也会增加。为了支持这个结论，最近的研究发现，中国和泰国增长的边际成本超过了其收益，印度和越南的收益刚好大于其成本，所有的国家都表现出惊人的增长率。[8]此外，虽然图14—1暗示美国的经济和其幸福度一样，增长并不显著，但其他研究发现，在最近几十年，中国的幸福度水平实际上呈现出轻微下降趋势（无统计显著性）。[9]

防护性支出和自然资本消耗

在国民收入和国民产值核算中还有两类情况是有问题的：遗憾且必要的防护性支出和自然资本消耗。我们分别论述一下。

遗憾且必要的防护性支出（regrettably necessary defensive expenditures），简称防护性支出（defensive expenditures），是指我们为了避免其他人生产和消费其他商品所产生的有害结果而不得不保护自己所产生的费用。比如，生活在机场和繁华街道附近的居民为了隔音不得不加厚墙壁和窗户所产生的费用；污染引发哮喘的医疗费用。只从测度某些活动的意义上来说，这些费用都是人们在实际环境中可以作出自由选择以使其福利更好而花销的费用，因此应该被计入国民生产总值。在另外一层意义上来讲，这些费用确实是生产的非自愿性的中间成本，它们不应该算作最终消费者（或最终消费）的福利。这类支出的定义可宽可窄。上面给出的例子反映了窄的定义。而有些类别的支出则应该包括全球变暖、确保信用而产生的立法、法律实施以及增加经济增长的复杂度而产生的所有成本。分界线如何界定，则应具体问题具体分析。

自然资本的消耗是一类比较明确的支出。GNP是指国民总产值。它也是资本折旧的总量。如果扣除人造资本的折旧，便可得到国民生产净值（net national product，NNP），这是资源没有完全枯竭时我们能够消费的数量的近似值。但是，即使是在计算NNP时，我们也没有扣除自然资本的贬值和消耗。NNP恰恰也是自然资本消费（以及防护性支出）的总量。另外，人造资本并不是自然资本的完全替代品，原因很简单，因为没有后者，前者便不可能存在。这两类资本是互补品。把1美元的价值赋予人造资本和自然资本的折旧，这隐含假设这两类资本是完全的替代品，而且只要人力资本的增长能够补偿自然资本的损失，我们就能够接受自然资本的这种损失。实际上，如果自然资本越少，那么人造资本价值也就越低。如果汽车没有汽油，汽车又有何用？

14.3 可持续收入

我们前面已经隐含地给出了"收入"（income）的定义，实际上，收入的准确定义是指某个社会在某个指定时期内，在不减少自身未来消费量的前提下，所能够消费的最大量。[10]换一种说法，收入是指不降低明年乃至后年的生产和消费的能力（即不降低未来的生产能力，也就是没有消耗资本），你今年能够消费的最大量。严格地讲，说"可持续收入"是多余的，因为按照定义收入本身就是可持续性的。但是，我们一直忽略了收入的这个特点，为强调起见，我们在这里多解释一下似乎很有必要。如果说它不是可持续的，那么这里的"它"是指资本消耗，而不是指收入，至少部分如此。

收入核算的完整概念就是要谨小慎微，以避免因资本消耗而无意中导致赤贫。当然，有时我们也可以选择消耗资本，例如退休后利用养老储备金，或清算一家破产商店的存货。然而，大多数人都不愿意按照这种方式来管理国民经济和生态系统，好像是一种清算业务似的。当然，可以选择消耗资本，并且自愿变得穷困潦倒。管理收入的会计师的工作就是必须确保你知道你正在做什么，而不告诉你要做什么。但是，如果会计在计算收入时不扣除对自然资本的消耗，那么他就没有尽到其职责。

具体而言，如果只是采伐一片森林今年的净生长量，这便是收入，因为来年还可以再这样做。如果把整个林子都采伐了，来年便没有东西采伐了，采伐林子的价值就主要是资本消耗，而不是收入。在 GNP 中，我们把整个价值都算作这一年的收入。对于过度捕捞的渔业和过度耕作的耕地，以及废矿、废井和地下水而言也是如此。[11]有些新古典经济学家已经开始意识到，大自然的服务是经济的一项巨大的基础设施，而且，我们没有维护好这项基础设施。

为什么我们的会计师们在计算收入时不扣除自然资本的消耗呢？新古典经济学并没有把自然资本消耗算作一种成本，因为按照对世界的前分析视角，大自然不是稀缺性的。通常的新古典生产函数并不包括自然基金和资源流量，其理由与国民收入核算中没有扣除自然资本消耗的理由一样。

作为成本的 GNP

肯尼思·博尔丁曾建议将 GNP 标记为 GNC，即国民成本总值（gross national cost）。虽然博尔丁的建议可能是半开玩笑，但是值得我们斟酌。国民生产总值是衡量一个社会生产的最终商品和服务的数量乘以它们在市场上销售的价格的指标。但是，我们对许多最重要的资源（如食品、能源和救生药物）的需求是非弹性的。正如我们在第9章所述，这意味着价格的大变化对这些商品的消费量几乎没有任何影响，相反，数量上的一个小变化便会导致价格上的很大变化。设想某一年食品和石油工业决定减少工作时间，使得产量比前几年下降20％。因为人们不想减少他们的食物和能源消费，因而就会明显地抬高这些商品的价格。事实上，这样的事情真的发生过。2008年，当时粮食供应量相对于每年的消费量微弱下降，从而导致价格上涨200％；石油产量增长率的下降也导致石油价格出现类似的上涨。如果2007年的产量下降到80％，而价格上涨了300％，二者相乘，国民生产总值就增长了140％，而不是减少20％。尽管如此，考虑到通货膨胀因素，真实国民生产总值应该会更低，但这些商品在国民生产总值中的份额应该会大增。

即使国民生产总值反映了经济活动的情况，但是它不能反映福利的情况。例如，与其他发达国家相比，美国在许多卫生保健指标（从婴儿死亡率到期望寿命）上都排名最后，而且到目前为止，美国没有参加保险的人的比例也最高。按照这些指标，美国卫生保健系统提供的福利待遇比其他发达国家更少。然而，2008年美国在卫生保健上的人均花费比其他任何一个国家都多50％以上[12]，而且这些支出还在迅速增加。除了那些从卫生保健方面获得收入的人以外，没有人声称这是一件好事。然而，如果按照卫生保健商品和服务的市场价值来衡量福利，到目前为止，美国拥有世界上最好的卫生保健体系。

事实是，一个人的收入等于另一个人的支出，所以GNP也是衡量成本的一个明确的指标。只要成本和效益二者紧密相关，那么这也关系不大，但是，我们不能把这种相关看作理所当然的。着力使得卫生保健、食品、能源，或任何其他东西的支出最大化，那简直就是发疯了。

国民生产总值应该做些什么？一个方法就是将国民生产总值分解成两个独立的账户：即国民收益账户和国民成本账户（我们在随后的章节中将讨论这一问题）。随着经济规模的扩大，收益和成本都将会增加。我们可以比较效益和成本的边际增加量，以找到最优规模（如图14—2所示）。[13]只将它们加在一起，绝对没有什么意义。

另一种选择就是超越所有以消费为基础的福利指标，如下所述。如果经济活动的目的是使得人类福利最大化，那么健康、营养、识字、家庭、朋友、社会网络等很可能都是最重要的指标，也许是最好的衡量整体幸福度水平和生活满意度的指标，参见专栏14.1。

尽管如此，由于缺乏更合理的福利指标，每当新闻播音员用GNP的季度变化数字盛情款待我们的时候，我们不禁会产生起一种怀旧的悠悠之情。现在我们正在遭受道琼斯和纳斯达克股票价格指数重锤敲击、鸣锣击鼓式的

273

每小时变化的报告，这些股票价格指数是比 GNP 更进一步远离福利或收入指标的指数。例如，2008 年全球股票市场失去了数万亿美元的价值，而实际上真实生产性资产却几乎没有变化。这是由于股票市场的价值是前瞻性的，基于对股票未来盈利的预期（投机者对别人预期值的估计）。相比之下，GNP 是滞后的，是指已经发生的事情的历史记录。因为对过去比对未来更好理解，所以 GNP 固然成为了一个比股票市场价值更值得信赖的数字。

专栏 14.1 ☞   **国民幸福度总值和幸福地球指数**

274   20 世纪 80 年代晚期，不丹宣布努力提高国民幸福度总值（gross national happiness，GNH）而不是 GNP，它采取这样一种发展路径，即"不强调物质上的回报，而是强调个人的发展、生活的尊严、对他人的同情心、尊重自然、社会和谐以及妥协的重要性"[a]。不丹并不试图测算其本身的幸福度，而是寻求测算和改善提高幸福度的因素。全球第一项对 GNH 的研究包括衡量经济、环境、生理、心理、社会、工作场所和政治稳定的多维评价指标。[b] 虽然最初看起来这好像是一个遥不可及的目标，但是，GNH 比 GNP 与经济学家历史上对效用的理解更为接近，这一想法随着对幸福度的研究已经付诸实施。一个相关的指标就是幸福地球指数（happy planet index，HPI），即将一个国家的幸福寿命（通过主观幸福感调整的预期寿命）除以其生态足迹作为生态经济效率或可持续幸福度的估计值。按照这一指标，哥斯达黎加也是世界上可持续发展领先的国家。[c]

a. Bhutan Planning Commsion, *Bhutan* 2020: *A Vision of Peace*, *Prosperity, and Happiness*, Thimphu: Royal Government of Bhutan Planning Commission, 1999, p. 19.

b. International Institute of Management, *Gross National Happiness (GNH) Survey*. Online: http://www. iim-edu. org/polls/GrossNationalHappinessSurvey. htm.

c. http://www. happyplanetindex. org.

14.4 福利的替代指标：MEW，ISEW 和 GPI

20 世纪 70 年代初，人们对将 GNP 增长作为一个合适的国家目标存有很多的批评，以至经济学家们觉得有义务给予回应。最好的回应来自威廉·诺德豪斯和詹姆斯·托宾（James Tobin）。[14] 他们质疑增长作为一个衡量福利的指标并因此而作为一个合适的政策指导性目标是不是过时了。为了回答这个问题，他们提出了一个直接衡量福利的指数，即测定经济福利指数（measured economic welfare，MEW），并检验了 1929—1965 年该指标与 GNP 的相关关系。他们发现，就整个时期总体而言，

GNP 和 MEW 确实呈正相关，即 GNP 每增加 6 个单位，MEW 平均增加 4 个单位。经济学家们终于松了一口气，忘记了 MEW，再次注重于 GNP。尽管 GNP 不是一个用来衡量福利的指标，但是，它过去（并且未来仍将）被认为与福利具有足够好的相关性，可以实际指导政策。

大约 20 年后，戴利和科布（Daly and Cobb）再次分析了这个问题，并且利用诺德豪斯和托宾的 MEW 指数构造了一个可持续性经济福利指数（index of sustainable economic welfare，ISEW）。他们发现，如果只取诺德豪斯和托宾分析期的后半期时间序列进行分析（即从 1947 到 1965 年的 18 年），则 GNP 和 MEW 的正相关性明显下降。在这期间（这后半期与未来更为有关），GNP 每增加 6 个单位，MEW 平均只增加 1 个单位。这表明美国历史上这个阶段的 GNP 增长对增进经济福利是最没有效率的，肯定不如过去有效率。

随后，人们用 ISEW 替代 MEW，因为后者忽略了对环境成本的任何矫正，对分配变化没有作任何矫正，考虑了休闲因素，二者对 MEW 的影响很大，而且引入了许多模棱两可的评价。[15] 真实进步指数（genuine progress indicator，GPI）得到了广泛使用，它是 ISEW 的升级版，后者考虑了休闲时间的损失。ISEW、GPI 与 MEW 一样，与 GNP 的正相关性达到最高（1980 年前后），从这之后相关性转为轻微的负相关。[16]图 14—3 显示的是七个不同国家 GNP 和 ISEW 的估计值。

衡量福利不仅很困难，而且容易受到许多随意判断的影响，因此，笼统的结论不应该得到支持。然而，我们说美国自 1947 年以来 GNP 增长率一直增加的事实证据并不充分，而自 1980 年以来或许根本不存在增加，看起来似乎很合理（图 14—1 进一步证实这一观点）。因此，任何通过提高 GNP 增长率的政策对福利产生的影响也应该是很微弱甚至是不存在的。换句话说，我们习惯于用"巨大的收益"来证明环境、社会标准和产业秩序的牺牲是有道理的，但仔细分析一下，它可能根本就不存在。[17] 如果经济增长确实是国家的第一目标以及社会的中心组织原则，那么，每一个公民当然有权希望衡量福利的指标（GNP）应该能够更准确地反映一般的福利水平。我们一直把 GNP 作为福利的代用指标，这使我们想起美国著名网球手约吉·贝拉（Yogi Berra）的一句名言："我们可以有所失去，但我们正在创造伟大的时代。"

客观、准确、科学地衡量国民成本和国民收益并不是一个现实的目标。经济增长的成本和收益都是有时间性的，而且如何处理影响后代的成本和收益问题是一个伦理问题，而不是一个科学问题。例如，使用某个特定的贴现率分析跨期分配问题显然是一个价值负载（value-laden）决策的问题。生态系统的变化和演替不是可预测的，而且如何分析其结果的不确定性也是一个伦理问题。即使采用市场商品的货币指标也不客观，因为市场的货币价值各式各样，它取决于财富的初始分配，而且，

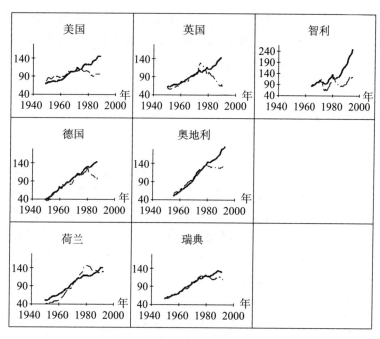

图 14—3　7 个国家的 GNP（实线）和 ISEW（虚线）
所有国家的数据都换算为 1970 年等于 100

资料来源：R. Costanza, J. Farley, and P. Templet, "Quality of Life and the Distribution of Wealth and Resources," In R. Costanza and S. E. Jørgensen, eds., *Understanding and Solving Environmental Problems in the 21st Century：Toward a New，Integrated Hard Problem Science*，Amsterdam：Elsevier, 2002。

一种合理的初始分配包含什么内容也是一个伦理判断问题。对于某种指定的资源而言，其货币价值也会因为社会正在使用的数量的变化而变化，例如，石油的价格主要取决于当前的开采率。石油是许多经济过程的一种非常重要的投入要素，所有商品的价格都受到石油使用量的影响。资源的价格是由本期资源使用的情况来决定的，利用这种价格来决定某种资源的合适使用量，因此这是一个循环推理问题。我们不仅无法利用计算机表格来分析这个问题，也无法在现实生活中分析这个问题。我们试图为非市场商品（如生态系统服务）赋予货币价值，但这种努力不仅会把这些伦理问题与方法问题混为一谈，而且也隐含地假设自然资本和人造资本是完全的替代品，这个观点也是大多数生态经济学家强烈反对的。

14.5　非以消费为基础的福利指标

个人消费本身并不是目的，而只是达到增进人类福利目的的一个途径。GNP 不仅不足以作为收入的代理指标，而且收入仅是人类福利的要素之一。例如，GNP 的增加不可避免地会侵蚀到生态系统服务，这至少像 GNP 提供福利一样重要。[18]

人类需求与福利

是否存在其他尚未讨论的因素影响会我们的福利呢？有一个合理的假设，即一个人的福利是由满足他的需求和欲望的能力来决定的。我们的需求是什么？绝对需求是指那些生存必需且由其生物学特点所决定的。全球大约有 14 亿人、第三世界有 26% 的人生活在极端的贫困之中（每天收入少于 1.25 美元），26 亿人每天的收入不足 2.00 美元。这些人甚至满足绝对需求都有困难。[19] 对于这些人而言，消费与福利的关系或许更加密切。

一旦绝对需求已经满足，那么，福利的状态就是由一整套人类初级需求的满足程度来决定的，现在世界 3/5 的人口便是如此。许多研究人员已经提出了许多人类需求，而且尤其主张人类的需求是具有等级次序的，如最著名的马斯洛等级制（1954 年），按照马斯洛等级制的观点，人类的消费只是满足其需求台阶的最低级台阶。等级次序并非完美无缺，研究人员通常也并非固执己见。即便生活在绝对贫困中的 12 亿人口也试图满足他们的其他需求，而并非只是生存需求。

曼弗雷德·马克斯-尼夫（Mansfred Max-Neef）[20] 对人类需求作了总结，并建立了非等级制的价值论分类[21] 和存在主义分类，如表 14—1 所示。在其**人类需求矩阵**（matrix of human needs）当中，需求之间是相互关联和相互作用的，即许多需求是互补性的，而且人类可以同时追求不同的需求。这个矩阵比严格的等级制更能反映实际问题，按照等级制的规定，我们只能在满足了低级需求之后才能追求更高级的需求。马克斯-尼夫的概念很重要的一点就是认为需求是不多的，而且是有限的。这完全违背了传统经济学无限欲望和永无满足的格言。

如果要评估经济政策现在或未来成功与否（假设永远为人类提供高水平的福利是经济的目标），那么就必须提出可测量的指标，使之恰当地表示需求的满足程度以及福利水平。

显而易见，我们无法精确地衡量福利，按照目前的理解，"福利"就相当于生活质量（quality of life，QOL）。克利福德·科布（Clifford Cobb）如是说[22]：

> 理解 QOL 指标最重要的事实是，所有衡量质量的指标都是
> 代理指标，即反映试图判断的真实情况的间接指标。如果质量

能被量化，它也就不再是质量了。相反，它应该是数量。定量指标不应被用来判断真或假，只能用来衡量我们更加接近于一个遥不可及目标的程度。它们永远无法直接确定质量。（p.5）

表 14—1   **马克斯-尼夫人类需求矩阵**

价值论分类	存在主义分类			
	存在	拥有	行动	互动
生存	身体健康、心理健康、平静、幽默感、适应性	食物、住所、工作	饮食、生育、休息、工作	生活环境、社会环境
保护	关怀、适应性、自主性、平静、团结	保险制度、储蓄、社会保障、卫生保健制度、权利、家庭、工作	合作、预防、抚养计划、治疗、帮助	生活空间、社会环境、居住空间
影响	自尊、团结、尊重、宽容、慷慨、包容、激情、决心、性感、幽默感	友谊、家庭、与自然融为一体	做爱、呵护、表达、情绪、分享、照顾、培养、感激	隐私、亲密、家庭、空间的归属感
理解	良知、包容、好奇心、惊骇、纪律、直觉、理性	文学、教师、教育方法、教育政策、交流策略	调查、研究、实验、教育、沉思策略	正式互动的环境、学校、大学、学院、团体、社区、家庭
参与	适应性、包容、团结、意愿、决心、奉献精神、尊重、激情、幽默感	权利、责任、义务、特权、工作	从属、合作、建议、分享、异议、服从、互动、同意、表达	参与互动的环境、政党、社会团体、教会、社区、邻里、家庭
安逸	好奇心、包容、想象、鲁莽、幽默感、宁静、性感	游戏、眼镜、俱乐部、聚会、心灵的安宁	遐想、苦思冥想、梦想、回忆往事、幻想、记忆、放松、开玩笑、玩耍	隐私、亲密、亲密空间、闲暇时间、环境、景观
创造	激情、决心、直觉、想象、大胆、理性、自主性、创造性、好奇心	能力、技能、方法、工作	工作、发明、建筑、设计、翻译	生产和反馈的环境、工作坊、文化团体、听众、表达的空间、暂时的自由
身份	归属感、一致性、分化、自尊、自信	符号、语言、宗教、习惯、风俗、参考群体、性欲、价值观、规范体系、历史记忆、工作	承诺、融入社会、对抗、决定、了解自我、自我认同、实现自我、生长	社会节奏、日常环境、归属环境、成熟阶段

续前表

价值论分类	存在主义分类			
	存在	拥有	行动	互动
自由	自主性、自尊、决心、激情、自信、豁达、大胆、叛逆、忍耐	权利平等	异议、选择、与众不同、冒险、发展意识、承诺、冒犯	在不同的时间、不同的地点与人交往的能力

注："存在"表示个人或集体的属性，用名词表示。"拥有"表示制度、规范、机制、工具（不是物质意义上）和法律等，用一个或几个单词表示。"行动"表示位置和环境（时间和空间）。在时间和空间的意义上，它表示西班牙语的"estar"或德国的"befinden"的意思。由于英语中没有对应的单词，不得已选择了"interacting"（互动）这个词。

资料来源：M. Max-Neef，"Development and Human Needs," In P. Ekins and M. Max-Neef, *Real-Life Economics*: *Understanding Wealth Creation*. London：Routledge，1992，pp. 197 -213。

客观指标

280   为了客观地计量福利，人们付出了巨大的努力。问题是研究表明，在福利的客观指标和主观评价之间只存在弱相关关系。[23]然而，这些研究和各类国民经济核算似乎只包括了一个很窄范围内的客观指标，而且经常过分强调了消费。很可能的问题是，福利是一份醇香的秋葵，用如此少的调料，调不出它的味道。经济学的一个重要研究议题就是发展一种计量获得"满足物"的方法（满足特定需求的手段），以便用马克斯-尼夫人类需求的价值论分类和存在主义分类作为福利指标。拥有足够的调料，我们就可以生产出更接近于福利风味的美食。

281   马克斯-尼夫人类需求矩阵作为一个福利指标的基础与现有的国民经济核算方法大相径庭，与大多数建议指标也很不同，甚至理论基础也不同。新古典经济学和 GNP 显然是功利主义的。在功利主义哲学里，个人福利是取决于个人满足其愿望的程度，而且人们普遍认为，社会的目标就是为其公民提供最大的效用。由于新古典经济学秉持功利主义哲学，所以公民便是最能够决定什么东西提供效用的人。因为直接计算效用非常困难，所以经济学家们一直采用显性偏好作为一种替代。人们的偏好是通过人们在市场中所作出的客观可测的选择得以揭示的。在市场经济条件下，市场决策可以揭示人们的偏好，但市场决策通过货币才能揭示。按照功利主义的这一观念，哲学只重视最终结果，而且需要"拥有"诸如占有和体验之类的东西。可持续收入核算和经济福利计量本质上来讲只是这种哲学的延伸，而且它们同样只重视"拥有"。[24]

在马克斯-尼夫框架中，"拥有"东西固然重要，但它只是满足我们的需求所需要的一个要素。因此，一个拥有资源的慈善独裁者可以为我们提供所有物质性的东西，但无法满足我们在"存在"、"行动"和"互动"方面的生存需求，也无法满足我们在"创造"、"参与"和"自由"等方面的价值论需求。同时，在马克斯-尼夫的概念中，人们往往不能力决定什么市场对他们的生活质量最有影响，例如，虚假广告可以让人们相信消费能够满足他们在感情、自由或者参与等方面的需求。

这种不依赖结果评价人类行动的方法被称为福利的"人类发展"途径。它的主要支持者包括诺贝尔经济学奖获得者、经济学家阿马蒂亚·森（Amartya Sen）和哲学家玛莎·努斯鲍姆（Martha Nussbaum）。与马克斯-尼夫类似，他们认为"能力"和"功能"对福利而言都很关键。[25]粗略地说，"功能"对应于人类需求，而"能力"则包括"存在"的状态和"行动"的机会，因此类似于获得马克斯-尼夫矩阵中的满足物（见表14—1）。在功利主义的理论中，我们可以从几个不同的选项当中选择一个选项。如果除了我们所选择的这一个选项之外，其他的选项都消失了，它也不会影响我们的福利。在"人类发展"途径中，没有选择就没有能力，因此会影响到我们的福利。与那些可以自由选择的选项而言，人类发展途径更不重视人们作出的实际选择，选择在许多领域非常重要，市场只不过是其中之一。

使人类需求评价成为衡量福利的一个指标

测量人类满足的程度是一项极其困难的任务，而且非常主观。按照阿马蒂亚·森和玛莎·努斯鲍姆的观点，最有意义的是测量能力，即个体获得满足物的程度。然而，正如马克斯-尼夫所指出的，特定的满足物可能会随着文化的不同而有变化，满足人类需求所需要的满足物的差异确实是界定一种文化的最重要元素之一。这意味着客观的"福利账户"必须具有文化的特质。第二，某些满足物可能有助于实现几个人类需求，而其他的需求需要几个满足物。更为复杂的是，满足物可能会随着时间的推移而改变。人类是社会性的生物，他们生活在一个复杂的环境之中；不仅个人的需求需要得到满足，而且社会团体和环境的需求也要得到满足。[26]此外，虽然人类的需求有所不同，但它们也可能是相辅相成的，因此人类的需求不具有递增性。某一类人类需求的满足物丰富，并不能弥补另一类人类需求的满足物的缺乏。这表明独立的"账户"应使得不同的满足物适应不同的人类需求。

在基于**人类需求评价**（human needs assessment，HNA）的福利账户的发展过程中，通过实证比较福利的主观指标和客观指标以确定它们的有效性，以此检验满足物的测定应该是很有意义的。这些实证检验以及提高 HNA 账户可操作性的努力，必须牵涉到人们通过对话以证实或反对马克斯-尼夫指定的人类需求的有效性，以及我们在评价人类需求得到满足的程度时使用的满足物的有效性。几乎可以肯定的是，这样的对话还会产生表14—1未列出的一些满足物。[27] 而一般人不可能总是确切地知道什么满足物最能满足他们的需求，然而，通过与人相互讨论仍然是选择和检验合适指标必不可少的。我们也需要提出一些基于群组的方法，以确定我们的指标在社会环境中的有效性。

很明显，即使马克斯-尼夫的概念在理论上比 GNP 甚至 ISEW 更令人信服，但这种方法很难操作。关于采取何种方法用于国民核算（理论上完美的指标，或者易于核算的指标）的争论已经过时了。正如 1906 年欧文·费雪（Irving Fisher）所反驳的：适当的指标，即便是收入指标，都只是捕获到服务的心灵流量（如需求和欲望的满足），而不只是商品和服务的最终成本。[28] 在欧文·费雪的时代，由于缺乏合适的数据计算服务的精神流量或最终成本，这无疑导致许多人忽略了这种争论，而把它完全当作一个学术问题。GNP 这一指标的广泛使用表明，实际上欧文·费雪在这场早期的争论中输掉了。然而，诸如 ISEW 之类的指标表明，GNP 越来越无法计量经济福利，更不用说计量一般的人类福祉。既然不能像现在计量 GNP 一样准确地量化在多大程度上获得了满足物，正如森所指出的，与其精确地错误，不如含糊地正确。[29]

接受马克斯-尼夫人类需求矩阵作为人类福利具体要素的一个框架，将满足物的获取看作可能存在的衡量福利的最好的客观指标，对经济规模、收入分配和资源配置具有深远的意义。首先，马克斯-尼夫提出的大多数指标除维持人类生命所需之外，只需要很少的（如果有的话）物质资源，因此很少受制于物质性的枯竭。因此，对于大部分人类福利要素而言，一个人或一代人使用量的增加并不会影响其他人的使用。其次，明确地接受物质需求是有限度的这一观念，意味着我们可以大幅度限制消费，而很少（如果有的话）牺牲福利。这个结论至关重要，因为热力学定律使得物质消费与资源利用和废弃物产生脱钩成为不可能。大量的证据表明，单靠可再生资源，无法满足我们当前的消费水平，因此，我们必须限制消费，否则将威胁到未来人类的福利。

马克斯-尼夫框架难以操作，实际上可能是其一个优点。为什么要计量人类福利？除了要跟踪它的升降外，还是为了帮助我们制定政策以改善福利。简单地提供有关福利方面的统计资料无助于我们实现这一目标。然而，应用马克斯-尼夫框架需要大量的调查，让人们深入地思考他们的需求究竟是什么，以及如何才能满足他们的需求。总之，增进福利需要政治、文化和宗教团体作出决策，决定他们需要什么以及如何实现他们的目标。为了作出正确的决定，人们需要对其终极愿望进行深入的思考。

14.6 主要概念

组成谬误	Fallacy of composition
一般均衡模型和总量宏观经济学	General equilibrium model versus aggregate macroeconomics
宏观经济的最优规模	Optimal scale of macroeconomy
国民（国内）生产总值	Gross national (or domestic) product
总福利＝经济福利＋非经济福利	Total welfare ＝ economic welfare ＋ noneconomic welfare
防护性支出	Defensive expenditures or "anti-bads"
自然资本消耗	Natural capital consumption
可持续收入	Sustainable income
测定经济福利指数和可持续 经济福利指数	MEW and ISEW
国民成本总值	Gross national cost
相对财富和相对福利	Relative wealth and welfare
人类需求与福利	Human needs and welfare
马克斯-尼夫人类需求矩阵	Matrix of human needs (Max-Neef)
人类需求评价	Human needs assessment，HNA

【注释】

[1] 宏观经济学的学派有很多，有些并不提倡政策干预。例如，新古典宏观经济学（又称为理性期望理论）认为政策干预是无效率的。货币主义者则认为政策干预达不到预期的效果。这两个学派都很保守，它们都赞成小而弱的政府。不过，在实际中，政策制定者确实采用了宏观经济政策以达到政策的目的。

[2] 许多经济学家质疑是否有必要防止垄断。例如，美联储前主席艾伦·格林斯潘就认为，仅政府保护垄断是有害的。当自由市场中的某家企业在某一个行业取得了垄断地位，这只是对其付出的努力应给予的奖赏，而且只会促进社会福利。参见 A. Greenspan, "Antitrust" in Ayn Rand, *Capitalism：The Unknown Ideal*。

[3] 就讨论的情况而言，这二者的差别不大，GNP 计算的是在国内和国外的所有美国公民的产量。GDP 计算的是美国地理边界范围以内的所有产量，可以是本国国民生产的，也可以是外国人生产的。

[4] 举例来说，我们用年租金测算屋主自己住的房子的当前服务。屋主被看作在当前年份自己向自己租房子住。不过，汽车的车主则并不被看作自己向自己租车子开。

[5] 有人或许会反对，认为自然资源并不真正是免费的。1 吨煤本身在市场上并

没有花钱，但是，它的货币价格等于发现和开采煤的劳动与资本的成本。正如资源经济学家所言，地下（或者在原地）的煤被认为是大自然赐予的免费礼物。与边远地区的煤矿相比，一个特别富裕而且交通方便的煤矿每生产1吨煤所需要的劳动和资本较少。那么，它生产的煤是不是也比边远地区煤矿生产的煤更便宜呢？答案是否定的，它只是提高了生产者剩余，或者级差租金。交通方便的煤矿可以赚取一种租金，这种租金是因相比于边远地区煤矿所节省的劳动和资本产生的。处在原地的煤仍然是大自然赐予的一种免费礼物，但是，有些免费的礼物比别的礼物更加精美，而且级差租金就考虑到了这个差异。租金是因开采煤矿节省的劳动和资本的价值而产生的，与地下煤的原始价值无任何关系。

［6］众数是指个体数最多的收入组。中值是指这样一个人均收入数，即高于和低于这个收入数的个体数相等。学习过统计学的学生都知道，对于一个正态分布而言，平均值、中值和众数完全相等，它们都是表示集中趋势的衡量指标。

［7］但是，即使是在这里，经济学家们在计算价格指数时也试图把总量看作一个常量。他们假设有一个指定的商品篮，商品篮中的商品的相对价格已知，这样便可以计算商品篮的加权平均价格及其随时间的推移而发生的变化。我们并不期望这个指数能反映商品篮的相对组成变化，也不期望它能反映商品篮中商品的相对价格的变化。由于相对价格肯定会随着时间的推移而变化，有代表性的消费商品篮的组成也一样会随时间的推移而变化，因此，价格水平指数不可避免地会随时间的推移而"损耗"，并且必须重新计算。因此，真实GNP的数字从长期的角度来看并没有可比较性。

［8］P. Lawn and M. Clarke, *Sustainable Welfare in the Asia-Pacific*: *Case Studies Using the Genuine Progress Indicator*, Cheltenham, UK：Edward Elgar, 2008.

［9］R. A. Easterlin and L. Angelescu, 2009, Happiness and Growth the World Over：Time Series Evidence on the Happiness-Income Paradox. IZA Discussion Paper No. 4060, Institute for the Study of Labor.

［10］J. Hicks, *Value and Capital*, 2nd ed, Oxford, England：Clarendon, 1948.

［11］可再生存量或自然资本基金的消耗便是贬值，这与一台机器的折旧类似。不可再生自然资本的消耗则是清算，它类似于对存货的清算。二者都是指资本消耗。

［12］OECD Health Data 2009：Frequently Requested Data. Online：http://www.oecd.org/document/16/0, 3343, en_2649_34631_2085200_1_1_1_1, 00. html.

［13］澳大利亚关于这方面的研究，参见 P. A. Lawn, *Toward Sustainable Development*：*An Ecological Economics Approach*, Boca Raton, FL：Lewis publisher, 2001。

［14］W. Nordhaus and J. Tobin, "Is Growth Obsolete?" In *Economic Growth*, National Bureau of Economic Research, New York：Columbia University Press, 1972.

［15］休闲的概念是福利的一个重要组成部分，但是，确定休闲的价值是很困难的。如何选择休闲因素呢？睡眠的时间是否应该计入休闲呢？工作往返的时间属于休闲还是"工作的时间成本"？我们应该采用工资率吗？我们应该采取最小工资制度吗？母亲照看小孩的"休闲"应该按照她作为一个医生的机会成本来估价，还是按照日托的成本来估价？类似的这些困难对指数都会产生很大的影响。

[16] 无论是 MEW 还是 ISEW，都没有考虑单个国家的 GNP 增长对全球环境并随之对不同地理水平（而不是国家）的福利产生的影响。对诸如烟草和酒等合法的有害产品或者毒品等非法的有害产品均未作任何的扣除计算。GNP 会随时间的推移而增长，由此而产生总体的边际效用递减，对此也未作任何扣除计算。这些因素会更进一步削弱 GNP 和福利的相关性。GNP、MEW 和 ISEW 都是从个人的消费开始计算的。因为这四个指标从更大的类别上来看，其实是一类指标，因此存在显著的自相关偏差，它会使得 GNP 和其他两个福利指标的相关性变得更差，更加不可思议。

[17] 有关其他国家的实际证据，参见 M. Max-Neef, Economic Growth and Quality of Life：A Threshold Hypothesis, *Ecological Economics* 15：115-118 (1995)。

[18] 参见 R. Costanza et al., The Value of the World's Ecosystem Services and Natural Capital, *Nature* 6630：253-260 (1997)。在这篇文章中，作者发现全球生态系统商品和服务的价值超过了全球 GNP。虽然这篇文章为与人造资本相比，确实对自然资本赋予了货币价值，但它也明确地讨论了与此有关的许多问题。

[19] M. Ravallion and S. Chen, "The Developing World Is Poorer Than We Thought but No Less Successful in the Fight Against Poverty," Policy Research Working Paper Series 4211, The World Bank. 2008.

[20] M. Max-Neef, "Development and Human Needs," In P. Ekins and M. Max-Neef, *Real-life Economics：Understanding Wealth Creation*, London：Routledge, 1992, pp. 197-213.

[21] 价值论是指对价值和价值判断本质的研究。

[22] C. W. Cobb, *Measurement Tools and the Quality of Life：Redefining Progress*, Oakland, CA. Online：http://www.rprogress.org/pubs/pdf/measure_qol.pdf.

[23] B. Haas, A Multidisciplinary Concept Analysis of Quality of Life, *Western Journal of Nursing Research* 21 (6)：728-743 (1999).

[24] C. W. Cobb, *Measurement Tools and the Quality of Life* (San Francisco, CA：Redefining Progress, 2000). Online：http://www.rprogress.org/pubs/pdf/measure_qol.pdf.

[25] Ibid. M. Nussbaum, "Aristotelian Social Democracy," in R. B. Douglass, G. M. Mara, and H. S. Richardson, eds., *Liberalism and the Good*, New York：Routledge, 1990, pp. 203-252；R. Sugden, "Welfare, Resources, and Capabilities：A Review of Inequality Reexamined by Amartya Sen," *Journal of Economic Literature* 31 (December, 1993)：1947-1962.

[26] Max-Neef, op. cit. 1992.

[27] 例如，食物和住所是"拥有"的具体维度，它们是"生存"需求的满足物。我们如何满足我们对食物和居所的需求，实际上在不同的文化当中是不一样的。一个传统的因纽特人可能对海象脂和圆顶建筑感到满意，而一个纽约人则需要汉堡包和高层公寓。

[28] H. Daly and J. Cobb, *For the Common Good：Redirecting the Economy Toward Community, the Environment, and a Sustainable Future*, Boston：Beacon Press, 1989.

[29] D. Crocker, "Functioning and Capability: The Foundations of Sen's and Nussbaum's Development Ethic, Part 2," In M. Nussbaum and J. Glober, eds., *Women, Culture, and Development: A Study in Human Capabilities*, Oxford, England: Oxford University Press, 1995.

第 15 章 货 币

　　货币与轮子、火并列为古代发明，没有货币，现代社会将无法运行。当今的人们与其说无法控制轮子和火，不如说控制不了货币，被货币搞得更加焦头烂额。货币很神秘。与物质和能量不同，它可以被创造出来，也可以被毁灭掉，逃脱了热力学定律的约束。平民百姓即使印制了很少量的货币（造假币者），也要被送进监狱；但私人商业银行却可以印制几乎所有的货币，而且我们还要为此付费！有时货币是一种非常昂贵的商品（黄金），有时只不过是一种不值分文的记号（纸币）。个人很容易将其转换为实际资产，但群体作为一个整体而言则根本不能将它的货币转变成实际资产，因为团体中最终还是会有个别人持有这些货币。有些经济学家认为，货币供应量应该取决于一些固定的法则；有些人则认为，货币应该由政府当局来管控；还有些人认为，爱财是万恶之源！不财迷心窍的人或许对此不会考虑得过多。

　　货币（money）是交易的媒介、核算的单位和价值储存手段。这些功能之间相互联系，值得独立地加以分析。为了计算交换价值，我们需要一个单位的货币，比如说美元、比索、法郎或日元。如果货币的单位在时间上是稳定的（即没有通货膨胀或通货紧缩），那么，货币就可以自动地作为交换价值的一种储存手段。作为一种交换的媒介，且可以使得我们避免以货易货的麻烦，货币至少要在足够长的时间内保持其价值，从而对交易的双方都有影响，当然，这种影响对于双方而言都是同时发生的。我们思考片刻就会发现，以货易货的效率很低，而货币则是一种非常有效率的交换工具。在易货贸易中，必须有一个欲望的巧合。只是我想与你交换什么还不够，而且还要你也想我有什么物品与你交换，而且我们还必须恰巧找到对方。货币提供了每个人都愿意拥有的一个共同特性，因为所有人都愿意接受它。它是一个标准的界定明确的商品（随后又称之为代币），利用它可以打破以货易货的困难，使交易变得容易。

卡尔·马克思对交换的分析如下。首先，分析简单的易货交易，他把它记为

$$C—C^*$$

即用商品 C 交换商品 C^*。你有 C 但更喜欢 C^*；我有 C^* 但更喜欢 C。交换之后我们都更好。我们都提高了所拥有东西的使用价值。交换价值并不能与使用价值相分离。这里不需要货币，但我们很幸运地找到了对方。

马克思认为，下一步是简单的商品生产：

$$C—M—C^*$$

现在我们拥有货币作为交换的媒介。交换价值（M）即货币之和，它通过促进交换，完全有助于实现使用价值的增加。这个过程开始是商品的使用价值，结束也是商品的使用价值。目的是为了提高使用价值，而不是提高交换价值。

对马克思而言，关键的改变源自从简单商品生产向资本主义循环的历史性转变，用符号表示为

$$M—C—M^*$$

资本家开始拥有一笔货币资本，即 M，并且用它来生产商品 C，然后出售 C 以获得货币 M^*，想必 M^* 大于 M。因此有

$$M^* - M = \Delta M$$

ΔM 就是利润，用马克思主义的术语来讲，就是剩余价值。对我们来说，重要的不是马克思的剩余价值概念，而与他的劳动价值论密切相关，但是通过简单的观察，即从 $C—M—C^*$ 向 $M—C—M^*$ 的转变，我们会发现推动力已经从增加使用价值转变为增加交换价值。

使用价值（use value）产生于商品的实际使用；它是具体的、物理上内化了的。**交换价值**（exchange value）是抽象的、货币所固有的，它不一定得到物质上的体现。[1]真正的财富（即商品）服从热力学定律。货币只是一种符号式的核算单位，可以无中生有，也可以毁于无形。对于

287 使用价值的积累存在一个物理限制。对于交换价值的积累则没有明显的限制。仅就使用价值而言，50 个锤子并不比 2 个锤子好多少（一个使用，一个备用）。但是，从交换价值的角度来看，50 个锤子比 2 个锤子要好得多，而且相当于 50 个锤子的货币价值则更好，可以利用这些货币在任何时间、任何地点购买任何东西。

专栏 15.1 ☞   **钻石与水的悖论**

使用价值和交换价值的区别可以追溯到亚里士多德，并被用来"解决"钻石与水的悖论（diamonds-water paradox），即尽管水是一种生活必需品，但它的价格很低；而钻石实际上没有什么用处，但它的价格却很高。经济学家在处理这个难题时，认为存在两种基本的价值类型，即使用价值和交换价值，而且彼此之间毫无关系。在 19 世纪末，经济学思想中的边际主义革命是这样来解释这一悖论的：交换价值是由边际效用来决定的，使用价值则是由总效用来决定的，也就是说，交换价值等于边际使用价值。水拥有很大的总效用，但是水是如此丰富，以至我们多使用一点点水所增加的满足感微不足道。这种边际效用决定了交换价值。我们是怎么知道的呢？如果你想从我这里购买 1 加仑水，是什么决定了你要用多少东西与我交换呢？如果我给了你 1 加仑水，我不会停止喝水而变得干渴，也不会停止洗澡而变得很脏。我可能会少浇一点牵牛花。牵牛花便是我最不重要的使用价值，也是水对我的边际效用、每加仑水对我的机会成本。由于水的边际效用就是我交换出去 1 加仑水而作出的牺牲，正是这一因素决定了水的交换价值。交换价值是由最不重要的使用价值所决定的，亦即牺牲了的价值。水很丰富，所以它的边际效用非常小；钻石非常罕见，所以它的边际效用很高。

一大堆锤子要占用空间，而且经常会面临锈蚀、白蚁、火烧和偷窃。价值 50 个锤子的货币则不受锈蚀、腐烂和熵变的影响，并且根本不需要花费保管费，不管谁获得为我们"保管"货币的特权，我们都可以从他那里赚取利息。为使用价值而生产是有自我限制的。为交换价值而生产则没有自我限制。由于对抽象的交换价值的积累没有限制，且抽象的交换价值可以转化成具体的使用价值，由此我们似乎认为，没有任何限制使得使用价值也可以具体化。这也许就导致了人们产生了一种观念：指数增长（即货币在银行里按复利增长）也是实体（或物质）经济的增长规律。

15.1 虚拟财富

288   弗雷德里克·索迪通过仔细地区分财富和债务，对这一切进行了总结。[2]他指出："虽然重量是通过把东西拉起来进行测量的，不过它本身确实是一个往下沉的东西。用一个东西来平衡另外一个东西，以此来测量这个东西的重量，整个想法就是用被测物体与一个重量相等，但方向相反的物体与之进行平衡。财富便是被测的量，作为财富表征的货币则是指债务。"（p. 103）[3]货币债务（即衡量财富的指标）便是负财富，比如说负的两头猪，就服从数学定律，但不服从物理学定律。另外一方面，财富（比如说正的两头猪）既服从热力学定律，也服从数学定律。正的猪死了，否则就要饲养，并且不可能比它们在妊娠期繁殖得更快。负的猪生育力超级旺盛，而且在数学上可以没有限制地繁殖。正如索迪所指出的："你不能永远地陷入一个荒谬的人类习俗，例如债务自动地增加（复利），而与财富（熵）自动递减的自然规律相对抗"。（p. 30）

公众持有代用货币以避免易货贸易的不便，随之就产生了一个奇怪的现象，索迪称之为**虚拟财富**（virtual wealth），并把它定义为一个社会为了持有货币而自愿放弃持有的实际资产的总价值。个人总能够将他们持有的货币转换成实际资产，但是他们并没有将货币转换为真实资产，这样就可以避免易货贸易的不便。这就提出了一个问题：货币是否应该算作社会的真实资产的一部分呢？如果货币是一种商品，像黄金一样按照它的商品价值流通，那么，货币就应该是社会的实际资产的一部分；如果它只是代用货币，像美元一样，它的商品价值为 0，但它的交换价值很大，那么，它就不应该是社会的实际资产的一部分。即使每个人都可以在瞬间把他的钱转换为实际资产，但是如前所述，社会作为一个整体不可能做到这一点。

因此，货币不代表真实财富，但是按照索迪的说法，货币是虚拟财富。更准确地说，它是决定货币价值的虚拟财富量。如果政府投入流通的货币量多于人们当时希望持有的数量时会发生什么情况呢？人们会把货币交换为实际资产，由此抬高实际资产的价格。随着实际资产价格的上涨，货币的实际价值就会持续下降，直到它再次与社会的虚拟财富一致。如果投放的货币量太少，人们就会把实际资产交换为货币，从而压低实际资产的价格。随着实际资产价格的下降，货币的价值就会持续上升，直到它再次等于社会的虚拟财富。那么，1 美元的价值就等于整个社会的虚拟财富除以正在流通中的美元数量。于是，一个单位的代用货币的价值既不取决于社会财富的总量，也不取决于这个社会的年国内生产总值，而是取决于它的相对于货币供应量的虚拟财富。

289

专栏 15.2 ☞   **虚拟财富和信用发行**

诺贝尔经济学奖获得者、经济学家詹姆斯·托宾对"信用发行"的解释，非常接近索迪的虚拟财富的概念：

> 现在，社会的财富具有两个组成部分：通过过去的实际投资而积累的真实物品；由政府通过子虚乌有的方式编造的信托或纸质"物品"。当然，一个国家的非人力财富"确实"只由其有形的资本构成。但从一个国家的居民个人角度来看，超过了有形资本存量大小的那部分财富我们称之为"信用发行"（fiduciary issue）。这是一种错觉，但只是许多组成谬误中的一种，这些谬误对于任何经济体或社会而言，都是很基本的。只要这个社会不会实际地试图将它的所有纸质财富转变为物品，那么这种错觉就可以维持不变。"[a]

a. J. Tobin，"Money and Economic Growth," *Econometrica* (October 1965)，p. 676.

15.2 铸币税

谁拥有虚拟财富？因为它并不真实存在，我们或许可以说，没有人拥有它。这是一个集体性的错觉。然而，个人自愿持有货币而不是实际资产，他们表现得仿佛货币真的就是他们个人财富的一部分，即使他们集体性地明白，它只不过是一种"虚拟的"或虚幻的东西。社会的每一个持有货币的成员都不得不放弃实际资产，只有货币发行人除外。创造货币并第一个利用货币的人在交换代用货币的过程中获得了一份真实资产。货币价值与代用货币微不足道的商品价值之差即货币发行人的利润，我们称之为**铸币税**（seigniorage），这是对拥有这种特权的贵族身份的认可。幸运的人是谁？历史上是封建主，或者国王、君主，他可以在他管辖的领域内发行货币。我们预期这种特权应该转移给君主的合法继承人，即民主国家。在某种程度上，情况确实如此，因为只有政府可以发行货币或法定货币。然而，当今 90% 以上的货币供应不是通货，而是由私人银行系统创造的活期存款。[4] 它们从无形中被创造出来，并且由商业银行按照政府制定的规则放贷出去，就成为了一种存在。谁获得铸币税呢？来自通货的铸币税归政府所有；由活期存款而产生的铸币税则归商业银行所有。在一定程度上，商业银行之间对储蓄产生竞争，它们会把一部分铸币税重新分配给存款人。因太穷而无法储蓄的社会部门则任何东西也得不到。

在我们的经济中，货币是由什么构成的呢？神秘的是，货币有几种定义。最严格的定义是"通货加上由非银行的公众持有的活期存款"。更宽泛的定义包括储蓄存款，甚至信用卡债务。我们的大部分货币供应都以利息作为其存在的条件。不管谁借款，都必须连本带息归还。因此，货币供给本身就需要增长（否则就是通货膨胀）。此外，在其他条件不变的情况下，经济繁荣时货币供应量扩大，每个人都想借款并投资；而在经济萧条时，经济收缩，贷款停滞，从而加重周期性的不稳定性。

在初次了解到私人银行无中生有地创造了货币，而且借钱给人家还要收利息，许多人都认为不可思议。的确，按照约瑟夫·熊彼特的说法，直到 20 世纪 20 年代，99％的经济学家都认为银行创造的货币不会比制衣坊缝制的外套更多。不过，现在每一本经济学教科书都解释了银行是如何创造货币的。我们稍后会对此作出解释，但首先要让它的这种奇特性得到理解。当然，银行并不是创造货币的唯一途径。尽管如此，当今大多数经济学家都认为银行创造货币是天经地义的事情。但是，20 世纪早期的顶级经济学家，如欧文·费雪和弗兰克·奈特（Frank Knight），都以为这是一件令人憎恶的事情。弗雷德里克·索迪也是如此认为。

专栏 15.3 ☞

地方货币和地方交易体系

货币并非完全由政府创造。各种民间的合法货币存在于世界各国，仔细看看地方货币就可以为我们提供有关货币的一些重要启示。设计货币体系的方式有二种。大多数国家通过许可的方式发行货币。除了信念之外，没有任何东西支持法定货币，信念使其他人会接受它以换取商品（"我们信奉上帝"，或者如伊萨卡时币（Ithaca HOUR）上印着的"我们信奉伊萨卡"）。其次，一种货币可以用一种商品来衡量其价值，也可以用这种商品予以兑现。例如，常币（the Constant）是最早的一种代用货币，而且是当今地方货币的先驱，它是 20 世纪 70 年代在新罕布什尔州埃克塞特的一个实验基础上引入的。常币的目的是维持 30 种商品篮的价值恒定不变。总之，一种货币可以由一种商品支持，这意味着它可以自由地兑换这种商品。19 世纪的美国货币就是这种情形，当时从理论上来讲，货币的持有者可以在任何时候用金本美元兑换黄金，并且必要的黄金储备在物理上要做到这一点。[a]

纽约伊萨卡市拥有世界上最先进的地方货币体系，这种货币被称为伊萨卡时币。个人只需同意接受时币交换其生产的商品和服务，即可参与时币体系。由于商品和服务供给的增加，因此必须发行新的货币。这些新的货币从何而来？

公布时币资助者名录被认为是提供给伊萨卡时币的一种服务，在第一次加入以及再一次重申他们的承诺时会分别得到 2 元时币（相当于约 20 美元）。从技术上讲，参与者由于公开支持时币而得到报酬，但人们也可以说，在时币体系当中，同意产生新商品和服务的人赚取了铸币税。虽然乍一看似乎很奇怪，一个人只要答应接受这种货币便有权使用这种货币，新的货币必须清楚是由谁发行的，而且要部分地转移给负责创造新货币的人才合情合理。

从理论上说，创造的新货币的数量乘以货币流通的速度就应该等于提供的新商品和服务的数量。到目前为止，似乎新的参与者平均提供的商品和服务比用光他们的 2 个新时币还要多。可以利用几项机制来增加货币供应量并防止通货紧缩。伊萨卡的居民可以请求无息贷款时币，各类组织也可以请求给予时币补助金，会员企业的员工可以接受时币作为他们薪水的一部分，人们也可以从时币银行用美元购买时币。要创造额外的货币以支付时币体系的管理成本。伊萨卡时币流通委员会负责决定创造多少新的时币。到目前为止，时币相对于美元而言一直很坚挺，而且它们继续按照 1 元时币对 10 美元的比例进行交易。[b]

a. R. Swann and S. Witt, Local Currencies: Catalysts for Sustainable Regional EcSonomies. Revised 1988 Schumacher lecture, 1995/2001. Online: http://www.schumachersociety.org/currencypiece.html (E. F. Schumacher Society).

b. 参见 http://www.ithacahours.com，保罗·格洛弗（Paul Glover）（伊萨卡时币的创始人）在提供信息方面非常有帮助。

15.3 部分准备金制度

292

部分准备金制度允许银行创造货币。如果银行必须保持 100% 的准备金以应对它们创造的活期存款，那么银行就没有创造新货币。因此，索迪、费雪、奈特和其他经济学家提倡的改革就是要使活期存款达到 100% 的准备金要求。银行仍然提供支票以及保管方面的方便性，而且它们应该为提供这些服务而收取一定的费用。它们仍然可以借钱给别人并由此获得利润，但是那些人只有在偿还借款之后才能使用这些钱。银行再也无法创造新的货币。

部分准备金制度到底是如何让银行创造货币的？假设法律要求各银行保留 10% 的准备金以应对它们的活期存款（实际上太少了）。准备金不是现金，就是商业银行在美联储的存款。银行需要准备金，目的只是解决日常存款和取款的差额，这二者之间几乎总是平衡的，相差不超过几个百分点。因此，银行认为保持 100% 的准备金过分谨慎了。它只需要保持 10% 的准备金便可满足所有在统计学上永远都不曾发生过的失衡。"过度准备金"则可以用来带息放贷，从而增加银行的利润。政府已经同意这种做法，并将其合法化，这就是所谓的"**部分准备金银行制度**"（fractional reserve banking）。只要不是所有储户同时需要银行的钱，这样做就不会产生问题。但是，在银行恐慌时，储户怀疑银行的偿付能力，会在同一时间蜂拥至银行取钱。为了避免恐慌，政府建立了联邦存款保险公司（Federal Deposit Insurance Corporation，FDIC）。如果在银行倒闭时，担保存款人不受损失，那么储户将不太可能挤兑，也不用担心银行的破产（他们也不太可能要求银行过于审慎，但这是另外一个问题，我们稍后再论述）。

银行究竟是怎样创造货币的？我们先分析一个垄断性的商业银行。因为它是唯一的一家银行，所以它知道某一个支行开出的取款支票取出的钱将会存入这家银行的另一个支行。当银行清账的时候，并没有将货币或准备金转移到另一家银行。因此，如果该银行现在有一笔100美元的新现金存款，并把它看作准备金，而且准备金要求比例是10%，那么该银行就可以在新创造的活期存款中贷出900美元。个人和企业只会按照他们打算花的数量借款，所以这900美元将被花掉。在与新现金存款交换过程中，额外增加的活期存款总额是100美元，加上900美元新贷款，于是新的现金存款为1 000美元，支持它的新的准备金为100美元，从而满足了10%的准备金要求。货币供应的净增量为价值900美元的活期存款。

我们现在分析一个竞争性的银行系统，而不是一个单一的垄断性银行。假设A银行得到一笔100美元的新现金存款。与垄断性银行不同，A银行不能贷出900美元，因为几乎所有的按照新活期存款开出的支票取的钱都将存入其他银行，而不是A银行。A银行清账时将必定出现准备金转移到其他银行的情形。如果它贷出900美元，它一定就是立即将几乎同等数量的钱转移给了其他银行。但它只有100美元的新准备金，因此将无法满足法定10%的准备金要求。

所以如果只有一笔100美元的新现金存款，A银行能够贷出多少呢？如果它审慎地假设所有的贷款支票都将存入其他银行，那么它只能借出90美元。因此，它仍然创造了货币，即除了交换100美元现金的活期存款之外，还有新的活期存款90美元。但是，这个过程并非到此为止。A银行审慎地贷出的90美元超额准备金最终将转入B银行，而B银行又可以安全地贷出其中的90%，即$0.9 \times 90 = 81$美元。所以现在的货币供应量增加到$90 + 81 = 171$美元。但是，随后B银行又会将增加的81美元准备金转入C银行，C银行可创造出新的存款额为$0.9 \times 81 = 72.90$美元。而且这个过程会一直持续，无限反复，最终的结果是……你能够猜得出来吗？刚好为900美元的新货币，完全与垄断性银行一样；或者1 000美元新活期存款。记住，这个过程开始时都是100美元现金交换100美元活期存款。[5]如果某个人是从银行取款出来，那么整个过程则正好相反。

就像银行贷出时创造货币一样，货币在其偿还之后便消失了。有息贷款要求偿还额多于最初的借出额，因而要求货币供应量不断增加。货币的创造与消灭同时发生，其结果决定了货币供应量的净增长。

15.4 作为公共物品的货币

货币是一种集合现象，而不是一种私有资源。货币是以一种奇特但很真实的方式成为一种真正的公共物品的。你也许会想到，如果你拥有了货币，你就可以排除别人使用它，但如果真的如此，你的钱就没有任何价值了。货币只有在每个人都可以使用它时才具有价值。而且货币肯定也是非竞争性的，我花1美元绝不会降低下一个人使用这1美元的价值。既然货币是公共物品，那么人们便可以期待铸币税应该成为公共收入，而不是私人收入。社会的虚拟财富可以被视为一种公有资源，如空气或电磁波谱。但事实并非如此。货币供给是因为有私人按利息贷出才会存在。大部分货币都会被贷出，而且必须按利息归还，这一事实给人以一种强烈的有关经济增长的偏见，以及经济周期性不稳定的印象。[6]没有经济上的理由能够说明，为什么货币系统必须与私人的借贷活动相联系。

有什么替代方案吗？索迪提供了三个方面的改革。他的第一个建议是逐步将准备金提高至100%。这将把私人银行排除在货币创造之外，回归其借贷真实货币的业务，如提供往来账户服务等业务。货币供给的控制则应属于政府所为。那么，政府应该如何调节货币供应呢？索迪的第二个政策建议就是以价格水平指数为基础的自动调节规则。如果价格水平指数下降，政府就只需印制新的货币并把它花掉，以此来对政府本身的活动提供资金保证。如果价格水平上升，那么政府则应该停止印刷新货币，并使得税收超过支出，即财政盈余。对于一个封闭经济体而言，到此就已经足够了，但是对于一个开放的经济体（即涉及国际贸易的经济体）而言，国际支付平衡会增加或减少国内的货币供应。索迪的第三个建议（早在1926年，还处在金本位制）是实行自由浮动汇率。货币可以自由而且直接地在彼此之间兑换；平衡汇率则应该消除支付平衡中的任何剩余或短缺（赤字）以及对国际对国内供给产生的任何影响。回顾我们在第9章中对剩余和短缺的讨论。

当然，这并不是现在所实行的方式。

金本位制已经被放弃了，固定汇率制已让位于浮动汇率制，但不是完全浮动汇率制，这一制度被认为（正确地或错误地）太不稳定，容易造成国际贸易的混乱（我们在第20章将讨论汇率问题）。货币供应主要取决于商业银行体系，且受到美联储的某种调节，但不是控制。**联邦储备体系**（Federal Reserve System）是美国的区域性中央银行的协调系统，它可以影响利率和货币供应。

美联储有三个工具来调节货币供应。第一，美联储可以在法律规定的限制范围之内设置准备金，从而如上所述，以减少或扩大银行创造的货币供应。这个工具很少使用，因为它对金融部门的影响太大。第二，美联储可以改变利率，从而为把准备金借贷给商业银行提供费用（被称为贴现率），使得商业银行向它们的用户借贷时或多或少都有利可图，而且这样做可以扩大货币供给或限制货币供给的扩张。第三，美联储可以进行公开市场操作，通过在开放市场买入或卖出政府债券，直接增加或减少货币供应量。当美联储购买政府债券时，就是为债券经销商（在联邦储备银行的）银行账户提供贷款。这也直接增加了货币的有效供给，增加量等于债券的购买量。存款也增加了银行的准备金，使得银行可以提供更多的贷款，并创造更多的货币。如果美联储出售政府债券，货币供给就会紧缩。

15.5 货币与热力学

弗雷德里克·索迪是诺贝尔化学奖获得者，他笃信科学应该被用来造福人类。然而，他认为这很难实现，而且早在 1926 年就预测到原子弹的发展。为什么科学的成就往往会被误用呢？索迪认为，那是因为我们拥有一个有缺陷的、非理性的经济体系。除非改革，否则科学进步只会帮助我们更快地毁灭整个世界。索迪用他整个后半生（他活了 80 岁）研究经济系统。他了解热力学和熵以及经济学的生物物理基础，而且他还强有力地唤起人们对这种相互依存关系的重视。但是，他却把注意力主要集中在货币上。为什么？因为货币是一种不服从热力学定律的东西，它既能被创造，也能被毁灭。但这样一种不受热力学定律约束的虚构量被用作一种符号，并作为真实财富的计量，它具有不可约的物理维度，不可能被创造或消灭。货币的问题恰恰就在于：因为货币会导致我们认为财富的作用就像它的符号"货币"一样；如果少数人能靠利息活命，那么所有人也都能如此；而且因为货币可以用来购买土地，而土地可以产生永久的收入，因此货币也可以产生永久的收入。

正因为这个谬误，前不久 M·金·哈伯特不得不提醒我们，**指数增长**（exponential growth，即按固定比例增长）是人类历史的一个过渡阶段。[7] 有关指数增长的威力，我们用一个典型的例子加以说明：在棋盘的第 1 格放 1 粒小麦，第 2 格放 2 粒，第 3 格放 4 粒，依此类推，直到倒数第 2 格，即第 63 格，所放小麦粒数为 2^{63} 粒，远比全世界小麦总收成还多，至于第 64 格，其中的小麦则更多。哈伯特的结论是：即使是一粒

296

小麦，整个世界也不能支撑其 64 倍增。在我们的世界里，许多类群都在同时倍增（如人口、牲畜、汽车、房子），每一样东西都比一粒小麦大得多。在这些类群当中，每一类群能倍增多少次呢？它们加在一起又能倍增多少次呢？哈伯特的回答是：最多几十次。另一方面，我们的财务核算传统假设这种倍增效应将永远继续下去。

当我们把未来的价值贴现成一个等价的现值时，这种期望便失去了作用。我们简单地做一个逆向的指数运算，问：为了在未来某个给定的日期拥有给定数量的钱，按照现在的利率（贴现率），现在应该在银行里存多少钱？正如我们所见，这种贴现的做法是现值最大化金融模型的核心，它取代了传统的利润最大化经济模型。令索迪烦恼不堪的谬误在当代的经济思想中根深蒂固。在讨论为什么可再生资源会趋于灭绝时，我们就遇到了这个问题。

索迪被人们嘲讽为"货币疯子"，认为这么一个杰出的化学家把大量的时间浪费在一个他不擅长的主题上是多么可惜。这正是索迪所得到的待遇。我们很难对欧文·费雪和弗兰克·奈特置之不理，虽然他们也提倡 100% 的准备金率，但他们也是同时代顶尖的经济学家。但是，他们关于货币的想法只不过是他们的经济学思想中的冰山一角，作为一个小小的过失，人们视而不见了。

我们前面的论述（即货币不服从热力学定律）需要作出某种限定。如果没有东西与之交换，那么交换价值就不成其为价值。如果没有真实财富支持而发行货币，那么开支这些钱将会推高商品和服务的价格，产生通货膨胀，并使得"真实货币"更接近真实财富（有关通货膨胀的详细内容，我们在随后的章节中将论述）。

虚拟财富的情形又如何？人们为了持有货币而愿意放弃的真实财富量有极限吗？如果没有极限，真实货币流通量便可继续独立于真实商品和服务的生产而增长。金融资产既不是货币，也不是真实财富，但它们可以在市场上买卖，人们将持有更多的货币，以便能够满足他们交易这些资产的需求。除此之外，人们也交易货币本身，用一个国家的货币购买另一个国家的货币，这同样会增加对货币的需求。近年来，货币投机和金融资产的增长明显地增加了。

如前所述，$M—C—M^*$ 方程说明了货币是如何变得不再是一种便于交换的工具的，而更多的是其目的本身。事实上，$M—C—M^*$ 方程本身也因纯货币投机和金融票据交易而变得相形见绌。早在 20 世纪 30 年代，约翰·梅纳德·凯恩斯就曾警告说："投机者作为企业稳态流中的泡沫并不会产生什么危害。但是，如果企业成为了投机漩涡中的泡沫，那么问题将会很严重。如果一个国家的资本发展成为了赌场行为的一个副产品，那么经济就有可能要出问题。"[8] 虽然全球生产的市场出售的商品和服务大致为每年 30 万亿美元[9]，而没有商品介入的票据交易（更准确地说，现在是电子交易）几乎达到每天 2 万亿美元。[10]这意味着票据资产和货币买卖量（$M-M^*$）是实体经济交易量的 20 多倍！企业确实成为了真正的投机漩涡中的一个泡沫。因为没有生产性活动介入这些投机购买，其唯一的结果似乎就是货币的神奇般增长。但是，这种增长实际上可能无限期持续下去吗？

货币的增长是没有什么意义的，除非真实财富也相应增长，因此，我们现在要问：金融投机行为会导致真实财富的增长吗？有一些通过票据购买方式购买的新发行的股票确实提供了金融资本，这样能更好地促进物理性生产要素的流动，但估计只占股票购买的 4%。在货币投机方面，数百万美元在很短的时间内以非常微小的利润来回交易，这样显然没有生产出什么东西。实际上，这类交易几乎肯定促成了 1997—1998 年期间几个东南亚国家发生的经济危机，在这次经济危机当中，投机者低价抛售区域性通货，而且，经济危机使得这些经济体的生产明显下降。

298
然而，除非在某些地方有利可图，否则就不应该发生这类投机行为。例如乔治·索罗斯（George Soros）参与了东南亚的金融投机，据报道，1995 年他在英国的货币投机中挣到了 10 亿英镑。[11]唯一可能的解释是：如果那些没有生产任何东西的人能够通过投机赚到更多钱，而且使他们享有更多的真实财富，那么那些从事实际生产的人的真实财富就必定会变得越来越少。

总之，货币可以没有物理限制地增加这一错觉产生的原因有三条：第一，只要真实商品和服务的生产在增加，那么所需要的货币也更多，因此货币的增长就是合理的。当然，在这个有限的地球上，这类增长不可能永远持续下去。第二，随着金融资产数量或价格的增长（如通过投机泡沫），货币的需求量也会增长，并需要增加供给以满足这些需求。然而，事实是不可避免地会产生金融泡沫。第三，金融资本的持有者把他们的资本看作增长的，那是因为投机可以把资源从从事生产的人那里转移给只从事投机的人。这样的财富转移有极限，但这种极限被持续的经济增长所掩盖了。因此，货币不遵循热力学定律的表象就是一种错觉，只要经济规模不断扩大，或者金融部门相对于实体部门不断扩大，这种错觉就可以一直得到维持。真实货币无限制增长仍然是不可能的。

> **思考！**
>
> 如果一个国家政府试图使用与伊萨卡时币同样的铸币税方法，你认为会发生什么情况呢？例如，政府可以设置 100% 的准备金率来阻止银行创造货币，给每一个新进入者一次性奖励一笔钱（可以为年满 18 岁的人提供足额的钱来支付上大学的费用或创业），并且为社会公益项目发放无息贷款。

15.6 主要概念

【注释】

[1] 当然，只有当某些东西存在，并用于与货币交换时，交换价值才是真实存在的。

[2] F. Soddy, *Wealth*, *Virtual Wealth*, *and Debt*, London: George Allen & Unwin, 1926.

[3] 当银行创造货币为某个人提供贷款时（参见下文），实际上它们首先是创造了一种债务。对经常账户的资产而言，银行家计入了一笔债务，金额为借入的数量（带息支付）。然后，把借来的钱放在一个银行账户上，并作为一种责任，在银行的账簿上列出该银行账户。

[4] 活期存款是普通支票账户，通过这个账户，应支票持有人的需要，可以即时支付货币。

[5] 如果 r 是准备金率，那么活期存款的乘数就是无穷无尽的系列，即 $1 + (1 - r) + (1 - r)^2 + (1 - r)^3 + \cdots + (1 - r)^n = 1/r$。

[6] 我们在第 17 章中将更详细地解释这种不稳定性。与此同时，我们足以明白，在经济繁荣时期，银行急于放贷新资金，从而增加货币供应量，更有利于经济增长。而在经济衰退时期，银行更愿意紧缩贷款，而不是加大贷款量，从而减少货币供应量，并加剧经济衰退。

[7] M. King Hubbert, "Exponential Growth as a Transient Phenomenon in Human History," In H. Daly and K. Townsend, eds., *Valuing the Earth*, Cambridge, MA: MIT Press, 1993.

[8] J. M. Keynes, *The General Theory of Employment*, *Interest and Money*,

Orlando, FL：Harcourt Brace, 1991, p. 159.

[9] 基于购买力平价（PPP）计算的官方估计数据大约是每年 40 万亿美元，投机的数字是按名义美元计算，而不是按购买力平价计算的。

[10] D. Korten, *The Post-Corporate World*：*Life After Capitalism*, San Francisco：Berrett-Koehler, 1998.

[11] W. Greider, *One World*, *Ready or Not*：*The Manic Logic of Global Capitalism*, New York：Simon & Schuster, 1997.

第 16 章 分 配

301　　我们一直强调生态经济学所关心的三个问题：资源配置、资源分配和经济规模，并且知道地球的生态可持续性与宏观经济的大小或规模有关。我们在微观经济学和基本市场方程的讨论中探讨了经济学家对有效配置的定义；在第 14 章分析了宏观经济的配置问题。但分配和公平问题我们迄今仍未论述。

16.1　帕累托最优

在研究分配问题时，经济学把效率定义为市场对资源的帕累托最优配置。这个定义假设财富和收入的分配是给定的。更确切地说，一个有效配置就是最大地满足个人欲望，这种欲望是根据个人的支付能力加权计算的，也就是说，根据个人的收入和财富加权计算。改变收入和财富的分配情况，会得到一组不同的有效价格（因为不同的人想要不同的东西），这些不同的价格定义了不同的帕累托最优状态。因为不同的帕累托最优值是以收入与财富的分配情况为基础的，所以经济学家们不愿意比较它们，即认为不同的最优值都是一样好。规模扩大（经济增长）的一个主要原因就是要避免分配公平问题。只要每个人都能从总增长中得到更多，分配问题就不那么紧迫，至少可以缓解贫穷。另外，一旦接受为公平而改变分配是合理的，那么总增长的分配效率便会失去其明确的意义（帕累托最优）。因此，经济学家往往会强调分配要具有逻辑必然性，但是为了迎合政治利益，很快又将其搁置一边。

专栏 16.1 ☞ **帕累托最优配置既假定了给定规模，也假定了给定分配吗？**

如果把尺度的概念从字面上看成（就像一个房间的模型一样）仅仅涉及线性尺寸（标量）的变化，那么可以说，规模变化只涉及规模的增加或减少，但其中所有的比例都保持不变。所有的相对价格，如果按照不变的相对稀缺性来衡量，也应该保持固定不变，从而定义了按比例计算，保持恒定不变的帕累托最优分配。这似乎是标准的经济学家们经常的想法。但是，每样东西都有可能保持等比例增长吗？回答是否定的，原因有两个：第一，如果有什么事情是固定不变的，那么很显然，它不可能相对于其他任何东西都同比例增长。从生态经济学家的角度来看，所谓固定的东西只是生态系统的总规模保持不变。随着经济子系统的增长，虽然内部尺寸等比例变化，但生态系统本身并不会扩大。经济系统相对于总系统而言，其所占比例会越来越大，这便是所谓的经济规模扩大，但它只是相对于生态系统的规模而言。自然资本相对于人造资本而言，将变得越来越稀缺。

当然，如果经济还要扩张，以致超过整个地球生态系统（即我们在第3章中论述的"经济帝国主义"模式），那么规模问题便不复存在。在这个意义上，新古典经济学家声称，只要所有的外部性都完全内部化，那么价格就会自动地解决规模问题（在创造中便配置了任何东西）。但是，这是一个非常乌托邦式的观点，就好像阿基米得曾经夸过的海口：只要给我一个支点和一根足够长的杠杆，我就能撬动整个地球。

长期以来生物学家和某些经济学家曾经注意到的第二个困难就是，如果按比例放大任何东西（即按照固定的比例增加所有的线性标量），那么将不可避免地会改变非线性标量的大小。长度、宽度和高度各翻一倍，面积不只是翻一倍，而是会增加到4倍；体积则会增加到8倍。很久以前生物学家就已经注意到规模适度的重要性。如果一只蚱蜢长大到一头大象那么大，那么它就再也不能跳过一栋房子了。它甚至不能移动，因为它的重量（与体积成正比）会增加8倍，而它的力气（与肌肉和骨骼的截面积成正比）却只增加了4倍。

回到前面讨论过的房屋例子。房屋规模翻一倍，将会使得表面面积和材料增加到4倍，加热和冷却的空间增加到8倍。相对稀缺性和相对价格都不能维持不变。关于我们的问题，其答案好像是"对的"，因为帕累托最优分配的思想确实假设规模以及分配是给定的。规模不可能等比例增加的原因有：（1）存在一个固定的要素，即生态系统总规模；（2）即使子系统的所有相关的内部标量都按相同的比例扩大，从数学上来讲，规模按等比例扩大也是不可能的。总之，最优配置假设规模是给定的，正如假定分配是给定的一样，表面上看来似乎都是正确的。

经济学一向标榜自己为"实证性科学"。配置效率被认为是一个实证的，或者说经验上可测量的问题，就像刚才所论述的，即使它假定分配是给定的也是如此。尽管为未来以及其他物种而采取保护措施这类规范性问题已为世人所知，但经济的规模是不是可持续的这类问题则被认为是一个涉及生物物理约束的实证性问题。另一方面，分配的公平性是一个规范的问题。分配中需要强调的一个主要问题是：分配是公平的吗？如果不公平，那么它是有效率的吗？或者说，它在生态上是可持续的吗？"分配是公平的吗？"这个问题是直接和不可回避的规范性问题，正因为如此，传统的实证主义经济学对此给予的关注极少。

但是，和其他科学一样，经济学也承载了某种文化价值观。首先，特有的客观效率评价标准，即帕累托最优，体现了隐式的规范性判断，即恶意的或不公平的满足感是不被接受的。如果除你以外的每个人都变得更好，但你也没有变得更糟，帕累托标准告诉我们，客观上来讲，这仍然是社会福利的增加。但是，如果除你以外其他人都变得更好了，而你却又是一个嫉妒心很强的人，那么即便你的绝对状况并没有变得更糟，你也将会变得比以前更不快乐。经济学家必须作出（错误的）实证性判断，即人们实际上并不是好嫉妒的；或者作出（正确的）规范性判断，即嫉妒别人的好运是一种道德缺失，而不是一种福利损失。

经济学之所以不像有些人想象得那样具有实证主义精神，还有另外一个原因，即认为从增加社会总效用来看，再分配是有效率的，不过，按照经济学家们的价值判断来看，这种效率不算数。比如，把富人的1美元（1美元对于富人而言，边际效用很低）重新分配给穷人（1美元对于穷人而言，边际效用很高），可以增加社会的总效用，从这个意义上来讲，它是有效率的。不过，帕累托最优标准不允许这种人与人之间的比较以及效用的累加。有人认为，帕累托标准的主要功能正是消除边际效用递减规律中的均等含义。[1]正如我们在对需求曲线的讨论中（参见第9章）所论述的，边际效用递减规律是经济学不能背弃的一个定律。

如果承认人与人之间的效用比较，那么，分配既具有公平的意义，也具有效率的意义。经济学的极端个人主义者坚持认为，如果人与人之间彼此隔离开来看，他们在性质上是如此不同，以至说截肢对甲的伤害比对乙的伤害更大变得毫无意义。如果我们都是孤立的个体，我们也不能排除这种明显的人类现实主义特征是人类的嫉妒和慈悲之心。人作为原子论所说的个体不外乎新古典经济学所说的经济人而已。生态经济学有关人的本质问题就是"社会人"，而不是孤立的原子。在这里，所谓"社会"既包括人类，也包括生物圈。

16.2　收入与财富的分配

生态经济学对收入分配和财富分配以及收入的功能性分配和个人分配进行了区分。

财富是指在某个时间点上的资产存量，这就是指截至某个给定时间，存入银行的现金加上债券、公司股票、土地、房地产以及耐用消费品的市场价值。收入是指在两个日期之间，或者说一段时间之内（通常为一年）从这些资产中赚取的收入流，再加上你自己的劳动力（或人力资本）的收益。劳动力一般都不算是资本，因为一个人不可能突然将其劳动力完全卖给另外一个人（短期奴隶），而只能出租一定的时间。因而收入与财富是两种截然不同的度量标准，计量的单位不同，而且在人口中的分布也不同。[2]财富的分布通常比收入的分布更为集中。金融财富甚至比一般财富更为集中。在 1989 年，美国最富裕的人（前 1%）拥有 48% 的金融财富，最贫穷的人（后 40%）净财富为负值。1983—1989 年，几乎所有的财富增长都归于富人（前 20%），穷人（后 80%）均被排除在这种增长之外，如表 16—1 所示。而且，穷人（后 40%）的实际财富是下降的。1989—1998 年，财富的不平等性有所下降。然而，2001—2004 年，虽然平均收入增加了 10%，但收入中值却下降了近 7%。在这期间，尽管房地产价格飞涨，但资本净值的中值却下降了 0.7%；虽然平均金融财富是增加的，但金融财富的中值却暴跌，下跌幅度达到令人惊奇的 26.5%。所有表示不平等性的指标都大幅度增加。[3]截至 2006 年，税后收入的不平等性达到了有史以来的最高纪录。[4]

经济学有一套解释经济收入的理论（我们在随后的章节将论述），也有一套解释资产价格的理论（不过不完全，因为企业家精神的"价格"是一个残差），但是根本没有解释财富在个体之间的分配的理论。经济学认为财富的分配只不过是若干因素综合作用的历史结果，即哪个祖先最先到达、婚姻情况如何、继承了多少遗产，再加上个人的能力和努力，甚至包括运气。

表 16—1 财富和收入按百分位组划分的百分比份额

年份	百分比份额			
	前 1%	随后的 19%	后 80%	基尼系数
净值或财富				
1983	33.8	47.6	18.7	0.799
1989	37.4	45.3	16.2	0.832
1992	37.2	46.6	16.3	0.823
1995	38.5	45.8	16.1	0.828
1998	38.1	45.3	16.6	0.822
2001	33.4	51.3	16.6	0.826
2004	34.3	50.4	16.3	0.829
收入				
1983	12.8	39.0	48.1	0.480
1989	16.4	39.0	44.5	0.521
1992	15.7	40.7	43.7	0.528
1995	14.4	40.8	44.9	0.518
1998	16.6	39.6	43.8	0.531
2000	20.0	38.6	41.4	0.562
2003	17.0	40.9	42.1	0.540

资料来源：E. N. Wolff，*Top Heavy*，*The Twentieth Century Fund Report*，New York：New Press，1995，p. 67（years 1983-1992）；E. N. Wolff，*Recent Trends in Wealth Ownership*，1983-1998，Working Paper No. 300，Table 2，Jerome Levy Economics Institute，April 2000 and E. B. Wolff，*Recent Trends in Household Wealth in the United States：Rising Debt and the MiddleClass Squeeze*，SSRN eLibrary。

16.3 收入的功能性分配和个人分配

收入不论其来源如何，在人与人之间进行分配就被称为个人分配。收入也可以根据总收入中有多少是工资、利息、租金和利润的方式进行

306 分配，即功能性分配。功能性分配所蕴含的想法是：收入不是先被创造出来然后再分配的。相反，它是在被创造的同时，在与创造它有关的各要素之间进行分配的。

正如循环流程图所示（见图 2—4），要素市场的供求关系决定了要素的价格，包括工资、利息、租金以及作为残差项的利润。要素价格乘以所使用的每种要素的总量即可得到功能性分配，通常表示为土地所有者（租赁）、劳动者（工资）、资本家（利息）和企业家（利润）所占总收入的百分比。每种要素的价格乘以每个个人所拥有的要素的数量即可得到收入的个人分配。每个人所拥有的每种要素的数量，包括劳动力，则是个人的财富分配。因此，个人的财富分配乘以每种财富资产的租金价格就决定了个人的收入分配。

16.4 测量分配

307 虽然经济学家们没有解释财富和收入的分配的好的理论，但他们确实有一些有用的方法从统计学上来测量和描述它。[5]一个有用的表达方式就是**洛伦兹曲线**（Lorenz curve），如图 16—1 所示。x 轴表示收入人口的累积百分比，自左向右，收入从最低到最高。y 轴表示所占总收入的比例。两个轴的长度相等，因此当两轴封闭时，形成一个正方形。

洛伦兹曲线是按每个百分点的收入人口所占总收入的百分比来画的。我们知道，0%的收入人口获得 0%的收入，100%的收入人口获得 100%的收入，所以我们已经知道了任何洛伦兹曲线都具有两个极端点。如果每个百分点的人口都得到了相同比例的收入（比如说，最穷的 20%的人得到了 20%的总收入，最穷的 70%的人得到了 70%的总收入），这样就应该完全平等了，这时洛伦兹曲线便是一条连接（0，0）和（100，100）两点的 45°直线。但是假如排在后 80%的穷人只得到了 44%的总收入。这就在 45°线以下产生了另外一个点。如果在两个极端点之间画上许多这类点，所得到的曲线形状就如图 16—1 所示。越接近 45°线，表示分配越
308 平等；越远离 45°线，表示越不平等。曲线和 45°线之间的阴影部分则度量了不平等性。在极端情况下，即如果一个人独占 100%的收入，而其他人得到的收入为 0%，那么洛伦兹曲线就和两个轴一致，看起来呈反"L"形。

阴影区的面积（介于曲线与 45°线之间）与 45°线以下的三角形面积之比被称为**基尼系数**（Gini coefficient）。在完全平等的情况下，阴影区面积为零，因而基尼系数也为 0；在完全不平等的情况下，阴影区占据了整个 45°线以下的面积，因此基尼系数为 1。表16—1给出了美国财富

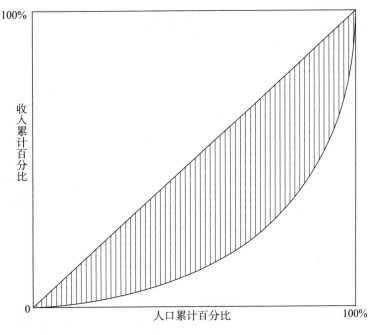

图 16—1　洛伦兹曲线

注：因为洛伦兹曲线是按百分数计算的，所以它的形状不依赖于计量单位。因此，它用来对不同国家和不同时间的收入进行比较时很有用。

和收入分配的基尼系数值。

一个更为人们所熟悉的统计描述就是最常见的频率分布图，如图16—2所示。x 轴表示收入组别，y 轴表示每一个收入组别的人员数（即频率）。收入分配就像身高等许多其他人体特征一样不服从正态分布。相反，这种分布是高度偏斜的，模数远低于平均数，要达到最高收入组别，拖尾非常长。

如果想要在图16—2中显示最大收入组别，则需要折页，让其沿水平轴扩展开，足够一个足球场的长度。图形表示法通常无法反映高收入范围内的极端不平等性。常常在最大收入组别"10万美元及以上"就截断了，所谓"以上"意味着四个数量级以上。

另一个分析收入分配的有趣方式是看看一个足球场，零码线代表最贫穷的人，50码线表示中等收入者，100码线则是美国最富有的人。收入是指把100美元现钞堆起来的高度。在50码线上，个人收入的中值（2005年）为25 149美元，这代表现钞堆的高度为1英寸。在99码左右，现钞堆的高度则为1英尺左右，即3亿美元。接近100码线，即对冲基金总经理在2008年，也就是经济衰退的一年所挣得的25亿美元，现钞堆的高度达到1.7英里。比尔·盖茨曾经赚得的收入相当于现金堆的高度接近30英里！[6]

此外，这些数据只是对于美国而言。国与国之间财富和收入的分配

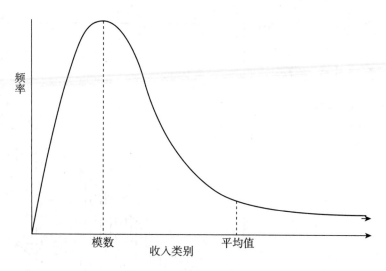

图 16—2　收入的频率分布

差距远大于各国内部的差距。

收入分配不平等的合适范围是多少呢？无疑，不可能一个人拥有一切，而其他人一无所有。或许我们可以让其他人都得到最低生活工资，而让一个人去享受整个社会在最低生活工资以上的全部。即使有可能做到这一点，但大多数人应该不会认为这样是公平的。在另一个极端，很少有人会认为完全平等的分配（即基尼系数等于零）是公平的。毕竟，人与人之间工作努力的程度不一样，而且不同行当工作的难度也不一样。在更大的层面来看，公平还需要有一些收入差距。合理的范围应该是分配上的差异会为勤奋和创新提供一个激励，这种激励对社会有益。

不平等性有一个合理的范围吗？超过此范围便既不公平，也不正常。这一范围是多少？柏拉图认为，最富裕的公民应该比最贫穷的公民富裕4倍。本·科恩和杰里·格林菲尔德（Ben Cohen and Jerry Greenfield）因本杰里冰淇淋而著称，据说有一次他们曾保证，收入最高的执行官的薪金最多不超过员工最低工资的5倍。也许柏拉图、本和杰里都错了，或许10倍更好，或许20倍、50倍。目前尚未给出一个可接受的比率，而且在1999年的美国，一个典型的CEO所得是一个典型的工人所得的475倍。[7]生态经济学不接受当前的这种观点，不认为真实总产出能永远增长下去。如果总产出是有限的，那么则意味着每一个人所得的最大值也是有限的。因此，分配不平等性的合适范围问题，对于生态经济学而言就变得很重要，即使它尚未得到应有的重视。标准的经济学家们试图通过永远的增长而竭力把分配置之不顾的做法并不是一个令人满意的解决方案。

我们现在论述收入的功能性分配问题。对于工业化国家而言，比例分割如下：工资＝70%，利润＝20%，利息＝8%，土地租金＝2%。

对于生态经济学而言，引人注目的是，在总产出的价值当中，自然资源和服务基本上没有贡献。实际上，地租也主要是一种区位溢价，而不是对所处原地的自然资源或服务的一种支付，也就是说，有反面证据表明，来自自然界的低熵流被当作免费物品使用了。如果有两个社会阶层都竭力地分割馅饼，结果劳动者获得了70%，资本家、企业主和土地所有者合在一起获得了约30%。那么，这种分割代表了社会斗争中的一种权利的平衡。双方都不希望将自然当作生产的一个参与者，而只是要求按照自然的稀缺性和生产力对自然提供的服务给予支付。

即使有人想要支付大自然的贡献，谁来代表大自然收费呢？没有任何一个类似于工人和资本家的社会阶级有兴趣确保自然界提供的服务能够得到合理的测算和支付。从历史上来看，地主阶级在某种程度上一直扮演了自然服务守卫者的角色，但是这个阶级现在几乎不存在了，而且没有人会对此感到悲哀。在美国，政府是最大的地主，它一直奉行廉价资源政策以获利，并缓解劳动阶级与资本家之间的紧张关系。现有的阶级（劳动阶级和资本家）把它看作他们共同的利益，不让第三方分享。因为现实中不存在任何第三方，所以只需要大家都为自然资源和服务的稀缺性租金支付一定的基金，然后再把这个基金按照相同的分配比例（或许为70∶30）重新分配给劳动阶级和资本家。这样，既获得了成本核算和合理的价格，又改善了配置效率，还不一定影响分配。另外，由于自然资本提供的许多商品和服务都是非市场物品，因此稀缺租金有助于其他非市场物品的供给。政府可以直接这样做，也可以为私人生产这类商品给予补贴。通过为废除累退税提供资金支持，稀缺租金也可以采取渐进式的方式重新分配。

311

分配和税收

310

过去的几年里，美国的收入分配发生了显著的变化。保罗·克鲁格曼（Paul Krugman）把"大萧条"时期称为"镀金时代"，那时财富和收入都高度集中在少数人手里。从第二次世界大战之前开始直至1943年，收入不平等性的下降令人印象非常深刻，并被认为是大紧缩（克鲁格曼主要是指富兰克林·罗斯福总统的新政），随后约40年则是"美国的中产阶级时代"。从20世纪80年代开始（大约是罗纳德·里根总统选举的时候），收入的不平等性从"大分流"（Great Divergence）时期开始稳步提高。[a] 在保罗·克鲁格曼的博客里有一张图，给出了美国社会前10%的富人所占收入的份额，清楚地表明了这些趋势。

图16—3显示了美国社会前0.1%的富人所占收入的份额，以及最高的边际税阶。很明显，最高边际税阶与税前收入呈负相关，这表明富人带回家

的收入越多，他们积累的资本也就越多，他们未来的收入也就越多。美国中产阶级的最高边际税阶都在70%以上。目前的最高税率不到这一数字的一半。对冲基金经理按照年15%的资本收益率纳税，但由于偷税漏税，他们能够延迟缴纳收入税长达十年之久。[b]

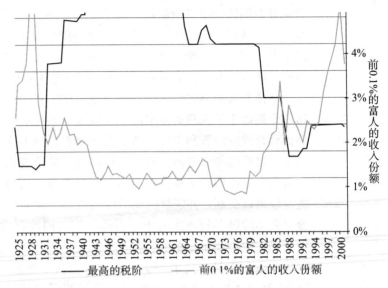

图 16—3　1913—2002 年美国社会前 0.1%富人的收入
份额（左轴）和边际税阶（右轴）

a. P. Krugman, The Conscience of a Liberal blog. Online：http://krugman. blogs. nytimes. com/2007/09/18/introducing-this-blog/.

b. J. Anderson, Managers Use Hedge Funds as Big I. R. A.'s, *New York Times*, April 17, 2007.

16.5　分配对社会和健康的影响

　　现有的财富分配不仅仅是有效配置的先决条件，也是社会公平正义的一个基本属性。就这点而论，它对我们的影响比我们起初想象的更为直接。有证据表明，收入分配的不平等性（与绝对贫困无关）对发病率和死亡率具有显著的影响。[8]无论相对贫穷的人的绝对收入水平如何，他们与相对富裕的人相比，发病率和死亡率都更高。调查人员给出的主要理由是：由于处于社会的底层，相对贫穷会产生额外的压力。导致这种额外压力的因素有：对生活环境缺乏控制、失业的风险较大、社会地位很低而且得不到尊重、频繁地经受无礼与羞辱并因而引起愤怒和暴力。

社会底层的生活受到的威胁更多，威胁常常来自与上层人士的紧张关系，包括老板、地主以及政府官员。众所周知，压力对健康具有直接的负面生理影响。

除了这些直接影响以外，不平等性对健康也具有间接的社会影响，即更加难以跨越收入差距建立人与人之间的友谊，如果财富水平和经济利益差距很大时，很难形成民间团体。缺少朋友和公民凝聚力也与健康不良有关。把人当作原子似的孤立个体，不受社会关系影响，真的会让他们生病。从对马克斯-尼夫人类需求矩阵（见表14—1）的讨论可以看出，我们都是社会之人，彼此具有内在的关系，也就是说，我们的个人身份认定主要是由我们与社会中的其他人之间的关系构成。我们并不是独立的实体，不能只靠与外部的现金关系来维系。当这些由社会关系构成的身份认定变得紧张，并由于过度的不平等性而导致崩溃时，人们生病的频率会更高，死亡的年龄会更低，而且也更不幸福。

16.6　财富的代际分配

代际的资源分配与财富和收入的代内分配一样重要。然而，虽然人们考虑资源的代内配置已有几千年了，但对代际分配的关心则是最近的事情。在人类历史的大部分时期，自然资源似乎无穷无尽，技术进步也非常缓慢。人们与他们的祖祖辈辈享有大体相同的资源禀赋，他们也期望子子孙孙能继承相同的资源禀赋。随着工业革命引发技术变迁以及化石燃料利用的加速，一代接一代，这种变化变得非常明显，人们开始期待他们的子孙能够享有比他们自己更好的生活。"新教职业伦理"要求人们努力工作，并投资于子孙。至少截至 20 世纪 60 年代，大多数经济学家要问的问题是：为了下一代福利只增不减，我们这一代应该牺牲多少消费？[9]

随着原子时代的兴起，技术进步十分明显，使得它有能力为人类带来好处，也能带来危害。人口以及人均消费的增长引起了资源枯竭的恐慌。日益恶化的污染敲响了警钟，生态学家们开始担心许多系统接近不可逆的灾难性阈值。相应的问题不再是：应该牺牲多少才能使得未来更好？现在的问题是：应该牺牲多少才能使得未来不至于比现在更糟？至少在美国，一个似是而非的矛盾问题是：文化也在大致相同的时间里发生了变化。职业伦理不再是"勤奋劳动，省吃俭用，投资未来"，而是"玩命做事，寅吃卯粮，今朝有酒今朝醉"。其结果是：在 21 世纪之初，美国的个人储蓄率迅速跌至历史最低点，逼近于零，而联邦赤字则达到了历史新高。

人们应该努力使得后代人活得比当代人更好吗？我们至少有一种义务，以确保后代人活得比当代人更差吗？对于代际财富的"合理"分配这样一个问题，没有简单的答案。即使对人生观作一个简单调查，都已超出了本书的范围。我们将分析两个替代途径：生态经济途径，以有义务关心后代的伦理判断为基础；经济学的主流方法，主张"客观的"决策原则（代际分配）。

生态经济学的规范途径

生态经济学家通常采取的立场是代际资源分配是一个伦理问题。一个人在哪一代出生完全出于机会。因此没有任何道德上的理由声称某一代人对自然资源（经济发展的基石）拥有更多的权利。最起码，后代拥有足够的资源以提供其满意的生活质量的权利不可剥夺。因此，当代人具有相应的义务以确保适量的资源。所谓"适量"既取决于技术变迁，也取决于生态变化，二者都具有纯不确定性的特征（即无知性）。如何处理不确定性问题也是一个道德问题。

在实践中，这意味着什么？

可再生资源和不可再生资源从本质上来讲是不同的，必须区别对待。有限的不可再生资源在几乎无限的后代之间平均分配意味着任何一个世代的人都没有资源利用。但是，如果把资源永远埋在地下，也没有任何意义，永远都对任何人没有任何好处，所以对于任何一代人而言，可枯竭资源的利用上限取决于环境的废弃物吸收能力。只要因资源利用而产生废弃物的速度比生态系统吸收废弃物的速度慢，那么，一代人对可枯竭资源的利用就不会降低可再生的自然资本。使化石燃料的利用保持在这个限制范围之内，就可以自动地限制我们开采其他矿物资源的能力。

就算开采不可再生但可循环利用的资源的能力有限，每一代人都应该有更多的义务有效地循环利用这些资源，或者至少要尽可能少地产生和扩散"嘉宝垃圾"，以使得它们在代际是非竞争性的。如果现有的技术使我们的福利依赖于不可再生资源（现在的情况就是如此），那么，我们就不得不为这些资源开发替代品。其中的一个选项就是获取边际使用者成本（即从不可再生资源中获取的非劳动所得），并投资于替代品的开发。[10]

作为基金—服务的可再生资源提供了必要的生命支持功能，很显然，这些功能都必须维持。作为存量—流量的可再生资源也必须按可持续水平进行收获。没有人创造过可再生资源，所以没有任何一代人有权利减少后代可持续消费的资源数量，这表明资源的存量至少要达到它所能提供的最大可持续收获量的规模。正如我们在第 12 章所述，可再生资源在

314

某种意义上要使得存量—流量和基金—服务的效益达到"最优化",那么对这种资源的永续经营,一般情况下要求将它们维持在远离任何灾难性的生态阈值状态。值得牢记的是,由于不可再生资源是有限的,那么这些资源的枯竭便是对后代的一种有限损失。可再生资源既可以作为存量—流量资源,也可以作为基金—服务资源,它对无数后代都会产生一个有限的流量,因此它们的不可逆损失对后代将产生一种永久的成本。

新古典经济学的"实证"途径

相比而言,传统经济学家支持按照客观决策规则确定代际资源配置。因此现在只是一个简单的技术问题,即用现在发生的收益和成本与未来的收益和成本作比较的技术。从这点来看,市场可以告诉我们,相对于今天的东西而言,这些东西的未来价值是多少,因此市场可以解决代际的分配问题。

315　　　　**跨期贴现**(intertemporal discounting)。市场如何解释未来的价值?在金融市场很充分的地方,人们现在可以按息借钱,并要求借贷人在未来还本付息。人们热衷于这一活动表明,人们更喜欢现在的东西,而不是未来的东西,经济学必须尊重人的这种偏好。

人们为什么更喜欢现在的东西而非未来的东西?其中有三个基本的原因:第一,人们可能只是没有耐心。大凡负有息之债去购买东西之人都愿意为现在少量的东西而牺牲未来更大的东西。有些不耐心可能来自不确定性,即没有人确切地知道自己明天是否会活着,为什么不在今天就吃喝玩乐呢?这一贴现的理由被称为**纯时间偏好率**(pure time rate of preference,PTRP)。

第二,对于再生产的东西而言,一个给定的未来价值量低于一个给定的现在价值量。例如,现在的一把玉米种子可以在几个月之后成为一蒲式耳可销售的玉米,如果种植玉米是无风险的,而且既不需要资源,也不需要付出太大努力,那么现在的一把种子至少值几个月后的一蒲式耳玉米。当然,种植玉米是有危险的,而且需要土地、劳动力和资源。然而,市场物品(本例为玉米种子)可以出售赚钱。把从玉米销售中赚来的钱投到一个已保险的银行里去,风险就不大了,而且个人投资者基本上不需要更多的资源或劳动力。正如我们在第10章所述,这种贴现理由被称为**机会成本**,即失去的投资机会。如果金钱可以用来代替任何其他资源,那么我们就应该更加重视任何今天的资源,而不是明天的这种资源。

第三,几百年来经济一直非常稳定地增长。因此,人们期望他们在未来会比现在更加富裕。正如把1 000美元给比尔·盖茨比给乞丐所带来的效用更少，边际效用递减规律意味着同样数量的钱，它在未来的价值比在今天的价值更少，有时我们称之为"富裕未来论"。

一般我们把为未来赋予的价值小于现在这一过程称为跨期贴现，第10章中已经论述过。商人在作出投资决策时，会明确地为未来贴现，而且主流经济学家认为，人们会对他们所有的购买决策自动地运用这一概念。他们断定，其结果是市场能够在现在和未来之间有效地进行配置。

更有甚者，如果跨期贴现能够导致市场的配置效率，那么它也应该适用于与市场无关的投资。例如，当今面临的一个最大的与市场无关的决策就是如何应对全球气候变化。几乎所有的有关气候变化的经济学分析给未来的成本和效益设置的权重都低于给现在的成本和效益设置的权重。这些分析观察了不同的情景，对于每一种情景而言，都把当前成本和效益与贴现后的未来成本和效益相加，以得到**净现值**（net present value，NPV）。净现值主要指我们现在的和未来的成本和效益对于我们今天（而不是未来）而言所具有的价值，这意味着后代对任何资源都没有特殊的权利，而且我们也没有义务保护任何资源。按照这种类型的效益—成本分析，净现值相比于所需要的投资越高，这种项目就越好。

当社会决定如何处理现在所面临的最紧迫问题时，这类分析具有十分重要意义。贴现率在决定这类分析的结果中所具有的极端重要性意味着这类话题值得我们关注。

专栏 16.3 ☞   **跨期贴现和全球气候变化**

政策制定者们正寻找一个客观的决策工具来解决全球气候变化问题，这项工作已经转给经济学家。经济学家对这个问题的典型回应就是为气候变化的未来成本和效益建立复杂的模型，并利用成本—效益分析方法，将其与缓解气候变化的成本进行比较，目的就在于计算净现值。毫不奇怪，当所采用的贴现率很高时，分析发现未来全球变暖带来的损失并不能证明今天努力减少温室气体具有合理性。有一项研究使用6%的贴现率进行分析，结果告诉我们，我们不应该在今天投资3亿美元来防止200年后可能产生的30万亿美元损失（粗略估计，相当于当今全球国民生产总值）。[a] 相比而言，一个类似的研究使用2%的贴现率进行分析，结果发现我们现在就应该进行大量的投资以降低未来全球变暖的影响。同样，对于一片成熟的原始森林而言，如果什么都不做，让其自然生长，那么这片森林能够永远地提供一个小而稳定的效益流；如果采取皆伐，则可以产生一个很大的一次性的收益，我们如何决策？关键取决于我们选择的贴现率。

一个经常被问到的问题是：有利于环境的贴现率是高还是低？对于某个给定的渔场或矿山而言，正如我们论述过的，较高的贴现率会提高开发的强度以及开发率，因此对环境是有害的。但是，较高的利率（贴现率）会降低国民生产总值的总增长量以及总量，从而减轻对环境的压力。在对某个指定项目进行评估时，高贴现率更有利于成本主要发生在未来且效益主要发生在现在的项目，而不是那些成本主要发生在现在，而效益主要发生在未来的项目。经济学中的大多数问题都不是简单的问题，贴现肯定也是如此。

在很多这类模型中，贴现率的选择可能是唯一最重要的因素，不过，那些受人尊敬的经济学家们在处理相同的问题时使用了截然不同的贴现率，而且得到的结果迥异。这类模型到底是不是客观的决策工具呢？

a. 30万亿是一个让人难以想象的数字，换个角度来看，30万亿秒钟略小于100万年（准确地说，是951 294年）。

重新审视贴现问题

我们已经解释了跨期贴现对个人和市场物品的意义。现在分析它对社会和对非市场物品是否也有意义。

个人可能具有纯时间偏好率的原因为：人没有耐心；人不可能长生不老；财产可以失去，或被毁坏，或被偷掉；而且机会也会消失。一个很懂得道理的人或许会因为其中的任何一个原因对未来进行贴现，也就是说，我为什么要在现在支付金钱以减少全球变暖带来的损失？或许只有到我死了之后才会发生这种损失。但是，相同的逻辑并不适用于社会。相对于组成它们的个体而言，社会是永恒不灭的，不确定性也会最后达到某种平衡。正因为这个原因，经济学界实际上已经达成了广泛的共识，即社会贴现率的确应该低于个人贴现率。**社会贴现率**（social discount rate）是一个将未来的现值转化成现在的价值的比率，它反映了社会集体的道德判断，而不是一种个人的判断，如市场利率。

然而，当谈到资本的机会成本时，这个共识就会发生一些变化。金融资本确实具有一种生产性资产的功能，而且，如果我们是现在而不是未来拥有它，我们就有机会将它投入生产活动以增加未来的市场物品的数量。但是，还有许多重要的问题必须牢记在心。

首先，只有当货币能交换的物品和服务的生产也增长时，货币的真实价值才能增长，并且我们还知道，在有限的地球上，物品和服务的生产不可能永远增长。虽然可能总是有一些领域是增长的，表明个人的贴现率是合理的，但是，经济作为一个整体不可能无限制地增长，在这种情况下，对于无限的未来而言，采取一个贴现率可能是不恰当的。

其次，我们必须认识到，许多投资都是"有利可图的"，因为我们忽略了很多生产成本。我们知道，所有的人类生产活动都会消耗自然资源，并把废弃物返回给环境，而且这些生产成本经常被忽略。许多这类成本

318

第 16 章 分 配

（比如导致全球变暖）对后代的影响更大。因此，忽视对后代的成本会让我们获得更高的投资回报。然后，我们可以利用这些更高的回报来证明，我们忽略了强加给后代的成本这样一个事实是合理的。那么，即使在短期内，看来由市场决定的利率并不适合于当作贴现率来使用。

　　与资本的机会成本有关的说法是，因为我们是现在投资，所以未来将比现在更加富裕。当然，如果经济不会继续增长，未来也就不会更加富裕；如果我们耗尽了自然资源存量，将来就很有可能会变得更加贫穷。事实上，可持续经济福利指标（ISEW）表明，如果考虑外部成本，那么社会已经变得越来越贫穷，而不是越来越富裕。而且，如果我们认为必须将自然资本与人造资本区别对待（因为它们是补足品，而不是替代品，而且自然资本已经成为限制性因素），那么自然资本的下降，再加上边际效用递减规律，则表明我们应该对自然资本采用负的贴现率。最起码我们可以考虑只对那些实际上与货币具有高度替代性的物品和服务适用一个正的贴现率，也就是说，它们可以很容易地与货币来回转换。一般地，这就意味着我们应该只对市场物品和服务贴现。

　　再次，对于经济中的生产性投资而言，机会是有限的；与其他事物一样，投资也具有边际收益递减的属性。例如，一个人借钱来勘探石油，而另外一个人借钱来建立一家汽车厂。那么，下一个借钱勘探石油的人可勘探的地方就更少了，因此他的预期回报率则更低；下一个借钱建立汽车厂的人将面对一个更加饱和的市场，因此他预期出售的汽车也更少。随着越来越多的人借钱投资，机会就会被用完，投资的预期收益也可能减少，最终降至零。更有可能的是，如果利率取决于市场中借款的供应和需求以及投资回报，那么最终将达到一种平衡，这时投资者再也没有能力支付足够高的利率，只能让消费者延缓消费。从理论上讲，在完全市场条件下，资本的边际机会成本刚好就等于当代的纯时间偏好率（很显然，与参与其他市场相比，后代参与金融市场的机会不会更多）。然而，纯时间偏好率高则意味着消费高，投资和经济增长则低[11]，反之亦然。因此，如果让市场利率决定贴现率，那么从理论上来讲，贴现率和经济增长之间应呈负相关，这与证明"富裕未来"是贴现的理由恰好相反。

319

专栏 16.4 ☞

贴现、心理学和经济学

　　经济学家认为，经济学是一门研究人类偏好的科学，所以人类偏好必须得到尊重。如果与未来相比，人们对现在的定价更高，我们也必须尊重他们的选择。问题是：人们可以按指数方式贴现未来吗？虽然你可能更愿意现在拥有某样东西，而不是 5 年后拥有它，这是事实，可是你如何评价发生在 100 年后和发生在 105 年后的事情呢？如果你听说全球变暖将在 125 年后导致5 000万孟加拉人死亡,你会否感觉它比100年后真的杀死5 000万孟加拉人的一半坏吗?如果你像大多数人一样,你会觉得这两种情形一样坏,但是一些颇负盛名的模拟全球变暖影响的模型确实假设,如果它们发生在25年后,我们对这些死亡的关心程度只有一半。

实证研究表明,人们确实会对未来贴现,但这种贴现不是指数式的。与不久的将来发生的事情相比,我们可能会更加重视现在要发生什么,但是对更加遥远的未来不同时间发生的相同事情的看法几乎没有差别。数学上模拟这类行为的一种建模方法被称为**双曲线贴现**(hyperbolic discounting)。虽然这个精密的代际贴现模型或许并不完美,但有证据显示,它比指数贴现更能代表人类的偏好。虽然该方法在30多年前就已经提出来了,而且在最近几年得到了越来越多的关注,但它的应用仍然十分罕见。

在行为经济学领域,越来越多的研究发现,有关人类行为的传统经济学假设常常存在严重缺陷。如果经济学真的想成为研究人类偏好的科学,它就应该更加关心人类的行为。[a]

a. 关于行为经济学领域的介绍,参见 R. Thaler and C. Sunstein. *Nudge:Improving Decisions about Health,Wealth,and Happiness*,Yale University Press, New Haven. 2008。

总而言之,许多经济学家都认为,技术是经济增长的驱动力。技术不仅可以确保我们不会用完资源,而且可以保证经济也不会停止增长,但它却为对未来的资源价值贴现提供了又一个理由。利用技术我们可以开发出自然资源的替代品。当这些替代品开发出来后,它们所替代的资源将失去其价值。因此,它们在当今的价值都高于未来的价值。毕竟,石油并没有完全取代煤炭,光纤也没有完全取代铜。技术最终将成为资源的补足品,决不会完全取代它们。大约在150年前,石油几乎没有价值,如今却成为了绝大多数生产工艺和产品的一个不可分割的组成部分。正如我们在第5章所述,我们实际上是发展了石油和其他原材料的新用途,其速度比开发替代品的速度更快,这再一次表明,原材料的价值在未来将上涨,而不是下降。

最后,关于贴现率还有什么要说的吗?它们在短期内对个人确实有意义。对于一些小型的短期社会项目,它们也可能很有意义。然而,对大型的长期项目而言,为未来贴现的理由毕竟是存在问题的。[12] **跨期配置**(intertemporal allocation)是指在基本上相同的人群中(同一代人),在他们一生中的不同阶段分配资源。贴现对于某个人进行有效的代际资源配置是有意义的。但是,如果延长时间周期,我们就会越来越多地谈论不同的人(不同代),而且越来越少地谈论相同人群的不同生活阶段。**跨期分配**(intertemporal distribution)则是指在不同代之间分配资源。分配从本质上来讲不同于配置,因此,当时间周期是指代际关系时,公平就会取代效率成为相应的政策评价标准。

16.7　主要概念

帕累托最优	Pareto optimality
规模和分配在定义帕累托最优配置中的作用	Role of scale and distribution in defining Pareto optimal allocation
收入分配与财富分配	Income distribution vs. wealth distribution
功能性分配与个人分配	Functional vs. personal distribution
不平等性范围的社会限制	Social limits to range of inequality
洛伦兹曲线	Lorenz curve
基尼系数	Gini coefficient
不平等性和健康	Inequality and health
跨期分配和跨期配置	Intertemporal distribution vs. intertemporal allocation
贴现和净现值	Discounting and net present value
纯时间偏好率	Pure time rate of preference，PTRP
个人贴现率与社会贴现率	Individual vs. social discount rates

【注释】

[1] J. Robinson, *Economic Philosophy*, Middlesex, England：Penguin, 1962.

[2] 例如，财富用美元计量，而收入由单位时间的美元计量，正如英里（计量距离）不同于英里/小时（计量速度）一样。

[3] 参见 E. Wolff, *Recent Trends in Household Wealth in the United States*：*Rising Debt and the Middle-Class Squeeze*, SSRN eLibrary, 2007。

[4] A. Sherman, *Income Gaps Hit Record Levels in* 2006, *New Data Show*：*Rich-Poor Gap Tripled Between* 1979 *and* 2006, Washington, DC：Center on Budget and Policy Prioirities, 2009.

[5] 明确而有见地的阐述，参见 J. Pen, *Income Distribution*, New York：Praeger, 1971。

[6] L. Story, Top Hedge Fund Managers Do Well in a Down Year, *New York Times*, March 24, 2009. 又见 http://www. lcurve. org。

[7] J. Reingold and F. Jesperson, Executive Pay：It Continues to Explode—and Options Alone Are Creating Paper Billionaires, *Business Week*, April 17, 2000. Online：http://www. businessweek. com/careers/content/jan 1990/b 3677014. htm.

[8] 参见 G. Wilkinson, *Mind the Gap*, New Haven, CT：Yale University Press, 2001。

[9] 例如，可参见 J. Robinson，*Essays in the Theory of Economic Growth*，London：Macmillan，1968；E. Phelps，Second Essay on the Golden Rule of Accumulation，*American Economic Review* 55（4）：793 – 814（1965）。

[10] 关于投资稀缺性租金的实践指南，参见 S. El Serafy，"The Proper Calculation of Income from Depletable Natural Resources," In Y. J. Ahmad，S. El Serafy，and E. Lutz，eds. ，*Environmental Accounting for Sustainable Development*，Washington，DC：World Bank，1989。

[11] 投资回报会很高，但总投资金额会很低，因此增长也会很低。

[12] 更详细的讨论，参见 A. Voinov and J. Farley，Reconciling Sustainability，Systems Theory and Discounting，*Ecological Economics* 63：104 – 113（2007）。

第 17 章　*IS—LM* 模型

我们现在探讨宏观经济学很关心的三个主要问题：国民生产总值（GNP）、货币和分配。我们曾经对 GNP 作为经济政策的期望目标的适宜性提出了质疑，并且强调公平分配是一个理想的目标，但是我们几乎没有论述为实现我们选择的追求目标而采取的政策。我们在本章将分析宏观经济学家们所采用的政策工具，以帮助实现可持续规模、公平分配和有效配置的经济目的。

要知道政策是如何发挥作用的，就必须知道宏观经济的运行规律。一种方式或许就是以微观经济学原则为基础，构建所有商品和服务供需同时平衡的模型。为此，我们扩展第 8 章中所介绍的市场基本方程，即 $MUxn \times MPPax = MUyn \times MPPay$，使之成为一个包括所有物品（$x$，$y$，$z$…）、所有商品（$a$，$b$，$c$…）和所有消费者（$n$，$m$，$o$…）的一般均衡模型，这种模型可能非常宏大。一千个联立方程有一千个未知变量，人的心智很难处理如此复杂的问题。它确实表明，一切事物都是相互联系的，这很有趣，而且也让人诚惶诚恐，但从政策视角来看，它同时也会造成严重后果，使得我们不得不面对一些暗示，即为了预测任何事物，首先必须知道一切。但是，小型系统（两到三个或者五个反映关键行为的联立方程描述相互作用的两到三个或者五个重要的综合部门）可以帮助人们更好地理解政策，并推导出基本的政策见解。

他们仍然从整体上来看待经济，但是，他们把经济整体划分为少数几个比微观经济学一般均衡模型更大的综合部门。[1]这类模型首先是由约翰·希克斯爵士（Sir John Hicks）于 1937 年提出来的[2]，现在被称为 *IS—LM* 模型，该模型已被证明是一个不错的在完整性和简单性之间的"二位"妥协（two-digit compromise）。它已经成为宏观经济学中的骨干模型。我们现在解释该模型，然后讨论它在生态经济学中的应用。

该模型将经济划分为两个部门：实体部门（国民收入、储蓄、投资、资本生产率、政府支出、税收等）和金融部门（货币供应、利率、流动性现金平衡的需求）。实体部门反映了古典经济学的理论和观点；金融部门则反映了约翰·梅纳德·凯恩斯的见解，在 1937 年他的观点仍然很新颖。该模型试图解释消费者和储户、放贷人和借贷人以及金融当局之间的相互依赖的行为如何相互作用，以确定国民收入水平和利率。

专栏 17.1 ☞   **收入的货币数量理论**

将实体部门和金融部门通过一种综合的方式结合起来分析的另外一种方法是通过"交换恒等式"，即 $MV=PQ$。其中 Q 为销售给家庭的最终商品量；P 为平均交换价格；M 为货币存量；V 为货币流通速度（指平均 1 美元每年花在最终商品和服务上的次数）。按照定义有：$V=PQ/M$，该交换方程是一个恒等式，或者说是自明之理。在某种程度上，V 是一个常数，或者变化非常缓慢，从而反映了稳定的支付习惯和结算期，因此，该恒等式也就成为了"收入的货币数量理论"，该式表明，PQ 的变化与 M 的变化成一定比例。如果经济处于充分就业状态，短期内增加 Q 将会非常困难，而且 PQ 的变化将主要表现为 P 的变化（即通货膨胀）。从历史上看，M 和 P 常常成正比变化，从而产生了价格水平的货币数量理论。

17.1   *IS*：实体部门

我们先从实体（或传统）部门开始分析。当企业的商品供给刚好等于家庭的商品需求时，实体部门便达到了均衡（参见图 2—4 经济循环流程图的下半部分）。当然，家庭对商品的需求取决于其收入，即企业为家庭提供的生产要素（如劳动）而支付的货币；而商品的供给则取决于企业对这些生产要素的利用（参见图 2—4 经济循环流程图的上半部分）。在均衡状态下，收入（Y）等于产出（GNP）。如图 2—5 所示，在某个给定的水平上，连续的国民收入流的均衡状态是指漏出等于注入。在最简单的情况下，漏出是指家庭储蓄（S），新的注入是指企业的投资（I）。因此，实体部门的均衡条件是$S=I$。

但是，如何确定S和I呢？令r为利率，Y为国民收入（GNP）。在均衡状态下，支付给生产要素的收入将刚好等于这些生产要素提供的商品产出，而且收入将用于购买产出。与收入低时期比，储户（例如家庭）的储蓄在收入高时较多；在利率高时较多。如果利率较低，而且收入较高，那么投资者（即企业）的借贷与投资就会更多。[3]换句话说，储蓄是关于利率和国民收入的函数，即$S=S(r, Y)$。同样，投资也是这两个变量的函数，不过与上一个函数有些差异（表示企业而不是家庭的行为），即$I=I(r, Y)$。

在均衡状态下，我们有

$$S = I$$

或者

$$S(r,Y) = I(r,Y)$$

对上述方程的所有r和Y的组合都有$S=I$，也就是说，这样储户和投资者都得到了满足。

r和Y的组合有很多，而我们只有一个具有两个未知数的方程式。我们将能产生$S=I$的r和Y的所有组合画出来，就是希克斯所谓的IS曲线，如图17—1所示。再强调一次，这是导致实体部门均衡的r和Y的组合：漏出（储蓄）等于注入（投资），而且商品的需求刚好等于供应。

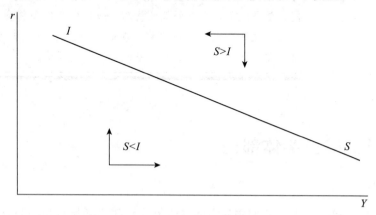

图17—1　IS曲线：在收入水平低（或高）时，相应的储蓄水平也低（或高）

注：在高（低）利率r时，投资需求较低（高）。因此，在低（高）水平Y时，只有在r高（低）时，储蓄和投资将处于均衡状态。如果对于某个给定的收入水平，利率太高，储蓄（漏出）就会大于投资（注入）。商品生产量超过消费量时，企业就会减少生产，经济也就会收缩。产能过剩的企业就会减少借贷，因此借贷的价格（利率）也就会下降至市场出清。反过来说，如果投资大于储蓄，情况也是如此。

为什么 IS 曲线的斜率是负的？商人只有当他们能够从投资中获取足够多的回报，以支付本金加利息并仍然有利可图时，才会借钱投资。一个商人不会按 6% 的利率借钱投资一个预期年回报率为 5% 的项目，如果利率为 4%，这个商人便会借钱投资。随着利率进一步下降，越来越多的投资变得有利可图，投资就会越来越多。投资越多，Y 也越高。因此，高利率会导致低投资和低收入，而低利率则会引起高投资率和高收入。相比之下，储蓄很可能更多地取决于收入，而不是利率。[4] 当收入水平很低时，所有的收入不得不花费在满足基本的消费需求上，没有钱用来储蓄。随着收入的增加，为满足基本的消费需求所占用收入的比例则较少，而且可以留下更多的钱用来储蓄，因此，一般情况下，收入越高，储蓄越多。

326

结合这两种趋势，可预计在高收入水平时，很多钱可以用来储蓄，投资者只有在利率很低的时候才会借这些钱用于投资。如果收入水平很低，储蓄也很低，除非利率很高，否则企业所需要的钱就会多于家庭储蓄的钱。对于某些读者而言，利用图解的方式很容易对负斜率作出解释，如图 17—2 所示。宏观经济学并不假设经济总处于均衡状态，但它确实假定经济至少是向均衡方向移动。例如，我们知道，如果 r 上升，那么储户将储蓄得更多，而投资者则更不愿意贷款投资，其结果是 S>I。换句话说，如果新的利率更高，那么储户储蓄的数量将超过投资者愿意投资的数量。这将产生两个影响。首先，漏出将会大于新的注入，从而导致收入下降；第二，储户赚取存款利息，因为投资者愿意支付这种利息，以便借钱投资。利息是货币的价格。当储蓄的供给大于储蓄的需求时，利率必定下降。这种机制与图 9—2 所解释的其他任何商品是一样的。Y 较低时，储户的储蓄会减少；r 较低时，投资者的借贷会更多，而且，r 和 Y 都继续下跌，直到 I 再一次等于 S，这时和以前相比，收入（Y）更低，利率（r）则更高。如果利率下降，那么投资将变得比储蓄更大，而且会按照相反的方式进行调整。这些动态如图 17—1 中的箭头所示。

专栏 17.2 ☞

IS 曲线的图形推导

325

图 17—2 显示的是推导 IS 曲线的一种方法。第 I 象限显示了利率和投资的基本关系，即高利率会导致低水平投资；低利率会导致高水平投资。如图所示，利率和投资呈负相关关系。第 III 象限显示储蓄和收入之间的关系。穷人必须把所有收入花掉以满足其基本生活需要，没有任何储蓄的能力。随着收入的增加，人们开始储蓄，所以收入和储蓄之间呈正相关关系，如图所示。我们知道，在均衡状态下（如 IS 曲线所示），投资等于积蓄。第 II 象限有一条 45°线，可以将第 I 象限的某个给定的投资率转换为第 III 象

限对应的储蓄率。第Ⅳ象限显示了在某个实体部门均衡的条件下，收入和利息之间的关系。

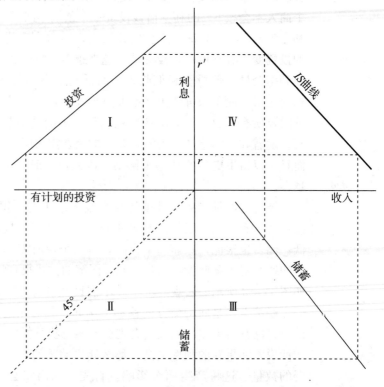

图 17—2　*IS* 曲线推导的图形说明

如果开始时利率为 r，从第Ⅰ象限就可以看到对应的投资水平。从第Ⅰ象限的投资线（I）向下画一根垂直线到第Ⅱ象限的45°线，然后横穿第Ⅲ象限，这样可以在第Ⅲ象限确定储蓄（S）的均衡水平。我们可以从第Ⅲ象限看出与该储蓄水平对应的收入（Y），在第Ⅳ象限收入（Y）与利率（r）在 *IS* 曲线上有一个交汇点。如果对利率 r 作同样的处理，那么在 *IS* 线上就有两个点。我们看到，低利率只有在高收入时达到均衡，而高利率只有在低收入时达到均衡。记住这种关系的最简单方法或许就是：低利率时投资高，而高投资会带来高收入。

如果你自己推导一遍，确实有助于理解 *IS* 曲线。

17.2　*LM*：金融部门

我们现在分析金融部门和 *LM* 曲线，该曲线显示了货币余额（人们持有的货币）的需求等于货币供应时的收入水平（Y）和利率（r）。首先必须要问，在个人很容易把现金余额换成实物资产时，为什么他们还要持有现金余额？从先前的讨论可以知道答案非常清楚：人们持有现金余额是为了避免物物交易的不便。凯恩斯称之为**货币的交易需求**（transaction demand for money）。他还谈到了一个相关的**流动性偏好**（liquidity preference），也就是在其他因素不变的情况下，人们更喜欢流动资产而不是"冻结的"资产，因为货币很容易换成别的任何东西，因而具有可替代的特征。货币是所有资产中最具有流动性的资产。当然，其他东西很少可以类比，而且持有以可替代的货币形式而存在的财富的成本就是放弃放贷出去可以获得的利息以及用它购买实际资产或商品可以获得的效用。然而，如果有太多的财富套牢在非流动的财富上，那将很难及时地进行必要的交易以应对不时之需。国民收入越高，交易需求也就越多，结果是每个人需要的货币也越多（更高的货币交易需求），而且更高的利率将会诱导这些交易余额的所有者牺牲流动性而把它们放贷出去。

因此，现金余额的需求（DM）是基于流动性偏好的关系（L）而取决于 r 和 Y。因此我们有

$$DM = L(r, Y)$$

均衡的条件是货币的需求量等于货币的供应量（SM），即

$$DM = SM$$

货币的供应如何决定？早期是金矿和银矿（实体部门的一部分）的地质条件和技术，但是今天除了不能兑换的纸币或代用货币以外，已经没有了真实的商品货币，这些代用货币由政府通过私人银行加以控制，正如我们在第 15 章所述。为了简单起见，模型通常令 SM 由政府给定，它等于 M。因此有

$$L(r, Y) = M$$

它是金融部门的均衡条件，而且 LM 曲线由 r 和 Y 的所有组合组成，组合的条件是现金余额需求量等于给定的货币供应量，如图 17—3 所示。因为一个公式有两个未知变量，所以不能推导出未知变量的唯一解，但是可以确定所有的满足一个公式的 r 和 Y 的组合。

专栏 17.3 ☞   联邦储备银行

在美国，货币不是由民选政府控制的，而是由联邦储备银行（美联储）控制，它是政府的一个非选举的"分支"机构。有关货币政策方面的决策由联邦储备理事会的 7 名理事决定，12 个区域性联邦储备银行的总裁对这种决策影响很小。理事会理事由总统任命（参议院批准），任期为 14 年，主席和

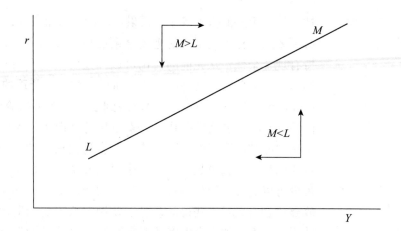

图 17—3　LM 曲线

副主席的任期为 4 年。尽管货币政策在国民经济中发挥的作用非常重要，但该系统很明确是要把美联储与民选的政治人物的压力隔离开。美联储并不会对选民的要求作出回应，但这并不意味着美联储不需要对选民负责，关于这一点，我们在随后的章节中还将予以讨论。

LM（L＝M 的简写）曲线的斜率为何为正？收入（Y）的增加，会对利率（r）产生什么影响？Y 越大意味着交易的容量越大，而且会对交易余额产生更大的需求。这将导致 r 更高，以此来补偿把这些余额放贷出去所产生的流动性损失。因此，更高的 Y 将要求更高的 r，以便货币持有者重新得到满足（L＝M），因此 LM 曲线的斜率为正。这种关系用文字可以清楚解释，没有必要画一个更为详细的图形进行解释。

当金融部门失去均衡时，有什么特定的机制驱动它走向均衡吗？比如说货币当局增加货币供应，这样可用的货币就比人们按现有利率实际期望持有的货币还要多，也就是说，M＞L。多余的货币可以用于购买债券和其他非流动性的有息资产（为方便起见，我们将其都称之为"债券"）。于是用来购买债券的货币就更多，从而推高债券的价格。

债券有多种，但在最简单的情况下，当某个人购买债券时，他们现在的支付，为的是在债券到期时能得到一笔固定数额的钱。例如，如果我今天支付 50 美元购买 100 美元的债券，10 年后到期，那么收益率约为 7.2％。增加货币供应会使得债券的价格提高到 60 美元，则其回报率只有 5.24％。一种债券的价格越高，其利率就越低。因此，增加货币供应也会提高对债券的需求，并压低利率。

在利率比较低时，持币的机会成本也比较小，因此对货币的需求则更高。较低的利率也可以刺激投资，促进经济增长，从而进一步刺激对货币的需求。结果是在较低的利率和较高的收入条件下达到一个新的均衡。当然，货币供应的减少也会产生相反的结果。这些作用如图 17—3

329

中的箭头所示。

17.3　*IS* 和 *LM* 的结合

把 *IS* 曲线和 *LM* 曲线放在一起，就可以确定 *r* 和 *Y* 的一个独一无二
的组合（即 r^*，Y^*），它既满足实体部门 *S=I* 的条件，也满足金融部
门 *L=M* 的条件，如图 17—4 所示。交叉点是两条曲线的唯一一个共同
点，即唯一一个让实体部门和金融部门都达到均衡的点。我们现在就有
两个联立方程来确定两个未知变量，即 *r* 和 *Y*。

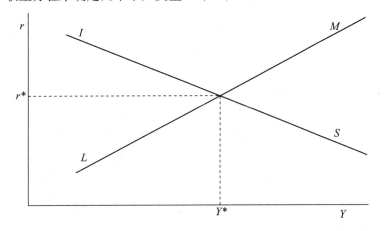

图 17—4　*IS—LM* 模型

IS—LM 模型可用于静态比较分析[5]，以对潜在的决定因素是如何
影响 *r* 和 *Y* 的进行分析，比如，储蓄习惯、投资效率（生产率）以及流
动性偏好。政策制定者特别感兴趣的是政策变量（如政府支出、税收和
货币供给）对 *r* 和 *Y* 的影响。每一个变量发生变化都会导致曲线的移动，
从而会沿着其他曲线，达到一个新的交叉点。我们感兴趣的是在政策或
外部（外生性的）变化发生后，经济如何达到新的均衡。

17.4　*IS* 和 *LM* 的外生变化

330　　　　我们先分析与财政政策和货币政策无关的一些外生影响因素，这些
影响因素也是 *IS—LM* 模型之外的影响因素。我们以边际储蓄倾向增加
为例。储蓄率的变化可能源于对经济衰退的担心，因为经济衰退会导致

工资降低和失业增加（我们或许希望人们可能有一天只是为了保护环境而决定减少消费）。在这两种情况下，人们都会决定把他们的可支配收入多用于储蓄而少用于消费。这意味着，现在对于 IS 曲线上的所有 r 和 Y 的组合，S 都大于 I。这时便需要一条新的 IS 曲线，使得 S 重新等于 I。如果人们在每个 r 情况下都储蓄更多，那么就意味着 $S>I$，即漏出大于注入，所以收入流将会下降至使得 $S=I$ 的水平。这种情况是如何发生的呢？显然，如果边际储蓄倾向增加，那么边际消费倾向必定会下降。由于人们的消费减少，企业也就无法售出它们的货物，从而导致库存的意外累积。这反过来又将导致企业减少计划的投资和生产，或许还会解雇人员。由解雇而产生的失业进一步又会降低消费，因而需要另一轮调整，使得 Y 下降更多。与此同时，高储蓄会导致货币供应增加，低投资会导致货币需求下降，二者的联合作用则会压低货币成本，即利率（这在一定程度上或许可以改善投资下降的趋势）。当这种动态变化结束时，S 会再一次等于 I，而且在新的 IS 曲线上，与每个 r 对应的 Y 都比在原曲线上的 Y 更小，IS 曲线将会向左移动。与 LM 曲线的新交叉点将会出现在 r^* 和 Y^*，二者都比原先的值更小。即使人们把储蓄占收入的比例调得更高，最终收入中用于储蓄的数量反而更小，其结果是 S 的增加量小于边际储蓄倾向。最终结果是，当 S 再一次等于 I 时，很有可能 S 将低于初始水平。因此，如果每个人都更加努力地储蓄，反而会导致每个人实际上储蓄得更少，这就是所谓的"节俭悖论"（paradox of thirft）。在这种情况下，由于担心经济衰退而引起的储蓄率提高，其本身也会造成经济衰退，也就是说，这是一个自我实现的预言。

现在假设由于一项新发明，使得投资效率提高了（即边际资本生产率提高）。例如，许多人声称当今的"新经济"正是如此，在新经济中，据说信息技术可以提高生产率。这样会使得 I 增加，在原 IS 曲线上，现在都会有 $I>S$。由于 $I>S$，也就是注入都大于循环流程中的漏出，所以收入流将增加，直至 $S=I$。在新 IS 曲线上，对应于每个 r 的 Y 值都更大。曲线会向右移动。新的均衡将出现在 Y^* 和 r^*，二者都比原先更高。边际效率的改善既提高了收入，也提高了利率。

我们现在分析 LM 曲线。假设流动性偏好增加，所以 $I>M$。之所以会产生这样的变化，可能是由于对未来经济状况的不确定性增加以及人们期望持币在手以防不时之需。另外，20 世纪 70 年代中期美国银行业的放松管制曾允许某些特定的活期存款账户用来支付利息。这样就会减少持币的机会成本，并因此增加流动性偏好。在这两种情况下，对于任何收入以及所需的交易余额的相关水平而言，持有这些余额的意愿都更大，持有量都超过严格的需要量。由于 r 更高，它会诱使货币持有者放贷。结果是在新的 LM 曲线上，每个水平的 Y 都将对应着更高的 r。当 r 更高时，投资有可能会下降，从而使得 Y 也减少。新 LM 曲线将向上移动。新的均衡将出现在 r^* 和 Y^*，前者比原先的值更高，后者比原先的值更低。流动性偏好的增加既提高了利率，又降低了国民收入。

专栏 17.4 ☞

垃圾债券和木材公司

　　像债券利率和华尔街的交易这些看上去很抽象的东西都能影响实际的经济生产以及环境服务的提供。例如，在 20 世纪 80 年代，华尔街的恶意收购以及垃圾债券的引入导致西海岸森林遭到严重破坏。这是怎么发生的？在美国，企业合并（两个公司结合在一起）和兼并（一个公司购买另一个公司）都是正常的企业活动，然而，有时有的公司不愿意被别的公司兼并。例如，主要以短期利润为目的的合并和兼并会削弱或破坏被兼并公司的利益，并导致大规模裁员。

332

　　不希望被裁掉的管理者们有足够的理由反对合并，在这种情况下，收购的企图就是"敌意的"。一个公司通过购买控股权而兼并另一个公司。只要有人开始购买足够多的股权以控制一家公司，那么股票的价格就会上涨。一家受到恶意收购威胁的公司会试图反购自己公司的股票来保卫自己，这样就会进一步推高股票的价格。为了获得足够多的资金来进行恶意收购，试图进行收购的公司便会提供高收益、高风险的债券，用华尔街的行话来说，就是"垃圾债券"（junk bonds）。[a]

　　最值得收购的目标公司是：它拥有很多非流动性资产，在收购之后，这些非流动性资产可以用于清偿以支付垃圾债券，但不能迅速地变卖出去以对抗收购。木材公司拥有价值连城的资产，如森林，这种资产在收购之后可以用于清偿，但不能快速地变卖出去以购回股权、防止恶意收购。这使得它们成为 20 世纪 80 年代最受欢迎的收购目标。

　　最典型的例子就是查尔斯·赫维茨（Charles Hurwitz）在 20 世纪 80 年代中期对太平洋木材公司（Pacific Lumber）的收购。虽然太平洋木材公司对抗收购，但赫维茨使用了垃圾债券和短期贷款而最终胜出，获得了木材公司 19.6 万英亩的森林，其中包括世界上最大的未受保护的原始红杉林。赫维茨因此背上了巨额债务和利息支付。为了偿还债务，赫维茨出售了大部分森林存量，其中包括许多古老的原始红杉林。为了逃避国家监管部门的监管，公司在周末和假日进行一些非法采伐。华尔街在 20 世纪 80 年代的创新加速毁灭了这个国家最后的原始森林，以及这些森林曾经提供的环境服务。[b]

　　a. 不同的公司（以及城市与国家）都基于它们的金融安全性而具有不同的信用评级。实力雄厚的公司发行的债券非常安全可靠，小公司发行的债券则并非如此，违约风险较高。

　　b. N. Daly, Ravaging the Redwood: Charles Hurwitz, Michael Milken and the Costs of Greed, *Multinational Monitor* 16（9）（1994）. Online: http://multinationalmonitor. org /hyper/ issues/1994/09/mm 0 994 _ 07. html.

我们对储蓄倾向、投资效率、流动性偏好以及货币供给变化的分析，如图 17—5 所示。

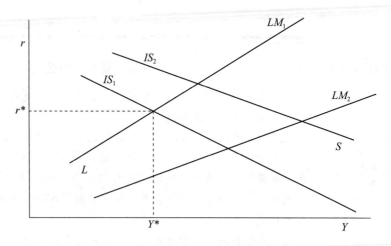

图 17—5　*IS* 曲线和 *LM* 曲线的移动

从 IS_1 移动到 IS_2 可能会导致边际储蓄倾向下降，或者边际投资效率增加。从 LM_1 移动到 LM_2 可能是由流动性偏好的降低或者货币供给的增加而引起的。你能计算出因这四个参数中的某一个参数的增加或减少（别的都保持不变）而引起的 r 和 Y 的变化吗？如果两个或两个以上参数同时变化，这种变化的影响又如何？

17.5　*IS—LM* 曲线和货币与金融政策

储蓄倾向、投资效率和流动性偏好的变化不会直接产生于政策干预，它们受心理和技术的影响，因此，很难（甚至是不可能）对其加以预测。然而，政策制定者可以用货币政策和财政政策这两套经济杠杆影响这些变量。

关于不同的货币政策和财政政策杠杆，*IS—LM* 模型意味着什么呢？在宏观经济学中，可以采取追溯货币供给以及政府税收和支出对 *IS* 与 *LM* 的影响方式来分析货币政策和财政政策。货币政策主要影响货币供应量。当货币当局（在美国为美联储）增加货币供应量时，*LM* 曲线会向下移动，而且 $M>I$，如前所述，它将促使利率下降。低利率会刺激经济增长（消费者减少储蓄，企业增加投入），而且收入也会增长。如果货币供给增加太多，则会使得太多的货币用来购买太少的商品，这样便会受到通货膨胀的威胁。减少货币供应会驱使利率上升，经济收缩，并有助于控制通货膨胀。

财政政策基本上是政府的财政支出和税收。当政府花钱时，产业部门不得不生产更多的商品和服务以满足增加的需求。这会使得收入上升，投资需求增加，从而推高利率。这时 IS 曲线会向右移动。减少政府开支则会产生的效果相反。

政府支出有三个方面的资金来源：第一，征收税款。当政府增加税收时，消费者的消费就会减少，而且会使得需求下降，并导致投资减少，经济紧缩且利率下降。然而，如果政府把整个税收增量都花费掉，支出增加部分的刺激将超过税收所引起的紧缩，由于现在花费的一些税款应该储蓄起来，在这种情况下，经济将会增长，同时利率还会上升。第二，政府可以使用债务融资和贷款。通常可以通过出售政府债券的方式来借款。如前所述，债券供给的增加会压低债券的价格并推高利率。第三，政府可以利用其铸币税的权利，只需印钱和花钱，以此增加货币的供给。正如我们前面所论述的，增加货币供应量将进一步促进经济发展，但对利率的作用相反。

铸币税支持的财政政策似乎是刺激经济的必然选择，但它会引发通货膨胀。如果政府像弗雷德里克·索迪很久以前曾建议过的将存款准备金率提高到 100%，那么政府就可以明显地提高它们利用铸币税的能力。政府便可以在价格指数开始下降之时印钱和花钱，如果会引发通货膨胀，则可以征税和毁钱。政府还可以更有效地以货币政策为目标，用它来处理规模、分配和配置等问题。

财政政策和货币政策的影响取决于经济中存在多少过剩产能（失业劳动力和尚未利用的资本）。假如在一个偏僻小城镇建设一个保龄球场；政府正在投资一个大型项目以刺激经济增长。当失业率很高时，工资可能很低，有可支配收入打保龄球的人就很少。其结果是保龄球馆实际上是空闲的。如果政府资助这个城镇一个大型项目，有些人直接会被这个项目雇用，而且他们在镇上会花费大量的钱，这样就会诱导其他的当地商户雇用更多的人来满足增加的需求。人们就会用他们额外的收入去打保龄球，保龄球馆的收入也会增长。

稳态经济的货币政策和财政政策

335

稳态经济需要有一个来自大自然的非增长的低熵物质—能量通量，通过经济并以废弃物的形式回归自然。除了总量管制和贸易政策可以直接限制通量外，还有什么货币政策和财政政策可以间接地帮助我们达到这个目的呢？

假设 GNP 和通量的最初关系固定不变，稳态经济便要求实际货币供给也保持固定不变。索迪提出的 100% 存款准备金率（受人尊敬的经济学家欧文·费雪和弗兰克·奈特也支持此建议）会阻止银行创造货币。只有储蓄存款可以放贷出去，而且放贷出去的时间周期小于或等于储蓄账户的周期。货币应该回归其服务于公共事业的作用（而不是租借等私人商业性活动的结果），以及政府铸币的权利。然而，由于货币稳态供给，不存在额外的铸币税。政府仍然可以利用货币创造和销毁作为政策工具，但是二者必须平衡。为实现政策目标，政府无息贷款将创造货币，但是贷款在偿还之后，还款应该被销毁，且不增加长期货币供给量。还款期应该取决于贷款在多大程度上支持公共目标。在稳态政策条件下，当政府以支出的方式来减轻经济的下行趋势时，它必须同时对未来的税收增加进行立法，以销毁这些货币。货币创造和销毁应该是反周期性的，而且会导致经济稳定，而不是像当前的经济系统一样，为前周期性的。政府创造货币的速度快于经济增长的速度并因此而导致通货膨胀这一风险，当经济规模降低到可持续性通量水平时，政府创造货币的速度会减慢。

财政政策又如何呢？当前面临的生态危机，从全球变暖到生物多样性丧失，甚至比第二次世界大战时期更为严重，这表明边际税收水平处于相似的水平是合理的，即远远超过90％。大多数经济学家认为，高税收对经济活动是一个抑制性因素，这正是走向稳态经济所需要的。高税收也会提高经济的稳定性，促进政府在基础公共物品方面的投资，例如生态修复所产生的服务。

即便达到可持续通量，技术进步仍然可以让市场物品和服务的真实价值得以增长，在这种情况下，政府创造新货币则又是可行的。最大的挑战在于从旧体制转变到新体制，没有太多的破坏。渐进性的变革应被视为检验潜在理论和价值的科学实验，并且允许我们在适应性的管理过程中改进它们。当经济处于衰退初期，部分准备金会逐渐加大，这时银行会自愿地使其贷款量小于被允许的贷出量。在经济衰退的环境下，政府花钱不无道理，从本质上说，就是在以债务为资金来源的政府支出中，通过印制无息现钞来替代无息债券。

现在试想政府在一个失业率很低的城镇实施同样一个项目。保龄球很受欢迎，球馆每晚满员。政府为实施这个项目需要雇用更多的员工，但是，当供给很低时，需求增加会推高工资，也就是雇员的价格会上升。这样，可支配收入将增加，但是，每新增一个保龄球员只不过是把另一个球员**挤出去**（crowding out，挤出效应）而已，这个被挤出去的球员不得不离开球馆。该保龄球馆也许想扩大规模，但是政府正在贷款资助它的项目，从而推高了利率，使得球馆老板扩大规模变得不太划算。这个球馆可以提高其价格以应对需求的增长，但是必须同时给其雇用的劳动力支付更高的价格，这样才能做到收支平衡。当经济处于充分就业状态时，在实施扩张性货币政策的时候保龄球馆老板可能状况更好，这种政策会降低利率，有利于保龄球馆老板扩大规模。相反，如果政府在球馆产能过剩时降低利率，那么扩大规模根本就不会为球馆老板带来任何好处。

降低利率不能刺激低需求的经济，这就是众所周知的**流动性陷阱**（liquidity trap）。一般而言，经济总是介于极端萧条和满负荷运转二者之间（例如，大多数保龄球馆有时满员，几乎没有哪个球馆总是满员）。虽然增加政府支出会导致某种程度的挤出效应并提高利率，但它也会增加收入。

表17—1总结了财政政策和货币政策对利率和收入的影响。在每种情况下，相反的政策其影响也是相反的。

表 17—1　　　基本的货币政策和财政政策对利率和收入的预期影响

337

政策	利率	收入
可以通过如下方式实现货币扩张： • 降低存款准备金率； • 在公开市场出售政府债券； • 降低贴现率（利率）。	（—） 当经济很虚弱时（高失业率，低投资率），货币政策对利率的影响很小，或者没有影响。	（＋） 当经济虚弱时，对收入没有影响，即所谓"流动性陷阱"。
税收增加。	（—） 税收（尤其是累进式收入税）有助于稳定经济。	（—） 当收入增加时，征收的税款更多，否则更少。
政府支出增加的部分可以花费在市场物品或非市场物品上。	（＋）	（＋）
• 通过政府赤字提供资金。	（＋） 当经济很虚弱时，对利率的影响很小；当经济处于满负荷运转时，对利率的影响则很大。	（＋） 当经济虚弱时，收入将会增加，但是在经济已经处于满负荷运转时，收入则不会增加。后者便是所谓的"挤出效应"。
• 通过税收提供资金。	（＋） 利率的增加小于政府赤字情形下利率的增加。	（＋） 增长率小于政府赤字情形下的增长率。
• 通过铸币税提供资金。 与铸币税相反的情形是指政府将税款放在经济循环之外流通，不是替换货币，而是直接把货币毁掉。	0	＋ 在产生"挤出效应"的情况下很可能会引发通货膨胀，而且收入没有实质性的增长。

通货膨胀和反通货膨胀

如果我们仅关注 IS—LM 模型，而且我们的目标是持续的经济增长，那么最优先的政策选择应该很清楚：不断提高货币供应，以降低利率并刺激投资，而且在必要的时候使用财政政策来刺激需求。然而，当我们第一次提出 LM 模型时，看到真实货币供给量等于名义货币供应量除以价格，也就是真实货币供给量等于 M/P。因此，为应对货币供给量的增加，维持货币供给和需求均衡的另外一条路径就是：物价上涨。更大的名义货币供应量除以更高的价格，结果是真实货币供给没有变化。系统越接近满额产出（如没有产能过剩），为响应较低的利率，产出很可能会增加量递减，更有可能会产生货币扩张并导致**通货膨胀**。通货膨胀是指价格总水平日趋增加（不是指总处于一种高价格的状态）。

338

为什么政府和货币当局如此担心通货膨胀？他们的担心有道理吗？通货膨胀是如何影响实体经济的？需要指出的第一点是，人们好像不喜欢通货膨胀，这仅仅是试图避免通货膨胀的某种理由。许多经济学家认为，通货膨胀是累进递减的，但是很难找到支持这一论点的实际证据。[6] 然而，实证研究的确表明，在高通货膨胀发作的延长期，实际工资会明显下降。[7] 此外，在高通货膨胀期间，受过良好教育的富人比穷人能更好地利用投资与契约的优势保护他们的钱财。因此，在连续高通货膨胀时期，与富人相比，穷人明显地处于不利的地位。

如果每月的通货膨胀率超过 50%，常常被定义为**恶性通货膨胀**（hyperinflation），恶性通货膨胀也可以使得经济不稳定。在恶性通货膨胀时，货币不仅仅不能作为价值的一种储存手段，而且也不能充当一种交换的媒介。中度通货膨胀的影响在很大程度上取决于它是否在预期范围之内。

如果每个人都预期会出现某个通货膨胀率，而且他们的预期成为现实，那么，通货膨胀就会纳入契约之内予以考虑，这样就不会产生太大的问题。从预期的通货膨胀中唯一可能产生损失的一个团体就是货币持有者（不支付利息），以及倚靠固定工资收入的人。然而，由于通货膨胀预期，大多数人持有的货币会更少，而且收入可能也会根据通货膨胀进行调整。**反通货膨胀**（disinflation）是指通货膨胀率下降；**通货紧缩**（deflation）是指价格总水平的下降。非预期通货膨胀、反通货膨胀以及通货紧缩与预期性通胀膨胀引发的结果完全不同。

评估非预期通货膨胀和反通货膨胀的最有效途径就是比较债务人和债权人。当存在非预期通货膨胀时，任何带有名义利率的贷款（即利率不与通货膨胀挂钩）的价值年复一年会越来越少。债务人受益而债权人受损。例如，20 世纪 60 年代，30 年期的房屋抵押贷款，利率约为 6%。

20 世纪 70 年代通货膨胀使得利率攀升到 12％以上，以致一些房主的最终偿还额低于他们当初的贷款额。一般来说，非预期通货膨胀会系统地将债权人（一般为富人）的财富重新分配给债务人（一般为穷人）。大多数政府都是纯粹的债务人并因此而受益，预期偿还政府债务的后代人也是如此。然而，一个国家不能永远出现非预期通货膨胀，也就是说，最终它都会变得可预期，否则就会变成恶性通货膨胀，并随之而引发一系列问题。

339
当政府试图引发反通货膨胀或通货紧缩时会发生什么情况呢？很明显，就像非预期通货膨胀会使债务人受益一样，非预期通货膨胀必定会使债权人受益。在 1980 年，14％的 30 年期按揭看起来并不那么糟糕，因为当时通货膨胀率是每年 13％，而且人们期望至少按照这个利率，他们的收入还会增加。然而，1986 年通货膨胀（而且工资也增长）已经下降到 2％以下，1980 年贷款的债权人得到的真实回报率为每年 12％。因此，反通货膨胀会使得现有债务人受损，而债权人则受益。

反通货膨胀的其他影响取决于它是否为财政政策和货币政策所引起的。理论上减少总需求或者增加总供给都可以降低通货膨胀，但是政策往往会对需求产生作用。财政政策只要通过增加税收或者降低支出即可降低总需求，这两种方式都会降低真实利率，从而使新债务人受益。其他分配方面的影响则取决于具体实施的政策。例如，减少对大企业的补贴，或者减少对穷人的转移支付，都可以降低需求。

思考！

里根总统当政时期，非常强调供方经济学，就是通过为生产提供激励（也就是供给）而使得收入增加。为实现这一目标采取的政策措施包括投资补贴、减少资本收益税以及为富人减税。你能解释为什么这些政策从理论上来讲都会增加供给并降低通货膨胀吗？

另一方面，货币当局只要减少货币供给就能降低需求，提高实际利率，对债务人造成不利。对利率很敏感的经济部门，如农业和建筑业，也将受到损失。如果受损者被迫清算或破产，他们可能就会被迫廉价出卖他们的资产，而且正是富人维持了购买这些资产所必需的流动性。因此，经济衰退可能产生企业并购，并提高生产资料的集中度。

关于反通货膨胀政策，我们认为，从短期来看，经济将会受损；但从长期来看，稳定的货币将使得经济稳步增长，实际工资得以提高。问题是短期受损可能非常严重，尤其是在利用货币政策来降低需求时，受损更为严重。虽然中度通货膨胀对分配的影响存在很大的争议，但是，正如我们在随后的章节中将论述的，反通货膨胀政策所造成的失业对分配的影响却是不言而喻的。

失 业

340 微观经济学认为，非自愿失业是不会存在的。价格是由供给和需求决定的，当对劳动力的需求很低时，劳动力的价格也会下跌。在工资率比较低的时候，很少有人愿意去工作，于是供给也会随之下降，从而使经济系统回到均衡状态。然而很明显，失业是现代经济当中一个非常顽固的问题。我们在本小节中将分析两个问题：失业与通货膨胀之间的联系以及失业对分配的影响。

有些失业是不可避免的。人们不断地进出劳动力市场，调换工作，从一个地方搬到另外一个地方。企业会破产或遭受经济衰退并裁员，失业的工人要找到一份新工作总要花一些时间，这就是所谓"摩擦性失业"或"自然失业"。从理论上来讲，如果政策制定者试图把失业率降到这个水平以下，其结果反而是对工人的需求更大。工人将有更大的讨价还价筹码，可能会要求更高的工资，从而引发通货膨胀。[8]因此，关于"自然失业"的一个使用广泛的委婉说法是"NAIRU"，即非加速通货膨胀失业率（nonaccelerating inflation rate of unemployment）。[9] NAIRU 究竟如何定义还存有相当大的争议。詹姆斯·K·加尔布雷斯（James K. Galbraith）认为，经济学家真的非常实际，也就是说，他们对 NAIRU 的估计只反映了实际的失业率。[10]

> **思考！**
>
> 当大部分商品价格下降时，产出也会下降。当很少有人愿意接受较低工资而工作时，这种劳动力的减少和劳动力供给的实际下降是一回事吗？劳动力（也就是说人）仅仅是一种商品吗？

低失业率和通货膨胀之间的关系尚未得到实证检验。为什么？我们提供了两种解释。首先，在全球化时代，大型企业可以自由地将它们的资金和生产转移到其他国家。即使在失业率很低的时候，企业也可以抵抗本地劳动力增加工资的要求，它可以威胁要转移到工资更低的国家。这解释了一种现象，即 20 世纪 90 年代美国低失业率的同时，工资也停341 滞，而且工薪族所占国民收入的比例不断下降。[11]其次，我们必须指出，来自生产的收入应在工资、利润和租金之间分配。增加工薪族的讨价还价能力不一定就会导致"工资推动型"通货膨胀（wage-push inflation）；相反，它只会提高工薪族收入所占的份额，并且减少租金或利润的份额。增加企业所有者的讨价还价能力会导致"利润推动型"通货膨胀（profit-push inflation）吗？

总之，低失业率会增加工薪族的议价能力，这样会推高工资（尽管全球化可以削弱这种影响）。高工资会导致通货膨胀，而通货膨胀随后又会削弱高工资，或者可以改变工资和利润之间的分配模式。相反，高失业率会增加企业的议价能力，并导致有利于资本所有者的重新分配。无论 NAIRU 理论是否合理，很清楚的是货币当局密切关注失业问题，把失业率作为反映通货膨胀压力的一个指标。例如，当失业率降得太低时，美联储往往会提高利率，以降低投资、就业和需求。通货膨胀对分配的影响是不确定的，但是很显然，由反通货膨胀政策引起的失业对社会最贫穷阶层的人具有负面影响。

值得重申的是，失业不断增加可能会构成一个恶性循环。当人们失去工作时，他们也就失去了购买商品和服务的资金。需求也随之下降，企业会通过降低供给作出反应，也许还会裁减更多的员工，从而使得需求进一步降低。许多财政政策（如福利支付、失业保险以及其他转移支付）的目的就在于减少这种影响，增加经济的稳定性。经济的稳定性是一种公共物品，而且是一个重要的政策目标。

政策对规模、分配和配置的影响

我们前面已经论述了财政政策和货币政策的基本要素，现在分析它们的具体应用。当然，如何运用这些政策取决于所希望达到的目标。主流宏观经济学家主要追求持续的经济增长，而不够重视分配问题。配置问题由微观经济学研究。与主流经济学家的目的不同，生态经济学家主要关心宏观经济政策对规模（例如增长）的影响。以确保额外增加的物质通量的成本不大于效益。生态经济学家认为，即使成本现在还没有超过效益，它最终还是会超过效益。他们也比主流经济学家更加重视分配问题。简而言之，生态经济学致力于创造一个物理通量上没有增长的经济，不仅要避免经济衰退或萧条所引起的苦难，而且要消除贫困。资源在市场和非市场的商品和服务之间配置可以在这方面起到极其重要的作用。

342

宏观配置

如前所述，自由市场在市场物品之间配置资源的效果很好，但在配置非市场物品方面效果很差，尤其是无法为它们提供满意的数量。许多政策制定者已经认识到这一点，正如大部分政府预算都花在了国防、公共卫生、教育、道路系统、桥梁、路灯、国家公园等等方面。[12]事实上，除了政府以外，几乎没有什么机构会把资源配置给非市场物品，而且只有政府才能够利用政策以降低需求，并因此而降低市场商品的支出，将相关支出转向非市场物品。

简言之，市场物品和非市场物品之间的配置被称为**宏观配置**（macro-allocation），市场物品之间的配置被称为**微观配置**（micro-allocation）。最重要的宏观配置问题大概就是：多少生态系统结构应该转化为经济物品和服务，多少应保护起来以提供非市场的生态系统物品和服务。

在私营部门，货币政策只会通过刺激或阻碍市场物品的生产和消费而直接影响市场经济。为什么会这样呢？因为货币政策主要通过它对利率并因此而对借贷产生影响来发挥作用。私人部门在非市场物品方面几乎不会投资，因为这些物品不会产生任何利润以用来偿还贷款。因此，低利率不会影响私营部门的非市场物品生产。货币扩张不仅仅在提供公共物品和免费使用资源方面无所作为，如果市场物品的生产伴随着影响环境的负外部性产生，那么它实际上就加剧了这些资源的退化。回顾保龄球馆这个例子。如果更低的利率诱使保龄球馆扩张，它不会进行无效扩张，而可能扩张为某种生态系统，比如说湿地生态系统，这个系统现在为当地社区提供了价值很高的非市场服务。如前所述，负外部性是市场商品生产的一个必然结果。

因此，如果政策目标是可持续的经济规模，那么货币扩张就会成为问题。即使经济规模恰好在生态系统施加的限制范围之内，那么货币扩张会对市场商品产生作用，但是这不会总是提供最高的人类福利的边际贡献。微观经济学的最大化等边际法则不仅适用于经济系统与支撑它的生态系统的相对规模，而且也适用于由经济体生产的市场物品和非市场物品的区隔。在生态经济学当中，宏观配置优先于微观配置。

从理论上说，在民主社会当中，政府的资金要用于为整个社会提供最大边际效用的商品和服务方面。如前所述，政府开支的重要作用就是提供非市场物品。

区分两类非市场物品非常重要，它们对经济规模具有不同的影响。人造非市场物品与市场物品对经济规模的影响程度一样。如果政府在保龄球馆所在的城镇建设的项目只是一栋庞大的政府大楼，那么它就有可能侵害和破坏某种价值连城的生态系统服务。相反，政府有可能恢复湿地，保护生物多样性，促进海产生产，防止灾难性的风暴（例如新奥尔良风暴）。保护和恢复提供非市场环境服务的生态系统可以有效地降低经济规模，或至少有助于确保我们不超过合理的经济规模。随着世界变得越来越满，与市场物品和人造公共物品相比，从保护和恢复生态系统基金以及它们提供的非市场服务中获得的边际效益将增加。当这一情形发生时，如果政治人物能够更好地理解生态系统服务的效益以及公共物品性质，那么，越来越多的联邦资金就应该配置到这些服务中。

　　然而，重要的是必须认识到政府在生态系统基金方面的财政支出仍然可以增加经济规模。因为最初的支出一旦进入经济，**倍乘效应**（multiplier effect）便会发生。恢复生态基金的资金反过来会被它的受益者用来购买市场物品，也就是说，恢复湿地的工人会把钱花在打保龄球上，从而迫使保龄球馆扩大；扩建保龄球馆的建筑工人可以把额外的收入用来购买电视机，从而引起产业扩张；如此等等。倍乘数越大，对经济的市场部门的影响就越大，政府所施加的控制就越少。增加税收会让工人在市场物品上花费更少，从而降低倍乘数。倍乘数小可以提高政府影响宏观配置的能力，收入降低会使得经济规模缩小。税收也可以被用来阻止一些非正常行为，如污染；补贴也可以用来鼓励人们所期望的行为，如环境保护。税收对经济规模以及宏观配置的全面影响取决于税收款如何使用，我们在第 22 章中深入论述税收在实现最优经济规模中的重要作用。

　　在此必须强调一点，在传统的 IS—LM 曲线分析中，财政政策在经济满负荷运转时会产生挤出效应（回顾保龄球馆满员），这是应该避免的。不过，按照宏观配置和经济规模的要求，充分的产出条件可以提高财政政策的有效性。如果政府投资恢复湿地，加上充分就业，那么利率和劳动力成本便会上升，这样一来保龄球馆的扩大就会更困难（幸运的是，风景优美的湿地为打保龄球提供了一种替代的休闲方式，打保龄球不会取代生态系统服务）。在这种条件下，政府在恢复生态系统方面的财政支出将对缩小经济规模具有明显的影响。

　　财政政策和货币政策对分配会产生什么影响？税收和政府转移支付之类的财政政策能够很容易地进行有效分配。政府转移支付（如福利、失业保险、医疗保险、医疗补助和社会保障）在分配中起着重要作用。公司福利计划（超过给穷人的转移支付[13]）按相反的方向影响分配。公共物品为所有人共同享有，公共物品的提供对分配具有改善作用。从收入角度来看，累进税有助于降低收入分配的总体不平等性，如果希望实现可持续发展规模，那么它在道德上和实践上都是一个必要条件。货币政策对于分配而言，也可以发挥重要作用，但作用面较窄。从紧的货币政策会引发高利率，从而导致失业，它们对债权人更加有利，我们在论述通货膨胀和反通货膨胀时已经分析过。低利率的影响效果正好相反。

　　总之，从生态经济的目标来看，货币政策是一种迟钝的工具，只关注市场物品的生产和消费，在分配和宏观配置方面，它的灵活性非常有限。从宽的货币政策可以扩大经济规模。财政政策在经济规模、分配和宏观配置等方面的更大灵活性。

17.6　真实世界的 *IS—LM* 曲线

虽然 *IS—LM* 模型非常有用，但它的局限性也很明显。[14]该模型过于简单，不足以反映货币政策和财政政策的现实复杂性。虽然该模型显示了这些政策的一般性影响，但没有将不确定性、时间滞后以及结构变化等因素一并加以考虑，也很难选择合适的政策变量加以调控。

经济学家通常对任意给定的时间里经济将发生的情形缺乏理解。失业率过高？经济增长太快以致会通货膨胀？我们走向衰退了吗？观察相同的经济数据，经济学家们经常会对如何解释以及如何应对它们产生不同意见。例如，2008 年美联储认为美国已经进入了由流动性危机所引起的经济衰退时期，而且把利率降低到接近于零。当这样做没能增加借贷和投资时，政府就开始干预，大幅度提高财政支出。一些人认为，一揽子财政刺激计划太大，会引起严重的通货膨胀；也有人说太小，通货紧缩是一个更加严重的问题。在 2009 年中期，经济学家们辩论经济是正在步入衰退，还是陷入更深的衰退。造成这个问题的部分原因是经济体制正在迅速地演变，以应对技术、环境、文化和结构的变化。

与不充分了解经济的困难混合在一起的问题是，与政策有关的时间滞后效应。滞后效应有两类：决策滞后（即内部滞后）和作出决策与政策生效之间的时间滞后（即外部滞后）。在财政政策当中，诸如减税和增加支出之类的决策通常要辩论很长时间。立法和行政部门必须同意，而且必须通过适当的立法。因此，这种决策滞后现象可能非常明显。关于增加财政支出还是减少财政支出这一问题，一旦作出决策并付诸实施，外部滞后效应可能相对较短，因为这类政策对总需求具有直接的影响（尽管完全的倍乘效应要经过一段时间才能显示出来）。另一方面，减税或加税的效果却很慢，甚至要到下一个纳税年度才能感觉得到。

相比之下，美联储的决策滞后期一般都很短。联邦公开市场委员会（Federal Open Market Committee，FOMC）负责制定美联储的政策，一年大约召开八次会议。[15]政策通常是在会议上决定的，开放市场交易几乎立刻生效。然而，与这些政策最相关的影响是对利率的影响，以及它们对投资决策和消费决策的影响。由于投资决策的酝酿期都很长，因此，美联储的决策滞后期很短，但政策生效的滞后期则很长。

这些滞后对于考虑何时作出一项政策决定是很重要的。很有可能到决策作出的时候以及决策生效的时候，政策要解决的问题已经消失了，而且甚至会执行一个效果相反的政策。

另一个问题就是对我们应该采取什么类型的政策以及这些政策将产

经济科学译丛·生态经济学：原理和应用（第二版）

346

生什么影响等问题缺乏一致的意见，货币政策尤其如此。美联储通常试图调控货币供应量和利率。不仅在美联储应该采取何种路径方面存在的争论相当大，而且实现任何一个目标都存在着严重的障碍。比如，美联储主席艾伦·格林斯潘（Alan Greenspan）在国会作证时承认："我们试图准确地界定货币是什么还很难……目前关于货币的定义并不足以给予我们一个很好的办法来控制货币供给。"[16]

心理因素可能也使得我们很难调控利率。如前所述，利率最终决定于债券市场。当然，债券在未来是要到期的，而且某人愿意为某种债券支付的货币量取决于他们对未来通货膨胀的预期。美联储可能会通过实施扩张性的货币政策来降低利率，但是，如果债权人相信这样的扩张在不久的将来会诱发通货膨胀或强迫货币紧缩，那么就有可能自相矛盾地提高利率。

在货币当局独立的国家，最后一个政策问题就是难以协调货币政策和财政政策。当货币当局和政府的政策目标不同时，这个问题可能会变得尤其尖锐。民选政府主要关心经济增长和就业，这两个问题都会对选民产生影响，因此也会影响到他们选出的代表。相比之下，美联储主要关心货币的"稳健"（即低通货膨胀），而且常常试图防止通货膨胀，即使实施的政策会造成失业和痛苦也是如此。

347

专栏 17.6 ☞   **为什么美联储如此反通货膨胀？**

从我们对通货膨胀的讨论可以看出，与反通货膨胀政策相比，由通货膨胀引发的失业所造成的危害更轻。为什么美联储如此反通货膨胀呢？在回答这个问题时，有必要记住，谁是美联储的天然支持者。美国联邦公开市场委员会的大部分成员都是银行家或者华尔街的专业人士，而且美联储似乎会很仔细地听取这些团体的意见。这两个群体构成了大多数富有的债权人，他们受益于低通货膨胀和通货紧缩，而且在通货膨胀期内无法轻而易举地增加他们所占国民收入的份额。[a]

a. W. Greider, *Secrets of the Temple*：*How the Federal Reserve Runs the Country*，New York：Simon & Schuster，1987.

尽管存在缺点，IS—LM 模型对之前的模型还是有了巨大的改进。它是关于两部门的一般均衡模型，两部门是指实体部门和金融部门。在希克斯模型提出之前，经济学家们经常试图把利率解释为一种纯货币现象（流动偏好和货币供给）或纯真实现象（储蓄和投资）。既有货币利率，也还有投资利率，究竟哪种因素"真正地"决定利率还混乱不清。希克斯认为，实体部门和金融部门同时互动，既决定了利率，也决定了国民收入。但是，关于生态系统以及生物增长率，希克斯并没有提及。

在 1937 年，人们仍然认为世界还是"空的"。因此，IS—LM 模型把所有的经济增长都看作相同的，对在市场物品、人造公共物品或生态恢复方面的投资等方面的政府支出并未加以区分，也不涉及分配问题。

17.7　使 IS—LM 适用于生态经济学

IS—LM 模型如何适用于生态经济学？记住我们的一个基本观点，即宏观经济是有限的、非增长的生态系统中的一个子系统，那么一个最明显的建议就是对表示生态系统生物物理限制的模型施加一个外部约束。例如，可以假设单位美元产出（Y，即 GNP）具有一个固定的通量密度，因此，对于一个给定的以货币计算的 Y，都隐含地有一个给定的物理通量。然后，就可以估算最大的生态可持续通量，把它转换成 Y 的等价量，并将它作为模型的外生约束。如图 17—4 所示，它就是指对应于最大可持续通量的 Y 所处位置的垂直线。它根本就不是利率的函数。[17] 我们把垂直线 EC 称为"生态容量"（ecological capacity）。它反映了一种生物物理均衡（biophysical equilibrium），而不是一种经济均衡（economic equilibrium），而且常常会被那些在 IS 曲线和 LM 曲线反映其行为的人所忽略。[18]

最明显的方式未必就是最好的方式，但是，它通常是一个很好的开始。而且，该方法类似于宏观经济学家把劳动力充分就业看作产出水平（Y）所处位置的一根垂直线，该产出水平对应于在假定的 GNP 劳动密度条件下的充分就业。EC 线表示环境在假定的 GNP 通量密度条件下的"充分就业"。我们在随后的章节中将进一步探讨固定通量强度的假设。

我们现在分析生物物理均衡相对于经济均衡的三个可能位置，如图 17—6 所示。第一个情况表示"空的世界"情景。这时，生物物理限制是没有约束力的，Y^*C 之间的长度可以看作超额的承载容量。如果大多数使用 IS—LM 模型的宏观经济学家确实考虑了 EC 曲线，那么他们都应该想到这种情景。如果 Y^*C 之间的距离很大，那对于短期政策的实际目的而言，EC 线就没有任何意义。

第二种情况是"满的世界"（或过满的世界）情景。经济均衡已经超过了生物物理均衡。CY^* 的距离（过超现象）是由于自然资本的不可持续下降所引起的。因此，CY^* 应该表示按收入计算的资本消费。由于自然资本被消费掉了，EC 线最后不得不更进一步移向左边，从而加剧过超现象。大多数生态经济学家相信这是对当前情形的相当精确的描述。大多数传统的经济学家并不担心长期的资本下降以及 EC 曲线进一步向左边移动，因为他们相信，现有的知识告诉他们，EC 曲线是向右移动的，从而可以恢复到空的世界。

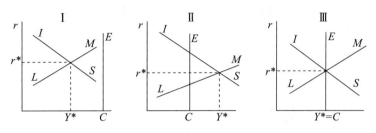

图 17—6 相对于经济均衡的生物物理均衡

第三种情况表示在我们的假设下存在一个很大的巧合。经济均衡与生物物理均衡取得一致的条件是，不是拥有超好的运气，就是拥有针对性的协调和规划。模型本身并没有任何变量让它们取得一致，就好像当前我们的体制或行为一样，似乎也不存在任何因素让二者取得一致。我们在第 21～24 章中将讨论理论上会导致这种结果的政策变化。

回顾充分就业的概念，我们用 FE 表示对劳动的约束，类似于用 EC 表示对自然资本的约束。最理想的情况是，FE 劳动线应与 $IS—LM$ 均衡点相吻合，从而使得充分就业条件下有 $IS=LM$。如果 FE 超越了 IS 和 LM 的交叉点，那么政策制定者便可以通过增加产出（Y）而实现充分就业（FE）。但是，如果 FE 超过了 EC，情况又如何？问题不再是增加产出而实现充分就业，而是通过结构变化来实现充分就业，例如把要素密集度从化石燃料及人造资本（二者均会快速消耗自然资本）转向劳动力。我们已经解释了，当 $IS=LM$ 而且超过 EC 时，我们很可能会消耗自然资本，这正是 NAIRU（非加速通货膨胀失业率）所蕴含的意思，即超过充分就业（FE）将导致通货膨胀。为什么存在差异？为什么没超越 EC 也会导致通货膨胀？答案就在于，开始时自然资源不是免费的，就是非常廉价；它们不适合于市场定价机制，而且过度利用也不会影响价格信号。

然而，假设产出（Y）的通量密度恒定不变仍然是一个很棘手的问题。我们知道，Y 的通量密度会随着新技术的出现而变化，随着构成产出的商品组合的变化而变化，不过，可能不会随着资本基金替代通量流的要素替代的变化而变化。关于产出（Y）通量密度的不同假设，至少可以通过 EC 垂直线的移动来加以表示。如果技术进步引发的生产率提高的速度超过了资源枯竭的步伐（例如新技术需要的原材料和化石燃料更少），预计 EC 将向右移动；如果资源枯竭的步伐超过了技术进步的速度（例如生产单位有用矿石所产生的矿渣更多，或者每开采一桶石油对环境造成的损害更大），预计 ECF 将向左移动（毫无疑问我们应该意识到，在经济分析中，曲线移动并不是一件很稀罕的事情）。不过，从实际的政策建议方面来说，最好的方法或许就是简单地把生态约束作为一个限制因素施加给通量。对于任意给定的技术而言，对通量的固定约束也会限制产出（Y），但是随着时间的推移，新技术以及商品和服务的不同组合可以让产出（Y）在不增加通量、不严重威胁生态系统的生命支持服务功能的情况下取得增长。

17.8 主要概念

宏观经济模型与一般均衡	Macroeconomic model vs. general equilibrium
实体部门与金融部门	Real vs. monetary sectors
$IS＝LM$	
$MV＝PQ$	
货币的交易需求	Transaction demand for money
流动性偏好	Liquidity preference
债券价格与利率的关系	Relation of bond prices to interest rate
货币政策和财政政策的 $IS—LM$ 分析	IS-LM analysis of monetary and fiscal policy
比较静态分析	Comparative statics
挤出效应	Crowding out
通货膨胀和反通货膨胀	Inflation and disinflation
失业	Unemployment
宏观配置	Macro-allocation
$IS—LM$ 调整已显示经济均衡和生物物理均衡	IS-LM adapted to show economic and biophysical equilibriums

【注释】

[1] 我们所采取的宏观经济学的两个最基本的指标是：国民生产总值（GNP）和货币量，但它们过于辩证，而且很不确定，在复杂的模型当中不能支持精确计算。正如奥斯卡·摩根斯顿（Oskar Morganstern）在他的经典著作 *On the Accuracy of Economic Observations* 中所指出的："经济学是一门二位科学。"

[2] J. Hicks, Mr. Keynes and the "Classics," *Econometrica* 5（2）（April 1937）.

[3] 在本章中，如果你对储蓄、投资、利率和收入之间的关系感到困惑，可以想象一些极端的情形。例如，每年赚取1 000万美元的人和只拿最低工资的人，谁储蓄更多？是大型的美国公司还是小型的海地企业储蓄更多？利率为500％和50％，哪种情况下人们会储蓄更多？这两个利率中，哪个利率会引起企业投资更多？（记

住，企业要么必须借钱投资，要么必须放弃贷出它们的钱应该获得的利息。）

[4] 随着利率的增加，储蓄率也会增加，因为在这种情况下，储蓄获得的回报更高，而且消费的机会成本会更高。但实证研究并不支持这一点。原因之一是，如果储蓄者的动机是获取未来的某个目标量，那么，为实现未来的这个目标，一个较高的利率意味着所需要的储蓄更少。

[5] 比较静态分析是指对外部参数（本例中包括储蓄倾向、投资效率和流动性偏好）变化引起的模型内生变量（本例中为 r 和 Y）发生变化进行分析。它只是将新的平衡变量与老的平衡变量进行比较，并没有说明从老的均衡状态过渡到新的均衡状态的准确的动态路径。

[6] A. Bulir and A. M. Gulde, Inflation and Income Distribution: Further Evidence on Empirical Links, IMF Working Papers, no. 95/86. Washington, DC: International Monetary Fund, 1995.

[7] B. Braumann, High Inflation and Real Wages, Western Hemisphere Department Series: Working Paper WP/01/50, May 1, 2001.

[8] 该理论最初由米尔顿·弗里德曼（Milton Friedman）1967 年在美国经济协会的主席报告中提出。

[9] 20 世纪 60 年代，一些经济学家发现失业和通货膨胀之间存在一种相反的实证关系，我们称之为菲利普斯曲线。但是，20 世纪 70 年代，许多经济体的失业率和通货膨胀同时都增加了。

[10] J. K. Galbraith, Well, Excuuuuse Me! *The International Economy*, December 1995.

[11] R. J. Gordon, The Time-Varying NAIRU and Its Implications for Economic Policy, NBER Working Paper No. W 5735, May 1997.

[12] 国防通常被认为是一种公共物品，虽然军备竞赛、核武器、过度的国防支出与其说是保证国家安全，不如说会损害国家安全。在某种程度上，疾病是可传染的，个人也会对别人的痛苦感到不舒服，因此公共卫生也是一种公共物品。

[13] C. M. Sennott, The ＄150 Billion "Welfare" Recipients: U. S. Corporations, *Boston Globe*, July 7, 1996.

[14] 参见 J. R. Hicks, IS-LM: An Explanation, *Journal of Post-Keynesian Economics* Ⅲ（2）：139-154 (Winter 1980—1981)。希克斯是该模型的提出人，他认为，一旦认识到了该模型的预期和动态，那么对于这个模型与真实世界的拟合程度就会持有保留意见。他认为该模型适用于理解过去，但不太适合于了解未来。我们同意这一点，但觉得希克斯的许多警告都适用于所有的均衡模型，但是在学者当中，认识到这一点的实属罕见，希克斯对自己要求太苛刻了。

[15]《联邦储备法》（Federal Reserve Act）授权联邦公开市场委员会每年召开四次会议。但是，自 1981 年以来，每年都召开了八次。

[16] Congressional testimony, February 17, 2000.

[17] A. Heyes, A Proposal for the Greening of Textbook Macro: "IS—LM—EE", *Ecological Economics* 32 (1) (2000); P. Lawn, *Toward Sustainable Development: An Ecological Economics Approach*, Boca Raton, FL: Lewis Publishers, 2001. 海耶斯和劳恩（Heyes and Lown）提出，*EE* 曲线对应这里讨论的生态约束，应该是利率的一个函数。有几项技术会产生收益，其中一些技术需要的自然资本更多或会

使得更多的自然资本退化。自然资本非密集型技术需要投资，因此在利率较低的时候更可能出现这种技术。一个问题就是，投资本身也需要自然资本。

[18] 然而，生态容量不一定会被政府忽视，因为它对 IS 曲线有影响。政府完全有能力投资于自然资本所产生的环境服务和其他非市场物品。但是，货币政策（LM 曲线）则完全忽略了生态容量，货币政策是通过它对利率以及市场物品的影响而对经济产生作用的。

第 4 篇总结

　　我们在第 14~17 章中简要论述了宏观经济。实体经济是由低熵物质和能量从大自然物理转变为增进人类福利的形式而构成的，但在增进人类福利过程中，不可避免地会降低生态系统服务提供的增进福利的服务流。国民生产总值是衡量实体经济的一个不恰当的指标，因为它把公共物品和公共坏品混为一谈。经济的金融部门是配置过程中的一种润滑剂。谁拥有铸币权是影响分配的货币体制的一个政策变量，也是影响在私人物品和公共商品之间配置的一个政策变量。目前大多数国家的铸币税政策对富人和私营企业有利。货币体系也会影响规模，而且有息的基于债务的货币创造与稳态经济是不相容的，最终将需要一个非增长的货币供应量。边际效用递减规律告诉我们，分配（包括代内和代际）可以成为增进人类福祉的一个非常重要的工具。宏观经济政策杠杆包括政府支出、税收、货币供应量和利率。这些政策杠杆目前用于促进经济持续增长，但却不是用来实现可持续规模和公平分配的目标，即市场微观经济从根本上忽略了的目标。在随后的章节中，我们将论述国际经济学，分析它是如何影响政策杠杆的。

第 5 篇
国际贸易

第 18 章　国际贸易

355　　与挪威相比，意大利种植葡萄和酿造葡萄酒比较容易；与意大利相比，挪威捕猎鹿比较容易。挪威人想喝基安蒂红葡萄酒，而意大利人想吃鹿排，这就是国际贸易的一个基础。经济学家不需要证明这一点。假如我们已经知道气候和地理条件，就不难理解为什么意大利人传统上喜欢喝基安蒂红葡萄酒和吃鱼，而挪威人传统上则喜欢喝白兰地，吃驯鹿和鲸肉。但是，人们都喜欢体验其他民族的传统、风味和能力。国际贸易可以使这成为现实，而且可以做到互惠互利。从这个观点来看，国内生产供应国内消费是蛋糕，国际贸易则是锦上添花。当然，在这个意义上没有人反对贸易。但是，这不是当今贸易现实或全球化趋势和目标的准确写照。在讨论全球化问题之前，我们先仔细论述有关自由贸易的经典观点，该观点远远超过了人们通常能够理解的范围。

18.1　经典理论：比较优势

与其他一般交换一样，自由贸易取决于一种假设，即贸易是自愿的。

自愿交换的双方，按照他们自己的估计，贸易之后必定比贸易之前变得更好，否则他们就不会进行交易。在何种情况下可能发生这种巧妙的结果？最明显的条件是成本差异上的**绝对优势**（absolute advantage），如上例所示。首先假设 A 国想要 B 国生产的某些产品，而 B 国也想要 A 国生产的某些产品，如果与 B 国相比，A 国能以更低的绝对成本生产某种东西，而与 A 国相比，B 国也能以更低的绝对成本生产其他东西，那么自愿交换便是理所当然的。起初经济学家曾认为，如果与另一个国家相比，一个国家能以更低的成本生产所有商品，那么在它们之间就不存在互惠互利的贸易基础，即高效率的国家与低效率的国家进行贸易，只会伤害到它自己。但是，大卫·李嘉图证明并非如此，也就是说，即使一个国家在所有贸易商品上都具有绝对优势，两国还是可以受益于贸易。[1] 理解这一点的关键在于把重点放在比较优势，而非绝对优势上。

李嘉图利用两个国家、两种商品的数例证明了这一点。我们简短地追溯他在该例中所使用的逻辑。首先激发一下我们的兴趣是很值得的，我们注意到取得这一结果的经济学家是多么自豪！贸易理论家 R. 芬德利（R. Findlay）把比较优势称为"所有经济学中最深刻、最美妙的结论"[2]。调查显示，大约有 95％ 的经济学家支持"自由贸易"政策。普林斯顿大学经济学家保罗·克鲁格曼指出："如果经济学家有一个信条的话，它肯定包含两个论断，即'我相信比较优势原理'和'我相信自由贸易'。"[3] 我们现在论述比较优势理论。

假设有这样一个世界，其中只有两个国家，即 A 国和 B 国，每个国家都生产两种商品，即煤（C）和小麦（W）。因为我们想证明即便没有绝对优势，也能从贸易中获益，而且只限定在比较优势中的推理，因此我们假定我们对绝对成本差异无知所知。具体地说，A 国按 a 货币单位核算成本，B 国按 b 货币单位核算成本，至于 a 和 b 的关系我们也一无所知。也许 a＞b，或者 a＜b，或者 a＝b。因此，我们不能比较两国的成本，而这是知道绝对优势所必需的。但我们可以比较每一个国家内部 C 和 W 的成本。可以计算 A 国的 W 对 C 的比较成本或相对成本，并与 B 国的 W 对 C 的比较成本或相对成本进行比较，这些信息足以证明 A 国和 B 国之间贸易互利的可能性。结论只取决于比较优势（内部成本比率），而不是成本的跨国比较（绝对优势），因为我们假设两个国家衡量成本的单位是不可比较的，所以后者不可能进行比较。A 国和 B 国 C 和 W 的单位成本如表 18—1 所示。

每个国家都需要煤和小麦，所以在贸易之前，每个国家都在这两种商品之间分配其资源，并且根据各自的单位成本按允许的量进行生产，如表所示。A 国的总资源量为 2a。由于煤和小麦的单位成本都等于 1a，因此，2a 的资源禀赋能产生一个单位的煤和一个单位的小麦。B 国的资源禀赋为 5b。B 国分配 4b 的资源量生产一个单位的小麦，分配其余的

1b 的资源量生产一个单位的煤。所以，在贸易之前，世界总产出为2W＋2C。

表 18—1		商品的单位成本	
	A 国	B 国	总产出
煤	1a	1b	2C
小麦	1a	4b	2W
总资源	2a	5b	

李嘉图看到了这种情形，并意识到按照比较优势进行分工生产和贸易，我们就可以生产更多。他注意到，在 B 国，小麦比煤贵 3 倍，而在 A 国则价格相当；在 B 国，煤相对于小麦比在 A 国更便宜。因此，B 国在煤的生产上具有比较优势。同样，在 A 国，小麦相对于煤比 B 国更便宜，因此，A 国在小麦的生产上具有比较优势。

现在，让每个国家专门生产它具有比较优势的商品，然后进行彼此交换。A 国将专门生产小麦，它把所有 2a 的资源量全部分配给小麦的生产，由于小麦的单位成本为 1a，因此最终可以生产 2W 的小麦。B 国把所有 5b 的资源量全部分配给煤的生产，煤炭单位生产成本为 1b，因此最终可以生产 5C 的煤。在分工和贸易之后，整个世界总产量为 2W＋5C。于是，没有多消耗资源就额外多获得了 3C 的收益。整个世界就会变得更好。而且，我们既没有比较两国生产小麦的成本，也没有比较两国生产煤的成本，就已经表明分工和贸易只与比较优势（内部成本比率的差异）有关，而与绝对优势无关。假设我们突然发现，按绝对值衡量有 1a＝5b，那么 B 国在煤和小麦的生产上都占有绝对优势。这样会改变我们的结论吗？答案是否定的。

虽然整个世界多受益了 3C，人们仍然不知道哪个国家获得了多出来的 3C，或者它在两个国家之间如何分配。我们可以看到，世界作为一个整体是变得更好了，但怎么知道每个国家都变得更好了呢？会不会一个国家遭殃而另一个国家受益很多呢？李嘉图有一个答案。分工和贸易的总收益（3C）如何在 A 国和 B 国之间分配取决于的贸易交换比率，即在两个国家之间 W 交换 C 的相对价格。这取决于供求关系以及议价能力，所以我们不能准确地说收益应该如何分配。但是正如李嘉图所指出的，我们可以确定地说贸易之后没有任何一个国家会变得更糟。如何知晓这一点？因为贸易是自愿的，没有哪个国家会接受比它自己的内部成本率（即与自己贸易的比率）更低的贸易交换比率。A 国不会用 1W 去交换不到 1C 的东西，因为它可以将它自己的资源重新从 W 配置给 C。同样地，

B 国也不会用超过 4C 的东西去交换 1W。所以贸易交换比率应介于 1C/1W 和 4C/1W 两个极限值之间。在这两个比率之间的任何位置，两个国家都可获得额外收益（3C）的一部分。

18.2 理论中的一些细小问题

李嘉图的论证的确很有趣并令人印象深刻。煤的产量增加了一倍多，既没有牺牲小麦的产量，也没有增加资源的消耗，这简直就是一个巧妙的花招。在李嘉图的假设范围之内，比较优势理论的逻辑无懈可击。我们现在仔细分析一下这个假设。假设是什么？这些假设是否掩盖了一些需要从 3C 收益中扣除的成本？

第一，不增加资源消耗即可以产生 3C 的额外收益并非完全属实。煤矿的消耗速度以及煤燃烧引起的污染速度都明显地提高了。贸易经济学家所说的"没有额外的资源"只是指没有增加额外的劳动或资本。回顾新古典主义生产函数，其中产出只是劳动投入和资本投入的函数。但是，与新古典主义假设相反，额外产出的资源成本不能简单地忽略不计。所以，需要从 3C 的值中扣除，以体现资源的额外消耗和污染。但是，即使这样做了，从贸易和分工生产中仍然还有净收益。

第二，我们一直忽略了运输成本，默认它们为零。我们不得不把小麦从 A 国运到 B 国，把煤从 B 国运到 A 国。如果这种运输的能源成本等于或大于 3C，那么整个世界将一无所获。值得注意的是，运输是能源密集型的，许多国家现在都对能源给予直接补贴；此外，运输的许多外部成本都没有按照它的价格内部化。结果是，能源的价格低于能源的实际成本，从而对国际贸易进行了间接补贴。我们假设即便将运输成本完全扣除，贸易仍然会有净收益。

359　　第三，我们同样假定每个国家的分工成本微不足道。但是，必须指出两个重要成本。一是在 A 国，所有煤矿工人必须成为种植小麦的农民；而在 B 国，所有种植小麦的农民必须成为煤矿工人。作出这样一种转变的成本很高，有关人员的生计都发生了变化。而且在未来的职业选择中，两种职业减少为一种职业，这肯定也是一种福利损失。大多数人从他们赚得收入获得的生活满意度与他们从花钱所获得的生活满意度至少一样多。福利经济学家几乎都将商品的选择范围增加看作一种福利，但对工作选择范围的福利效应却沉默无语。二是分工之后，各个国家都失去了不参加贸易的自由。他们已经变得非常依赖于对方。人们对生活必需品的获取取决于世界另一边的人们，然而，他们可能令人钦佩，他们有不同的习俗、价值观和兴趣，甚至拥有不同类型的政府。必须牢记的是，互惠贸易的基本条件是自愿。"自由贸易"的自愿性会遭受到分工生产的相互依赖性的危害。相互依赖的国家不再自由地不参与交易，而正是这种不参与交易的自由，保证了最初贸易的互惠互利。

正如李嘉图所指出的，如果贸易交换条件变得过于不利，交易之后变得更糟的国家可能选择退出国际贸易，不再参与国际分工，也就是说，让一部分种植小麦的农民回去当煤矿工人，把因开矿而退化的土地加以恢复以便重新种植小麦；对矿山设备进行再投资、恢复矿业立法、吸纳进出口商人等等。但这样做在现实中代价很大，而且对社会的破坏力很强。该模型假设分工生产是可逆的，而实际上它更接近于不可逆的，也就是说，可逆，但成本很高。分工生产非生活必需品的国家（如香蕉、糖、可可等）特别容易因失去不参与贸易的自由而蒙受苦难。如果销售的是生活必需品，而购买的是非生活必需品，这样就更具有讨价还价的能力。很显然，应该将上述分工所产生的成本从3C中进一步扣除。

> **思考！**
>
> 许多国家专门生产一种或几种商品用于出口。例如，厄瓜多尔专门生产香蕉，加纳生产可可，古巴生产糖。当其他许多国家也开始生产这些商品时，这些商品的价格将会发生什么变化？当生长条件使得这些商品全球大丰收时，价格又会发生什么变化？查一下这些商品的价格趋势。你认为专门生产农产品是一种好的发展战略吗？

18.3 资本流动性和比较优势

360   假如仍然有净收益，还能够认为基于比较优势的自由贸易论点仍然站得住脚吗？事实上，有一种理论条件经常被忽视，这种理论条件与当今有关全球化的争论密切相关，这一理论条件认为，上述理论是站不住脚的。要注意的是，我们用数例说明比较优势时，隐含地假设 A 国和 B 国之间的要素（劳动和资本）没有流动性，只有煤和小麦穿越了国界。劳动和资本都在国内，并按照比较优势原理，在国内的煤和小麦的生产之间重新配置。因为投资配置决定通常都是由资本家作出，我们仅关注资本及其流动性或者流动性的缺乏。很显然，我们的模型隐含地假设资本只在一国之内的不同部门之间流动，在不同的国家之间是不流动的。资本家不可能比较 A 国和 B 国的成本或收益率，因为由于无知的面纱，他们无法将 a 货币单位和 b 货币单位进行比较。因此，他们也就不可能知道在其他国家投资是否有利可图。

另一种揭示现代条件下资本不流动的隐含假设的方式就是以物易物的例子，与我们的例子一样，用小麦交换煤，这里与货币无关。易货贸易必定是平衡贸易，也不需要货币或短期资本流动来平衡易货贸易商品的出口和进口差额。**经常账户**（current account）是指进口和出口商品与服务的货币价值差额。如果进口大于出口，经常账户为赤字；如果出口大于进口，经常账户出现盈余。**资本账户**（capital accounts）是指进出一个国家的流动货币（用来购买各种资产）之间的差额。这类资产包括留在国内的股票、债券、不动产和其他资产。对于这个国家而言，当流入大于流出时，资本账户产生盈余。在易货贸易中，经常账户总是收支平衡的，所以不需要对资本账户的不平衡进行补偿。因此，该例表明，易货贸易是平衡贸易，平衡贸易意味着没有资本流动。

　　不可流动资本并不意味着生产资料也不能通过经常账户交换。机器和拖拉机这些所谓的"物质主义资本"也能够像鞋子和糖一样交易。不可流动是指在"基金主义者"（fundist）意义上的资本、货币或者对赤字国家未来产品的留置权。在"基金主义者"意义上的不可流动资本和经常账户上的平衡贸易是一样的，或者说，这种贸易对资本账户上的基金主义者资本不需要补偿。换句话说，资金的不可流动性并不妨碍巴西进口机器和拖拉机，并利用鞋子和糖出口为其支付。它只是禁止巴西进口机器和拖拉机的速度高于出口鞋子和糖为其支付的速度，否则就要为未来生产的鞋子和糖发行留置权从而支付额外的机器和拖拉机。

　　有关个体而非国家的分工和贸易的例子中，经常隐藏着资本不可流动性假设。一个例子就是律师和她的秘书。律师碰巧是一个顶级的打字员。她无论在打字方面，还是在执业方面，对她的秘书而言，都具有绝对优势，因为秘书不是律师。但是，律师发现自己雇秘书来打字更为有利，二者都受益于这种交换。尽管律师比秘书打字的水平更高，但也强不了多少，但她却是一个更好的律师。因此，秘书在打字方面具有比较优势（虽然具有绝对劣势），但律师在法律方面具有比较（以及绝对）优势。所以，她们会根据比较优势进行分工。律师在跟客户按每小时 300 美元结账时，她不会傻到要花时间去打字。在这个例子当中，资本不流动性体现在哪里？它被这样一个明显的事实掩盖了，即秘书的生产能量和能力不可能转移到绝对更有效率的律师身上去。律师不是吸血鬼，她不可能吸干秘书的命脉和能量以更有效率地利用之。换句话说，生产能力（即"资本"）在律师和秘书之间是不可流动的，因此，比较优势的逻辑仍然有效。

　　然而，在国与国之间，生产能力（即资本）不可能按照绝对优势的方式从一国转移到另一国。为了让比较优势理论在国家之间有效，我们不得不把资本的流动性排除在外。虽然每个国家作为一个整体都可在按比较优势进行的贸易中获益，但不是每一个公民和公民群体都会受益。

每个人都能受益，但前提是赢家要赔偿输家，也就是说，对于改变生计的成本而言，只要 B 国的矿工补偿种植小麦的农民，A 国种植小麦的农民补偿矿工，那么每个人都能受益。当我们转向绝对优势（国际资本流动），有些国家可能会整体上受到损失，但世界作为一个整体将受益，而且可以对受损的国家给予补偿，就像一国政府对受损的产业部门给予补偿一样。这类补偿在一国之内通常不会发生，而在国与国之间则几乎绝对不会发生。在一国之内至少还有一些社区机构来执行内部转移支付。但在全球范围内，则没有这样的机构。由比较优势向绝对优势的转移似乎是部分地从帕累托福利评价准则向希克斯-卡尔多福利评价准则（Hicks-Kaldor welfare criterion）（经常被称为"潜在的帕累托"准则）的总体后退。后者代表了这样一种后退，即从没有人会变得更糟这样一种准则向弱准则的后退，弱准则是指如果赢家如此选择，那么他就能够补偿输家，而且感觉更好。同样，前者也是一种后退，即从没有任何一个国家会变得更糟这样一种准则向弱准则后退，这种弱准则是指如果赢国如此选择，那么它就可以补偿输国，而且仍然感觉更好。在这两种情况下，弱准则是将补偿当作唯一潜在而非实际的补偿，而且在贸易的情况下，补偿的准则很少被提及。

362

18.4　绝对优势

值得赞赏的是，李嘉图对于他的国与国之间资本不可流动的假设是非常明确的。如果资本在国与国之间是可流动的，资本家就会寻找最大的绝对利润，并因此获得绝对最低的生产成本。在我们的例子中，如果资本是可流动的，并且资本家知道 1a＝5b，B 国在煤和小麦的生产上都拥有绝对优势，那么他们就只会投资 B 国，而放弃 A 国。比较优势将无关紧要。如果资本是可流动的，绝对优势就是相关的评价准则。资本家对比较优势永远感兴趣的唯一理由就是资本在国与国之间是不流动的。如果资本不能顺应国外的绝对优势，下一个最好的办法就是遵循国内的比较优势分工，并与国外产品进行交换。比较优势是对国际资本不流动性约束的一个聪明的次优适应。但是，如果没有这一约束，也就没有理由根据相对优势配置生产了，而且只需要考虑绝对优势。

为什么资本不可流动性假设如此重要？因为它在当今世界绝对是违背事实的。当今世界各地流动的资本以万亿美元计，流动的速度有如光速。

为什么资本的流动被忽视了呢？关于比较优势理论的美好事情就是双方都受益于自由贸易，并且受益是双方的，也就是说，即便事实上并非总是如此，但至少在理论上是如此。绝对优势的问题就在于贸易的双方并不一定都获利。如果一个国家在两种商品的生产上都有绝对劣势，就会因为资金外逃而失去工作岗位并降低收入。但是，如果按照绝对优势配置生产，世界产量仍将增加——从理论上说，增长量比按比较优势配置生产更多。这是因为，从比较优势转变为绝对优势，我们放松了对世界总产量最大化的一个前提约束条件，即资本不流动性条件。流动资本比其限定在原在国能寻找到更多的生产机会。但绝对优势肯定有道理，但它缺乏政治上非常重要的特征，即对贸易双方互惠互利的保证，而这正是传统比较优势理论支持自由贸易的依据之一。如果存在某种调控机制，使得赢家能够对输家给予补偿，那么所有国家仍然会觉得更好。但这也就不再是"自由"贸易了。政策的焦点也就从国家福利转向了全球整体福利。于是就引入了全球化问题，或者更具体地讲，全球化代替国际化成为了国际社会的替代模型。

> **思考!**
>
> 如果经济增长的边际成本已超过边际收益，那么全球化对于全球整体福利具有什么意义？

18.5 全球化与国际化

国际化（internationalization）是指国家之间关系——国际贸易、国际条约、联盟、协议等的重要性不断增加。即使国与国之间以及在不同国家的个人之间的关系变得日益必要和重要，社会和政策的基本单位仍然是国家。

全球化（globalization）是指全球经济一体化，即通过自由贸易（尤其是资本的自由流动）的方式，许多国家经济体构成一个全球经济体，与此同时，人员可以方便且不加控制的移民——这虽然遥远，但越来越重要。全球化就是为经济目的而有效地擦除国界。对于商品和资本而言，国界已变得畅通无阻；对于人员而言，国界的障碍也变得越来越小。在此背景下，劳动力会变得非常廉价，而在某些情况下，人力资本也会变得非常廉价。

李嘉图以及支持基于相对优势进行自由贸易的古典经济学家本质上属于国家主义者，即使他们主张国际化，但也基本保留了对国家的基本承诺。

总而言之，全球化是指全球经济的一体化。但什么是"一体化"

（integration）呢？这个词来源于"integer"，意指"一个、完整的、或全部"。"一体化"的含义远比"相互依赖"更加丰富，是指把独立的、相关的单元结合为一个整体的行为。"一体化"与"相互依赖"的关系，就好比婚姻与友谊的关系。因为只能有一个整体，与它有关的每一个单元都要整合在一起来，因此从逻辑上来看，全球经济一体化意味着国家经济的解体，也就是说，每个国家都要从其国家背景下剥离出来（即解体），重新整合为一个新的整体，即全球化的经济体。俗话说，打破鸡蛋才能做蛋卷。国家这个蛋的解体是整合全球这个蛋卷所必需的。

364

18.6 布雷顿森林体系

第二次世界大战结束时，在新罕布什尔州的布雷顿森林镇（Bretton Woods）举行了一次会议，目的是为了重建受到战争破坏的国际贸易和商业。由英格兰的约翰·梅纳德·凯恩斯、美国财政部长亨利·摩根索（Henry Morgenthau）和他的助手哈里·德克斯特·怀特（Harry Dexter White）带领的外交官和经济学家们成功地对宪章进行了协商，建立了**布雷顿森林体系**（Bretton Woods Institutions）以及**国际货币基金组织**（International Monetary Fund，IMF）和**国际复兴开发银行**（International Bank for Reconstruction and Development，即**世界银行**（World Bank））。国际货币基金组织和世界银行这两个机构由成员国构成。如上所述，它们是以国际化的联邦模式建立起来的，而不是以全球化的整合模式建立起来的。大约 60 年前，它们的建立是国际合作与外交的一个奇迹。它标志着战争重创后的经济萧条时代的结束，以及充满希望的和平与生产时代的开始，这是一个铸剑为犁的时代。

摩根索很乐观[4]，他设想未来是"一个不断变化的世界经济，每个国家的人民能够在和平中实现他们的潜力……并且享受到地球上无限自然财富提供的越来越多的物质进步的成果"。摩根索认为，"繁荣没有既定的限制。有限的物质不会因为分割而递减"。凯恩斯也发出了相同的声音："一般情况下，银行的职能就是通过明智和审慎的贷款使世界经济扩张政策得以推进……通过扩张，我们就会实现资源和生产在物理量上的实际增长，与此同时，相应地提高购买力。"这时，经济"空的世界"愿景仍占主导地位。增长的生态极限的概念尚未浮出水面，更不用说提上议事日程。布雷顿森林体系的创始人认为，1945 年他们还有很多十分紧迫的问题需要处理，而且他们的确是正确的。但是，60 年里世界已经发生了很大变化。人口大致增加了 3 倍，资源通量增加了 9 倍多[5]，我们离"空的世界"越来越远，并步入了"满的世界"。

这些机构之间的分工是：国际货币基金组织专注于短期国际金融收支平衡（即经常账户的收支平衡），而世界银行的重点在于提供长期贷款（资本账户）。[6]在世界银行的专有名称中"复兴"这个词是指受战争摧残国家的重建。然而，这项职能在很大程度上被"马歇尔计划"（Marshall Plan）所取代了，于是，世界银行几乎完全集中于为发展中国家的发展提供贷款。

凯恩斯的想法之一就是由国际清算联盟（International Clearing U-nion）负责处理贸易平衡问题，但遭到了大会的拒绝，这次会议支持目前的国际货币基金组织。在凯恩斯的计划中，所有贸易国都应该在清算联盟设立一个账户，以一种叫作"bancor"的国际货币单位结算，该货币单位可以按某个固定的比率兑换成每个国家的货币，就像黄金一样。账户清算按多边方式进行，也就是说，如果 A 国对 B 国有盈余，而对 C 国有赤字，那么二者可以部分抵销，然后 A 国只要与联盟结算贸易差额。

凯恩斯计划的创新之处就在于既要按贷方余额给联盟支付利息，也要按借方余额给联盟支付利息，至少在余额超过一定数量时是如此。换句话说，既对贸易顺差国给予一定的惩罚，也对贸易逆差国给予一定的惩罚。鼓励所有国家都要避免贸易顺差和逆差，以平衡它们的贸易账户，从而降低国际债务和资本流动。我们认为，现在这项建议仍然值得重新考虑。它比现在国际货币基金组织只是帮助债务国摆脱困难，置贸易逆差而不顾好得多。它也对那些沉迷于巨大贸易顺差的国家施加了压力。

18.7 世界贸易组织

世界贸易组织（World Trade Organization，WTO）是在国际货币基金组织和世界银行建立后诞生的，它起源于关税和贸易总协定（General Agreement on Trade and Tariffs，GATT）而不是布雷顿森林会议。[7]关税和贸易总协定的目的是减少关税和其他国际贸易壁垒。不过，世界贸易组织通常与世界银行、国际货币基金组织合在一起，因为这三个机构拥有自由贸易、资本自由流动以及出口导向型增长的共同政策目标，换个说法就是全球化。在某种程度上，世界银行和国际货币基金组织推动全球化的政策，按照宪章它们遇到了国际社会国际主义模式的冲突，正如我们已经强调的，这种模式与全球化模式截然不同。世界贸易组织对全球化的承诺在其前任总干事雷纳托·鲁杰罗（Renato Ruggiero）的声明中非常明确："我们不再为隔离的国家经济体之间的交往编写规则，我们正在为一个单一的全球经济体编写章程。"[8]这是对前面所定义的全球化的一个明确肯定，以及对国际化的否定。当然，不同的总干事也可以改变政策。

与此同时，如果国际货币基金组织和世界银行不再服务于其成员国的国家利益，那么根据它们的章程，它们又服务于谁的利益呢？

与全球化的经济体系相比，国际化的经济体系具有什么优势？这就是可以控制自己边界的国家能够更好地制定它们自己的货币政策和财政政策，以及设定环境标准和最低工资标准等。市场憎恨国界，但政策要求有国界。

值得牢记的是，国际自由贸易与其说是国家之间的贸易，倒不如说是居住在不同国家的私营企业和个人之间的贸易。贸易方是为了签约方的私人利益而进行交易，其目的并不是为了所在国家的更大社会利益。自由贸易政策代表了一种假设：如果这些交易可以使各私人交易方受益，那么它们也将使每个交易方所属的更大的集体（或国家）受益。在此，我们想起了一句至理名言："对通用汽车有好处的东西对美国也有好处。"

我们对另一个集体（即公司）也运用这一假设。公司会允许它们的雇员私自与另一个公司的雇员签订协议以谋取其个人利益吗？如果真的发生此事，而且雇员被逮住了，那么公司多半会把他们送去坐牢。所有由雇员发起的交易理应是为了公司的利益，而不是雇员个人的利益，并且要得到公司管理者的许可。既然公司可以规范它们的雇员洽谈贸易，为什么国家就不能规范它们的公民所洽谈的贸易呢？国际化经济的拥护者们认为，国家必须有能力来规范它们的企业法人，正如一个公司规范它的雇员行为一样。

367 全球一体化经济的拥护者们则认为，国家已经过时，它们必须对20世纪的两次世界大战负责。不错，记住国家主义的真正邪恶非常重要。然而，我们赞成布雷顿森林会议的代表们，他们对民主主义的回答就是国际化，而不是全球化。"一个没有国界的世界"是一句非常好的歌词，但从字面上来理解，它使得政策要符合当地社会的利益变得不可能。我们把国际社会看作一个区域性的国家社会，也就是说，它是一个社会群。其结果是，布雷顿森林体系的问题不是源自它们的历史宪章，而是源自它们的制度趋势，即忘记它们的宪章，并用全球化替代国际化。

18.8　本章要点

本章的关键要点，第一，全球化与国际化完全不同。在全球化背景下，所有国家经济体整合为一个全球性经济体，并且必须遵守由全球性经济组织——目前是世界贸易组织制定的法律。按照国际化的要求，国与国之间的关系变得越来越重要，但每个国家仍然保留其社会的基本单元和政策。

第二，在金融资本可流动的世界里，比较优势的概念在很大程度上不好把握。相反，我们必须着眼于绝对优势。虽然绝对优势很可能会导致市场生产更多的总体收益，但它也会在国际层面上产生赢家和输家。如果我们将经济额外增长部分的生态成本考虑在内，那么很有可能就使得赢家远多于输家。就比较优势而言，不存在优雅的理论结论，认为自由贸易对所有国家而言都是双赢的事情，因此我们有必要了解这样一些经验证据，即每个国家的绝对优势加上生态影响决定了在全球化背景下谁是赢家、谁是输家。我们在第 19 章中将论述全球化及其可能的后果。

18.9 主要概念

比较优势和绝对优势	Comparative vs. absolute advantage
资本流动性和比较优势与绝对优势	Capital mobility and comparative vs. absolute advantage
全球化与国际化	Globalization vs. internationalization
布雷顿森林体系（国际货币基金组织和世界银行）	Bretton Woods Institutions，IMF and World Bank
世界贸易组织	World Trade Organization，WTO

【注释】

[1] D. Ricardo, *On the Principles of Political Economy and Taxation*, 3rd ed., London：John Murray, Albemarle-Street, 1821 (originally published in 1817). Online：http://www. systemics. com/docs/ ricardo/principles. html.

[2] R. Findlay, "Comparative Advantage," In J. Eatwell et al., eds., *The New Palgrave：The World of Economics*, New York：Norton, 1991, p. 99.

[3] P. Krugman, Is Free Trade Passé? *Economic Perspectives* 1 (2)：131 (1987).

[4] 摩根索和凯恩斯的观点引自 B. Rich, *Mortgaging the Earth*, Boston：Beacon Press, 1994, pp. 54 - 55. 关于布雷顿森林会议的有趣历史，参见凯恩斯传记 R. Skidelsky, *John Maynard Keynes*, Vol. Ⅲ, "Fighting for Freedom, 1937—1946," New York：Viking Press, 2000。

[5] 计算的数据取自 J. B. Delong, *Macroeconomics*, Burr Ridge, IL：McGraw-Hill, 2002, chap. 5. 数据标记为 GNP, 但在文本中德朗（Delong）称之为"物质产出"（material output），也就是我们所说的通量。GNP 和通量之间不是 1：1 的关

系，但是，德朗的数字表明，国民生产总值 1950—2000 年几乎增长了 10 倍。从 1945 年到现在，通量增加 9 倍大体上是可靠的。

［6］经常账户和资本账户我们将在第 20 章中详细分析。

［7］布雷顿森林会议提出要建立的一个国际贸易组织，但最后被美国否决了，并由关税和贸易总协定所替代。

［8］引自 1996 年 10 月在联合国贸易与发展大会（United Nations Conference on Trade and Development，UNCTAD）贸易和发展执行委员会（Trade and Development Board）的一次会议上的演讲。

第 19 章 全球化

为什么很多聪明人会热情地支持全球化？主要是因为全球化会导致资源对市场商品和服务更加有效的配置，从而提高全球经济增长率。但是，全球化还会带来其他预期影响：（1）提高国际竞争力，在全球化进程中，国家之间必须互相竞争旨在占领全球市场份额；（2）基于竞争优势而不是比较优势的更激烈的国际专业分工；（3）全球与贸易有关的知识产权法的实施；（4）需要一个国际机构来控制和管理地区与国际事务。事实证据表明，还有另一个意想不到的重要影响：财富在国家内部以及国家之间日益集中。也许，正是这最后一个意想不到的影响会引发人们对全球化强烈的反对。这些结果当然不包括经济增长对经济规模的影响。

我们在本章中将基于有效配置、公平分配以及可持续规模的生态经济目标，详细地剖析全球化所带来的上述影响。

19.1 有效配置

全球化的支持者声称，自由贸易是有效的，贸易能带来丰厚的利润。

但效率取决于很多关键的假设条件。

1. 必须存在大量的同业竞争者；
2. 信息必须自由地共享；
3. 必须有强有力的激励措施使得成本内部化。

有效生产的条件能得到满足吗？我们将分析以上所列出的每个假设条件。我们还要论述全球化能否提供就业的自由选择，并发挥其在提高人类福利中的作用。

完全竞争与跨国公司

完全竞争市场假设市场存在大量的同业竞争者，这是新古典经济理论的一个基石。完全竞争市场会剔除无效率的资源配置，从而确保资源能在国内、国际市场有效配置。

全球化会迫使企业参与全球竞争。一般来说，只有规模非常大的公司才有足够的资源进入国外市场。世界贸易组织规则禁止任何国家保护其本国小型企业，如果进行了贸易保护，则会被世界贸易组织视为对大型国外公司的歧视。具有规模经济的大型公司，为了赢得市场份额愿意接受低利润，从而轻易地迫使本地企业降价，导致本地企业破产或者被其并购，从而降低本地企业的数量。事实上，全球性兼并和收购最为激烈的领域是金融服务业和通信业，这两个领域恰好是最先签订世界贸易组织协议的两个经济部门。[1]

因此，在一个特定的国家，内部的市场竞争不会提高其全球竞争力。许多经济学家认为，如果一个特定市场的40％被四家公司控制，通常情况下，该市场不再是竞争性市场。如此高度集中的现象在农业部门很寻常：在美国中西部，四家公司控制着全美超过40％的主要农产品贸易市场。[2]据报道，规模最大的四家农药公司控制着全球超过55％的市场。[3]尽管如此，1999年，美国政府还是批准了国内两家最大的国际粮食贸易公司——嘉吉公司（Cargill）和大陆谷物公司（Continental Grain）的合并。人们担心该项并购会导致垄断势力的产生[4]（因为合并后超过80％的国际农产品贸易受控于仅有的十家公司）。[5]具有讽刺意味的是，据报道，负责审核该项并购事务的美国司法部长助理认为，更多并购将有助于美国农业在全球市场的竞争力。[6]

如果企业确实需要通过并购保持其在全球经济中的"竞争力"，那么，并购会导致资源配置更有效吗？这是一个颇有争议的问题。一些经济学家认为，强制性垄断是一个问题。强制性垄断是指企业可以自行制定"独立于市场之外的价格政策和产品政策，使之免于竞争，不受制于供求规律"[7]，而且这种卖方垄断仅仅产生于政府干预。就非政府强迫的卖方垄断而言，"在自由经济当中，要持有某一产业超过50%的份额需要有非凡的本领。这需要有不寻常的创造力、永不言败的商业判断力、不屈不挠的毅力以提高其产品和技术。这类难能可贵的公司是通过不断提高生产效率使得其日复一日、年复一年、十年又十年地保持其市场份额。达到如此经营业绩，值得赞美，而不是谴责[8]"。从这个角度来看，自由市场中的合并就是比较有效的，经得起竞争。然而，在过去的100年里，我们以美国农产品市场为例，农民所得到的食品所占份额从20世纪第二个十年的近40%下降到不到10%。[9]芝加哥学派经济学家、诺贝尔奖获得者罗纳德·科斯指出，各类公司是市场关系这片大海中进行中央计划经济的岛屿。[10]合并的发生使得中央计划的岛屿相对其余的海域来说越来越大。越来越多的资源在公司内部通过中央计划进行配置，市场中不同企业之间可以配置的资源越来越少。全美最大的100家经济组织，一半以上是公司。三分之一的商业往来跨越了国界，但却没有跨越企业边界，它仍属于企业内部而非市场的转移。与一个国家相比，有什么理由让一个大型公司更适合采用中央计划呢？

专利与垄断

在全球范围内，知识产权与贸易密切相关。因为当合法的产权存在争议、不明晰时，产权就难以交易。《与贸易有关的知识产权协议》（Agreement on Trade Related Aspects of Intellectual Property，TRIPs）规定：所有世界贸易组织的签约国必须保护知识产权20年[11]，违反者将受到贸易制裁并被罚款。

我们在第10章讨论了与专利有关的两个主要的无效率因素。第一，信息是非竞争性商品，使专利具有排他性并导致无效；第二，专利只不过是暂时的、政府强制的垄断，这种垄断先天无效率。我们还讨论过反对专利的观点，除非确保垄断专利所有权的经济刺激能持续相当长的时间（专家建议20年），否则新的知识和创新就极少。

> **思考！**
> 回顾为什么使得非竞争性商品具有排他性是无效率的，为什么垄断是没有效率的。

尽管专利在英格兰自17世纪以来、在美国和法国自18世纪90年代以来、在欧洲大部分地区自19世纪80年代以来就已经存在了，但国际专利直到1947年国际专利研究所（International Patent Institute）在海牙成立，才得以成为现实。20世纪80年代，专利在国际贸易中才开始发挥重要作用。实际上，发明的迅速增长似乎大大刺激了对专利保护的需求，反之亦然。

1790 年，号称"美国工业革命之父"的塞缪尔·斯莱特（Samuel Slater）为了美国的第一家纺织企业从英国实业家理查德·阿克赖特（Richard Arkwright）手中偷走了相关设计。[12]目前公司和个人持有的专利 97% 来自发达国家。世界贸易组织为了促进专利的全球化，制定了相关政策机制。这会鼓励或阻止一个新的工业革命之父塞缪尔·斯莱特在真正需要他的国家出现吗？不过这很难说，因为自 20 世纪 70 年代以来推出的技术太多，以至需要在世界贸易组织机制下大力促进专利保护以刺激其不断进步。

> **思考!**
>
> 列出你所研究的领域中最重要的贡献、发现或发明。它们有多少是因受知识产权保护而被推动的？不同的研究领域可能存在一些有趣的差异。

正如经济学家约瑟夫·熊彼特所强调的，第一个创新者将凭借其创新优势占有暂时的垄断。在熊彼特看来，这些不断出现的暂时垄断正是竞争激烈市场中的利润之源。在竞争激烈的市场中，理论上来讲，利润将倾向于零。这正是经济效率的产生条件——那我们为什么要阻挠创新呢？

这并不是说我们应该废除所有的知识产权——这可能会引发更多的问题。但是，我们确实应该开始限制专利垄断的领域和期限，而不是如此快速地、不顾一切地增加专利的数量。我们应该更加愿意分享知识并承担产生这些知识的成本。分享知识会提高所有劳动、资本和资源的生产率，也就是说，这些东西原本都是稀缺的、竞争性的、排他性的。知识并不是天生稀缺的，它是典型的纯公共物品，即具有非排他性和非竞争性，尽管专利会使其人为地具有排他性。

基于此类考虑，一个重要而现实的政策含义是：对于国际发展援助而言，与其说国外投资和有偿贷款重要，不如说提供知识的自由分享更为重要。回顾布雷顿森林体系的创始人之一约翰·梅纳德·凯恩斯的原话：

> 因此，我赞同持最小化而不是最大化国与国之间经济来往的人。观点、知识、艺术、交际、旅行，诸如此类，都应该回归它们的本质，应该国际化。但是，商品应该本地化，只要该商品的本地生产合理、方便、可行，而且最为重要的是，金融首先应本地化。[13]

使成本外部化

正如我们在第 10 章所述，一个有效市场必须是生产者支付生产成本，而且生产者会不断生产直至边际成本等于边际收益。当存在外部性时，这些条件得不到满足，而且经济全球化增加外部性数量和严重性的方式很多。

不受专利的垄断利润推动的发明

毫无疑问，许多重要的发明来自专利权的刺激。然而，日心学说、万有引力、元素周期表、电磁场理论、光学原理、力学、热学以及遗传学等都不是因知识产权的利益和利润驱动而被发现的。数学被称为宇宙的语言，没有数学，我们的技术会在何处？没有一种文化曾赋予数学定理专利，但数学家层出不穷。[a] 也没有任何人赋予过英语、火、车轮或金钱等知识产权，然而所有这些东西不知何故应运而生。导航时计算经线的航海经线仪的发明，既不是受一次性奖金激励，也不是受 20 年专利垄断的激励。经济学家长期艰苦工作而产生的经济理论也不是专利。阿尔弗雷德·马歇尔没有因提出供求关系及弹性理论获得任何版税。希克斯没有指望过也没有得到过因提出 IS—LM 模型和收入理论的任何版税。

事实上，很难说出一个不依赖于思想的自由分享而产生的现代发明的名字，虽然专利权刺激了重要的发明，但这不是故事的全部。用劳伦斯·莱斯格（Lawrence Lessig）的话来说，就是：

> 免费资源一直是创新、创造和民主的关键。道路在某种意义上是免费的，但我认为，它会给道路周围的企业带来价值。中心公园在某种意义上是免费的，但我认为，它将赋予以它为中心的城市以价值。爵士音乐家可以免费使用一首流行歌曲的和弦序列进行即兴创作，如果该乐曲流行，也可以被他人免费使用。绘制太空船轨道的科学家免费使用的方程式是由牛顿和开普勒证明并经爱因斯坦改造过的。发明家米奇·卡普尔（Mitch Kapor）免费使用了电子试算表软件 VisiCalc，从而建立 IBM PC 第一代杀手级应用软件 Lotus 1-2-3。在所有的这些例子中，资源的可获得性一直在某些人——或者政府或者私人个体——专门控制之外，如此才成为科学和艺术进步的关键，也是未来进步的关键。[b]

a. D. S. Evans, Who Owns Ideas? The War over Global Intellectual Property, *Foreign Affairs* 81 (6)：160 - 166 (November/December 2002).

b. L. Lessig, *The Future of Ideas：The Fate of the Commons in a Connected World*, New York：Random House, 2001. Online：http://music. barrow. org/2002/Q3/free/page3. htm.

世界贸易组织的目标是促进经济增长和国与国之间的商品流通，且无论是经济增长还是基于化石燃料的流通都伴随着显著外部性。从国家的层面来看，法律的存在旨在减少外部性，但世界贸易组织有权挑战法律，也有能力强制推行它的决定。虽然国家可以从技术层面通过环境立法，然而世界贸易组织却宣称这类法律都是贸易壁垒，且世界贸易组织的任何一项裁决都可以阻止立法者。例如：

1. 由于委内瑞拉的抗议，美国被迫允许进口该国生产的汽油，虽然其并不符合《美国清洁空气法案》（U. S. Clean Air Act）的规定。

2. 世界贸易组织曾宣布反对《美国濒危物种法案》（U. S. Endangered Species Act），该法案禁止从未安装海龟逃脱器的国家进口虾。

3. 基于关税和贸易总协定，墨西哥赢得了反对美国的《海洋哺乳动物保护法》（U. S. Marine Mammal Protection Act）中有关金枪鱼规定的胜利。在墨西哥的施压下，世界贸易组织采取执法行动，使克林顿总统和戈尔副总统率先促使国会弱化了该项法令。

4. 澳大利亚的法律严格限制进口未经加工的大马哈鱼，旨在防止国内大马哈鱼被国外细菌感染，该法律被世界贸易组织宣布为贸易壁垒。科学研究表明，感染的风险的确存在，但世界贸易组织裁定感染概率需要明确才能限制进口。[14]

《北美自由贸易协定》（North American Free Trade Agreement, NAFTA）第11章明确规定，当国家政府的决定或法规影响企业的投资时，该企业可以在秘密法庭起诉《北美自由贸易协定》成员国的国家政府。按照第11章的规定，几十宗案件得以立案，其中之一是当加拿大出于健康考虑禁止添加了甲基环戊二烯羰基锰（methylcyclopentadienyl manganese tricarbonyl，MMT）的汽油时，乙基公司（Ethyl Corporation）对加拿大政府提起了诉讼。加拿大政府庭外和解，不仅支付了乙基公司的诉讼费和1 370万美元的利润损失费，而且还撤销了该项禁令。[15]

376　　在以上案例中，被推翻的法令都是相对民主的政府为减少影响非市场商品和服务的负外部性而制定的。还有许多环境立法现在也被世界贸易组织和《北美自由贸易协定》关注。[16]

降低标准的竞争

国际贸易协定使得国家很难立法以抵制外部性，争夺市场份额的需求会减少国家立法抵制外部性的动机，我们称之为"降低标准的竞争"（standards-lowering competition），这是一种"竞次策略"（race to the bottom）。在将生产的所有社会和环境成本内化于价格方面表现最差的国家在国际贸易中获得了竞争优势。越来越多的世界生产转移到成本核算表现最差的国家，也就是说，这的确是一剂降低全球生产效率的妙方。由于没有核算的外在成本增加，GDP 与福利的正相关性消失了，甚至呈现负相关。回顾约翰·拉斯金具有先见之明的预言："那些似乎是财富的东西"确实变成了"衡量影响深远的破坏的镀金指数"[17]。效率的第一法则就是"计算全部成本"，而不是"根据比较优势分工生产"。

应对"竞次策略"的一种方法就是协调各个国家的成本核算标准。这符合逻辑，也与全球一体化一致。如果所有的国家都按相同的程度内部化其外部社会和环境成本，流动资本就没有转移到那些没有内部化成本的国家的动力，因为这些国家已不存在了。达成一项全球性一致的协议是很困难的。事实上，我们可以很好地解释为什么不同的国家有不同的成本核算模式。无论如何，不同国家还是应该根据其本国的价值观而不是"国际标准"来核算成本。传统的比较优势观点与各个国家热衷的成本核算方法并不矛盾。如表 18—1 所示，a 货币单位和 b 货币单位反映的是完全不同的价值观，不必依据比较优势理论进行比较。但若考虑资本的流动性和绝对优势，则有必要对 a 单位和 b 单位进行比较，并分析通过降低标准的竞争吸引流动资本的问题。

专栏 19.2 ☞

377

财富、权力和效率

伴随着经济全球化，另一个潜在的问题是寻租行为的增加，即大公司和富商以游说的形式影响政策。[a] 如果大公司是"中央计划的岛屿"，由于中央计划的效率低下，以致大公司的成长比小公司还慢，为什么大公司还能继续发展呢？一种可能性是集中于大型企业的财富很容易转化为政治权力，而大公司可以使用这种权力来推进允许它们繁荣发展的政策，尽管任何中央计划经济所固有的效率都很低。

大公司不仅经常帮助政治家制定国内游戏规则，而且还制定国际规则。尼克松总统的贸易顾问是世界最大的粮食出口商——美国嘉吉公司的副总裁。里根总统依赖于嘉吉公司的一位雇员起草美国给关税和贸易总协定的农产品提案。[b] 克林顿总统任命孟山都公司（Monsanto）首席执行官罗伯特·夏皮罗（Robert Shapiro）作为世界贸易组织贸易代表。乔治·W·布什总统依靠安然公司（Enron）的总裁肯尼思·莱（Kenneth Lay）设计能源政策。1999 年在西雅图召开的世界贸易组织会议主要是由大公司赞助的。我们能确保这些建议和帮助不会附加任何条件吗？

a. 租金是指超过正常利润的那部分利润。

b. K. Lehman and A. Krebs, "Control of the World's Food Supply," In J. Mander and E. Gold-smith, eds., *The Case Against the Global Economy*, San Francisco: Sierra Club Books, 1996.

专业化和福利减少

根据竞争（绝对）优势理论，自由贸易和自由资本流动会增加专业化分工的压力。因此，如前所述，职业选择的范围已经变得越来越窄。例如，在乌拉圭，每个人不得不成为牧羊人或牛仔以获取在全球市场上的竞争优势。任何其他物品进口都是为了换取该国的牛肉、羊肉、毛和皮革。想指挥交响乐团或者做一名飞行员的乌拉圭人都应该移居他国。

如何赚钱与怎么花钱同样可以给予大多数人以满足感。缩小职业选择的范围是贸易理论没有核算到的福利损失。全球化假设移民出境与移民入境是没有成本的，还假定职业选择范围的缩小也是没有成本的。但这两个假设都是错误的。

378　　虽然赚取收入的选择范围被贸易理论家们忽略了，但支出收入的选择范围又被其言过其实了。举例来说，美国进口丹麦的奶油饼干，丹麦也进口美国的奶油饼干。饼干在北大西洋上空相互交换。虽然这类相似商品的交易获利不是特别大，但贸易理论家们坚持认为，由于消费者的选择范围扩大到了极致，因此饼干消费者的福利得以增加。

也许吧，但是难道不能只是通过交换配方而更廉价地获得这些好处吗？有人或许会这么想，但是配方（与贸易有关的知识产权）是一件自由贸易者真的想保护的东西。

19.2　可持续规模

虽然全球化的拥护者们赞美效率，但他们的目标不仅是更有效率的生产，而是要生产得越来越多。如果国际贸易的目的是为了促进 GDP 的增长，而很少甚至不顾及规模，那么从长远来看，一个"成功的"贸易体制将令我们超出全球经济可持续发展的规模。不管国家之间进行多么有效的资源配置，这都是千真万确的。我们现在已经知道，更大的外部性以及降低标准的竞争会威胁到可持续发展的规模。

还有两个问题必须注意，第一，整合成一个全球系统只是为了解系统运行规律提供了一个机会，我们并不能从错误中汲取教训；第二，消费会对另一个国家的环境造成负面冲击，这使其更容易被忽略。

从错误中汲取教训

在过去，众多文明由于超过了生态屏障而走向了崩溃。实例有：复活岛文明、玛雅帝国、新月沃土的早期文明。幸运的是，这些都是当地的承载能力不堪重负的孤立事件，今天它们可以作为我们不能再犯错误的例证。然而，随着贸易的发展，当地的规模限制会变得不太重要，而与全球规模的限制更加紧密相关。尽管贸易可能会减少超过任何一个地区可持续发展规模的机会，但这也意味着，如果我们超越它，我们则更有可能使地球作为一个整体超过其可持续发展规模。结果是，我们更难以从过去的错误中汲取教训。因此，全球化要求我们一开始就走对路。

眼不见，心不烦

379

即使全球化并没有让环境标准较高的国家降低其标准，但国际贸易会使其更容易忽略经济增长的成本。近几十年来，大部分发达国家发现它们的环境在恶化，于是就通过法律来控制某些类型的污染和资源消耗。在某种程度上，这导致了更高的效率，减少了污染产品的消费，提高了污染控制技术，但在很多情况下，它似乎已经导致污染和资源开采业落脚于没有这类法律的国家。[18] 发达国家的环境改善是以牺牲贫困国家的环境为代价的。由于经济增长和环境破坏的空间关系割断了，许多人似乎相信两者的因果关系也被割断了。的确，许多经济学家们现在声称，正是因为经济增长，发达国家的环境才得以改善。

事实上，环境破坏性产业的转移对经济规模的净影响是很负面的。例如，当澳大利亚的潮湿热带雨林被宣布为世界文化遗址（这在很大程度上是源自环境保护主义者的压力）后，该地区管理得当的采伐作业也被关闭了，但澳大利亚木材消耗总量并没有减少。相反，澳大利亚使用的木材是来自那些采用更为糟糕的伐木方式的国家，以替代本国热带木材的供应。最终引发的可能是更大的全球性生态系统损失。

危害更大的是有毒工业废弃物的转移。"巴塞尔行动网"（Basel Action Network，BAN）记录了出口电子垃圾到中国和其他发展中国家的破坏性效果。[19] 2007 年，阿比让（科特迪瓦首都）曾处置从欧洲运到象牙海港的一船有毒废弃物，造成许多人死亡。[20] 据说俄罗斯甚至出口处理核废料。这些出口虽然会让过度发达国家的环境进一步改善[21]，然而，出口到贫穷国家可能会因为处理不善，从而造成更大的危害。此外，简单地运输有毒废物增加了对环境造成负面影响的危险。

我们已经知道，市场无法反映许多环境成本信息。在民主体制中，当人们遭受外部性损害时，他们可以通过政治制度行使选择权以表达他们的偏好。如果发达民主国家出口它们的废弃物或转移危害环境的产业到那些民主较弱的国家，那么就会失去这个反映环境稀缺性的信号。成本内部化的第一个规则是将成本内化到产生该成本的企业。如果做不到这一点，那么必须至少将成本内化到产生该成本的国家，使得产生外部性的企业遵循所在国家的法律。第二个规则就是按照《巴塞尔公约》，强行禁止出口有毒废弃物，但截至 2009 年，美国仍然没有签署这一公约。

贸易对规模的积极影响

迄今为止，我们论述了全球化的大致影响。当缺乏国际贸易时，适度规模（根据经济活动和人口确定）应取决于国家水平和最受限制的因素。例如，一个国家可能有丰富的农业用地，但矿物资源不够充裕。在某些国家，规模可能受限于土地面积、矿物资源、能源供应，而在别国却受限于废弃物吸收能力、降雨或农业生产力。国际贸易可以帮助每一个国家减轻最受限制因素的约束。如果国际贸易突然消失了，一些国家就会发现自己不但会超出理想的规模，而且会超过了可持续的规模。[22]

努力以有限的资源维持众多人口高质量的生活水平无疑会使一些国家的自然资源耗尽。例如，不恰当地扩大农业用地面积或燃烧林木来满足能源需求。其他国家可能不得不开采低品位、高污染的化石燃料。

国际贸易有利于维持更多人口更高水平的物质消费，这些不是单个国家经济能够支撑的。遗憾的是，这种乐观的结果只有在可持续规模和公平分配成为国际贸易的主要目标时才会出现。它更可能发生在国际化而不是全球化的背景之下。

19.3 公平分配

我们现在分析全球化对分配的影响。全球化的支持者们声称，全球化将带来"没有贫困的世界"（世界银行声称的目标），而反对者常常认为全球化将进一步使得财富和权力集中在少数人手中。为了得到现行体制下全球化最可能的结果，必须评估理论和现实两个方面的证据，我们简单地分析一下一种最重要的商品（食品）就可以得出结论。[23]

绝对劣势

当存在资本流动时，理论上货币会流向有绝对生产优势的国家而远离没有生产优势的国家。世界上最穷的国家之所以贫穷，正是因为它们无论生产什么效率都不高。如果是这样的话，那么资源很可能就会从贫穷的国家流出，这些最容易遭受全球化之苦的国家实际上正是最贫穷的国家。

支持这个结论的实证是什么？根据国际货币基金组织的统计，大多数发展中国家都未能使其人均收入水平达到工业国家的水平。联合国发展计划署的统计显示，在1996年之前的30年里，世界上最穷的人（最低的20%）所得到的收入份额从2.3%下降到1.4%，而世界上最富的人（最高的20%）所得到的收入份额从70%上升到85%。当然，这些统计数字只是相对收入，而不是绝对收入。过去40年里，世界上最穷的人（最低的20%）的收入水平略有上升。[24]不过，大规模全球化还是一个新近的现象。这些又会给那些穷人中的穷人造成什么呢？

WTO成立于1995年。基于全球发展网络增长数据库（Global Development Network Growth Database)[25]，使用其中的可用数据可以计算出，1995—2003年，20个最贫穷国家之中有8个国家的人均真实收入实际上是减少了。这些国家中最出色的是莫桑比克，它刚从毁灭性的内战中恢复，人均收入增加了58%，折合达466美元（以1996美元汇率折算）。相反，最富有的20个国家从1995年开始直到2003年，人均收入平均增长17.6%。在这组国家中，表现最差的国家是瑞士，人均收入增加1 478美元（以1996美元汇率折算）。增长表现最差的国家组是"40个高负债穷国"（Heavily Indebted Poor Countries，HIPCs），这表明世界银行和国际货币基金组织贷款计划不太成功。按绝对价值计算，美国一年增长的收入就可以还清40个高负债穷国的债务，同时还可以使其人均收入翻一番。[26]

如果我们生活在一个无限的星球上，一个人的消费不会影响其他人，人性不会让我们通过与其他人比较的方式来衡量自己的财富，那么富国发生的事情就不会对穷国产生任何影响。然而，我们生活在一个有限的地球上，而且我们确实会将自己与别人对比。富国收入的增加是通过不可再生资源消耗（包括潜在的可再生资源的不可持续的消耗）得以实现的，这意味着贫穷落后的国家未来无法获得这些资源来增进福利。资源的使用相应地会产生大量的废弃物，随之而来会对公共生态系统服务产生破坏，否则，这些公共生态系统服务将使得这些最贫穷的国家受益。

这种情形使得我们注意到一个被数据掩盖的事实。大部分最贫穷国家已经参与了某一个它们具有绝对优势的领域的国际贸易，即自然资源的开采和出口。出口和国内销售这些资源的收入是它们收入的组成部分。没有这些收入，以 GDP 为衡量标准的收入将会下降得更多。然而，回顾我们原先将收入定义为可以在一个时期消费但又不影响下一个时期消费能力的数量。因此，开采不可再生自然资源所获取的收入不能完全算作收入，而且那些最贫穷国家的实际状况比看起来的更糟糕。

当然，我们引用的证据没有涉及全球化。正如经济学家常说的那样，问题的关键在于自由化不够充分。如果没有全球化，最贫穷国家的状况或许会变得更糟糕。对于那些热切地追求经济自由化的国家而言，情况又会如何？

383　　许多国家的证据证明，伴随经济的自由化，经济在增长。虽然中国几乎很难成为自由贸易的一个典型代表，但是它确实使其市场实现了自由化，并积极地从事全球贸易，从而不断地刷新经济增长的新纪录。同时，也出现了收入不平等性增加[27]和环境恶化的现象，这对穷人的影响更为严重。中国从 2004 年开始实施绿色 GDP 计划，2007 年就终止了这项计划，因为结果表明该计划在政治上无法接受：有些省份调整后的绿色增长率下降到几乎为零。[28]另一方面，阿根廷成为起始于 20 世纪 70 年代的新自由主义改革的典型代表。虽然实际人均收入 1990—1998 年增加了 40％，但贫困率也上升了。实验在 2001 年以彻底失败而告终，此时经济已经崩溃，贫困率飙升到 58％。墨西哥和土耳其被认为是执行新自由主义政策的典型，它们也遭受了严重的经济危机和贫困增长。[29]这些失误的原因之一是国际资本流动的波动性造成强烈的不稳定，我们在第 20 章中将进一步讨论。

全球化对分配的影响最致命的证据或许来自全球气候变化科学。正是绝对的经济增长（而不是相对增长）导致了气候变化。绝大多数的绝对增长毫无疑问流向了最富有国家。虽然印度和中国以出口增长为导向，经济蓬勃发展，同时碳排放也在增长，而且碳排放也应归咎于消费国家。虽然富裕国家已从增长的碳排放中获得很多的好处，但是最贫穷国家承担的成本份额不成比例。[30]

降低标准的竞争和劳动力

我们讨论了各个国家是如何在全球竞争的压力下，采取竞次策略忽略外部环境成本的。为了保持本国竞争力，各个国家同样需要接受甚至促进劳动力成本降低。

384　　在美国和欧洲，为了缓和产业界劳资冲突，已经建立了一个潜在的社会契约。具体地说，劳动和资本之间公正的收入分配是指在这些国家内部更加公平，而不是指整个世界更加公平。市场的全球一体化必须废除这类社会契约。这种压力迫使美国和欧洲的工资收入下跌，因为全球劳动力比国家范围内的劳动力更丰富。同理，这些国家所需资本报酬应该增加，因为资本在全球范围内比国家范围内更稀缺。这可能会导致美国的收入分配相对于印度而言，变得更加不公平。从理论上讲，有人可能会说其他国家的劳动工资也会抬高。但增加的相对数目好像意味着：当我从一架梯子跳下来，重力不仅把我拉到地上，重力也使地面移向我。

一般来说，如果一个国家通过发展出口来追求经济增长，它必须能够在竞争日益激烈的全球市场销售所生产的产品，它必须保持低成本。在资本流动的世界里，生产的绝对优势最重要。大部分欠发达国家（less-developed countries，LDCs）没有先进的技术以降低生产成本，没有完善的基础设施以降低运输成本，没有健全的制度以降低交易成本或保证投资安全。但是，它们拥有两个绝对优势：丰富的劳动力和（在某些情况下）丰富的自然资源。

为了参与外向型工业生产的竞争，欠发达国家只有保持工资和效益低下或允许环境恶化以获取并维持这种绝对优势。第一种选择无助于缓解贫困，而且会压制劳动者的权益；第二种选择尤其对穷人的影响很大。

如果一个国家努力实现工业化以满足国内市场需求，那会发生什么情况呢？显然，这种情况发生的前提是这个国内市场实际存在。市场只在有购买力时才存在，而购买力要求有工资收入。这就是为什么亨利·福特（Henry Ford，并不是劳动者的朋友）选择支付给他的工人每天 5.00 美元报酬的原因（在当时是非常高的工资）：他希望他的工人们能够买得起他们生产的汽车。因此，对于欠发达国家而言，侧重于自由国际贸易往往会压低工资，而成功地侧重于为国内经济生产则会要求更高的工资。

当面对这种观点时，人们可能会提到亚洲四小龙（中国台湾、韩国、新加坡、中国香港）以及最近发展更快的泰国和马来西亚。这些国家和地区（如日本）追求以出口为导向的外向型工业化，它们的生活标准出现了大幅提高。然而仔细观察，亚洲四小龙的历史纪录实际上支持主张发展国内市场的观点。首先，这些国家和地区具有高度的贸易保护主义政策及高度的政府干预，而不是开放市场。更值得一提的是，它们最初的成功是由强大的国内市场促成的。在韩国、中国台湾和日本，土地改革先于工业化。在这些以农业占主导地位的社会里，土地转让给小农户，并允许小农户们积累和消费生产剩余。正如孙中山（Sun Yat-Sen）在提到三民主义时所说的工业化应该紧跟而不是先于内部消费能力的建立的观点。中国台湾成功的土地改革使得农民的购买力双倍增加，而当时台湾还处于农业经济时代。[31]在亚洲四小龙的早期工业化过程中，它们侧重于进口

385

替代型工业化（import-substituting industrialization，ISI）。垄断市场促使它们发展全球竞争所必需的技术。[32]

另一方面，国内生产同样会对真实工资率产生负面影响。如果一个目前进口工业品的国家决定自己生产这些工业品，那么这些新建立的产业就不得不度过一段艰难的时期，与成熟的生产商进行竞争。因此，进口替代型工业通常要求对进口征收关税和配额。关税会刺激国内产品需求（惠及生产商），抬高进口商品的价格，使得进口替代品更有竞争力，但同时会降低实际工资率。

然而，从外向型经济体的分配来看，这种影响可能不像看起来那样可怕。首先，出口型国家通常会低估它们的货币，以使出口价格便宜和进口价格昂贵，所以促进进口和促进出口的消费价格之间可能没什么区别。此外，最易生产的商品往往是最便宜的，即劳苦大众购买的那些东西（如肥皂、阿司匹林、火柴等）。欠发达国家依靠简单的生产技术，在生产这些商品时没有处于非常不利的地位，而且关税可保持很低。另一方面，奢侈品在技术上往往更复杂，可能需要更高的关税。然而，奢侈品由富裕阶层购买，他们有能力支付得起关税。

随着产业的发展，会发生两件事情：第一，效率提高，关税降低。如果生产商知道关税将减少，就会提高效率。

386   第二，任何仅基于少数富人的市场很快就会饱和。进一步产业化将取决于更大的市场，该市场基于可以给劳动力提供更高的工资。一旦产业生产能力变得成熟、生产技术得到改善，一个国家就可以在工资不必降到全球最低的条件下参与出口市场竞争。所以，这才是新兴工业化的亚洲经济体所追求的发展战略。[33]

值得回忆的是，20 世纪 60 年代和 70 年代那些实施进口替代型的国家呈现出高速增长率，它们的做法也被其他国家奉为学习的榜样。效仿者巴西的经济增长就被认为是不可思议的。经济智慧就是这样出乎意料、变化无常。

我们可以从以上讨论中吸取的最重要的教训或许是：一种尺寸不可能适合所有人。不同的文化可能需要不同的发展路径。在一种状况下，全球化经济能顺利进行；在另一种状况下也许就会惨遭失败。经济学家们确实应该好好牢记这一点。

食品安全以及农业自由贸易

贸易自由化最严重的潜在不公平是它对食品安全的威胁。"自由"贸易威胁食品安全有两个重要途径。首先，市场体系只把商品和服务提供给那些有钱购买它们的人。如果在不久的将来，世界贸易组织或另外的国际协议能够在农业贸易自由化方面取得成功，那么欠发达国家的贫穷市民将和发达国家的富裕市民竞争食物。阿马蒂亚·森在其关于饥荒的开创性研究中表明，饥荒一般是缺乏食品权利的结果，而不是缺乏食品本身的结果。[34] 在市场经济条件下，这仅仅意味着即使实际供应很充足，也会由于缺乏钱而买不起食物。这种情况之所以会发生，是因为失业或某些人生产的商品相对于食物而言其价值下降了。基于国际贸易的存在，国内部门必须与其他国家竞价购买食品。如果本地经济遭受衰退或货币贬值，本地食品购买的能力相对于全球而言则下降，那么即使本地居民遭受饥荒，食物可能也会被出口。国际贸易虽然可以在解决食物供给下降造成的饥荒中发挥关键作用，但国家必须有财力购买食物。如果农业市场完全自由化，西方国家肯定就会从遭受饥荒的国家进口食物作为其牲畜的口粮。

387

在许多欠发达国家，农民通常是最弱势的群体，如果农业自由化，这将带来第二个不公平。欠发达国家的农业生产成本往往高于发达国家的大型农场（部分是因为太多农业产业化的负外部性无法内部化）。这意味着贸易自由化会降低欠发达国家的食品价格。虽然降低食品价格可能有助于城市贫困人口和工薪阶层，但可能会导致最穷的群体（即农民）的收入降低和福利下降。食品价格下降会降低对国内农业的需求激励。从理论上讲，在贸易自由化过程中，这些贫困的农民应该能种植经济作物以供出口。遗憾的是，与传统的粮食作物相比，经济作物需要的投入更高，承担的风险更大，因为传统的粮食作物已培育了数千年，种植它们失败的风险微乎其微。即便存在风险，经济作物若干年内的平均收益仍然较高，但人们不会去吃"平均"，他们每天都要吃。

专栏 19.3 ☞
 "公法 480 号"和食品安全

如果一个国家的食物供给需要依赖其他国家，其自主权就会面临严重的风险。例如，"美国公法 480 号"（U. S. Public Law 480）规定为欠发达国家按补贴成本提供食物。虽然名义上是仁慈之举，但美国政治家休伯特·汉弗莱（Hubert Humphrey）曾如此谈及该法则："我已听见了……人们也许会变得更加依赖我们的食物。我知道这不应该是好消息。但对我而言这是好消息，因为人们做任何事情之前都必须吃饭。如果你正在寻找一个办法让人依靠和依赖你，在我看来，最好的方法就是他们之间合作形成的食物依赖。"[a]

农业部长厄尔·巴茨（Earl Butz）也把食物作为武器，而且是"谈判的组件中最主要的一个工具"[b]。可以理解的是，那些依靠食品进口的国家不可能赞同汉弗莱的观点。

a. Sen. Hubert H. Humphrey, in naming P. L. 480 the "Food for Peace" program, *Wall Street Journal*, May 7, 1982.

b. USDA Secretary Earl Butz, 1974 World Food Conference in Rome.

19.4 小结

388 我们享受着国际化，在国际化过程中，各个国家都可以按照它们自身的情况，以自己的传统文化风格来解决本地的规模和分布问题（在市场明显失灵的领域）。我们也必须仔细地分析全球化对规模、分配以及效率的现实和潜在的影响。

有证据表明，全球化通过产生少量的大公司、更多的负外部性以及对非竞争性信息的垄断，可能会破坏有效的市场配置所需的条件。更多负外部性以及快速的经济增长，加上国家对外部性的调控能力有限，对可持续发展的规模产生了威胁。实证研究也表明，绝对优势原则下的全球化可能只会强化现有的输赢模式，从而导致国内以及国家之间财富更大程度的集中。

19.5 主要概念

完全竞争与合并、专利、跨国公司	Perfect competition vs. mergers, patents, and transnational corporations
世界贸易组织中的贸易与环境	Trade vs. environment in the WTO
降低标准的竞争	Standards-lowering competition
财富与权力	Wealth and power
专业化分工与福利	Specialization and welfare
贸易与规模	Trade and scale
分配与全球化	Distribution and globalization
食品安全和国际贸易	Food security and international trade

【注释】

[1] L. Wallach and M. Sforza, *Whose Trade Organization？：Corporate Globalization and the Erosion of Democracy*, Washington，DC：Public Citizen，1999.

[2] W. Hefferman, Report to the National Farmers Union：Consolidation in the Food and Agriculture System, Columbia：University of Missouri，1999. 注意，评估市场集中度是非常困难的。

［3］ Action Group on Erosion，Technology and Concentration，Concentration in Corporate Power：The Unmentioned Agenda，ETC communique ♯71，2001. Online：http：//www. rafi. org/documents/com _ globlization. pdf.

［4］ 卖方垄断是指只有一个卖家，买方垄断是指只有一个买家。在这种情况下，美国司法部（U. S. Department of Justice）更关心对农民的价格，而不是对消费者的价格。

［5］ G. van Empel and M. Timmermans，Risk Management in the International Grain Industry，*Commodities Now*，December 2000. Online http：//www. commodities-now. com/cnonline/dec2000/article3/a3-pl. shtml.

［6］ 引自 A. Cockburn and J. St. Clair，How Three Firms Came to Rule the World，in *Counterpunch*，November 20，1999. Online：www. counterpunch. org。按照定义，竞争性市场是指市场上的企业足够多，所有企业都是价格接受者，没有任何一家企业是价格制定者。按照定义，在高度集中的市场上进行兼并会使得市场更加缺乏竞争性。

［7］ A. Greenspan，Antitrust，In A. Rand，ed.，*Capitalism：The Unknown Ideal*，1961.

［8］ Ibid.，p. 70.

［9］ B. Halweil，Where Have All the Farmers Gone? *World Watch*，September/October 2000.

［10］ R. Coase，The Nature of the Firm，*Economica* 4（16）：386 – 405（1937）.

［11］ Wallach and Sforza，op. cit.

［12］ The Story of Samuel Slater，Slater Mill Historic Site，Online：http：//www. slatermill. org/html/history. html.

［13］ J. M. Keynes，"National Self-Sufficiency," In D. Muggeridge，ed.，*The Collected Writings of John Maynard Keynes*，vol. 21，London：Macmillan and Cambridge University Press，1933.

［14］ 遗憾的是，许多受到经济增长以及自由贸易威胁的生态系统商品和服务都具有不确定性与无知性的特征，在这种情况下，根据定义无法确定可能结果发生的概率。

［15］ M. Poirier，The NAFTA Chapter 11 Expropriation Debate Through the Eyes of a Property Theorist，*Environmental Law* Fall 2003.

［16］ 所有案例均引自 Wallach and Sforza，op. cit。

［17］ J. Ruskin，"Unto This Last." Online：http：//www. nalanda. nitc. ac. in/resources/english/etext-project/economics/Ruskin. pdf.

［18］ D. Rothman，Environmental Kuznets Curves—Real Progress or Passing the Buck? A Case for Consumption-Based Approaches，*Ecological Economics* 25：177 – 194（1998）.

［19］ 参见 http：//www. ban. org。

［20］ L. Polgreen and M. Simons，Global Sludge Ends in Tragedy for Ivory Coast，*New York Times*. October 2，2006.

［21］ 按照定义，过度发达国家是指人均资源消耗达到这样一种水平的国家，即如果推广到所有国家，这种消费水平不可能无限期维持下去。参见 H. Daly，*Beyond*

Growth：*The Economics of Sustainable Development*，Boston：Beacon Press，1996。

［22］超过可持续发展规模意味着维持生命的生态系统必定最终崩溃；超过理想的规模意味着增长的额外的成本超过其收益。

［23］尽管最近水资源管理呈现民营化的趋势，但是我们并不认为水是一种商品。水资源不是因为销售而生产出来的东西，它是大自然的恩赐。私有化从本质上来讲就是把公共地圈起来，这种形式是非常低效的，因为它毫无疑问会产生垄断。（你能够从多少不同的自来水公司购买水？有多少水管通进你的家里？）

［24］E. Kapstein，"Distributive Justice as an International Public Good："A Historical Perspective，" In I. Kaul，I. Grunberg，and M. Stern，eds.，*Global Public Goods*：*International Cooperation in the 21st Century*，New York：Oxford University Press，1999.

［25］Online：http：//www. nyu. edu/fas/institute/dri/globaldevelopmentnetwork-growthdatabase. html.

［26］数据来源为 World Bank World Development Indicators Database. Online：http：//www. world bank. org/data/countrydata/countrydata. html。我们假设美国的典型增长率为 2.7%。

［27］D. T. Yang，"Urban-Biased Policies and Rising Income Inequality in China，" *The American Economic Review* 89（1999）：306 - 310.

［28］J. Kahn and J. Yardley，"As China Roars，Pollution Reaches Deadly Extremes，" *The New York Times*，August 26，2007.

［29］P. Cooney，"Argentina's Quarter Century Experiment with Neoliberalism：From Dictatorship to Depression，" *Revista de Economia Contemporanea* 11（2007）：7 - 37；I. Grabel，"Neoliberal Finance and Crisis in the Developing World—Argentina，Mexico，Turkey，and Other Countries—Statistical Data Included，" *Monthly Review*，April 2002.

［30］IPCC，"Climate Change 2007—Impacts，Adaptation and Vulnerability：Contribution of Working Group Ⅱ to the Fourth Assessment Report of the IPCC，" Cambridge，Cambridge University Press，2007.

［31］引自 F. Harrison，Five Lessons for Land Reformers：The Case of Taiwan。重印自 Land & Liberty，May-June（1980）。Online：http：//www. cooperativeindividualism. org/harrison _ taiwan _ land _ reform. html。

［32］E. Vogel，*The Four Little Dragons*：*The Spread of Industrialization in East Asia*，Cambridge，MA：Harvard University Press，1991.

［33］Ibid.

［34］A. Sen，*Poverty and Famines*：*An Essay on Entitlement and Deprivation*，6th ed.，New York：Oxford University Press，1992.

第 20 章 金融全球化

国家政策存在国界。然而，由于全球化从根本上消除了国界，即使它的提倡者也认为："世界将从封闭的国家控制体系转向开放的无人控制的全球体系。"[1]如果没有人处于控制之中，也就没有人来制定国家政策。我们已经讨论过一些全球化削弱国家决定它们自己的环境政策能力的方式，我们现在论述金融资本全球化的影响。

大多数金融资本流是以电子的形式从一台计算机流动到下一台计算机的，但是，这类流动不仅会对实体商品和服务的产出产生严重影响，而且会对宏观经济政策的需求及其有效性产生严重影响。国际货币基金组织指出："全球化预期会对政府的税收结构和税率选择产生越来越大的约束。"[2]国际货币基金组织同时声称，正是独立国家才必须处理分配和社会福利问题。然而，金融市场全球化和自由化（liberalize）的努力削弱了国家的政策杠杆，这些政策杠杆是当财富更加集中而且金融危机风险不断加大之时实现这些目标所必需的。这对社会福利可能会产生深刻的负面影响。在论述金融自由化以及它是如何引起经济不稳定的之前，我们简要回顾一下国际收支平衡和汇率。

20.1 收支平衡

不同国家的居民之间存在两种基本的经济交易类型：实体商品和服务的交换、资产的交换。衡量这些交易最终结果的指标是**收支平衡**（balance of payments，BOP）。收支平衡有两个组成部分，即经常账户和资本账户，它们对应于两种类型的交易。

经常账户衡量实体商品和服务的交换以及转移支付。商品和服务一般都是在本期消费的，这就是为什么把它叫作经常账户的原因。当然，实体商品是市场商品。服务则包括对贷款的利息支付、知识产权版税、投资国外赚取的利润以及类似交易。转移支付包括在国外工作的人从国外寄回国内家里的钱、对外国的补助以及类似交易。

资本账户包括股票、债券和在国外的财产。这些东西不被消费。它们是可以获得收入流的一种资本存量。

流入一个国家的货币会增加经常账户或者资本账户的余额，流出一个国家的货币会降低经常账户或资本账户的余额。如果一个国家进口的商品和服务多于出口，那么在它的经常账户上就会出现逆差；如果出口超过进口，就会出现顺差。同样，如果外国人购买本国的资产多于本国人购买外国的资产，那么，本国的资本账户将出现顺差；如果相反，则出现逆差。请注意，经常账户的顺差能够平衡资本账户的逆差，反之亦然，以保持国际收支平衡。

当今世界有关此动态关系的一个最主要的例子就是美国与中国之间的贸易。美国从中国购买的商品和服务远多于它销往中国的商品和服务，因此经常账户出现了巨大的贸易逆差（2008 年超过 2 680 亿美元）。[3]然后中国利用它相应的经常账户盈余购买美国的政府债券和其他资产，从而在资本账户出现逆差。2008 年 7 月至 2009 年 7 月，中国购买了 2 500 亿美元的美国国债。[4]实际上，中国将其经常账户盈余贷回给了美国。这具有讽刺意味，世界上最富有的国家大量地从中国借钱以支持它日益增长的消费。

一般来说，各个国家都试图保持本国的国际收支平衡——既没有顺差，也没有逆差。从核算的角度来看，形式上的平衡（资本账户加经常账户）由剩余平衡项得到保证，这些剩余平衡项以前在金本位体系下是黄金，但现在是国家外汇储备、国际货币基金组织短期信贷（特别提款权或 SDRs）以及来自逆差国的借据（IOUs，即短期资本流动）的变化。

20.2 汇率体系

汇率是指得到一个单位的某种货币而不得不支付的另外一种货币的数量。例如，2009 年 9 月，1 美元可以折合约 6.8 元人民币。任何商品、服务或资产的国际交换都涉及货币交换，因为那些卖出东西的人一般都希望按他们自己的本币支付。货币如何交换取决于某个具体国家所采用的汇率体系。汇率体系不仅会影响经常账户和资本账户的平衡，而且会影响经济稳定以及国内经济政策的有效性。有两种基本的汇率体系，即固定汇率和灵活汇率。当讨论汇率时，浮动汇率等同于灵活汇率。

在**固定汇率**（fixed exchange rate）体系中，一个国家的货币价值与另一个国家的货币价值挂钩（有时是松散的）。举例来说，1994 2004 年，人民币与美元挂钩，其比率大约为 8.3：1，这也就是说，任何人都可以按 8.3 元人民币兑换 1 美元的比率到中国人民银行兑换美元。很明显，中央银行必须有外币在手，才好让这种交换成交。最理想的情况是，这种外币来自外国对中国产品的需求。当一个美国人想购买来自中国的消费品，那么中央银行也会按 0.12 美元兑 1 元人民币的比率为其兑换人民币。事实上，中国以及许多其他发展中国家都有一定的汇率控制，所以对于某种给定的货币而言，人们不必购买或出售那么多货币，但我们在此解释的一般概念仍然适用。

在固定汇率体系下，当某一固定汇率国的侨民都想从其他国家购买的商品、服务和资产多于（或少于）其他国家想从他们国家购买的数量时，也就是说，当固定汇率国出现收支平衡顺差（或逆差）时，则会产生一个问题。如果固定汇率国的收支平衡出现顺差——例如中国，其外汇储备就会积累过剩，而对外汇的需求则不足。2009 年 7 月，中国的外汇储备超过 2 万亿美元。[5]这将对该国形成压力，使之对其货币的价值重新评价，例如，每一美元兑换的人民币更少。如果某一固定汇率国的国际收支逆差持续太久，它将耗尽所有外汇储备，就像阿根廷在维持固定汇率 10 年之后于 2001 年出现的情形。在这种情况下，将形成很大压力促使其从国外借钱，或使其货币贬值，即每一阿根廷比索兑换的美元更少。这就是 2002 年阿根廷货币被迫贬值时所发生的情况。

在**浮动汇率体系**（flexible exchange rate regime）中，汇率取决于全球货币的供给和需求，而且中央银行不直接控制汇率。唯一用来购买外国商品、服务和资产的外币就是外国人购买本国商品、服务和资产时支付的费用。如果对外币的需求多于现有可用的外币，其价格就会被抬高，即本国货币贬值；反之，本国货币升值。[6]外币的供应和需求决定了汇

392

率。这意味着国际收支平衡必须总是等于零，即经常账户的逆差必须依靠资本账户的顺差得到平衡；反之亦然。

大多数发达国家采用浮动汇率体系，但在现实中，它们也并非完全浮动。在许多情况下，各个国家都越来越关心它们的货币估价是过高还是过低，而且会通过买卖货币的方式来纠正这种明显的不平衡。例如，2000 年 9 月，G7 国家[7]中央银行协调政策以支撑欧元，欧元自发行以来，相对于其他货币已经下跌了 30％。[8]一些国家试图使它们的汇率维持在一定范围内，我们称之为"有管理的浮动汇率"（managed float），在某种程度上是固定汇率和浮动汇率的一种混合汇率。

各个国家可能都会操纵本国货币的供给与需求。例如，对进口产品征收高关税将降低对进口的需求，从而降低对外币的需求。另外，一个国家可以很容易地控制资本流动，从而直接决定其本国货币的供给以及对外国货币的需求。在这种情况下，国家政策可以在固定汇率体系下决定国际收支平衡，或者在浮动汇率体系下影响汇率。然而，贸易和金融自由化往往会限制或消除这些影响。

20.3 关于经济稳定性的理论

虽然经济学家关于"经济大萧条"的终极原因没有达成一致意见，但大多数人都赞同它的一个重要的触发点就是 1929 年股票市场的崩溃。导致这场危机的许多股票被银行贷款买空，当股票大幅度贬值时，这些贷款再也得不到偿还。同时，银行也暂时无力为储户提供资金，从而导致惊慌失措的储户从银行挤提，致使许多银行倒闭，信贷流冻结。产业部门不可能再借款投资并创造就业机会，而且失业的消费者再也不愿意消费，从而导致经济活动的恶性循环。"经济大萧条"使许多经济学家意识到，市场无法有效地配置商品和服务，有时也需要政府的干预。许多经济学家同样也相信，不受制约的市场在金融体系中也会失灵。于是，世界各国使用"经济大萧条"时出现的凯恩斯货币和财政政策，并对金融部门实行实质性的调控和政府监管，以避免出现新的经济萧条。

20 世纪 70 年代，由米尔顿·弗里德曼领导的颇负盛名的经济学家们开始认为，大萧条实际上是因为政府的货币政策未能提供足够的流动性（即可用于投资和消费的货币）而造成的，而不是市场失灵造成的，而且像其他经济部门一样，金融部门最好让自我纠正的自由市场力量去调节。[9]这一学派的观点可以概括为有效市场假说（efficient market hypothesis，EMH）。然而，另一个学派的颇富影响力的经济学家们则继续认为，在没有政府调控的情况下，金融市场具有内在的不稳定性。[10]该学派的思想也可以概括为金融动荡假说（financial instability hypothesis，FIH）。[11]

有效市场假说认为，股票、债券以及其他金融资产和一般资产的价格都是以市场的基本原理为基础的，它们反映了所有有关它们的真实价值的可用信息，因此等于所有未来报酬的净现值。如果不知情的投资者盲目地抬高或压低一种资产的价格，那么知情的投资者将会快速地使价格回归正常，从而获取利润。在这种情况下，股票的价格将在它们的真实均衡价值附近随机波动（假设未来有风险，但它不是不确定的，参见专栏 6.1），投机泡沫极不可能产生，市场崩溃实际上只是潜在价值变化的结果。[12]政府调控不仅是不必要的，而且实际上会妨碍金融市场的效率。经济周期除受技术变革或供应冲击影响之外，实际上是由政府的非预期财政和货币政策引起的。市场的真实信徒们声称，放开金融部门管制（见表 20—1）会提高经济的增长率、责任感、透明度和稳定性。[13]

金融动荡假说则断言，投资资产的价格在很大程度上主要受投机驱动，除受可保的风险影响之外，还受纯不确定性的支配。价格反映了一种正反馈机制（参见专栏 8.1）：价格上涨会增加投机性需求，从而进一步抬高价格，而价格下跌则会进一步按照反馈回路降低需求。[14]价格被误当作潜在价值，而且当价格上升时，高估的资产会被用做贷款的抵押品，从而引发更多的贷款。消费贷款会导致经济增长，从而刺激更多的投资性贷款，而投机性投资贷款会导致资产价格不断攀升。

在一种形式化的理论当中，有三种类型的投资者。**对冲性投资者**（hedge investors）能够利用他们的投资回报偿还贷款的资本和利息；**投机性投资者**（speculative investors）只能偿还利息，必须不断地续期贷款；而**庞氏投资者**（Ponzi investors）则指望资产价格上扬，永远都有更多的买家来偿还利息和本金。当价格停止上涨时，作为一种必然的结果，庞氏投资者无法偿还本金。银行也不再会给投机性投资者发放贷款，投资者要么出售他们的资产，要么拖欠贷款。快速出售资产将导致价格下降，从而造成更多的投资者出售资产，并在另一个反馈回路中进一步压低价格。如果资产报酬下降太多，对冲性投资者不能偿还他们的贷款，也会拖欠贷款。[15]

当然，金融动荡对实体经济的影响很严重，会导致信贷冻结、企业停止投资而且就业市场恶化。在另一个正反馈回路中，失业将减少消费，从而导致企业生产下降，解雇更多的人员，且被解雇的人对任何未偿还的债务只能拖欠。经济陷入了恶性循环。金融市场自然会走向失调，但是政府的调控能帮助缓解这一趋势。

介于金融动荡假说和有效市场假说之间的行为金融学派（school of

behavioral finance，SBF）应运而生，该学派认为人们在他们的决策中犯了系统性错误。资产价格可以反映这些系统性错误，从而使其偏离了以市场基本原理为基础的潜在真实价值。[16]

20.4 全球性金融自由化

396
从 20 世纪 70 年代早期开始，世界各地的市场经济体开始取消政府对金融部门的监管，如表 20—1 所示。虽然随后的金融危机暂时性地增加了政府管制，且这一过程在 80 年代得到了加速，但到 90 年代中期，大多数市场经济体几乎都取消了对金融领域的管制。这种自由化产生了什么结果呢？

表 20—1	自由化的金融体系

资本账户：
- 允许银行和企业自由地向国外借债。
- 汇率由市场确定；对经常账户和资本账户的交易一视同仁。
- 对资本外流没有限制（例如利润汇回本国）。

国内金融部门：
- 对利率或信贷不加控制（例如补贴或为某些特定部门的配置）。
- 允许以外币存款。
- 银行存款准备金率极小（例如小于 10%）或不存在。
- 国有银行的重要性最小。

股票和其他有价证券市场：
- 外国人可以自由投资并把利润汇回本国。
- 对可以买卖的金融工具限制很少。
- 对金融杠杆的控制最小（借贷资金投资并希望债务的利息支付低于投资回报率）。

资料来源：引自 G. L. Kaminsky and S. L. Schmukler, Short-Run Pain, Long-Run Gain：Financial Liberalization and Stock Market Cycles, *Review of Finance* 12：253 - 292（2008）。

在最近的自由化时代，我们经常可以看到国际资本不可预料地流入和流出，从而促成和导致资产价值的突然变化。这些变化对受影响国家的实体经济变量产生了显著影响。看来，金融全球化会使得国家性的金融危机在不同的国家间蔓延，从而产生全球性的经济危机。这样的例子有很多：

1. 拉丁美洲债务危机（Latin American debt crisis）。始于 1982 年，当时墨西哥发现自己无法偿还其债务，这次危机迅速蔓延到 39 个国家。

2. 龙舌兰危机（Tequila crisis）。1994 年 12 月起始于墨西哥，然后扩散到巴西和阿根廷。这场危机导致美国财政部和国际货币基金组织紧急贷款 520 亿美元。

3. 亚洲金融危机（Asian financial "flu"）。1997 年起始于泰国，迅速蔓延至整个东南亚，然后对非洲、俄罗斯、波兰和阿根廷产生影响。

专栏 20.1 ☞   **石油美元和拉丁美洲债务危机**

拉丁美洲债务危机的原因之一肯定是石油美元的再循环——欧佩克国家将 1973—1979 年石油价格上涨带来的高利润投资银行。这些石油美元以非常低的利率贷给最不发达国家。遗憾的是，利率是浮动的，也就是说，它们会随着全球利率的变化而上下浮动。

1981 年，美国联邦储备银行实行从紧的货币政策以抑制石油价格上涨引起的通货膨胀。同时，里根政府的赤字支出达到了历史纪录。以上两种行为推高了美元利率，从 20 世纪 70 年代初期的大约 3% 提高到了 10 年后的 16% 以上。与此同时，美国的高利率增加了对美元的需求，从而推高了美元相对于其他货币的价值，1981 年提高了 11%，1982 年为 17%，这又进一步提高了以美元计价的债务负担。[a] 不足为奇的是，债务国在这种情况下很难偿还它们的国家贷款。

a. Federal Deposit Insurance Corporation，History of the Eighties—Lessons for the Future，2001. Online：http://www. fdic. gov/bank/historical/history/index. html.

397

4. 次贷危机（subprime mortgage crisis）。2007 年始于美国，然后迅速扩散至全世界。到目前为止，各国政府不得不花费数万亿美元来拯救世界各国的金融领域。

所有这些危机都有某种共同之处。它们都引起了全球市场的恐慌；降低了受影响国家的经济产出，却没有对实质的生产能力产生任何直接的改变；在国与国之间扩散；其触发因素超过了受影响国家的控制能力。类似这样的危机每隔几百年就会发生一次。这意味着危机不仅仅是当前推动全球化的结果，很有可能是全球金融交易速度和数量的增加也明显地增加了危机发生的频率、危机的影响和危机的传染性。即使全球金融自由化的支持者们也认识到，经济动荡会随着金融自由化的深入而加剧，特别是在新兴市场经济体。[17] 遗憾的是，没有人能够充分地理解这种动态关系从而预测下一次危机的发生。

20.5 金融危机的起源

为什么会发生金融危机？为什么金融自由化似乎会增加危机发生的频率和严重程度？我们现在简要回顾现有的许多互不排斥的理论。投机泡沫会引发许多危机。有些资产（如股票、房地产、一国货币，甚至郁金香球茎）正在增值，这可能是由于消费者需求的增加。价格上涨会吸引投机者，投机性需求会推动资产的价格进一步上升，从而引来更多的投机者。当价格的上涨速度高于利率上升的速度，投机者就会用贷款来**平衡**（leverage）他们的投资。反过来，资产价格越高，提供的贷款抵押也越多。即使投机者知道资产被高估了，他们也可能会基于一种假设继续投资：其他投机者甚至会进一步继续抬高价格。庞氏投资者也会跳出来。最终，所有的投资款（大部分都是借来的）不足以继续推动需求，从而价格开始下降。我们已经解释了所产生的崩溃的动态关系。按照有效市场假说，所产生的崩溃被认为是一种"市场的纠正"。按照金融动荡假说，所产生的崩溃被认为是在没有对金融杠杆加以限制的情况下不可避免地要发生的事情，而且政府有必要采取干预措施把经济从衰退中解脱出来。

杠杆作用（即购买借贷投资）可以使投机商大幅度地增加其利润空间，但也增加了系统性崩溃的机会。如果一个投资者要购买 100 万美元的金融资产，每年支付的股息为 12%，如果以 7% 的股息每年贷款 90 万美元，他将从自己拥有 10 万美元当中赚取 1.2 万美元，加上 90 万美元的 5%，即 4.5 万美元，那么他将从他初始投资的 10 万美元中总计赚取 5.7 万美元，回报率达到 57%。然而，如果投资未能支付至少 7% 的股息，他就无法支付贷款的利息，因此就会拖欠贷款。

2004 年，美国证券交易委员会（U. S. Securities Exchange Commission，负责监管证券业的一个政府机构）决定允许投资银行承担更多的债务，也就是说，允许它们更强势地平衡它们的资产。投资银行很快开始借贷，数量为其总资产的 32 倍之多，它们常常用这些钱去购买证券化的抵押物，从而为银行提供了更多的货币用于贷款。当次级抵押贷款被拖欠时，许多银行都无法偿还所借的钱——要么拖欠贷款，要么由政府来救市。

道德风险（moral hazard）是产生金融危机的另一个因素。重要的企业（如大型商业投资银行和大型的汽车制造商）都知道，如果它们失败，就会引起普遍的经济危机。政府把它们视为"大而不倒"（Too Big to Fail），企业也知道，如果它们使风险性投资造成了灾难性的失败，它们就可以得到政府的帮助从而摆脱危机。另一种形式的道德风险就是，当企业管理者基于短期利润赚取了巨额奖金时，如果投资者后来破产了，他们也不需要返还（这种形式的"道德风险"在产业界被称为 I. B. G.，即"我将要离开"（I'll be gone））。同样，在形成次级房贷崩溃的过程中，美国银行将"次级贷款"证券化，即将房屋贷款与有价证券捆绑在一起，然后出售给其他投资者，这为银行提供了更多的资金，使得银行放贷更多。只要证券可以卖掉，银行就没有动力去确保其品质。在这种情况下，当这种冒险取得成功，而其他人因失败而受损时，企业和经理们则大赢特赢，从而导致高风险投资增多。

信息不对称（information asymmetry）在放款人和借款人之间总是存在的，它也会引发某些危机。放款人根据所涉及的风险为贷款定价，但是借款人通常比放款人更清楚风险。这可能会导致**逆向选择**（adverse selection）。如果银行提高利率来补偿未知的风险，那么只有那些从事于最具风险性的活动的人才会借款。放款人对借款人了解得越少，信息不对称就越严重。随着一些小城镇银行被跨国公司收购，以及更多的资本越过国界，我们预料信息不对称现象将变得越来越严重。

当某些国家允许它们的汇率被高估，而且经常账户逆差也太高，或印制了太多的货币时，这些国家可能就会发生国家级的经济危机。投机商看到这些信号，就会把钱押在政府将要采取纠正行动上。例如，索罗斯的量子基金（Quantum fund）就打赌英镑的卖空将会使其估价过高（参见专栏 20.2），它实际上会迫使中央银行以一种自我实现预言的方式使货币贬值。顺循环（pro-cyclical）的货币体系（参见第 15 章）和金融机构的其他顺循环元素也推动了危机的发生。

最近的次级房贷危机证实了上述理论。2001 年，美国房地产价格的上涨使得住房成为了投资的好去处，特别是 2001 年信息技术股泡沫（即网络泡沫）崩溃之后，股票市场价格下跌，而且美联储保持低利率以刺激经济。传统的贷款要求 20％的预付款以及可靠证据证明其有能力满足抵押贷款的要求。然而，不断增加的投资把房地产价格推得更高。住房的投资需求也得以增加，而且银行也增强了把房子作为贷款抵押品的信心。各种新型的抵押贷款不断涌现，预付款和首付款很低，有些甚至只需要支付利息。这样的机会吸引了投机性投资者，从而进一步抬高价格。银行和房屋贷款公司开始提供大量的高利率的"次级贷款"给那些风险大的借款人。有的竟赢得了"忍者"（NINJA）的称号，即允许"没有收入、没有工作或财产"（No Income，No Job or Asset）的人贷款，有的竟允许让利息累计作为资本，从而吸引了庞氏投资者（以及渴望拥有自己家园的人们）。问题进一步加剧，如前所述，金融专家指出了如何将这些贷款证券化，然后把它卖掉，从理论上来讲，这样会把贷款人的风险扩散到整个系统。由于收益高、风险评级低（但显然不准确），这些证券一售而空。这样银行就有更多的钱贷款给更多的住房投资者，从而维持价格继续上涨。当然，不可避免的是庞氏计划破产了。

专栏 20.2 ☞

卖 空

400

　　另一个会引发金融动荡的因素就是投机商出售本币。为了卖空，投机商基本上是从别人那里借钱，然后按现行价格出售，他就赌价格会下跌（例如政府会被迫使货币贬值），而且以当地货币贷的款可以以更低的美元成本还贷。[a] 简单地讲，就是卖空会增加本国货币的供应，从而对价格产生下行压力。政府会被迫抛售美元以弥补这些差额。如果银行缺乏资源，无法弥补这些差额，就会被迫使本币贬值。如果有足够多的人卖空，贬值就是不可避免的，投机商从而获利。如果有些因金融嗅觉敏锐且备受尊敬的人进行一项巨大的投机性投资以卖空另一种货币，其余投机商就会跟进。货币投机商的开支往往比国家政府还大，从而迫使发达国家使自己的货币贬值，1992年英国发生的事情就是如此。这类从众行为也可以把卖空转变为一个自我实现的预言。

　　投机行为产生的这类利润的反常性就是投机商会通过控制更多的金融资源，增加其对实体商品和服务的权利，然而实体商品和服务的生产实际是下降的。如果更多的财富流向那些生产的人，我们称之为劳动收入。如果更多的财富流向那些破坏生产能力的人，我们应该怎么称呼它们呢？

　　a. 例如，你借比索并用它来购买美元。然后你持有美元，等待比索贬值。之后你用美元购买比索。这样你就会得到比你原来借的比索更多的比索，因为比索贬值了。你偿还贷款后，还有很多比索节余。

　　在金融体系解体之后，世界各国政府花费数万亿美元拯救银行，企业也被视为"大而不倒"，这清楚地说明了存在"道德风险"问题。具有讽刺意味的是，美国鼓励最大的银行使用救市资金来接管小银行。截至2009年，许多大救市银行设计了新的高风险金融工具，如人寿保险政策证券化，从而产生巨额短期利润并支付巨额奖金，这又是存在"道德风险"的一个重要证据。

20.6 金融危机的生态经济学解释

401　　遗憾的是，到目前为止，还没有一个理论能完全解释次级房贷危机、拉丁美洲债务危机、龙舌兰危机或者亚洲金融危机。特别是，这些理论无法解释为什么几乎没有危机发生的警示，以及危机为什么扩散得如此迅速和广泛。尽管生态经济学理论不比我们前面介绍的学派更有影响力，但它把金融动荡假说扩大到要兼顾对金融部门增长的生物物理限制和生态经济系统内在的复杂的、不可预知的本质。

　　从生物物理的实际而言，金融资产都是抽象的概念，但它们可以使其所有人有资格分享社会生产的实体财富。与借据（IOUs）一样，它们可以与实体财富交换，而且与借据一样是衡量债务的一个指标。正如我们在第 15 章中论述过的，我们按照农民的计算方法来测量我们的财富，如我们拥有的猪的头数。由于金融资产是抽象物，因此它可以按照负头数来进行测量，从而可以在短期内无限制地增加，也就是说，它们不依赖实际上的猪的生产的生物物理现实，而且不受食物供应、消化道、妊娠期、猪舍的位置、吸收废弃物的地方的限制。比照而言，实体财富是具体的、正的，它的增长率会受到这些因素的限制。无限的负猪构成对未来正猪的留置权。在未来不会有足够的正猪来补偿负猪。实体财富的生产受限于生物物理现实，即由大自然提供，并可以转化为市场商品的原材料的有效性，同时为这种转化提供能量的有效性以及生态系统服务的有效性，包括废弃物吸收能力，这是从根本上维持经济生产所需要的。如果房地产价格飙升，例如泰国和美国所发生的情形，来自土地和现有房屋的服务流就不会增加，而且还会有新的生物物理价值来源与债务的增加相匹配。如果股票市场价格飙升，而生产能力没增加，情况也是如此。

　　当目前的实体财富加上受到生物物理约束的生产能力不再足以作为一种抵押品的留置权确保债务爆炸性不发生时，那么债务就必定内爆。我们重复弗雷德里克·索迪的话："你不能永久地陷入荒谬的人类习俗，如违背财富自发递减（熵）的自然规律而自发地增加债务（复利）。"[18]

402　金融资产暂时的增长可以保持一种幻觉：即使经济生产所必需的资源变得越来越稀缺，经济也会继续增长，但对于作为一个整体的社会而言，最终金融资产要成为债务，而且无法依靠未来的实际增长而得到偿还，因此，增长的幻觉不可能无限期坚持下去。

　　当生物物理限制成为一种约束力时，金融危机一定会出现。这不是巧合，2005 年化石燃料生产基本上达到高位平衡，而且粮食储备没有跟上消费的增长，这时，实体经济的增长开始落后于金融部门的增长。当然，短期内通过消耗自然资源，经济生产与金融部门的增长取得一致是有可能的，但付出的代价是未来会出现更大的灾难性危机。

生态经济系统具有内在的复杂性，从而展现出它的突发性，并受制于非线性变化，其结果不可预知（参见 *Ecological Economics*：*A Workbook for Problem-Based Learning*，pp. 3 - 7 和 pp. 84 - 86）。比较而言，有效市场假说建立在十分简单的经济模型之上，没有揭示这些特点。实际上，这些模型假设市场系统确定地会走向均衡，并具有自我调节功能。事实上，在 2007 年金融危机发生之前，大多数大投资公司都基于这样一些数学模型进行投资决策，即假设投资报酬呈正态随机分布，并作布朗运动，其中我们看到的每隔几年就爆发一次的市场危机几乎不存在。相比之下，以代理人为基础的模拟实际人类行为的模型表明，随着金融部门信贷（例如金融杠杆）的增加，经济崩溃的风险也就增加，这种崩溃很容易从一个行业扩散到另一个行业，从一个国家扩散到另一个国家。由于在这类模型当中，信贷太多，经济崩溃几乎是不可避免的事情。[19]更糟糕的是，金融创新者不断提出新的金融工具，即使是专家，对它们也难以理解，其对经济会产生什么影响，就更没有人能够理解。

在上述所有危机中，有证据表明，复杂系统固有的正反馈会导致自我实现的恐慌，而不是对潜在问题的平稳调整。在 20 世纪 90 年代的恐慌中，外国投资者（例如美国投资墨西哥或者泰国）开始害怕各国政府和行业无法为它们的以美元标价的国际债务提供服务，因为利率上升（因此美元支付更高）、汇率下降（由此带来国家货币支付更高），或经济衰退（因此为偿还债务而降低收入）。短期债券的持有者就变得不愿意继续滚动贷款，而是要求偿还债务，这意味着政府用于偿还债务的美元很少，从而增加了拖欠债务的风险。以本币为名义的资产持有者担心货币贬值，并试图在它发生之前卖掉资产以获得美元。

由于一些投资者抽逃资金，其他人就会变得更加紧张。在这些恐慌中，会发生一系列的连锁反应。在从本币转换为美元后，大量资本会逃离危机发生国。如果该国采用浮动汇率，那么就会立即使货币贬值，从而增加以本币核算的债务数量。如果采用的是固定或有管理的汇率，那么资本外逃将迫使政府购买本币，抛售美元。这会消耗外汇储备，剥夺政府支付外债并维持汇率所需的资源。虽然最初的抽逃资金的决策可能是非理性的，但是对于剩下的投资者而言，抽逃资金很快就成为了一种理性决策。在受灾国投资会变得非常危险，而且国家债券会被评级为"垃圾级"。政府为了不顾一切地获得资本，被迫提供更高的利率以吸引偿还短期债务所需的美元，从而增加了它们无力偿还这个新债的可能性。随着利率的提高，而且没有外资提供，本地企业纷纷倒闭，国内经济呈螺旋式下滑。政府和企业失去了偿还短期债务所需的税收与销售收入。

政府被迫转向浮动汇率，这几乎总是伴随着大量的贬值。投机商担心的一切都应验了，但主要还是因为投资者的恐惧行为所造成的。

在最近的次级房贷危机中，拖欠抵押贷款及其附带的抵押物是可以预见的，房地产泡沫是市场经济国家有规律性复发的一种现象。崩溃扩散到其他抵押物、其他国家以及实体经济的速率是复杂生态经济系统的一个典型属性。

许多经济学家把自我实现的恐慌和金融系统的普遍崩溃当作多重均衡的例子来看待。如果投机商撤回他们的资本，那么对于其他人而言，理性的做法也是撤回资金，从而导致一种均衡。如果投机商把他们的资本留在原地不动，或者投资更多，那么这也将成为其他人的理性行为，从而导致不同的均衡。[20]这种分析很有道理。然而，在一个正在演化和增长的经济体当中，确实没有所谓的平衡存在。真正的物质生产的增长一碰到生物物理限制，就必须停止下来。金融资产的货币价值仍然可能在一段时间内继续增长，但当持续的贷款投资使得金融资产的价值增长快于真实货物和服务的增长时，即使我们无法准确地预测其何时发生，崩溃也在所难免。

404

20.7 金融与分配

生态经济学家也关注金融市场对分配的影响。读报纸的人都知道，近几十年来，金融部门的工资总体上远高于其他经济部门，而且往往与工作表现无关。但这仅仅是不平等的冰山一角。

大多数金融资产属于那些富有的人，而且其增长速度总体上来讲在很长的一段时间内已经超过了经济增长的速度，从而导致财富的更加集中。此外，许多金融资产与投机交易对实体商品和服务的增长没有任何贡献。例如，许多对冲基金使用电脑检测国际汇率的细微差异。它们以程序化的方式非常迅速地购买和出售大量的国际货币，虽然对真实财富的增加没有作出任何贡献，但却创造了真实的利润。这只不过是对现有财富进行了一次再分配而已。

此外，金融部门也没有利用公平竞争的环境。对冲基金通常只是对非常富有的投资商开放。所谓"对冲"是指低风险投资，它意味着（正如我们现在所知道，它是错误的）对于已经富有的人而言具有高回报的保证。一些大型投资银行投资于计算机和程序，从而使得它们可以比其他投资商快 1/30 秒获得信息并采取行动。本质上讲，由于能够提前知道市场的变化情况，它们可以获得巨额利润，而且没有风险。[21]一般的投资人在竞争中处于劣势，由于资源太少无法投资的人则被排除在这场游戏之外。

更糟糕的是，我们已经看到，金融部门的企业大而不倒，这些企业能够从高风险的赌博当中获得利益，而成本则由社会来承担，这样的事情一次又一次地反复出现。

对于那些集中了最大的金融部门的最富裕国家而言，即使金融资产对商品和服务的真实增长确实作出了贡献，但其经济增长的边际成本却经常大于边际收益。在这种情况下，少数人获得了经济利益，却由多数人（甚至包括生活在最富裕国家的人）来承担社会和环境成本。

20.8　关于全球金融危机，应该做些什么？

405　　　关于全球金融危机，我们在问应该做些什么之前，应该先问一问我们已经做了些什么。在拉丁美洲债务危机、龙舌兰危机和亚洲金融危机中，传统经济学家（如国际货币基金组织的经济学家们）的反应就是对受影响的国家实施紧缩的财政政策和货币政策，然后让受影响银行自生自灭。经济学家认为这是对这些经济体堂而皇之的约束。然而，这些政策的实施效果就是让这些经济体进一步陷入衰退。在应对次贷危机（它影响到了最富裕的经济体）中，经济学家们（有时刚好是相同的经济学家）提出了完全相反的解决途径，即极其宽松的财政政策和货币政策、税收减免以及对金融机构提供大量的紧急救助。

在应对 20 世纪 90 年代的危机中，国际货币基金组织也追求进一步解除国际金融管制。在 1998 年 4 月国际货币基金组织临时委员会（IMF Interim Committee）发布的一份官方公报中，国际货币基金组织宣布把章程修改为"［使得］资本流动自由化成为该组织的目标之一，如有需要，为实现这一目标，［扩大到］该组织的管辖权"[22]。尽管存在这一事实，时任国际货币基金组织总裁米歇尔·康德苏（Michel Camdessus）预测说，由于宏观经济政策不健全，"一些发展中国家在开放它们的资本账户后可能会遭受到投机性攻击"[23]。这个解决办法忽略了自我实现的恐慌发生的可能性，而且违背了国际货币基金组织原宪章以保护国民经济稳定性的宗旨。正如我们所论述的，倡导资本流动性也违背了国际货币基金组织基于比较优势的自由贸易的主张，不过其不愿意承认这一点。

我们应如何应对当前的金融危机并防止未来发生金融危机呢？答案尚不清楚，很大程度上取决于诸多因素，但可以遵循一些复杂系统自适应变化的基本原则。第一，首先需要一个适当的范式，它取决于生物物理的可能性；第二，需要追求合适的目标，该目标取决于什么是社会上、心理上、道德上的理想；第三，还需要制定明显抑制正反馈回路的政策，增强负反馈，提高信息的流动。[24]

目前，经济危机被定义为对经济增长的任何威胁；衰退则被定义为国民生产总值（GNP）连续两个季度没有增长。在这个定义中隐含着一种范式，即经济系统是一个总体，而生态系统则是组成部分，目标是永无止境的增长。如果接受生态经济学范式，即全球生态系统维持并包容经济系统，那么持续不断的增长就是不可能的。一个合理的目标就是提高生活质量。在生态经济学范式中，我们把危机重新定义为产生（或将不可避免地产生）失业、贫困、痛苦或不稳定的经济条件。换句话说，按照我们的定义，危机就是对我们的生活质量产生的经济威胁。

如何定义经济危机取决于我们应该怎样来解决这个问题。按照这个新定义，我们就不应该花数万亿美元去拯救金融部门，而是努力为当代人创造就业，结束贫穷和苦难。与此同时，解决一些关键问题，诸如威胁到维护后代人福利所必需的生态系统服务流的气候变化问题。在隐含着这些目标的政策中包括在教育、绿色能源技术的开发和利用、重要公共基础设施的维护和已消耗的自然资本的恢复等方面的投资。

按照传统范式最近新提出的阻止危机的政策包括通过减免税收和大量赤字以刺激经济增长，它对后代人产生了（经济上和生态上）偿还的负担问题。生态经济学框架建议采用更高的累进税率，而不是征收更多的累进税收。对金融交易征税会减少短期投机的投资者，并降低其引发的风险。高税收毫无疑问会阻止经济的恢复性增长，但是，如果能合理地利用上述政策，则可以避免经济的崩溃。由金融危机引起的经济崩溃和审慎而有计划的减缓经济增长的区别——类似于一架失事的飞机和一架盘旋的直升机之间的区别，二者都处于静态。

如果新增税收不足以支付政府实现上述目的所需要的费用，政府可以重新拿起铸币权，并只需花钱而已。在金融危机期间，银行会采取连动的方式，拒绝新的贷款。提高存款准备金率最理想的时间就是银行自愿保持比要求更多准备金的时候。在应对次贷危机中，各国政府都印制
货币并出售长期债券，这些债券必须连本带息偿还。简单地印制并支出联邦储备券更有意义，因为这种券没有利息。

针对发展绿色技术和恢复自然资本的政策有助于防止未来发生危机。它应该有助于维护所有经济活动最终依赖的全球生态系统的生产能力。

除了这些政策外，对金融部门实行更为严格的监管（无论是国内监管，还是国际监管）都是必要的。那些大而不倒的金融机构（甚至任何其他的私营企业）也是大而生存的机构。不仅因存在道德风险而对小银行缺乏关注，而且地方机构的贷款职员更了解他们的客户，从而降低了逆向选择问题的影响。在购买股票时，必须严格限制金融杠杆（贷款被使用的百分比）。提高法定准备金率会使得银行更不容易受到扩张过度和崩溃的影响。金融工具的类型也应该受到严格管制。在金融业被允许引

入新的金融工具——诸如抵押贷款证券化或人寿保险证券化等政策之前，应该强迫银行解释新金融工具的工作原理，说明它是如何为社会创造真实价值，且不会增加危机发生的风险的。

为什么经济学家在面对如此明显的错误时仍然会固执地追求这类不同政策呢？新古典经济学家们受到的是有效市场假说的训练。见多识广的人会基于理性预期作出理性选择。市场价格是理性的，并可以导致市场一般均衡。在有效市场不存在的情况下，就必须创造有效市场以达到均衡。经济行家们经常拿别人的数十亿美元来投注就属于这种情况。而著名的国际金融家乔治·索罗斯则经常拿自己的数十亿美元投注，这就要另当别论了。用他自己的话来说，他相信"人们是根据不完备知识而行事的，而且均衡是鞭长莫及的"，其结果是，"市场价格总是错的，在某种意义上，他们目前对未来的看法是存在偏差的"[25]。索罗斯经常赢得他的下注，而传统经济学家的记载本身就说明了这一点。索罗斯声称："把市场机制扩大到所有领域可能就会破坏社会。"[26]我们对此非常认同。

20.9　主要概念

【注释】

[1] L. Bryan and D. Farrell，*Market Unbound：Unleashing Global Capitalism*，New York：Wiley，1996.

[2] International Monetary Fund，*World Economic Outlook*，Washington，DC：IMF，1997.

［3］ U. S. Census Bureau Foreign Trade Statistics, 2009. Online：http://www. census. gov/foreign-trade/balance/c5700. html.

［4］ U. S. Department of Treasury, 2009. Online：http://www. treas. gov/tic/mfh. txt.

［5］ Bloomberg News, July 15, 2009, China's Foreign-Exchange Reserves Surge, Exceeding ＄2 Trillion. Online：http://www. bloomberg. com/apps/news?pid=20601087&sid=alZgI4B1lt3s.

［6］ 在固定汇率体系下，如果国内货币的价值发生损失，我们称之为货币贬值；如果它的价值增加，我们称之为货币升值。在这两种情况下，所发生的一切都是中央银行政策的直接结果。在浮动汇率体系下，如果市场力造成货币的价值发生损失，我们称之为货币贬值；如果价值增加，则称之为货币升值。

［7］ G7 表示七国集团，即世界上七个最强大的工业化国家：美国、加拿大、德国、日本、意大利、英国和法国。在经历了 2007 年的金融危机之后，七国集团（G7）扩大到 G20，即世界上 20 个主要经济体。

［8］ BBC News, September 23, 2000, G7 Ready for Further Euro Action. Online：http://news. bbc. co. uk/hi/english/business/newsid_936000/936917. stm.

［9］ M. Friedman and A. J. Schwartz, *A Monetary History of the United States, 1867－1960*, Princeton, NJ：Princeton University Press, 1963；E. G. Fama, Efficient Capital Markets：A Review of Theory and Empirical Work, *Journal of Finance* 25（2）：383－417（1970）；R. Lucas, *Studies in Business-Cycle Theory*, Cambridge：MIT Press, 1981.

［10］ H. Minsky, *Stabilizing an Unstable Economy*, New Haven, CT：Yale University Press, 1986；J. Stiglitz, *Globalization and Its Discontents*, New York：Norton, 2002；G. Soros, *The Crisis of Global Capitalism：Open Society Endangered*, London：Little Brown and Co. , 1998.

［11］ 在学术界，有效市场假说和金融动荡假说的定义都非常狭窄。我们在这里的定义非常宽泛，所以涵盖了较宽泛的学术观点。

［12］ 参见本章注释［9］，或作为该论点的一个极端例子，参见 P. Garber, Famous First Bubbles, *Journal of Economic Perspectives* 4：35－53（1990）。

［13］ 参见 G. Kaminsky and S. Schmukler, Short-Run Pain, Long-Run Gain：The Effects of Financial Liberalization, NBER working papers no. 987, 2002；O. Obstfeld, The Global Capital Market：Benefactor or Menace? *Journal of Economic Perspectives* 12（4）：9－30（1998）；G. Bekaert, C. Harvey, and C. Lundblad, Does Financial Liberalization Spur Growth? NBER working paper no. 8245, 2001。

［14］ 金融家乔治·索罗斯把这一过程称为自反性（reflexivity）。非理性繁荣是艾伦·格林斯潘为价格的投机性回升所使用的术语。从众行为描述的是这样一种行为，即人买我买，人卖我卖。

［15］ H. Minsky, *Stabilizing an Unstable Economy*, New Haven, CT：Yale University Press, 1986.

［16］ N. Barberis and R. Thaler, Richard, "A Survey of Behavioral Finance," in G. M. Constantinides, M. Harris, and R. M. Stulz, eds. , *Handbook of the Economics of Finance* , New York：Elsevier, 2003, vol. 1, 1053－1128.

［17］参见 G. Kaminsky and S. Schmukler, Short-Run Pain, Long-Run Gain: Financial Liberalization and Stock Market Cycles, *Review of Finance* 12: 253 - 292 (2008); O. Obstfeld, The Global Capital Market: Benefactor or Menace? *Journal of Economic Perspectives* 12 (4): 9 - 30 (1998); F. Mishkin, Financial Policies and the Prevention of Financial Crises in Emerging Market Countries, NBER working paper no. 8087, 2001。

［18］F. Soddy, *Wealth*, *Virtual Wealth and Debt*, Sydney: George Allen & Unwin, 1926, p. 20.

［19］M. Buchanan, Modeling Markets: This Economy Does Not Compute, *New York Times*, October 1, 2008.

［20］J. A. Sachs, A. Tornell, and A. Velasco, The Mexican Peso Crisis: Sudden Death or Death Foretold? *Journal of International Economics* 41: 265 - 283 (1996); P. Krugman, Are Currency Crises Self-Fulfilling? *NBER Macroeconomics Annual* 1996: 345 - 378.

［21］C. Duhigg, Stock Traders Find Speed Pays, in Milliseconds, *New York Times*, July 23, 2009.

［22］International Monetary Fund, Communiqué of the Interim Committee of the Board of Governors of the International Monetary Fund, press release no. 98/14, Washington, D. C. , April 16, 1998. Online: http://www. imf. org/external/np/sec/pr/1997/PR9744. HTM.

［23］Communiqué of the IMF Interim Committee, Hong Kong, September 21, 1997. 引自 M. Chossudovsky, Financial Warfare. Online: http://www. corpwatch. org/trac/globalization/financial/warfare. html。

［24］D. Meadows, *Leverage Points: Places to Intervene in a System*, Hartland, VT: The Sustainability Institute, 1999.

［25］引自 W. Greider, *One World*, *Ready or Not: The Manic Logic of Global Capitalism*, New York: Simon & Schuster, 1997, p. 242。

［26］参见 Society Under Threat: Soros, *The Guardian*, October 31, 1997。引自 Chossudovsky, op. cit。

第 5 篇总结

人们一直认为全球化是解决经济问题的灵丹妙药，因为人们期望它带来经济增长并为所有人带来财富。这一结论是建立在错误假设的基础之上的。由于国际资本流动，全球化认同绝对优势而不是比较优势。虽然全球化可能带来更大的经济增长，但这种增长不会使得各国都受益，而且增长的边际成本可能超过其边际收益。实证研究结果表明，增长的好处被已经富裕的人得到了，而成本（即失去了的生态系统服务功能）则由所有人来承担，或许大部分要由后代人来承担。全球化也削弱了政府自身解决规模问题和分配问题的政策杠杆——特别是取消对金融资本流动的监管，这会引发很多问题，因为它们常常具有投机的性质。金融资本流动会使得金融部门占据全球财富中的更大的份额。投机性资本流动不仅没有创造出真正的物质财富，而且它们会引发金融危机（即实际上减少物质财富生产）。

如果国际贸易和金融发生在有能力制定自己政策的独立国家之间，而且这些国家认识到经济增长既可以带来效益，也可以带来成本，那么国际贸易和金融就可以使这些国家受益。各国也必须认识到，市场是一个复杂系统，它受到生物物理的约束，并受到不稳定正反馈回路的制约，这种正反馈不仅会引发危机，而且会受到全球化的不良影响。

实现国际化带来普遍好处的潜力，减少未来发生危机的概率，当危机发生时及时处理危机，这一切都要求我们重新定义范式，即在生物物理上什么是可能的，以及我们的理想目标是什么。没有止境的经济增长是一项不可能实现的目标。我们必须把目标重新定义为提高当代人以及后代人的生活质量。这一目标要求生态可持续性和社会公正。我们必须把经济危机重新定义为对贫穷、痛苦和失业的现实紧迫威胁。我们接下来将论述独立国家能够利用的，以便在有限的地球上实现可持续规模、公平分配以及有效配置的某些政策工具。

第 6 篇
政　策

第21章 政策设计的一般原则

413   许多经济学家和政策制定者的言论，会让人们产出这样一种印象，即政府的唯一作用就是创造条件让市场发挥作用——市场不仅是配置稀缺资源以达到理想目标的最好机制，而且也是决定目标的最好方式。毕竟，如果单纯依靠买卖行为就可以揭示人们的偏好，那么经济学家和决策者要做的工作就只是让市场来满足这些偏好。但是，我们知道情况并非如此。按照定义，市场只能揭示市场商品的偏好，而许多增进人类福利的商品和服务都是非市场商品。因此，市场不仅无法揭示这些资源的偏好，也无法有效地配置这些资源。[1]市场也无法解决经济规模和分配问题。因此，本章必须指出的第一个观点就是市场不能告诉我们应该拥有多少清洁空气、清洁水、健康的湿地或森林，或者当后代的福利处于危险之中时，我们可接受的风险水平是多少。市场也没有告诉我们什么是理想的资源所有权的初始分配。

21.1 六条设计原则

我们在第 3 章中提出了很多基本观点，但政策至少需要两个哲学前提：第一，有真正的替代政策（非决定论）；第二，现实中确实有一些状态比其他状态更好（非虚无主义）。我们先分析政策的六大设计原则，然后考察它们的合理顺序，以及政策干预应该如何和在哪里首先作用于市场（即对商品的数量或价格产生影响）：是在通量的投入端还是产出端？本章结束时进一步对产权进行反思。然后，在第 22～24 章中根据设计原则的指导方针，提出促进稳态经济的一些特殊政策——所谓稳态经济是指可持续、公平和高效的经济。

1. 经济政策总有一个以上的目标，每个独立的政策目标都需要一个独立的政策工具。

如果只有一个目标，那么问题就是技术性的，而不是经济上的。例如，制造功率最人的发动机纯粹就是一个技术问题。但制造功率最强人，但又不太笨重的飞机引擎则涉及两个目标，即功率大和重量轻，这就不得不在更高的目标上进行优化：让飞机飞起来。尽管只是在工程技术水平上遇到的问题，但它已经成为一个经济问题，即对两个相互冲突的目标组合进行优化。

在生态经济政策方面有三个基本目标：可持续规模、公平分配和有效配置。诺贝尔经济学奖获得者、荷兰经济学家简·丁伯根（Jan Tinbergen）认为：对于每个独立的政策目标而言，我们必须有一个独立的政策工具。[2]要想一石二鸟，你必须非常幸运。也就是说，现实中几乎总是需要两个石头击中两只独立飞翔的鸟。[3]例如，我们应该为了更有效地利用能源而对能源征税并提高能源价格吗？我们应该对能源进行补贴并降低能源价格以帮助穷人吗？这个问题争议不断，成效甚微。一种工具（能源价格）不能服务于两个独立的目标（提高效率、减少贫困）。我们需要第二个政策工具，比如说收入政策，从而可以为了提高效率而对能源征税，并为了扶贫而将收入（或者就来自能源税）分配给穷人。如果利用两个政策工具，就可以既提高效率，又增进公平。如果只利用一个政策工具，就必须在效率或公平之间选择其一。

由于生态经济学坚持三个基本目标，因此，我们将需要三个基本的政策工具。实现一个目标并不会导致其他目标的实现，从这个意义上来说，这三个目标是相互独立的。当然，目标并不是孤立的，因为没有任何事物是彼此无关的，毕竟，一个经济系统是由若干部分组成的。现在我们知道了有三个政策工具，还有什么其他原则将有助于我们回答如下问题：什么类型的政策工具？我们下面提出的原则试图为此提供指导。

2. 政策应努力以牺牲最小的微观层面的自由和可变性以达到必要程度的宏观调控。

举例说明。如果受到限制的是大气吸收二氧化碳（CO_2）的能力，那么，限制二氧化碳总排放量就很重要。人均排放量乘以人口必须等于限制排放的总量。但是，这并不是说每一个人的排放量都刚好等于人均排放量。针对具体情况，应留有足够的空间让个人排放量在人均排放量上下有微小的变化，只要总量固定不变即可。

再举一个例子。稳定人口要求每对夫妇平均生 2.1 个孩子。但并不是说（即便有可能）每个家庭都按要求按代际置换率对应的平均子女数生孩子。宏观调控与围绕平均值不同程度的微小变异是相容的。一般来讲，我们应该选择微观约束最小的方式达到宏观目标。市场在提供微观变异中非常有用，但是它们并不提供宏观调控。

3. 在处理生物物理环境问题时，政策应该预留一定的误差空间。

因为我们经常在生物物理极限内处理问题，而且这些限制受到的不确定性影响很大，有时甚至受制于不可逆性，所以我们应该在对系统的需求与对系统能力的最大估计之间留出相当大的安全空间，或者说缓冲空间。如果直接达到系统的最大能力，我们就承担不起错误的代价，因为错误的代价太大。没有能力容忍错误或对环境的破坏，会使得个人自由和公民自由减少的代价巨大。

核燃料循环和钚的安全防护等安全问题已经让我们有生活在刀尖火背上的感觉。历史经验表明，凡是接近能力饱和状态的小型生命维持系统（比如太空船，甚至普通的船舶或潜艇）到目前为止都不允许实行民主制度。在接近承载能力的脆弱船舶上，需要实行军事化的秩序和纪律。只有我们这个巨大的飞船，即地球，还有很多缓冲空间，足以宽恕错误，容忍民主。超过一定的规模，既有政治成本，也有经济代价，但这几乎没有得到重视。

4. 政策必须认识到，我们总是起始于历史给定的初始条件。

尽管我们的目标与现实相距甚远，但是后者仍然是我们的起点。我们从来没有起始于一片空白。重塑和改造现有体系比废除它们往往更加有效。这施加了某种渐进主义的色彩，即使渐进主义经常是什么都不做的委婉语，但它仍然是必须受到尊重的一个原则。

我们的当前体系是什么？从本质上说，不仅包括市场体系以及私人财产，而且包括公共财产和政府调控。尽管世界银行和国际货币基金组织并不像私人财产或市场一样是一种基本的制度，但它们仍然可以存在一段时间。即使我们能够想象出替代的解决方案，然而我们既没有智慧也没有时间抛开我们最基本的制度。如果我们建议对这些制度作出明显的改变，都会被某些人认为是非常激进的，因此重要的是即使基本的观念已经发生改变，仍然强调必须采取谨慎的原则，即从我们现在所处的位置开始。

5. 政策必须能够适应变化的情况。

变化是一个永恒的现实。人类对生态系统的影响是巨大的，随着时间的推移，可能就会引发新的问题。生态系统本身也会随着时间的推移而自然地发生很大的变化，变化的时间尺度可以是季节变化、年度变化，甚至世代变化。人类的知识越来越多，可以使我们对以往未知的问题产生新的认识，对老问题提出的新解决方案。经济系统也是不断演变的，现在有效的政策可能会随着系统的变化而变得无效。

此外，我们可以发现从理论上看似乎很理想，但实施中却并不怎么理想，甚至可能会引发严重的未预料到的不良副作用的一些政策。当我们运用政策时，必须了解它们在现实世界的有效程度，并因此知道如何去改善它们。在研究和实施政策的过程中必须对这种反馈作出回应，而且现实的结果比程式化的理论更为重要。**适应性管理**（adaptive management，即随着条件的变化以及对情况了解得更多，政策也应作出相应的调整）必须成为一个指导性原则。事实上，我们相信生态经济学本身就是一个适应性管理的例子，它是对从空地球向满地球转型过程中产生的问题的一种适应性管理。

6. 政策制定单元的范围必须与政策处理问题的起因和影响的范围一致。

这通常被称为**辅助性原则**（principle of subsidiarity）。其想法就是在能够解决的最小范围内处理问题，问题应该按照其规模，由相应的机构解决。对于局部性的问题，不要寻求全球性的解决方案，而且也不要利用纯地方性的措施试图解决全球性的问题。

我们以垃圾回收为例。垃圾回收主要是大城市存在的问题。把所有垃圾回收问题整合为一个"全球性的垃圾问题"是没有益处的。在大城市的水平上处理这个问题，至少是第一个范例。如果当地垃圾必须在越来越远的地方进行处理，或者它污染到空气或水并因此传输至很远的地方，那么它就变成为一个相对较大的问题，如县、州或区域等等。与此形成鲜明对比的是，全球变暖基本上是一个全球性问题，因为任何地方的排放都会影响到其他地方的气候。此时才真的需要全球性的政策。

21.2 首先采取什么政策？

生态经济学有三个基本目标，因此需要三个基本的政策工具。实现有效配置的目标需要采用市场工具，至少对于私人物品（排他性的和竞争性的）而言是如此。对公共物品而言，市场发挥不了作用。实现可持续规模的目标要求社会或集体对总通量加以限制，使得它保持在生态系统的吸收能力和再生能力之内。实现公平分配的目标需要社会把不平等性限制在一定的范围之内。正如我们所论述的，市场不可能实现公平分配和可持续规模的目标。此外，市场甚至不能获得配置效率，除非分配和规模问题已经得到解决。因此，在政策的先决条件建立之后，在政策工具的序列中市场位列第三。

什么是规模和分配的序列呢？我们在这里把规模放在第一位是合理的，因为限制规模通常意味着以前免费使用的天然资源以及服务必须声明为稀缺经济商品。

> **思考！**
> 为什么限制规模会使得先前"免费使用的"资源成为稀缺经济商品呢？

418   一旦成为稀缺资源，也就成为了有价值的资产，但我们必须回答谁拥有这些资源。这就是分配的问题，按逻辑应采取限制排放与交易许可（cap-and-trade）的政策。例如，当二氧化硫（SO_2）排放总量被限定在被认为是可持续的范围之内时，二氧化硫排放权就不再是一种免费的商品。谁拥有这种排放权？以前的用户？所有公民平均分享？归国家集体所有？在市场交易解决这些配置问题之前，必须对分配问题给出某种答案。人们不能交易不属于自己的东西。市场之外的一些商品可以成为市场物品（即具有排他性）。通过限制资源的利用规模以及将资源的所有权作出分配，便可以将非市场商品转换成市场商品。但是，正如前面所述，并不是所有的物品都可以转化为市场商品。许多美好的东西与生俱来就是非竞争性的和非排他性的。我们在随后的章节中还将讨论这一问题。

如果差异性地设定最高限额，或者差异性地分配所有权，那么对应于帕累托最优配置的价格集也将是不同的。这意味着我们不能按照基于现有价格计算的社会成本和效益设定最高限额和分配方式。这样做会陷入一种循环推理，因为价格取决于经济规模或分配方式。如果按照现有价格的基础进行计算，理想的经济规模或分配方式也会产生不同的价格集，这些价格会使得原来的计算无效。因此，我们既不能按照有效配置准则设定经济规模，也不能按照这一准则确定分配方式。

那么，什么是设定经济规模的准则呢？可持续性就是经济规模设定的准则。

什么是评价分配的准则呢？公平就是评价分配的准则。

很显然，这些都与市场经济无关，但它们与生物物理和文化相关。

它们必须从社会和政治的角度加以确定，因此，作为一个政策问题，这些决策可以或多或少地同时进行。按照严格的逻辑，规模优先于分配，因为如果没有对资源利用设定上限，这些资源就应该是免费商品，而且，对一种免费商品的所有权作出分配是毫无意义的。考虑到这些优先于对规模和分配的社会决策，市场就可以决定配置上有效的价格。这些价格可以间接地反映规模和分配的限制范围，并因此可以被认为是将可持续性和公平性的价值内部化了。以前可持续性和公平性的价值完全由政治决定，与价格无关。

419　　　经济学家有时认为，规模不是一个独立考虑的对象，也就是说，如果我们拥有完全信息，并能将所有外部成本与收益内化于价格，那么市场将会在最优规模时自动地停止增长。换句话说，规模应该被归入配置之下。如果我们接受"完全"信息的假设，这似乎还有一定的道理。然而，如果从完全内部化价格的名义来讲，我们则坚持价格应反映不同经济规模的成本和效益，我们也不得不坚持价格应反映不同分配方式的成本和收益。但是，如果试图利用基于给定分配方式的价格作为衡量分配变化引起的成本和效益的手段，我们将再一次陷入循环推理。

　　　经济学清楚地认识到了这种循环性，并坚持分配是一回事，有效配置则是另一回事。例如，经济学家不会祈求完美信息并主张以提高穷人出售物品的价格和降低穷人购买物品的价格的方式来将贫穷的外部成本内化于价格之中。相反，他们会劝告我们将收入直接重新分配，以使得分配更加公平，并让价格作出调整。这对解决规模问题也具有一定参考意义。

　　　让价格反映公平分配和可持续规模的价值观对市场在数量上产生了限制，它们把收入和财富分配上的不平等程度限制在公平的范围之内，并把来回于大自然的物理通量规模限制在可持续的容量水平之下。这些宏观水平的分配与规模约束反映了社会对公平和可持续性的价值观，它不是个人的好恶，且不能通过市场的个人行为得到体现。然后，市场重新计算配置价格，这一价格应与规模和分配约束相一致，从而在某种意义上将这些社会价值内化于价格之中。

　　　因为利用价格计算最优规模和最优分配是循环推理，所以我们需要一种不同于价格（交换价值）的度量效益和成本的标准。正如我们在前面的章节中所建议的，对于分配而言，该度量标准就是公平的价值；对于规模而言，它就是生态可持续性，其中包括代际公平。这些都是集体价值，而不是个体的边际效用，即为使得个体的满足感最大化，不同商品之间相等的一美元所获得的边际效用。如果我们把价值的所有维度都降至主观的个人偏好水平，那么就不能在市场上对客观的社会价值的实际重要性作出合理评价，例如分配的公平性和生态的可持续性。

21.3　控制通量

420　　　　如果要对市场实施宏观约束以控制规模，那么应该对通量流的哪一端施加这些约束？可以对输出端（即污染）施加限制，例如对二氧化硫排放加以限制。也可以对来自大自然的输入流（资源消耗）进行限制。因为与排气管、烟囱、垃圾堆以及流进河流、湖泊和海洋的排污管道相比，矿山和油井的数量很少，因此对资源消耗端的控制比对污染端的控制容易得多。根据物质—能量守恒定律，如果限制输入流，也将自动地限制输出流。即使输出流会引起直接的问题，即使汇比源更有限，但通过控制其最窄的地方，与输入流相比，输出流可能更容易控制。

　　作为一个通用规则，直接控制消耗端具有重要意义，这样也可间接地控制污染端。所有一般规则也都有例外。尽管控制消耗端可以限制污染总量，但是相同数量的消耗可能会造成许多不同性质的污染。根据资源的不同利用方式，同样的投入既可能转变为剧毒污染物，也可能转变为一般污染物。因此，不能完全只注重输入流而期望输出流自我约束。但是，输入端（消耗端）应该是首先必须控制的。

21.4　作为政策变量的价格与数量

　　　　我们在第 22 章中将详细讨论限制通量的两个基本途径：通过税收的方式提高价格以减少需求量；直接通过配额的方式限制数量并让价格自行调整。在分析每种途径的具体细节之前，我们首先探讨这两种途径的有效性。

　　假如我们主要干预投入方面，是应该控制数量并让市场决定价格还是设法控制价格并让市场决定数量呢？

> **思考！**
>
> 　　试图既控制价格又控制数量将是一个糟糕的主意。你能解释其中的原因吗？回顾需求曲线。

　　如果能够通过征税设置需要的价格，通过需求曲线即可确定相应的数量。或者，如果通过配额设定了想要的数量，那么也可通过需求曲线确定一个相应的价格。从理论上讲，给定一个需求曲线，无论是通过固定价格还是固定数量都可以得到同样的结果，如图 21—1 所示。如何在二者之间作出选择呢？

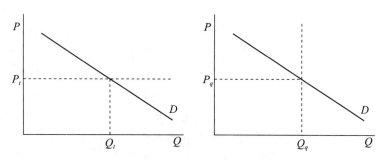

图 21—1　通过税收和配额的方式设定数量

注：假如设定税收使得价格等于 P_t，消费者的需求数量为 Q_t。或者，配额能够限制产出量为 Q_q，而且对于这个产出量而言，消费者的支付愿意为 P_q。当然，也有可能设置 Q_q，使得 $P_t = P_q$；或者设置 P_t，使得 $Q_t = Q_q$。

我们必须牢记，需求曲线是不确定的，并且会移动。因此，如果设定了价格，那么误差和遗漏会导致数量的变化；如果设定数量，误差和遗漏又会使得价格波动。因此，要选择的一个重要准则就是：随着价格的变化，或者数量的变化，在什么情况下所产生的误差最小？

因为生态系统只在意资源开采的数量和吸收污染物的数量，而不在乎人们支付的价格，而且因为价格的调整比生态系统的调整速度更快，所以生态经济学家更喜欢固定数量，而愿意承担价格波动所引起的调整成本。从生态上说，这样更加安全，而且也更加符合我们的设计原则，即预留更大的安全空间。而且，它也更严格地服从了刚才讨论的次序逻辑，即首先在市场之外设定规模，然后让市场来决定价格。

如果全球人口和人均资源利用量持续增长，为实现理想的规模，配额的优势则更加明显。这种增长意味着对源和汇的需求都不断增加。在有配额的情况下，增加的需求量完全可以体现在价格的提高上，从而产生更大的激励以使得资源的利用更有效率。如果利用税收手段来限制资源的消耗量或废物的排放量，需求的增加将会引发价格的上涨和消耗量的增加，除非不断提高税收。如果存在生态阈值而且会产生不可逆结果，那么税收将会引发更大的风险，最终把预留的安全空间全部耗尽。

必须认识到市场并不像经济学家们想象的那么完美。回顾我们在第20章讨论的金融恐慌以及人们的从众心态。在印度尼西亚，亚洲金融危机使得通货在几个星期的时间里贬值了 85%。印度尼西亚的热带雨林占全球的比例很大，它提供了丰富而且重要的非市场生态系统服务。设想印度尼西亚试图通过对林木采伐加征税收的方式（比如税率为每板英尺①木材征收 10 卢比税金）将这些生态系统服务的价值内部化。印度尼西亚的木材大部分在全球市场上销售，因此，当地货币贬值 85% 也就意味着相对于结算货币而言，税收下降了 85%。即使税收是按美元（国际贸易通用货币）计算的，但林木采伐的大多数其他成本则是按卢比计算的。所有其他成本降低 85%，仍然会使得价格下降，需求增加，从而导致更多的森林被砍伐。正如我们在第 6 章所述，增加森林采伐量会降低森林的可持续收获量，甚至有可能使得森林存量低于关键补偿点。数量配额则不受制于这种经济变量的非理性波动。

21.5　源和汇

正如我们所论述的，在市场操作之前，新的稀缺资产的所有权必须得到分配。这就引发了许多困难，而且它可能会导致我们放弃前面设计的某些原则以便尊重第四条原则：我们总是起始于历史给定的初始条件。在输入端，大多数资源的产权是明晰的。在输出端，大气的产权无法私有。**源**是指提供有用原材料的环境部分，它们构成了经济生产的通量，并最终以废弃物的形式返回到环境汇。**汇**是指接受通量的废弃物流的环境部分，如果汇的能力可以承受，那么就能够通过生物地球化学循环将废弃物再生为可用的源。源的产权通常是明晰的，而汇的产权通常不明晰。与控制汇相比，直接控制源（消耗端）的使用涉及更多对现有产权的干预。要让私有之后的资源所有权社会化则是革命性的。要让没有明晰产权的汇（例如大气）社会化，然后征收一定的排污费，相比于直接控制开采的数量而言，对私人产权的威胁似乎更小。但控制排污等于是在河流最宽的地方筑坝，与"在最窄的地方筑坝更容易"的原则相矛盾。我们应该提倡变革吗？我们中的大多数人都不会，但至少我们可以再坚持一下我们的原则。

为了缓和消耗端干预原则和源产权私有化困难之间的矛盾，我们可以认为产权是一种"权利束"。资源所有者不得不放弃其中的一根，也就是说，放弃独立地决定其资源开采率的权利。他仍然拥有资源，且根据开采量可以得到相应的支付。但是，开采的规模不再是免费物品。它受到国家配额的社会限制，而且资源所有者要通过投标的方式，取得许可总限量中的一定份额的开采权。如果汇的限制更具约束力，那么这类规

423

---

① "板英尺"（board foot）是一种木材的计量单位，相当于高度为 1 英寸、面积为 1 平方英尺的木材。——译者注

模限制最终都要按照汇的限制来设定，但执行仍然在源端。

或者，在总规模设限的情况下，我们可以设立一个汇的许可证交易市场。以化石燃料为例。假设所有用户都必须购买排污许可证，并根据其购买量使用化石燃料。这会间接地限制源的需求量，而且源的所有者会感觉到汇的稀缺及其能力的匮乏，即一个互补性要素的稀缺会降低其他要素的价值。这对源所有者的产权侵犯似乎也更少，因为他们对汇没有产权，而且直接限制的是汇而不是源。但是，汇对通量的限制完全可以传回到对输入端的限制。而且，由于源所有者会间接地体验到汇的限制，即使我们直接对汇加以限制。但为什么我们不一开始就对源加以限制呢？即使汇非常稀缺，源都可以更为有效地加以限制。

另一个必须关注的可能性就是通过税收的方式固定价格，并让市场设定相应的数量。我们重申一遍，在消耗端设限比在污染端设限更为有效，但是对二者设限都是可能的。即使基本动机是限制产出，仍然可以对输入端征税。税收的优点就是管理简单，因为我们已经拥有了税收体系，完善这一体系比建立一套配额拍卖体系的破坏性更小。这非常重要。另一方面，税收对数量的限制确实不是很严格，这给人一种错觉，即只要有人付得起代价，就不存在数量上的限制。只要我们按价付费，外加校正税，所传达的信息就是我们想要多少，就能得到多少，个人如此，集体也如此。相比之下，配额则明确地指出，总量将不会增加，价格的作用就是在各个竞争性的用户之间将这一固定的总量作出分配。后者看来更诚实、守信，因为我们正在处理一个有规模限制的物理通量，而不是收入和福利。

> **思考！**
>
> 目前美国的碳排放政策是否符合本章提出的指导方针？应该这样吗？政策是否遵循规模、分配、配置这一顺序？它把排放权分配给谁？

21.6 政策和产权

424　　在分析实现更加可持续、公平和有效配置的特定政策之前，我们先讨论政策的核心特征之一：产权。关注规模也就是关注可持续性，除了后代对资源的权利，还有什么是可持续的？如果认为分配仍有改进的必要，那么从本质上说就是对现有的产权禀赋提出了质疑。总之，市场不能有效地配置非排他性资源，排他性只不过就是产权而已。政策主要关心创建、重新定义并重新分配产权的制度和法律。

产权和排他性并不是商品或服务的固有特性。没有一种物品天生就是排他性的，也没有任何一个人天生就拥有产权，除非存在一种社会制度，使得这些物品具有排他性，并为它们分配产权（我们也知道，使得所有物品都具有排他性是不可能的）。一个人拥有了一项产权，同时就给其他人强加了一种责任和义务，要求他们对这些产权予以尊重。例如，如果 A 有权呼吸清新空气，那么 B 就具有相应的责任不污染空气。国家必须保障 B 履行其责任。因此，财产权也就是一种由个人、他人和国家构成的三方关系。[4]

在缺乏产权的情况下，我们就有了特权，或推定权利。如果一个人拥有特权，他就有权为所欲为，而且别人没有权利这样做。如果一个工厂老板拥有大气的特权，那么他愿意污染多少空气就可以污染多少。如果别人受害于这种污染，那么受害人就必须寻求改变这种普遍缺乏产权的状况。

当人类的影响相对于支撑生命的生态系统很小时，自然资本利用具有特权的特征就是合理的。如果污染影响区附近没有人居住，为什么不允许产业部门或个人产生污染呢？如果鱼类和林木资源非常丰富，为什么不让产业部门或个人捕鱼或采伐树木呢？只要留给后代的原生土地是无穷无尽的，为什么不让那些发现矿藏的人拥有采矿权呢？为极度丰富的资源建立产权毫无意义。

然而，正如我们所论述的，世界不再是如此之空。现在开采和污染的特权也会强加给他人以成本。这就对制定分配或修改产权的环境政策产生了压力。那些拥有特权开采或污染的人很可能就会维护现状，声称特权就是在没有明确界定产权时事实上的一种权利。正如我们在第 10 章所指出的，许多经济学家一直认为，把权利分配给谁并不重要，重要的是只要权利得到分配，市场便可以有效地配置资源。相反，我们认为对于帕累托效率而言，权利的分配理论上并不重要（例如，对于任何产权分配，都有可能出现帕累托有效的结果。但是，不同的分配，结果不一样），但对于公平而言则非常重要。我们采取这一立场，即认为产权只要没有分配，它就属于国家代表的人民，而且它们的分配应该由尊重后代利益的民主过程来决定。

重要的产权类型（或授权规则）有三种，而且某一特定财产的权利受其任意组合的影响。

1. **财产规则**（property rule），即一个人有权自由地干扰别人，或者自由地防止别人的干扰。例如，一个人可能拥有一块土地。如果他有权建一个垃圾填埋场，这个填埋场会破坏邻居家的风景，或者阻止邻居穿过这片土地，那么他就自由地"干扰了"邻居。而且，邻居还不能妨碍地主的垃圾处理场的运行。如果邻居想穿过这片土地，或者阻止填埋场的修建，就必须征得地主的同意。

2. 责任规则（liability rule），即一个人可以自由地干扰别人，或者自由地防止别人的干扰，但必须支付赔偿金。例如，地主可以自由地建立填埋场，但是按照法律，该地主就不得不对给其邻居造成的损失给予赔偿，如空气味道难闻、风景遭到破坏，还有其他让人感到不舒服的一些东西。同时，国家有权征用这片土地，用于修建高速公路，并按照公平的市场价格给地主以赔偿。

3. 权利不可剥夺规则（inalienability rule），即一个人对存在或不存在的某种东西拥有权利，而且不允许任何人以任何理由拿走这种权利。无论是否补偿，垃圾填埋场都绝对不允许存有某些类型的化学物质或产品。这些产品引发的负面影响很严重，以至当代人和后代人都具有不可剥夺的权利不接触这些有害物质。二噁英和放射性废物就属于这一类。

我们必须牢记，产权不一定就是私有产权。产权既可以属于个人、社区和国家，也可以属于国际社会，或者不属于任何人。虽然许多传统的经济学家主张私人财产的权利，但我们已经知道，私有财产权不可能适用于所有情况（例如，臭氧层）。此外，许多文化已经成功地管理了公共财产资源数千年。几乎所有国家都有一定的资源归国家所有，最近，一些国际协议（如《蒙特利尔议定书》（Montreal Protoclos）和《京都议定书》（Kyoto Protocols））也已经认识到国际社会有必要对某些资源拥有所有权，并对其进行管理。寻找合适的政策既不能够也不应该只限于那些需要私人财产权利的范围之内。

我们已经讨论了政策的基本原则、适当的政策序列、高效率的干预点，以及产权和政策之间的关系，在随后的三章中我们将侧重讨论一些具体的政策。我们将遵循上述建议的政策顺序分别对规模、分配和配置进行论述。

然而，大多数情况下都不可能一箭双雕，我们分析的一些政策问题确实是一组会影响所有三个目标的政策束。其他政策可能只针对一个目标，但同时对其他政策目标也具有直接影响。因此，我们就不应该分开进行讨论：我们在随后的每一章中都要讨论所有三个目标，而且只能按照它们的主要影响对政策进行归类。就像由三个独立的方程构成联立方程组解三个不同的变量一样，三个独立的目标需要三个独立的政策工具，也就是说，一个方程不可能从另外两个方程推导出，而且一个变量不能和另外一个变量一样，只是表达方式不同而已。包含三个未知变量的三个联立方程构成一个系统，那么很显然，所有三个变量都是相关的，也就是说，它们并不是相互独立的，即一个变量发生变化，不可能不影响其他变量（即孤立的），因为它们都是一个相互依存系统的组成部分。但是，如果系统有解，那么在一组联立方程组当中的每个独立变量都需要一个独立的方程，从这个意义上说，这些变量都是独立变量。

21.7　主要概念

六条政策设计原则	Six policy design principles
政策的合理顺序	Proper sequence of policies
作为通量控制点的 　源和汇	Source vs. sink as throughput 　control point
作为控制手段的价格 　和数量	Price vs. quantity as control 　instrument
将规模或分配内化于 　价格的循环推理	Circularity of internalizing scale or 　distribution in prices
产权	Property rights

【注释】

[1] 严格地说，市场甚至也不能揭示市场商品的偏好，它们只是揭示了商品的选择。可以肯定的是，它是偏好的表达式，但是在现有价格和收入条件下，这种表达式是有条件的。

[2] J. Tinbergen，*The Theory of Economic Policy*，Amsterdam：North Holland Publishing，1952.

[3] 这并不意味着一个单一的政策不能帮助实现一个以上的目标。例如，土地税可以减少土地投机，并为政府财源增加收入，促进土地的更有效利用，推动城市密集开发，减少城市的扩张。然而，最优税率会随着政策目标的改变而改变；我们不能采用单一政策同时优化不同的政策目标。

[4] D. Bromley，*Environment and Economy：Property Rights and Public Policy*，Oxford，England：Blackwell，1991.

第 22 章　可持续规模

427　　环境政策与规模具有内在的关系。在一个空的世界里，环境商品和服务都不是稀缺资源，因此它们都不是政策的重点。关键在于环境政策是直接处理规模问题，还是与规模问题无关。同样重要的是，为了使政策有效，政策就应该符合我们在第 21 章中提出的六条设计原则。我们在本章中将讨论四种不同类型的影响规模的政策：直接管制、庇古税、庇古补贴和可交易许可证。我们将对每一种政策如何应用于实际进行分析。

22.1　直接管制

　　在世界大部分地区，影响规模的主要环境政策形式就是监管手段，它有各种表现形式。我们有时会认为，一项活动或者一种物质的成本太高，以致不可接受，这时禁止即可。例如，许多国家不再允许使用含铅的汽油添加剂；禁止生产 DDT；全球性地禁止生产某些会消耗臭氧层的复合物以及持久性的有机污染物。当一种物质的危险性足够大时，这类禁令便是恰当的。

在有些情况下，管制的方式是限制某种污染物的生产量，并对生产这种污染物的企业或个人设定排放水平。例如，在法律上限制个体造纸厂可以排入河流的废弃物数量；在许多国家，机动车必须通过排放检测。在有些情况下，监管规定会迫使所有企业或个人使用最有效控制技术（best available control technology，BACT）以限制污染。最有效控制技术可以针对所有的企业或个人，或只针对某个产业的新进入者。最有效控制技术规定在美国的清洁空气法中发挥着重要作用。

就渔业而言，一条常见的监管规定就是限制捕鱼季节，或者调控可以使用的捕鱼设备以降低年度捕鱼量。[1]未能遵守规定通常要受到罚款或其他相应的处罚。因此，这些政策往往被称为**指令性管制规定**（command-and-control regulations）。

这些政策有什么优点和缺点？它们中的大多数都是把污染物或者资源收获的数量限制在可以接受的水平，从而实现理想规模的目标。对于可再生资源而言，监管规定可能是解决生物学要求的最佳方式。例子包括禁止在交配季节捕猎、强制实行最小渔网网格标准、禁止捕猎怀孕的雌性动物、保留一个物种的最好的也是最大的群体作为种子库，以及禁止某些对生境具有破坏性的收获方式。这些规定可以平等地应用到每一个人身上，或是通过调整以适应不同的分配目标。总之，政策制定者们一般都熟悉这种方法。这很容易理解，而且监测和实施的成本都很低，例如，我们很容易检查一家给定的企业是否使用了一项强制性技术。

缺点就是，监管规定一般不能满足配置效率的准则，因此通常都不是达到理想目标的最具成本效益的方法。此外，它们无法为超过规定目标提供激励，例如把污染控制在管制水平以下。这值得详细阐述。

正如我们在第 10 章所述，经济效率的基本要求是边际成本等于边际收益（在个体层面和社会层面）。在理想的情况下，环境政策应该实现这一目标。但在实践中，以污染为例，要做到这一点，就要求我们知道污染的边际社会成本、污染活动的边际净收益以及边际减排成本。当然，对于污染本身而言，确实没有收益，但是，所有生产都会引起污染，而且没有生产我们就无法生存。实际上，要知道污染的所有边际成本几乎是不可能的，而且对于政策制定者而言，要知道边际减排成本也十分困难。因此，完美的配置效率只不过是一种空想而已。

虽然不能指望拥有一个完美的有效解决方案，但是，即便边际成本并不恰好等于边际收益，我们仍然期待有一个以最低成本实现给定目标并在经济上划算的解决方案。因此，这仍然是一个非常理想的目标，但不太可能通过简单的管制加以实现。究其原因，指令性规定忽略了我们在第 21 章提出的第二条一般设计原则，即政策应努力以牺牲最小的微观这结合具体事例或许最容易说明。设想有三家企业污染了某个城市饮用水源地上游的河道。监管部门认定，为健康着想，污染负荷量应该减少40%，并要求每个企业相应地削减其排放量。由于各种因素的影响，不同企业的边际减排成本（marginal abatement costs，MACs）或运行成本是不相同的，如生产工艺或生产设备的寿命。对于某一家企业而言，减排40%代价或许非常大，而同样的事情对于另外一家企业代价或许很小。

遗憾的是，监管者确实不知道企业的减排成本。虽然每家企业大概知道自己企业的减排成本，但收集这些信息的成本很高，而且如果目标是强迫企业以较低的边际减排成本较大程度地减少污染，那么每家企业都会积极地向监管机构提供错误的信息。[2] 同时，有些企业减排多，而有些企业减排少，这很难说是公平的。

管制引起的另一个问题是，一旦监管目标得以实现，那么对进一步减排就没有了激励，而且对使用减排新技术也缺乏激励。同样地，如果把监管应用于特定的地区（如美国《清洁空气法》），那么在排放水平已经处于最大许可水平以下的地区，它们也没有理由不增加污染。不过我们已经论述过，即使污染水平很低，污染还是有边际外部成本（参见图12—7）。

所以，我们所寻求的政策应该做到：充分利用最大化等边际原理，使得所有企业的边际减排成本相等，鼓励开发新技术以减少环境成本，并通过让企业按照它们自己有关减排成本的私人知识行动以降低减排成本。理想的政策也应该让生产的边际收益等于其引起的边际环境成本。但是，如前所述，环境成本在很大程度上也是未知的。

我们现在具体分析理论上可以实现这些目标的三项政策：税收、补贴和可交易许可证制度，这些政策都属于限额排放交易体系的政策。

22.2　庇古税

20世纪初，经济学家 A.C. 庇古（A.C. Pigou）开始努力解决环境外部性内部化的问题。正如我们在第10章所述，如果一个经济主体对另一个经济主体引发了意想不到的损失或收益，而且没有进行补偿，这时便产生了外部性。在负外部性的情况下，基本的问题就是经济主体能够忽略生产（或消费）成本。在这种情况下，边际成本等于边际收益的市场均衡不会出现，而且一些美好的市场优势也不会呈现。庇古发现了一个简单的解决办法，即开征一种税，使得税率等于边际外部成本。这将迫使经济主体考虑所有的经济成本，从而创造一种均衡，使得边际社会成本等于边际社会收益。[3]

必须注意的是，这一政策要求改变产权。当一家企业可以免费污染时，它就拥有了某种特权，而那些遭受污染损害的人则没有权利。庇古税从本质上为国家创建了一种环境产权，这里用到了责任规则。企业还可以污染环境，但必须对污染造成的损失作出赔偿。

正如我们不能精确地测量边际环境成本一样，**庇古税**（Pigouvian tax）也不能精确地设定它的税率。即使确实知道边际环境成本，这些成本也会随着污染量的变化而变化，而且理想的税收可能也不得不发生改变。虽然庇古税不会导致完全有效的结果，但它可以降低环境成本，而且成本很有效。它是如何做到这一点的？

当减排成本低于税收时，企业减排更划算，所以企业会减排。另一方面，当减排成本大于税收时，缴纳税收可以使得成本最小化、利润最大化。这意味着在实施庇古税以后，所有企业的边际减排成本都将等于税收，即符合最大化的边际均等原理。因此，对于减排很划算的企业而言，它们会大幅度减排；对于减排不划算的企业而言，它们的减排量就小得多。当然，后者上缴的税收也比前者多。注意，除了企业之外，没有任何人需要知道企业的边际减排成本。每家企业都会按照它自己的偏好和知识行事，在微观自由最大化的基础上，可以产生社会所期望的成本有效的结果。

431

企业继续按照它们生产的每个单位的污染纳税。这意味着始终存在一种激励，即实现进一步减少污染的目标，而且这样做在成本上是有效的。这种激励或许是税收优于指令性管制的最重要理由。

除了税以外，企业还必须支付减排成本。因此，纳税企业和行业（所有相关企业合在一起）的总成本会高于指令性管制（例如，强迫每家企业减排 40％）。然而，对于社会而言，税收是一种转移支付，不算做一种成本。而且，通过确保减排成本最低的企业最大限度地减少污染，那么税收就能确保整个社会的实际成本低于指令性管制的成本。我们也不能认为税收对于企业而言是不公平的，因为它只是针对企业对社会造成的成本作出的一种支付。税收可能会迫使一些企业破产，但是只要税收不大于边际外部环境成本，这就只意味着企业强加给社会的成本大于它给社会提供的效益。

预测任意给定的税率所引起的负外部性减少量非常困难，或许需要采取试错法。然而每年改变税率，或者每隔几年改变一次，都会给企业造成负担，使得企业失去规划未来的能力。最好的方法或许是，开始时采取很低的税率，但是要让企业知道税率将逐渐增加。这种做法可以使得企业逐步地改变其行为，降低整体成本，使得新技术在税率最终达到理想水平之前就可以正式使用。

只要人口和经济还在不断增长，那么对产生环境成本的活动的需求也可能增长。这意味着为了使得环境设施或资源消耗保持在理想的水平上，税率就需要不断增加。对于所有的环境保护政策而言，适应性管理的原则都是合适的。

22.3 庇古补贴

补贴是指为做某一件事情给予的奖金或报酬，它和税的作用正好相反。**庇古补贴**（Pigouvian subsidy）是指给每个企业每降低一个单位的环境成本的一种报酬，它与税收具有许多相同的属性。在理想状态下，这种补贴就等于减排带给社会的边际效益。只要减排成本低于补贴，企业就会减少污染。而且这将使得整个行业的边际减排成本相等，它是取得成本有效结果的先决条件。虽然税收遵循污染者付费原则（polluter-pays principle），但从本质上说，补贴则假定污染者拥有污染的特权，社会如果要求企业不要污染，就必须为此付费。

432

补贴引发的一个严重问题就在于它们可能会导致污染的增加。补贴为污染产业增加了利润空间，可能就会吸引新的进入者。与没有补贴的情形相比，尽管每个企业的污染量会少，但企业的增加仍然会使得总污染量更大。虽然许多人无可非议地厌恶这样一种观念，即为让人们不要给社会强加成本而付费，而且更多污染这一潜在后果是完全不受欢迎的，但是，这并不意味着庇古补贴根本就不重要。庇古补贴作为生态系统恢复的一种激励有可能是人们所期望的。例如，为农民对其河岸带重新造林而付费，这样就可以减少养分径流，并提供一系列其他生态服务。此外，根据国际法，主权国家有权按照它们自己资源的特点行事。例如，世界上不存在一个全球性政府能够对砍伐森林所产生的负环境成本征税。在这种情况下，类似庇古补贴之类的政策可能就是最好的选择。我们在随后的章节中将详细讨论这一问题。

> **思考！**
> 你能解释为什么我们喜欢利用庇古税来处理污染问题，而不使用庇古补贴来诱导林农减少木材采伐吗？

我们要论述的最后一点就是，庇古税或庇古补贴可以导致福利最大的结果，即边际社会成本等于边际社会效益，同样的情形并不适用于个体水平。之所以会如此，就在于一个事实：许多环境成本都是公共坏品。每个人都会承担相同数量的环境成本，然而每个人对于这些成本都有不同的偏好。一种完美的市场解决方案就是必须把税收在受影响的人群当中进行分配，恰好可以补偿他们因环境成本而造成的边际损害。当然，要确定地球上每个人的边际成本曲线是不可能的，而且每个人都有向收集成本信息的监管机构提供错误信息的激励。如果个体因蒙受外部性的损害而得到补偿，那么他们可能就会缺少避免外部性的动机，这同样也会降低效率。[4]

22.4 总量管制与贸易机制

433　　　　**可交易许可证**（tradeable permits）是实现特定目标的成本有效的另一种机制。可交易许可证制度要求社会设定一种**配额**（quota，即允许的污染或资源消耗的最大量），而不是通过税收的方式来提高价格，减少需求。该方法通常被称为**总量管制与贸易机制**（cap and trade），目前美国就使用这一机制管制二氧化硫排放，欧盟则利用它监管二氧化碳排放，还有几个国家利用这一机制管制渔业。

许可配额是什么因素决定的？从经济学家的角度来看，理想的配额应该使得每增加一个单位的污染或收获所带来的边际效益刚好等于它的边际社会和私人成本。不确定性、无知性以及价格波动会使得这一理想高不可攀。即使我们能够准确地估计出现有规模和价格的边际成本，正如我们在第 21 章所述，设定配额（规模）的行动本身也会改变用于计算成本和收益的价格。

任何配额的可持续规模都应该取决于生物物理限制。可再生资源的收获配额必须使得资源的收获率不大于资源本身的再生率；污染物的排放配额不得超过环境的废弃物吸收能力。可持续配额必须在我们对系统的需求量和系统的吸收能力的最大估计值之间留有富余的缓冲空间（牢记我们在第 21 章中论述过的第三条设计原则）。配额也必须符合问题的规模（牢记第六条设计原则）。对于迁徙物种或越境物种——例如太平洋鲑类或蓝鳍金枪鱼，配额既要考虑总收获量，也要考虑各国占总量的份额，对越境的污染物也是如此。污染物的配额还必须考虑其空间分布，不允许污染物在任何一个区域过度累积。

然而，任何配额的理想规模可以大幅度低于可持续规模。对于可再生资源的收获而言，配额应该考虑一个事实：可再生资源存量不仅提供了一种收获流，同时也是提供服务流的一种基金。在当前应用于渔业的配额中，监管者几乎只关注资源的存量—流量功能，无形中完全忽视了资源的基金—服务功能。虽然我们尚未完全理解生态基金—服务功能在维持人类福祉方面的作用，但确实知道其价值不等于零，它们不应该被忽视。某些污染流，即便其数量很低，没有在环境中累积为"存量"，它

434　们同样也会影响到生态系统服务功能或人类的福祉。因此，配额过程也应该尊重适应性管理原则，从而在获取了新信息时允许作出相应的调整

（第五条设计原则）。

　　一旦配额按照规模的标准得以设定，它们就应该得到公平的分配。大多数现有的总量管制与贸易机制都把可交易许可证授予现有的排污企业和资源收获企业，从而把一种特权转换为一种权利。许可证可以通过政府进行拍卖（实质上是把资源权授权给整个社会），或者按照其他社会目标（如收入更加平等）进行分配。许可证可以每年发放一次，也可以一次发放，一劳永逸。许可证既可以按数量发放，也可以按可调节配额的一定比例发放。

　　为了使许可证成为可交易的市场商品，我们就要利用市场机制，实现资源利用总量的下降，这隐含地表明，配额应尽可能是成本有效的。只要减排的成本低于许可证的价格，企业就会减排；如果减排的成本更昂贵，那么企业将购买许可证。这将再一次导致等边际减排成本和微观自由最大化，即成本有效结果的先决条件。对于资源收获许可证而言，利用资源最有利可图的企业能够为许可证支付最高的价格。从理论上来讲，这确保了资源可以分配给最理想的目的，但需要重申的是，只有在利用个人的财富来衡量这种理想的目标时才成立。

　　虽然许多变化是可能的，可持续性和正义的标准更支持在限额管制与租金体系下的年度许可证拍卖。即使受配额调控，污染和资源开采对一些公共物品都具有负面影响，如清洁的空气、纯净的水以及生态系统服务，公平性要求政府获得的拍卖收入应该以补偿金的形式用于其他公共物品。此外，生态系统的废弃物吸收能力和再生能力是大自然的恩赐，而不是个人努力的结果。利用这些能力产生的利润为不劳而获的收入，或经济租，应该为整个社会所有。事实上，一套对资源收获的配额体系实际上能够将系统从免费使用时的零利润转变为有利润的收获水平（在自然红利的意义上），正如我们在第12章所述。由于政府推行的配额创造了这种自然红利，所以政府占有它就是公平的。反之，如果一次性地授予交易许可证，那么所有者就会占有任何价值增加所带来的稀缺租。此外，以年为基础租赁许可证可以促进年度调整，这种调整在存在不完全信息、自然变化和生态系统变化的情况下是必需的。

435

思考！

　　如果渔业经营者决定采取生态经济方法来确定捕捞配额，并且明确地将鱼类存量的基金—服务效益纳入决策加以考虑，这对配额会产生什么影响？（参见第12章。）在确定最优配额时，你是否认为政策制定者应该将这种效益为后代贴现？为什么？

　　配额也会改变产权，税收强加了一种责任规则，配额则强加了一种财产规则。配额所有者本质上拥有一部分他们排放废弃物的媒介的废弃物吸收能力（配额使得一种竞争性商品具有了排他性属性）。这种权利起初是授予政府、受污染影响的社区成员，或者污染者的。当配额用于结束对一片免费使用资源的收获特权时，同样的原则也是适用的。

配额存在的一个问题就是，它对把总污染量或资源开采量降低到配额以下水平几乎没有任何激励。若精心制定配额，这未必就是一个问题。在一个可交易的配额体系内部，任何利润最大化的企业都有积极性减少排放量或者资源收获量，这样它就可以对外出售一部分配额。因此，虽然配额不会驱使不良活动低于配额水平，但它们为更成本有效地达到配额提供了激励。同样，如果经济和人口不断增长，配额可以确保资源的利用不会增长。

很多经济学家都指出，如果环境保护主义者认为某种配额太高，他们可以免费购买配额中的一定份额，然后把它扔掉。遗憾的是，这再次涉及公共物品供应的问题。环境保护主义者要承担购买许可证的所有开支，但不能与大家分享其中的利益。此外，如果每年发放的许可证数量是变化的，那么政府为了应对那些购买许可证但又不使用它的人，有可能会发放更多的许可证。另外，如果监管当局决定开始时就发放过多的永久许可证，或者新资讯改变了人们对发放许可证数量的评估，那么政府可以很容易地购回一些许可证，并且弃之不用，我们在随后的章节中将举例论述。

> **思考！**
>
> 为什么庇古税、庇古补贴和总量管制与贸易机制政策会引导所有企业都具有相等的边际减排成本？回顾第 8 章介绍的最大化的边际均等原理就可以回答这个问题，二者原理相同。

可交易许可证和更短的捕捞期

436   如前所述，海洋渔业已经严重过度捕捞，解决这个问题已迫在眉睫。许多政策都试过，有充分的证据表明，微观自由最大化的解决方案明显胜出一筹。在这一背景下，我们将对两种做法进行比较，即美国通过缩短捕捞期以降低不可持续的捕鱼量；新西兰实施配额和可交易许可证制度。

在美国西北海岸，比目鱼渔业是最古老的渔业之一，截至 1960 年，由于免费捕捞，比目鱼濒临灭绝。1960 年国际太平洋比目鱼委员会（International Pacific Halibut Commission，IPHC）成立，它对每年的比目鱼捕捞量进行调控，并使得捕捞量恢复到最大可持续收获量水平。捕捞限制在某个季节里进行，并根据需要逐渐缩短捕捞期。这个方法对恢复鱼类种群以及增加年度捕捞量非常有效。然而，20 世纪 90 年代早期，捕捞期缩短至每年只有一天或两天（取决于达到 IPHC 建立的年度配额所需要的时间），在此期间，渔民们疯狂地竞相捕捞，以使得他们的捕捞量占总捕捞量的份额最大化。

如此短的捕鱼期，对效率和成本有效性有什么意义呢？首先，捕鱼业已经是最危险的一种产业，疯狂的捕捞比赛只不过使得它更加危险，如果捕捞期正好碰上坏天气则更是如此。丧失生命的事情频繁发生。捕获的鱼如此之多，以致渔船有沉没的危险，有的渔船确实沉没了。渔民被迫尽可能多地抛钩，因为一些鱼钩肯定会丢失。如果大量的渔船从不同的方向抛钩，并纠缠在一起，这时情况就变得更加糟糕，有些已经上钩的鱼也会死去。为期两天的免费捕捞渔业导致渔民投资更多设备，以便在很短的时间里捕捞更多的鱼。尽管鱼类的存量不断增加，捕捞期不断缩短，但空闲时捕捞设备（和劳动力）大量闲置。几乎所有捕比目鱼的渔民也会利用相同的捕捞设备捕捞其他鱼类，但最终结果还是产能过剩。因为需要快速捕捞，所以对渔获物的处理很粗放，鱼类产品质量也很差。

渔船着陆后，所有的鱼几乎在同一时间进入市场。新鲜比目鱼的市场非常有限，大部分比目鱼不得不冷冻起来。而且，还需要投入巨资建造冷库。冷库只在很短的时间里用来冷藏比目鱼，其他时间只能闲置。通过冷冻的方式加工比目鱼是一种资本密集型产业，因此提高了市场准入门槛，从而可能会限制竞争。而加工新鲜的比目鱼则是劳动密集型产业，所需要的资金成本很低。

437   1990 年，加拿大修改了管制体系，即为渔船建立了配额并延长了捕捞期，从而为新鲜比目鱼创造了一个市场。事实上，因为加拿大销售的比目鱼主要是新鲜鱼，所以加拿大的渔民比其阿拉斯加同行享有 70% 的溢价。美国制度的失败是如此显著，以至 1995 年美国也开始实行个体捕捞配额制度。配额基于当时从业渔民的捕捞量进行分配。而且还准备让渔民在整个捕捞期扩大捕鱼量，从而更加注重捕鱼的质量。允许对配额进行租赁及交易，但严格限制份额过分集中。[5]

新西兰渔业经历了大多数国家渔业经历的典型反复。首先，除了近海渔业外，资源几乎没有得到开发利用。20 世纪 70 年代，为了寻求开发新的外汇来源，政府启动了一项补贴计划以发展渔业。结果是过度的资本化（主要是渔船太多，鱼太少），鱼类种群明显下降。1982 年，政府迫使捕鱼收入占总收入不足 80% 的渔民退出渔业市场。这一政策对毛利渔民产生了严重的负面影响——毛利人传统上依靠各种各样的活动维持生计，但它并没有减轻对渔业的压力。1986 年，新西兰按照经济学家的建议，实行了一套可转让捕鱼配额制度。冰岛和菲律宾也采用了相似的配额制度。

程序很简单。科学家们为几个地理区域的每种鱼类确定了总许可捕捞量（total allowable catch，TAC），目的是实现最大可持续收获量。从这个数字减去钓鱼运动的平均捕捞量，并留出20％给毛利人（1840年的一份协议把新西兰所有的渔业全部授权给毛利人，但新西兰选择不遵守这一条约）。剩余的部分就是**总商业许可捕捞量**（total allowable commercial catch，TACC），然后将其分割为**个体可转让配额**（individual transferable quotas，ITQs），这些配额可以在市场上买卖或租赁。最初的个体可转让配额按吨计算，依据渔民的历史捕捞量按比例地授予渔民。为了使个体可转让配额对渔民更具吸引力，最初授予的配额接近其历史捕捞量，并超过总商业许可捕捞量。然后政府把足够多的个体可转让配额购回，以使其达到总商业许可捕捞量。鱼类种群数量会自然地出现波动，因此总商业许可捕捞量也随之起伏。最初，每当总商业许可捕捞量发生变化时，政府都被迫购买或出售个体可转让配额。1990年，个体可转让配额发生了变化，只占总商业许可捕捞量的一部分。

从规模和分配的角度来看，政策一直非常有效。鱼类种群数量已经得到恢复，不过要把新的鱼种引入市场还有问题，因为人们对它们的生活周期知之甚少。例如，大量的证据表明，尽管实施了总商业许可捕捞量制度，新西兰红鱼仍然出现了过度捕捞。从效率方面来看，渔民现在的投资量只需要保证捕到自己的份额，从而降低了渔民的资金成本。捕捞期更长了，因而增加了市场的新鲜鱼供给。当渔民捕捞了大量混获鱼种时[6]，渔民可以购买不同鱼种的个体可转让配额，或者在没有用完自己的配额时，将个体可转让配额租赁给别的渔民。缺乏效率的渔民可以将其配额出售给更有效率的渔民。新西兰的渔业价值在近几年里明显地增加了一倍。

然而，对分配的影响远没有达到预期。个体可转让配额往往集中在大企业的手中，从而导致财富集中于赚钱的产业。尽管存在把所有捕鱼权授予毛利人的协议，但毛利人还是不成比例地被迫退出渔业市场。造成这个问题的部分原因在于信贷的获得。个体可转让配额不属于银行贷款的抵押品。当总商业许可捕捞量下降时，渔民小企业缺乏向银行贷款的抵押品，无法购买更多的个体可转让配额；而大企业可以使用其他资产作为贷款的抵押品。在某种程度上，这个问题源于个体可转让配额按历史捕捞量的最初分配。在最初的过度捕捞中捕捞量最大的企业得到的个体可转让配额也更多。[7]

新西兰渔业的情况显示了独立政策实现独立目标的重要性。总商业许可捕捞量（一个政策工具）设定了规模，而个体可转让配额（一个独立的政策工具）实现了有效配置。但是，个体可转让配额政策经常无法解决分配问题，对于新西兰而言，这种政策存在很多问题的。它们需要第三个政策工具，这个政策工具或许可以限制个体可转让配额过度集中，从而有助于保持市场竞争力，避免把穷渔民逐出市场。

22.5　政策实践

439　　我们已经论述过，基于成本有效地实现环境目标并为降低污染、减少资源消耗等等提供激励的政策是存在的，这些政策甚至在这些目标已经实现之后仍然有效。经济学家们普遍认为，大多数这类政策都是符合成本效益的解决方案，但监管部门一般来说似乎更喜欢更没效率的指令性监管规定。为什么会这样呢？原因很多。

　　环境规定从行政上说往往很简单，而且监管成本很低。监管部门对这些监管规定拥有丰富的经验，监管体系也可以慢慢地发生变化。理论上，监管规定很简单时，人们就普遍认为是公平的，至少它们对每一个人都一视同仁。许多监管者很少注意成本，与关心降低污染者的成本比较，他们可能更关注降低自己的交易成本。其他原因还有很多，但大量的证据表明，在许多情况下，按照管制规定实现某一给定目标的社会总成本要高于其他一些机制，即在宏观控制下依靠市场配置让微观自由达到最大的机制。

　　在美国，限额管制与交易体系在有限的范围内（例如二氧化硫）取得了一些成功，而欧洲的税务计划（被称为"生态税改革"）则更受欢迎。这个想法在"收入中性"的旗帜下在政治上只是以不同的方式得以兜售而已，所谓"收入中性"是指政府对公众征收相同的税。遵循渐进主义的设计原则，欧洲国家政府一直试图最先征收最理想的资源税，并将其与最糟糕的现行税相联系，从而消除后者，直至来自前者的收入许可的程度。因此，人们可以得到一个"双份红利"，即对一种价格过低的资源征税多带来的环境效益，再加上摆脱扭曲税或递减税所带来的财政收益。[8] 随后，人们会寻求将下一种最理想的资源税与下一种更糟糕的其他税相联系，如此等等。

　　生态税制改革的口号就是"对不良品征税，对有益品不征税"。这种想法就是将税赋从劳动和资本的增加值（我们希望更多的东西）转移到"被增加价值的东西"，即通量及其有关的消耗和污染（我们希望更少的东西）。对希望更少的东西征税，对希望更多的东西停止征税，这似乎是一个常识。然而，经济学家曾经很怀疑这一常识，并发明了带有特定假设的一般均衡模型（即没有资源投入的生产函数），并得出了违反直觉的结果。我们发现这些模型一般都是人为的，不能令人信服。无论如何，
440　这些政策开始执行时在欧洲似乎很有效。[9] 欧洲各国政府在实施生态税改革时面对的主要政治困境似乎是：通过保持资源的低价格以维持其在国际贸易中的竞争优势；或者将外部成本内化于价格之中，从而提高价格，

这样则会对竞争优势造成伤害。这也是我们在分析全球化时曾经论述过的一个问题。

后者是一种普遍存在的严重的政策困难。第五条政策设计原则表明，政策制定当局所涉及的范围应该与那些引发政策或受政策影响的人的活动范围相一致（参见第 21 章）。如果实施一项政策以限制污染，而且一家企业只需要转移到国外去就可以避免履行这项政策，那么，二者的范围就不一致了。正如我们在第 19 章所述，尽管我们把公共政策的范围限定在国家水平，但全球化却把活动范围扩展到了整个世界。因为在全球化条件下，国家政策很容易逃避，所以往往会弱化公共政策，随之增加个人和企业的相对能力。由于自由贸易和资本自由流动的刺激，在国家层面上对处理贫穷、环境恶化、卫生、教育，甚至没有通货膨胀的完全就业等宏观经济目标的努力都将作出牺牲，以让位于压倒一切的目标，即全球市场商品产量的增长。

这就是为什么有人会在西雅图、布拉格、热那亚、华盛顿特区的大街上以及世界贸易组织、国际货币基金组织和世界银行开会的地方示威的原因。缩短会期并且改变会议场所（如卡塔尔）并没有解决批评者提出的问题。所以，希望生态经济学能够提供一个框架，在这一框架中增长和限制的合理主张都能够得到认可，这种要求是不是太高了？

22.6 主要概念

直接管制	Direct regulation
指令性管制	Command-and-control regulations
庇古税和庇古补贴	Pigouvian taxes and subsidies
可交易许可证和配额	Tradeable permits and quotas
减排成本	Abatement costs
总商业许可捕捞量	Total allowable commercial catch，TACC
个体可转让配额	Individual transferable quotas，ITQs
生态税改革	Ecological tax reform

【注释】

［1］调控投入以降低捕捞量与调控投入以减少负外部性（如过度捕捞或生境破坏）是两个完全不同的问题。

［2］当美国环境保护署最初提出二氧化硫可交易排放许可证机制时，产业部门的边际减排成本估计高达每吨 1 万美元。美国环境保护署的估计是每吨 1 000 美元左右。现在许可证按照每吨 100 美元进行交易。参见 Carol Browner，speech，"Public

Health and Environmental Protection in the 21st Century," University of Vermont's 2002 Environmental Literacy Seminar Series，March 25，2002。

［3］A. C. Pigou, *The Economics of Welfare*，4th ed. ，London：Macmillan，1932（首版于 1920 年）。

［4］E. T. Verhoef, "Externalities," In J. C. J. M. van den Bergh, *Handbook of Environmental and Resource Economics*，Northampton，MA：Edward Elgar，1999. 我们再一次重申，公平分配应该优先于效率，对个人受到的伤害进行补偿更可取。

［5］K. Casey，C. Dewees，et al. ，The Effects of Individual Vessel Quotas in the British Columbia Halibut Fishery, *Marine Resource Economics* 10（3）：211 - 230（1995）；C. Pautzke and C. Oliver，Development of the Individual Fishing Quota Program for Sablefish and Halibut Longline Fisheries off Alaska. Anchorage，Alaska：North Pacific Management Council，1997. Online：http://www. fakr . noaa. gov/ npfmc/Reports/ifqpaper. htm.

［6］混获鱼种是指非目的鱼种的鱼类收获物。根据物种和现有法律，混获鱼种可以作为捕捞物保留起来，或者放归。混获鱼种通常在捕捞过程中被杀死，但仍然可以扔回去。海豚作为某些金枪鱼的混获鱼种以及海龟作为某些虾类的混获鱼种已经得到了越来越多的重视。对于一些渔业（如虾），混获鱼种的重量可能高出目标物种 10 多倍。

［7］P. Memon and R. Cullen，Fishery Policies and Their Impact on the New Zealand Maori, *Marine Resource Economics* Ⅶ（3）：153 - 167（1992）；New Zealand Minister of Fisheries，The Quota Management System，no date. Online：http:// www. fish. govt. nz/commercial/quotams. html；R. Bate，The Common Fisheries Policy：A Sinking Ship, *Wall Street Journal*，June 2000. Online：http://www. environmentprobe. org/enviroprobe/evpress/0700 _ wsj. html.

［8］环境经济学家们经常争论是否存在"双份红利"，但生态经济学家们接受这一说法。

［9］B. Bosquet，Environmental Tax Reform：Does It Work? A Survey of the Empirical Evidence, *Ecological Economics* 34（1）：19 - 32（2000）.

第 23 章　公平分配

441　　　财富和收入的分配一直是一个有争议的问题，但它也是至关重要的问题。为什么？

第一，那些太穷的人不会在乎可持续性。他们连自己的基本需要都得不到满足，为什么还要替后代的福利操心？在整个世界上，过度贫穷的人被迫破坏土壤、皆伐森林、过度放牧和容忍过度的污染，他们只是为了生存。正如我们前面已经论述过的，这些活动的影响范围不仅仅是当地，它们还会产生全球性的后果。

第二，那些过于富裕的人消耗了大量的有限资源，可能剥夺了后代人生存的基本手段。即使最不愿意进行人际比较的经济学家也无法否认，挣扎在生存线以下的穷人的边际消费效用远高于富人购买越来越轻浮的奢侈品所获得的边际效用。

第三，如果关心可持续性，也就是关心代际分配。我们不能只为了能够消费更多的奢侈品，而迫使后代生活在贫困之中。然而，哪一种伦理体系能够证明不关心当代人的福利，而去关心还没有出生的人的福利是合理的呢？

第四，我们知道在有限的地球上经济系统不可能永远增长下去。我们必须限制增长以确保未来的福利，但从伦理上说，我们不可能告诉穷人，他们的权利必须继续遭受剥夺，以确保未来不受此影响。如果馅饼必须停止增长，那么从伦理上说，就必须对它进行再分配。

如果分配是如此重要，为什么它又是如此有争议呢？许多人都认为，在自由市场社会里，人们拥有财富是因为他们劳有所获，如果要把他们的血汗钱拿走，那是不公平的。我们认为，分配政策一般不应该剥夺人们通过自己的努力和能力赚取的钱财。然而，人们不应该私自占有大自然、社会以及他人创造的价值。并且要为他们从别人那里得到的任何东西或者给别人造成的任何成本按公平合理的价格支付给别人，这些东西包括政府提供的服务。此外，还必须认识到，比较平等的资源分配可以产生公共物品，如经济稳定、低犯罪率、凝聚力较强的社区以及更好的健康水平（正如我们在第16章所述），而且社会应为公共物品埋单。如果遵循这些原则，产生的分配应该既公平又可持续。[1]

分配必须既注重收入和财富，也注重市场物品和非市场物品。促使高收入者和富裕者为政府提供更多资金的政策能够进一步改善分配，比如允许政府为低收入者减税，资助惠及所有人的公共物品项目。政策制定者已经制定了许多计划，以实现分配目标，这些计划既有国内的，也有国际的。有证据表明，一些计划非常成功，一些则不然。我们现在回顾旨在实现更公平分配的一些政策。

23.1　收入和财富最高限额

必须为个人收入设定一个最高额度吗？乍一看，许多人认为这类政策是对个人自由莫须有的侵犯。国家有什么权力剥夺人们的血汗钱？收入与财富只是辛勤劳作的应有报酬。从这个观点来看，设定收入最高限额是不公平的。

然而，在一个受制于热力学定律的有限地球上，如果当代有些人消耗过多，后代人的可用资源就会减少。这意味着，未来社会可能比现在更糟，那时人们可能不得不比当代人更努力地工作，但即便如此，却仍然比当代人消费得更少。在这种情况下，我们有义务考虑后代人的需求，整个社会都要减少消费，以便后代和当代人一样，有相同的机会得到他们的工作报酬，有相同的机会得到他们的劳动所得。然而，要求社会作为一个整体降低消费，而不要求社会中最富裕的成员也降低消费，这很难站得住脚。

443

　　许多富人的收入远远超过了他们可能消费的数量。倘若比尔·盖茨把他所有的财富投资于与通货膨胀挂钩的政府债券，实际收益率为 3%（也许接近于无风险投资），那么，他每天将赚取 300 多万美元。[a] 世界上许多最富有的人赚的钱远远多于他们或他们的后代要花的钱。如果不打算消费，为什么还会有人积累财富呢？唯一合理的答案就是集聚权力和地位。

　　当然，很难否定在现有的政治体系当中财富不能带来权力。虽然许多人认为，财富分配不公平是可以接受的，但在民主国家当中，几乎没有人认为权力分配不公平也可以接受。[b] 权力可以推动财富积累，然后用来产生更多财富，并因此获得更大权力，这是一个恶性循环。例如，大多数国家的企业对政党的捐赠显然不是用来加强民主，而是促进立法，为捐献者提供更大的经济优势。如何解释这样一个事实：很多大公司同时向两位竞选同一职位的政客捐款？通过政治影响寻求经济优势，财富会削弱市场的力量，破坏市场能够产生的有益结果。

　　奇怪的是，大多数美国人仍然反对收入上限。[c] 美国人以及许多其他资本主义民主国家的公民似乎有两种完全不相容的核心信念：我们有权利要求有一个民主政府，我们也有权利成为一个比大富翁弥达斯（Midas）① 更加富有的人。然而，最高法院的大法官路易斯·布兰代斯（Louis Brandeis）曾说过："我们可以有一个民主的社会，我们也可以让大量的财富集中在少数人手里。但我们不能二者兼得。"

　　a. 比尔·盖茨位列 2003 年福布斯世界富翁之首，2001 年 11 月他的净资产达 407 亿美元。

　　b. R. Lane, Market Justice, Political Justice, *American Political Science Review* 80（2）：383－402（1986）.

　　c. Ibid.

　　仅仅为了地位而积累财富会产生不利影响吗？答案是肯定的。原因有两个：第一，人们往往会通过炫耀性消费以显示其地位，这样会扩大经济规模。第二，地位是以与别人的相对位置来衡量的，因此是一个零和游戏。每个人的社会地位都不能提高。因此，如果我努力工作，积累财富并提高我的社会地位，我就降低了别人相对于我的社会地位。为了保持自己的地位，别人也不得不更加努力地工作，从而牺牲了闲暇时间、
444
为社区服务的时间以及与家庭成员沟通的时间。如果人人都加倍地努力工作以提高自己的地位，其实没有一个人的地位会发生变化，然而人人都只有更少的时间来追求其他目标，而且会消耗更多的自然资本。通过累积财富来改变社会地位就好比一场军备竞赛，比赛中人人都更加努力，

---

　　① 希腊传说中贪心的国王。——译者注

但彼此的境况都变得更糟。

因此，炫耀性消费是一种负外部性，人们应该为他们给别人带来了负面影响而付费。累进消费税有助于重新分配资源，而且通过对负外部性征税，也会导致一种更有效的资源配置。[2]实证表明，在比较富裕的国家，尽管国民财富持续大幅度地增加，但是人们对生活却越来越不满意。[3]

> **思考！**
> 你能解释累进税是如何让富人变得更富吗？

给收入设定上限的政策还包括征收一种很高的累进所得税，几乎接近100%，从而对某些人的收入进行更为直接的限制，或者在允许的最高收入和最低收入之间建立一个合法的比例，从而实行相对限制。全世界都使用累进所得税。许多经济学家声称，这类税种对经济增长是一种抑制，但它们有助于在可持续规模时实现稳态经济。但是，20世纪50年代美国的经济增长非常快，当时最高边际联邦税阶为90%，今天只有不到40%。

为财富设定上限的政策包括累进财富税，目前许多欧洲国家都采用了这一税种。人们已经缴纳了房地产税，它是一种财富形式，那么为什么不把这一税种扩大到对所有财富征税，尤其是那些高度集中在最富裕人手中的财富？税率非常高的遗产税的作用也相同，据估计，46%的积累财富是直接继承的。[4]

445
许多人会反对通过累进税不成比例地剥夺富人的财富，因此它不符合本章开始时讨论的准则。然而，政府通常提供了大部分基础设施和制度，从而使得企业蓬勃发展，人们变得更加富裕。如果比尔·盖茨、沃伦·巴菲特和其他亿万富翁出生在撒哈拉以南的非洲地区，他们还会如此富裕吗？此外，政治哲学家长期以来一直认为，政府的一个主导作用就是保护私有财产。那么很显然，某个人拥有的私人财产越多，那么他们受益于政府提供的服务也越多，他们应该为这些服务支付的费用也越多。[5]

反对设定收入上限的另一个观点是认为它会对穷人产生不利影响。从这个观点来看，允许无限的财富积累会创造某种激励，增加总产量和就业机会，并使得境况糟糕的人比以前变得更好。对最富裕的人设定收入上限则会减少最穷的人摆脱贫困的机会。如果这是真的，那么如何解释北欧（北欧的税率非常高）很高的生产率和相对较少的贫困呢？

23.2 最低收入

许多国家（包括美国）制定了一系列旨在保证最低收入的政策。这些政策通过消除贫困并减少贫富差距而有助于实现可持续性。最低收入政策之所以合理，那是因为其有助于提供大量的其他公共物品。我们在第 17 章和第 20 章中解释了经济衰退是如何具有正反馈循环的。有些事情会引起消费下降。人们购买的东西越少，企业生产的东西也越少，并且就会裁员。被解雇的工人消费量更少，所以企业会再一次降低产量。如果有最低收入保障，即使人们被解雇了，他们仍将继续消费。事实上，最低收入者用于消费的支出占其收入的比例最高。最低收入有助于打破引发经济衰退的正反馈循环，而且经济稳定能惠及任何人。大量证据表明，收入差距与犯罪、暴力和其他公共坏品有关。虽然最低收入并不能消除这些问题，但是它有助于减少这些问题，所以我们赞成这个政策。

新古典主义福利经济学的根基在于功利主义哲学和边际效用递减，正如我们在第 8 章所述，它以含蓄的方式呼吁消除贫困。如果社会的目标是使得社会成员的效用总和最大化，而且财富和收入符合边际效用递减率，那么很显然，额外增加一个单位的财富给穷人提供的效用就比给富人的更高。愿意接受这一结论的经济学家已经宣称，不同的人享受快乐（或蒙受损失）的能力是不同的，因此我们不能对人际之间的效用进行比较。因此，许多经济学家一致关注于产量的最大化，而不是效用的最大化，从而有效地绕开了分配问题。[6]

另一方面，显而易见的是，平均而言，与百万富翁相比，一个单位的额外收入可以使得生活在绝对贫困中的人受益更多。人们在不同水平上可能有不同的享受能力，但是在忍受痛苦方面我们非常相像，譬如说都是被同样的毒素毒害，被同样的细菌致病，而且我们的生物生存需求都一样。当一个人从基本生存需求以下移动到生存需求以上时，所需要额外增加的效用显然是非常巨大的。

奇怪的是，大多数美国人公开认为，目前美国的收入分配是不公平的，但他们仍然不愿意为那些没有"赚得"收入的人提供收入。然而，"劳有所得"的论点建立在这样一种假设的基础之上：人们根据他们对社会的贡献而得到报酬。然而，实际收入在过去的两个世纪里呈现出相对平稳的上升趋势。与其说这是由于人们对社会作出的贡献更大，不如说是因为他们受益于过去人们对生产力的贡献。换句话说，人们实际得到的好处比他们劳动应该得到的报酬更多。为什么不是更少呢？

与其他一些政策相比，确保最低收入的具体政策更具争议。最常使用的政策是：

1. 福利计划，即由政府为穷人提供的直接货币或物资援助；
2. 为失业人员提供的失业保险；
3. 为就业人员提供的最低工资和负所得税。

这些办法可以在确保最低收入中发挥一定的作用，但对于社会或者这类转移支付的接受者而言，同样简单的转移支付或许并不是结束贫困的最好办法。

在传统的确定最低收入的办法当中，许多生态经济学家认为，首先是教育、就业、职业提升的机会均等，其次是保证有一份养家糊口的工资，因此直接转移支付只在必要的时候发挥作用。此外，我们认为，人们享有平等的权利享受大自然和社会创造的财富，与个人的创业能力无关。平等地分配这些财富就可以提供最低收入。这涉及其他一些不那么传统的办法，通过分析收入作为生产要素的回报，我们现在就探讨这些办法。

23.3 生产要素回报的分配

为了能够系统地了解收入的分配，回忆一下我们在第 16 章提出的四种收入的来源：工资、利润、利息和租金。工资是劳动的回报；利润是企业家精神的回报；利息是资本的回报；租金是土地和其他自然资源的回报。收入分配的大部分集中在劳动的回报，而最大的差距实际上是其他生产要素的分配结果造成的。我们现在着重讨论资本和自然资本的回报。

资本回报的分配

金融资本（包括在生产性资产中的股权）在国家内部和国家之间都是高度集中的。美国就是发达国家最臭名昭著的典型。回顾我们在第 16 章所述，20 世纪 90 年代末期，最富有（前 1%）的美国人控制了 95% 的国家金融财富[7]，1989 年还只是 48%。因此，即使大多数发达国家的资本回报（生产性资本和金融性资本）占收入的比例不到 30%，但是几乎所有的收入流到了极少数人的手中。1997—1999 年，福布斯美国财富榜 400 强的财富平均每人每天增长 1 287 671 美元。相比之下，1985—1997 年，美国最贫穷（后 40%）家庭的资本净值下降了 80%。[8] 就金融财富而言，利润和利息是重要因素，收入差距出现在美国和许多其他国家。

一般认为，资本主义制度是由资本家聚集而成的，而资本家是拥有资本的个人。然而，在大多数所谓的资本主义国家，资本家实际上很少。市场经济是以所有权为基础的，它是资本主义制度拥有令人印象深刻的生产效率的原因。资本所有权的分配更广泛，还可以提高市场经济的效率，如果运行很好，它就能够提高系统提供重要的非市场商品和服务的能力。

我们以土地所有制为例进行解释。众多研究表明，与只参与收益分成的佃农或工资劳动者管理土地的生产率相比，具有稳定产权的所有者管理土地的生产率更高。[9]这是有道理的。要使土地具有生产力，就需要在土地的生产能力方面进行投资。一个只参与收益分成的佃农或暂居者几乎没有任何动力在其土地的生产能力方面投资，工薪阶层甚至更缺乏这种投资动力。对于佃农而言，投资回报必须与地主分享，而地主在任何时候都能够将佃农驱逐。暂居者也不能肯定在一年后他还会把土地控制在自己手里，在存在这种不确定性的情况下，他也不会贸然对资源进行投资。经济学家普遍认可这些观点，并认为个人拥有土地所有权非常合理。

与佃农相比，产业劳动力可能更没有积极性提高土地的生产力。工资劳动者有什么积极性做任何超过他保住工作所需的最低工作量（当管理者几乎没有机会区分不同工人的生产能力时尤其如此）？工人们最熟悉他们所做的工作，在许多情况下，他们对于如何更快、更好和更便宜地做好工作具有最好的见解。然而，如果他们没有从更有效生产中获得直接好处，他们为什么要浪费时间去思考如何实现它？

此外，如前所述，工作就是许多人把大部分醒着的时间都用在其上的地方。经济学家通常认为工作只是一种为了获得为我们提供效用的物质性商品而必须忍受的一种负效用，但没有任何理由应该如此。经济制度不应该只专注于生产物质性商品的最有效方法，而应致力于生产人类福利的最有效方法。大多数资本所有者都致力于利润最大化。只靠利润最大化就能创造工作条件从而产生最大的职工福利，这种情形极其罕见。

设想一家企业的工人们自己拥有股权的大部分份额。世界各地普遍采用了这样的计划，即员工持股计划（employee shareholder ownership programs，ESOPs）。在员工持股计划当中，工人不管理公司，但他们与股东一样，对管理决策拥有相同的影响力。按照员工持股计划，职工收入由工资和股票盈利构成。这样工人会更加在意公司的盈利能力。如果员工可以通过某种机制提出建议，那么员工思考提高产量的办法则是员工的一种自利行为。员工同样也会关心其他员工的表现，因为这会影响他们的收入。综合效果通常是提高生产率。如果员工控制的股权份额足够大，那么他们很可能会努力使得工作场所成为更加理想的场所，成为一个满足各种人类需求的场所。由于员工和资本家之间并非对抗的关系，员工只想为自己谋福利，资本家只希望盈利，持股员工希望在这两方面取得平衡。如果按照满足人类需要的能力方面来衡量，员工持股有可能提高效率，虽然物质生产并非如此。

值得一提的是，公司常常把大部分的股票期权提供给首席执行官，这一点和员工持股计划的原理类似。因为首席执行官不拥有他所管理的公司，他们试图管理一个公司以使得个人利益最大化，而不是企业效益最大化。如果股票期权构成首席执行官薪水的一大部分，那么对公司有好处的事情（至少在短期内，而且按股票价值来衡量）也是对首席执行官有好处的事情。正如最近发生的许多公司的财务丑闻（安然公司、世通公司等）一样，一些首席执行官可能过于注重短期，而且只注重股票的价值。股票价值可以通过财务欺诈而得到提高，首席执行官通常有足够的信息在事发之前而摆脱困境。此外，这类"员工持股计划"通常会加剧已存在的收入和财富分配的总体不平等性。

扩大所有权机会也有助于解决外部性问题。许多行业产生的污染相当大，对当地居民造成巨大的负面影响。如果所有者住得很远，他们将寻求利益最大化，且可能在法律许可的范围内，最大限度地忽视这些负外部性。然而，如果当地居民有足够的产业所有权以便他们在管理中发挥作用，情况又会怎么样呢？当地居民将竭力在负外部性和利润之间寻找到某种平衡。实际上，负外部性已经内部化了，这是一个有效解决方案的必要条件。交易成本会降低到协调利益相关者的成本，这种成本在任何国有企业都是存在的。通过社区持股计划（community shareholder ownership programs，CSOPs）可以达到这一结果。

资本所有权分配机制（mechanisms for distributing the ownership of capital）。广泛的资本所有权可以成为一个有效工具，以改善分配、提高经济在满足人类需求方面的效率，并将外部性内部化。问题是：什么政策将帮助实现这一目标？简单地剥夺当前所有者的所有权并将这些权利交给工人，这样做很可能是不公平的，而且在任何情况下，这样做都太激进，背离了我们的原则，即必须重视初始条件。可行的选择有很多，我们在此只提及其中的少数几个。第一，生产性资产会损耗，必须不断地以新汰旧。更广泛的所有权分配并不需要我们直接分配现有财产，只需改变新资本的所有权模式。第二，不仅存在实现改变新资本所有权模式的机制，而且它们在许多国家都已经得到检验，并得到了政坛各界的普遍支持。[10]

员工持股计划可能是资本主义国家使用最广泛的拓宽所有权模式的一种体制。在美国，1996年，约有900万名员工参加了员工持股计划，控制了大约9%的企业股权。美国联合航空公司（United Airlines）的飞行员带领员工联合购买了55%的股票以增加他们在公司管理中的话语权（目前，该公司已进入破产程序，这是一个很好的警示：别把所有鸡蛋都放在一个篮子里）。在其他公司，作为一种实际利益，公司把股权奖励给员工，以此来替代利润分享计划。然而，还有的公司将股权奖励给员工以抵御其他公司的恶意挖人行为（员工在这种挖人行为中经常会失去他们的工作，因此，他们可能不愿意卖掉他们的股份）。一些公司把公司股票卖给员工，以便企业扩张或者去挖别的公司的人。大量的税收优惠及其他补贴政策一直被用来鼓励员工持股计划。

由于资本主义存在的优点，政府可以用来鼓励这种现象的其他可行策略还有许多。政府合同、采购、执照（例如公共广播电视）以及民营化计划都可以显示企业促进广泛所有权的偏好[11]；现有的贷款补贴（比如许多国家政府为出口商品的购买者提供贷款担保）可以重新配置，使之只有利于促进所有权广泛的企业；国家发展银行和国际发展银行都会为这类公司提供优惠贷款；其他无数的公司福利，都是为了创造新的资本家；训练人们如何成为资本家以及如何管理资本。大多数国家的公立学校培养人们成为工人而不是所有者。[12]而资本主义社会需要更多的资本家！

自然资本回报的分配

451　　在世界各地，土地以及其他自然资本的所有权也相当集中。虽然租金中要素所占份额通常只占收入的 2%，但是这一计算忽略了自然资本回报的两个主要来源。第一，来自自然资源开采的回报通常归类为利润，实际上大部分这类回报是租金（回忆一下，利润是指超出或高于资源供给成本所产生的利润。不可再生资源的供给是固定的，而且许多可再生资源的销售价格往往也高于供应市场的成本）。第二，许多自然资源的回报是一种隐性的补贴。例如，当一家企业污染了水或空气，而且不需要支付它引起的成本时，这家企业就占有了环境的废弃物吸收能力的回报。

结束公共补贴（ending public subsidies）。当一个国家拥有我们所讨论的资源时，采矿业尤其需要对这些资源支付资源开采税。在许多情况下，这些开采税的数量非常小。国家应该能够征收等于稀缺租金的开采税。[13]通过把开采税用于支付公共物品，从而利用它来减少税收，或以公民股息的形式将它进行分配，国家就可以使用租金改善分配。在一些初级产业中，政府公然对一些自然资源开采企业进行补贴。我们用美国的一些典型例子加以说明。

按照《1872 年采矿法》（Mining Law of 1872），企业可以按照每英亩 2.50～5.00 美元的价格购买联邦土地的地面采矿权，具体价格取决于矿床的性质。[14]这项法律起初的目的是鼓励欧洲移民定居美国西部，但现在它不过是给大型企业——许多公司甚至不是美国的公司——的一种馈赠品而已。公有牧场也经常以市场交易价格的零头出租给大牧场主。[15]国家森林的木材采伐权也经常出卖，其价格低于政府建设森林公路的成本，有时甚至低于投标准备的成本。[16]其结果是，为了获得木材，
452　美国许多国有森林遭到了采伐，即使属于私人，这种采伐从经济上来讲也是不可行的。

20 世纪 90 年代，一项更有争议的环境立法就给俄克拉何马市爆炸事件的受害者提供联邦援助的木材救济附文。[17]这项立法试图"救助"

所有遭受昆虫或火灾威胁的国家森林树木。该法案规定暂停实施环境救济工作，木材应该按照政府的经济损失出售，如果有必要的话。因为大多数森林都受到昆虫和火的威胁，所以该法案只不过是一次巨大的公共资源不正当交易。2003 年健康森林倡议（2003 Healthy Forests Initiative）基本上延续了这一政策。

虽然所有这些例子都来自美国，但类似政策在世界各地都有。摆脱所有这些补贴应该会减少生态系统及其服务的损失，节省纳税人的钱，并产生很多政府的新收入。

阿拉斯加永久基金和天空信托基金（Alaska Permanent Fund and sky trust）。阿拉斯加州采取了一种直接分配自然资本收入的步骤。阿拉斯加对其丰富的石油储备开征了资源开采税。这些税收全部进入阿拉斯加永久基金。该基金的利息分发给阿拉斯加的所有居民。其想法是阿拉斯加的自然资本，或者至少是它的石油供应，不属于任何公司，而是属于所有阿拉斯加居民的共同财产。把钱投资于信托基金，这样即使有朝一日石油消耗殆尽，未来的阿拉斯加居民仍然能够分享到一份奖励资金。

生态企业家彼得·巴恩斯（Peter Barnes）曾经提出类似于阿拉斯加永久基金的"天空信托基金"，对来自非市场自然资本的收入进行分配。他问：谁拥有天空？他的答案是，天空是一种公共财产资源，归一国全体公民所有。然而，有些人对天空的废弃物吸纳能力利用得比其他人多。工业企业污染天空而没有付费，有些人污染得远比其他人多。因为几乎没有相应的制度来保护我们对天空的公共产权，所以它被视为可以免费利用的资源，其结果是恶劣的空气质量、酸雨、气候变化以及其他一些不良影响。

天空信托是指一系列旨在解决规模、分配和资源配置问题的政策。经济规模和资源配置问题可以通过设定配额的方式得到解决，这种配额可以以个体可交易配额的形式进行拍卖。我们在前面的章节中已经讨论了这些机制的工作原理。这些配额销售后所得到的所有回报一并进入信托基金，由信托基金所产生的回报则以现金的形式均等地分配给全体公民。所有公民应该得到同等的份额，但污染越多，付费也越多，所以就出现了再分配的情形。[18] 相同的想法可以应用于所有自然资本，其基本假设就是：自然资本是大自然赐予所有人类（而不是精选出来的少数几个人）的一份礼物。

鉴于众多理由，这是一项很有前途的政策，但是再分配机制会引起一些问题。天空是一种公共物品，就像许多适合于天空信托政策的其他生态系统服务一样。相反，现金支付只对市场物品的接受者。实际上，这种政策会引导把限额配给的公共物品转向对私人物品的购买。当人们使用他们从信托基金得到的钱时，就会促进对其他自然资源的消费，并产生废弃物。

我们认为，另一个选项也应该加以考虑，即使用信托基金购买急需的公共物品。然而，在目前的制度下，每年花费数千亿美元以使人们相信——非市场物品的消费是通向幸福的唯一道路，随之而来的是公众对政府普遍的不信任，因此，在公共物品上，采取直接现金支付的方式比利用信托基金从政治上说更加可行。如果直接现金支付是使得天空信托基金在政治上可行所必需的，那么该方法就仍然是值得推荐的。由于后代人将会更好地理解和评估非市场物品的重要性，信托基金或许能够创造新的公共物品。

土地税（land tax）。土地是另一类公共财富，即大自然提供的一种资产，它原本属于一个国家的全体公民。对于很多资产而言，人们可以随心所欲，但国家总会设法保留国家对其领土的主权。在大多数国家，土地所有权是高度集中的，所有权的报酬也是如此。[19]正如我们在第11章所指出的，李嘉图土地的价值几乎全是由正外部性引起的，也就是说，土地因更接近于其他人而更有价值。换句话说，土地价值是由社会而不是地主创造的。土地的供应量也是固定的。无一例外，不论土地的价格有多高，都不会有更多的土地被创造出来；无论价格多么低，等量的土地依然存在。因此，土地的所有报酬都是经济租金，即超过最低必要供应价格的部分。由于供给量固定而需求增加，因此土地价格以及土地租金都将上涨，从而导致财富和收入越来越集中。

以经济学家亨利·乔治为首的一群思想家认为，由于社会创造了土地的价值，因此社会应该享有土地的报酬。虽然在许多国家重新分配土地本身是一项困难的、破坏性的而且在政治上不可行的政策，但是，通过土地税的方式重新分配土地租金则非常简单。在极端情况下，该政策的支持者呼吁只对土地收税，不过，许多人把它理解为对所有资源（即大自然赐予人类的一种礼物）征收的一种税。大多数国家既对土地征收财产税，也对土地上的基础设施征收财产税，但这是两种截然不同的资源。我们应该对附加值的原值征税，而不是对附加值本身征税。该政策有许多合理的成分。

从分配角度来看，高土地税将会压低土地价值，因为它会推高拥有土地的成本。从理论上讲，土地价格应该等于由土地产生的未来的收入流的净现值。由于高土地税会使得收入流减少，因此它会降低土地价格。土地税也会使得土地投机更无利可图。它只会变得太贵，以致无法每年支付税金而空等土地价格上涨。消除对土地的投机需求会进一步压低土地价格。较低的土地价格会使得土地及房地产更方便获得，尤其是与高土地税相伴而生的是降低或取消对土地地面附着物的税收时。而且，整个土地税都由土地所有者缴纳，也就是说，不会转向承租人，因为土地的供应是完全弹性的。图23—1对此作了更详细的说明。还有一点值得注意的是，投机泡沫是经济动荡的一个原因，因此土地税有助于稳定经济。乔治认为，几乎所有的经济周期都是由土地投机引起的。

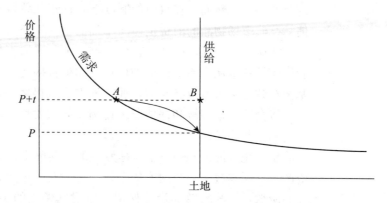

图 23—1　谁缴纳土地税？

注：土地的供应对于土地价格而言是完全弹性的。这意味着在任何正的价格情况下，土地的供应量是一样的。相比之下，需求对土地价格十分敏感，而且存在一个可以使得供需平衡的市场价格。如果土地按金额 t 纳税，土地出让方试图将土地税转嫁给受让方或承租方，从而临时性地把价格提高到 $P+t$，这时市场就不会出清；AB 数量的土地则仍未售出。在地价较高时无法售出或租出土地的土地所有者会因此而被迫降低价格，促使价格回落到 P。这意味着政府把所有的土地租金都通过税收的方式征走了，而且还没有减少供应。

> **思考！**
>
> 你能解释为什么消除投机利润可以降低土地成本吗？从供给和需求方面思考。

　　土地税也有助于抑制城市扩张及其所有的负面影响。那些拥有高价土地的人就会有更大的积极性投资于土地的生产性方面，或把土地卖给那些投资土地的人。土地价值越高，投资或出售的压力就越大。最终结果不一定是投资更多，而是对最有价值的土地的投资越多。土地价值越高，人口就越稠密。这意味着城市土地将会得到更密集的开发，从而减轻城市扩张的压力。

　　土地税，加上取消物业税，应该可以降低建筑物的建造成本，因此建造的建筑物会更多。这种政策也可以改善分配，因为穷人经常把收入的大部分用来支付房租，住房供给加大，意味着房租下降。然而，为了达到理想的分配和规模效果，土地税（或租金上限方案）也应该扩大到所有大自然提供的免费商品。在这种情况下，与修复建筑相比，新建筑原材料税负（或可交易的许可证成本）会更高，因此投资就会转向建筑修复。目前，修复老建筑会增加它们的价值，并因此而增加税务负担，而且税收会抑制修复活动。相对于新建筑而言，更多的投资会投向房屋修复，这将进一步有利于城市中心区，而不利于郊区的建设。

　　在大多数情况下，政府会为郊区发展提供基础设施，这基本上是给搬到郊区来住的人的一种补贴。土地税高的城市，其基础设施税则很低，或者为零，这类城市包括墨尔本、匹兹堡、哈里斯堡等等。有证据表明，土地税确实会限制城市的扩张，并导致城市美化更新。农村的土地价值往往只有城市土地价值的很小部分，所以土地税对土地利用的影响微乎其微。尽管如此，处于自然状态下的土地所提供的生态系统服务功能，通常都不应该缴税。

> **思考！**
> 你能解释为什么取消对建筑物征税会增加土地供给，并降低土地租金吗？

23.4 附加政策

456   我们现在简要论述另外两项分配政策。第一，如果政府重新夺回了铸币税的排他权利（印钞票的权利），那么政府就可以用这些钱来改善分配。第二，可以关注一下需方政策。穷人把大部分收入都花在了哪些方面？房租和医疗保健。[20]我们已经论述过，将建筑税转换为土地税是如何压低住房成本的。

像大多数发达国家公民已经享受的那样，政府普遍资助健康保健既可以大幅度地增加穷人的实际收入，也可以减少国家对医疗保健的支出。与任何国家相比，目前美国用于医疗保健方面的国民收入比例都更高，但仍然无法保证4 000多万美国人的需要。虽然这是一个很有争议的话题，但医疗保健就像生态服务一样，很不适合由市场来提供。

23.5 主要概念

最低收入标准	Minimum income
收入和财富上限	Caps on income and wealth
财富、地位和权力	Wealth, status, and power
员工持股计划和社区持股计划	ESOPs and CSOPs
租金	Rent
公共补贴	Public subsidies
阿拉斯加永久基金	Alaska Permanent Fund
土地税	Land tax

【注释】

[1] 不可持续的结果应该是，对后代人而言，成本很高以至是不可接受的。

[2] R. Frank, *Luxury Fever: Why Money Fails to Satisfy in an Era of Excess*, New York: Free Press, 1999.

[3] R. Lane, *The Loss of Happiness in Market Democracies*, New Haven, CT: Yale University Press, 2000.

[4] G. Alperovitz, Distributing Our Technological Inheritance, *Technology Review* 97 (7): 30 – 36 (October 1994).

[5] 我们很高兴地指出，沃伦·巴菲特和比尔·盖茨积极主张——社会提供了条件让每个人都可以获得更大的财富，那么这些人就应该愿意支付大量的税收，尤其是房地产税。参见 W. H. Gates and C. Collins, *Wealth and Our Commonwealth: Why Americans Should Tax Accumulated Fortunes*, Boston: Beacon Press, 2003。

[6] J. Robinson, *Economic Philosophy*, Garden City, NY: Doubleday, 1964.

[7] J. Gates, *Democracy at Risk: Rescuing Main Street from Wall Street—A Populist Vision for the 21st Century*, New York: Perseus Books, 2000. Gates 引自 E. N. Wolff, "Recent Trends in Wealth Ownership," paper for Conference on Benefits and Mechanisms for Spreading Asset Ownership in the United States, New York University, December 10 – 12, 1998。

[8] Gates, op. cit. 因为最穷 40% 家庭的资产净值很小，即使下降 80%，但其绝对值下降并不多。然而，这个数字还是令人瞩目的。

[9] E. g., A. Brandão, P. Salazr, and F. G. Feder, Regulatory Policies and Reform: The Case of Land Markets, In C. Frischtak, ed., *Regulatory Policies and Reform: A Comparative Perspective*, Washington, DC: World Bank, 1995, pp. 191 – 209.

[10] E. g., right-wing U. S. President Reagan supported ESOPs, as did Robert Reich, the left-wing secretary of labor under President Clinton. J. Gates, *The Ownership Solution: Towards a Shared Capitalism for the 21st Century*, New York: Perseus Books, 1998.

[11] 私有化，即把公共（政府）资产出售给私营部门，已经在世界各地以惊人的速度迅速普及，通常作为国际货币基金组织（IMF）结构调整计划的一个组成部分。

[12] 关于这类政策以及其他一些相关政策，详见 Gates, *The Ownership Solution*, op. cit.

[13] D. M. Roodman, *The Natural Wealth of Nations: Harnessing the Market for the Environment*, New York: Norton, 1998.

[14] M. Humphries and C. Vincent, CRS Issue Brief for Congress: IB89130: Mining on Federal Lands, May 3, 2001. National Council for Science and the Environment. Online: http://www.cnie.org/nle/mine -1. html.

[15] B. Cody, Grazing Fees: An Overview. CRS Report for Congress, 1996. Online: http://cnie.org/NLE/CRSreports/Agriculture/ag-5. cfm.

[16] R. Gorte, Below-Cost Timber Sales: Overview, CRS Report for Congress,

1994. Online：http：//www. cnie. org/nle/for-1. html.

〔17〕附文是附加在另一个法案之上但与法案无关的一项立法。法案没有附文就不能通过。

〔18〕P. Barnes，*Who Owns the Sky? Our Common Assets and the Future of Capitalism*，Washington，DC：Island Press，2001.

〔19〕在美国，前10％的富人拥有60％～65％的土地价值；在巴西，前1％的富人拥有50％的农田。Roodman，op. cit。

〔20〕G. Flomenhoft，"The Triumph of Pareto：Does Equity Matter?"未公开发表的工作报告，于2003年5月23日在美国萨拉托加斯普林斯市举行的美国生态经济学会研讨会上宣读。

第 24 章　有效配置

457　　　　在传统经济思想中，配置问题得到了最大的重视，但它在制定政策的生态经济途径中所起的作用只排第三位。这并不是否认它的重要性。有效配置（或者至少是成本有效的配置）事实上是好政策的一个关键元素，而且，到目前为止，我们已经叙述过所讨论的各种政策是如何有效地配置资源的。我们在本章中将论述资源配置当中的一些"重点"（big picture）问题。

1. 破解这样一个神话，即如果能提出将所有外部成本内部化并且对所有非市场商品和服务进行评价的机制，那么单独依靠市场就可以导致有效配置。

2. 仔细分析形成偏好的不对称信息流及其对资源配置的影响。有效地把资源配置给几乎不增加人类福利的商品也是没有效率的。

3. 回顾针对宏观配置的政策，即资源在私人物品和公共物品之间的配置。

4. 分析全球性公共物品供给在局部控制和国家主权管理下的资源配置中碰到的一些问题。

5. 提出一个更符合生态经济学目标的效率的扩展定义。

24.1 非市场商品和服务的定价及价值评估

正如我们在第 8 章中所论述的，市场利用价格机制作为平衡供求关系的杠杆，可以有效地配置市场商品。许多经济学家认为，如果能确定非市场商品的货币价值，那么就可以利用市场机制有效地配置它们。其结果是，环境经济学最活跃的一个研究领域就是计算非市场商品的"价格"。一旦得到了价格，就需要有一种机制将这些价值内化于市场体系。虽然建立非市场商品和服务的价值至关重要，但建立货币价值（与交换价值一致）是否合适，或者是否有意义，还存在争议。在任何情况下，将这些价值内部化都不是一个简单的任务。

我们在第 21 章曾经讨论过，如果价格是以初始规模为基础建立起来的，那么利用价格确定最优规模就是一个循环推理问题。当我们试图为非市场的生态系统服务设定市场价值时（即有时被认为是确定规模变化的成本和效益所必需的一种方式），就会产生类似的问题。然而，即使我们能克服这个问题，仍然面临着许多严重的困难。

重新计算边际价值

回顾专栏 15.1 列举的钻石与水的悖论。水远比钻石更有价值，但水的价格却很低。价格是指交换价值，或商品和服务的边际使用价值。使用价值是指总价值，或所有单位合在一起的价值。水的使用价值是无限的，但在水资源很丰富的地方，额外增加一个单位的水的价值接近于零。然而，当水极为稀缺时，一个额外单位的水可能意味着生与死的区别，所以它的边际价值也变得无限大。对于任何一种生活必需的商品和服务而言（比如生态系统的生命支持功能），同样也是这个道理：当一种不可或缺的资源稀缺时，其边际价值极高，而且随着它变得越来越稀缺，其边际价值就会迅速提高（参见我们在第 9 章论述的无弹性需求）。

大约 150 年前，许多生态系统商品和服务非常丰富，以至额外增加一个单位基本上没有什么价值。其结果是，经济系统忽视了这类商品的价值。然而，随着时间的推移，这些商品和服务已经变得越来越稀缺，而且它们的边际价值一直飙升，这就是为什么经济学家们现在试图计算它们价值的原因。随着我们逐步接近生态阈值（我们可能已经如此了），这些商品和服务的边际价值以及"价格"将骤然飙升。

为了将这些生态系统的价值内部化，需要不断地重复计算它们，收集信息，然后再通过税收或补贴的方式把它反馈给市场机制。然而，计算这类资源的价值是非常昂贵的，而且集中知识并将其反馈给定价机制需要一个巨大的、昂贵的官僚体系。这一悖论就是：我们爱市场，恰恰是因为市场会以分散的信息为基础，政府实施最低限度的干预，几乎毫无代价地重复计算价格。然而，配置非市场物品应该会非常昂贵，而且信息非常集中，需要大规模的政府干预。

专栏 24.1 ☞

给大自然和生命定价

为了应对法律诉讼中对索赔价值评估的法律需求，经济学家们已经设计了许多特别的价值估算方法。最重要的或许就是计算"生命的统计价值"，用之评估与意外伤亡的法律责任有关的案件中损害。通常的程序是计算死者预期寿命内收入的现值。多数人都不会为这个数量的钱而自愿放弃他们的生命，主要是因为他们再也收不到这些钱了，但即使这些钱可以给他们的继承人，志愿者依然十分罕见。很明显，这笔钱绝不是一条生命的价值。但是，作为一个处理意外伤亡事故法律案件的实用程序，它也不是没有道理，也就是说，只要我们永远记得，我们是把人力资本当作一个客体，而不是把人本身当作一个主体来判断其价值。但问题是：是应该对失去的人力资本，还是应该对失去的人的生命给予赔偿呢？

问题：如果你为"9·11"事件的幸存者捐献了一份基金，你希望是依据不同受害者的人力资本价值来进行差异性赔偿，还是每个受害者都得到同等数量的赔偿呢？

基于计算人力资本价值的先例，紧接着就是计算生态系统服务和自然资本因石油泄漏事故（如埃克森石油公司在瓦尔迪兹市（Valdez）的石油泄漏事故以及其他工业事故等等）引起的损失的价值。作为事故事后补偿的一种实际的方法，也并不是没有道理。但是，如果从事后补偿转向事前补偿，从非自愿的偶发事件调整到想象的自愿权衡时，问题就会出现。这就是条件价值评估（contingent valuation estimates）。它们给人们提出各种虚构的选择，并询问他们（事前，而且完全是虚构的）：为了拯救 100 只大灰熊，他们愿意支付多少；或者说他们愿意接受多少才同意损失 100 只大灰熊。有趣的是，这两个问题通常会得到截然不同的答案，虽然在理论上，对于市场交易而言二者应该一样。作为一种替代方案，大灰熊也能够被当作一种公共物品来计算其价值。人们也可能被问到，为了拯救 100 只大灰熊，他们愿意和其他人一起缴纳多少税。这虽然更为合理，但仍然是虚构的。

除了条件价值评估法以外，还有其他许多方法可以估算非交易物品的假定价格。环境经济学教科书对此问题进行了详细讨论。我们之所以对这个问题关注很少，因为我们相信，从分别对配置和规模的讨论以及对配置价格决定规模问题的循环推理可以推导出原因。

不确定性、无知性和不熟悉

此外，计算非市场物品价值的方法存在很多问题。大多数要依靠虚构出来的市场或通过现有市场来推算非市场价值的方式。有两个问题特别值得讨论：缺乏生态系统功能方面的知识；不熟悉非市场商品价值的计算。

举例说明。条件价值评估法基本上是通过询问人们愿意为某一种非市场商品或服务支付多少来构造一个假想的市场。正如我们多次论述过的，其中的一个问题就是：即便是专家也不知道健康生态系统提供的所有商品和服务是什么、它们如何提供这些商品和服务、人类活动对它们提供这些商品和服务会产生什么影响、关键的生态阈值是多少以及超过阈值之后会产生什么结果。

如果我们把某个给定的污染物流排入湖中，它会产生什么影响？会失去生态系统服务功能吗？废弃物流会积累，并随着时间的推移造成严重的伤害，或许还是一种不可逆的损失？被污染的生态系统会影响到其他系统吗？有关的时间尺度是什么？即使专家可以解决所有这些不确定性（实际上是不可能的），并把这些信息详细地传播给人们，但是人们也没有这类商品和服务的市场方面的经验，要赋予有意义的交换价值仍然非常困难。

时间、分配和评价

另一个问题是时间因素。大多数生态系统商品和服务都是可再生的，并可以提供效益直至无限的未来。一个典型的决定就是：是否要为了一种不可再生的（人造的）基金—服务，或者为了一种一次性清偿的存量，而牺牲来自大自然的基金—服务所产生的可再生流。这就要求把现值与未来的价值进行比较。正如我们在第16章所述，经济学家一般是对未来的价值进行贴现来进行计算。贴现率在确定价值时是最重要的变量之一，但确定合理的贴现率的客观原则，目前尚没有一致的意见。

我们也必须认识到，要给后代留点什么这个问题本来就是一种伦理决策，这种决策与代际**分配**有关。传统经济学家认为，问题不是一种分配而已，而是一种有效配置。如果一种资源将来比现在更有价值，那么它就应该为将来而储存。因此，资源利用的净现值（NPV）最大化将导致资源的最优配置。然而，净现值是指当前以及未来资源对于当代人的价值。回忆一下我们在第21章中对产权的讨论，这对应于把产权分配给当代的一种财产原则，即当代人可以自由地干扰后代人的资源利用。按

462

照这个方法，所有的一切就是资源对当代人的价值。

专栏 24.2 ☞   **生态系统货币评价的方法**

461

为生态系统提供的非市场商品和服务设定美元价值的方法有好几种。许多方法只适合于计算很小一部分生态系统服务的价值。大多数环境经济学方面的教科书中都对这些方法做了充分的介绍。我们建议参阅"生态系统价值评估"（Ecosystem Valuation）网站（http：//www. ecosystemvaluation. org），其中列举了以下几种方法：

● 市场价格法：估计商业市场上买卖的生态系统产品或服务的经济价值。

● 生产率法：估计促进商业性市场商品生产的生态系统产品或服务的经济价值。

● 享乐定价法：估计直接影响某种其他商品的市场价格的生态系统服务或环境服务的经济价值。

● 旅游成本法：估计与生态系统或休闲场所有关的经济价值。假设一个景点的价值可以体现在人们为旅行去参观该景点的支付愿意中。

● 避免伤害成本、重置成本和替代成本法：以避免因失去生态系统服务而引起的损害成本、置换生态系统服务的成本，或是以提供替代服务的成本为基础，估计其经济价值的方法。

● 条件价值评估法：估计几乎任何生态系统和环境服务的经济价值。这是使用最广泛，用来估计未使用价值或"消极使用"价值的方法。基于一种假设的情景，要求人们直接陈述他们对某些具体的环境服务的支付意愿。

● 权变选择法：估计几乎任何生态系统和环境服务的经济价值。要求人们对生态系统或者环境服务（或特征）进行权衡，以此为基础进行价值评估。不直接询问支付意愿；以成本作为权衡的一个属性，依据权衡的结果推导出经济价值。

● 效益转移法：通过将已经完成的对其他地方或其他问题的研究所得到的效益估计值进行转换，据此对经济价值作出估算。

作为一种替代方案，我们也能够把一些资源产权分配给后代。例如，通过责任原则分配权利可以让当代人自由地利用资源，只要以等量的其他资源给后代以补偿。按照权利不可剥夺原则，后代人应该有权获得一定份额的资源，而且当代人有义务把这些资源保留下来。这三项原则只是资源的初始分配不同，每一项原则都将导致一系列不同的市场和非市场的资源价格。使用哪项原则是一个伦理决策问题，与配置效率无关。

市场价值与非市场价值

　　假设所有其他问题都得到了解决，那么，货币评价就会导致有效配置吗？价格提供了一种反馈机制，市场可以利用这种机制使得利润最大化，但经济学家认为是这种机制创造了适当的条件，使得人类福利最大化。一种单一的反馈机制就足以配置对人类福利有贡献的所有资源吗？极其复杂的自然生态系统只利用一个反馈机制就能够发挥作用吗？一些生态学家也许会认为，生态系统确实是以这种方式发挥其功能，能源消耗最大化就是最根本的反馈系统。

　　尽管能源消耗在某些生态学模型当中是一个有用的简化，但并不是大自然中的唯一动力。即使是这样，作为竞争排斥的一项原则，它并不会很好地转化为人类经济，在人类经济当中，最大化成本无疑是不经济的。此外，与生态系统单独发挥功能相比，人类伦理信念也使得人类经济和生态系统之间的相互作用更为复杂。所以我们不能支持还原论的方法（即假定只利用利润动机就足以使得人类福利最大化），更遑论引导我们寻求终极目标的实现。

463

　　作为说明货币化评价事物的一个具体例子，提出一种计算民主的美元价值的方法非常简单。当然，人们通常对民主的理解比对生态系统服务的理解更深，而且可以很容易地设计一项调查，让选民告诉我们，他为了获得选举权愿意支付多少（或者最低获得多少他才愿意出售他的选举权）。人权也一样，许多人认为生活在健康的环境里的权利就是一种人权。但大多数人或许会认为，政治学和人权与经济学属于不同的伦理范畴，经济范畴的权利不应转化为其他两个范畴的权利[1]（当然，虽然确实发生了这种情况，但人们通常都不会认为这是可取的）。政治权利、人权和其他道德价值观并非是独立的价值，而是社会价值。试图通过综合个体的偏好来估计社会价值必定会遭受组成谬误之苦，并且是一个绝对的错误。

我们经常被迫在相互排斥的选择之间作出决策（如是更多的森林，还是更多的大型商场），这就要求对市场价值和非市场价值进行比较。然而，许多非市场物品从根本上不同于市场物品，它使得"科学的"比较不仅不可能，而且也不可取。为任何商品和服务都设定美元价值并不会使得必要的决定更为客观，它只是曲解了作出这些"客观"评价所需要的伦理决定。

大多数环境经济学的教科书都使用大量的篇幅来讨论非市场物品和服务价值的计算方法。计算生态系统的价值在引起公众和政策制定者重视方面能够发挥重要作用，而且能为经济政策提供合理的见解。但试图计算所有非市场物品的交换价值，然后利用这些价值来确定要保护或毁灭什么，这是经济帝国主义的一个典型例子，正如我们在第 3 章所述。

生态经济学采取了更宽的视角，但这些方法均不足以捕捉到人类价值的范围以及人类对非市场商品的生理需求。相反，生态经济学不是花时间试图计算出非市场商品的"正确"价格，而是强调应当按照我们的知识（即零是不正确的价格）行动，花时间去试图改进和落实政策，即使不能精确地量化价格，也要承认它们拥有巨大的而且经常是无限的价值。

464

24.2 宏观配置

正如我们在第 17 章所述，宏观配置问题也就是如何在市场商品和非市场商品的供给之间配置资源。政府在非市场商品的提供上发挥着重要的作用，政府也可以运用税收和补贴对市场商品的需求产生影响。假如是在民主国家，公民将选出政治人物，他们会作出有关宏观配置方面的正确选择。对于这一假设，一个严肃的问题就是人们非常缺乏非市场商品和服务方面的信息，这令人沮丧。人们作出正确的选择，就需要适量的信息。我们在本节将首先论述与市场商品和非市场商品属性有关的不平等信息流问题的政策，然后分析政府鼓励私营部门提供公共物品的可能性。

不对称信息流[2]

信息不对称（asymmetric information）是指这样一种情形，即买方或卖方拥有别人不拥有的信息，而且此信息会影响交换的商品或服务的价值。经济学家们早已知道，信息不对称是一种市场失灵，会产生严重的无效率。例如，如果我正在出售一辆汽车，我知道车子的状况，但是潜在的买家却不知道。买家可以基于购买劣等车的风险，调整她愿意支付的价格，而且根据风险调整后的价格低于一辆优质旧车的价值。理性的卖家就不愿意按照风险调整价出卖一辆优质旧车，因此市场只提供劣等车（至少根据理论是如此）。阿克洛夫（Ackerloff）、斯宾塞（Spence）和斯蒂格利茨（Stiglitz）因这一基本见解分享了诺贝尔经济学奖。

我们正面对一个更加严重的问题，即形成我们偏好的信息流不对称问题。虽然许多经济学家认为偏好是天生的，但企业每年投注大约 6 520 亿美元就为了赌偏好在很大程度上会受到广告的影响。[3] 广告很费钱，而且为市场商品做广告必须支付广告费用。大多数广告语都是为推销市场商品而写的销售文案。[4] 与市场商品的广告形成鲜明对比的是，企业很少花钱去鼓励人们喜欢非市场商品。在某种程度上，广告可以改变偏好，且是系统性地偏重于市场商品，而忽视非市场商品。

人们可以配置的资源数量是有限的。如果广告鼓励社会将更多的资源配置给市场商品，那么相应地能用来配置给非市场商品的资源就更少。正如我们论述过的，所有分配给消费品的资源取自大自然，并以废弃物的形式回归于大自然，且在这一过程中会破坏生态系统服务这一公共物品。从这个角度看，广告鼓励我们为了谋取私利而使公共物品退化或破坏公共物品。所以，发达国家目前的消费水平是与可持续未来不相容的，不过在广告铺天盖地的情形下，要降低消费水平也极其困难。

这并不是与广告有关的唯一的市场失灵。可以说，人类福祉取决于人类满足自己需要和欲望的能力。广告创造了欲望，它让我们相信我们需要这样或那样的产品，但它并没有给我们带来更大的能力以满足这些欲望。在这个意义上，广告直接损害了人类福利。我们不可能比 B·厄尔·帕克特（B. Earl Puckett）更能证明这一点，他是联合百货公司（Allied Stores Corporation）的前总裁，他曾宣称："我们的工作就是让女人对她们所拥有的东西感到不快乐。"[5] 按照这种思路，广告本质上来讲就是一个"公共坏品"。

存在的问题是，应该提供非市场商品的对称信息流。这是一个非常有争议的话题。我们在这里简要讨论几种可能性。我们希望读者提出更好的新思想以解决与广告有关的市场失灵问题。

第一是承认在许多国家，电视广播广告都得到了补贴。电波是很有价值的公共财产，但常常会让通信公司免费使用，或成本很低。电视广播传输具有公共物品属性，且都是非排他性的（至少在传输不拥堵的时候）和非竞争性的。尽管广播电视本身是竞争性的、排他性的，而且也是稀缺的，仍然存在坚实的理由把广播电视让给传输广播电视信息的人。然而，如果政府对利用广播电视做广告的公司收取费用，那么它将只针对为私人谋取利益的那一部分电视广播。广告现在被认为是一种商业成本，而且是免税的。鉴于上述原因，如果针对作为一种公共坏品的广告征税，则应该更为合理。至少我们不应该允许广告作为一种生产成本存在。理由是，生产应该满足现有的需求，而不是创造出新的需求。

虽然税收会降低市场商品广告的数量，但它无助于引发对人类需要的非市场满足物的关注。有几种方法可以有助于实现这一目标。一种方法就是设定一项法律，强制实行"充分公开"广告。正如药物要标明其所有潜在副作用一样，广告也应该将广告产品的所有潜在副作用列出。当然，这将包括所有对环境可能产生的负面影响及其意义。另一种方法就是提供免费的时段给公益性广告，这些广告要明确以创造环境服务以及其他满足人类需要的非消费性满足物为广告目的。媒体是一个非常强大的说服工具，有效的政策途径就是让它提供更加对称的信息流。

对广告施加的这两项限制也会产生一个问题，即人们会抱怨它们侵害了言论自由的基本权利。然而，言论自由权确实是有限制的，它不包括撒谎或误导的权利，也不包括利用高音喇叭放大事实的权利。例如，如果一个拥挤的剧场里本来没有着火，却有人大喊"着火了！"，这是不允许的，因为它威胁到了别人的福祉。喊"着火了！"与在消费危及后代人福利时还鼓励人们去消费没有根本的差别。许多国家已禁止酒和烟草的广告，澳大利亚消费者协会（Australian Consumers Association）正在批评在儿童电视节目中播放不健康的食品的广告的权利。[6]相同的理由也适用于控制那些间接鼓励破坏环境的广告。

非市场商品补贴

即使人们都受过很好的教育，知道非市场商品的好处，而且还选举出了愿意提供这些非市场商品的政府，但仍然存在如何做得最好的问题。通常，最好的策略就是由政府直接提供，或者直接付费，让私人承包商去达成。不过，在许多情况下，与市场商品或私人商品不同的是，非市场商品会产生正外部性。例如，如果农民修筑梯田、使用等高耕作方式并延沟渠保留缓冲区，那么可能就会大大改善下游的水质，从而使他们的土地为后人保持了生产力。问题是，私人部门提供的正外部性比社会期望的要少。如果正外部性是一种公共物品，最好的办法也许就是政府为私人活动产生公共物品的那一部分提供补贴。

可能采取的补贴类型有几种。直接补贴可以简单地补偿私营部门提供的正外部性[7]，此时，外部性要部分地内部化，而且供应量要更加充分。另外，减税也可以用来对正外部性加以补贴。补贴的可能范围可以从降低农民的土地税以减少水土流失，到对企业在人员培训上投资给予税收优惠（现在人们频繁地换工作，如果员工把他新获得的生产力带到其他企业，那么企业提供的人员培训将比社会预期的要少）。而且，补贴也可以是一种补贴信贷。如果人们对具有正外部性的活动投资过低，那么，通过降低利息就可以刺激投资。

利用铸币税

政府补贴利息的钱从何而来呢？我们再一次建议，恢复政府的独家铸币权，正如我们在第15章所讨论的。如果由银行来印制货币，它们就可透过有息贷款来做到这一点。一般来说，这类贷款必须产生收益，利用这些收益可以偿还贷款加上利息，这意味着贷款用于生产（消费）市场商品。如果经济不增长，也就不可能偿还所有具有正的实际利率的贷款。比较而言，政府可以动用它们的力量来创造货币，并对那些最能促进公共利益的活动（包括提供非市场商品）提供无息贷款甚至赠款。这不仅有助于资源向非市场商品的宏观配置，可能也会导致金融系统的生存能力不再建立在无休无止的增长之上。

24.3 非市场商品的空间含义

468　　　我们在前几章中讨论了非市场商品的空间特征。大多数生态系统都提供地方层面、区域层面以及全球层面的服务。例如，一片森林会影响到所有这些层面的气候稳定性。然而，辅助性原则要求政策制定单元的范围必须符合政策所要处理问题的起因和影响的范围。生态系统退化的原因往往处在地方层面，但其影响可以是地方性的、区域性的甚至是全球性的。然而，政策制定机构主要是地方性的和国家性的。这对政策的有效性造成了严重的问题。

为了使得问题更加具体，我们用一个具体的例子——澳大利亚阿瑟顿高原（Atherton Tablelands）的毁林造田加以说明。对私人土地而言，决策是地方性的。对于农民的净私人边际效益而言，它会随着毁林造田面积的扩大而下降。第一个单位面积的皆伐可以满足基本需求，而且清除出来的是最好的土地。额外再增加一个单位面积的皆伐，满足需求的重要性次之，清除出来的土地质量也次之（如坡度陡峭、地力贫瘠、更加偏远）。最终，农民还没有意识到森林提供的生态系统服务功能恶化达到了如此之程度，即水质受到影响、地面覆被物缺乏，从而导致农作物减产，也就是说，毁林具有负的边际净私人效益（MNPB）。

这种情况如图 24—1 中的 MNPB 曲线所示。农民对于他们自己的土地，高兴怎么做就怎么做，但是，理性而明智的农民皆伐森林的面积应该到边际收益为零时为止，即 A 点。但由于无知，他们皆伐到了 B 点。这不仅仅是农民无知，在当时发生此事的时候，几乎没有人知道毁林会造成负面影响。

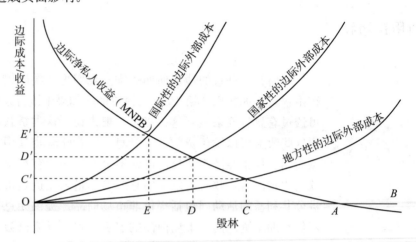

图 24—1　在不同空间层面的毁林的边际成本与边际收益

注：MNPB 曲线显示了毁林对阿瑟顿高原农民的边际净私人收益的影响。该曲线考虑了失去生态系统服务的成本，农民可以直接受惠于该种生态系统服务。出于无知，农民最初皆伐森林的数量为 OB，但他们通过加深了解，皆伐的数量成为 OA。如图所示，地方性的、国家性的和国际性的边际毁林外部成本连同相应的最优毁林造田水平分别为点 C、D 和 E。

毁林区下游的城镇遭受了水流异常和水质恶劣之苦。这个区域的生态旅游业产生的收入远比农业收入多，但也受到了毁林造田的影响。毁林造田的这些地方性的边际外部成本（地方的 MEC）如图 24—1 所示。如果地方政府意识到了这些负外部性，它们可以实施旨在限制毁林造田面积到点 C 的政策，具体方法有：征收地方性的毁林税，税率为 OC′；发行可交易的毁林许可证，许可证的数量为 OC。

国家性的毁林边际外部成本包括地方性的边际外部成本。此外，在高原上毁林会产生水土流失、泥沙淤积、养分径流，所有这些都会流入海中，沉积为珊瑚礁。这会影响区域外的渔业和旅游业。国家政府应该实施将毁林面积限制在点 D 的政策，方法有：征收国家采伐税，税率为 C′D′，或者购买地方配额（即 OC 中的 DC 部分）并废弃它。

国际性的边际外部成本不仅包括国家性的边际外部成本，还包括森林砍伐对全球气候变化和生物多样性丧失的影响。因此，点 E 便是全球最优森林采伐水平。当然，针对毁林之类的问题，不存在凌驾于国家主权之上的世界权威机构，所以税收不会成为一个政策选项。也不存在一个全球性的联盟来购买森林采伐许可证（如果它们碰巧是可以国际性交易的）。虽然在某些国家，国家政府、多边机构和国际非政府组织目前在

469

保护生态系统并降低生态系统退化率中起着一定的作用，但几乎可以肯定的是，它们不足以达到全球生态系统保护的最优水平。之所以存在努力不足的问题，究其原因，可能是无知与搭便车效应联合作用的结果。

生态系统商品和服务的空间分布也会引起一个严重的问题。通常情况下都是在个人水平上控制生态系统，是个人得到了森林采伐的全部好处（如木材销售以及后续的农田利用），并与社会分担失去生态系统服务的成本。如果存在有效的制度和信息，地方政府和中央政府就可以制定一些规定，从它们的视角使得生态系统保护达到最优水平。另外，志愿者组成的社会团体和非政府组织在政府无法作为时也可以介入生态系统的保护。不过，这些只是善意、利他主义或其他与理性自利假设不一致的行为，但幸运的是，这些都是人类心灵的重要组成部分。如果各国政府有作为，它们就不太可能追求全球生态系统保护的理想水平，因为没有这样做的激励，而且国家主权也会让其忽视全球利益。由于最优结果更加难以捉摸，因此各级决策者可能都没有意识到完好无损的生态系统实际上提供的全部利益。

虽然热带森林持续不断地变更用途，从全球层面上看是不经济的，但在世界上仅存的许多热带森林（以及其他健康的生态系统）中，地方层面持续采伐森林的过程仍然具有经济意义。亚马孙雨林、东南亚大部以及中非，仍有大片未受干扰的森林，但与其伴生的是极度贫困和土地荒芜。对于个人而言，这并没有什么问题，但在现行条件下最好的选择往往是砍伐森林，种植庄稼。农民们这样做并无可厚非，他们可能不知道他们的活动会破坏生态系统服务（尽管与城市居民相比，他们可能缺乏见识），但即使他们意识到了，但可以肯定的是，采伐森林给他们个人带来的收益远远大于生态系统服务遭到破坏引起的损失中他们必须承担的那一部分份额。

这些国家的大部分森林都位于森林全覆盖的州或行政区，其人口密度很低。因此，地方层面以及区域层面持续的采伐森林可能也具有一定的意义。不过，这是一个很重要的警示。即使在地方层面上继续采伐森林有其合理性，但许多地区往往会采取破坏性的和低效率的方式采伐森林。例如，在远离市场的情况下，重要的非木材资源（如巴西坚果）的有价值的木材与树木也会被砍伐和烧毁。尽管很小的投资就可换来更加可持续的丰厚收益，但破坏土壤的不可持续生产技术仍然比比皆是。因此，尽管从地方的角度来看，森林采伐有其合理性，但与此同时，其实施的方式可能非常不合理。

在森林覆盖率达 90% 的国家或地区——例如苏里南、圭亚那以及法属圭亚那，如果没有肆意浪费的话，继续采伐森林有助于提高大多数人的福利（尽管本土的森林文化几乎肯定不是主体文化）。它也会强化对有争议边界的主张。在其他一些国家，减缓或停止森林采伐或许是国家利益，但仍然不值得对需要投资的资源进行投资。浩瀚无边的原始森林使得监督和实施旨在控制森林采伐的规定变得代价太大，而且难以实施。事实上，在这些国家中，大面积的森林基本上是免费使用的资源。例如，估计巴西 80% 的木材采伐是违法的。[8]

巴西提供了一个有趣的案例。在过去 20 多年里，中央政府已经从明确且大力地推进森林采伐的政策转向旨在减少森林采伐的重要立法。许多旨在保护森林的国家法规执行不力，而且有些国家政策肯定会大幅增加某些区域的森林采伐。但是，尽管如此，在国家层面上，付诸更大的努力以保护森林也是一个实实在在的趋势。这种趋势大体反映了人们对森林提供的生态系统服务的知识日益增加、现有森林的边际效用日益增加，以及国际压力的日益加大。一些森林覆被率更高的国家已经实施了一些创新性的政策以减少森林采伐。在大西洋沿岸森林区（Atlantic Forest），现在只剩下了约 7% 的森林，一些个体业主正在保护他们的剩余森林，甚至积极地恢复森林。明显缺乏的就是国际社会为保护森林提供充足的资源。

国际政策

全球性的问题最终必须通过全球性的政策加以解决。哪些政策适用于国际社会将森林采伐以及其他形式的生态系统破坏限制在全球可接受的水平？我们在前面的章节中论述了污染者付费的原则，但是如果碰到森林砍伐以及珊瑚礁、湿地和其他生态系统破坏（或温室气体排放），主权国家就不会为它们的活动对世界其他地方产生的影响而付费。虽然世界上所有国家都受益于其他国家的健康生态系统，但是，各国很少或者根本就没有帮助别国支付保护生态系统的费用。生态系统服务是全球性的公共物品，大多数国家对于这种公共物品的供应而言都是搭便车者。

一个解决办法是应用"受益者付费原则"（beneficiary-pays principle），即谁受益，谁付费。事实是，欠发达国家（现在分布有世界上最有生产力的绝大部分生态系统）往往缺乏把生态系统变更限制在国家最理想水平的制度和资源。一项按照全球理想水平保护生态系统的有效政策必须提供这样做的激励和资源。

生态系统服务的国际支付（international payments for ecosystem services）。实施以市场为导向的受益者付费原则的一个可能性就是为提供生态系统服务的国家给予国际庇古补贴。以巴西亚马孙河为例。最理想的情况是，为了达到图 24—1 中的点 E，国际社会需要支付的数量为 $D'-E'$，从而从国家最优水平达到全球最优水平。首要的问题是让富裕国家答应支付给巴西一定的费用以减少森林采伐并决定每个国家必须支付多少的交易成本问题。一个潜在的更大问题是决定这种补贴应该支付给谁。

亚马孙河源远流长。虽然森林采伐非常迅速，但它平均每年影响的区域范围不及整个流域的1%。要支付所有没有采伐森林的地主是非常没有效率的，因为不是所有的地主都计划采伐森林。一种可能就是只支付给那些当前正在采伐但停下来不采伐的农民，但是，这样做难度很大。与每个农民达成协议的交易成本将是巨大的，而且确保地主履行协议所必需的监督和执行成本也是巨大的。如果一个农民答应不采伐某个地方的森林，他可以到另一个地方采伐。

信息不对称是另一个严重的问题，因为只有地主自己知道他们计划采伐多少森林。如果只是给正在采伐过程中的农民付费，那么其他的农民可能也会开始砍伐，其目的只是为了享有补贴的权利。因此，只针对实际上正在采伐的地主给予补贴，可能会增加森林采伐率。

关于补贴的一个似是而非的替代做法，就是国际社会支付巴西以使得巴西的森林采伐率降低到某个预定的底线。底线可能是过去几年的平均森林采伐量，或是通过一个比较复杂的模型估算期望采伐量，该模型包括降雨量和经济增长等变量。例如，亚马孙流域最近3年的平均采伐率大约为每年200万公顷（1995—1997年的平均值）。[9]如果森林采伐量不足200万公顷，那么国际社会可以为每减少一公顷森林砍伐而支付一定数量的费用。如果采伐数量仍然太多，可以提高补贴；如果补贴额太高，可以降低补贴。如果采伐达到或超过了200万公顷，那么所有的补贴都将取消，但是采伐没有理由超过这一点，因为在没有补贴的情况下，他们没有这样做的激励。

另一个替代方案就是采取目前巴西使用的策略，这就是所谓的"生态ICMS"（ICMS ecológico）。生态ICMS是一种针对商品和服务的税。在某些州，一部分税收款按照城市生态目标（如小流域保护和森林保护区）的达标程度反补给市政当局。本质上说，它是对生态服务供应的一种支付，这被证明很有效。

类似的方法没有任何理由不能在全球层面使用。起初或许可以针对生物多样性的热点地区，即科学家认定的全世界25个地区，它们分布的物种异常多，而且受到严重威胁，其中70%以上的地区遭到了破坏。由于生物多样性在维持生态系统恢复力和功能方面具有重要意义，因此，生物多样性热点地区可能提供了大量的生态系统服务。与生态ICMS类似，一个全球性的基金可以分配给生物多样性热点地区所在国，分配的依据是各国对界定明确的保护标准的达标程度。然后由每个国家决定如何最好地满足这些标准，从而让微观自由实现宏观调控。

在提高可行性方面，国际补贴方案还有几个特点。第一，交易成本最小化。便宜的卫星图片可以越来越精确地估计年度采伐量，因此监控成本很小。[10]虽然图片的解译可能不是一门精确的科学，但计算机分析至少可以使得估算的结果前后一致，在这种情况下，定量的精度就是多余的了。这种方法目前在巴西的马托格罗索州（Mato Grosso）被用来监督土地利用法的执行情况。虽然每公顷补贴多少美元的确切数字并不十分准确，但补贴仍然可以反映森林保护的数量。

第二，在国际层面上，没有必要查明究竟是谁正在采伐森林。执法和责任不是主要问题，因为资金将在保护工作发生之后才支付；如果森林砍伐速度没有放慢，那么也就没有支出。第三，国家主权保持不变，因为任何国家都没有改变它们行为的义务。第四，许多欠发达国家存在的一个主要问题就是它们执行环境保护政策的制度和资源，尤其是像亚马孙流域那样广大的区域。补贴可以为地方政府和中央政府利用上述政策减缓森林采伐提供激励与资源。

474

一个非常类似的方法是配合使用国家庇古税和国际补贴。在这种情况下，就要求中央政府对森林采伐征税。这种税收的实施和管理成本在财政上与政治上或许都很高。虽然这些成本低于所获得的收入，但其仍然会降低实施这一政策的积极性。然而，如果一个全球性的机构对这种税收给予配套，哪怕是按一定比例配套（有可能大于100%），那么这就可以在一套政策中有效地结合污染者付费和受益者付费两项原则。

对企业减少污染给予补贴，其中存在的问题就是它可能会使得更多的企业加入污染企业的行列。如果各个国家只是为了获得补贴而培育森林，这就不可能成为一个问题。

尽管这些建议具有经济意义，但在国际层面一直没有得到试用。这就是为什么我们呼吁对所有政策进行适应性管理的原因。如果一项政策有效，那就使用它。如果它没有效果，要么修改政策，要么用另外一项政策替换它。当现状不能有效运转时，我们不能袖手旁观、无所事事。

24.4　重新定义效率

在标准的经济实践中，当我们把稀缺资源用在产生最大货币价值（通常作为衡量效用的一个指标）的用途时即实现了配置效率。由于主要考虑货币价值，配置效率一般都忽略了非市场商品和服务。典型的经济学家都认同帕累托效率，即一种配置方式，在这种配置方式下，没有人会因使别人变得更糟而使自己变得更好。帕累托效率不允许个人之间进行比较，而且它接受了财富的分配现状，然而这种分配是不平等的。它忽略了财富的边际效用递减以及从重新分配中获得好处的潜力。

许多经济学家与政策制定者都支持潜在的帕累托效率（希克斯-卡尔多福利准则，参见第18章）作为一种"客观的"决策工具，它支持任何在再分配之后可能具有创造帕累托改进的潜力但并不需要重新分配。因为在现代经济当中，财富可以产生更多的财富，和穷人相比，潜在的帕累托改进更可能造福于已经富有的人。

技术效率是指人们从某一给定的资源投入量中能够获得的最大物理产出量。虽然这是一个理想的目标，但为了创建一个更加可持续的社会，只靠这一点还不够。技术效率越高，资源的需求量就越低。另外，降低制造某种东西所需要的资源量可以降低最终产品的成本。由于价格下降，技术效率提高后的结果可能是资源利用量更大，而不是更小。

我们已经论述过，经济学的目的不是使得产量最大化，而是提供服务。我们把服务定义为一种满意感的心灵流，它既源自人造资本，也源自自然资本直接提供的生态系统服务。人造资本只能通过自然资本的转化得以创造，因此来自人造资本的服务生产需要对自然资本的服务作出牺牲。我们称其为综合效率恒等式（comprehensive efficiency identity）。因此，一个合适的效率指标就是从人造资本存量（manmade capital stock，MMK）获得的服务与因此而牺牲的自然资本存量（natural capital stock，NK）之比。有几种方法可以改善这一效率比率，如下列恒等式所示：

$$\underset{\text{牺牲的自然资本存量服务}}{\overset{(1)}{\underline{\text{获得的人造资本存量服务}}}}=\frac{\text{获得的人造资本存量服务}}{\text{人造资本存量}}$$

$$\overset{(2)}{\times\frac{\text{人造资本存量}}{\text{通量}}}\overset{(3)}{\times\frac{\text{通量}}{\text{自然资本存量}}}$$

$$\overset{(4)}{\times\frac{\text{自然资本存量}}{\text{牺牲的自然资本存量服务}}}$$

效率比（1）是指服务效率，它由技术设计效率、配置效率和分配效率组成。例如，利用相同数量的材料，与设计差的房子相比，设计好的房子提供的居住服务更多；或者，为了提供结构强度，胶合叠层梁和叠层 I 形梁的楼板格栅利用的木材比传统的一体式实心木建筑材料所需要的木材更少。配置效率要求用黑胡桃木代替楼板格栅来造精美家具。就分配效率而言，为 50 个无家可归的人提供基本住所所需要的木材比为一个亿万富翁装修一栋不大的避暑别墅所使用的木材提供的服务更多。

效率比（2）是指维护效率或耐久性。所有人造资本存量的维持或替换都需要通量，但所需要的通量越少，效率越高。建筑精良的房子比胡乱拼搭的房子更耐用，而且所需要的维护更少。

效率比（3）是指自然资本的增长效率和收获效率。与管理不善的由慢生树种组成的林分相比，得到妥善经营的速生丰产林每年提供的木材永续收获量更多。例如，在亚马孙流域的研究表明，精心选择采伐树木，去除树上的藤蔓，精心规划采伐滑轨，可以缩短采伐期30～90年。

效率比（4）是指每开发一个单位的存量，使得自然资本存量增加或生态系统服务牺牲减少的量。重新造林可以增加森林存量。虽然人工用材林按照林木生长和木材产量来讲是有效的，但它提供的其他一些生态系统服务则很少。相反，正如上面所述，如果通过改善经营管理，有选择性地采伐现有林分，则有可能增加效率比（3）和效率比（4）。

这个定义通过对获得的服务（分子部分）和失去的服务（分母部分）之间的权衡而解决了规模问题，如恒等式左边所示。不经济的生长毫无疑问会降低效率。在恒等式的右边，整体效率的组成部分，即设计效率、分布效率、耐久性、生长效率和收获效率。

> **思考！**
> 利用综合效率恒等式分析源自露天煤矿的燃煤效率。在答案中分别分析以上四个效率比（提示：人造资本存量是指已开采的煤的库存量，自然资本存量是指尚未开采的煤的存量）。

24.5　主要概念

非市场商品和服务的定价	Pricing nonmarket goods and services
条件价值评估和为大自然定价	Contingent valuation and pricing nature
市场价值和非市场价值	Market vs. nonmarket values
宏观配置的不对称信息	Macro-allocation asymmetric information
信息不对称	Asymmetric information
非市场商品补贴	Subsidies for nonmarket goods
铸币税	Seigniorage
生态系统保护的国际补贴	International subsidies for ecosystem preservation
综合效率恒等式	Comprehensive efficiency identity

【注释】

[1] M. Walzer, *Spheres of Justice*, New York：Basic Books，1990.

[2] 这里讨论的大部分内容引自 J. Farley, R. Costanza, P. Templet, et al., Synthesis Paper：Quality of Life and the Distribution of Wealth and Resources, In R. Costanza and S. E. Jørgensen, eds., *Understanding and Solving Environmental*

Problems in the 21st Century：*Toward a New*，*Integrated Hard Problem Science*，Amsterdam：Elsevier，2002。

［3］International Advertising Association，2000。比较而言，1997 年，世界上只有 7 个国家的国民生产总值高于 6 000 亿美元。

［4］A. T. Durning，*How Much Is Enough*？*The Consumer Society and the Fate of the Earth*，New York：Norton，1992.

［5］Ibid.，pp. 119－120.

［6］Ibid.

［7］在大多数情况下，很难知道非市场商品的确切价值，因此也很难知道最合适的补偿水平。我们都知道，零是错误的价值，而且合理的补偿可以改善资源配置。

［8］C. Bright and A. Mattoon，The Restoration of a Hotspot Begins，*World Watch Magazine*，November/December 2001.

［9］Instituto Nacional de Pesquisas Espaciais（INPE），Desflorestamento 1995—1997 Amazonia，1998. Online：http://www. inpe. br/amz-00. htm.

［10］A. Almeida and C. Uhl，Brazil's Rural Land Tax：A Mechanism to Promote Sustainable Land Use in Amazonia，*Land Use and Policy* 12：105－114 (1995).

展望

477　　　我们在本书中论述了三个问题：资源配置、收入分配和经济相对于生态系统的规模，我们尤其重视第三个问题。一种好的资源配置是有效的；一种好的收入或财富分配是公平的；一个好的规模至少在生态上是可持续的。

　　　配置和分配是标准经济学所熟知的问题：对于任意给定的收入分配而言，都存在不同的资源最优配置以及与其对应的最优价格。标准经济学着重于配置问题，对分配问题的重视程度次之，这是因为一个给定的分配从逻辑上来讲是定义有效配置所必需的，其次是因为分配公平其本身就非常重要。

　　　规模问题（即经济相对于支撑性生态系统的物理规模）在标准经济学当中没有得到充分认识，并因此成为与生态经济学有差异的关注点。经济作为一个更大的有限、非增长、物质封闭的（尽管对太阳而言是开放的）生态系统的一个开放的子系统这一前分析观点立即引发了三个分析问题：经济子系统相对于支撑它的生态系统有多大？它能有多大？它应该有多大？是否有一个最优规模，一旦超过这一规模，经济子系统的物理增长的边际成本就开始大于其边际福利？我们在本书中试图回答最后一个问题。

如果经济增长于虚无之中，它既不会侵害生态系统，其增长也没有任何机会成本。但是，经济实际上是在一个有限的、非增长的生态系统中增长，并因此而侵害它，这样对于规模增长而言，既有效益，也有机会成本。成本产生于一个事实，即实体经济就像动物一样，是由一个来往于环境之间的新陈代谢流维持的"耗散结构"。这种流我们称之为通量（采用了工程师们的术语），它起始于环境中有用的低熵资源的消耗，紧随其后的是生产过程和消费过程（勿论这个词的隐含意思，它只是一种物理转换而已），最后以同等数量的高熵污染废弃物的形式返回环境。

消耗和污染都是成本。经济增长不仅在空间上以及数量上会侵害生态系统，它也定性地使得由生态系统维持的新陈代谢通量的环境源和汇遭到退化。这会迫使经济系统和生态系统之间进行连续的协同进化适应。如果协同进化适应按照通量维持在生态系统吸收废弃物和再生新资源的自然能力范围之内进行，那么，我们就认为这样的经济规模是可持续的。当然，不可再生资源不可能按照可持续的收获方式来加以利用，但是，我们讨论了"准可持续利用"（quasi-sustainable）的一些原则，并分析了可再生资源的可持续开发利用方式。

从政策角度看，我们一直强调，最优配置价格对可持续规模的保证并不多于对收入公平分配的保证。实现可持续规模、公平分配和有效配置是三个截然不同的问题。当然，它们不是孤立的，解决其中的一个问题并不能解决其他问题。实现三个不同的目标通常需要三个不同的政策工具。总量管制与交易贸易机制对此进行了解释，它是生态经济学家们所钟爱的一项政策。三种政策行动需要按照适当的顺序执行。首先，设定一个定量限度，以反映对可持续规模的判断，也就是说，先前没有限制或免费的物品现在被认为是稀缺物品了，而且它的利用规模是有限的。其次，新的稀缺性物品或权利现在成为了一种有价值的资产：谁拥有它？决定谁拥有它是一个公平分配问题。最后，一旦从政治上决定了规模和分配，我们就可以进行个人交易，并获得有效的市场配置。如果把资源的权利赋予国家，那么这类政策的适当名称的确应该改为"限额、分配和贸易"或者"限额和租金"。

由于经济增长把我们从一个空的世界推进了一个满的世界，正如我们一直认为的，自然资本（而非人造资本）日益成为了生产的限制性要素。例如，现在捕鱼已不再受捕鱼船之类的人造资本的限制，而是受到了补充性的海洋鱼类自然资本的限制。随着我们进入了一个满的世界，经济逻辑还和从前一样：节约并投资于限制性要素。但是，限制性要素的异质性已经从人造资本变为剩余的自然资本，因此节约利用限制性要素的努力和政策也必须相应地改变。因此，从它们的存量—流量与基金—服务两个维度研究环境商品和服务的性质就变得更为重要（即它们是竞争性的还是非竞争性的，是排他性的还是非排他性的），以便知道它们是市场商品还是公共物品。

在分配和规模问题由社会决定，而且所涉及的商品具有竞争性和排他性特征的情况下，生态经济学接受有关配置效率的标准分析。虽然主要的争论聚焦于规模，但这种争论也引起了对常被忽略的分配问题的关注，即资源基数的代际分配和人类与所有其他物种（生物多样性）之间在太阳底下空间位置的分配。同时，由于越来越多的重要资源不再是免费的商品而由市场配置，市场配置之下的分配公平性就变得更为重要。一旦规模的增长变得不经济，那么它也就不再作为解决贫困问题的一种途径。减少贫困需要增加共享。争论的其他问题包括天然资本或人造资本主要是替代品还是互补品、物理通量和国民生产总值之间相关的程度以及国民生产总值和福利之间相关的程度。

本教材有一个问题没有进行明确的分析，但学生们肯定会问：生态经济学与经济学系教授的资源经济学或环境经济学课程之间有什么关系？后者都是新古典经济学的领域，它们不认为规模是一个问题，没有通量的概念，而且侧重于配置的效率。资源经济学研究投入采掘业的劳动和资本的配置效率。它提出了本书涵盖的许多有用的概念，例如稀缺租金和使用者成本。环境经济学也注重配置效率及其是如何受到污染外部性的影响的。庇古税或明晰的强制性产权关系（参见第10章科斯定理）将外部性内部化的概念肯定很有用，而且我们已经进行了论述。尽管如此，资源与环境经济学的目的仍然是通过正确的价格而不是可持续规模获得配置效率。

生态经济学认识到了消耗性污染与通量概念之间的实际联系，把资源经济学和环境经济学联系起来了。我们也对导致消耗、污染和熵降级的经济活动对生态系统产生的影响及其反馈给予了极大的重视。我们还论述了支配支撑性生态系统本身的一些基本原理（能量流动、物质循环、生态系统结构和功能），从而部分地将经济学与生态学整合到了一起。

我们一直坚持把政策作为指导性的哲学观，它让我们认识并捍卫政策的逻辑前提，即非确定论和非虚无主义。有些事情确实可以比现在更好，而且我们确实能区分世界状态的好与坏。如果不是如此，那么我们写作本书以及你阅读本书所付出的努力都只是徒劳而已。

词汇表

Abiotic resource　**非生物资源**。无法繁殖的无生命资源：化石燃料、矿物质、水、土地和太阳能等。

Absolute advantage　**绝对优势**。与其贸易伙伴相比，如果一国能以较低的绝对成本生产某种商品，那么该国就在生产这种商品上具有绝对优势；如果该国能以比贸易伙伴生产其他商品更低的成本生产某种商品，那么该国就在生产这种商品上具有比较优势（comparative advantage）。

Absorptive capacity　**吸收能力**。参见废弃物吸收能力。

Adaptive management　**适应性管理**。一个基本的政策原则，即随着情况的变化或者获得新的信息而改变政策。

Aggregate macroeconomics　**总量宏观经济学**。从关键的总体变量研究经济，总体变量有货币供应、总价格水平、利率、总消费与总投资、出口和进口等。传统经济学主要侧重于国民生产总值的增长率。生态经济学则致力于结束物理性的增长，同时保持和提高社会福利。

Allocation　**配置**。把资源分配给不同商品和服务生产的过程。新古典经济学侧重于以市场作为配置的机制。生态经济学则认为市场只不过是一种可能的配置机制。

Asymmetric information　**信息不对称**。在买方或卖方具有其他人不具有的影响交换的商品和服务价值的信息时发生的一种情形。

Balance of payments　国际支付平衡。是指经常账户（出口减去进口）和资本账户（一国资本流入减去资本外流）的总和。

Barter　以贸易货。是指不使用货币作为交换媒介而直接交换商品或服务。它很不方便，因为需要交换双方欲望的巧合，而这种巧合出现的概率非常小。

Basic market equation　基本市场方程。$MUxn/MUyn = Px/Py = MP\text{-}Pay/MPPax$，其中：$MU$ 为商品 x 或商品 y 对个人（n）的边际效用；MPP 为用来生产商品 x 或商品 y 的要素 a 的边际实物产量。

Biotic resource　生物资源。是指活的资源（如树木、鱼类和牲畜等生态系统结构元素）以及它们提供的任何基金—服务（如气候调节、清洁水、废弃物吸收能力等生态系统功能或生态系统服务）。

Bretton Woods Institutions，IMF and World Bank　布雷顿森林体系（国际货币基金组织和世界银行）。成立于 1945 年的全球性金融机构，主要提供短期国际贸易融资（国际货币基金组织）和给发展中国家长期投资项目提供贷款（世界银行）。

Capital account　资本账户。衡量一国外资流入和本国国民对外投资的指标。

Carrying capacity　承载力。原来是指在一块指定的牧场上能够维持的最大牲畜种群。扩展后则指在给定的技术条件下，某一指定生态系统在给定消费水平下能够支撑的人口总数。

Catch-per-unit-effort　单位投入量捕捞量假说。是指投入量、存量和收获量之间存在线性关系的假设。

Circular flow　循环流程。是指一种思想：由于每个人的支出同时等于别人的收入，反过来，收入也等于支出，因此货币或交换价值在环路中流动。但物质性要素和产品并不在环路中流动。

Closed system　封闭系统。是指只有能量输入和输出，物质在其内循环但不流经它的系统。地球就是一个近似的封闭系统。

Coase theorem　科斯定理。认为在完全竞争市场当中，不论产权是给污染者还是被污染者，配置效率都会实现。所需要的只是有人有产权，而且交易费用为零。

Coevolutionary economics　协同演化经济学。是研究经济和环境相互适应的一门学问。经济活动会导致环境变化，在持续的协同进化过程中环境变化反过来又会导致进一步的经济变化。

Command-and-control regulation　指令性调控。直接禁止、设定配额或制定标准等政策，与通过价格或税收操作的货币激励政策相对应。

Comparative advantage　比较优势。参见绝对优势。

Competitive market　竞争性市场。是指市场中有许多买卖同一产品的小卖方和小买方。所谓"许多"是指"没有单个的买方或卖方大到足以影响市场价格"。既然每个人都把价格当作一个参数（一种给定的条件）而不是一个变量（有些人可以改变），这种情况有时被称为"价格的参数功能"。

Complementarity 互补品。替代品的反义词，即必须严格配对使用而不是替代使用的商品或要素。即使替代品也有一定程度的互补性，如果它们是"完美"的替代品，那么在这种情况下，它们在所有用途上都是相同的商品或要素。

Comprehensive efficiency 综合效率。是指从人造资本存量获得的服务与牺牲了的自然资本存量之比。

Conditional cooperators 有条件的合作者。

Congestibility 拥挤性。是指一种本质上是非竞争性资产，由于使用量太大，以至于一个人的使用开始干扰或降低对其他人服务的质量时发生的一种情形（例如，一条拥挤的公路；频带拥挤时，源自另一家无线电台的干扰）。

Consumer surplus 消费者剩余。是指一个消费者对其消费的某种商品的所有单位的最大支付愿意减去其实际为此而支付的数额。

Contingent valuation 条件价值评估法。基于询问调查法估计非市场商品和服务的价格，主要询问被调查人为获得额外一个单位的某种商品愿意支付多少，或者因失去一个单位的某种商品所遭受的损失而愿意接受多少。

Critical depensation 关键补偿点。是指一种种群规模：即便停止开发利用，如果低于这一种群规模，种群就有可能灭绝而无法恢复。也被称为"最小生存种群"。

Current account 经常账户。衡量当年的真实商品和服务的国际交换以及转移支付的一个指标。

Defensive expenditure 防护性支出。保护某人不受其他人生产和消费其他商品所产生的有害结果而支出的一种费用。也被称为"遗憾且必要的防护性支出"。

Demand 需求。一种商品的价格与消费者按这种价格购买这种商品的数量之间的关系。

Determinism 决定论。一种哲学学说，该学说认为世事必有前因（如生理、心理、遗传或环境的条件），它不受人类的愿望和目的所左右。

Development 发展。是指商品和服务质量的改进，由它们在给定通量的条件下增进人类福利的能力所决定。

Differential rent 差异租金。参见租金。

Diminishing marginal physical product 边际实物产量递减。参见边际实物产量递减律。

Diminishing marginal utility 边际效用递减。参见边际效用递减律。

Discount rate **贴现率**。用来将未来的价值折算成现值的比率，它取决于不确定性、生产率或纯时间偏好。参见跨期贴现。

Disinflation **反通货膨胀**。总体价格增长率的下降。参见通货膨胀。

Distribution **分配**。是指收入和财富在不同人群之间的分布情况。

Doubling time **倍增时间**。一个种群如果以某一固定速率增长，其种群规模达到翻倍所需要的确定的时间。一个方便的规则是倍增时间等于70除以增长率（例如，某一种群按年2%的速率增长，种群规模每隔35年就可以翻一番）。

Ecological economics **生态经济学**。是指生态学和经济学的结合，视经济为支撑它的地球生态系统的子系统，二者之间通过代谢流或者通量相互联系。参见通量。

Ecological reductionism **生态还原论**。一种思想，认为人类经济与生态系统的其余部分完全受相同的规律和力量支配，所以没有必要把人类经济作为一个子系统看待。

Economic imperialism **经济帝国主义**。一种观念，认为整个生态系统都可以定价，所有价值都内化于价格之中，价格计算结果是所有决策的可靠指导。

Ecosystem function **生态系统功能**。生态系统的一种自然发生的现象，例如能量转移、养分循环、气体调节、气候调节和水循环。由于具有自然发生的特性，因此生态功能不能轻易地通过生态系统组成元素或生态系统结构的一般知识得到解释。

Ecosystem services **生态系统服务**。生态系统对人类的价值功能，考虑到自然生态系统紧密联系的性质，所以很难肯定地说任何特定的生态功能对人类不具有价值。参见基金—服务资源。

Ecosystem structure **生态系统结构**。构成生态系统的动植物个体和群落及其年龄和空间分布以及非生物环境。生态系统结构元素相互作用产生生态系统功能，它可以使得生态系统这个大型复杂系统具有自然发生的特性。

Efficient allocation **有效配置**。参见帕累托有效配置。

Efficient cause **动力因**。转化的主体，例如劳动力或机器。参见基金—服务资源和物质因。

Elasticity **弹性**。需求量（供应量）的变化对价格变化的反应，等于数量变化百分比除以价格变化百分比。

Entropic dissipation **熵耗散**。构成所有人造物品的物质会按低熵有用物向高熵废弃物单向流的方式逐渐地向物质的环境侵蚀和分散。

Entropy **熵**。参见热力学第二定律。

Environmental economics **环境经济学**。新古典经济学的分支学科，强调解决环境问题，如污染、负外部性和非市场环境服务的评估。一般来说，环境经济学几乎完全关注有效配置问题，并接受新古典经济学的前分析观点，即经济系统就是整体——而不是包含性和支持性全球生态系统的一个子系统。

Equimarginal principle of maximization　**等边际最大化原则**。即众所周知的"何时停止"规则。当消费者达到这一点时，其总满足度或总效用达到最大化。这一点发生于每一美元花在每种商品上所获得的边际效用都相等时。当边际效用都相等时，就再也不可能通过重新分配支出来增加总效用。

Exchange rate　**汇率**。国与国之间货币兑换的比率。汇率可以由中央银行固定，也可按照每日的供需关系浮动，或者二者兼而有之。

Exchange value　**交换价值**。某种商品按照其与其他商品交换的能力而体现的价值就是交换价值，与其相对的是使用价值（use value）。

Excludability　**排他性**。一个法律概念，表示在具有排他性的情况下，允许资产所有者拒绝他人使用其资产。为此，需要建立某种制度使某项资产具有排他性。但是，一些大自然的东西就不具有排他性的特性（例如臭氧层）。如果资产是竞争性的（一种实物财产），那么这项资产多多少少都具有排他性属性。如果资产是非竞争性的，那么该资产很难具有排他性属性，不过有时也有可能，如专利。

Exponential growth　**指数生长**。以恒定的比率增长（固定的倍增时间）。指数增长会快速地产生非常大的数字。

Externality　**外部性**。一方的某项活动会导致另一方福利产生意想不到的损失或收益，而且未给予或得到补偿。

Fallacy of composition　**组成谬误**。如果部分为真，那么整体必定为真；反之亦然。

Fallacy of misplaced concreteness　**错置具体性的谬误**。错把地图当作了领土，不关心论点的抽象程度，当推导结论的抽象水平（或具体性）与推断论点所采用概念的抽象水平不同时容易犯此类错误。

Federal Reserve System　**联邦储备体系**。美国区域性中央银行的协调系统，它通过市场开放操作影响利率和货币供应量、贴现率的变化以及准备金率的要求。

First Law of Thermodynamics　**热力学第一定律**。物质不灭、能量永恒。

Fiscal policy　**财政政策**。通过调节政府支出以及税收的方式，试图影响国民生产总值、就业、利率和通货膨胀的政策。

Fixed exchange rate regime　**固定汇率体系**。一国货币与另一国货币（通常是美元）挂钩的国家货币制度。

Flexible exchange rate regime　**灵活汇率体系**。汇率取决于全球货币供需关系，中央银行不直接干预的货币制度。

Floating exchange rate regime　**浮动汇率体系**。参见灵活汇率体系。

Fossil fuels　**化石燃料**。石油、煤炭、天然气等。燃料是历经地质年代，由生物物质形成的，但现在把它当作不可再生非生物资源。

Fractional reserve banking　**部分准备金银行制度**。保留存款的一小部分作为准备金，银行则可以贷出其中的差额。因为活期存款可以当货币使用，所以这种做法允许私人银行业创造货币。

Free rider　**"搭便车"现象**。一个人享受了某种公共物品的好处，而没有分担提供和维护这种公共物品所需要的成本。

Fund-service resources　**基金—服务资源**。没有从物质上转化为它们所生产东西的资源（动力因），这种资源只能按某一给定速率使用，其生产率按单位时间产出量核算，不能储存并会磨损，而且用之不竭。参见存量—流量资源。

General equilibrium model　**一般均衡模型**。认为经济是一个巨大的系统，由成千上万个联立方程平衡供需关系，并决定经济中每种商品的价格和数量。

Gini coefficient　**基尼系数**。衡量某一人群财富或收入分配不平等性的指标。基尼系数等于1，意味着完全不平等（即一个人拥有一切），基尼系数等于0表示分配完全平等。

Globalization　**全球化**。全球经济一体化，即全球自由贸易、资本自由流动，某种程度上移民比较容易。为发展经济而有效地消除国家边界。参见国际化。

Gross national product，GNP　**国民生产总值**。当年由家庭、政府和外国人（与我们从外国购买价值的净值）购买的最终商品和服务的市场价值。另外，它是指定年份内生产的每个阶段劳动和资本对原材料的所有增加值之和。

Growth　**增长**。规模或通量的定量增加。

Hotelling rule　**霍特林原则**。是指让某种资源保留在地下的边际回报率（预计其价格将上涨）必须等于现在开发并将利润用于投资的边际回报率。

Hubbert curve　**赫伯特曲线**。显示某种不可再生资源随时间的推移其累计开采量的曲线。表示每一年的垂直距离是指该年的年度开采量。曲线以下的总面积表示总储量。典型的曲线呈钟形，即从零开始上升，达到最大值之后又下降至零，即资源枯竭。

Human needs assessment　**人类需求评估**。表示福利的一个多维概念，不仅包括收入与财富，而且包括能力、容量和其他存在的范畴。

Hyperbolic discounting　**双曲线贴现**。给予现在所发生的事物比给予将来发生的事物更大的权重，而在更远的未来的不同时间发生的相同结果之间几乎无差异。实证研究表明，与指数贴现相比，双曲线贴现更能精确地表达人类心灵。

Hyperinflation　**恶性通货膨胀**。每月的通货膨胀率都大于50％。

Inalienability rule　**不可剥夺规则**。如果一个人被授予拥有或不拥有某种东西的权利，那么就不允许任何人以任何理由取消这种权利。

Income　**收入**。一个社会在给定时期内能够消费且在下一个时期仍然能够保持相同产量的最大消费量。换句话说，就是在不降低生产能力（即没有减少资本）的情况下能够消费的最大量。

Inflation　**通货膨胀**。总价格水平越来越高（不是指价格维持在很高的一种状态）。

International Bank for Reconstruction and Development，World Bank　**国际复兴开发银行（世界银行）**。由成员国组成的一个国际金融机构，1945年成立于新汉普郡的布雷顿森林镇。其目的原来是侧重长期贷款以促进发展中国家的发展，最近几十年来，它已偏离了其宪章。

Internationalization　**国际化**。国与国之间以及不同国家的公民之间关系的重要性不断增加。各个国家仍然保持基本的社会单元与政策，在一定程度上对贸易、资本流动和移民加以控制。国家间经济相互依存但不整合。参见全球化。

International Monetary Fund，IMF　**国际货币基金组织**。由成员国组成的一个国际金融机构，1945年成立于新汉普郡的布雷顿森林镇。其目的原来是侧重短期国际收支资金融通以促进国际经济的稳定，最近几十年来，它已偏离了其宪章。

Intertemporal allocation　**跨期配置**。资源在同一人群一生中的不同阶段（同一代人）之间进行分配。

Intertemporal discounting　**跨期贴现**。系统地赋予未来的成本和效益比现在的成本和效益更小的权重。

Intertemporal distribution　**跨期分配**。资源在不同代的人（不同的人）之间进行分配。

Index of Sustainable Economic Welfare，ISEW　**可持续经济福利指数**。根据对各种影响（正面影响或负面影响）可持续性或福利的因素调整个人消费量来计算并且反映福利水平的指数，影响因素如自然资本的损耗、日益增加的收入分配不平等，或防护性支出。

IS-LM model　***IS—LM*模型**。一个两部门一般均衡模型，揭示实体部门和金融部门如何相互作用，以便同时决定国民收入和利率。

Isolated system　**孤立系统**。没有物质和能量进出的系统。

Law of diminishing marginal physical product　**边际实物产量递减律**。生产者在生产过程中，每多投入一个单位的某种可变要素，其他要素不变，由此所产生的额外产出会越来越小（即总产出增加，但增加率不断下降）。有时又称为报酬递减规律（law of diminishing returns）。

Law of diminishing marginal utility　**边际效用递减规律**。消费者每多消

费一个单位的某种商品，其额外增加的满足度会不断下降（即总满足度增加，但增长率不断下降）。如果边际效用不变或递增，那么消费者会把所有的收入都用于一种商品。

Law of entropy 熵律。参见热力学第二定律。

Law of increasing marginal cost 边际成本递增规律。随着生产者生产越来越多的某种产品，那么就必须利用越来越低品位的资源（生产要素），或者成本越来越高，因此，额外生产一个单位的成本比生产前一个单位的成本更大。

Liability rule 权利责任规则。一个人可以自由地干扰他人，如果要阻止这种干扰，则必须支付补偿金。

Linear throughput 线性通量。参见通量。

Liquidity preference 流动性偏好。持有资产使之很容易转换成货币，以便满足意外交易之需，避免以货易货不便的一般性偏好。

Liquidity trap 流动性陷阱。无法降低利率来刺激低需求的经济。

Lorenz curve 洛伦兹曲线。表示人口累积百分比与对应这部分人所持总收入累计百分比的曲线，它表明了收入分配的平等性或不平等性程度。

Macro-allocation 宏观配置。资源在市场和非市场商品与服务之间配置。

Marginal cost 边际成本。每多生产一个单位的某种商品所产生的总成本增加量。

Marginal external cost 边际外部成本。某个经济主体每多开展一个单位的某项经济活动所产生的负外部性的社会成本。

Marginal extraction costs 边际开采成本。从地下每多开采一个单位的某种资源所需额外增加的总成本。

Marginal revenue 边际收入。多销售一个单位的商品产生的总收入增加量。

Marginal user cost 边际使用者成本。自然状态下某种资源更多一个单位的价值。在完全竞争经济中，边际使用者成本在理论上等于资源的价格减去边际开采成本。

Marginal utility 边际效用。每多消费一个单位的某种商品或服务得到的额外愉悦度或满足度。

Material cause 物质因。资源在生产过程中被转化。参见存量—流量资源和动力因。

Materialism 唯物主义。一种哲学学说，认为物质（它的运动和变化）是唯一的客观存在，宇宙中所有的东西（包括思想、情感、精神、意志和目的）可以按照物质规律来加以解释。

Max-Neef Matrix of human needs 马克斯-尼夫人类需要矩阵。人类基本价值的基本维度的详细分类，比抽象的"效用"概念对福利的描述更丰富、更具体。

Maximum sustainable yield 最大可持续收获量。是指一种种群利用的水平，即该种群的增长率要使得下一年种群规模不下降。种群在这个水平上，可持续收获量最大。总之，生物最大可持续收获量并不是经济最优收获量。

Micro-allocation **微观配置**。资源在私营部门内部配置，而不是在私人部门和公共部门之间配置。参见宏观配置。

Mineral resource **矿产资源**。一种有用的元素或化合物，如铜、铁、石油等非生物资源。

Minimum viable population **最小生存种群**。是指一种种群规模，低于这个规模，种群便不可能恢复，会衰竭直至灭绝。参见关键补偿点。

Monetary policy **货币政策**。试图通过操控货币供应，影响利率、国民生产总值、就业以及通货膨胀。

Money **货币**。一种核算单位、交易媒介和价值储存手段。货币可以是一种商品（黄金），它的供给受限于它的真实生产成本；也可以是一种代币（纸币），它的供给取决于政府当局和社会习俗。

Monopoly **垄断**。一种商品只有一个卖方。

Moral hazard **道德风险**。对一种风险进行保险，由于受保户不注意预防，结果实际上增加了风险。

Multitier pricing **多层定价**。在不同时间，或者对于不同的用途，设定不同的价格。

Natural capital **自然资本**。大自然提供的存量或基金（生物的或非生物的），不论是自然资源，还是大自然提供的服务，都会在未来产生一个价值流。

Natural dividend **自然红利**。由可再生资源收获所产生的一种不劳而获的收入。由于只有大自然（而非人类工业）生产可再生资源，所有"正常利润"以上的利润（包括在总成本之内）都是不劳而获的，即自然红利等于总回报减去总成本。

Neoclassical economics **新古典经济学**。目前占主导地位的经济学派，其特点包括：价值的边际效用理论、热衷以数学的方式表述一般均衡模型、利己主义，以及依赖自由市场和看不见的手作为配置资源的最佳手段，对政府的作用不予重视。

Net present value **净现值**。产生未来净收入流的现在的货币量。

Nihilism **虚无主义**。在伦理上拒绝所有道德价值的区别，拒绝所有的道德理论。认为万物没有好坏之分，或者说"任何东西都一样"。

Nonexcludable resource **非排他性资源**。不存在某种制度或技术使其具有排他性的资源。

Nonmarket value **非市场价值**。一种价值，对于这种价值，人们认识到了，但实际上无法用价格表示，因为这种有价值的东西不能在市场上进行交易。

Non-price adjustments　**非价格调整**。广告可以调整人们对商品的相对愿望；研发可以改变生产某些商品的相对能力。有几种方式不调整价格也可以满足市场基本方程。

Nonrenewable resource　**不可再生资源**。对人类有用的、以固定存量存在的低熵物质—能量，随着时间的推移，其数量将下降。其中包括矿产资源、化石燃料和化石含水层。因为淡水资源可以自然地通过水文过程而循环利用，所以不把它视为一种不可再生资源。

Nonrival resource　**非竞争性资源**。一种某人使用不会影响其他人使用的资源。

Normal profit　**正常利润**。企业家投入一家企业的时间和金钱的机会成本（即企业家的时间和金钱用于另一个最好的选择应获得的报酬）。

Open access　**免费使用资源**。一种竞争性资源，所有人都免费利用（没有人被排除在外），如非沿海渔业。

Open system　**开放系统**。存在物质和能量进出的系统。经济就是这样一个系统。

Opportunity cost　**机会成本**。当作出一项选择时，所放弃的一项最好的选择，比如：如果一个农民毁林造田，而且这片土地除耕种外，最好的用途就是生产出被毁掉的木材、薪材和清洁水，那么被毁掉的木材、薪材和清洁水的价值就是毁林造田的机会成本。

Optimal scale of the macroeconomy　**宏观经济的最优规模**。当进一步扩张所产生的递增的边际社会成本和边际环境成本等于递减的额外产量的收益时产生的一种规模。超出最佳规模，增长将变得不经济，按照惯例，经济的扩张是指"经济增长"。

Paradox of thrift　**节俭悖论**。每个人都试图增加自己的储蓄率，结果会导致消费不断下降、失业日益严重、总收入不断降低的现象。在提高储蓄率之后，人们的储蓄占其收入的比例更高，但是总收入却下降，因此实际积蓄额今不如昔。

Pareto efficient allocation　**帕累托有效配置**。没有任何其他配置能够在不使得任何其他人更糟的前提下使得至少一个人更好。又称作"帕累托最优"。

Pareto optimum　**帕累托最优**。参见帕累托有效配置。

Pigouvian subsidy　**庇古补贴**。参见庇古税。

Pigouvian tax　**庇古税**。一种旨在等于某种商品生产的边际外部成本的税收。价格只反映了边际私人成本。价格加上税收则反映了边际社会成本，从而将原来的外部成本内部化了。如果原本存在外部收益，那么就应该给生产者支付庇古补贴。

Principle of subsidiarity　**辅助性原则**。一个基本的原则，即政策决策单元的范围必须符合该政策处理问题的原因或结果的范围。

Principle of substitution　替代性原则。假设一种商品或服务（或生产要素）可以取代另一种商品和服务以提供消费者效用（或生产过程）。理论上效用函数和生产函数经常表现出此特性，但在现实中，许多商品、服务和生产要素是互补品，而不是替代品。参见可替代性和互补性。

Producer surplus　生产者剩余。生产者出售总产出的价格（等于边际成本）与所有边际单位生产的更低的边际成本之间的差额。

Production function　生产函数。一种生产"处方"，描述一定数量的投入是如何组合在一起，以得到一定数量的产出或产品的。

Property rule　财产法则。一个人可以自由地干扰他人或自由地防止被别人干扰。

Public bad　公共坏品。具有非竞争性、非排他性、不受欢迎等特点的东西。

Public good　公共物品。具有非竞争性、非排他性并受公众欢迎的资源。因为它们具有非排他性特点，所以逐利企业不会生产它们。因为它们具有非竞争性特点，另一个人使用它们的边际成本为零，所以它们的有效价格也应该为零。公共物品应该由政府或其他社会组织集体供给。

Pure time rate of preference　纯时间偏好率。当前和未来对商品偏好的比率，与生产率无关。

Renewable resource　可再生资源。活的资源，这种资源能够繁殖，如果以一种可持续的方式开发利用，这种资源就可以永远增长下去，而且可以为经济过程提供原材料。

Rent　租金。超过最低必要供给价格（生产成本）之上的一种支付。由于土地的生产成本为零，所以所有土地的支付都是租金。如果劳动者获得更低的报酬仍然会做这项工作，那么在他的报酬当中也有一部分是租金。如果泰格·伍兹只有 100 万美金年薪他还打高尔夫球，那么他的收入中超过 100 万美元的部分都是租金。生产者剩余也是租金的一个例子。

Ricardian land　李嘉图土地。土地是指范围、表面积以及支撑物体的基质（例如，土地具有"不可毁灭的"特点，不包括其土地肥力或地下矿物）。

Risk　风险。一个事件已知的发生概率（相对频率）。风险是可保风险的。参见不确定性。

Rivalness　竞争性。某些资源的一种内在特性，即一个人的消费或使用会降低可供别人消费或使用的数量。

Royalty　开采权费。某种资源的所有者因为拥有开采这种资源的权利而得到的支付。从理论上讲，在竞争性市场中，单位开采权费应等于边际使用者成本。

Say's law　萨伊定律。供给创造自己的需求。在生产中，要素的支付加上剩余利润刚好可以产生足够的收入购买总产量。

Scale　规模。经济子系统相对于包含和支撑它的生态系统的物理大小。它可以按照种群的存量和人造物的存量加以衡量，或者按照维持存量所需的通量加以衡量。

Scarcity rent　稀缺租金。参见租金。

Second Law of Thermodynamics　热力学第二定律。在一个孤立的系统当中，熵永远都不会下降。虽然物质和能量在数量上保持恒定（第一定律），但性质上它们会发生变化。衡量质量的指标是熵，而且它本质上是一个物理指标，用来衡量对人们有用的物质或能量的结构或能力的随机性以及"耗尽"程度。在孤立系统之中，熵只会增加。我们假设宇宙是一个孤立系统，所以第二定律表明，宇宙的自然或默认趋势是"混沌"而不是"有序"。按照日常用语来说，任其自由发展，事情会变得更加混乱或分散。有序不会自发产生。

Seigniorage　铸币税。归货币发行者所有的收益，它产生于一个事实：发行人得到真实货物和服务，以换取货币，而每个人都不得不放弃实物资产以获得货币，从而交换另一种资产。真实财富会从公众转移给货币发行者，货币存量的交换价值减去货币的生产成本（微乎其微）就等于铸币税。有时该术语仅表示发行货币可以得到的利息。

Sink　汇。环境的一部分，它可以接受通量的废弃物流，如果废弃物流没有超过其接受能力，则能够通过生物地球化学循环将废弃物回用，使其回到可用的状态。

Social discount rate　社会贴现率。将未来的价值转换为现值的比率，它反映的是社会的集体道德价值判断，与个体的价值判断（如市场利率）相对应。

Solar energy　太阳能。来自太阳的辐射能量流，是长期维持人类生活和财富的低熵源。

Source　源。环境的一部分，可以提供可用的组成通量的原材料，利用通量经济可以生产，并最终以废弃物的形式返回环境汇。

Steady-state economy　稳态经济。视经济为一个与支撑它的生态系统或生物圈处于动态均衡状态的子系统。质量上的发展或增进会取代数量上的增长而成为基本的目标。

Steady-state subsystem　稳态子系统。参见稳态经济。

Stock-flow resources　存量—流量资源。资源物质性地转化为它们所生产的东西（物质因），可以按任何预期的速率开发利用（受制于转换所需基金—服务资源的有效性），它们的生产率可以用它们转化的产品的物理数量单位来衡量，可以储存、被用尽但不磨损。参见基金—服务资源。

Subsidy　补贴。做某件事情的奖金或报酬，与税收相对应。

Substitutability　可替代性。一个要素（或商品）用来代替另一个要素（或商品）的能力，与互补性相对应。绝不存在完全的替代性，替代性越大，满足感就变得越低（互补性就越强）。任何商品和要素都可以被认为是处于从完全替代品到完全互补品这样一个连续变化体中的某一位置。

Supply　供应。某种商品的价格和其在每一价格下应提供的数量之间的关系。

Sustainable yield　可持续收获量。种群可收获且不会降低种群来年数量的收获量；现有存量的增长率。参见最大可持续收获量。

Thermodynamics　热力学。物理学的一个分支，它告诉我们，物质和能量既不能被创造也不能被消灭，而且系统的熵总是增加的。它是与经济学最相关的物理学分支学科，因为它有助于解释物质稀缺的物理学根源。

Throughput　通量。来自全球生态系统低熵源的原材料和能源流（矿山、矿井、渔业、耕地），通过经济系统并以高熵废弃物的方式返回到全球生态系统汇（大气、海洋和垃圾场）。

Total allowable commercial catch，TACC　总许可商业捕捞量。限制每年或每个捕捞季总捕鱼量的总配额。配额可以按不同的方式在个体间分配。

Tradeable permits（quotas）　可交易许可证（配额）。总配额以某种方式在个体之间分配的份额，然后可以在它们彼此之间进行买卖。

Transaction cost　交易成本。完成一项交易的费用，包括律师费、信息收集费、确定利益相关者、讨价还价的时间成本等等。

Transaction demand for money　交易的货币需求。为完成日常交易，加上未预料到的交易，避免以货易货的不便或将一项非流动性资产转换成货币的延迟所需要的货币余额。

Ultimate end　终极目标。认识上模糊、逻辑上必需的排序原则，利用它我们可以对中间目标进行排序。

Ultimate means　终极手段。低熵的物质—能量，由太阳辐射流和陆地存量构成，也就是说，需要它们服务于我们的目标，但我们无法自己创造，只能从大自然那里接受它们。

Uncertainty　不确定性。是指这样一种状况：可以知道其可能结果的范围，但不知道结果发生的概率分布。不确定性是不能保险的。参见风险。

Uneconomic growth　不经济增长。成本大于收益的宏观经济增长。如果进一步扩张，将会失去生态系统服务，失去的价值会超过扩大经济生产所带来的额外效益。

Unemployment　失业。通常指的是非自愿性失业，即没有工作但在积极地寻找工作的劳动力的人数或比例。

Use value　使用价值。按预期目的利用某一商品所带来的实际服务或效用，和交换价值相对应。交换价值是指通过交换而购买另一商品的能力。

User cost　使用者成本。由于今天耗尽某种资源，而没有使其保持在自然状态，导致其未来的不可用性的机会成本。

Utility function　**效用函数**。一种心理关系，表示一个消费者通过消费不同数量的商品以及不同商品的组合而获得的效用或满足度。

Virtual wealth　**虚拟财富**。弗雷德里克·索迪引入的一个概念，类似于铸币税。社会因持有货币而自愿放弃持有真实财产的总价值。因为个人可以轻易地将他们的货币转换为真实资产，因此他们把持有的货币算作财富。然而，社会作为一个整体不能将货币转换为财富，因为有人不得不最终还必须持有货币（参见组成谬误）。因此，货币财富是"虚拟的"。

Waste absorption capacity　**废弃物吸收能力**。一个生态系统吸收废弃物的能力和通过太阳能驱动的生物地球化学循环把废弃物转化为有用形式的能力。这种能力是一种可再生资源，可能会超过其极限，也可能会被破坏，或者只能在可持续的极限内使用。

Welfare　**福利**。一种欲望满足和享受生活的心理状态，它是一种体验而不是一种东西，是经济活动的根本目的。

World Bank　**世界银行**。参见国际复兴开发银行。

World Trade Organization，WTO　**世界贸易组织**。关税和贸易总协定的继任者，寻求国际贸易和投资自由化以推进全球化进程。

建议阅读书目

第 1 篇：生态经济学绪论

Costanza，Robert（ed.）. 1991. *Ecological Economics：The Science and Management of Sustainability*. New York：Columbia University Press.

Costanza，Robert，Charles Perrings，and Cutler J. Cleveland（eds.）. 1997. *The Development of Ecological Economics*. Cheltenham，UK：Edward Elgar.

Daly，Herman，and K. Townsend（eds.）. 1993. *Valuing the Earth：Economics，Ecology，Ethics*. Cambridge，MA：MIT Press.

Faber，Malte，Reiner Manstetten，and John Proops. 1998. *Ecological Economics：Concepts and Methods*. Cheltenham，UK：Edward Elgar.

Gowdy，John. 1994. *Coevolutionary Economics：Economy，Society， and Environment*. Boston: Kluwer Academic Free Press.

Krishnan, Rajaraman, Jonathan M. Harris, and Neva R. Goodwin (eds.). 1995. *A Survey of Ecological Economics*. Washington, DC: Island Press.

Martinez-Alier, Juan. 1987. *Ecological Economics*. Oxford, UK: Basil Blackwell.

Meadows, Donella H. , et al. 1992. *Beyond the Limits: Confronting Global Collapse, Envisioning a Sustainable Future*. Post Mills, VT: Chelsea Green Publishing Co.

Nadeau, Robert L. 2003. *The Wealth of Nature: How Mainstream Economics Has Failed the Environment*. New York: Columbia University Press.

Norgaard, Richard. 1984. "Co-Evolutionary Development Potential." Land Economics 60 (May): 160 – 173.

Schumacher, E. F. 1974. *Small Is Beautiful: Economics As If People Mattered*. New York: Harper & Row.

Wackernagel, M. 2002. "Tracking the Ecological Overshoot of the Human Economy." *Proceedings of the National Academy of Sciences* 99 (14) (July 2002): 9266 – 9271.

第 2 篇：包含性和支持性生态系统：整体观

Cohen, Joel H. 1995. *How Many People Can the Earth Support?* New York: W. W. Norton.

Georgescu-Roegen, Nicholas. 1971. *The Entropy Law and the Economic Process*. Cambridge, MA: Harvard University Press.

Georgescu-Roegen, Nicholas. 1976. *Energy and Economic Myths*. New York: Pergamon Press.

Hall, Charles, Cutler Cleveland, and Robert Kaufmann. 1986. *Energy and Re-source Quality: The Ecology of the Economic Process*. New York: John Wiley and Sons.

Hay, Peter. 2002. *Main Currents in Western Environmental Thought*. Bloomington: Indiana University Press. (See especially Chapter 8 on economics.)

Hokikian, Jack. 2002. *The Science of Disorder: Understanding the*

Complexity, *Uncertainty*, *and Pollution in Our World*. Los Angeles: Los Feliz Publishing.

Kauffman, Stuart. 1995. *At Home in the Universe*. New York: Oxford University Press. (A good introduction to complexity theory.)

Meffe, Gary, et al. 2002. *Ecosystem Management: Adaptive Community-Based Conservation*. Washington, DC: Island Press.

Miller, G. Tyler. 1994. *Living in the Environment: Principles, Connections, Solutions*, 8th ed. Belmont, CA: Wadsworth.

Odum, Eugene. 1997. *Ecology: A Bridge Between Science and Society*, 3rd ed. Sunderland, MA: Sinauer Associates.

第 3 篇：微观经济学

Barnett, Harold, and Chandler Morse. 1963. *Scarcity and Growth: The Economics of Natural Resource Availability*. Baltimore: Johns Hopkins University Press.

Bollier, David. 2002. *Silent Theft: The Private Plunder of Our Common Wealth*. New York: Routledge.

Brekke, Kjell Arne, and Richard B. Howarth. 2002. *Status, Growth, and the Envi-ronment: Goods as Symbols in Applied Welfare Economics*. Cheltenham, UK: Edward Elgar.

Devarajan, S., and A. Fisher. 1981. "Hotelling's Economics of Exhaustible Resources 50 Years Later." *Journal of Economic Literature* 1 (March).

Heal, Geoffrey. 2000. *Nature and the Marketplace: Capturing the Value of Ecosystem Services*. Washington, DC: Island Press.

Page, Talbot. 1977. *Conservation and Economic Efficiency*. Baltimore: Johns Hopkins University Press.

Perrings, Charles. 1987. *Economy and Environment: A Theoretical Essay on the Interdependence of Economic and Environmental Systems*. Cambridge, UK: Cambridge University Press.

Price, Colin. 1993. *Time, Discounting, and Value*. Oxford, UK: Blackwell Publishers. Smith, V. Kerry (ed.). 1979. *Scarcity and Growth Reconsid ered*. Baltimore, MD: Johns Hopkins University Press.

第 4 篇：宏观经济学

Binswanger, Hans Christoph. 1994. *Money and Magic: A Critique of the Modern Economy in the Light of Goethe's Faust*. Chicago: University of Chicago Press.

Cobb, Clifford, John Cobb, et al. 1994. *The Green National Product: A Proposed Index of Sustainable Economic Welfare*. New York: University Press of America.

Collins, Robert M. 2000. *More: The Politics of Growth in Postwar America*. New York: Oxford University Press.

Ekins, Paul, and Manfred Max-Neef (eds.). 1992. *Real-Life Economics: Understanding Wealth Creation*. New York: Routledge.

Greider, William. 1987. *Secrets of the Temple: How the Federal Reserve Runs the Country*. New York: Simon & Schuster.

Heyck, Denis Lynn Daly. 2002. *Surviving Globalization in Three Latin American Communities*. Toronto: Broadview Press.

Hueting, Roefie. 1980. *New Scarcity and Economic Growth*. North Holland: Netherlands Central Bureau of Statistics.

Socolow, R., et al. (eds.). 1994. *Industrial Ecology and Global Change*. New York: Cambridge University Press.

第 5 篇：国际贸易

Culbertson, J. M. 1971. *Economic Development: An Ecological Approach*. New York: Alfred A. Knopf.

Greider, William. 1997. *One World, Ready or Not: The Manic Logic of Global Capitalism*. New York: Simon & Schuster.

Kaul, I., I. Grunberg, and M. A. Stern (eds.). 1999. *Global Public Goods: International Cooperation in the 21st Century*. New York: Oxford University Press.

Korten, David C. 1995. *When Corporations Rule the World*. West Hartford, CT: Kumarian Press.

Mander, Jerry, and Edward Goldsmith (eds.). 1996. *The Case Against the Global Economy*. San Francisco: Sierra Club Books.

Pincus, Jonathan R., and Jeffrey A. Winters (eds.). 2002. *Reinventing the World Bank*. Ithaca, NY: Cornell University Press.

Rich, Bruce. 1994. *Mortgaging the Earth: The World Bank, Environmental Impoverishment, and the Crisis of Development*. Boston: Beacon Press.

Rodrik, Dani. 1997. *Has Globalization Gone Too Far?* Washington, DC: Institute for International Economics.

Sachs, Wolfgang. 1999. *Planet Dialectics: Explorations in Environment and Development*. New York: Zed Books.

Shiva, Vandana. 2000. *Stolen Harvest: The Hijacking of the Global Food Supply*. Cambridge, MA: South End Press.

Stiglitz, Joseph. 2002. *Globalization and Its Discontents*. New York: W. W. Norton.

第 6 篇：政策

Barnes, Peter. 2001. *Who Owns the Sky? Our Common Assets and the Future of Capitalism*. Washington, DC: Island Press.

Booth, Douglas E. 1998. *The Environmental Consequences of Growth: Steady-State Economics as an Alternative to Ecological Decline*. New York: Routledge.

Bromley, Daniel. 1991. *Environment and Economy: Property Rights and Public Policy*. Oxford, UK: Blackwell.

Brown, Lester R. 2001. *Eco-Economy: Building an Economy for the Earth*. New York: W. W. Norton.

Costanza, Robert, et al. (eds.). 1996. *Getting Down to Earth: Practical Applications of Ecological Economics*. Washington, DC: Island Press.

Crocker, David, and Toby Linden (eds.). 1998. *The Ethics of Consumption*. Lanham, MD: Rowman and Littlefield.

Daly, Herman. 1996. *Beyond Growth: The Economics of Sustainable Development*. Boston: Beacon Press.

Daly, Herman, and J. Cobb. 1994. *For the Common Good: Redirecting the Economy Toward Community, the Environment, and a Sustain-

able Future, 2nd ed. Boston: Beacon Press.

Hamilton, Clive. 2003. *Growth Fetish*. Crows Neck, NSW, Australia: Allen & Unwin.

Jansson, AnnMari, et al. (eds.). 1994. *Investing in Natural Capital: The Ecological Economics Approach to Sustainability*. Washington, DC: Island Press.

Kemmis, Daniel. 1990. *Community and the Politics of Place*. Norman: University of Oklahoma Press.

Munasinghe, Mohan, Osvaldo Sunkel, and Carlos de Miguel (eds.). 2001. *The Sustainability of Long-Term Growth: Socioeconomic and Ecological Perspectives*. Cheltenham, UK: Edward Elgar.

索 引 *

A

---

* 页码之后的字符 b，f，n 或 t 分别代表专栏、图、注解和表格。

Autism and economics，自我中心主义和经济学，xxi‐xxii

Ayres，R. U.，R. U. 艾尔斯，84

B

Balance of payments (BOP)，支付平衡，390‐391，391‐392

Barnes，Peter，彼得·巴恩斯，452

Barter，以物易物，286

Basic market equation，基本市场方程. *See also* Market equation，又见市场方程，basic，基本的

Bass，Edward，爱德华·巴斯，106

Bastiat，Frederic，弗雷德里克·巴斯夏，218

Behavioral economics，行为经济学

  climate change and，气候变迁，256‐257

  consumption and happiness，消费与幸福度，235‐241

  cooperation in other species，与其他物种合作，253b，255b

  distribution of prosocial behavior，亲社会行为的分配，251‐252

  evolution and，进化，249b‐250b，252b

  gross national income and mean satisfaction，国民总收入和平均满足度，237f

  Homo economicus，经济人，233‐234

  H. economicus，H. reciprocans，and H. communicus model，经济人、自利人、合作人模型，254‐257

  incentives and monetary cues，激励和货币诱因，role of，作用，249

  peak oil and，石油高峰值，255‐256

  rationality，理性，241‐244

  self-interest，自利，244‐249

Behavioral finance school，行为金融学学派，395

Beneficiary pays principle，受益者支付原则，471‐472

Benefit transfer method，效益转移法，461b

Berra，Yogi，约吉·贝拉，276

Berry，Wendell，温德尔·贝里，45‐46

Best available control technology (BACT)，最有效控制技术，427

Biodiversity，生物多样性，119

Biomass，生物质，90，159b

Biophysical constraints on financial sector growth，对金融部门增长的生物物理限制，401‐402

Biophysical equilibrium，生物物理均衡，348‐350，349f

Biosphere Two project，第二生物圈计划，106

Biotic resources，生物资源

as pandemic，增长流行病，264

H

Halogenated hydrocarbons，卤代烃，120 - 121

Happiness，幸福度，235 - 41，237f，274b. *See also* Welfare，又见福利，human，人类

Happy Planet Index，幸福地球指数，274b

Hardin, Garrett，加勒特·哈丁，169，171

Hayek, F. A.，F. A. 哈耶克，135

Heal, Geoffrey，杰弗里·希尔，224

Health care，卫生保健，universal，普遍的，456

Health consequences of distribution，分配的健康影响，311 - 312

Heavily Indebted Poor Countries (HIPCs)，高负债穷国，382

Heavy metals，重金属，120

Hedge investors，对冲性投资者，394 - 395，404

Hedonic pricing method，享乐定价法，461b

Heilbroner, R.，R. 海尔布伦纳，32

Helmholtz, Herman，赫尔曼·赫姆霍尔兹，65

Herd behavior，从众行为，394n

Heyes, A.，A. 海耶斯，348n

Hicks, John，约翰·希克斯，322，345n，347，374

Homo economicus，经济人，130n，233 - 234，304

Hotelling, Harold，哈罗德·霍特林，197，203

Hotelling rule，霍特林法则，197

Hubbert, M. King，M·金·哈伯特，114，295 - 296

Hubbert curve，哈伯特曲线，114，114f，115f

Human behavior，人类行为. *See* Behavioral economics，见行为经济学

Human development approach to welfare，通向福利的人类发展，281 - 282

Human needs，人类需求，277 - 284，279t - 280t

Human needs assessment (HNA)，人类需求评价，282

Human well-being，人类福利. *See* Welfare，见福利，human，人类

Humphrey, Hubert，休伯特·汉弗莱，387b

Hunter-gatherers，捕猎—采集者，8 - 9

Hurricane Katrina，卡特琳娜飓风，163 - 164

Hurwitz, Charles，查尔斯·赫维茨，332b

Hydrocarbons，碳水化合物. *See* Fossil fuels，见化石燃料

Hydrochlorofluorocarbons (HCFCs)，氢氟氯碳化物，120 - 121

Hydroelectricity，水电，88，90

Hydrologic cycle，水文循环，88

Villa，Ferdinando，费尔迪南多·维拉，174b

Virtual wealth，虚拟财富，288-289

译后记

人们通常会把"增长"和"发展"这两个词混淆，比如经常在新闻中听到的 GDP 增长率。GDP 是指国内生产总值，它的增长更多是表示经济中物质性的增长，但是我们发展经济，最终目的是人类自身的发展，是增进人类福祉，提高人民生活水平。即便"增长"，也有"经济的增长"和"不经济的增长"之分。所谓"经济的增长"就是指经济增长带来的效益大于为此而付出的成本（既包括生产要素成本，也包括环境和生态系统等非市场商品和服务的损失），否则就是不经济的增长，不经济的增长是不可持续的增长，所以一味地追求 GDP 的增长不是我们的目标。转变发展方式，促进有质量的经济增长，最终促进人的发展才是我们的终极目标。

西方工业革命以来，经济增长大多走的是先污染、后治理的道路。经济学有一个很著名的库兹涅兹曲线，指出当人均 GDP 小于 12 000 美元时，随着经济的增长，生态环境处于退化阶段；达到 12 000 美元之后才会有钱来治理环境，才会想到增进人民的福利，才会从经济增长转变为经济发展。历史经验告诉我们，现在这条路走不通了，原因至少有以下四条：一是许多非生物资源一旦消耗了，其存量也就减少了，然而非生物资源的总量是有限的，有限的资源无法支撑永无止境的经济增长；二是支撑人类生存的生态系统稳定性有一个阈值，一旦人类的利用和破坏超过这个阈值，生态系统的许多服务功能将无法恢复，并将不可逆地永远消失；三是西方国家 200 多年前开始工业化时，世界总体来讲还是比较"空的"，而今在"满的世界"里，再走西方国家的老路，资源与环境的"瓶颈"将使我们的经济增长难以为继；四是当前已经处在全球化阶段，我国又是一个人口众多的国家，尽管资源总量比较大，但人均资源占有量却不高，因此走资源消耗型的经济增长之路是没有前途的。所以我们讲经济发展，一个重要的方面就是要从生态经济的角度促进经济高效、和谐、可持续发展。

有学者认为，2030 年世界经济将会转向生物经济的时代。[1]人类早期处于捕猎—采集社会，该社会经历了数百万年漫长的历史过程；自"新石器时代革命"之后，人类发明了磨制石器乃至以后的陶器和青铜器，过上了定居生活，开始了原始农业和畜牧业，掌握了食物的生产过程，从此进入了原始的农耕经济时代，这种农耕文明也绵延上万年；自人类发明灌溉型农业和作物人工栽培以来，人类经历了持续数千年的农业文明；工业时代持续的时间并不长，也就 300 来年；20 世纪 50 年代之后发展起来的信息经济，至今只有几十年。由此可以看出两点：一是随着历史的发展，人类物质性财富增长的速度在加快，经济形态的转变也比我们预想的更快；二是信息经济的硝烟尚未散去，生物经济时代正在向我们走来，随着生物经济在国民经济当中的作用越来越重要，生态经济必将异军突起，成为生物经济的主力军。所以说，加快经济发展方式转变的过程中尤其要注重生态型产业的发展。

一个非常奇怪的现象是，在中文词典中，解释"生态学"一词的词典很多，而且含"生态"二字的词条也不少，但独独少有专门解释"生态"二字意思的词条，即便有也是新版的词典中才有，而且解释得很简单。截至 1866 年，英文里才有"ecology"这个词，而且主要是指"生态学"的含义。[2]在英文词典中，"ecology"多半也是当作"生态学"解释，即"研究生物与其环境关系的学问"。[3]截至 20 世纪 70 年代才突出名词"生态"的含义。其实我们的老祖宗早就在诗词歌赋中使用了"生态"二字，譬如《东周列国志》第十七回："目如秋水，脸似桃花，长短适中，举动生态，目中未见其二。"唐代杜甫《晓发公安》诗："北城击柝复欲罢，东方明星亦不迟。邻鸡野哭如昨日，物色生态能几时。舟楫眇然自此去，江湖远适无前期。此门转眄已陈迹，药饵扶吾随所之。"唐代薛能《吴姬十首》诗："龙麝薰多骨亦香，因经寒食好风光。何人画得天生态，枕破施朱隔宿妆。"宋代宋祁《春帖子词·夫人阁十首》："瑞历岁惟新，物华春可爱。雪尽林弄姿，冰销水生态。"明代刘基《解语花·咏柳》词："依依旎旎，袅袅娟娟，生态真无比。细腰宫里，和烟重、组绘满园桃李。佳人睡起，画未了、横云妩媚。轻步还怜掌中身，不自炫纨绮。"由此可见，"生态"一词本意是表示美好的意思，是指一种美妙的意境、美好的姿态、娇美的形态。无独有偶，英文里面有一个碰巧的解释，生态就是 ecology，意思是指人居住的地方。英文里还有一个词，就是 wealth（财富），其原意就是"通向幸福健康之路"。根据这些意思，笔者感觉现在进行生态经济的建设实际上是美好经济的建设，就是通向健康幸福经济的建设。何谓"生态"？笔者认为生态是指生物在环境中生存和发展的良好状态以及自然财富的繁殖、生长与利用和环境之间和谐的相互关系。何谓"生态经济"？笔者认为，生态经济就是指在一定区域内，遵循生态规律和经济规律，综合运用生态学原理和经济学原理，以生态经济学的原理为指导，在生态系统承载力范围内，充分发挥资源利用效率，实现自然财富和社会财富最大化，人与自然和谐相处，人们健康幸福，资源永续利用，经济、社会和生态复合系统可持续发展的一种经济形态。只要是搞经济，就离不开两个东西，一是社会资源，二是自然资源。在整个经济发展的过程中，一方面，我们对社会资源（比如说资本、劳动）关注得比较多，对自然资源关注得比较少。即便有所关注，往往也只重视商品性资源，而对服务性资源（如生态系统服务功能）不够重视。另一方面我们往往计算了环境与自然资源的效益，而忽略了自然资源消耗和环境破坏所带来的成本，这样我们的净效益就不一定那么高，甚至有可能为负效益。发展生态经济，就是要发展具有正净效益的经济。

赫尔曼·E·戴利和乔舒亚·法利给我们奉献的这本《生态经济学》，在生态经济理念方面提供了许多启示。这本书利用"空的世界"和"满的世界"情景描述了人类经济迫在眉睫的生态环境问题，认为经济系统是包含性和支持性全球生态系统的一个子系统，从而可以利用耗散结构理论解释开放的经济子系统和近似封闭的全球生态系统之间的关系，提出新古典经济学忽略了但又是生态经济学重点研究的经济规模问题，赫尔曼·E·戴利还在一篇文章中提出"可持续增长：一个不可能性定理"[4]的观点。如此等等，无一不激发我们把这本《生态经济学：原理与应用》翻译成中文，以飨读者。

全书共分6篇24章，洋洋洒洒几十万字，要忠实地把它翻译过来并非一件易事，遂组织相关人员共同完成。译者分别来自南昌工程学院、江西省鄱阳湖流域农业生态重点实验室和江西农业大学经济管理学院，他们是金志农研究员（引论、第1～9章、第13章以及全部附件，并负责全书的校订）；陈美球博士、教授（第10～12章）；廖文梅博士、副教授（第14～17章）；张征华博士、副教授（第18～20章）；蔡海生博士、教授（第21～22章）；陈昭玖博士、教授（第23～24章和展望）。鉴于译者水平所限，译文中一定有不少错误，请读者批评指正。

金志农
2012 年 4 月 21 日于梅岭山麓

【注释】

[1] OECD, The Bioeconomy to 2030: designing a policy agenda, 2009, http://www.oecd.org/futures/bioeconomy/2030; Stan Davis, Christopher Meyer, What will replace the Tech Economy, *Time*, 155 (21): 76—77 (2000); 邓心安、王世杰、姚庆筱：《生物经济与农业未来》，北京，商务印书馆，2006。

[2] Robert C. Stauffer, Haeckel, Darwin, and Ecology, *The Quarterly Review of Biology*, 32 (2): 138 - 144 (1957).

[3] Stephen Bullon, *Longman Dictionary of Contemporary English*, Pearson ESL, 1978.

[4] ［美］赫尔曼·E·戴利：《可持续增长：一个不可能性定理，2001》，见［美］赫尔曼·E·戴利与肯尼思·N·汤森编：《珍惜地球：经济学、生态学、伦理学》，北京，商务印书馆，2001。

图书在版编目（CIP）数据

生态经济学：原理和应用：第 2 版/（美）戴利，（美）法利著；金志农等译. —2 版. 北京：中国
人民大学出版社，2013.11
　　（经济科学译丛）
　　Ecological Economics：Principles and Applications（second edition）
　　ISBN 978-7-300-18400-5

Ⅰ.①生⋯　Ⅱ.①戴⋯　②法⋯　③金⋯　Ⅲ.①生态经济学　Ⅳ.①F062.2

中国版本图书馆 CIP 数据核字（2013）第 277914 号

经济科学译丛

生态经济学：原理和应用（第二版）

［美］ 赫尔曼·E·戴利
　　　乔舒亚·法利　　　著

金志农　陈美球　蔡海生 等　译
金志农　校
Shengtai Jingjixue：Yuanli he Yingyong

出版发行	中国人民大学出版社			
社　　址	北京中关村大街 31 号		**邮政编码**	100080
电　　话	010 - 62511242（总编室）			010 - 62511770（质管部）
	010 - 82501766（邮购部）			010 - 62514148（门市部）
	010 - 62511173（发行公司）			010 - 62515275（盗版举报）
网　　址	http://www.crup.com.cn			
经　　销	新华书店			
印　　刷	涿州市星河印刷有限公司			
开　　本	787 mm×1092 mm　1/16		**版　次**	2014 年 3 月第 1 版
印　　张	33.25　插页 2		**印　次**	2025 年 7 月第 8 次印刷
字　　数	610 000		**定　价**	88.00 元

版权所有　侵权必究　　印装差错　负责调换